2007年2月6日，交通部部长李盛霖（前排左二）对话湖北省巴东县委书记龙世洪（前排左一）、吉林省珲春市英安镇英安村农民金学奉（前排右二）、河北省张北县张北镇马莲滩村农民孙运武（前排右一）。记者与对话嘉宾合影留念。

2007年5月29日，农业部副部长危朝安（前排中）对话江苏省铜山县委常委王成长（前排右）、重庆市梁平县铁门乡新龙村农民艾云双（前排左）。记者与对话嘉宾合影留念。

2007年7月24日，文化部副部长周和平（前排右二）对话天津市西青区宣传部长刘红（前排左二）、辽宁省凤城市大梨树村党委书记毛丰美（前排右一）、内蒙古自治区准格尔旗五家尧子村党支部书记张军（前排左一）。记者与对话嘉宾合影留念。

2007年8月21日，国家电网公司党组成员、副总经理郑宝森（前排中）对话山西省静乐县委书记王书东（前排右）、山东省莒南县王家坊前村村委会主任王丙叶（前排左）。记者与对话嘉宾合影留念。

2007年11月13日,卫生部党组成员、副部长陈啸宏(前排左二)对话河南省确山县委书记王明威(前排左一)、云南省昆明市官渡区六甲乡福保村村委会副主任杨正宽(前排右二)、云南省昆明市官渡区六甲乡福保村党委书记助理陈明涓(前排右一)。记者与对话嘉宾合影留念。

2007年12月11日,国家工商总局副局长刘凡(前排右二)对话浙江省义乌市副市长傅春明(前排右一)、山东鲁花集团总经理宫旭洲(前排左二)、山东省莱阳市谭格庄镇东河北村农民于登湍(前排左一)。记者与对话嘉宾合影留念。

2007年12月25日，全国总工会副主席、书记处书记徐德明（右三）对话河南省信阳市总工会主席陈民（左一）、河南省信阳市第二建筑安装公司农民工张自峰（右一）。对话嘉宾与记者围绕相关书籍共同探讨交流。

2009年8月7日，全国妇联副主席、书记处书记洪天慧（前排右二）对话山西省汾阳市委常委姚翠萍（前排左一）、广东省徐闻县委常委戴吴金荣（前排右一）、辽宁省义县九道岭镇边门子村村委会主任兼妇代会主任夏慧娟（前排左二）。记者与对话嘉宾合影留念。

2011年7月18日，水利部副部长刘宁（前排左二）对话甘肃省定西市安定区区长赵众炜（前排右二）、中国华电集团公司科技环保部副主任毛科（前排右一）、山西省吕梁市柳林县昌盛农场经理、水保大户张应昌（前排左一）。记者与对话嘉宾合影留念。

2011年8月15日，农业部总经济师陈萌山（左三）对话国家半干旱农业工程技术研究中心主任翟学军（右三）、河北省饶阳县副县长杨爱民（左二）、成都新朝阳生物化学有限公司副总经理李钧（右二）、河北省饶阳县大尹村镇吾固村党支部书记刘国柱（左一）。

2012年7月3日,国务院发展研究中心副主任韩俊(前排右二)对话江苏省太仓市委书记陆留生(前排左二)、江苏省太仓市城厢镇东林村党委书记苏齐芳(前排右一)。记者与对话嘉宾合影留念。

对话

李力 / 编著

上

经济日报出版社
北京

图书在版编目（CIP）数据

对话：上、中、下/李力编著. -- 北京：经济日报出版社，2024.12
ISBN 978-7-5196-0746-3

Ⅰ.①对… Ⅱ.①李… Ⅲ.①三农问题—研究—中国 Ⅳ.①F32

中国版本图书馆CIP数据核字(2020)第245951号

对话（上、中、下）
DUIHUA（SHANG ZHONG XIA）
李　力　编著

出　　版：	经济日报出版社
地　　址：	北京市西城区白纸坊东街2号院6号楼
经　　销：	全国新华书店
印　　刷：	天津裕同印刷有限公司
开　　本：	710mm×1000mm　1/16
印　　张：	56.75
字　　数：	598千字
版　　次：	2024年12月第1版
印　　次：	2024年12月第1次印刷
定　　价：	260.00元

本社网址：www.edpbook.com.cn，微信公众号：经济日报出版社
请选用正版图书，采购、销售盗版图书属违法行为
版权专有，盗版必究。本社法律顾问：北京天驰君泰律师事务所，张杰律师
举报信箱：zhangjie@tiantailaw.com　　举报电话：（010）63567684
本书如有印装质量问题，由我社事业发展中心负责调换，联系电话：（010）63538621

| 自序 |

媒体的力量

1983年,我在中国人民大学新闻系读书时,恰逢经济日报创刊。这份散发着油墨清香的报纸一经面世,就在全社会引起了震动,大家争相一睹为快。报纸关注改革开放、关注经济发展的新思想、新观点、新说法,牵动着中国社会转型时期人们的敏感神经,经常成为大家热议的话题,很多文章也自然成了我们新闻学课堂上学习和讨论的案例。

还是学生的我就梦想成为一名光荣的经济日报记者,但阴差阳错,毕业后被分配到了当时的水利电力部工作。每当我看到这张报纸甚至听到任何与之有关的信息时，曾经的梦想都会随之涌动。

在经济日报创刊19周年的那一年，已经担任水利部办公厅宣传信息处处长的我，终于咬牙跺脚放弃了国家机关公务员的待遇，满腔热情地投身到经济日报新闻采编一线工作，总算圆了自己的梦。现在回想起来，那叫一个果断和自豪啊！

在公务员成为热门职业的今天，经常有老同事问我是否后悔当初的决定，我笑而不答，但他们总能从我满脸的笑容中找到答案。因为我热爱，所以我无悔；因为我热爱，所以我投入！我的热爱来自经济日报，来自经济日报的力量。因为感受到了这份媒体的力量，我内心的职业幸福感不断提升，后悔便逃遁得无影无踪了。

媒体的力量有多大？让我感受最深的一个事例就是延安小张沟村的故事。因为经济日报的报道，村子引起了更多人的关注和帮助，于是，这个地处西北的贫困村脱贫致富成了养猪专业村，这个故事讲起来特别有意思。

2004年，中央发布了21世纪以来关于"三农"的第一个一号文件，在当时粮食生产连年滑坡、农民收入持续停滞的背景下，这个文件的出台具有重要的里程碑意义，是时至今日中央已连续出台21个关于"三农"的一号文件的开篇之作。因2004年中央一号文件的主题锁定促进农民增收，为此，时任经济部主任的郑庆东同志召集大家策划了"走东西南北 话农民增收"的大型采访活动，要求记者选择东西南北四个地区的村子蹲点住户，进行调研式深入采访。当时的经济部副主任欧阳方兴、老记者张子臣、瞿长福和我承担了这次采访任务，我们立即分赴陕西省延安市宝塔区小张沟村、江苏省昆山市大唐村、吉林省公主岭市朝阳坡镇八家子村、广东省清远市阳山县杜步镇旱坑村，住在农民家里，与老乡同吃、同住、同劳动，与他们建立了深厚的情谊。

记得为了更深入地了解广东农村的真实情况，我主动选择到贫困的粤北山区采访，并谢绝当地工作人员的陪同，自己坐客货混装的长途车两次到被广东人称为"寒极"的北部山区采访，在四面透风的土坯屋里与农民欧老伯一家同吃、同住。因为采访深入，感受深刻，写稿时很顺手，还真的有点儿文思泉涌的感觉呢。

当时在"家"里担任"总指挥"的郑庆东主任将我们前方记者采写的报道精编成了有通讯、有言论、有图片的四个整版的报道，时任社长武春河同志还为四篇主打稿手书了标题："在沿海的农村里""在陕北的窑洞内""在粤北的群山中""在肥沃的土地上"。武社长古朴苍劲的书法为这组报道增色许多。这组图文并茂的报道得到了读者的好评，获得了报社的精品稿奖励。

当两年后第三个中央一号文件出台之际，时任经济部主任的欧阳方兴同志又召集大家策划重访这四个村子，进行追踪报道。当我们第二次走进这四个村子时，都受到了村民们的热烈欢迎，令我们十分感动。

这两次采访报道活动虽然辛苦，但至今令我们回味无穷。我们不仅深入、生动地完成了中央一号文件的宣传报道工作，在村子里当了两回中央一号文件的宣讲员，而且这两次报道还得到了意外的收获。

欧阳方兴同志对陕西延安宝塔区小张沟村的第一次报道，就引起了宝塔区和延安市有关部门的关注，很快拨款对泥泞崎岖的进村路进行了修建，还对一座老桥进行了重建。

至此，关于小张沟村的采访结束了，但是，关于小张沟村的故事还在继续。

出乎意料的是，两年后，小张沟村又得到了千里之外的江苏省大唐村的帮助。

故事得从另一个策划说起。当时的经济部副主任孟宪江同志牵头，张子臣、瞿长福和我等人共同参与搞了一个策划，在江苏昆山市大唐村这个全国最富裕的村里召开一个"新农村建设东西南北四村联谊座谈会"，利用经济日报这个平台，将我们在进行"走东西南北 话农民增收"主题报道时采访过的四个不同地区、不同发展程度、不同资源条件的村领导聚集在一起，面对面地共同探讨如何建设新农村。

我们邀请到了陕西延安宝塔区小张沟村的支部书记张瑞祥参会，他在座谈时说："看了你们村里的发展，我们真是很惭愧，我们不仅谈不上发展，现在村里还有两万元的村级债务，十年都没还上呢。"没想到老张的这句话却引起了在座的大唐村支部书记陈云明的注意，他悄悄地吩咐了村会计几句话。座谈会结束大家起身时，陈云明拿着会计递来的两万元钱，很真诚地对张瑞祥说："这是我们村里的一点心意，想帮助你们把村里的债务先还清了，你们才好发展啊！"张瑞祥和我们大家都十分感动，张瑞祥回去后立即还清了村里的债务。

此后，我们继续牵线搭桥，大唐村又派人到小张沟村考察调研，并与小张沟村结成"富帮穷"的对子，在村里道路建设、村委会办公房翻新等方面提供了上百万元的支持。

说到这儿，有关小张沟村的故事本该结束了吧，可是，故事还在继续。

我们一直关注着纯朴憨厚的张瑞祥和他的小张沟村，2007年由我主持的《对话》专栏采访，又特别邀请到张瑞祥与时任国家发展和改革委员会副主任杜鹰同志面对面地交流。杜鹰同志拉着张瑞祥的手听他介绍村里的情况，在认真地分析了当地的资源条件、经济状况后，建议张瑞祥通过发展生猪养殖带领全村脱贫致富，并详细地告诉他发展规模化养殖的路径。

张瑞祥如获至宝，立即行动，专门带队到山东购进了优良仔猪饲养。现在，小张沟村已经成为远近闻名的养猪专业村，村民生活和村容村貌都发生了翻天覆地的变化，张瑞祥本人也获得了全省"脱贫致富优秀带头人"称号。张瑞祥说，他特别感谢经济日报给他们提供的一次又一次脱贫致富的宝贵机会。

《对话》专栏报道不仅帮助了张瑞祥和他的小张沟村，还帮助了更多的人，为基层做了很多好事。这是经济日报自主创新的访谈性专栏，每期围绕一个有关"三农"的热点话题，邀请中央和国务院有关部委的领导，与基层领导和农民代表面对面地交流。这个为"三农"政策的制定者、执行者、受惠者搭建的交流平台，既不乏高端权威性，更具有针对性和实用性，多次凸显出本报的力量。

《对话》专栏创刊之初就显现出了这个特点，记得第一次对话访谈是在2006年12月底召开的中央农村工作会议上，我们邀请到时任中央财经领导小组办公室副主任陈锡文同志，与河北省赵县领导、陕西省富平县觅子乡铁佛村农民王民坐在一起接受对话访谈。基层领导和农民提出了很多他们关心的新农村建设中的热点、焦点、难点问题，例如：如何进一步保护和调动粮农和地方政府种粮积极性，如何进一步增加"三农"投入，如何稳定农田面积，如何发展农村社会事业，如何提高基层的财政收入和农民收入，等等。牵头起草中央一号文件的陈锡文同志详细介绍了2006年一号文件出台的背景、内涵，解答了他们的一些困惑。这种采访形式既能起到当面为群众释疑解惑的作用，同时也能让基层的声音及时传递到高层。

《对话》专栏对报社对口扶贫的张北县的帮助最为具体。在时任交通部部长李盛霖与湖北省巴东县委书记龙世洪、吉林省珲春市英安镇英安村农民金学奉、河北省张北县张北镇马莲滩村农民孙运武对话过程中，张北县农民代表孙运武提出，因国道有12公里穿县城而过带来交通拥堵和多起车祸，群众怨声载道。在李部长的直接过问和支持下，张北县得到了6600万元的国道改道费用，彻底解决了这个问题。为此，张北县委、县政府还给报社发来了感谢信。这次对话过程中，珲春市农民代表金学奉提到的省里拖欠农村公路投资的问题也得到了妥善解决，他们也十分感谢报社。

再如，《对话》专栏在邀请时任水利部部长的汪恕诚同志和来自湖南省湘潭县的领导、来自甘肃省高台县宣化镇贞号村的农民马成兵，就农田水利建设问题进行对话采访时，这位农民代表反映的退耕还林资金迟迟没有拿到手的问题，引起了汪恕诚同志的高度重视，这个问题很快就得到了相关负责部门的重视和解决。

在报社工作的这些年里，让我切身感受到党报力量的事例还有很多。依靠经济日报这个平台，我曾帮助辽宁省彰武县后秋镇永安村一位叫安宁的农民工维护了权益。安宁名叫安宁但实在是不安宁，这位30岁的小伙子在大连一家日资企业打工时被砸断了腰椎，尽管此前已经由企业统一为工人们购买了工伤保险，但企业不肯为安宁支付医疗费，保险金赔付也迟迟不能到位，安宁把家里的房子卖了也治不起病，他只好躺在医院冰凉的水泥地上。无奈之下，他给北京的多家媒体打电话求助，当打通经济日报社的电话时，安宁说他的心都怦怦直跳。那天恰巧他把电话打到了我的办公电话上，接到这个陌生的电话后，出于党报记者的责任感和同情心，在核实情况属实后，我多次不厌其烦地联系这家工厂、大连市政府有关部门、保险公司、银行等各方面协商解决问题。开始联系企业时，那位负责人态度十分恶劣，但当他知道是经济日报记者在关注这一事件后，他的态度有了很大的转变，表现出了一些诚意。其他相关单位的负责人也表示，既然经济日报已经在关注这起农民工维权事件，他们会尽量配合解决这个问题。

在反复协商的同时，我们充分发挥新闻报道的力量，在相关的新闻报道《到明天，让我们再举杯相祝》等文章中，以安宁维权为例，积极为伤残农民工呼吁。在报社领导的大力支持和有关部门的共同努力下，此次伤残农民工维权事件得到了妥善解决，安宁最终获得了30多万元的工伤赔偿金。没想到他激动之余还在2005年2月14日给报社邮寄来一束鲜花，并托人给我寄来了一副30公斤重的不锈钢匾，上书："赠：经济日报李力记者 人民的好记者 农民工的好大姐"，落款是："辽宁省农民工 安宁 二〇〇五年十二月"。我告诉安宁，这是我们党报记者出于责任应该做的，也是我们党报因有权威性才能够做到的，我只是尽了自己的绵薄之力而已。

我们的报道不只维护了一位农民工的权益，报社一直重视农民工群体的维权报道工作。在报社领导和同事们的帮助和支持下，我为河北某建筑公司几百名农民工被拖欠工资所写的内参，获得了时任北京市主要领导的批示，但昌平区这家拖欠农民工工资的单位依仗承包的是政府工程，竟然跑到报社来闹事，扬言知道记者的车牌号和住址。当时内参部的领导和同事们为了保护我，不让我出面，由他们应对和解决了此事。在此，我再次向他们表示衷心的感谢！

有人说，选择了一种职业就是选择了一种生活方式。记者是时代的瞭望者，即便在今天这个被描述为"人人都是记者"的自媒体时代，记者仍然必须冲在所有人的前面，以专业的眼光和能力，为公众获取最及时、最准确、最全面的信息。正如在一个因遭遇风浪而颠簸不已的船上，每一个乘客都可以躲在船舱内相互安慰、传递感受，但站在船头时刻观察着风浪变化的，一定是那个瞭望者。因为热爱，我甘愿做一名瞭望者，无怨无悔。

有人说，在什么样的平台工作，决定你的职业生涯能走多远。我倍感幸运的是经济日报这个平台接纳了我、哺育了我、成全了我。通过这个平台，我个人的命运就和党的事业、国家的发展、社会的进步、人民的幸福紧紧地联系在了一起。在我生命的年轮里，深深地刻印上了"经济日报人"这五个大字，且将伴随我的一生。

一直记得在我主持《对话》专栏期间，时任经济日报社社长徐如俊同志给予了大力支持和具体指导，他曾几次转达农业部副部长张桃林等《对话》嘉宾对这个专栏的肯定，并鼓励我将《对话》报道结集成书，进行延伸宣传。

本书共收录了《对话》专栏里的61期报道，这些报道都是在报社领导的大力支持下，在各跑口记者的辛勤努力下才得以完成的，在此对报社领导和同事们表示衷心的感谢！同时，衷心感谢中国经济网对每期《对话》所做的视频报道！

李力

2024年6月 于北京

目录
CONTENTS

上册

001 | 一　为农民加快铺就致富路

015 | 二　发挥农民专业合作社优势　积极发展现代农业

029 | 三　阳光工程：让农民从培训中长期受益

043 | 四　为新农村建设提供坚强的组织保证

059 | 五　建立完善的农村公共文化服务体系

073 | 六　让广大农村妇女在新农村建设中大显身手

087 | 七　为新农村建设提供充足的电力

101 | 八　为新农村建设提供优质的税收服务

115 | 九　为新农村建设培育更多有技能的新型农民

129 | 十　构建农村现代流通体系　提高农产品流通效率

141 | 十 一　进一步完善新型农村合作医疗制度

155 | 十 二　为亿万农民提供更加优质的工商管理服务

169 | 十 三　扎扎实实做好维护农民工合法权益的工作

185 | 十 四　如何坚守18亿亩耕地这条红线

197 | 十 五　大力加强农业基础建设　促进农业发展农民增收

211 | 十 六　提高扶贫开发整体工作水平　扎实推进扶贫开发进程

227 | 十 七　推进灾后重建　恢复生态家园

241 | 十 八　大学生志愿服务西部计划助推新农村建设

255 | 十 九　下大力气做好水利抗震救灾和当前防汛抗旱工作

269 | 二 十　充分发挥工会组织优势　做好抗震救灾和灾后重建工作

中 册

283 | 二十一　为新农村建设提供更加优质的金融服务

299 | 二十二　为推进农村改革发展创造更好的水事环境

313 | 二十三　让信息化为新农村建设注入新的活力

327 | 二十四　搞好农民职业培训　增强农民创业能力

341 | 二十五　加快推进湿地保护与利用

355 | 二十六　切实抓好春耕生产　力争全年粮食和农业有个好收成

371 | 二十七　发挥侨联组织优势　服务新农村建设

385 | 二十八　让辽阔的草原绿起来　让牧民的腰包鼓起来

401 | 二十九　振兴我国大豆产业　确保国家粮油食品安全

417 | 三　十　加快推进城乡一体化进程

433 | 三十一　加强新时期农业法制建设　为新农村建设保驾护航

447 | 三十二　为农业机械化加快发展增添新的动力

463 | 三十三　努力形成城乡经济社会发展一体化格局

477 | 三十四　乡镇企业危中寻机求发展

493 | 三十五　科技创新是现代农业发展的原动力

507 | 三十六　今年春来早　各地春耕忙

523 | 三十七　实施小额信贷　助推农村妇女创业

539 | 三十八　城乡一体化　风景美如画

555 | 三十九　一事一议财政奖补制度　促进农村公益事业发展

下册

571 | 四　十　探寻奶产业一体化发展新模式

585 | 四十一 发展壮大食用菌产业 拓宽农民增收渠道

599 | 四十二 整合各方资源 服务新农村建设

613 | 四十三 推进"母亲水窖"建设 让干旱地区农民用上安全饮水

627 | 四十四 温暖工程圆农家子女创业就业梦

641 | 四十五 拓宽农民增收渠道 让农民腰包鼓起来

655 | 四十六 休闲农业：致富农民的朝阳产业

669 | 四十七 城乡一体化 工农同步走

685 | 四十八 促进奶业持续健康稳定发展

699 | 四十九 为亿万农民群众铺就致富路幸福路

713 | 五　十 防治水土流失 共建秀美山川

729 | 五十一 力争全年粮食丰收

743 | 五十二 如何健全农田水利建设新机制

755 | 五十三 应该把发展中小企业作为一项基本国策

769 | 五十四 以商活农百业兴

783 | 五十五 新时期如何加快减贫与发展

797 | 五十六 产销对接忙 城乡互动畅

809 | 五十七 怎样破解南水北调工程移民难题

821 | 五十八　黔西巨变

833 | 五十九　亿万农民的黄金十年

845 | 六　十　做让消费者放心的国产奶

855 | 六十一　放心的全程食品链如何打造

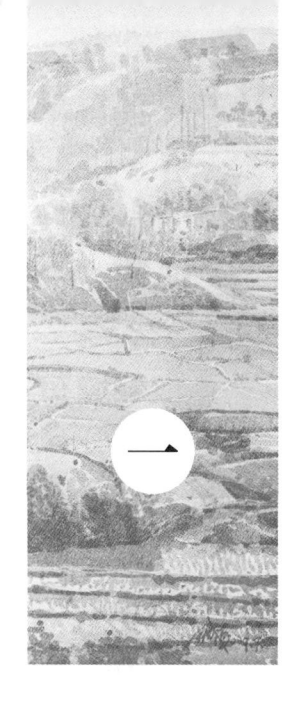

为农民加快铺就致富路

对话人——

李盛霖：交通部部长

龙世洪：湖北省巴东县委书记

金学奉：吉林省珲春市英安镇英安村农民

孙运武：河北省张北县张北镇马莲滩村农民

策划人——

李　力：经济日报产经新闻部副主任

图1　龙世洪、李盛霖、金学奉、孙运武（从左至右）在亲切交谈

赵晶/摄

> 加大农村公路建设力度,加强农村公路养护和管理,完善农村公路筹资建设和养护机制。
>
> ——摘自《中共中央 国务院关于积极发展现代农业扎实推进社会主义新农村建设的若干意见》

编者按 "要想富,先修路",这句广为流传的话既道出了老百姓的心声,又形象地说明了农村公路建设在发展农村经济、农民增收致富过程中的重要性。从平原大川到高山峻岭,从中原腹地到边疆小村,农村公路延伸到哪里,哪里的农民就很快走上致富路。农村公路建设解决了农民行路难的大问题,促进了农村经济社会的发展和繁荣。

目前还有一些农村地区因交通闭塞等原因,经济社会发展滞后,农民群众热切期盼着公路能尽快修到家门口。在当前扎实推进新农村建设的进程中,农村公路建设得到了党中央、国务院的高度重视,今年的中央"一号文件"再次强调要加强农村公路建设。

为了让广大群众进一步了解我国农村公路建设的情况,1月31日,经济日报邀请一位县委书记和两位农民与交通部部长李盛霖就农村公路建设这一主题,在交通部机关会议室进行了交流。

作为建设社会主义新农村的重要内容,农村公路建设具有重要的意义,各级交通部门和基层政府都应该高度重视

龙世洪:我们巴东县农村公路建设这几年取得了很大的成绩,我

总结有三个特点：一是农村公路发展速度比较快，二是老百姓自觉建设农村公路的积极性很高，三是措施和经验比较多。这些特点促进了我们县农村公路建设的快速发展。全县已有通村公路646条，里程2120公里。

李盛霖： 对于农村公路建设，党中央、国务院一直都高度重视。交通部和国家发改委正按照党中央、国务院的要求，加快各项工作的落实。恩施巴东那儿，我准备去一趟。刚才您介绍的情况，反映了巴东这几年农村公路建设的情况，我听后很高兴，这不仅是你们，也是各方面支持的结果，关键是你们地方党委和政府重视，这是农村公路得以快速发展的根本原因。所以我要感谢您重视这项工作。

首先，它是增加农民收入的一个重要途径。"要想富，先修路"，这是农民朋友说的。农村有很多农产品，由于没有路，运不出去，不能变成农民的实际收入。我对此深有体会，我到没路的农村去，农民对修路人苦苦相求；到修好路的农村去，农民一看我们去了放鞭炮欢迎，为什么呢？因为农村公路建设帮助他们赚了钱，提高了收入。

其次，从我国的经济发展来看，战略上正在转向通过扩大国内消费来拉动经济发展。国内消费的拉动，要靠一定的手段去实现。消费要靠流通，流通的一个很重要的载体就是路，如果不在路上做文章，消费的拉动作用就会受到制约和影响。现在，一方面农民有很多的东西要运出去；另一方面，农民增加了收入，手中有了钱，要去买好多东西，一进一出，都得靠路。所以我们说修路，修农村路，从整个国家经济发展战略上来看，是战略转移的一个重要手段。

最后，近年来，各方面都加大了对交通的投入，交通面貌有了很大的改变，民航、铁路发展都很快，特别是高速公路的发展非常快。但是高速公路修完以后，根本目的是要把人送到家，怎么送？就得从高速公路下来，再经过其他路，才能到家。在这个过程中，我们13亿多人口，大多数在农村。我们要把高速公路的效益和作用充分发挥出来，要让铁路、民航、水运等各种各样的交通手段都能发挥它的效益，就要形成一个网络，而农村公路就是这一网络的终端。

国家将对农村公路建设尽最大努力，要遵循"省部联手，各负其责，统筹规划，分级实施，因地制宜，量力而行"的原则

龙世洪：农村公路建设最大的制约就是资金，在这方面我们按照"财政拿一点、乡镇筹一点、项目捆一点、群众干一点、单位帮一点、社会捐一点"的灵活筹资方式，解决了部分资金问题，但还是远远不够，该怎么办呢？

李盛霖：确实，钱是最大的制约因素，不光是你们，全国都存在这一问题。我们计划"十一五"期间要新改建农村公路120万公里，通俗点说，有三句话可以概括我们的目标：第一句话，所有到乡镇的路基本通水泥路、油路；第二句话，东部地区和中部地区，所有的建制村基本通上水泥路、油路；第三句话，西部地区所有的建制村基本通上公路。按照这一总体要求，我们的任务是非常重的，也很缺钱。

去年我们正式启动了"五年千亿工程"，即国家拿1000亿元用于

农村公路建设。现在看来，1000亿元是远远不够的，至少得有1700亿元。所以交通部门又想办法拿出了400亿元。光靠国家拿钱是不够的，要大家一起想办法解决。去年交通部已经和各省、区、市都签订了联合落实好中央"一号文件"的意见，明确联手落实原则为"省部联手，各负其责，统筹规划，分级实施，因地制宜，量力而行"，还有一点就是要尽力而为。

所谓尽力而为，就是我们要尽最大的努力建设农村公路。国家用于农村公路建设的资金来源主要是车购税，2001年用的比重仅有4.8%，2005年提高到了32.5%，2006年达到39.5%，2007年将达到43%。这种比重分布已经相当高了。如果再多的话，高速公路和主干道建设就更加困难，又成了农村公路的"尾"建完了，但是没有主干道来当"头"，作用还是难以充分发挥，我们要有一个统一的考虑，我相信你们能理解，国家已经尽了最大的努力。

由于我们农村公路基础太差，要真正把农村公路都修好，修到每个人都满意，需要一个很长的阶段，所以我们要部省联手，统筹规划，分级实施，量力而行。同时还要坚持因地制宜，区别对待。因地制宜就是要先在基础较好群众呼声较高的地方实施；区别对待在各地来说，国家统一补助每公里10万元，有的地方可能补3万元，有的也可能补18万元，地质条件不同、经济基础不同的地区可以区别对待，像你们边远山区就可能补助多一点。

农村公路一旦修好，养护管理就一定要跟得上，我们的要求是有路必养

龙世洪：还有一个问题，农村公路修好之后的养护管理也很重要，日常管理可以叫农民自己去做，但是如果发生水毁等自然灾害，农民自己就修不了，再加上现在我们享受国家养护的公路只有800公里，实际上我们乡村公路是2000多公里，接近3000公里，这些路的养护管理怎么办呢？

李盛霖：农村公路修完了以后，如果不养护，不保护，农民付出的心血就会付之东流，农民更不满意，所以农村公路的养护非常重要。中央非常重视农村公路养护管理，为此专门发了一个农村公路管理养护体制改革方案，现在全国已经有12个省份出台了省级政府贯彻落实中央这一文件的实施办法。我总结四句话：省一级是领导主体，县一级是责任主体，县级交通部门是实施主体，乡镇政府是配合主体。所以说我们目前已经有规定、有要求，资金来源也很明确，从养路费里面拿出多少比重都有规定。而且责任主体是县一级，所以我希望你们为全国的农村公路养护创造点经验。

修农村公路是帮农民干好事、实事，但是不能增加农民负担，一定要尊重农民的意愿，农民不满意的事情绝对不能蛮干

金学奉：能和李部长坐在一起对话，以前从没想到会有这样的机会。我们村以前通村的路都是黏土的，我们有一句话，叫"没有钱可以过日子，没有水鞋过不了日子"。以前那个道，下雨天年轻人上街

连自行车都骑不了。现在交通部门很重视，大量投入以后，我们先后修了13.4公里的水泥路。路修了以后，这几年引进了几家企业，每年给我们村交70多万元，给农民30多万元，剩下的是村里净收入。现在我们村人均收入大大提高了。我们地不多，80%的农民在企业上班。村里人都感谢党和政府，村民们来的时候都让我当面感谢李部长，希望李部长能有时间到我们村看看大家，吃一顿农村饭。

李盛霖： 好啊，不过要先走农村路，再吃农村饭。

金学奉： 现在我们村一出门就是水泥路了，外村人来看过以后，马上就问搬来这儿行不行。有个老乡已经五十多岁了，他们村非常穷，他说他孩子也可能见不到这样的水泥路，靠他们村根本就修不了。

李盛霖： 能让所有老百姓都走上好路，这是我们每个交通人的希望，也是交通部门上上下下的责任。从交通部到交通厅、到交通局一直到基层，我们都有一个愿望，既要把老百姓的事情办好，同时还得有步骤，平稳、规范地把它办好，而且还要得到农民的充分理解，这样的任务还是很艰巨的。

第一点，我们一过春节，就要开一个会，专门研究部署怎么把农村公路建设搞好，我们不能把整个工作估计得过高，还有很多的问题。您刚才说的这些困难地区，即使国家给一部分钱也修不了，除非100%的给，但100%国家又给不起，能给30%、40%就不得了。这些问题可能在基层是比较多的，所以我们工作还要往深里做、往细里做，这是第一点。

第二点，我们现在制定的政策的落实可能还得有个过程。公路怎么修、地方怎么配套、国家怎么支持，这些需要在农村公路建设的过程当中，在联手落实中央一号文件的过程中，真正把各方面的积极性调动起来。

第三点，从刚才说的例子感觉到，农村公路的建设，一定要围绕地方经济发展来开展，不能光修路，为修路而修路是不行的。建了路引进了企业，欠款就能还，可是有的村没有能力又建了路，欠了农民的钱。修路不跟经济发展结合起来，没有还款的能力。所以农村公路的建设一定要和地方的经济发展紧密结合起来，才能使路真正发挥它的作用。

最后一点，我们要真正体现农民的意愿，不要违背农民的意愿，我们在修路的过程中，有五条一定要做到。第一，一事一议，不修农民群众不想修不愿修的路；第二，合法筹集建设资金，不强行摊派集资；第三，依法征地拆迁，不随意降低补偿标准；第四，因地制宜，要选择合理的线形和技术标准，不随意征用农民的宅基地和耕地；第五，要尽可能利用已有的土源和料场，不乱采乱挖。我再加一条：绝对不能欠农民工的工资。

农村公路建设要服务于社会主义新农村建设，规划布局上也要紧密结合新农村建设规划，不修没用的路

孙运武：我们那里是贫穷落后的地区，现在还是国家级贫困县。我们村离张北县城有几十公里，村里有1200多口人，4个自然村，其中有两个自然村地理位置不太好，现在还是土路，一降雨，路不好，车进不去，还有一条河，农民们种地都非常难，国家修路只要求通到行政村，那些自然村怎么办呢？

龙世洪：我们那里也差不多，自然村比行政村多出一倍，而且现在在搞行政村合并，被撤掉的行政村也不在补贴范围。

李盛霖：真正把农村公路修好，得群策群力。我听了你们讲的情况，简单说一说我受到的启发。

第一，农村公路要紧紧地和推进社会主义新农村建设结合在一起，农村公路是新农村建设的重要内容，新农村建设的核心是要走现代农业的道路，所以我们要紧紧围绕着这个目标去修路。

第二，我国大多数行政村、自然村分布比较散，新农村建设首先要搞好农村的规划，农村公路建设要跟新农村建设的规划结合起来。

自然村是过去天然形成的，是不是从长久来看还是自然呢？会不会有新的规划？可以肯定地说，要规划，把这些自然形成的各个角落里的自然村，通过新农村建设规划逐步规范，可以节约用地，现在很多地区都在这么搞。所以我们现在的农村公路建设要和这些规划结合，否则的话很可能农村的公路修完以后没多长时间，自然村也拆了，路也没用了，白花钱了！

农村的情况很复杂，我们不要孤立地通村、通乡，还要考虑村村通的关系。我们在设计上，要尽量形成较完整的农村公路网络，既通村、通乡，而且村和村还要通。

交通行业要立足"三个服务",从国家战略发展的高度做好农村公路建设,率先为社会主义新农村建设作出应有的贡献

龙世洪: 这几年来,我们深刻认识到农村公路的重要性,但是有时候觉得光有农村公路还不够,还不足以完全解决农民生产、生活对交通的需求,交通部门还有什么打算呢?

李盛霖: 我们的工作重点有很多,但是始终把农村公路建设作为重中之重。我们最近提出,交通工作的核心理念是"三个服务",一是服务于国民经济和社会发展全局,二是服务于社会主义新农村建设,三是服务于人民群众安全便捷出行。也就是说,交通就是个服务行业,要在服务当中找到自己的角度和空间。"三个服务"其中有为社会主义新农村建设服务,重点是农村公路。

所以围绕社会主义新农村建设,我们提出八项措施:

第一是加快农村公路建设。第二是实施农村渡口改造和渡改桥工程,改善渡口的安全条件。第三是积极推进县乡公路的安全保障工程和危桥改造,改善农村公路的安全状况。第四是积极发展农村客运来方便群众出行,就是说我们不仅支持修路,还支持修车站,湖北就是这样,一个车站给一万块钱。第五是继续完善农产品绿色通道网络,我们现在已经有4.3万公里的绿色通道,去年一年增加了1.8万公里,这样农产品出了农村公路到高速公路就是绿色通道,去年为广大农民减免了25亿元通行费。第六是积极推进农村公路的养护管理体制改革,做到有路必养。第七是吸引农村富余劳动力来修路,解决农村就业的问题。第八是积极依托公路事业的发展来促进农民致富,配合农民搞多种经营。

以上这些都是和"三农"紧密联系的措施,最根本的目的,就是要将"三个服务"落到实处。

《经济日报》2007-02-06,薛志伟报道。

对话背景——去年全国新建改建农村公路 32.5 万公里

2006年农村公路建设实现新的突破。全国新建改建农村公路32.5万公里,又有1000多个乡镇、4万多个行政村通上油路和水泥路,使4000万群众得到实惠。全国建设农村客运站8711个,停靠站点2.93万个,全国又有19759个行政村新开通客运班车,客车通达率由81%提高到83.2%。

2006年以来,交通部围绕贯彻落实今年中央一号文件提出的"十一五"农村公路建设目标的要求,部署和组织了加快农村公路建设的各项工作。一是全面开展了全国农村公路通达情况及技术状况普查工作,摸清了农村公路新改建规模和资金需求。二是按照"省部联手、各负其责、统筹规划、分级实施、因地制宜、量力而行"的原则,就农村公路建设、养护管理、资金筹措等问题与地方人民政府交换意见、达成共识。省部共同签订了落实中央一号文件农村公路建设任务的意见,启动了"五年千亿元"农村公路建设工程。三是对车购税投资结构进行了重大调整,进一步向农村公路建设倾斜,车购税投资比重由2005年的32.5%提高到39.5%。四是地方政府加大了省级财政对农村公路建设的支持力度，各级政府也出台了很多措施。五是农民群众以"村民自治、一事一议、民主决策"等方式，积极投工投劳，承担土石方工程施工和自采材料的采备、运输，加快了农村公路建设，增加了农民收入。六是农村渡口改造和渡改桥、农村公路安保工程等8项服务新农村建设的实质性措施得到全面落实。七是贯彻落实《农村公路管理养护体制改革方案》，全国87个县（市）开展了农村公路管理养护体制改革示范工作。制定了《农村公路建设管理办法》，组织经验交流和技术管理培训。八是坚持农村客运同步发展，加大农村客运站建设，大多数省份对新开农村客运班线实行减免交通规费的优惠政策。

发挥农民专业合作社优势
积极发展现代农业

对话人——

李春生：中华全国供销合作总社理事会副主任、国际合作社

联盟副主席

石海林：河北清苑县委书记

贺宝玺：山东省枣庄市山亭区合众乳业合作社主任

策划人——

李　力：经济日报产经新闻部副主任

图2　贺宝玺、李春生、石海林（从左至右）在交谈

赵晶/摄

二 发挥农民专业合作社优势 积极发展现代农业

> 认真贯彻农民专业合作社法，支持农民专业合作组织加快发展。各地要加快制定推动农民专业合作社发展的实施细则，有关部门要抓紧出台具体登记办法、财务会计制度和配套支持措施。要采取有利于农民专业合作组织发展的税收和金融政策，增大农民专业合作社建设示范项目资金规模，着力支持农民专业合作组织开展市场营销、信息服务、技术培训、农产品加工储藏和农资采购经营。
>
> ——摘自《中共中央 国务院关于积极发展现代农业扎实推进社会主义新农村建设的若干意见》

编者按 如何提高农民的组织化程度，让千家万户的农民进入千变万化的市场，提高农业的产出效益？实践表明，发展农民专业合作社是一条有效途径。

2006年10月31日，十届全国人大常委会第24次会议通过了《中华人民共和国农民专业合作社法》（以下简称《农民专业合作社法》），并将于今年7月1日正式实施。这是中华人民共和国成立以来首部专门规范和发展农民专业合作经济组织的法律，也是农村实行家庭联产承包经营责任制以来，首次以立法的形式推进农民的经济互助与合作。这部法律的实施标志着我国农民专业合作社的发展进入了一个新的阶段。

如何发挥农民专业合作社的优势，以新型经营方式发展现代农

业？4月19日，经济日报社邀请中华全国供销合作总社理事会副主任李春生与河北清苑县委书记和山东枣庄的一位农民，围绕合作社发展这一主题进行了对话。

《农民专业合作社法》是我国农业和农村经济领域的一部重要法律，是农村合作经济发展史上的一座里程碑，意义重大而深远

李春生：2006年10月31日，十届全国人大常委会第24次会议高票通过了《农民专业合作社法》，今年7月1日将正式实施。这部法律的出台，直接关系到"三农"的发展，特别是关系到农民专业合作社的发展。这是中华人民共和国成立以来首部专门规范和发展农民专业合作经济组织的法律，也是农村实行家庭承包经营制度以来，首次以立法的形式推进农民的经济互助与合作。该法开篇便明确了立法宗旨：支持、引导农民专业合作社的发展，规范农民专业合作社的组织和行为，保护农民专业合作社及其成员的合法权益，促进农业和农村经济的发展。

此法是我国农业和农村经济领域的一部重要法律，是农村合作经济发展史上的一座里程碑，意义重大而深远。第一，它明确了农民专业合作社的法律地位；第二，它为规范支持农民专业合作社的发展提供了法律依据；第三，它为促进农民专业合作社持续健康发展提供了法律保障。据统计，目前全国有农民专业合作经济组织15万余个，参加的农户达2363万户，占全国农户总数的9.8%。

这部法律的实施标志着我国农民专业合作社的发展进入了一个新

的阶段，依法引导和促进农民专业合作社的发展也必然进入一个新的历史时期。具体来讲，这部法的出台有利于农村基本经营制度的完善，有利于提高农业的组织化程度，促进农业产业化经营；同时也有利于农业技术的推广和应用，促进农产品质量和标准的提高。通过农民专业合作社的发展，有利于农民的素质、合作意识、民主意识、市场意识和自我服务水平的提高，最终促进农村的民主化管理，和谐社会的发展，促进整个新农村建设。

石海林：我们在实际工作中也确实体会到，《农民专业合作社法》出台特别重要。农村合作经济组织这几年应运而生，有的发展很不规范，急需这么一部法律来规范它的发展。

贺宝玺：我学习《农民专业合作社法》之后，对以后的发展更有信心了。这部法律的颁布实施符合我们农民的意愿，必将对农民专业合作社的发展起到重要的推动作用。

建设新农村，发展现代农业，必须提高农民的组织化程度，合作社是对现代农业经营管理制度的创新

石海林：现在中央抓新农村建设，实际上核心还是增加农民收入，发展农村经济。经济发展了，农民有钱了，许多事就好办了。现在农村在发展过程中确实遇到了一些困难。如何提高农民的组织化程度，让千家万户的农民进入市场？这是当前新农村建设中一个非常重要的课题。

从我们清苑县农村的情况来看，我觉得现在农民所思、所盼、所

想的有四个问题：一是现在农村的基础设施建设滞后，阻碍了农村的发展；二是有些地方农民最需要的政策、法规和信息服务等通达不到村、不到户；三是农村流通条件不发达，农民需要的好商品难以买到；四是农村目前还比较闭塞。我们迫切希望专业合作经济组织能够承担起解决这些问题的任务，为农民真正办一些实事。

贺宝玺：我 2003 年 9 月开始组建合作社，在实践工作中我的体会是，建设新农村，不走合作的路子确实不行。为什么这么说呢？我们枣庄市山亭区 20 世纪 70 年代建了一个乳品厂，农民依托乳品厂发展养牛业，后来乳品厂倒闭了，农民没有地方卖奶，就把牛奶倒掉，有的农民甚至把牛杀了。现在农民有愿望联合起来。在这种情况下，我们就成立了合作社。我们首先与龙头企业签订合同，帮助农民解决了牛奶销售的问题，一下子就把龙头企业与一家一户的小农生产对接了起来。农村必须得搞合作经济组织，否则一家一户的分散经营是挣不到钱的。

李春生：今年的中央一号文件提出要积极发展现代农业，扎实推进社会主义新农村建设。我认为发展现代农业，应主要把握好这样几个方面：以现代农业科学技术统领农业的发展，以现代农业物质装备武装农业，用现代的经营制度来管理农业。这里提到用现代的经营制度来管理农业，就需要有一个外在的组织形式保证经营制度的实施，这个组织形式的一个最好的载体，应该是各种类型的专业合作社。

在农村确立了以家庭承包经营为基础、统分结合的双层经营体制后，在家庭联产承包经营这个层面上，我们做得已经相当不错了，潜力也得到了很好的发挥。但在为农服务的这一层面还比较滞后。农村各类专业合作社在这方面发挥着越来越重要的作用。目前我们已经具备了发展合作社的条件和土壤，农民有需求，为什么？家庭联产承包责任制极大地促进了农村生产力的发展，极大地调动了农民生产的积极性。但是随着农业生产的发展，随着市场化、国际化进程的加快，农民越来越感觉到这种规模细小、松散的一家一户的小生产，很难适应大市场的需求，于是就有了自发合作与联合的诉求。专业合作社是农业产业化链条中的重要载体，它就像一条扁担，一头担着企业，一头担着农户，既解决了龙头企业与千家万户对接的问题，又解决了入社农户与龙头企业进行对话、协调，维护自身权益的问题。因此说，农民专业合作社是现代农业经营的重要载体，是对现代农业经营管理制度的充实和完善，从这个意义上也可以说是一种创新。

搞产业化经营，发展农业标准化生产，提高农产品质量，就要充分发挥农民专业合作社的作用

贺宝玺：我们合作社的当务之急，就是要搞标准化生产，不搞标准化龙头企业就不要你的牛奶。我们计划帮助农民建养殖小区和挤奶中心，可依靠农民出资眼前还有很多困难，希望能得到政府的扶持。建一个养殖小区大约需要投资 50 万元。

石海林：50 万不够，我们县建一个养殖小区需要投资 130 万元左右，一年建了 11 个，一个小区的容量设计是 800~1000 头奶牛，一个小区养殖 500 头奶牛只能获得微利，养殖 800 头奶牛才能获利。

有了标准化才能真正保障农民的权益。

李春生：《农民专业合作社法》出台后，国务院有关部门正在依法制定相关的扶持政策。随着相关政策的逐步出台，农民专业合作社的发展会有一个很好的外部环境。

刚才大家讲到标准化问题，我们供销社有一个农业标准化示范基地建设项目，政府对此还有些扶持。靠一家一户确实很难搞标准化生产，而专业合作社搞标准化生产有很大的优势。目前许多国家也是通过各种合作社来推广国家标准和行业标准。例如，现在我国对食品安全问题越来越重视，人民对食品质量的要求越来越高，利用专业合作经济组织把农民组织起来，能更好地实行农产品标准化生产，也能更好地保证食品生产的质量。同时，从流通环节入手，发展流通类型的合作社或现代流通网络，严格市场准入，对于做好我国食品安全工作，可以起到四两拨千斤的作用。

供销合作社作为农业农村经济发展中的一支重要力量，在发展专业合作社方面有诸多优势

石海林：在新农村建设中包括在现代农业的建设中，需要供销社系统发挥优势，找出自己有所作为的平台和切入点也是个关键。

李春生：你说到点子上了。供销合作社作为农业农村经济发展中的一支重要力量，近年来一直坚持为农服务的宗旨和办社方向，推进自身改革，积极兴办各类专业合作经济组织。在发展专业合作社方面有诸多优势。

二 发挥农民专业合作社优势 积极发展现代农业

一是网络优势。供销合作社已形成遍布全国城乡的庞大网络，全国有基层供销社2.2万多个，综合服务社14万多个，农村经营服务网点40多万个，省（市、区）、市（地）、县都设有供销合作社联合社。

二是经济优势。经过多年的改革与发展，截至2006年底，全系统具有一定规模的龙头企业达到1604家，发展各类商品生产基地8300个。去年全系统实现销售总额7489亿元，利润79.5亿元，具备了一定的经济实力。

三是政治优势。长期以来，供销合作社一直坚持为农服务的办社宗旨，贴近农村、贴近农民，在广大农民群众中享有比较好的信誉，可以说对农民具有一种天然的亲和力。

四是经验优势。通过多年的改革和探索，供销合作社在发展农民专业合作社，推进供销合作事业方面，积累了比较丰富的经验。到2006年底，全系统共发展各类专业合作经济组织3.3万多个，共吸收各类成员610多万个，分别占全国的22%和26%。专业合作社的农户带动力和规范化程度都远高于社会平均值。

五是人才优势。供销合作社系统有大量长期从事合作经济研究与实践的人才。

目前，我们正发挥上述优势，积极实施"两大工程"。一是"新农村现代流通网络工程"，也称"新网工程"，主要是通过改造、提升、整合、优化供销社现有经营网络资源和传统经营业务，致力于建立以"农业生产资料现代经营服务网络、农副产品购销网络、日用消费品现代经营网络和再生资源回收利用网络"为主体的沟通城乡、

"双向流通"的农村现代流通体系。二是"千社千品富农工程",主要是每年从全系统选择 1000 个规范的专业合作社,根据产业优势和地域特点,塑造 1000 个特色农产品品牌;5 年时间,扶持 5000 家专业合作社,塑造 5000 个特色农产品品牌。每个专业合作社平均带动社员 1000 户以上,通过此项工程直接带动 500 万户农民,实实在在地帮助农民实现增收。

目前,我们首先着重抓的是"新网工程",用现代的经营方式整合、改造好我们传统的网络,这项工作已经取得了初步成效。全系统有 35% 的经营网点纳入了连锁、配送体系,商务部搞的"万村千乡市场工程"的农家店中,65% 左右是供销社的网点。按照国家的标准,我们设想在 3 年至 5 年内,通过连锁配送经营实现的销售额占全部商品销售额的比重达到 50% 以上。"新网工程"目前正在申请立项。其次,我们要突出抓好专业合作社的发展,我们不仅自己创办专业合作社,而且要搭建为农民合作经济组织发展服务的平台,充分发挥我们的优势,向他们提供服务,依法通过民主、自愿的原则,扩大供销合作社的基层组织资源。最后,大力发展农村社区综合服务,为农村社区居民提供全方位的服务。这项工作做好了,供销合作社在新农村建设中的作用就充分显现了,而且在这方面我们已经有许多好的典型,如山东日照供销社搞的农村社区服务中心效果非常好。建设社区综合服务平台,农民欢迎,政府满意,而且具有可持续性,因为它是按市场经济的原则去运作的。

石海林: 供销社在发展专业合作组织中具有无法比拟的优势,这取

二 发挥农民专业合作社优势 积极发展现代农业

决于三个方面：一是供销社是老合作经济组织，从中华人民共和国成立初期就开始建立，它有非常好的基础和网络；二是供销社有一大批素质非常高的经营人才；三是农民非常信任供销社，一个大村有几个商店，挂供销社的牌子和不挂供销社的牌子，老百姓认可程度不一样，经营额也是不一样的。我认为在建设新农村中供销社肩负着重要使命。

我们县供销社目前主要抓三项工作：第一，抓农村合作经济组织。我们县成立了38个农民合作经济组织，组织形式各异，有些是供销社干部下去领办，有些是退休的老同志组织的，有些是在职的干部组织的，有些是农民、经纪人组织的，有些是龙头企业的企业主组织的。

第二，建立农村流通网络。我们要发挥供销社联合合作的优势，以市场化运作为基础构建三大流通网络。一是农资网络，县社以金桥农资配送中心和绿农农药配送中心为龙头，通过发展农资商品直营连锁店和加盟连锁店，整合原有的农资经营网络，形成覆盖全县的农资流通网络格局，已发展连锁配送网点196家，统一配挂了清苑县供销社农资连锁加盟店的牌匾。二是日用消费品网络。县社结合"万村千乡市场工程"，利用供销社的老场地和老能人，请他们出来当业主，有的利用农村的新能人，建立对老百姓负责的、安全的、高质量的超市。而且我们每建一个超市补贴3000元。三是农副产品购销网络。以清华果菜有限公司为龙头，以1818家农副产品购销型专业社为基础，构建农副产品购销网络，沟通农民生产与销售市场。

第三，建立农村社区综合服务中心。我们县有290个村，在87

个村率先试点搞村民中心，主要以供销社的老框架为基础，以农民合作经济组织为主体，以原有大队部为场地，成立村民中心，为农民提供的服务包括法律服务、计生服务、伤残老人的服务、育龄妇女的保健服务、少儿服务，主要以服务"三农"为主。

我们县供销社面对激烈的市场竞争，不等不靠，而是根据农民的需求，不断拓宽经营渠道，建了许多专业合作社。专业合作社的发展，也促进了县供销社整体实力的增强。现在我们县里农村门脸最漂亮、实力最雄厚的商店是供销社。

李春生：你们县通过基层社的改革和体制创新，通过对供销社老网络、老网点的整合、改造，使供销社重新焕发了生机与活力。供销合作社的管理体制和运行机制既然适应了目前农村经济发展的实际和现实的行政管理体制，应该也能够在农民专业合作社建设中，特别是在新农村建设中充分发挥作用，各级地方政府完全可以把供销社作为依托和信赖的一个抓手。

贺宝玺：搞合作社离不开供销社系统，我们刚刚组建合作社的时候，什么都不懂，在当地供销社的指导和帮助下，知道了怎么去组织，怎么去规范，怎么去发展。合作社今后的发展也离不开供销社。我们合作社刚成立时，入社的农户只有18户，现在已经有200多户了，还带动周边4个县的农户加入合作社。现在我们合作社的社员越来越多，要为农民提供生产资料、生活资料、配种改良等服务。我们下一步还要搞标准化生产，建养殖小区，需要政府在土地、技术和资金方面给予支持，这就需要供销社帮助协调解决问题。目前我们山亭

二 发挥农民专业合作社优势 积极发展现代农业

区已经把农民合作经济组织列入了区供销社管理。

为了增强在市场中的竞争地位，农民专业合作社发展到一定阶段，趋势就是走向联合

李春生：农民专业合作社的发展要紧紧依靠党委的领导，紧紧依靠政府的支持，依法自愿组织，自我服务，自我发展，只有这样才能发展起来。

《农民专业合作社法》的出台，标志着长期困扰专业合作社发展的法律缺失问题基本得到解决，农民专业合作社将进入一个规范、快速发展的新时期。当然，我国的农民专业合作社普遍规模较小，市场竞争力和抗风险能力还不强。从长远角度看，农民专业合作社发展到一定阶段会走向联合，也就是我们常说的"在农民基础上的合作，在合作基础上的联合"。合作社通过联合可以增强其在市场竞争中的地位，可以解决单个专业合作社解决不好、解决不了的问题。

供销合作社在这方面正发挥着积极作用，各级供销社联合社通过联合有关部门和组织，组建农村合作经济组织联合会，为专业合作社发展提供技术培训、信息咨询、业务指导、法律维权、产品营销、政策协调等服务，深受会员和广大农民的欢迎，得到了地方政府的肯定与支持。目前，部分省区市和226个地（市）、1000多个县依托供销社成立了农村合作经济组织联合会。

合作社的事业是一个朝阳事业，国外也是这样，合作社的发展历史悠久，而且势头很好。一个国家经济、社会的发展离不开合作社的

发展，这已成为人们广泛的共识。随着我国经济、社会的发展，农民专业合作社以及社区各类专业合作组织的成功实践，对发展合作社的认识会逐步提高。各级政府对其发展会给予更多、更好的扶持。合作社发展的环境会更为宽松，合作社一定会有一个更快的发展。

合作社的理念内涵非常丰富，其中一个重要内容就是：一人为大家，大家为一人，人人为我，我为人人。这与我们和谐社会的理念是一致的。从这点来看，合作社既是一个奉献者的事业，也是一个有光明前景的事业。我们有了这样的认识高度，就应该对这项事业充满信心。

贺宝玺：听您这么一讲，我们发展合作社就更有信心了，感觉前途更光明了。

《经济日报》2007-04-24，刘惠兰、刘慧整理。

阳光工程：让农民从培训中长期受益

对话人——

危朝安：农业部副部长

王成长：江苏省铜山县委常委

艾云双：重庆市梁平县铁门乡新龙村农民

策划人——

李　力：经济日报产经新闻部副主任

图3　艾云双、危朝安、王成长（从左至右）在交谈

李树贵／摄

三 阳光工程：让农民从培训中长期受益

> 普遍开展农业生产技能培训，扩大新型农民科技培训工程和科普惠农兴村计划规模，组织实施新农村实用人才培训工程，努力把广大农户培养成有较强市场意识、有较高生产技能、有一定管理能力的现代农业经营者。
>
> 加大"阳光工程"等农村劳动力转移就业培训支持力度，进一步提高补贴标准，充实培训内容，创新培训方式，完善培训机制。适应制造业发展需要，从农民工中培育一批中高级技工。
>
> ——摘自《中共中央 国务院关于积极发展现代农业扎实推进社会主义新农村建设的若干意见》

编者按 建设新农村，发展现代农业，最终要靠有文化、懂技术、会经营的新型农民。

要富裕农民，就要转移农村富余劳动力，就要提高农民的专业技能和综合素质。根据第五次人口普查资料显示，我国第二产业从业人员中，农民工约占58%，农民工已经成为我国产业工人的重要组成部分。但是，我国农村富余劳动力存在着数量庞大、技能不高、就业不稳、收入偏低等问题。

如何培养造就新型农民，使他们成为新农村建设的主体，成为推进我国工业化、城镇化和现代化的主力军？5月25日，经济日报邀请了农业部副部长危朝安与江苏省铜山县委常委王成长和重庆梁

平县农民艾云双,围绕培养造就新型农民以及阳光工程实施等问题进行了对话。

建设新农村,发展现代农业,必须培训农民,充分调动农民的积极性、主动性和创造性

危朝安：经济日报就农村劳动力培训这个问题策划组织专门的对话,支持、宣传这个事情,一方面充分说明了新农民培训在建设社会主义新农村,发展现代农业,加快我国经济社会发展中的重要性;另一方面充分说明了我们党和政府,以及全社会对农民培训的高度重视。

经济日报《对话》这个栏目的设计非常好,让国家政策制定部门的同志,政策落实操作层面的代表,受益的农民,坐在一起讨论问题,通过对话,看看有关政策到底怎么样,好不好?实施得怎么样,好不好?老百姓从政策中到底得到了多少实惠?

多年的实践证明:没有新农民,就没有新农村。我们到各地调研,看到有的地方新农村建设,有新村无新貌。房子是新的,但是人的观念依旧,农民的技能没有得到提高。不能说这就改变了农村的面貌。我们认为,盖房子是有形的,相对来说好办,有钱投入基本就可以做得到。而培训农民是无形的,往往不那么好办。既要投钱,还要方方面面共同努力,最重要的是农民要有积极性。我们可以拿钱给农民建新房子,让他们住进去,但是要培养提高他们的素质,如果不发挥农民自身的主体作用,是办不到的。因此,要培训农民,提高农民的素质，既要政府拿钱培训农民，也要农民有学习的积极性。中央提出新农村建设的5句话，"生产发展，生活宽裕，乡风文明，村容整洁，管理民主"涉及5个方面，哪一方面也离不开高素质的农民，从这个意义上讲，在新农村建设中培养新农民比任何一个方面的工作都重要。

目前我国的情况是，一方面农村有着非常丰富的劳动力资源，而且人口还在不断增加；另一方面农村劳动力资源中有相应素质的，符合工业化、城市化发展要求，符合经济社会发展要求，符合现代农业发展要求的劳动力资源又相对匮乏。据统计，我国农村劳动力平均受教育年限只有7.3年，受过专业技能培训的仅占9.1%，接受过农业职业教育的不足5%，绝大多数农村劳动力仍属于体力型和传统经验型农民。所以，农民培训问题是一篇大文章，需要各级政府的高度重视，需要社会各方面的共同努力，更需要农民的积极参与。农业部党组一直十分重视农民教育培训工作，与有关部门配合，在农村组织实施了多项农民教育培训计划和项目，包括绿色证书培训、新型农民科技培训、农村劳动力转移培训阳光工程、农村实用人才百万中专生计划等，对提高农民素质，发展农业生产，促进农村劳动力转移取得了明显的效果。基层做了大量的工作，也很有成效，但这是一个永恒的课题，现在才刚刚破题。

培养新型农民，不仅要培养技能，还要培养现代文明意识和科学素质

王成长：我们铜山县在新农村建设方面提出的总体目标是，把铜

山县打造成苏北新农村建设的先导区。中央提出新农村建设方针后，我们结合本县的实际，通过调研、归纳、总结，把"新"字理解为三个方面：第一是培养新农民，第二是打造新产业，第三是建设新村庄。

就培养新农民而言，我们通过培养有文化、有技能、有文明素质的农民，使新农村建设的主体——农民的素质不断提高。第一，加快发展农村教育事业，提升农民文化素质。我们县小学适龄儿童入学率、巩固率达到了100%，初中入学率、巩固率达到97%以上，高中入学率达到了75%。第二，大力开展实用技术培训，提高农民科技素质。我们县拥有3所国家级重点职中，1所省级重点职中，12所省级重点成人教育中心校；培植了2个省级、3个市级农科教结合示范基地。培养出一大批致富能手和农村科技户、示范户。第三，深入开展精神文明建设，提升农民文明素质。通过"十星级文明户"的评比，形成了户户"保星""争星"的氛围，村民的文明素质逐步得到提高。

危朝安：你们县做得很好。我们也感觉到提高农民素质要全方位培训农民，不仅要提高他们的技能，还要培养他们的现代文明意识和科学素质。

打造新产业，以当地产业为依托，实现农村劳动力就地转移

王成长：我们铜山县把农业增效、农民增收作为农村工作的第一要务，做精第一产业，做强第二产业，做大第三产业。并以当地产业为依托，实现农村劳动力就地转移。

三 阳光工程：让农民从培训中长期受益

在农业方面，我们做精三大主导产业：一是依托维维集团做大做强奶牛养殖业，目前全县拥有奶牛存栏量3.2万头，奶牛奶业纯收入2亿元。二是高水平提升蔬菜园艺业，引进了高榕、润嘉、瑞杰等一批果蔬加工出口龙头企业，建成了郑集省级外向型农业示范园。三是培育胜阳木业集团，做大做强生态经济林业。去年全县奶牛业、蔬菜园艺业和林果业实现产值120多亿元，农民人均纯收入60%以上来自这三大主导产业。

危朝安： 对农民进行技术培训非常重要。你们县有没有对种植蔬菜的农民进行技术培训？

王成长： 我们县很重视对农民进行技术培训，去年县政府带领农户代表到山东寿光参观，县财政拿出10万元购买蔬菜种子，引导农民建蔬菜大棚，并且在县农业局技术人员统一指导下育苗。我们县一家民营公司还投入2000万元，成立了徐州九九农业培训园，专门对农民进行技术培训。

在工业方面，我们实行以工促农、以企带村，强力推进工业产业大发展，全力打造食品、钢铁、机械、电子、汽车五大百亿产业。

在服务业方面，重点发展服务业、旅游业；加快发展信息服务业，提升信息服务水平；同时加大传统服务业整合与提升力度。

我们通过发展当地产业来带动农村劳动力就地转移。这是因为劳务输出虽然增加了农民的收入，但又出现了诸如农民工子女教育、老人赡养、育龄妇女计划生育、社会人口流动管理等社会问题。为此，我们在重点做好农业的基础上，重点发展乡镇工业，以便就地转

移农村富余劳动力。从 2003 年开始，我们县以省级技术开发区为龙头，又规划了 9 个特色工业集中区。这样就解决了我们县劳动力群体 60% 以上人群的就业。有了产业的支撑，不仅可以就地转移农民，而且吸引了一部分外出打工的农民回乡就业。

危朝安：那么，你们县下一步在提高农民整体素质，实施阳光工程方面有哪些新的举措和思路呢？

王成长：我们最近有一个新的举措，就是评选星级社会保障所。因为乡镇社会保障所是跟老百姓接触最多、联系最紧密的单位，能为农民及时提供一些就业岗位、就业信息。我们通过评选星级保障所，鼓励为农民提供更多的就业岗位，进而带动劳务输出。

另外，我们注重培养农民的创业思想。苏北是传统的农业区，农民小富即安的思想重，不愿走出去创业。为了解放农民的思想，让他们大胆走出去创业，我们举办了几次大的以创业为主题的教育活动，截至目前，已经成功举办了 5 次"十佳回乡创业者"评选、"十佳创业青年"评选等活动，还举办了一系列的培训，在全县产生了很大的影响。我们县黄集镇农民吕永久原来家庭比较贫困，后来到新疆打工，挣了一点钱，回到家乡发展养鸭业，现在资产已经达到 2000 多万元。为了回报当地农民，他建了一个扶贫养鸭园区，带动了周围农民致富。

三 阳光工程：让农民从培训中长期受益

阳光工程培训的效果非常明显，农民素质提高了，观念改变了，收入提高了

危朝安： 阳光工程自2004年启动实施以来，受到地方党委、政府的高度重视，受到农民和企业的欢迎。截至去年底，阳光工程已累计培训农民880万，转移劳动力760多万。通过阳光工程培训，农民掌握了一技之长，提高了农民的综合素质和转移就业能力，有的已经成为企业的技术骨干和管理人员；阳光工程培训促进了农民增收，据统计，接受阳光工程培训转移就业的农民，人均月收入比没有参加培训的农民工高出约200元。阳光工程通过订单培训，减少了农民流动的盲目性，降低了农民外出务工的成本。

王成长： 阳光工程培训的效果确实非常明显。

我有几点深切的体会：一是以前我们县农民输出到浙江、苏南后，因为没有一技之长，很快就被解聘了。现在，经过培训的农民就业很容易，一些企业主动上门要人。二是经过培训的农民收入明显提高了。在我们县一些经济欠发达的乡镇、村子，劳务输出是提高农民收入的一个最主要的途径。特别是35～50岁的中年农民，采取"订单式"培训，"组织化"转移的方式，以学技能和专长为主，重点掌握实用型新技术，走出去或者就地转移从事其他行业，从而增加了工资性收入。三是一部分经过培训的农民自己做老板创业致富。

艾云双： 从我个人角度看，我感觉培训之前和培训之后的反差特别大。1991年我上高中二年级的时候，我们家6口人有4口人生病住院，父亲一直卧病在床，直到2000年去世，家里没有一点经济来

源,我不得不辍学打工。我干的第一份工作是在一家乡镇企业里,一天只能赚到2元钱,干了一个月,人家嫌我身体不好,不要我了。后来我到江苏南京的江陵经济开发区干过,又到过青岛的工地做小工,工资很低,一天只有7元钱。1994年我来到北京,当过小卖部售货员,挖过煤。后来断断续续在建筑工地干了几年,干的都是零工,一个月30天,经常是10天在找工作,20天在干活,而且一年干了8个月的活,还有2个月拿不到工钱。我在工地打工这么多年,虽然积累了一些经验,但是始终迈不上一个台阶,一个月只能挣几百元工资。

2004年9月,我因为家里有事回家一趟,在梁平县火车站下车时,看到梁平县农业广播学校的老师在散发学习培训的传单,我觉得不错,就交了350元报了名,在阳光工程培训学校接受了一个月的培训,又在老师的带领下到北京一家建筑公司实习一个月,并且在这家建筑公司干了不到半年时间,我发现自己长本事了,就到劳务市场找工作,应聘到了现在的北京汇智机电设备安装工程有限公司。我从一名普通工人开始做起,目前已经做到项目经理。我现在一年能挣五六万元钱,我爱人一年能挣三四万元钱。我们家庭一年的收入将近10万元钱。随着收入的提高,我家的生活质量也提高了,原先我的孩子在农村上学,现在我把孩子接到县城上学。

阳光工程培训给我指引了一条路,使我有了再学习的能力。我原先每月工资入不敷出,没有钱上学,想学不敢学。现在我已经在北京建筑工程学院上了两年夜大。我爱人也参加过阳光工程的培训,目前也在北京建筑工程学院上夜大。我们俩都从阳光工程里面体验到了知识的重要性，体验到了学习和再学习的重要性。

在学校培训的时候，老师对我说过两句话，让我受益终身。第一句话是：我教你这一个月时间虽然很短，教给你的技术也是远远不够的，但是我要教给你的是你再学习的能力。第二句话是：阳光工程培训不仅在于我们学校，也不仅在于政府，而是在于你们这些学员出去以后要传帮带。我现在通过传帮带，把我们县我们乡的很多农民都带出来了。我们培训班的另一个学员目前在重庆市做电器分包业务，也做得非常好。

危朝安：你们都成了农村劳动力转移的带头人了。

艾云双：几年前我极端自卑，现在我越干越有信心，只要自己努力工作，就可以越干越好。

危朝安：听了你的经历我非常高兴。这说明一个人要获得成功，一是要有本事，二是要有精神，要靠自己不断努力奋斗。从小艾的经历，我也看到了阳光工程取得的成效。虽然培训的数量与我国农村人口数量、农村劳动力数量相比，比例相当低，但是通过示范培训和先进典型的引导，已经给农民一个强烈的信号：他们在城里并不是找不到事做，赚不到钱，而是要有相当的素质；无论是在农村还是在城市，需要的不仅只是有体力的农民，而是需要接受过教育培训、掌握一技之长的农民。现在有的农民不仅自己要去上课，去接受培训，而且督促自己的孩子要好好学习。因此阳光工程不仅对农民自身素质提高起作用，甚至对农村义务教育，也起到了促进作用。以后阳光工程的政策效应会越来越明显。

农民工已成为我国产业工人的重要组成部分,各地农民培训的需求很大,希望社会各方面都来关注、支持农民培训问题

危朝安：你们铜山县一年用在培训上面的投入是多少？通过阳光工程培训的农民占全县劳动力的比例是多少？

王成长：去年我们县投入255万元,其中省拨付的培训经费是150万元,市级配套经费5.2万元,县里投入将近100万元。我们这几年转移出去的劳动力有35万人,其中劳务输出24万人。去年输出劳动力1.9万人,经过培训的农民1.6万人。

危朝安：你们县能够集中这么多资金来培训新型农民,应该说你们县在农村劳动力转移方面做得非常好了。铜山县是一个人口大县,劳动力资源非常丰富,发展县域经济,发展现代农业都需要高素质的农民；而且铜山县具有特殊的区位优势,紧靠南京、上海这两个大城市,相当部分的劳动力,是往这两个大城市转移的,这就决定了铜山县农民的培训非常重要。

艾云双：我们梁平县农村劳动力很多,我觉得每年培训转移的劳动力数量太少了。真正像我这样能够享受到这个机会的,比例还是很小。另外,像我这种再学习能力比较强的农民不是很多,对他们来说,培训一个月的时间还是有点短。但是如果让农民不上班培训3个月或者半年时间,收入就会受到影响。能否在这方面再加大投入？

危朝安：应该说国家现在对农民培训的投入力度是比较大的,去年中央财政投入阳光工程培训6亿元,今年达到9亿元,增幅很大,也带动了地方对农民培训的投入,但是各地农民培训的需求更大。阳光工程作为农民转移培训，只是一次性的短期培训，我们要求保证培训时间，保证培训质量，但是要真正提高农民的素质，靠一次培训是不够的，需要逐步实行终身培训，终身教育。农民培训的任务艰巨，难度大，需要我们付出艰苦的努力。我们也希望社会方方面面的人士都来关注农民培训问题，支持农民培训工作。

我们非常高兴地看到，很多企业通过各种不同的方式来支持农民培训。这一方面说明建设新农村，发展现代农业，确实需要新农民；另一方面说明中国企业未来的发展，也有待于农民素质的提高。根据第五次人口普查资料显示，我国第二产业从业人员中，农民工约占58%，加工制造业中农民工占68%，建筑工人中农民工占80%，农民工已经成为我国产业工人的重要组成部分。因此，要把我国的工业搞上去，要把我国的产业发展起来，就必须把农民培训这件事情做好。

我们对农民培训工作充满希望，充满信心。因为现在并不是只有几个部门在搞农民培训，而是各级党委、政府，社会方方面面都很重视这个工作，都在关心、支持农民培训问题。

要建立长效机制，让农民从阳光工程培训政策中长期受益

艾云双： 阳光工程确实给我们农民工带来很多实惠。我现在想知道的是如何确保农民培训的政策、机制能够真正落到实处，让我们从这项惠民政策中长期受益？

危朝安： 这个问题提得很好。我们的制度和机制的设计要符合实际，符合基层的实际，符合能够让政策落实下去这个要求，一定要用

制度、机制来保障这项政策的落实。我们在制度、机制的设计上，首先要解决这个问题。其次是要加强对这种制度和机制落实的一种监督。制度、机制设计起来后，只要能够保证这个政策的连贯性，这个长效机制就能够形成了。有了好的政策，没有一套制度和机制来保障，也形成不了长效机制。所以这两个方面，我感觉都很重要。阳光工程通过几年的实施，已经探索出了一套有效的管理办法和良好的运行机制，成为政府、企业、农民都满意的德政工程。

阳光工程实施取得了明显成效，但仍然存在一些不足：一是补助标准还不高。根据农业部2006年对餐饮、建筑等9个培训量大的专业的调查，这些专业的平均培训成本是602元（不含生活费），而中央财政人均补助标准2007年才达到257元（去年为171元），农民如果参加技术含量高的培训，还需负担相当一部分的费用。二是培训质量需要进一步提高。当前阳光工程中低层次培训还占相当大的比例，培训时间难以保证，这与提高农民就业技能、实现稳定就业的要求不相适应，需要进一步加大高技能培训的比重，从整体上提高阳光工程培训质量。三是项目监管需要进一步加强。由于阳光工程面广量大，监管任务重，虽然我们制定了管理办法和监管制度，但仍有个别地方和培训机构存在培训要求不落实、资金使用不规范的问题，我们将进一步改进和加强监管工作，确保资金的使用和管理，让更多的农民受益于阳光工程。

《经济日报》2007-05-29，刘慧整理。

四

为新农村建设提供坚强的组织保证

对话人——

傅思和：中央组织部部务委员兼组织局局长

刘以安：江苏高淳县委书记

陈分新：陕西省旬阳县棕溪镇王院村党支部书记

策划人——

李　力：经济日报产经新闻部副主任

对话 上

图4 傅思和（中）、刘以安（左）、陈分新（右）在交谈

李树贵/摄

四　为新农村建设提供坚强的组织保证

加强农村基层组织建设，巩固和发展农村保持共产党员先进性教育活动成果。继续开展农村党的建设"三级联创"活动，选好配强乡村党组织领导班子，加强以村党组织为核心的村级组织配套建设。加快推进农村党员干部现代远程教育工程，大力推进村级组织活动场所建设。积极探索从优秀村干部中考录乡镇公务员、选任乡镇领导干部的有效途径，关心村干部的工作和生活，合理提高村干部的待遇和保障水平。加强农村基层党风廉政建设，增强农村基层党组织的创造力、凝聚力、战斗力。

——摘自《中共中央　国务院关于积极发展现代农业扎实推进社会主义新农村建设的若干意见》

编者按　在扎实推进社会主义新农村建设的进程中，基层党组织起着重要的战斗堡垒作用，是抓好农村工作的根本和关键。在当前农村社会发生着广泛而深刻变化的形势下，如何进一步搞好基层党组织建设工作？6月18日，经济日报邀请了中央组织部部务委员兼组织局局长傅思和，与江苏高淳县委书记刘以安、陕西省旬阳县棕溪镇王院村党支部书记陈分新，围绕加强基层党组织建设等问题进行对话。

傅思和：经济日报开的这个《对话》专栏很好，这一期是请我们中央组织部出面谈加强农村基层组织建设问题，这个时候选这个题

目,选得很及时。部里很重视,要把这次对话作为促进我们加强农村基层党建的一个很好的契机。

党中央历来高度重视农村基层组织建设。近些年来,农村基层组织建设不断加强,农村经济社会发展得到有力促进,为推进社会主义新农村建设注入了强大动力

傅思和:最近,我抽出一天时间到河北省徐水县进行了专题调研,同5位乡镇党委书记、6位村党支部书记进行了座谈。下面我先谈一下有关情况。

胡锦涛同志强调指出:"农村工作千头万绪,抓好农村基层组织建设是根本,是关键,是必须做好的基础工作。"农村基层党组织是党在农村全部工作和战斗力的基础,是农村各类组织和各项工作的领导核心。加强农村基层组织建设,直接关系到农业的发展、农村的稳定和农民的福祉。

我国目前有乡镇党委3万多个、村党组织60多万个、农村党员3000多万名,占全国党员总数的42.4%。近些年来,按照中央部署,各级党组织在加强农村基层组织建设上做了大量工作,取得了明显成效。特别是全国农村"三个代表"重要思想学习教育活动和农村先进性教育活动的扎实开展,对改进党员干部作风、提高素质能力、密切党群干群关系,健全农村党的建设长抓不懈的工作机制,都起到了十分重要的作用。

党的十六届五中全会提出建设社会主义新农村这一重大历史任

务，对农村基层党组织提出了新的更高的要求。比如，社会主义新农村建设的目标在于促进农村全面协调发展，这就要求农村基层党组织既要大力发展农村经济，帮助农民增收致富，还要积极推动树立农村文明风尚，美化净化村容镇貌，维护农村和谐稳定；社会主义新农村建设的本质在于富民为民，这就要求农村基层党组织必须真正为农民群众办实事、办好事，真心帮助群众解决困难，切实维护群众利益；实行工业反哺农业、城市支持农村的方针，这就要求各级党组织要加大以工促农、以城带乡的力度，统筹运用城市各个方面的资源和力量，采取对口帮扶、下派干部等有效措施，帮助农村基层党组织加快发展，特别是要帮助贫困村尽快改变面貌，提高农民群众生活水平，这也是促进社会公平和正义的重要途径。这些新任务新要求，都需要我们深入研究和把握，并在工作实践中认真加以贯彻落实。

总的看，农村基层组织建设的不断加强，使党在农村的各项方针政策更加深入人心，一些影响农村改革发展稳定的突出问题不断得到解决，农村经济社会发展得到有力促进，为推进社会主义新农村建设注入了强大动力，奠定了坚实的工作基础。

农村基层党组织在建设社会主义新农村中肩负着重要职责和光荣使命，要按照"生产发展、生活宽裕、乡风文明、村容整洁、管理民主"的目标要求，扎扎实实地抓好四个方面的工作

陈分新： 我是来自陕西旬阳县棕溪镇王院村的党支部书记，我想问一下，在推进社会主义新农村建设中，农村基层党组织应在哪些方

面充分发挥作用、提供组织保证?

傅思和: 农村基层党组织在建设社会主义新农村中肩负着重要职责和光荣使命。当前,农村基层党组织要扎扎实实地抓好以下四个方面的工作:

一是要抓发展增收。发展现代农业是社会主义新农村建设的首要任务。发展、增收是农民群众最大的愿望。农村基层党组织第一位的工作,就是要抓发展、促增收。当前要特别加大对贫困村的帮扶力度,让农民从发展中得到实实在在的利益。

二是要保障农民民主权利落到实处。党组织要支持、保障农民群众的民主选举、民主决策、民主管理、民主监督等权利,进一步健全村党组织领导的充满活力的村民自治机制,推进乡镇政务、村务公开制度的落实,激发调动农民群众建设社会主义新农村的积极性、主动性和创造性,真正发挥农民群众在新农村建设中的主体作用。

三是要加强精神文明建设,培育新型农民。新农村建设需要大批有文化、懂技术、会经营的新型农民。农村基层党组织要把培训农村实用人才、提高劳动力技能作为一项重要工作,协助配合有关部门切实开展起来。同时,要树立以"八荣八耻"为主要内容的社会主义荣辱观,引导农民崇尚科学、抵制迷信、移风易俗、破除陋习,逐步形成健康文明的农村新风尚。

四是协调处理各种利益关系,保持农村和谐稳定。对新形势下的人民内部矛盾,农村基层党组织要多做引导、疏导工作,多做防范和化解的工作,努力把问题解决在基层,解决在萌芽状态。要担负起农村社会建设和管理的责任，努力使农村每个家庭、每个村组、每个村镇都成为和谐社会的"健康细胞"。

在建设社会主义新农村的新形势下，要采取措施进一步加强和改进农村基层组织建设

刘以安：围绕建设社会主义新农村这个主题，如何进一步加强和改进农村基层组织建设呢？

陈分新：这也是我们基层村党支部很关心的一个问题。

傅思和：你们这个问题问得很好。按照中央的要求和中组部的部署，在新形势下加强和改进农村基层组织建设，要从以下几个方面努力。

一是以科学发展观为统领，谋划和推进农村基层组织建设。农村基层党组织要转变发展观念，坚持科学发展、和谐发展，在推动农村经济社会又好又快发展中，更多地让农民群众得到实惠。

二是认真贯彻落实中央四个长效机制文件，进一步巩固和发展农村先进性教育活动成果。特别是要通过建立长效机制，使农村基层党的组织和活动更加健全，党员经常受到教育，素质能力不断提高，作用充分发挥，党群干群关系得到不断改善。

三是按照建设社会主义新农村的要求，进一步丰富"三级联创"活动的内涵。要认真贯彻落实去年召开的全国农村党的建设"三级联创"活动工作视频会议精神，进一步丰富和细化领导班子好、党员干部队伍好、工作机制好、小康建设业绩好、农民群众反映好的目标要

求，为创建活动注入新的活力。

四是进一步明确各级党组织抓农村基层组织建设的职责任务，上下联动、齐抓共管，努力形成推进社会主义新农村建设的整体合力。在这方面，许多地方进行了积极的探索实践，比如一些地方实行的县（市）委书记抓农村基层组织建设专项述职制度，取得了很好的效果，值得各地学习借鉴。

当前我国农业和农村经济正处在新的发展阶段，农村综合改革向纵深推进，农村社会发生着广泛而深刻的变化，给农村基层组织建设带来了许多新情况、新问题

刘以安：当前我国农村基层组织建设有哪些新机遇和条件，面临哪些新情况、新问题？

傅思和：进入新世纪新阶段，特别是党中央提出建设社会主义新农村以来，全党全社会进一步关注农村、关心农民、支持农业，为进一步加强农村基层组织建设提供了难得的历史机遇，创造了良好的环境和条件。

农村基层组织建设能够有今天这样一个好的局面，一是中央制定的一系列农村工作方针政策好，有利于农村和农业的发展，让农民群众得到了实惠；二是各级党委政府及各有关部门的重视和投入，逐步形成了齐抓共管的合力；三是广大农村党员和基层干部的辛勤工作；四是农民群众对基层党组织工作的大力支持。这几条，正是我们做好农村基层组织建设必不可少的重要条件。

四　为新农村建设提供坚强的组织保证

当前我国农业和农村经济正处在新的发展阶段，农村经济增长方式发生重大变化，农村综合改革向纵深推进，农村民主政治建设稳步发展，农村社会发生着广泛而深刻的变化，给农村基层组织建设带来了许多新情况、新问题。

比如，在推动农村经济发展方面，一些地方的农村基层党组织组织农民进行产业化经营、发展现代农业的能力还不强，帮助农民进入市场、增加收入的办法还不多。

在团结联系群众方面，新形势下一些过去计划经济条件下熟悉的手段方法不能用、不管用了，基层党组织与群众的联结纽带、做好群众工作的方式方法怎样适应新的变化，还需要深入研究。

在协调处理利益关系、维护农村社会和谐稳定方面，面对农村社会出现的不同的职业群体和利益主体，基层党组织如何做到既敢于面对矛盾，又善于化解矛盾，维护好各方面群众的利益，这也是一个崭新的课题。

在发挥领导核心作用、推动村民自治方面，党组织如何既保证农民群众依法行使管理村级事务的权利，又能有效实施对村民自治的领导，还需要进一步探索好的途径办法。

此外，农村青年入党积极分子外出务工增多、村干部后备力量不足，村干部的报酬激励保障机制尚未建立等，都是新形势下我们必须加以重视和解决的问题。

陈分新： 建设新农村，我个人的体会是村级的组织是党在农村最基层的一级组织，我的理解首先是抓发展，你要叫老百姓听你的话，

首先要有发展的思路，只要让群众能富裕，群众都愿意听，所以还是要富起来才行。

中央组织部作为党中央的一个重要职能部门，对党中央的工作部署坚决贯彻执行，对当前农村出现的一些重要问题非常关注，做了大量的工作

傅思和：根据中央部署，当前和今后一个时期，农村基层组织建设应抓好以下几项重点工作任务：

一要扩大选人视野，选好配强乡村领导班子。乡村领导班子建设，特别是选好村党组织书记，是加强农村基层组织建设的关键所在。

二要大规模开展教育培训，进一步提高农村党员干部和实用人才的整体素质。今年4月，中央组织部会同有关部门召开全国农村党员干部现代远程教育工作会议，对全面推开现代远程教育、加强农村党员干部培训作了安排部署。积极引导农村基层干部自觉转变工作方式，改进工作作风，努力做到公开办事、公正论事、公平理事、公道处事，塑造新时期农村基层干部的良好形象。

三要扎实推进村级组织活动场所建设，为农村基层组织和党员干部开展活动、服务群众创造条件。中央决定从2006年开始，利用两年时间集中解决一些地方农村没有村级组织活动场所的问题，并从中央财政和中管党费拿出17.5亿元支持各地建设村级组织活动场所，这在中华人民共和国成立以来是第一次。

四要突出抓好贫困村党组织建设，带动整个农村基层组织建设上水平。据有关部门统计，2006年全国农民人均纯收入为3587元，但有20个省区的农民人均纯收入低于全国平均水平；目前全国确定的扶贫开发重点村9万多个。我们要把贫困村党组织建设作为农村基层组织建设工作的一个重点，下决心从最薄弱、最贫困的村抓起，从抓好党组织建设入手，大力整合各方面的资源和力量，加快改变贫困村的面貌。

五要创新党组织的设置方式、活动方式和党员的管理服务方式，不断增强农村基层党组织的整体功能。去年年底以来，中组部集中抓了流动党员活动证的印制发放工作，全国各地共发放流动党员活动证200多万本，在组织部门开通了流动党员咨询服务电话，各方面反响很好，普遍认为这是落实以人为本要求，在社会主义市场经济条件下加强党员管理工作的一个重要突破，是构建城乡一体的党员动态管理机制的一项重大举措。下一步，我们要把工作的重点转移到做好流动党员组织关系接收工作上来，确保每一名流动党员都能持证在流入地落实组织关系，参加组织生活，积极发挥作用。我们还要进一步加强和改进农村发展党员工作，积极探索在青年农民、外出务工经商人员、致富带头人中培养入党积极分子的有效方式，改善农村党员队伍的年龄结构、文化结构和知识结构，增强生机与活力。

六要稳步推进基层民主政治建设，充分调动亿万农民群众建设社会主义新农村的积极性、主动性和创造性。在推进农村基层民主政治建设中，必须坚持党的统一领导，充分发挥基层党组织的领导核心作用。

七要建立健全激励保障机制,切实把关心爱护农村基层干部的工作落到实处。目前,许多地方在落实村干部的报酬待遇、从优秀村干部中考录乡镇公务员、建立健全村干部的养老保险、医疗保险、离职补偿等制度方面做了许多工作,取得了初步成效。今后,我们要把关心爱护农村基层干部作为一项重要任务来抓,切实抓细抓实,抓出成效,进一步调动广大农村基层干部干事创业的热情。

在这里,我要特别强调,当前,乡村党组织要整合协调各方面的力量,把关爱农村留守儿童、保障妇女权益、赡养老人等群众关注的问题切实解决好。中组部正会同全国妇联、团中央、教育部、公安部、民政部、卫生部等采取措施,发挥各自的职能作用,把关系农民群众切身利益的儿童、妇女、老人等问题认真解决好,这也是当前农村一个比较突出的问题。总之,要通过基层组织的积极努力和工作,让外出务工的放心,留在家里的安心。

刘以安:我们县里这个层面,要认真抓好落实,把基层组织建设的各项工作提高到一个新的水平,更好地推进社会主义新农村建设。

陈分新:我要把中组部的精神带回去,向村干部认真传达,把村里的党员教育好、管理好,为农民群众发家致富带个好头,发挥好"领头羊、服务部、主心骨"的作用,把村党支部建设好,把我们村的新农村建设搞上去,让群众更快地富起来。

傅思和:你们这样说,我很高兴。有一句话,叫作"上面千条线,下面一根针",中央的各项惠农政策和富民措施都要靠你们基层组织去具体抓落实。希望通过上下的共同努力,把农村基层组织建设得更加坚强、有力,成为农民群众致富路上的"坚强战斗堡垒",为亿万农民群众创造更多的福祉。建设社会主义新农村,为农村基层组织建设既提供了机遇,又提出了挑战。我们相信,有以胡锦涛同志为总书记的党中央的坚强领导,有地方各级党委政府的高度重视及有关部门的协同配合,有农村广大党员干部的共同努力和农民群众的积极参与,农村基层组织建设一定能够得到新的加强,再上新的台阶,一定能够为社会主义新农村建设提供坚强的组织保证。

《经济日报》2007-06-26,张进中整理。

链接·基层党组织建设调研记

为了进一步了解农村基层组织如何有力推进社会主义新农村建设,6月1日,中组部部务委员兼组织局局长傅思和一行4人,事先不打招呼,一大早就赶赴河北省徐水县调研农村基层组织建设。

上午10:00,刚到徐水县,傅思和一行就直奔会议室:"今天来就是想当面听听乡、村两级党组织,对当前农村基层党组织建设的一些想法和建议。不要读材料,直接说'干货'。"临时接到通知赶来的安肃镇、留村乡、大因镇、遂城镇等5位乡镇党委书记,分别联系各自实际谈了乡镇党委在新农村建设中发挥的作用、存在的问题和现状。

他们认为,虽然农村干部整体素质有了较大提高,但与建设社会主义新农村的要求相比还有很大的差距。有的村干部对建设新农村缺

乏足够的认识，认为只要搞好村容村貌建设就行了；有的法律意识淡薄，缺乏依法办事的能力；有的思想守旧，缺乏开拓精神，没有带领群众共同致富的本领；有的服务意识差，工作上沿用老办法，在很大程度上影响了新农村建设。

听完乡党委书记的介绍，傅思和说："发展和增收是农民群众最大的心愿。农村基层党组织第一位的工作，就是要抓发展、促增收。因此，必须牢牢抓住发展这个主题。对基层党组织建设中存在的一些问题要结合实际，对症下药，认真解决问题。"

下午4:00，听完6位村党支部书记的介绍，傅思和一行就赶赴东史端乡北营村现场了解农村基层党支部的情况。

北营村原来是个落后村，村党支部一班人思想陈旧，不能带领群众发展致富，群众意见很大。在上级党委的指导、帮助和教育下，支部一班人转变思想，扎实整改，通过开展党员设岗定责，实施党员承诺制等一系列措施，切实加强党支部自身建设，发挥党员的先锋模范作用，很快就收到了成效。

傅思和告诉村支部书记王洪山："'上面千条线，下面一根针。'这根针就是村党支部。中央的政策和要求能不能落到实处，关键就看村党支部。因此中央组织部在抓全国基层组织建设当中，特别重视村级党组织的建设，尤其是村党支部书记的选拔配备。"

针对现在社会高度关注的农村留守儿童、妇女和老人的权益保障问题，傅思和特别强调说："当前，乡村党组织要整合协调各方面的力量，把关爱农村留守儿童、保障妇女权益、赡养老人等群众关注的问题切实解决好。"傅思和说:"要创新农村基层党组织的设置方式、活动方式和党员的管理服务方式,不断增强农村基层党组织的整体功能,把农村基层组织建设好,为建设社会主义新农村提供坚强的组织保证。"

《经济日报》2007-06-26,张进中报道。

建立完善的农村公共文化服务体系

对话人——

周和平：文化部副部长

刘　红：天津市西青区区委常委、宣传部长

毛丰美：辽宁省凤城市大梨树村党委书记

张　军：内蒙古自治区准格尔旗五家尧子村党支部书记

策划人——

李　力：经济日报产经新闻部副主任

图5 周和平（右二）、张军（左一）、刘红（左二）和毛丰美（右一）在交谈

李树贵/摄

五 建立完善的农村公共文化服务体系

> 着眼于满足人民群众文化需求,保障人民文化权益,逐步建立覆盖全社会的公共文化服务体系。突出抓好广播电视村村通工程、社区和乡镇综合文化站建设工程、全国文化信息资源共享工程、农村电影放映工程、农家书屋工程。继续建设一批国家重大文化工程。加强网络文化建设和管理。搞好文化遗产、自然遗产和档案保护。加强文化市场管理,坚持开展扫黄打非。
>
> ——摘自《政府工作报告》

编者按 如何着力推进农村公共文化服务体系建设,扎实改善人民群众的精神文化生活,不断提高广大农民群众思想道德和科学文化素质,促进农村经济与社会协调发展,这是社会主义新农村建设过程中的一个重要课题。

7月4日,经济日报邀请文化部副部长周和平,与天津市西青区区委常委、宣传部长刘红,辽宁省凤城市大梨树村党委书记毛丰美,内蒙古自治区准格尔旗五家尧子村党支部书记张军,围绕农村文化建设等问题进行了对话。

现在农民的物质生活改善了,他们最需要的就是文化

刘红：首先感谢经济日报给我们搭建了一个这么好的平台,我感觉特别高兴,我先把我们西青区的情况说说。西青区位于天津市的

西南部，人口 32 万，农业人口占 24 万。去年全区财政收入达 40 亿元，其中文化产业这一块占 6.8 亿元。

去年年底农民人均纯收入 9696 元，在天津市算是高的。这些年老百姓的日子确实也好过了，条件也改善了。我觉得，现在老百姓最需要的就是文化。现在老百姓不愁吃、不愁穿，但是在精神文化需求方面还有很大的提升空间。我们基层的农民群众参与文化活动的热情非常高，他们经常自发地搞活动，这种和谐文化的氛围还是有的。

周和平：你们那儿的文化建设都有什么特点？

刘红：要说我们西青区文化建设有什么特点，第一，还得说领导重视。从区委书记，到基层党支部书记，都非常重视。第二，我感觉到部门联动积极性高，我们年年春节都搞民俗文化节，开协调会的时候，包括公安、法院、检察院各个部门的人都来了。第三，我们从事文化工作的同志们责任心比较强。比如春节我们搞民俗文化节，正月十五的时候，文化局搞灯展，正好赶上下雪，天特别冷，难度很大，但文化局的同志们把活动搞得既热闹又安全，老百姓特别满意。

另外，在文化建设方面，我们有"四抓"：一是抓阵地，得把阵地巩固住了；二是抓活动，活动必须得健康、活跃；三是抓我们自己这支文艺队伍，不管是专业的还是业余的都要抓好；四是抓品牌，比如我们杨柳青的年画，还有我们的品牌活动——杨柳青民俗文化节，年年搞，今年是第五届了。今年的文化节持续了 26 天，有 20 多项活动项目，包括书画、剪纸、风筝等作品展示，参加的演员和作者有 3000 多人。

目前硬件设施也逐步得到完善，区里2万多平方米的文化中心已经竣工，这在天津市是最大的，文化馆、图书馆、影剧院、老年活动中心、少年宫这儿都有，周边群众都可以到那儿活动。另外村村都有文化广场、老年活动室、图书室。

搞好农村文化建设，要顺应农民的意愿，首先要让老百姓高兴和满意

周和平：你们那儿农民的文化需求有什么特点？

刘红：我们那儿农民的基本需求是在阵地和设施这两方面。因为我们西青区作为大都市的近郊区，经济比较发达，有的农民住着楼房，因此农民要求活动阵地、设施必须好。另外活动内容主要集中在书法和音乐两项。其中最受欢迎的应该是民间文化，因为老百姓感觉它特别亲切，有一种亲情在里面。

结合农村文化建设和新农村建设，我们去年又推出了文明村"十个一"。这"十个一"主要包括：一个超前的规划，一所村民学校，一个文体活动站，一个综合服务站，一个中心花园，一个宣传橱窗，一个警务室，一个村级广播站，一个电子监控设施，一个完整的垃圾储运设施。这"十个一"我们感觉很实用，最受老百姓欢迎。为此我们一年要投几千万元，村里可以直接受益。

现在我们主要发展工业企业，农民离土不离乡，干活的时间有限。业余时间干什么呢？于是我们把人组织起来，把思想统一起来，这是我们工作的一个重点。我们认为这"十个一"符合我们那个地区

的具体情况,下一步需要我们把工作做到实处。

随着新农村建设步伐的加快,农村遇到了前所未有的方方面面的问题。我们总结了一点,就是要巩固阵地,这个阵地包括政治阵地、文化阵地、思想阵地。因此新农村建设当中的文化建设显得尤为重要。现在的一些不健康的外来文化、网络文化,对我们青少年思想的冲击尤其严重。如何把阵地巩固住了,如何把活动常搞常新,受老百姓的欢迎,这是摆在我们面前的课题。

加强农村文化建设,对内可以统一思想,鼓舞干劲;对外可以提升人气,展示良好形象

毛丰美: 俺们大梨树村是山区,离丹东鸭绿江50公里,离凤城市区12公里。这些年凭一股干劲,发展集体经济,去年人均收入12000元。我们村也比较大,原来2600口人,后来叫俺村带一个2200口人的贫困村,加一块儿是4800口人。

俺们村发展经济,一方面种植镇定安神的中草药五味子,搞五味子深加工,去年光中草药就收入5000多万元。另一方面还发展旅游,村里两星三星宾馆都有,能住500多人。现在城里人愿意到农村去,他们爱吃农村饭菜,光吃饭这一项,一个中午我们就能收入8万元。俺们村家家门前小桥流水,是按照丽江古城建造的,河流是按照周庄水乡建设的,夜景是按照秦淮河风景设计的,晚上一亮灯,坐着船就像进了迷宫一样。俺们山上的果园有26000多亩,直接坐上轿车跑,得跑半个小时才出得去。

俺们凤城那地方是古城，有文化底蕴，受这些影响，我们也得发展文化，所以俺们村就琢磨出"干"字文化。"干"字文化是什么？苦干、实干、巧干，苦干就是弯大腰流大汗，实干就是做实事求实效，巧干就是讲科学闯市场。这就叫文化，这就是大梨树发展史。我们在山上建了一个"干"字文化广场，在广场上塑了一个9.9米高的"干"字，意思是久干，还塑了一个太阳，3样工具支撑着这个太阳——头顶烈日干，下面刻上历代书法家写的"干"字，这就叫"干"字文化。我们用大梨树的发展史、"干"字长廊教育村民，一定要坚持发展，一定要坚持干下去。

俺们村刚刚建了一个8000平方米的体育文化中心，封闭式体育馆，能容纳三四千人。今年辽宁省第六届农民运动会将在这里召开。你说没点接待能力，吃住都解决不了，还敢招揽那事？这么一干，我感觉文化绝对有凝聚力。不光对我们村民，对外界也是一个吸引力。现在外来人口到我们那儿买小别墅的太多了。我们那儿的人为什么那么多，因为我们老百姓文化素质高了，这对外面是一种吸引力。

我感觉，文化真是大有文章可做。只要你想把大伙凝聚在一起，你就必须得抓文化。首先经济得上来，有钱了就有条件了，你再一抓精神文明就形成合力了。经济基础上来以后，文化必须得跟上。周副部长，我很希望你能去俺们村看看社会主义新农村是什么样。

另外我说一句，俺们大梨树村有这么好的文化，和丹东市、凤城市两级宣传部门分不开，他们对我们村的文化建设精心培育，才有这么大的成果。凤城市委宣传部一方面搞城乡共建，市里一年包一个

镇，镇里一年包一个村，在经济上、文化上全方位去帮扶。另一方面搞创建学习型村组。村组学什么，主要是围绕支柱产业学习科学技术。通过开展学习型村组的活动，既学到了科学技术知识，找到了致富的项目，又提高了农民的素质。开展创建活动以后，农村基层组织建设都好开展了。俺们大梨树村就是这两项活动的典型村之一。

农村文化建设既丰富了农民的文化生活，又改变了农村的不良现象

张军：我来自内蒙古自治区准格尔旗五家尧子村，准格尔旗距离鄂尔多斯市 120 公里，我们在准格尔旗西北部。我们那儿煤矿资源特别丰富。

在文化建设方面，我们村成立了艺术团，有 60 多人。艺术团每年下乡演出 400 多场次，在村里的文化建设上起到了主力作用。过去我们那儿有些农民有种坏习惯，就是赌博。这几年艺术团编排了好些剧目，把农村过去一些不好的现象编成短剧，对改变这种现象起到了很大的作用。我们现在建设了农牧民文化培训中心，占地 1400 平方米，估计再有两个月就建成了，还有图书室，各种配套设施都有。现在正在建一个体育场。

周和平：你们村里的艺术团，跟国有剧团是不是同等待遇？交税不交？最高收入能到多少钱？

张军：税不用交。艺术团收入不多，最大的收获是通过办艺术团，加大了对我们准格尔旗文化的宣传。我想请教一下，像国有企业、民营企业在很多政策上国家都是一样的待遇，那我们村办企业办的艺术团，国家是不是也给予同等待遇？

周和平：应该是同等待遇。现在文化部组织的文艺评奖，或者是表彰奖励、命名、荣誉称号的授予，对国有和民营、民间剧团是同等的待遇。我国的民营剧团发展刚开始，扶持政策还需要逐步完善。像你们地方的剧团，都有一定的地域特色，很有群众基础，老百姓都愿意参与，在农村有很强的生命力，对活跃农村文化生活发挥了很大作用。

像科学技术是生产力一样，文化也是生产力，是一个国家的软实力

周和平：大家介绍的农村文化建设情况都挺好，各有特色。有一个共同点，就是各级党委、政府都很重视文化建设，把文化作为维护社会稳定、推动经济社会协调发展的重要方面。这点是难能可贵的。

你们介绍的推动农村文化建设的经验和做法，值得学习和借鉴。天津市近年来注重公益文化建设，各级政府加大对农村文化建设投入，经济条件比较好的街道和乡村投入力度比较大，并将其纳入工作目标管理责任制，作为考核领导干部政绩的重要标准。像大梨树村、五家尧子村，这几年对农村公共文化服务体系建设，也都采取了积极有效的措施。通过你们的介绍，可以印证这一点，文化建设对保持社会稳定，推动经济发展，能起到非常重要的作用。文化也是生产力，确实像科学技术是生产力一样，是一个国家的软实力。

曾经辉煌灿烂的世界几大文明，随着时间流逝，有的已经消失，但中华民族的文化却绵延不断地传承下来了。这是因为我们的文化是

有人民大众作基础的。中国的文化传承主要通过两个方面：一个是不断总结前人的历史，如通过修史修志、整理典籍等来传承；另一个很重要的传承渠道就是民间，通过各个民族的语言和文字，通过各种艺术形式，包括戏曲、音乐、舞蹈、美术等形式，通过各种习俗、生产生活方式和各种工艺形式来传承，即所谓非物质文化遗产，它与人民群众的生产生活密切相关。

农村文化建设基础还很薄弱，要努力满足广大人民群众的基本文化权益

周和平：改革开放以后，我国的经济有了很大发展，人们生活水平有了很大的提高。党的十一届三中全会以后，中国农村也发生了翻天覆地的变化，绝大多数农民吃饭已经不成问题。近几年，国家采取了一系列措施，像农村搞低保，免除农业税，农村合作医疗服务体系的建设，教育上也采取了一系列措施，解决贫困家庭子女的上学问题等，使亿万农民得到了实惠。

文化事业发展也比较快。去年全国文化事业费是 156.59 亿元，人均达到了 11.91 元。这比"十五"期间有较大幅度增长，但是我们也应该清醒地看到，我国农村文化建设还相当薄弱，存在很多困难和问题。如现在全国 13 亿人口，公共图书馆只有 4 亿多册藏书，人均才 0.3 册，农村人均公共图书馆藏书只有 0.1 册。全国有超过 1/4 的县级图书馆没有能力购买新书。再说看戏，全国 64 万个村庄，去年国有剧团到农村演出 28 万场。这些年搞农村电影放映工程，一个村一个月一场电影。电视这些年发展比较好,村村通了。

全国农村38000个乡镇,需要改扩建的文化站有26700个,占到60%还多一点,有的地方没有文化站,也没有设施。农村文化建设的基础是很薄弱的,但实际上农民对文化的需求很强烈,他们为了看场戏,跑很远的路也愿意去。

文化部、财政部实施的送书下乡工程,书到农村,非常受欢迎。农民还是非常渴望文化的,这就对政府提出一个非常重要的任务——怎么样满足人民群众日益增长的文化需求。

中央对满足广大人民的基本文化权益非常重视,近几年来,陆续出台了一系列切实有效的措施:2002年,国务院召开了基层文化工作会议,国务院办公厅转发了《关于进一步加强基层文化建设的指导意见》;2005年12月中办和国办又下发了《关于进一步加强农村文化建设的意见》。这些年《政府工作报告》中,农村文化建设的几个工程都是单独提出来说的,可见这项工作越来越受到重视。在文化体制改革中,中央非常明确地提出,图书馆、群艺馆、文化馆、文化站等公益性的文化单位,是政府兴办的公益性文化事业,各级政府有责任加大投入、转换机制、增强活力、改善服务,这是政府的职能。

中国要发展,要建成和谐社会,要实现小康,没有8亿农民的小康,就没有中国的小康。农民要实现小康,光解决吃饭问题不够,根本是提高农民的科学文化素质。只有人们文化素质好、物质生活好、幸福指数比较高,这才能叫小康社会。现在中央提出加强农村文化建设,是站在时代和历史发展的高度,来抓农村的文化建设,真可谓立意高远。

中央将采取一系列措施，大力推动农村文化建设

周和平： 最近几年，中央要在以下几个方面加大力度，大力推进农村文化建设。

第一，就是要加强公共文化服务体系建设，特别是农村。公共文化服务体系的内涵非常丰富，包括基础设施的建设，我们提出一个量化的目标，叫县有两馆——图书馆、文化馆，乡有综合性的文化站，村有文化室，这是最起码的需求。另外，还要着重抓好公益性的文化工程，像文化信息资源共享工程、送书下乡工程、流动舞台车工程等，特别要抓好全国文化信息资源共享工程，该工程运用现代科技手段，把优秀文化资源进行整合和数字化加工，通过卫星、互联网、光盘等方式向基层传输。现在有农业科教片6000多部，戏剧片2000多部，电影四五百部，几十万册图书，还有讲座等。中央财政将投入近30亿元。

第二，就是加大非物质文化遗产保护。非物质文化遗产主要是生长和生存于民间的文化资源，它包括音乐、舞蹈、美术、戏曲、各种习俗、工艺等。我们有针对性地采取几项措施：一是大面积普查，了解分布情况；二是建立名录体系，政府来公布，彰显项目的重要性；三是建立传承人制度，好的项目需要传承人来继承；四是设立保护区，并设立文化遗产日。

第三，就是充分调动农民发展文化事业和文化产业的积极性，让农民自办文化。农民既是文化的受益者，又是文化的创造者。要鼓励农民自办文化大院、文化中心户、文化室、图书室等，支持农民群众兴办农民书社、电影放映队，大力扶持民间职业剧团和农村业余剧团，促进农民自办文化的健康发展。

推进农村文化建设，各级财政要加大投入，把政府该办的事办好。我听说有关方面也在考虑改革干部考核标准，要结合贯彻科学发展观，将文化建设情况纳入干部考核指标，引导各级政府重视文化建设，把文化事业搞好。

中华民族文化之所以绵延不断，就在于其具有海纳百川的胸怀和不断发展的创新精神。我们的文化建设肩负着传承中华民族魂魄和精神的历史使命。要围绕构建社会主义和谐社会和建设社会主义新农村这个总目标，大力加强公共文化服务体系建设，维护广大农民群众的基本文化权益，努力满足广大人民群众的精神文化需求。要坚持继承和创新的统一，充分挖掘非物质文化遗产中的优秀文化内涵，继承和弘扬中华民族的优秀文化传统，学习借鉴世界其他国家其他民族的先进文化，大力推进文化创新，努力使当代中华文化更加多姿多彩、更具吸引力和感染力。

《经济日报》2007-07-24，李丹报道。

六

让广大农村妇女在新农村建设中大显身手

对话人——

洪天慧：全国妇联副主席、书记处书记

姚翠萍：山西汾阳市委常委

戴吴金荣：广东徐闻县委常委

夏慧娟：辽宁省义县九道岭镇边门子村村委会主任兼妇代会
　　　　主任

策划人——

李　力：经济日报产经新闻部副主任

图6 洪天慧（右二）、姚翠萍（左一）、夏慧娟（左二）和戴吴金荣（右一）在交谈

张欣/摄

六　让广大农村妇女在新农村建设中大显身手

> 加强农村精神文明建设，开展以"八荣八耻"为主要内容的社会主义荣辱观教育，推进群众性精神文明创建活动，引导农民崇尚科学、抵制迷信、移风易俗。
>
> ——摘自《中共中央 国务院关于积极发展现代农业扎实推进社会主义新农村建设的若干意见》

编者按　全国妇联组织开展的"美德在农家"活动已成为动员亿万农村妇女积极投身社会主义新农村建设的重要载体。如何围绕农村家庭美德建设这一主题，进一步引导广大妇女从家庭做起，从自身做起，扎实推动"美德在农家"活动，有力促进新农村建设，是新形势下的一个重要课题。

8月1日，经济日报邀请了全国妇联副主席、书记处书记洪天慧，山西汾阳市委常委姚翠萍、广东徐闻县委常委戴吴金荣和辽宁省义县九道岭镇边门子村村委会主任兼妇代会主任夏慧娟，围绕着力推进"美德在农家"活动、促进新农村建设等问题进行对话。

洪天慧： 首先感谢经济日报有这么好的创意和策划，搭建了一个工作沟通和交流的平台。我先把近年来全国妇联组织开展的"美德在农家"活动，给大家介绍一下。

实践证明，全国妇联开展的"美德在农家"活动符合农村精神文明建设的总体要求，符合当前农村妇女和家庭的现实需求与迫切愿望，成为妇联组织广大妇女参与新农村建设的重要载体

洪天慧： 2003年4月，为推进农村广大妇女和家庭深入贯彻落实《公民道德建设实施纲要》，全国妇联发起了"美德在农家"活动。当时主要是围绕家庭美德建设这一主题，引导广大妇女从家庭做起，从自身做起，实现道德的自我完善和发展。

2005年10月，党的十六届五中全会作出了建设社会主义新农村的重大战略部署。农村是妇联组织传统的优势工作领域。在新形势下，全国妇联将"美德在农家"活动作为组织动员亿万农村妇女和家庭共建共享和谐的社会主义新农村的重要载体，按照生产发展、生活宽裕、乡风文明、村容整洁、管理民主的总体要求，对深化"美德在农家"活动的新思路、新举措和新途径进行了有益探索。

去年以来，全国各地妇联组织认真学习贯彻胡锦涛同志关于社会主义荣辱观的重要论述，在农村家庭中广泛开展了丰富多彩的社会主义荣辱观实践活动，实现了"美德在农家"活动在内容、形式及成效上的不断创新与发展。

"美德在农家"活动与新农村建设的整体部署紧密结合，积极发动农户参与农村"四改""四化"活动

洪天慧： "美德在农家"最早是在山西启动的，请山西省来的同志介绍一下山西的做法和成效。

六　让广大农村妇女在新农村建设中大显身手

姚翠萍： 全国妇联选在我们省首先开展这项活动，是对我们的信任和支持。我来自汾阳市，很有名气的"杏花村"酒就产自我们那里。汾阳市人口有 40.5 万人，其中妇女 19.6 万人；农业人口有 32 万人，其中妇女又占 60%以上。

汾阳市委、市政府高度重视农村的精神文明建设，我们积极组织开展"美德在农家"活动，围绕家庭美德建设这一鲜明的时代主题，抓住"家家学，呼唤美德进农家；家家议，点评农家新鲜事；家家做，共签治家新协议；家家乐，展示农家新生活；家家评，争当家庭好成员"五个关键环节，引导广大农村家庭深入开展形式多样的道德实践活动，从家庭做起，从身边做起，从小事做起，促进道德的自我完善和农村精神文明程度的提高。

4 年多来，我们把"美德在农家"示范点建设与新农村试点村的建设相结合，以积极发动农村家庭参与改水、改厨、改厕、改圈的"四改"和路灯亮化、道路荫化、村庄绿化、环境净化的"四化"活动为切入点，使越来越多的农民转变生活方式，改善和美化家庭环境。

"美德在农家"活动调节了人与人之间的关系，激发了人们的创造热情，促进了农村社会的稳定，促进了农村经济的发展和社会和谐

姚翠萍： 汾阳市冀村镇仁岩村有个婆婆很迷信，说儿媳老家所在的方位对她家不好，劝儿子离开儿媳。去年上半年，怀孕了 8 个月的儿媳不得已来找妇联。通过调查我们发现其实小两口关系挺好的，只是因为婆婆重男轻女，轻信迷信。我和县妇联领导就去给这位婆婆讲

开展"美德在农家"活动的意义,告诉她妇女权益保障法和婚姻法等相关知识。经过教育,婆婆终于接受了儿媳,不久就抱上了孙女,婆媳关系变得融洽了。

特别是这几年,通过"美德在农家"活动,给外来的投资人创造了一个宽松的环境,也促使我们市的经济得到了发展。

去年我们市财政收入是10.5亿元,农民年纯收入3000多元,几个开展"美德在农家"活动的示范村人均收入达到了5000元。因为人与人之间的关系理顺了,心思都用到如何致富上去了,自然也就促进了经济发展。

广大妇女在"美德在农家"活动中,提升了自己的思想道德素质和在家庭中的地位,积极为新农村建设贡献智慧和力量

洪天慧:几年来,妇联组织开展的"美德在农家"活动,以家风文明促进乡风文明,以家庭环境的美化促进村容整洁,已深深融入新农村建设的伟大实践,成为新农村建设的重要内容和推动力量。

同时,各地妇联也坚持因地制宜,广泛开展适应新农村建设要求、体现新农村建设特点、具有地方特色的活动,有力地促进了农村的经济发展和社会进步,推动了"美德在农家"活动的创新发展。

戴吴金荣:我来自广东省徐闻县,我们县人口有68万,农村人口55万,也是农业大县,妇女是从事农业生产的主力军。去年县里农民的平均收入已经达到了5680元,比全省平均水平还高186元。

我们将"美德在农家"活动与新农村建设及生态文明村建设结合

起来，把强化农村家庭成员的思想道德建设与为农民办实事、做好事结合起来，积极引导和帮助农村妇女寻找致富项目。

龙塘镇包宅村人口728人，其中妇女450人，占人口一半多，她们利用优美的滨海资源，把"美德在农家"活动与发展特色经济、生态文明村建设和创建新生活有机结合，成立一支30多人的"娘子军"，分成浴室组、车场组和清洁组为生态旅游村服务，在发展旅游经济和美德建设中创出佳绩。

在"美德在农家"活动中，我们大力抓阵地建设。我们帮助农村建设农家书屋，创建妇女学校236间，覆盖了所有的行政村。我们积极发挥这些教育载体的作用，邀请专家学者为妇女授课，开展思想道德、文化知识、环境健康常识等方面的学习和教育。

在南珠生产基地西连镇，我们和劳动部门配合，向国外输送了50多名精通南珠养殖技术的"珍珠女"，把南珠养殖技术带到国外，她们每人每年可以赚10多万元。

希望在建设新农村过程中，要进一步充分调动广大妇女的积极性、主动性和创造性，发挥好广大妇女的"半边天"作用

夏慧娟：我是辽宁义县边门子村村委会主任兼妇代会主任。因为贫困等原因，多年来我们村在乡里被认为是一个"吵架村"。

2003年，全国妇联在全国范围内组织开展"美德在农家"活动，真实反映了我们农村精神文明建设的迫切需要，也受到了农村妇女和家庭的热烈欢迎。我们结合村里的实际，以开展热门话题研讨会为载

体，以引导村民正确认识和处理好家庭成员之间的关系为重点，既轰轰烈烈又扎扎实实地开展"美德在农家"活动，使我们村的风气和村民们的精神面貌发生了很大的转变。

从1996年到现在，我们村已组织村民开展了46次热门话题研讨。通过参与热门话题研讨，我们村民的文明意识增强了。

我们村妇女王宏是继母，经常因子女的事情与丈夫李中宝闹别扭，王宏还为此离家出走过。记得2000年11月18日第18次热门话题研讨怎样当好继母，我们请好继母的典型池素芹发言，她对继子亲如己出，把全部的母爱都奉献给了两个继子，还主动放弃了生育的机会。王宏听了深受教育，对我表达了要好好对待继子女的决心。从那以后，王宏家的气氛确实变了，她使两个孩子再次得到了母爱的温暖。

多年来热门话题研讨还给村里带来了可观的经济效益和社会效益。妇女劳力和男劳力都能积极投身到经济建设当中去，我们的棚菜生产占地面积由1996年的25亩发展到目前的1200亩，人均收入由800元增加到现在的4000多元，比全县人均收入高出1000多元。现在很多姑娘出嫁和经商户都愿意到我们这儿来。

我们还抓住开展"美德在农家"的契机，在村里举行老人被褥展，定期把老人的被子拿出来互相比一比，看看谁家老人的被褥最干净。这种定期检查的方法，对促进家庭美德建设，倡导孝敬老人的风尚起到了独特作用。

洪天慧： 在构建和谐社会、建设新农村的过程中，我们就是要充分发挥村级妇女组织的优势，用妇女群众喜闻乐见、易于接受的方式方法来教育引导妇女更新观念，在追求文明风尚、改变家乡面貌、建设新农村中发挥聪明才智。

围绕"管理民主"的要求，我们还注重加强对农村妇女的民主法制教育，推动农村妇女参选参政，让农村妇女参与民主管理与民主监督。

夏慧娟：作为一个农村妇女我想说的是，我们广大妇女有一个心声，就是希望在构建和谐社会和新农村建设过程中，要进一步充分调动广大妇女的积极性、主动性和创造性，把广大妇女"半边天"的作用发挥得更好。

为促进"美德在农家"活动更好地为新农村建设服务，各地妇联采取示范引领的方式，建立了很多示范点

夏慧娟："美德在农家"活动示范点的建设与发展为我们结合实际开展这项活动起到了重要的引领作用。

洪天慧：优秀的榜样如一面旗帜，能够起到引领、带动和示范作用。

在"美德在农家"活动的生动实践中，全国各级妇联组织将示范点建设作为全面推进"美德在农家"活动的重要切入点和工作抓手，坚持示范先行、以点带面、整体推进的工作思路，下大力气抓了各级示范点建设工作，通过发挥示范点的示范和辐射作用，引领、带动全国范围内的"美德在农家"活动的广泛深入开展，推动全国形成了层级健全、规模适当、运转有效、作用凸显的四级示范网络，为"美德

在农家"活动的深入开展树立了标杆。

全国妇联充分发挥全国五好文明家庭创建活动协调小组各成员单位的优势和作用,强化合作、整合资源,积极争取中央文明办、文化部等有关部委的大力支持,为国家级示范点的建设提供专项经费扶持、配备相应的设施设备。各地妇联也在党委、政府的重视、领导及相关部门的支持下,投入专项经费,扶持示范点的硬件和软件建设。

"美德在农家"活动的生动实践,充分体现了新农村建设的要求,推动广大农村面貌焕然一新

洪天慧:"美德在农家"活动开展近5年来,在全国各地农村取得了明显的成效。

今天到我们对话现场的山西省汾阳市、广东省徐闻县、辽宁省义县边门子村就是各地在开展"美德在农家"活动中取得丰硕成果的代表,全国像这样的地方还有很多。可以说,"美德在农家"活动的生动实践,带来了广大农村面貌的焕然一新。

一是随着活动的深入开展,文明、向上、和谐的道德新风逐渐深入农家,尊老爱幼、男女平等、夫妻和睦、勤俭持家、邻里团结的家庭美德深入人心。

二是农村的村容村貌得到改善。人人动手,家家参与,共建绿色美好家园在广大农村蔚然成风,越来越多的农民和家庭摒弃生活陋习,努力改变人居环境脏、乱、差的状况,营造美丽绿色家园,养成健康、文明、科学的生活方式，以家庭的净化美化促进了村容整洁。

三是农村家庭生活方式发生了明显转变。各类家庭文化活动的开展，使农村家庭成员的思想、精神生活得到有益的滋养和影响，人人登台、村村唱戏、共颂和谐生活，成为不少乡村文化生活的真实写照，农村群众的精神文化需求得到满足，农村文化建设得到发展，促进了农村生机勃勃、富有活力的先进文化的形成。

文化生活的丰富带动了农村群众生活方式的改变，真正体现了社会主义新农村建设"生产发展、生活宽裕、乡风文明、村容整洁、管理民主"的要求。

要结合各地实际情况，解决重点难点问题，让妇女和家庭真正从中受益，使"美德在农家"活动进一步收到实效

戴吴金荣： 从我们的实际情况来看，农村家庭在精神文明建设方面也还面临着一些不容忽视的问题，需要我们深入研究。

洪天慧： 的确如此。当前，我国一些农村家庭还面临着诸多问题。例如随着大量农村富余劳动力转移，留守儿童、留守老人、空巢家庭的现象突出，尤其是老人的居家养老、留守儿童的教育和心理关怀、农村中的婚姻家庭等问题需要我们给予高度的关注；在一些农村家庭中针对妇女儿童的家庭暴力问题时有发生；部分农村家庭的文化生活匮乏、生活环境脏乱的问题依然存在，封建迷信和赌博等陋习在个别地方有所抬头等。

只有认真对待和切实解决好这些问题，文明和谐新农家建设的目

标才能实现，这也是和谐社会建设和新农村建设为深化"美德在农家"活动提出的新课题、新任务。

当前和今后一个时期要进一步深化"美德在农家"活动，为社会主义新农村建设提供动力支持

洪天慧：为了服务新农村建设大局，全面推进"美德在农家"活动，今年7月份，全国妇联在江苏省南京市召开了工作推进会，提出了下一步深化"美德在农家"活动的总体思路和主要举措：

一是要深入贯彻落实科学发展观，紧紧围绕新农村建设这个时代主题，以促进社会主义核心价值体系建设、弘扬社会主义荣辱观、加强公民道德建设为根本，以巩固广大农村妇女和家庭参与新农村建设的思想基础为目标，以促进乡风文明、村容整洁为主要任务，以深化农村道德建设、发展农村和谐文化、建设农村和谐生活为着力点，积极引导广大农村妇女和家庭树立坚定的理想信念和价值观念，在新农村建设中大显身手、有所作为。

二是要突出"美德在农家"活动的工作重点，大力推动"文明风尚进农家""美化、净化、绿化进农家""幸福和谐进农家"，在农村地区组织开展"和谐家庭大讲堂""现代女性大讲堂"等活动。促使广大农村形成知荣辱、讲正气、促和谐的风尚，形成男女平等、尊老爱幼、扶贫济困、礼让宽容的人际关系，以农村的和谐家庭建设成果服务于农村的和谐社会建设。

三是要大力加强各级示范点建设。今后，我们将继续发挥示范点的引领作用，推动示范点的深入发展。各省区市妇联将通过抓典型、抓经验、抓推广等方法，建立健全督促检查、动态考核、表彰激励等工作制度，对示范点实施动态管理，充分发挥示范点的带动辐射作用，推广优秀示范点的主要做法和所取得的成效，促进示范点与非示范村庄的沟通合作，切实发挥建立一个点、带动一大片的效用，推动"美德在农家"活动在面上取得新的突破。

四是要大力加强人才队伍建设。"美德在农家"活动要努力成为服务和谐社会建设与新农村建设的重要阵地，就要按照2007年全国省区市妇联主席工作会议的部署和要求，着力推进妇女教育培训体系建设，将"美德在农家"活动作为提升农村妇女素质的大课堂，努力把蕴藏在亿万妇女中丰富的人力资源转化成为强大的人才资源优势，让农村妇女在新农村建设中发挥更大的作用、作出更大的贡献。

《经济日报》2009-08-07，朱靓整理。

七

为新农村建设提供充足的电力

对话人——

郑宝森：国家电网公司党组成员、副总经理

王书东：山西省静乐县委书记

王丙叶：山东省莒南县王家坊前村村委会主任

策划人——

李　力：经济日报产经新闻部副主任

图 7　郑宝森（中）与王书东（右）、王丙叶（左）在交谈

李树贵 / 摄

七 为新农村建设提供充足的电力

> 继续推进农村电网改造和建设,落实城乡同网同价政策,加快户户通电工程建设,实施新农村电气化建设"百千万"工程。
>
> ——摘自《中共中央 国务院关于积极发展现代农业扎实推进社会主义新农村建设的若干意见》

编者按 国家电网公司确立了"新农村、新电力、新服务"农电发展战略,全面实施"户户通电"工程,加快新农村电气化建设,改善了农村的生产、生活条件,让广大农民群众得到了很大的实惠。在构建社会主义和谐社会、建设社会主义新农村的新形势下,如何进一步加快农电事业发展,更好地保证农民生产生活用电,促进农村经济社会不断发展,成为人们关注的一件大事。

8月15日,经济日报邀请了国家电网公司党组成员、副总经理郑宝森,山西省静乐县委书记王书东,山东省莒南县王家坊前村村委会主任王丙叶,围绕大力推进农电事业发展、促进新农村建设等问题进行了对话。

郑宝森: 感谢经济日报组织这么好的对话活动,搭建这样一个面对面交流的平台,使我们能更真实地了解到基层电力方面的情况,便于听取对我们工作的意见和建议。这个栏目很有新意,读者评价也很高,相信今后会有更大的影响。

发展农电事业对加快发展现代农业、提高农民生活质量、促进农村文明建设具有重大意义

郑宝森： 党中央、国务院历来重视农业、农村和农民工作，明确提出建设社会主义新农村的重大历史任务。作为关系国家能源安全和国民经济命脉的国有重要骨干企业，国家电网公司党组始终把服务"三农"放在突出位置，坚持贯彻中央的各项决策部署，经过深入调查研究，确立了"新农村、新电力、新服务"农电发展战略，全面实施"户户通电"工程，加快新农村电气化建设。公司总经理刘振亚多次要求国家电网公司要为新农村建设作出应有的贡献。公司上下坚决贯彻公司党组的决策部署，开展了大量艰苦细致、卓有成效的工作，有力地促进了社会主义新农村和社会主义和谐社会的建设。

电力是国民经济基础产业。农电事业在服务"三农"中，发挥着基础性作用。农电事业直接服务县及县以下广大客户，具有服务地域广阔、服务农村人口众多、客户分散、人均用电量少等特点。这些特征决定了农网规模大、投入大，农电供电成本高、效益低。发展农电事业，对加快发展现代农业、促进农村经济发展、提高农民生活质量、促进农村文明建设、构建和谐社会等方面具有重大意义。

王丙叶： 俺来自山东莒南县王家坊前村，全村现有660户、1920人。俺村背靠群山，石头满山遍野，石雕工艺是村里的传统工艺。实施农网"两改一同价"前，俺村低压电网凌乱，电力供应不正常，风扇不转，电灯不亮，刮风下雨就停电，解石、雕刻、钻眼、打磨全靠手工操作，几天做不了一件活，虽然石雕作品工艺好，卖得也很不错,但无法形成规模,有大的订单也不敢接,只能望"财"兴叹。1998年供电公司对俺村进行农村电网建设与改造,村民用上了放心电,电价也降了不少。农电"两改一同价"工作给农村带来很大的变化,农民得到很多实惠。

加快发展农电事业,更好地服务新农村建设,是国家电网公司义不容辞的社会责任

郑宝森:农电"两改一同价"工作自1998年开始实施,国家电网公司系统累计完成农网建设与改造投资2141亿元,有力地促进了农村经济的快速发展。

第一,通电率大幅度提高。截至2006年,公司系统实现了县县通电;乡村、户通电率(不含西藏)分别为99.97%、99.86%和99.78%,分别比1998年提高了0.92、0.97和1.88个百分点。

第二,农村供电服务水平不断提升。农电"两改一同价"工作,改革了农村供电所管理体制,加强了县供电企业管理,城乡供电实现了一体化管理,县供电企业均建立起95598客户服务系统,建立起规范有序的供用电秩序,农村供电服务实现了"三公开"(电量、电价、电费公开)、"四到户"(销售、抄表、收费、服务到户)和"五统一"(统一电价、统一发票、统一抄表、统一核算、统一考核)。

第三,供电质量显著提高。2006年,农网综合电压合格率96.640%,比2000年提高了5.840个百分点;农电供电可靠率99.491%,比2000年提高了0.609个百分点。

第四，减轻了农民负担。公司供电区域农村生活用电到户电价由1998年的0.756元/千瓦时，降低到2006年的0.5264元/千瓦时，按2006年农村居民生活用电量921.67亿千瓦时和人均生活用电量138.8千瓦时计算，仅电费一项就减轻农民负担212亿元，人均31.9元/年。

第五，贯彻工业反哺农业的原则，对农业生产、农用化肥用电，特别是贫困县农业排灌、高扬程提灌用电实施优惠电价补贴。

无电户最高兴的就是能用上电，"户户通电"工程解决了农村最困难的群体最需要解决的实际问题

王书东：山西省静乐县属国家扶贫开发重点县，既是革命老区，又是贫困山区。由于历史和自然条件等原因，电力、交通、水利等基础设施滞后，一定程度上严重影响到农民的脱贫致富和县域经济的协调发展。在实施"户户通电"工程之前，全县381个村就有58个村不通电，是山西省不通电村最多的县。

2006年5月17日，山西省"户户通电"工程第一杆在静乐三家庄村耸立，到9月27日，全县最后一个不通电村杨家沟村合闸送电，全县未通电的58个村的5160名群众，告别了点灯用油的历史，农民群众激动万分，欢欣鼓舞，比过年都高兴。

"户户通电"实施不到一年的时间，农村发生的变化是深刻的，是具有里程碑意义的。初步统计，新通电的58个村共建电磨坊12处、小杂粮加工厂5个，多数农户购买了电视机。通电缩小了城乡差距，提高了农民的生活质量，实现了跨越式发展，整个农村经济社会文化跨了一大步。在实施"户户通电"过程中，老百姓亲眼看到了国家电网公司胸怀大局、为国分忧、为民谋利的实际行动。

实施"户户通电"工程既是解决民生问题、构建和谐社会的要求，也是促进无电地区经济社会发展的需要

郑宝森：针对还有20个省份约有140万无电户、550万无电人口的问题，2006年开始，国家电网公司主动履行企业社会责任，克服重重困难，积极实施农村"户户通电"工程，使88.2万无电户、308.2万无电人口用上了电，新增13个省份、累计有19个省份实现了"户户通电"目标。

由于无电户基本上都散居在偏远山区、海岛或戈壁滩，远离大电网，需要长距离架线甚至建设变电站才能解决通电问题，平均每户投入近2万元，而无电户普遍经济困难，有的农户每月用电量只有几度电。

公司实施"户户通电"工程，算的不是经济账，主要考虑的是国家电网公司作为国有特大型供电企业，有责任为党和国家分忧，让无电户用上电。这既是解决民生问题、构建和谐社会的要求，也是促进无电地区经济社会发展的需要。在实施"户户通电"工程中，公司还积极配合政府对特别偏远和自然条件恶劣的地区，实施新农村搬迁计划，做好移民搬迁后的通电工作。

实施"户户通电"工程，取得了良好的社会效益。

一是为通电地区送去党和政府的关怀,密切了党和群众的联系。群众纷纷燃放鞭炮、敲锣打鼓庆祝通电,表达对党和政府的感激之情。家里刚通上电的甘肃华亭县麻庵移民新村的一位小伙子感慨地说:"过去没有电,村里的姑娘往外嫁,外村的姑娘又不愿意来,我们就成了'光棍村'。现在有电了,我们的日子肯定会越过越好。"

二是提高了通电群众的生活质量。通电后,电视机、电冰箱、洗衣机等家用电器逐步进入山村农家,抽水机、碾米机代替了繁重的体力劳动。重庆市彭水县靛水乡黄沙村村民,在通电后的几个月时间里,先后购买了18台电视机、7台钢粉碎机、10台铡草机、3台苕粉加工机、18个电饭煲、1个电炒锅和20台鼓风机。宁夏中卫市北长滩村民从此告别了用黄河水车提水灌溉的艰辛日子。

三是促进了通电地区的生产发展。不少通电群众利用当地自然资源,办起了加工厂。湖北省咸宁市崇阳县桂花泉镇官庄村民饶有才家通电后,使用电动竹片加工设备把自家竹子加工成半成品后出售,预计当年可增收1.5万元。

四是有利于党的政策和致富信息在偏远地区迅速传播,对农民群众思想观念的更新,培育造就社会主义新型农民,加强通电地区两个文明建设,缩小城乡差距,具有重大意义。

村民们端出热腾腾的豆腐汤,做好了金黄的油糕,感谢电力职工,迎接"光明"的到来

王书东:"户户通电"工程,使静乐县58个村结束了无电的历史，这些村庄都处在大山深沟中，交通不便，信息闭塞，经济落后。电不通，导致老百姓与外界缺乏信息交换，信心缺乏，干劲不足。村里老百姓在封闭的圈子中，日出而作，日落而息。2006年5月17日，"户户通电"工程给三家庄村带来了笑声，这一天山西省"户户通电"工程在三家庄村正式启动。三家庄村全村42户人家162口人，多少年来村里从来没有出现过这样大的场面。锣鼓和礼炮，使沉寂多年的三家庄村沸腾了，孩子们嬉戏，老人们落泪，"户户通电"工程第一杆永远定格在了老百姓的心中。经过半个月的精心施工，5月31日，三家庄村竣工通电，省、市领导前来祝贺，三家庄村比过年还要热闹，彩旗飘飘，鼓乐声声，老百姓做好了金黄的油糕，迎接"光明"的到来，村民们端出热腾腾的豆腐汤，感谢各级领导和辛勤的电力职工。一些在外打工的年轻人，也都赶回了村子，亲眼见证合闸送电的瞬间。许多乡亲围在电视机旁，高兴地欣赏着外面的世界，他们七嘴八舌向我们描述了通电后对生活、生产的新打算，有的要买电视，有的要买吹风机，有的想开油坊、电磨坊，有的要加工豆腐，加工小杂粮。当晚，三家庄村破天荒地放了一场电影，村里老老少少围坐在一起，享受通电后的喜悦。

为了感谢电力人，也为了纪念这件在静乐县历史上具有划时代意义的壮举，我专门写了一篇工作手记——《光明赞》。

对话 上

国家电网公司认真履行企业社会责任,积极参与扶贫帮困活动,用实际行动为构建社会主义和谐社会作出了贡献

郑宝森: 国家电网公司不仅积极解决无电群众通电问题,还认真履行企业社会责任,积极参与扶贫帮困活动,用实际行动为构建社会主义和谐社会作出了贡献。

一是公司总部累计投入达5200万元,积极参与国家定点扶贫工作,带动地方配套投入1.91亿元,在改善山区教学、用电、卫生、交通条件的同时,累计帮助500名特困学生圆了大学梦。

二是2005年国家电网公司累计向贫困、受灾地区捐赠1.75亿元。

三是2006年公司建立爱心基金,计划2006—2008年捐赠3亿元,援建300所希望小学、帮助3万名贫困孤寡老人、开展服务残疾人的公益项目等。

四是在实施"户户通电"工程中,广大职工主动为特困无电户捐款献爱心,解决无电地区五保户、特困户相关费用3400多万元。

新农村电气化建设使农村供用电质量大幅度提高,供电更可靠了,电压更稳了,冰箱、空调等家用电器大量进入农家

王丙叶: 俺村是江北第一石雕村。2006年底,莒南县供电公司确定在俺村进行电气化村试点,并将该工程列入全省600个电气化村重点工程之一,工程总投资46.5万元。

建成电气化村后,电力比以前足了,电压质量也好了,石材加工户的电机也有劲了,全村任何地方用电都没有问题。现在的线路全部是绝缘线，一般不会停电，用电也安全，就是打雷下雨漏电保护器也很少跳闸了。

现在，俺村的街上亮起了路灯，晚上像城里一样亮堂，农民家里都购置了电热水器、电磁炉、微波炉、电饭锅、空调等家用电器。

郑宝森：为了满足农村经济快速发展对电力供应、电能质量和供电服务的需求，更好地服务社会主义新农村建设，2006年，公司全面启动新农村电气化建设"百千万"工程。截至2007年6月，公司系统累计建成新农村电气化示范县21个、电气化示范乡镇211个、电气化示范村3498个。

新农村电气化建设使农村供用电质量大幅度提高，供电更可靠了，电压更稳了，冰箱、空调、电热淋浴器等家用电器大量进入农家。浙江桐乡河山镇通往各村的主干道甚至在农村的新建小区内都装上了路灯，屋里屋外亮堂堂，农民感慨地说，"在家里就可以过上和城里人一样的生活了"。湖南长沙暮云镇三新村建成电气化村后，农民的日子一天比一天好，全村603户人家，90%添置了洗衣机，80%购买了电冰箱，50%安装了空调。

新农村电气化建设使电网供电能力大幅度增强，供电服务更加周到，促进了农村经济发展。浙江省乐清市雷甸镇电气化建设完成后，强劲的电力保障和周到的电力服务成为招商引资的一大优势。2007年上半年，全镇共吸引内资2.5亿元、外资476万美元，新引进5家企业，上半年全镇工业用电量达5854万千瓦时，同比增长38%。

王丙叶：电气化使我们村的传统产业——石雕业发生了翻天覆地

的变化。现在有了充足的电，石刻厂从以前的几家发展到30多家。制造工艺更加先进、生产效率提高了3倍、生产成本降低了1/3，如打一对1.8米的石狮子，过去要4个人干上1个多月，现在只要1个人干10天就可以了。

现在，"电"已经带动我们村走上了小康，电力部门还专门安排了两个农电工为俺村服务，这几年我们从未因为电的问题耽误过生产，真应该感谢你们啊！

近几年，俺村与电力部门已经形成了和谐的供用电关系，如1999年一期网改的时候，正值7月炎热的夏季，村民看到电工们汗流浃背地工作，深受感动，自发煮了绿豆汤给施工人员喝；电气化村建设时，正是冬季，施工人员冒着严寒工作，村民自发组织人员帮助施工，大大加快了工程进度。村民也把电力部门的事当作自己的事，前几年每月电工到村里收电费要收一个星期，现在最多一天半就可收齐，一到收电费的时候，村民都相互通知，根本不用电工去催了。

"石头自有黄金屋，石头巧琢颜如玉。昔日无电补天去，今日铺就小康路。"这是我们王家坊前村人新编的《石头歌》。我感觉，电气化村的建设对农民脱贫致富、奔小康发挥着巨大的作用，电气化村的建设使俺村发展成为远近闻名的富裕村。这也是电力公司推动新农村建设的一项惠民工程。

七 为新农村建设提供充足的电力

"十一五"期间，国家电网公司系统农网建设与改造投入将超过2000亿元，公司将深入实施"新农村、新电力、新服务"的农电发展战略，努力做好三件实事

郑宝森： 一是全面实现"户户通电"总体目标。2006年底，公司供电区域内还有无电乡325个，6个省区内有无电行政村4130个，涉及无电农户约63万户279万人。

国家电网公司将深入实施"户户通电"工程，计划到"十一五"期末，公司供电区域内凡是通过国家电网最大限度延伸能够通电的地区，基本实现户户通电。

国家电网公司农村"户户通电"工程，计划总投资236亿元，解决约120万户450万人的通电问题。2007年，要确保为36万无电户通上电，除江西和内蒙古东部分别于3月、6月提前实现"户户通电"外，河南、四川、甘肃、新疆等省（区）也要在今年实现"户户通电"。

二是全面推进新农村电气化建设。"十一五"期间，在完成"百千万"工程的基础上，有20%的县、15%的乡村达到电气化标准；至2020年，70%的县和60%的乡村达到与当地经济社会发展相适应的电气化水平。2007年，建成新农村电气化县50个、新农村电气化乡镇500个、新农村电气化村5000个。

三是加快发展农村电网，促进农村进步。加强规划指导，积极实施《国家电网公司"十一五"农村电网发展规划》。做好城乡统筹，"十一五"期间，农村电网建设与改造投入将超过2000亿。加强项

目管理，提高建设效率，降低建设成本，提高工程效益。

当前，我们将特别抓好中西部农网建设与改造，高度重视高扬程提灌用电等农村基础用电项目建设，更好地服务现代农业发展。

《经济日报》2007-08-21，李力、张进中整理。

八

为新农村建设提供优质的税收服务

对话人——

王　力：国家税务总局党组成员、副局长

邱　成：江苏省丰县县长

栾福巨：吉林省榆树市先锋乡民权村党总支书记

策划人——

李　力：经济日报产经新闻部副主任

图8 王力(中)和邱成(左)、栾福巨(右)在交谈

李树贵/摄

八　为新农村建设提供优质的税收服务

> 通过贴息补助、投资参股和税收优惠等政策，支持农产品加工业发展。中央和省级财政要专门安排扶持农产品加工的补助资金，支持龙头企业开展技术引进和技术改造。完善农产品加工业增值税政策，减轻农产品加工企业税负。
>
> ——摘自《中共中央　国务院关于积极发展现代农业扎实推进社会主义新农村建设的若干意见》

编者按　2006年全面取消农业税是税收支农的重大政策举措，结束了在我国延续了近2600年的农业税征收历史，为促进农村经济发展、农民增收发挥了积极的作用。

在新农村建设的进程中，如何通过进一步实施涉农税收制度改革，为促进农民增收、农业发展和农村稳定创造更好的税收制度环境，成为人们普遍关注的问题。8月28日，经济日报邀请国家税务总局党组成员、副局长王力，江苏省丰县县长邱成，吉林省榆树市先锋乡民权村党总支书记栾福巨，围绕如何为新农村建设提供优质的税收服务等问题进行了对话。

王力：感谢经济日报举办的《对话》栏目，做了一件很有意义的事情，使我们能够和基层领导及农民代表直接进行交流与沟通，同时也为我们介绍税务部门在服务"三农"和促进新农村建设中所做的工作提供了一个很好的平台。

现行税收制度一直坚持"轻税少取"的政策取向，积极支持农业生产，减轻了农业生产者的税收负担

王力：近年来，税务部门通过实施一系列的涉农税收制度改革，为促进农民增收、农业发展和农村稳定创造了较好的税收制度环境，主要体现在以下几个方面：

在农业税方面，从2000年开始实施农村费改税，取消农村"三提五统"，2004年起开始逐步取消农业税的改革，到2006年农业税（含牧业税和农业特产税）已在全国范围内取消。

在流转税方面，对农业生产实施了一系列减免税优惠，如对农业生产者销售自产农产品免征增值税；对农膜、种子、种苗、农机、农药、化肥、饲料等农业生产资料免征增值税；对将土地使用权转让给农业生产者用于农业生产免征营业税，等等。

在所得税方面，对农民从事种植业、养殖业、饲养业、捕捞业的所得，暂不缴纳个人所得税；对国家农业产业化龙头企业及其所属直接控股比例超过50%的子公司，从事种植业、养殖业取得的收入，暂免征收企业所得税；对从事农业、林业、牧业的外商投资企业给予"两免三减半"的优惠，等等。

在土地使用税方面，对农村地区使用土地实行免税，对城镇范围内直接用于农、林、牧、渔业的生产用地，也给予了免税优惠。

在车船税方面，对拖拉机和捕捞、养殖渔船免征车船税。

总体来看，现行税收制度在支持农业生产方面一直坚持了"轻税少取"的政策取向。从2006年三次产业的宏观税负来看，第一产业实现GDP总值24700亿元，实现税收收入12.95亿元，税负仅为0.52‰，远远低于第二产业20.9%和第三产业18.9%的税负水平。

税收改革使我们农民得到了实实在在的利益，受到广泛的欢迎和拥护

邱成：江苏省丰县是农业大县，税收改革对丰县来说效益非常明显。我认为这次税费改革是我们国家土地改革、家庭联产承包责任制改革之后的又一次重大改革，使农民得到了实实在在的利益，受到了基层的普遍欢迎。

第一，农民得实惠。丰县的农业税，以前占的比例非常高，农业税一年要交660万元，特产税也很多，两块加起来占了我们收入的一半还要多。税收政策改革后，农民人均负担原来是162元，现在降到了20元，老百姓得到的实惠非常明显。

第二，干部减压力。过去收税是干部非常头疼的一件事，也是一大难。税收政策改革后，干部的工作压力减小了，可以腾出精力和时间为群众多做一些促进经济发展的事。

第三，干群关系明显改善。过去收税是造成干群关系矛盾的重要因素之一。通过税收改革，干群关系明显改善，现在干部更多地是为老百姓服务，更多地在研究老百姓对什么产业感兴趣，哪一个产业能够增加群众的收入，更多地为群众提供科技、培训等方面的服务。

第四，促进了地方经济发展。2000年，我们县财政收入1.7亿元，到去年年底总收入4.9亿元。今年上半年，总收入是3.98亿元。

切实减轻农产品经营者和农产品加工企业的税收负担，支持农产品扩大出口，促进了我国农产品国际竞争力的增强

王力： 第一，促进农产品流通是扩大农业生产、增加农民收入的必然要求。税收在这一方面的支持措施主要有：对非农业生产者销售农产品按13%的低税率征收增值税，同时对销售农产品和以销售农产品为主的个体工商户，月销售额低于5000元的免征增值税；从2006年1月1日至2008年12月31日，对纳入农产品连锁经营试点范围的企业，其经营食用农产品的收入可减按90%计算企业所得，试点企业建设的农产品冷链系统准予实行加速折旧，积极促进农村现代物流业发展，加快现代化农产品市场体系建设。

第二，积极促进农产品加工业发展，切实减轻农产品加工企业的税收负担。对国有农口企事业单位、国家级农业产业化龙头企业和重点农产品加工骨干企业从事农林渔产品初加工，分别给予免征或定期免征企业所得税的优惠。对农产品加工企业收购的免税农产品准予按13%的抵扣率抵扣增值税进项税款；对农产品加工企业引进技术和进口农产品加工设备，免征进口环节增值税，等等。据统计，2006年仅收购免税农产品准予按13%抵扣增值税进项税款这项政策，就使农产品收购企业享受可抵扣税款约982亿元。

第三，积极支持农产品扩大出口，促进农产品国际竞争力的增强。近年来，国家通过陆续调整农产品出口退税率，如对大米、玉米、小麦、棉花出口实行零税率，对其他大部分农产品分别按5%、11%或13%的税率实行出口退税等，有效地扩大了农产品出口需求，拓展了农产品的国际市场，促进了我国农产品国际竞争力的提升。除此之外，还通过提高部分以农产品为原料的加工品的出口退税率，也相应扩大了农产品的市场需求，带动了农业生产和农民增收。

积极支持农村多种经营、涉农服务业和乡镇企业发展，促进农村服务体系的建设和农民增收，推进"以工促农"

王力：加强农业服务体系建设是建设社会主义新农村的重要支撑。现行税制在促进农业生产服务和农村公共事业服务方面给予了积极支持，如对农业机耕、排灌、病虫害防治、植保、农牧保险以及相关技术培训业务，对部分国际金融机构对农业的贷款以及开展农村信用社改革试点地区的农村信用社给予免征或减征营业税优惠；对为农业生产的产前、产中、产后服务所取得的收入，暂免征收企业所得税；对农村公共交通车船给予定期减免车船税优惠；对经营有线电视网络的单位从农村居民用户取得的有线电视收视费收入和安装费收入，从2007年起，3年内免征营业税和企业所得税等。这些优惠措施的实施，较好地发挥了税收在促进农村服务体系建设中的政策引导作用，为新农村建设和现代农业的发展提供了良好的服务保障。

从2003年起，将营业税起征点由月营业额200~800元提高到1000~5000元，对无固定生产经营场所的流动性农村小商小贩，从2004年起也不必办理税务登记，减轻了农民从事小商品经营的税收负担；从2006年起，对经营采摘、观光农业的单位和个人，其直接用于采摘、观光的种植、养殖和饲养用地，免征城镇土地使用税，对

充分发挥农村地区优势，推广乡村旅游，弘扬农耕文化起到了积极的作用。

现行税收政策对乡镇企业给予了按应纳税款减征10%的所得税优惠，有效地支持了乡镇企业发展，对促进乡镇企业更好地吸纳农村富余劳动力就业起到了积极的作用。

"十五"期间税收收入年均增长18.4%，大大增强了国家财政实力，为财政支农资金"十五"期间较大幅度增长奠定了坚实基础

王力： 除了上述直接的支农惠农政策措施外，近年来，税务部门通过深入开展依法治税，全面实施科学化、精细化管理，确保了税收收入每年以较快速度增长，"十五"期间税收收入总额（不含关税，未扣除出口退税）由15710亿元增长到30866亿元，5年增加了近一倍，年均增长率为18.4%。2006年组织入库税款37636亿元，比上年增长21.9%，增收6770亿元，增收额相当于1995年全年的税收规模，大大增强了国家财政实力，为国家财政支农资金在"十五"期间年均以17%的比例增长奠定了坚实的基础。

取消农业税是近年来税收支农的重大政策举措，结束了在中国延续了近2600年的农业税征收历史，为促进"三农"问题的解决发挥了积极的作用

王力： 一是切实减轻了农民的税收负担。农业税取消前，农民每年需承受的农业税负担约500亿元。如果与2000年农村费改税之前相比，2006 年农业税取消后，农民负担较 1999 年减轻约 1250 亿元，人均减负约 140 元，农民实实在在地享受到了国家政策所带来的实惠。

二是从机制上铲除了向农民乱收费、乱摊派的载体。农业税的取消，对原来一些地方搭农业税便车、以征税为名行乱收费之实的行为，是一个釜底抽薪之举，有利于从机制上遏制向农民乱收费的现象。

三是为全面消除城乡二元税制结构迈出了关键的步伐。农业税是城乡二元税制结构的典型特征。统一城乡税制必然要求全面取消对农业生产单独征收的农业税。

四是有利于提高我国农产品的国际竞争力。全面取消农业税，有利于消除对国内农产品的不公平待遇，使国家能够在 WTO 规则允许的范围内，更好地促进国内农业产业的发展，保护国内农产品市场，提高我国农产品的国际竞争力。

栾福巨：我来自吉林省榆树市的一个村，这几年税收改革我们农民是最得实惠的。我们村有 1576 户 6195 口人，原来农民负担比较重。税收政策改革之后，农民负担一下子减轻了，国家的政策很受农民欢迎。

进一步发挥税收在服务"三农"和促进新农村建设中的作用，需要处理好四个问题

邱成：在服务"三农"和促进新农村建设中，应怎样发挥好税收的作用呢？今后需要解决好哪些问题？

王力： 具体讲，一是税收政策的公平性问题。现行支农税收优惠政策在某些方面还存在着不公平的问题。如对农业产业化龙头企业的所得税优惠政策只针对国家级重点龙头企业，而不包括省级龙头企业；国有农口企业从事种植、养殖和农林产品初加工能够享受所得税免征优惠，而其他农口企业则不能享受；对外资和内资从事农业生产的企业也存在着优惠政策不平衡的问题等。这些问题的存在，不利于广泛引导社会资金加大对农业产业的投入，需要进一步加以解决。

二是税收政策的有效性问题。现行部分支农税收优惠政策存在着有效性欠缺的问题，如对农业生产资料给予了免征增值税的优惠，却难以起到有效降低生产资料价格的作用，使得从事农业生产资料生产经营的企业受益，而真正需要政策支持的农业生产者并没有享受到实实在在的优惠。这些问题的存在，对优惠政策的效果产生了不良的影响，需要在进一步完善中加以改进。

三是税收政策的协调性问题。继续加大对"三农"的税收支持力度是今后涉农税制改革的方向。但是不同的税种具有不同的功能特点，其在促进新农村建设中的调节作用和调节重点也各不相同。税收支持政策的运用，应该注重不同税种之间的政策组合，一方面要有利于促进新农村建设目标的实现，另一方面也要保持税制的规范性，避免带来税收上的漏洞。如相对于其他税种而言，增值税的中性特点更为突出，且其环环紧扣的抵扣机制使得任何一个环节的税收减免都将影响其抵扣链条的完整运行，从而容易产生税收上的漏洞。现行农产品收购增值税政策在实践当中存在着许多偷骗税的问题，就说明了这一点。因此，在制定和完善促进新农村建设的税收政策中，应充分考虑各税种的内在特点和调节目标的实际需要，合理选择用以调节的税种和调节方式，力求实现规范税制运行与促进新农村建设的统筹兼顾。

四是涉农税制改革与其他体制改革配套的问题。完善涉农税收制度，逐步实现城乡税制统一，并不只是单纯税收制度上的调整，其改革的进程和改革的效果还与农村公共财政体制的建设等密切相关，应该统筹考虑，协调配套，共同推进。只有这样，才能最终实现统一城乡税制的战略目标，加快推进统筹城乡发展的历史进程。

税收政策需要在进一步坚持对农业"轻税少取"的原则下，更好地发挥其促进解决"三农"问题和在新农村建设中的积极作用

栾福巨：今后在解决"三农"问题和新农村建设中，会制定什么样的税收政策并发挥出更大的作用呢？

王力：第一，调整优化支持农业生产的税收优惠政策，促进农业做大做强。在企业所得税改革中，针对现行国有农口企业和农业产业化龙头企业所得税优惠政策存在的问题，对相关政策进行积极调整，进一步优化对农口企业和农业产业化龙头企业的税收优惠方式，扩大优惠政策的适用范围，更好地促进其发展。同时，统一内外资企业从事农业生产的税收政策，促进公平竞争。

第二，立足国内国外两个市场，促进农产品流通。在国内市场方面，进一步落实农产品连锁经营的税收优惠政策，完善连锁经营企业

的汇总纳税制度，促进现代化农产品市场体系的建设；在国际市场方面，继续调整完善出口退税制度，扩大优势农产品出口，促进其国际竞争力和市场占有率的提升。

第三，完善农产品加工业增值税制度，促进农产品加工企业与农民建立合理的利益连接机制。一方面从鼓励发展的角度，为农产品加工业创造良好的税收环境，注重解决现行农产品深加工企业增值税"高征抵扣"的问题；另一方面从规范税制、加强征管的角度，严格防范利用农产品收购凭证虚开虚抵增值税进项税款，堵塞税收漏洞，防止税款流失。通过促进农产品加工企业规范发展来促进农产品综合加工能力的提高，实现其对农村经济和农业生产的带动作用，为扩大农民就业、增加农民收入拓宽渠道。

第四，坚持以科技兴农为依托，促进农业产业结构的调整。实施鼓励企业建立农业科技研发中心、支持发展农业科技创新风险投资的税收优惠政策，促进农业科技创新和成果转化。对符合条件的依托科技创新发展的绿色农业、生态农业和循环农业产业，如开发生物燃料乙醇、生物柴油、生物化工新产品等生物质产业，积极纳入环保节能项目范围并给予相应的税收支持，促进农业集约生产、清洁生产、安全生产和可持续发展。

第五，引导改善农村基础设施，夯实新农村建设的物质条件。对投资于农村水利、电网、交通等公共基础设施项目，综合运用直接减免、投资抵免或加速折旧的方式给予一定的税收优惠支持，引导和鼓励社会资金向这些领域的投入，促进农村基础设施条件不断改善，农业生产物资基础不断夯实。

第六，立足"以城带乡"，有序促进小城镇发展和农村富余劳动力转移。完善乡镇企业税收优惠政策，针对乡镇企业的发展变化，结合企业所得税改革，积极研究乡镇企业性质变化后所得税政策衔接和管理问题，更好地发挥乡镇企业在促进小城镇发展和吸纳农村劳动力就地就近转移就业的作用。积极研究有利于农民工实现公平就业的税收政策，促进城镇加大对农村富余劳动力吸纳的力度。同时，在发展小城镇时，也要注重加大对耕地的保护力度，适当提高耕地占用税税额标准，更好地发挥税收在保护农业基本用地中的作用。

第七，积极鼓励农村公共事业发展，促进农村社会安定和谐。完善促进农村义务教育，农民文化卫生服务、农村金融保险服务、农业信息科技服务等公共服务项目和农村合作经济组织发展的税收支持政策，积极引导社会资金向农村公益事业和公益设施建设的投入，结合企业所得税改革，加大对农村公益性捐赠的税前扣除力度。同时，积极探索建立与农村经济发展水平相适应、与其他保障措施相配套的农村社会养老保险制度，条件成熟时开征社会保障税，为最终建立覆盖城乡的社会保障体制开辟一条规范的资金筹集渠道。

王力：通过今天的交谈，听到基层干部和农民群众对税收工作的要求和期望，感受到农村税费改革对促进农业、农村发展和农民增收带来的巨大成效，深受教育和鼓舞，进一步增强了我们做好税收工作、服务"三农"和新农村建设的责任感和使命感。

《经济日报》2007-09-11，张进中、李力报道。

九

为新农村建设培育更多有技能的新型农民

对话人——

吴启迪：教育部副部长

王志峰：山西省新绛县县长

王瑞香：安徽省霍邱县乌龙镇松树村村民

策划人——

李　力：经济日报产经新闻部副主任

图 9　吴启迪（中）和王志峰（左）、王瑞香（右）在交谈

李树贵 / 摄

九　为新农村建设培育更多有技能的新型农民

> 加快发展农村职业技术教育和农村成人教育，扩大职业教育面向农村的招生规模。加大对大专院校和中等职业学校农林类专业学生的助学力度，有条件的地方可减免种植、养殖专业学生的学费。
>
> ——摘自《中共中央　国务院关于积极发展现代农业扎实推进社会主义新农村建设的若干意见》

编者按　职业教育在社会主义新农村建设和城镇化发展中发挥了积极作用，有效地提高了农民的科学文化素质和技能水平，培养了大批新型农民，壮大了农村实用人才队伍，促进了农业先进技术的推广和农民增收，为社会主义新农村建设提供了有力的支持。

如何努力推动农村职业教育持续快速健康发展，以满足新农村建设和构建和谐社会对农村职业教育提出的新要求，让广大农村青年进一步了解职业教育的政策和今后发展方向，通过职业教育来获得致富技能，成为社会关注的一件大事。

经济日报邀请教育部副部长吴启迪、山西省新绛县县长王志峰、安徽省霍邱县乌龙镇松树村村民王瑞香，围绕大力发展职业教育、促进新农村建设等问题进行了对话。

吴启迪： 感谢经济日报为我们提供了这么一个直接交流的平台和机会，下面我就谈一谈职业教育在新农村建设中发挥的作用和职

业教育工作今后的方向、重点等问题。

我国中等职业教育工作以就业为导向，规模持续扩大，质量稳步提高，服务经济社会的能力明显增强，进入了历史上发展最好最快的时期

吴启迪： 近些年来，特别是党的十六大以来，我国中等职业教育工作，不断深化体制、机制和教育教学改革，服务经济社会的能力明显增强，进入了历史上发展最好最快的时期。具体表现在以下几个方面。

一是中等职业教育快速发展，招生规模持续扩大，与普通高中教育的比例日趋合理。2005—2006年，中等职业学校连续两年基本完成扩招100万人的任务。2006年，中等职业学校招生规模达到748万人，在校学生规模达到1810万人，均创历史最高水平。中等职业教育的发展，促进了教育结构的战略性调整。在发展学历教育的同时，各种形式的培训得到广泛开展，年培训城乡劳动者达到1.5亿人次。

二是确立了以服务为宗旨、以就业为导向改革发展职业教育的思路。教育教学改革进一步深化，工学结合、校企合作的人才培养新模式大力推广。职业学校主动服务经济社会的意识和能力显著增强，毕业生越来越受到各行各业的欢迎。

三是职业教育基础能力建设取得阶段性成果。2005年和2006年，中央财政共投入37亿元，重点支持了763个职业教育实训基地、446个县级职教中心、468所示范性中等职业学校和28所示范性高等职业技术学院的建设，启动了中等职业学校教师素质提高计划。

四是中等职业学校家庭经济困难学生资助政策体系建设取得重大进展。按照新的资助政策的规定，中等职业学校在校一、二年级所有农村户籍的学生和县镇非农户口的学生以及城市家庭经济困难的学生，每年将得到1500元的资助。中等职业学校在校三年级学生通过工学结合、顶岗实习获得一定报酬，用于支付学习和生活费用。新的资助政策全部落实到位后，受资助学生将达1600万人，占中等职业学校在校生总数的90%。

五是职业教育教学改革取得新的突破。目前，教育部确定的实施半工半读试点的中等职业学校已有107所。各地和职业学校按照这一精神，根据市场和社会需要，积极探索，大胆实践，不断深化教学改革，职业教育的质量有了很大提高，适应经济社会发展的能力进一步增强。

王志峰：说到职业教育，很多群众一开始不认可这个事情，一直都希望孩子上大学。从2002年开始，大学生的就业门槛越来越高。

在这种情况下，老百姓才充分认识到职业教育的重要性，开始踊跃地把孩子送到职业学校去了。这几年，我们县职业教育发展很快，而且经过职业教育培训的学生99%都找到了工作。我们县有4万多户农民家庭，我们提出来，"十一五"期间，争取让每一个农民家庭，都有一个经过职业教育培训的青壮年劳力。

到2010年，基本建立起遍布城乡、比较完善的职业教育网络，形成满足人民群众终身学习需要，与市场需求和劳动就业紧密结合的现代职业教育体系

王志峰："十一五"期间，我国职业教育改革发展的目标是什么？

吴启迪：到2010年，基本建立起遍布城乡、灵活开放的比较完善的职业教育网络，基本形成适应社会主义市场经济体制，满足人民群众多样化学习需要，与市场需求和劳动就业紧密结合，有中国特色的现代职业教育体系。中等职业教育规模明显扩大，在学人数达到2100万左右。普通高等职业教育规模有所增加，在学人数达到800万左右，教育质量显著提升，毕业生就业率保持较高水平。各类职业技术培训得到较大发展，培养的人次和质量均明显上升，年培训城乡劳动者达到1.5亿人次，其中农村劳动力和农民工培训达到1亿人次，使我国劳动者的素质得到普遍提升，努力满足现代制造业、服务业，农业对生产、服务一线技能型、应用型人才的需求，努力满足农村劳动力转移和城市职工再就业的培训需要，努力满足人民群众接受多样化、高水平职业教育的需求。

职业教育和技术培训给许多人带来了新的希望，改变了他们的工作生活方式，让他们能够为国家建设作出更大贡献

王瑞香：我来自安徽霍邱县乌龙镇松树村，2003年年底从部队复员后，在朋友的介绍下，找到了一份简单的业务员工作。在做业务员的一段时间内，发现自己辛苦挣来的千元工资只够维持在京的生活

费用。自己为什么不能在大城市中生活得好一点呢？经过仔细分析和思考，发现是自己没有优于其他人的长处，在人才济济的大城市里，没有一技之长，要想找到一个好工作，其难度可想而知了。

在反复对比和分析选择后，最后决定选择参加北大青鸟网络工程师培训作为自己新的起点，立志成为一名计算机应用方面的高手，将来从事IT方面的工作。

培训完成之后，在培训中心就业老师的推荐指导下，来到北京一家公司从事技术支持工程师工作。现在，我每月的收入都达到了5000元以上，生活上发生了很大的变化。

对于一个农村的孩子来说，到了陌生的大城市之后，我深刻体会到了职业技术培训给自己带来的改变。这种改变，不仅改变了自己的工作生活方式，更重要的是让更多的人能够有更多的机会为国家建设贡献自己的一份力量。

"十一五"时期，将采取六项措施，切实加强职业教育基础能力建设，进一步改善职业学校办学条件，扩大优质职业教育资源

王志峰： 要建立健全中等职业教育家庭经济困难学生资助政策体系，吸引更多的学生就读职业教育，具体要采取哪些措施呢？

吴启迪： 一是认真实施好职业教育实训基地建设项目。到2010年，中央财政重点支持建设2000个资源共享，集教学、培训、技能鉴定和技术服务于一体的职业教育实训基地。带动各地建设一大批职业教育实训基地，促进20万个职业教育专业点结构布局的合理优

化，基本构建起以国家区域经济和主要产业结构为重点，以地方特色经济和产业布局为纽带的资源共享、示范和辐射作用并举的全国实训基地网络。

二是实施好县级职教中心建设项目。到2010年，中央重点支持建设1000所面向农村地区、办学条件较好、特色鲜明、集学历教育和非学历培训为一体的多功能县级职教中心，形成总规模约200万人的中等职业教育培养能力和每年200多万人次的农村劳动力转移培训和农村实用技术培训能力，扩大农村地区特别是中西部农村地区县级职教中心的培养培训规模，提高学生（学员）实践能力和职业技能水平，带动全国县级职教中心建设。

三是实施好示范性中等职业学校建设项目。到2010年，要在全国逐步建成1000所生源较好、专业对路、学生就业率高、形成规模效益、可以起到骨干作用的高水平示范性中等职业学校，扩大优质中等职业教育资源，引领中等职业学校办出特色、提高水平。

四是实施好国家示范性高等职业院校建设项目。"十一五"时期，中央财政重点扶持建设100所与经济社会发展联系紧密、学校定位准确、办学实力雄厚、就业率高、辐射能力强、具有一定国际影响，在深化改革、创新体制和机制中起到示范作用的高水平高职院校，带动高职教育整体水平得以提升。

五是实施好中等职业学校教师素质提高计划。到2010年，培训20万名职业教育专业骨干教师，其中中央财政重点支持5万名，带动职业教育教师全员培训的开展，积极支持和引导教师到企业和其他用人单位进行见习和工作实践，重点提高教师的专业和实践教学能力。

六是认真落实好中等职业学校学生助学工作。今年下半年，中央财政和地方财政要安排约 82 亿元用于中等职业学校国家助学金。2008 年，中央和地方财政安排国家助学金将达到 308 亿元，其中中等职业学校国家助学金也将超过一半。今后每年国家都将安排中等职业学校国家助学金。

职业教育要为农村劳动力转移服务，教育部将采取四项具体措施来促进农村劳动力转移

王瑞香：我很高兴通过参加培训掌握一门技术，并从农村劳动力转变为"新职工"。像我这样来北京打工的农村青年，还没有经过专业技能培训的有很多。今后，职业教育工作在农村劳动力转移培训工作方面，将采取哪些措施呢？

吴启迪：你这个问题问得很好，这正是职业教育工作的一个重点，今后我们将从以下几个方面努力：

一是继续组织实施"教育部农村劳动力转移培训计划"，促进农村劳动力合理有序转移和农民脱贫致富。2006 年教育系统共培训农村转移劳动力 3500 多万人，其中技能培训 1300 多万人。同时，支持各地加强县级职业学校和成人学校基础能力建设，改善农村职业学校和成人学校的办学条件，提高培训能力。在中央财政专项资金支持项目的安排上，坚持向农村地区倾斜，提高农村职业学校的办学能力。

二是进一步加强进城农民工培训，提高进城农民工的职业技能，帮助他们在城镇稳定就业。据统计，2006年，教育系统共培训农民工566.49万人次，占培训总人数的16.17%。

三是把农村劳动力培训作为职业教育的重要任务，不断加大对各地农村劳动力转移培训工作的检查力度，继续坚持和完善年度报告通报制度，努力推动农村劳动力转移培训上质量、上水平。

四是解决农民工子女上学难的问题，解除他们的后顾之忧。要求农民工输入地教育行政部门要将农民工子女义务教育纳入当地教育规划之中，以公办学校为主解决农民工随迁子女义务教育问题，同时要求农村劳动力输出规模大的地方人民政府，要把做好农村"留守儿童"教育工作与农村寄宿制学校建设结合起来，满足包括"留守儿童"在内的广大农民工子女寄宿需求。

作为农村职业教育的载体，农村各类职业学校、成人文化技术学校，是农村人力资源开发、技术培训与推广、劳动力转移培训和扶贫开发的重要基地

王志峰：农村各类职业学校、成人文化技术学校在新农村建设中具有十分重要的地位和作用，请您介绍一下职业教育在这方面的作用。

吴启迪：一是农村职业教育为新农村和城镇化建设提供了强有力的人才支持。"十五"期间，中等职业学校累计培养1300多万农村学生，每年开展短期技能培训700万—800万人，极大地提高了农村新增劳动力的素质，许多毕业生成为具有初、中级技术水平的建设人才，特别是大批农村家庭贫困学生通过职业教育，改变了自己的命运，帮助家庭摆脱了贫困，在新农村建设和城镇化发展中发挥了积极作用。

二是推进了农村地区高中阶段教育的普及。目前，未进入高中阶段学习的初中毕业生主要在农村，农村职业教育的发展有力地推进了高中阶段教育普及程度的提高。"十五"期间，全国初中毕业生升高中阶段教育学校的比例从52.9%提高到69.7%，2006年更是达到了75.7%。

三是加快了农村劳动力转移步伐。3年来，农村职业学校和成人学校开展的农村劳动力转移培训和农民工培训的规模已超过9000万人次，成为了农村劳动力转移培训的主力军，有力地推动了农村富余劳动力向城镇和二、三产业的转移就业，在扶贫开发、促进农民增收中发挥了重要作用。

四是促进了农村实用技术培训，培养了大批农村实用人才。"十五"以来，农村成人学校累计培训农民3.65亿人次，有效地提高了农民的科学文化素质和技能水平，培养了大批新型农民，壮大了农村实用人才队伍，促进了农业先进技术的推广和农民增收。

王志峰：现在很多孩子高中毕业或者初中毕业后都到职业学校去，就是因为上了职业学校容易就业。我们县采取了一个办法：根据市场需求调整技校的专业课程设置。在调整专业的过程中，我们还结合本县的一些特点，比如说针对全县3/5的耕地种植蔬菜的特点调整

专业课程设置。县里和职业学校合作办校，学生毕业后，县财政对这些自主创业的学生给予扶持。比如说建一个蔬菜大棚，财政给予一定资金补助。现在我们县从事蔬菜种植、果树栽培的大部分人都是这些从职业学校出来的学生。他们通过职业教育培训，利用所学到的技能发家致富，同时也促进了全县的经济发展。

职业教育特别是中等职业教育仍然是我国教育工作的薄弱环节，面临的困难还有很多，改革与发展的任务还相当艰巨

王瑞香：要提高农民的素质和致富技能，教育是必由之路。从这个角度看，职业教育确实为农村人才培养提供了另一条道路，而且职业教育所需周期相对较短，可以说是提高农民素质和技能的一条捷径。

吴启迪：近些年来，我国职业教育尽管有了很大发展，但我们也清醒地看到，职业教育特别是中等职业教育仍然是我国教育工作的薄弱环节，面临的困难还很多，改革与发展的任务还相当艰巨。主要表现在：一是一些地方对大力发展职业教育特别是中等职业教育的重要性认识还不到位，社会上还存在着看不上职业教育的观念；二是由于投入不足，职业院校办学条件普遍较差，基础能力弱，实训实验设备匮乏落后，中等职业教育优质资源紧缺；三是师资不足，水平偏低；四是现有教育教学内容还不能很好地适应企业和社会需求；五是行业企业参与职业教育的积极性没有得到很好的调动和发挥；六是职业教育管理体制仍需要进一步完善。面对新形势，我们必须从现代化建设的全局出发，进一步增强紧迫感和使命感，采取有力措施，大力推进职业教育的改革与发展。

"十一五"期间，教育部将努力推动农村职业教育持续快速健康发展，以满足新农村建设和构建和谐社会对农村职业教育提出的新要求

王志峰："十一五"期间，教育部从哪些方面推动农村职业教育持续快速健康发展，以更好地服务于社会主义新农村建设？

吴启迪：第一，要进一步扩大农村职业教育的规模。目前中等职业学校的学生有80%以上来自农村，农村地区已成为我国中等职业教育发展的主要空间。为此，必须坚持把农村职业教育作为职业教育发展的重点，一方面要挖掘潜力，进一步扩大农村职业学校的招生规模，另一方面要继续大力推进东部对西部、城市对农村中等职业学校联合招生、合作办学工作，切实扩大农村职业教育的规模。

第二，要认真实施好"县级职教中心建设计划"。"十一五"期间，中央财政要安排专项资金重点支持建设1000所面向农村地区的多功能县级职教中心。今后几年将继续支持各地县级职教中心的建设，通过职业教育实训基地建设、示范性中等职业学校建设、教师素质提高等计划的实施，切实加强农村职业教育的基础能力建设，使之更好地为新农村建设服务。

第三，要大力开展农村劳动力转移培训。围绕"国家农村劳动力转移培训工程"，继续实施农村劳动力转移培训阳光工程和"教育部农村劳动力转移培训计划"，动员组织城乡职业学校和成人学校，大

力开展农村劳动力和农民工的教育培训，提高他们转移就业的能力。2007年，教育系统农村劳动力转移培训和农民工培训规模力争达到3500万人次，其中职业技能培训超过1000万人次。

第四，要大力开展农村实用技术培训。面向留在农村的劳动力积极开展农村实用技术培训，争取2007年培训规模达到6000万人次，使接受培训的农民具有从事现代农业、畜牧业或乡镇企业生产的一技之长，大面积提高农村劳动者的素质，努力培养新型农民。

第五，要切实落实好中等职业学校学生资助政策，通过这一政策广泛吸引农村学生就读中等职业学校，推进教育公平，促进农村职业教育快速健康发展。

第六，今后一个时期，我们将继续加强"三教统筹"、促进"农科教结合"，大力推广先进经验，推动各地建立健全农村职业教育网络，推动建立政府扶助、多元办学、农民受益的教育培训机制，大力开展农村劳动力转移培训和农村实用技术培训，推动农村职业教育和成人教育在社会主义新农村建设中作出新的更大的贡献。

《经济日报》2007-09-25，张进中、李力报道。

构建农村现代流通体系
提高农产品流通效率

对话人——

黄　海：商务部部长助理

乔　彬：河南商丘农产品中心批发市场总经理

石凤革：北京怀柔区大水峪村二兴益便利店开元乐商店店长

策划人——

李　力：经济日报产经新闻部副主任

图 10 黄海（中）和石凤革（左）、乔彬（右）在交谈

李树贵 / 摄

十　构建农村现代流通体系　提高农产品流通效率

建设农产品流通设施和发展新型流通业态。采取优惠财税措施，支持农村流通基础设施建设和物流企业发展。要合理布局，加快建设一批设施先进、功能完善、交易规范的鲜活农产品批发市场。大力发展农村连锁经营、电子商务等现代流通方式。加快建设"万村千乡市场""双百市场""新农村现代流通网络"和"农村商务信息服务"等工程。

——摘自《中共中央 国务院关于积极发展现代农业扎实推进社会主义新农村建设的若干意见》

编者按　为有效缓解农产品"卖难"问题，保证进城农产品质量、促进农民增收，商务部启动的"双百市场工程"实施一年多来取得了显著成效。同时，为切实解决农民"买难"问题，商务部部署实施的"万村千乡市场工程"将连锁经营的现代流通方式推向农村，为广大农民提供了一个方便、实惠、放心的购物环境。

在推进新农村建设的过程中，如何进一步构建和完善农村现代流通体系，提高农产品流通效率，确保农民持续增收，成为社会关注的问题。近日，经济日报邀请商务部部长助理黄海、河南商丘农产品中心批发市场总经理乔彬、北京怀柔区大水峪村二兴益便利店开元乐商店店长石凤茸，围绕构建农村现代流通体系、促进新农村建设等问题进行了对话。

"双百市场工程"有效缓解农产品"卖难"

黄海：为构建农产品现代流通体系，促进农业增效、农民增收、农村发展，保障农产品流通安全，商务部于2006年启动了"双百市场工程"，重点改造100家大型农产品批发市场，着力培育100家大型农产品流通企业。

截至今年上半年，商务部核准的"双百市场工程"的414个建设或改造项目，已经建成并通过验收的有388个，完成率达94%。其中批发市场项目236个，包括准公益性项目167个，基础设施项目69个；流通企业项目152个。

经过近两年的实践，"双百市场工程"解决了两大难题：一是有效缓解农产品"卖难"，二是有效地保证了进城农产品的质量，促进农业增效、农民增收。

乔彬：2006年，河南商丘农产品中心批发市场被商务部列为第一批"双百市场"。此后，我们就着手对批发市场进行升级改造，在市场果菜区建设了农产品质量安全可追溯系统、安全监控系统、19440平方米的交易棚和18200立方米的低温库等设施。升级改造项目总投资达3037万元，2006年建成并投入使用，2007年1月通过了专家组验收。

今年，我们又申报了大型农产品批发市场升级改造项目，该项目计划总投资581.8万元，主要进行市场冷链系统建设和在粮油区新建农产品质量安全可追溯系统。目前，该项目的设计论证工作已经完成，并准备于近期施工。

十 构建农村现代流通体系 提高农产品流通效率

我们批发市场的升级改造项目投入使用后,有效地提高了农产品的流通效率。据统计,与该项目实施前相比,市场年新增交易额 8 亿多元,新增交易量 48 万多吨,新增商户 500 余户,新增上缴国家所得税 200 多万元,税后新增利润 400 多万元。现在每天进入市场的车流量达 1.5 万辆次,人流量达 6 万人次,日均交易额达 2000 多万元,日均交易量达 1 万多吨,较好地发挥了市场的带动作用。

黄海: 商丘农产品中心批发市场是"双百市场工程"的一个缩影。经过各级商务、财政、有关市场和企业积极努力,"双百市场工程"已初见成效。2006 年 100 家大型农产品批发市场交易总额超过 3000 亿元,占全国亿元以上农产品市场交易总额的 1/3 以上,累计带动新增就业 81 万人,其中直接就业人数为 20 万人。100 家大型农产品流通企业,2006 年食用农产品销售额达 425 亿元,新增销售额 41 亿元。"双百市场工程"带动地方和企业投资 100 亿元,其中贷款 45 亿元。2007 年上半年,100 家大型农产品批发市场交易额超过 1600 亿元,带动出口 16 亿元。

乔彬: 可以说,实施"双百市场工程"以来,农产品特别是鲜活、时令农产品的"卖难"问题得到有效缓解。比如,2006 年 8 月,我们批发市场内的辣椒、茄子、西红柿一度出现滞销,价格达到历史最低点。面对这一情况,我们立即组织经纪人分赴安徽、湖北、江苏等地,联系商户,利用市场的信息系统发布行情,在很短的时间内,外地商户相继到市场组织进货,使辣椒、茄子、西红柿的价格逐步回升,销量猛增,较好地解决了菜农的"卖难"问题。

为确保货源供应，我们与市场周边的多个乡、村组织以及市场经营大户签订了收购合同，直接把销售渠道提供给农民。

"双百市场工程"保证了农产品安全优质

乔彬：为了保证进城农产品安全优质，我们建立了三个系统：一是电子交易系统。我们批发市场实行的是电子结算，通过电子交易屏及时公布交易信息，有点像股市的"即时行情"，每完成一笔交易，电子交易屏上就会显示卖者、买者、品种、数量、等级、价格、产地、销地等信息；二是农产品检验检测系统。我们对进场交易的农产品实行抽检，检验检测的重点是农药残留。三是农产品质量安全可追溯系统。一旦发现某批抽样农产品出现质量问题，比如农药残留超标，5分钟之内就能找到它的生产种植基地以及销售者、购买者。前一个系统是基础，后两个系统是关键。

现在我们正对检验检测系统进行升级改造，改造完成后，进入批发市场的农产品将不再抽检了，而是实行全部检验。

由于确保了进城农产品的优质安全，"双百市场工程"有力地促进了农业增效、农民增收。目前，在批发市场的带动下，河南商丘和周边地区已有2万多人实现了就业；在市场周边形成的种植、养殖、加工专业村（户）已达6600多个，带动农产品生产基地195万亩，促进农户年均增收800多元，已有15万余农户从中受益。如今，我们批发市场已成为全国十大批发市场。

黄海："双百市场工程"实施时间虽然不长，但在拓宽农产品流

十　构建农村现代流通体系　提高农产品流通效率

通渠道、解决农产品"卖难"、促进农民增收，以及保障城乡居民消费安全等方面已初见成效。试点批发市场和流通企业经营环境得到改善，辐射带动能力明显增强，"兴一个市场，带一批产业，活一方经济，富一方农民"的效果更加明显。广州江南果菜批发市场在山东、河南等地建立100多万亩蔬菜基地，带动近50万农户，平均每户年增收入1752元。"双百市场工程"在维护市场秩序、平抑物价等方面也发挥了积极的作用。今年3月，辽宁、吉林、黑龙江等省遭受了罕见的暴风雪袭击，试点单位千方百计组织蔬菜和肉类等农产品货源，确保了市场供应，得到了地方政府和社会各界的肯定。

"万村千乡市场工程"解决了农民"买难"问题

石凤革：我开的农家店位于北京市怀柔区大水峪村。我们是商务部命名的第一批"万村千乡市场工程"的农家店。

店里的货品大多数都是区里配送中心提供的。自从加盟配送中心以后，他们不仅给我们送来一些铝合金货架，还对货品摆布、销售人员培训给予指导。只要拨个电话，配送中心就会把我们需要的货品送来，质量有保证，而且价格不贵。

黄海：货品配送比例能达到多少？

石凤革：90%左右。配送货品主要是日用百货、食品、调料、化妆品。像蔬菜这样的鲜货，我们直接从市场上采购。

黄海：卖不出去的可以退货吧？

石凤革：当然可以，我们叫调货。配送中心负责把不好卖的拿走，调换成好卖的送来。

黄海： 配送前后，货品质量和价格有什么变化？

石凤革： 配送之前，我们主要是自己从市场上进货，虽然尽力采购那些价廉物美的货品，但有时也会良莠不齐。配送之后，货品的质量水平明显提高，配送价格与市场价格也大体相当。

我进货时坚持首先看"三证"，所以店里的货品从未因质量问题而被投诉过。

黄海： 你的店规模有多大？店里卖的东西大约有多少种？

石凤革： 原来将近100平方米，现在有150平方米。店员也从两三个发展到六个，雇的都是村里人。以前店里卖三千种左右货品，现在约有七八千种。村里人需要的东西，基本上我这儿都有。

黄海： 营业时间多长？

石凤革： 天一亮就开门，晚上到9点以后，有时候到10点。

黄海： 你周围的村有农家店吗？

石凤革： 在怀柔，基本上一个村子有一家店，且大多数都是"万村千乡市场工程"连锁农家店。

黄海： 你的店成为"万村千乡市场工程"的连锁农家店后，村里人有什么反应？

石凤革： 我是2000年1月接手这个店的，当时就想，只有好好给村里人服务，才能有效益。成为"万村千乡市场工程"连锁农家店后，村里人觉得东西齐全，也很实惠，更加认可这个小店了。别看我这个店小，东西全不说，有些东西比城里还便宜呢。比如芹菜，怀柔区城里卖1元钱1斤，我们店里只卖9毛钱，还少跑几十里路。

现在乡亲们逢年过节走亲访友、红白喜事用的东西都从店里买，这也许可以证明乡亲们对我这个小店的喜欢和信任吧。

"万村千乡市场工程"已引起跨国公司关注

黄海：这叫"一网多用"。我们将慢慢拓展农家店的功能，除了销售食品和日常生活用品外，农家店还在经营电信、报刊、音像文化用品、医药、邮政、农资等领域进行探索，力争有所突破。

当然，农资和生活用品要坚决分开销售。

前不久，商务部与国家食品药品监管局联合下发文件，允许"万村千乡市场工程"农家店销售非处方药；和文化部门合作，允许农家店销售音像制品；和电信部门合作，允许农家店出售手机号和充值卡；和国家邮政部门合作，使农家店开展一些邮政服务。另外，我们还希望利用邮车开展物流服务，当然这还需要一个过程。

总的来说，"一网多用"除了发挥农家店销售商品的功能外，还注重开展各种各样的服务，包括文化宣传、科学普及、农机农技推广、文化娱乐等。

石凤革：农资农药、手机卡、充值卡，我们店都经营，药品专营执照也有，前几年一直经营，去年村里开了个药店，我可追溯系统，但投资很大。此外，商户对冷库需求量非常大。

黄海：乔彬说的物流可追溯系统很重要。冷链运输是制约我国农产品质量和流通效率的重要因素。以前曾出现过这样的现象，一车冷

冻肉从某地出发时冷藏车里冷冻装置是开着的，半路上给关了，快到目的地时再打开，检验温度够标准，其实中间的肉早已化冻了，有的甚至变质了，现在有了这个物流可追溯系统，就不会这么做了。

冷库的确十分重要，应季鲜菜水果上市后，可先冷藏一部分，待过了销售高峰再卖，一则避免了果菜烂在地里的事情发生，二则售价也会提高许多，三则可持续保障市场供应。

我们对"双百市场工程"的支持项目大体分为两类：一类属于基础设施，比如配送中心；另一类属于准公益性质，比如质量安全可追溯系统。这两个领域都是政府应重点支持的领域，要加大补贴力度。

下一步，我们还是要继续围绕着提高农产品流通效率来做文章，尽量缩短农产品从农田到餐桌的时间，减少损耗。还有就是质量，在流通的各个环节强调产品质量和食品安全。我们会积极和有关部门协调，力争有更多的基础设施和公益性质项目进入国家支持行列。

当前，各地开展"万村千乡市场工程"的积极性很高，下一步的重点是提高配送率。提高配送率是保证产品质量的重要手段，食品的配送率将来要逐步提高到100%，尤其是猪肉，县以上超市、食堂、餐厅里的猪肉要保证100%来自定点企业。

石凤革提到的培训很重要。现在全国已建了20多万个农家店，虽然连锁店的经营管理很简单，但还应加强培训。此前，像一些大公司组织过针对农家店的培训，培训了几千人，但还不够。

还有，就是减轻农家店的负担，包括税费问题。比如，用电用水，我们希望至少按农业用电来收取。

总之，下一步对"万村千乡市场工程"要加大两个支持，一是金融支持，二是政策支持，多在项目核准、协调落实配套扶持政策、搞好项目落实工作等方面着力，进一步深化"双百市场工程"和"万村千乡市场工程"。

《经济日报》2007-10-19，何振红整理。

十一

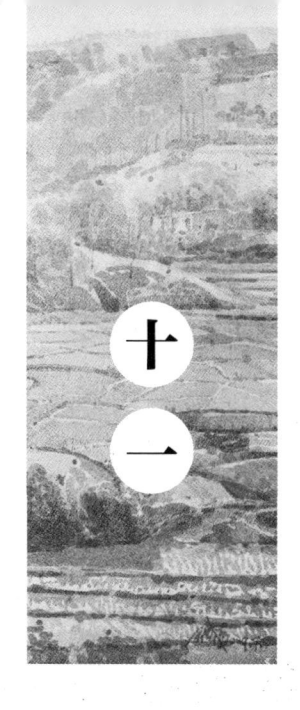

进一步完善新型农村合作医疗制度

对话人——

陈啸宏：卫生部党组成员、副部长

王明威：河南确山县委书记

杨正宽：云南省昆明市官渡区六甲乡福保村村委会副主任

陈明涓：云南省昆明市官渡区六甲乡福保村党委书记助理

策划人——

李　力：经济日报产经新闻部副主任

图 11　陈啸宏（左二）与王明威（左一）、杨正宽（右二）、陈明涓（右一）在交谈

李树贵 / 摄

十一 进一步完善新型农村合作医疗制度

> 继续扩大新型农村合作医疗制度试点范围,加强规范管理,扩大农民受益面,并不断完善农村医疗救助制度。
>
> ——摘自《中共中央 国务院关于积极发展现代农业扎实推进社会主义新农村建设的若干意见》

编者按 建立和完善新型农村合作医疗制度是党中央、国务院统筹城乡发展、促进农村经济社会发展的重要举措,对全面建设小康社会具有重大意义。从全国情况来看,新型农村合作医疗工作已从试点阶段顺利转向全面推进阶段。

在社会主义新农村建设过程中,如何进一步完善和推进新型农村合作医疗制度,扩大新型农村合作医疗覆盖面,切实减轻农民医疗负担,提高看病就医率,使广大参合农民得到实实在在的好处,成为人们普遍关注的问题。经济日报邀请卫生部党组成员、副部长陈啸宏,河南确山县委书记王明威,云南省昆明市官渡区六甲乡福保村村委会副主任杨正宽,以及村党委书记助理陈明涓就完善和推进新型农村合作医疗等问题进行了对话。

陈啸宏: 感谢经济日报为我们提供了一个宣传、介绍新型农村合作医疗制度的平台和机会。我先介绍一下新型农村合作医疗制度在新农村建设中发挥的作用和目前此项工作的进展情况。

开展新型农村合作医疗的地区，农民医疗负担有所减轻，看病就医率有所提高，广大农民得到了实实在在的好处

陈啸宏： 新型农村合作医疗制度是由政府组织、引导、支持，农民自愿参加，个人、集体和政府多方筹资，以大病统筹为主的农民医疗互助共济制度。建立和完善新农合制度是党中央、国务院统筹城乡发展、促进农村经济社会发展的重大举措，对全面建设小康社会具有重大意义。建立新农合制度已经作为社会主义新农村建设的重要内容和社会目标列入我国"十一五"发展规划。

近年来，各地区、各有关部门通力合作，广大农民群众积极参与，新农合工作一步一个脚印、一步一个台阶，扎扎实实、积极稳妥地推进，取得了显著成效。截至2007年6月30日，全国开展新农合的县（市、区）达到2429个，占全国总县（市、区）数的85%，参加合作医疗的人口7.2亿，占全国农业人口的83%。4年来，享受医疗补助的农民累计达到6.37亿人（次），补助费用累计达到377.31亿元。

从全国情况来看，这项工作已从试点阶段顺利转向全面推进阶段。开展新农合工作的地区，农民医疗负担有所减轻，看病就医率有所提高，小病拖、大病捱的情况有所减少，因病致贫、因病返贫的状况有所缓解，广大参合农民得到了实实在在的好处。

陈明涓： 我来自昆明市官渡区六甲乡福保村，是个大学生"村官"。福保村的新型农村合作医疗，至今已开展了5年多，人均筹资水平为70元，其中区政府负担30元、乡政府负担10元、个人负担

30元。

目前,全村农民参合率达到100%,全村农民看病有了保障,新农合制度受到了乡亲们的拥护和欢迎。

新型农村合作医疗制度框架及运行机制基本形成,对农民健康的保障作用逐步显现

陈啸宏: 福保村的同志介绍的只是一个村里的情况,从全国范围讲,这项制度取得的成效体现在三个方面:

第一,新农合制度框架及运行机制基本形成。一是建立了从中央到地方由政府领导,卫生部门主管,相关部门配合,经办机构运作,医疗机构服务,农民群众参与的管理运行机制;二是建立了以家庭为单位自愿参加,以县(市、区)为单位统筹,个人缴费、集体扶持和政府资助相结合的筹资机制;三是形成了符合各地实际的统筹补偿方案,建立了参合农民在本县(市、区)范围内自主选择定点医疗机构就医,现场结报医疗费用报销办法;四是建立了有关方面和农民参与的以基金运行、审核报付为核心的监管制度;五是形成了医疗服务、药品供应等方面的规范,建立了与新农合制度相互衔接、互为补充的医疗救助制度。

第二,新农合对农民健康的保障作用逐步显现。2006年全国新农合共有2.72亿人次受益,共补偿资金155.81亿元,其中78.9%用于住院补偿,实际住院补偿比为27.8%,次均补偿费用771元,当年筹资的资金使用率达到72.95%。参合农民的医疗服务利用率有所

提高，特别是住院服务利用率明显提高。2007年上半年，全国已有1.67亿人次受益，共补偿资金133.38亿元。

第三，贫困人口看病就医问题得到一定改善。为了解决贫困人口的看病就医问题，在建立新农合制度的同时，也同步建立了农村医疗救助制度。通过两项制度的衔接，使一部分贫困人口由医疗救助资助参加了新农合，进而可以享受到新农合的报销。截至2006年底，全国含有农业人口的县（市、区）基本建立了农村医疗救助制度。2003—2006年，中央财政共投入18.5亿元，支持农村医疗救助制度建设，在一定程度上解决了困难农民无力参合和无力支付大额医疗费用的问题。

杨正宽：对于新型农村合作医疗解决老百姓大额医疗费用的问题，我是深有体会的。我们村有一个叫周琼仙的村民得了甲状腺癌，2003年做了甲状腺摘除手术，到现在医疗费支出达到4万多元。按照新型农村合作医疗的标准每年可以报销3000元，2003—2005年他报销了9000元，2006年报销了6000元，再加上参加保险那部分，他自己承担的就更少了，他明显感觉到经济负担减轻了。

我们村从新型农村合作医疗中得到实惠的村民非常高兴，大家纷纷表示今后再也不用为沉重的住院费用而担心了。

王明威：确山县是国家级贫困县，总人口50万，其中农业人口44万，下辖13个乡镇。2005年12月被河南省政府确定为全省新型农村合作医疗第二批试点县。目前，全县试点工作已运行近两年时间，共有19个乡镇卫生院，183个村级卫生院、卫生所承担新型农村合作医疗服务，参合人数 37 万人，参合率是 84.3%，受益人口 2 万，住院受益人数 1.7 万人。

在新型农村合作医疗制度推行的过程中，始终坚持了"为民是目的，利民是核心，便民是关键"的原则

陈啸宏： 推行新型农村合作医疗制度，出发点就是要解决农民群众在脱贫致富奔小康的过程中因病致贫、因病返贫的问题。

在新型农村合作医疗推行的过程中，我们始终坚持的一个原则，就是为民是目的，利民是核心，便民是关键。在扩大新型农村合作医疗覆盖范围的同时，还要注重医疗的服务质量。为民是目的，就是为老百姓解决问题；利民是核心，就是让老百姓得到好处，让群众看病报销达到一定比例；便民是关键，就是让群众感觉到方便，比如让农民在就诊的医疗机构现场结算医疗费用，方便农民报销。医疗机构要把费用垫付上，经办机构再审核、结算。不能出现因为报销几十块钱，让老百姓反复跑几趟的现象。对于不符合用药的医疗行为，医疗机构要承担相关责任。

王明威： 新型农村合作医疗是为广大农民谋福利的一件大好事，着重解决了我们农民看病难、看不起病的问题，深受广大农民欢迎。我们始终加强对定点医疗机构的监管，规范医疗服务行为，不断探索和创新监管模式，努力提高农民受益水平。

现在，我们县新农合惠民政策已经家喻户晓，全县参合农民受益明显，农民抗御大病风险的能力得到了提高。特别是农民生病以后，

报销医疗费用很及时，并进行一定的补贴，使农民大病返贫的情况得到了缓解，群众很拥护。

陈明涓：在报销医药费方面，群众普遍反映很方便、及时，这也有力地提高了群众参与新型农村合作医疗的积极性。

广大卫生部门为新型农村合作医疗制度的试点和全面推进做了大量的工作，发挥了重要作用

陈啸宏：经过4年多的试点，新型农村合作医疗制度框架及运行机制基本形成，卫生部门发挥了重要作用。

试点开始以来，各地相应建立了联席会议制度或合作医疗协调小组，由卫生部门作为牵头单位，负责日常的联系和协调工作，各级卫生部门与有关部门密切配合，加强管理经办机构建设，提高管理服务能力，共同推进新型农村合作医疗制度的发展。

各级卫生部门在发动、宣传和筹资上做了大量工作，加强对政府领导和合作医疗管理人员的培训和指导，以农民喜闻乐见的形式宣传相关政策，使广大干部群众真正认识到建立新型农村合作医疗制度的意义和好处，自觉自愿参加。

大部分地区由卫生部门根据当地的经济发展水平，探索制定完善、符合实际的统筹补偿方案，确定补助方式和标准，简化报账方式，实现参加新型合作医疗农民在县内定点医疗机构就诊的即时结付，提高参合农民受益水平。

与有关部门共同探索完善了新型农村合作医疗基金的封闭运行机

制,在代理银行建立基金专用账户,专款专用,实行收支两条线管理,做到管账不管钱,管钱不管账,资金封闭运行,并接受有关部门的监督。

加强对医疗机构的监管,有效监管收费行为,切实控制医药费用,使参加新型农村合作医疗的广大农民得到实实在在的好处。

大力推进县(市)、乡(镇)、村三级农村医疗卫生服务网的建设,推动乡(镇)卫生院上划县级卫生行政部门管理,鼓励县、乡、村卫生机构间的业务合作,加大城市卫生支农工作力度,加强基层卫生人员培训。

目前,94%的开展新型农村合作医疗地区,采取政府卫生行政部门下设事业性经办机构,来具体承担新型农村合作医疗的调查、方案制定与调整等职责,并协助开展宣传动员、筹资等工作。

王明威: 开展新型农村合作医疗以来,卫生部门做了大量基础性的工作,很辛苦,但很有成效,得到了社会和群众的认可。

从总体上看,新型农村合作医疗工作进展顺利、运行平稳,面临发展机遇,但也存在着一些困难和问题

王明威: 听了陈副部长的介绍,我们了解了目前全国新型农村合作医疗的状况,那么现在工作中还有哪些需要完善的方面呢?

陈啸宏: 从总体上看,新型农村合作医疗工作进展顺利、运行平稳,但也面临一些困难和问题。

一是一些地方对建立新型农村合作医疗制度的艰巨性、复杂性和

长期性仍然认识不足，表现为急于求成，工作还不够细致到位，有关政策宣传不够。

二是新型农村合作医疗筹资水平较低，筹资成本偏高，尚未建立稳定、长效的筹资机制。农民自愿缴费筹资目前仍是新型农村合作医疗工作的难点。2006年，全国实际人均筹资水平为51.88元，中西部地区实际人均筹资水平仅为44.44元。由于筹资水平较低，目前新型农村合作医疗的总体保障水平还不高。

三是一些地区还没有形成规范的统筹补偿方案，存在模式过多，方案设计不够科学，农民受益程度小，新开展的试点县资金沉淀较多的问题。

四是随着新型农村合作医疗工作的不断推进，监管任务越来越重，新农合管理经办机构不健全，工作经费缺乏，信息化发展不平衡，管理能力不强的问题日渐突出。

五是由于补偿机制不合理，财政投入不足，医疗机构过度依赖业务收入维持运行和发展，一些医疗机构的趋利性带来不规范的医疗行为，医疗费用存在不合理上涨。

六是新形势下的新问题给新农合工作带来挑战，如取消农业户口对新型农村合作医疗的影响，失地农民、农民工和农、林、渔场的非农业人口的参合问题等。

陈明涓：开展新型农村合作医疗现在还有哪些机遇呢？

陈啸宏：这个问题问得很好，我正要谈这个方面呢，新型农村合作医疗存在着一些困难，但是也应看到新型农村合作医疗发展所面临的机遇。

一是新型农村合作医疗具有了广泛的社会基础。随着新型农村合作医疗的不断推进，农民群众的疑虑逐步消除，信心逐渐增强，新农合已受到广大农民群众的普遍欢迎，得到了社会各界的广泛认可。

二是农村卫生发展和改革为新型农村合作医疗提供了有力保障。农村卫生服务体系建设与发展规划的实施，对县、乡、村三级卫生机构进行建设和改造，进一步改善农村看病就医的条件，中西部地区乡（镇）卫生院业务骨干和乡村医生专业培训的开展，及"万名医师支援农村卫生工程"，提高了农村卫生服务水平，乡（镇）卫生院上划到县管理，面向社会招聘院长，推进了乡村卫生服务一体化。这些措施增强了农村医疗卫生机构发展活力，为新型农村合作医疗发展提供了有力保障。

三是经济社会发展为新型农村合作医疗创造了良好环境。一系列推动农业发展、加强农村建设、促进农民增收的政策措施，有力地促进了农村经济社会的发展，推动了农村卫生事业的进步，这将有力地促进新农合的持续发展，使农民真正享受到改革发展成果。

全面推进新型农村合作医疗持续发展，下一步将重点做好八方面的工作

陈明涓：那么今后在推进新型农村合作医疗中，还会出台一些新的措施吗？

陈啸宏：从今年开始，新型农村合作医疗制度由试点阶段转入全

面推进阶段，2007年覆盖的县（市、区）要达到全国县（市、区）总数的80%，这个目标已经实现。2008年要基本覆盖全国所有县（市、区）。

我们要认真贯彻落实党的十七大精神，将进一步推进新型农村合作医疗制度。全面推进新型农村合作医疗持续发展，就是要努力将新型农村合作医疗覆盖全国所有农村地区，覆盖广大农民群众，逐步扩大参合农民受益面，提高参合农民受益水平，着力于制度的完善和管理的创新。今后要重点做好以下八项工作：

第一，根据各地实际积极稳妥地推进扩面工作。今年3月，卫生部和财政部联合下发了文件，提出了从实际出发积极稳妥地推进扩面工作的基本要求，坚决防止出现片面追求数量而忽视工作质量的现象。对新开展合作医疗的县（市、区），必须保证县级财政补助资金及时、足额到位，同步建立农村医疗救助制度，保证合作医疗经办机构人员、经费和必要办公设备等其他条件。

第二，调整完善中央财政补助政策。从2007年开始，将农业人口占总人口比例高于50%的市辖区纳入中央财政补助范围。财政部、卫生部按照"当年全额预拨、次年据实结算、差额多退少补"的拨付办法，加强申请材料审核、简化拨付方式，加快拨付进度。

第三，探索建立稳定的筹资机制，形成科学规范的补偿方案。进一步规范、完善财政补助资金拨付办法，确保中央财政和地方财政的补助资金及时足额拨付到新农合基金账户，在农民自愿的基础上，探索建立形式多样、简便易行的农民个人筹资方式。统筹补偿方案是新农合制度的核心，要在保证基金安全的前提下，逐步扩大受益面，提高受益水平。

第四，加强医疗服务和医药费用的监管。切实加强农村医疗机构内部管理，建立健全疾病检查、治疗、用药方面的规范、制度及行之有效的自律机制，同时，有效开展农村卫生机构及其服务行为的外部监管，对医疗机构实行动态管理。

第五，加强经办机构能力建设和基金运行管理。要本着精简、高效的原则，加强对经办机构的建设和管理，做到有人办事、有钱办事，提高新农合的管理能力。要健全基金管理制度，形成有效的监管措施，发挥政府各职能部门、社会各界和农民的监督作用，确保基金安全。

第六，整合资源，协同推进。要着力整合相关制度、政策和社会资源，协同推进新农合制度发展，切实解决农民看病就医负担重的问题。

第七，进一步完善和规范统筹补偿方案。今年，卫生部、财政部和中医药局联合制定了完善新型农村合作医疗统筹补偿方案的指导意见，依据试点经验，从统筹模式、补偿方案、补偿范围等方面提出原则要求，对各地统一规范统筹补偿方案，加强基金管理，促进农民受益，推进新农合建设具有重要的指导意义。

第八，加强新型农村合作医疗管理能力建设。新型农村合作医疗扩面工作的推进对各项管理工作提出新的更高要求，必须保证有人干事、干好事。目前，中编办、卫生部、财政部等部门正在抓紧研究制

定新型农村合作医疗工作管理、经办机构设置和编制配备的指导意见，指导各地开展好管理体制和经办机构建设，提高管理能力，保证新型农村合作医疗的顺利推进。

杨正宽： 听您这么一讲，我们感觉今后的工作更有干头啦，这也给了我们基层同志很大鼓励。

陈啸宏： 今天见了你们特别高兴，今后咱们共同努力完善新型农村合作医疗制度，让广大农民得到更多的实惠。

《经济日报》2007-11-13，吴佳佳、张进中报道。

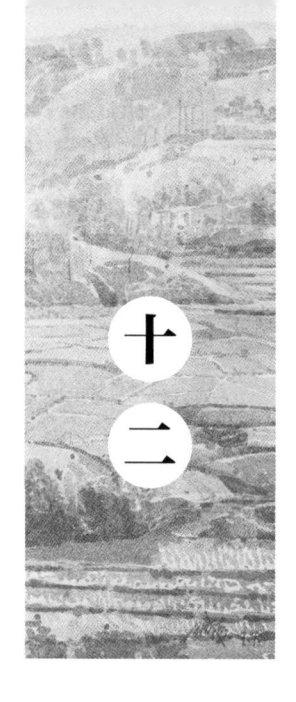

为亿万农民提供更加优质的工商管理服务

对话人——

刘　凡：国家工商总局副局长

傅春明：浙江省义乌市副市长

宫旭洲：山东鲁花集团总经理

于登湍：山东莱阳市谭格庄镇东河北村农民

策划人——

李　力：经济日报产经新闻部副主任

图 12　刘凡（右二）与傅春明（右一）、宫旭洲（左二）和于登湍（左一）在交谈

李树贵 / 摄

十二 为亿万农民提供更加优质的工商管理服务

> 加强对农资生产经营和农村食品药品质量安全监管，探索建立农资流通企业信用档案制度和质量保障赔偿机制。
>
> ——摘自《中共中央 国务院关于积极发展现代农业扎实推进社会主义新农村建设的若干意见》

编者按 近年来，工商行政管理部门一直把保护农民利益、促进农业发展和农民增收作为工作重点。如何找准工商职能与服务新农村建设的结合点，着力解决农民增收难、农业增效难、农民维权难等问题，进一步促进社会主义新农村建设，是人们普遍关注的一个话题。

不久前，经济日报邀请国家工商总局副局长刘凡、浙江省义乌市副市长傅春明、山东鲁花集团总经理宫旭洲、山东莱阳市谭格庄镇东河北村农民于登湍，就围绕"监管与发展、监管与服务、监管与维权、监管与执法相统一"的要求，促进农村维权服务、切实维护农民的权益进行对话。

刘凡： 很高兴通过参加经济日报的"对话"栏目，和浙江义乌市的副市长、山东鲁花集团的总经理，还有我们农民兄弟面对面进行交流。我首先介绍一下全国工商系统在推进新农村建设方面采取的措施和目前的进展情况。

工商机关找准工商职能与服务新农村建设的结合点，建立了7个机制，为有效解决农民增收难、农业增效难、农民维权难等问题作出了努力

刘凡： 大家都知道，"民为邦本，本固邦宁；农为民本，本固民安"。工商行政管理机关作为市场监督管理和行政执法的职能部门，一直把保护农民利益、促进农业发展和农民增收作为工作的重中之重。各级工商行政管理机关按照总局提出的"监管与发展、监管与服务、监管与维权、监管与执法相统一"的要求，找准工商职能与服务新农村建设的结合点，着力解决农民增收难、农业增效难、农民维权难等问题，这两年我们主要创新和完善了7个机制，也就是"红盾护农、经纪活农、合同帮农、商标富农、权益保农、政策惠农和市场兴农"。

按照这些机制，我们做了6件事情，第一件，深入开展农资打假行动，规范了农资市场秩序；第二件，积极推行政策引导，扶持农业经营主体的发展壮大；第三件，认真实施农产品商标战略和运用地理标志增收，提高农产品的市场竞争力；第四件，努力培育农村经济和发挥市场服务功能，促进农产品的有序流通；第五件，扎实推进订单农业，促进农民增产增收；第六件，着力构建消费者维权网，促进农村维权服务上台阶，切实维护农民的权益，促进农业发展和农民增收。

于登淄： 这方面，我的感受很深，过去我只是种玉米，现在我还种花生，并且已经和鲁花集团签订了收购花生的合同，每年他们都上门来收，收入比过去有了明显增加。

十二 为亿万农民提供更加优质的工商管理服务

推行"红盾护农"行动以来，制售假冒伪劣农资、坑农害农行为得到了有效整治，切实维护了农民群众合法权益

宫旭洲：工商机关这几年一直在开展"红盾护农"行动，我非常关心在整顿农资市场上取得了哪些成效？

刘凡：红盾是工商的象征，护农是工商的重任。2004年，国家工商总局将工商行政管理机关开展农资市场监管和农资打假工作命名为"红盾护农行动"。2006年以来，国家工商行政管理总局牵头承担了"严厉打击制售假劣农资坑农害农违法行为"工作。各级工商行政管理机关以整顿农资市场为重点，以农资打假为手段，以规范农资市场秩序为目标，深入开展"红盾护农"行动，严把市场主体准入关，认真规范农资经营主体资格，突出重点季节、重点地区、重点市场和重点品种；加大对流通领域农资商品质量的监管力度，及时发布消费警示；严厉打击制作、发布虚假农资广告行为；支持建立"农资放心店"等多种形式的农资连锁经营，切实保护农民群众的合法权益。

"红盾护农"已经成为全国工商系统一个响亮的品牌，得到了充分肯定和广泛好评。经过近几年的努力工作，以农资打假为重点的"红盾护农"行动取得了显著成效，农资市场秩序得到有效规范，农资商品合格率得到了明显提高，农资流通环境得到进一步改善和优化，农民利益得到了切实保护，有力地保障了农业生产，促进了农民增收。近年来，全国工商行政管理系统共整顿各类农资市场12.6万家（次），检查农资企业及个体工商户160万户（次），取缔

无照经营 2.6 万户，查处农资违法案件 12.7 万件，捣毁农资制假售假窝点 2360 个，受理农资投诉 3.8 万件，为农民挽回经济损失 26.2 亿元。

建立和完善监管体系，为农产品市场繁荣壮大提供了可靠的保障

刘凡：我很想知道义乌在畅通农资市场和农产品市场方面有什么具体做法？

傅春明：义乌小商品市场本身就是农民市场，十万农民经商大军在市场里从事商业活动，带动了义乌经济的发展。在农村，我们从农资供应入手开展"红盾护农"行动。通过整治，我们明确了以原来供销社作为主渠道，实施农资供应，从源头采购开始把关，建立销售台账，并且制定了责任追踪机制，成立了专门的检查大队，比如工商局组织专门的科室、专业的人员进行监管，确保农资供应的安全。

在农产品方面，我们也从保护的角度着手，采取了全面质量监管。首先工商部门有专门的农产品检测中心，农业局也有专门的检查站，包括 40 个农业产业基地，其中包括 10 个生猪养殖基地以及畜禽养殖基地都建立了监测站。在市场方面，镇一级集贸市场全部设有检查站，上面派专门的人员进行检测，如果出现不合格或者超标的情况，我们一追到底，同时加上宣传、指导等各个环节的把关，取得了良好的效果。这既是对消费者利益的保护，同时也是为了真正体现农产品的价值。我们 1—11 月检测农产品 93 万批次，合格率达到 93.6%，合格率比较高。

义乌小商品市场繁荣，农贸市场每年成交额达到了20亿元，已经成为国家级的农业龙头企业。在农村产销方面，现在农业部确定的无公害农产品认证有72个，还有160多个无公害基地，其中有50多个已经列为省一级基地，而且我们已经有4个中国驰名商标和中国名牌农产品。在义乌总共33万亩的土地中，12万亩已经集聚到龙头企业手上，进行规模化耕种，并且已经向海南、吉林等地发展。

促进农民增收，关键是要保障农资和农产品"两个流通"通畅有序，这是工商部门正积极着手解决的问题

刘凡： 义乌的情况很有说服力。工商如何发挥职能，保证农民买到放心的农资，解决农民卖粮遇到的困难，这是我们非常关注的一个问题。到今年为止，我国已经连续第四年大丰收，丰收之年如何实现农民增收呢？我看，关键是要改善农资流通、农产品流通两个流通环节。

第一，在农资流通这一块，种子要保证都是真种子，化肥都是真化肥，从质量优良方面降低农民的支出负担。

第二，农民不管生产了什么，不管卖什么，打个电话就有人来收。这两个流通是农民的期盼，我每年在农村调研时，经常会发现，农民关心农资的价格，关心涨多少跌多少，但更关心农资的质量。

于登淄： 我自己就遇到过被假种子、假农药坑害的事情。有一年我买了假化肥，假玉米种，人家的玉米都一米多高了，我的玉米还不到膝盖，跟颗粒无收差不多。从那以后，我就上种子公司去买了。

刘凡：通过很多像老于这样的教训，我们工商机关在全国推行了种子留样备查公告制，也就是说，只要在市场卖种子的，你一定要在我们这儿留样，我们给你公告，某某种子是从哪里来的，要卖到哪里去，种子方面现在我们控制得比较好。比如说，整个市场有10家经营，哪一家从哪儿进的种子，都公告出来，让农民来选择，确保他们种子的安全。在化肥的问题上，我们希望实行条形码的制度，便于监管，尽量减轻他们在农资流通这一块的包袱和负担。

傅春明：在解决卖粮难的问题上，义乌的农民经商意识强，而且有一个华东地区最大的农产品批发市场，我们还建立了农产品交易信息平台，及时获取全省乃至全国的农产品信息，已经可以在网上买卖洽谈。

更可喜的是，义乌已经有一批带动型的龙头企业和农业专业合作社。目前，义乌共有市级以上农业企业186家，专业合作社80家，直接带动了15万亩农产品基地的发展，使10万农民得到了实惠。

加强"两个流通"秩序的监管是事关新农村建设大局的重要工作，要努力实现"两个确保"

刘凡：很多农民非常关心农产品的价格，更关心的是流通渠道。没有渠道，本可以两块钱卖出的西瓜一块钱都卖不出去，所以要保证农资的畅通，保证农产品的通畅，这是我们最近迫切需要解决的问题。

我上次在农村调研，一位农民说感谢你们工商部门，我说感谢什么?他说我去年买到假种子,颗粒无收,工商部门给我们讨回了种子钱。我们今后不光要讨还种子钱,还要讨回农民丰收后的钱,按照国家的保护价7毛4分钱一斤,亩产1000斤,这样算下来给农民,这个单不能让政府买,也不能让我们工商买。解决的办法要从加强监管入手,建立一个机制,工商部门要在这个方面有所作为,出现问题,售假者要买单,造假者要买单。

就工商部门而言,就是要进一步加强"两个流通"秩序的监管,尽量减少和避免假冒伪劣农资坑农害农事件再度发生。有的农民因买到假化肥减产减收,有的农民因买到假种子颗粒无收,有的农民虽然丰收了却因为农产品销售不畅或压级压价而苦恼。

市场监管是工商行政管理机关的基本职能,加强"两个流通"秩序的监管更应是我们的重要职责。

农资是特殊商品,我们要探索建立"农民权益保障机制",在政府领导下实现"两个确保",一是在农资流通环节上,确保不能让农民因买到假冒伪劣农资而蒙受损失;二是在农产品流通环节上,确保不能让农民因流通不畅而蒙受损失。

加强"两个流通"秩序的监管是事关新农村建设大局的重要工作。改善"两个流通"不仅是实现千家万户的"小生产"与千变万化的"大市场"对接的迫切需要,而且是发展现代农业、促进农业集约经营和规模经营的现实需要,更是提高农民组织化程度、增加农民收入的战略选择。同时,也是贯彻落实"多予少取放活"的方针,解决目前农村存在的诸多突出问题的现实要求。只有解决好"两个流通"

的问题，才能达到"在促进农业生产上让政府放心，在促进农民增收上让群众满意"的目的。尤其是在当前农业生产形势日益趋好的情况下，加强"两个流通"秩序的监管显得更为重要——我们绝不能放任假冒伪劣农资挫伤农民的生产积极性，也不能忽视因农产品销售困难影响农民增收，更不能让农民维权难、行政执法难等问题影响新农村建设的大局。

必须改变过去单纯的市场管理方式，建立一套与社会主义新农村建设相适应的"两个流通"秩序的监管体系，进一步提高服务"三农"工作的水平和效能。

农业龙头企业在促进农产品流通方面发挥了积极的作用，订单农业的推广增加了农民的收入

刘凡：农业龙头企业在促进农产品流通环节上起到了越来越明显的作用，这是我们支持的。

宫旭洲：山东鲁花集团是一个典型的农字号企业，也是国家工商总局授予的国家守合同重信用企业，2004年在中国食用油行业首先获得中国驰名商标的牌子。

从1993年合资到现在，我们每年都在提高花生的收购价格，希望通过我们企业，让更多的农民通过种花生来获取更大的利益，提高他们的积极性，这样的话，就能给鲁花提供更多更好的原料，我们才能把企业做得更强更大。

作为企业来讲，我们对假化肥、假农药、假种子深恶痛绝，这些假冒伪劣害的是农民，也间接害了企业。

名牌产品非常怕假冒伪劣，因为一个品牌，不光是代表一个企业，也代表一个产业。假冒伪劣产品生产成本是很低的，但是它对市场的破坏性、危害性是非常大的，我想在企业发展的过程中，工商部门加大打假力度，作为我们企业来讲，也要在打假方面加大力度。

我们一直在开展订单农业，跟老于签订了很多协议，给他一个保护价，比如说2006年，我们公司的保护价是3.2元，2007年是3.6元，提高了他种花生的积极性，所以他种一季花生比种一季小麦和一季玉米的收入高，他当然愿意种花生。现在我们把工厂建到山东的菏泽等地，减少了物流的成本，老百姓也敢种了，降低了他们的物流成本，相对来讲增加了他们的收入。这是我们愿意承担的责任和义务。

于登淄：我和鲁花签订收购合同已经有6年的时间。当时，他们就给我们保护价。签协议之前，常常是卖不了自己榨油自己吃，流通不出去。现在，鲁花跟我们签合同，我们可以大胆种，市场价高了，我们的收购价就随着市场价一起涨。

刘凡：我们要从以下几个方面扶持农业龙头企业：第一，我们要促进农村各类市场主体加快发展，大力培育农村市场，促进农业产业化的经营；第二，我们要大力培养发展农村经纪人，靠大量的农村经纪人来帮助企业收购；第三，开展合同帮扶工程，切实为农民把关，为企业排忧解难；第四，打击虚假农资广告；第五，为条件成熟的企业授予"中国驰名商标"的称号，提高产品的含金量，并且受到知识产权的保护。

抓住促进农业增效、农民增收这个中心，今后要做好三方面的工作

傅春明：那么在今后服务农村经济发展的进程中，还会出台哪些新措施呢？

刘凡：今后工商行政管理部门要抓住促进农业增效、农民增收这个中心，开展爱农护农帮农行动，铲除损农坑农害农行为，紧紧围绕"依法监管、维护公平、搞好服务"三个中心任务，努力服务农村经济发展，在市场监管中有所作为，为构建和谐社会、推进新农村建设作出新的贡献。

具体来说，下一步我们的工作思路是：

一是要继续创新和完善服务于新农村建设的工作机制。

进一步开展红盾护农行动、落实各项支农惠农政策；促进农民专业合作社的发展，大力支持发展农村经纪人，促进农业产业化，搞活农村流通；支持发展特色农业和生态农业；支持发展农产品、农业生产资料、消费品连锁经营和城市流通企业经营网络向农村延伸，拓展农产品销售渠道，指导农民、涉农企业申请注册农产品商标和原产地地理标志，提高农村的市场化水平。

二是把消费维权重心转向农村。

我们一方面要以农村食品安全为重点，严把农村食品市场准入关，严厉打击制售假冒伪劣食品的违法行为；采取有效措施，加大对农村食品市场的日常监管力度；完善工商部门食品安全责任制，健全农村消费维权监督网络。

另一方面，要以农村的农资质量为重点，强化对农资市场的监管，严厉查处制售假冒伪劣化肥、农药、种子等的坑农害农行为，探索建立农民买到假冒伪劣农资先行赔偿机制，让农民买得放心。

三是在建立和完善农村市场秩序的长效机制上下功夫。

要尽快建立一个工商部门严格执法、企业加强自律诚信经营、农民群众不断提高维权意识和水平、社会各界强化舆论监督的"四位一体"的维护农村市场秩序的长效机制。

建立健全农村市场经营主体的信用监管体系，大力推行农村市场及市场主体信用分类监管制度，加强对农村个体工商户、企业的动态监管。

重点加强各类农村市场、农资经营者的分类监管，要对农资经营者实行信用分类评定，宣传守信企业，惩戒严重失信企业。实施农村经纪人的信用分类监督管理制度，在农村经纪人中开展诚信经营活动，提高农村经纪人的信誉。

同时，逐步建立农村市场监管体系应急预案，积极构建农村市场安全长效监管机制，不断提高农村市场监管效能。

《经济日报》2007-12-11，敖蓉报道。

扎扎实实做好维护农民工合法权益的工作

对话人——

徐德明：全国总工会副主席、书记处书记

陈　民：河南省信阳市总工会主席

张自峰：河南省信阳市第二建筑安装公司农民工

策划人——

李　力：经济日报产经新闻部副主任

图 13 徐德明（中）与陈民（左）、张自峰（右）在交谈

李树贵 / 摄

十三　扎扎实实做好维护农民工合法权益的工作

> 按照城乡统一、公平就业的要求，进一步完善农民外出就业的制度保障。做好农民工就业的公共服务工作，加快解决农民工的子女上学、工伤、医疗和养老保障等问题，切实提高农民工的生活质量和社会地位。

——摘自《中共中央 国务院关于积极发展现代农业扎实推进社会主义新农村建设的若干意见》

编者按　农民工是我国改革开放和工业化、城镇化进程中的一支新兴劳动大军，是我国产业工人的重要组成部分。农民工合法权益是否得到有效保护，直接关系到社会的和谐稳定，关系到社会主义现代化事业能否得以顺利推进的大局。近年来，各级工会肩负起维护农民工合法权益的政治责任，围绕农民工最关心、最直接、最现实的利益问题，为他们做好事、办实事、解难事。新时期、新形势下，各级工会如何进一步维护农民工的合法权益等成为社会关注的一个话题。

12月14日，经济日报邀请全国总工会副主席、书记处书记徐德明，河南省信阳市总工会主席陈民，河南省信阳市第二建筑安装公司农民工张自峰，就各级工会为农民工维权、农民工加入工会等农民工关心的问题进行了对话。

徐德明：感谢经济日报举办的《对话》栏目，使我们能够与来自地方工会的同志和农民工直接沟通、交流，更加全面地了解农民工的

现状，同时也为介绍全国总工会在维护农民工合法权益、促进社会主义新农村建设当中所做的工作提供了一个很好的机会。

各级工会反映农民工利益诉求，履行维权职责，在社会上叫响了"农民工有困难找工会"的口号，其重要意义是什么？

徐德明：农民工是我国改革开放和工业化、城镇化进程中的一支新兴劳动大军，是我国产业工人的重要组成部分，是社会主义和谐社会建设不可或缺的力量。

农民工合法权益是否得到有效保护，直接关系到社会的和谐稳定，关系到社会主义现代化事业能否得以顺利推进的大局。这些年来，党中央、国务院高度重视农民工问题，多次作出重要指示，并专门发出文件。各级工会按照中央的要求，肩负起维护农民工合法权益的政治责任。全国总工会提出了为农民工办 10 件好事，建立了维护农民工合法权益十项工作机制，在社会上叫响了"农民工有困难找工会"的口号，使农民工遇到维护权益和生活困难时，知道找工会组织帮助他们解决，取得了比较显著的成效。

陈民：河南省信阳市是全国著名的劳务输出大市。228.6 万农民工常年外出务工，年创收 155.8 亿元，农民工的足迹遍及全国以及 20 多个国家和地区，已形成庞大的就业群体。

我们工会干部深切地感受到，工会要积极团结引导农民工，旗帜鲜明地维护其合法权益。因此，信阳市总工会从 2002 年开始，以坚定的信念去维护农民工的合法权益，帮助他们解决家中的实际

十三 扎扎实实做好维护农民工合法权益的工作

困难和问题,取得了明显的成绩,得到了全市外出农民工的赞誉和好评。

张自峰：我是来自河南信阳市平桥区肖王乡的一位农民工,有很多心里话今天想说一说。

现在,我们能在外安心务工,得益于权益得到保障和维护。我们信阳市平桥区委书记张明春为解除我们的后顾之忧,非常重视农民工子女教育,倡导在家乡建立农民工子女俱乐部;在务工地协调解决农民工子女就读学校,使农民工子女在务工地和家乡都能享受到公平教育,能健康地成长,这样我们能够更加安心地在外务工了。

我们发自内心地感谢党和政府以及工会的大力支持与关心。这几年工会为农民工办了不少实事,而农民工也积极地参加工会,以寻求更多的权益保护。

各级工会采取了哪些措施组织农民工参加工会,效果怎样？

徐德明：维护农民工合法权益,关键在于把农民工组织到工会中来,依靠组织的力量来维护农民工的权益。各级工会认真贯彻"组织起来、切实维权"的工会工作方针,将农民工作为发展会员的重点对象,最广泛、最大限度地把农民工组织到工会中来。

首先,注重源头入会。河北唐山、河南信阳等地实现了工会进村、村村建工会,在农民工外出打工前或从事某项产业工作时就加入工会组织。其次,创新工会组织形式和入会方式。各地工会适应形势要求,创造了一条街工会、楼宇工会、社区工会、工会联合会、劳务

市场工会、水上工会、产业链上建工会等多种组织形式，方便农民工入会。如山东寿光探索出了适合农民工特点的在蔬菜产业链上建工会的模式，建立工会657家，组织97089名农民工加入工会。再次，简化农民工入会手续。实行一次入会，持证接转会籍关系，方便农民工转移就业。最后，实行会员优惠。各地工会建立了许多会员优惠基地，为农民工就业、看病、子女入托和上学、文化娱乐等提供方便，增强了工会吸引力。有许多农民工说，如今我们拿着工会会员证很自豪，外出都好找工作了。

张自峰： 我从1985年进京打工，从打零工、干小活做起。我常常能够体会到农民工在外打工的艰辛。近年来，在各级工会组织的关心关爱下，我们的处境得到极大改善，合法权益得到有效维护，也能够安心务工了。

2003年6月，我所在的信阳市第二建筑劳务有限公司成立了工会，开展农民工维权活动。目前，在我们工会登记在册的农民工工会会员达9600余人，工会为农民工办了很多实事，解决了很多难题。特别是我们建立工会组织的企业，在施工项目招投标中诚信度高了，还给加了3分。

各级工会怎样协助和督促有关方面，着力解决拖欠农民工工资等侵害农民工合法权益的突出问题？

徐德明： 具体讲，工会从五个方面开展了维护农民工合法权益工作。解决劳动合同签订率低和不规范的问题。各级工会从劳动关系的源头入手，指导和帮助农民工与用人单位签订劳动合同。配合劳动保障部门检查用人单位劳动合同签订、履行情况，对于不与农民工签订劳动合同或签订"霸王合同"的，及时予以查处。截至2007年9月底，全国已建工会单位中签订劳动合同的农民工达2587.9万人。

解决拖欠农民工工资问题。各级工会推动有关部门建立工资支付监控制度，联合开展执法检查，对拖欠农民工工资问题进行专项治理，共为农民工追讨欠薪17.29亿元，涉及265.4万人。福建泉州市总工会针对少数企业存在的欠薪问题，设立举报电话，帮助农民工追讨欠薪，引导企业主向社会承诺工资发放，推行劳动定额标准，提高最低工资标准等。

查处伤亡事故和严重危害农民工安全健康问题。各级工会积极参加重大伤亡事故的调查和处理，提高农民工安全生产意识和预防事故技能，督促企业整改消除事故隐患4.2万个。

推动社会保障对农民工的覆盖。各地工会积极协助政府有关部门推进社会保障制度的建立和完善，农民工的参保率有了较大幅度的提高。到今年7月底，全国农民工参加工伤保险和医疗保险人数分别为3207万人和2733万人。同时，各地积极探索建立适合农民工特点的养老保险和大病医疗统筹制度，还有许多地方为农民工办理了商业保险。

积极配合有关方面查处侵犯农民工权益的典型案例。各级工会抓住侵害农民工合法权益的典型案例，及时调查并督促有关部门严肃处理。在今年全国开展的整治小砖窑、小矿山、小煤窑、小作坊非法用

工等典型事例中，严肃查处了一些违法经营的企业主。如四川省补签劳动合同14.07万份，支付农民工工资（含经济补偿金）743.82万元。陕西省澄城县尧头镇有20多家私营煤矿，成立煤业工会联合会以后，先后4次对集体合同进行了补充修订，职工工资有较大幅度提高。

各地工会创造了农民工输出地与输入地省际之间、城际之间工会联合互动的维权形式，也就是"双向维权"机制。请问具体情况是怎样的？

张自峰： 农民工异地就业，流动性大，工会采取什么样措施做好农民工输出地与输入地的双向维权和服务工作的？

徐德明： 为了解决农民工异地就业权益受侵害而不能得到及时救助、帮助的问题，各地工会创造了"双向维权"机制。广东、四川、河南、安徽等12个省（区、市）总工会之间签订了省际间工会维护农民工合法权益协议书，上海、石家庄、厦门等50多个城市之间建立了城际间维权协作机制，联手为农民工维权，解决了不少实际问题。输出地工会在农民工外出权益受到侵害时，可以主动与输入地工会联系，共同促使问题的解决；输入地工会在维护外来农民工权益的同时，也为他们返乡等方面做一些服务工作，这样就使输出地与输入地联手共同构建和谐。河南信阳市总工会与劳务输入地的城市工会建立起"源头入会、属地管理、联合互动、双向维权"的机制，两地工会紧密配合，几年来共解决拖欠农民工工资2632起，追讨历史性拖欠农民工工资 1.467 亿元，依法索赔金额 9986 万元，帮助解决农民工子女就学 4.81 万名，介绍农民工就业 18.73 万人。

临近春节，各级工会把帮助农民工排忧解难作为一项重要职责，具体怎样为他们办实事、解难事？

张自峰： 春节快到了，这个时候农民工都要返乡过年。现在农民工最高兴也是最担心的问题，就是能否顺利地拿到工钱，欢欢喜喜地回家过年。根据这一情况，工会将怎样维护农民工最关心、最直接、最现实的利益问题？

徐德明： 春节临近，这个时候是农民工的返乡高峰。各级工会把帮助农民工排忧解难作为一项重要职责，心系他们、关爱他们，采取"四送一为"活动，为他们做实事、解难题。

"送温暖"活动。各地工会困难职工帮扶中心把农民工纳入帮扶范围，设立专门服务窗口，加大资金投入，在农民工困难帮扶、交通往返、子女入学等方面，为农民工提供实实在在的服务。截至 2007 年 11 月底，全国工会共建立地市级以上帮扶中心 368 个、县级帮扶中心 2300 个。各级帮扶中心累计筹集帮扶资金 28 亿元，帮扶困难职工（包括困难农民工）1560 万人次。2007 年元旦、春节期间，全国各级工会共走访慰问农民工 165.7 万人，发放慰问款 2.5 亿元。各级工会还广泛开展"金秋助学"活动，帮助困难农民工子女解决上学难问题。

"送文化"活动。全国总工会拨出专款 1000 万元，在全国建立了

31所农民工业余学校，培训农民工。同时，还建立200多个流动电影放映队，丰富农民工的业余文化生活，许多地方工会还向农民工赠送电视机、图书等文化体育用品和设备。

"送就业岗位"活动。在职业介绍、职业培训、就业指导等方面为农民工提供服务。全总和各地工会与有关部门在全国100个大中型城市连续两年联合举办"民营企业招聘周"活动，有60多万农民工与用人单位达成用工意向。

"送法律援助"活动。免费帮助农民工打官司，在为农民工追讨欠薪、工伤赔付等方面提供法律服务。

为农民工返乡、返城排忧解难。2007年春节前，全国各级工会协助铁路、公路等交通部门开展"农民工平安返乡行动"，帮助3029.6万农民工平安返乡，为农民工争取返乡经济补贴1.1亿元。

今年我们还将要求各级工会组织做好农民工返乡工作，帮助农民工讨要拖欠的工钱，使他们能够欢欢喜喜地回家过年。

陈民：目前，信阳市大部分在外打工的农民工都加入了工会，信阳农民工工会联合会受到农民工的普遍欢迎。"信阳农民工乐姓'工'"，是今天信阳200多万农民工要说的心里话。

工会进农村、村村有工会、农业产业链上建工会等，有力地推进了社会主义新农村建设，具体情况是怎样的？

张自峰：为什么要在农村建立工会组织和发展会员？工会在做好农民工工作中，为促进新农村建设发挥了什么作用？

十三　扎扎实实做好维护农民工合法权益的工作

徐德明： 促进农民进城务工，解决农民工问题，是解决"三农"问题、建设社会主义新农村的一项具有战略性、全局性的工作。

在农村建立工会组织，是从源头上把农民工组织到工会中来的一项重要举措。农民工流动性大，进入城市很难管理，给发展会员带来一定难度，也不利于提高他们的组织化程度。经过这些年的发展，我国一些地方农业产业化水平有了较大提高，农业产业工人队伍迅速壮大。工会进村开拓了组建工会和农民工入会新的空间。

因此，各地把工会组建延伸到农村，在村建立工会组织，使农民工在出村务工前就参加工会，提高他们外出就业的组织化程度，做好相应服务工作，更好地维护他们的权益。同时，在现代农业产业链上把农业工人组织到工会中来，也有助于就地转移农民就业。

工会做好农民工工作，在促进构建社会主义和谐社会、推进社会主义新农村建设等方面发挥了积极作用。一是维护了社会和农村的稳定。农民工多为异地打工，合法权益易受到侵害。工会能够维护好他们的合法权益，引导他们通过组织理性合法地反映诉求，避免发生过激行为，有利于化解劳动关系矛盾，保持社会稳定和农村稳定。二是促进了农业发展和农村劳动力有序向城镇转移。村工会不仅将农民工组织到工会中来，还可以对他们进行职业培训，提高就业技能，培育有文化、懂技术、会经营的新型农民，为农业现代化提供人才和智力支持，促进农村经济健康发展。同时，有计划地组织他们外出务工，也改变了农民工无序、盲目地向城市流动，有利于提高他们外出就业的组织化程度，改变城乡二元社会结构。三是促进了农村经济繁荣和

农民增收。一方面，农民工将外出的经济收入带回家，为农村经济发展增加了实力，也为农民改善自家生活增加了经济来源，可以实现共同奔小康的目标。如农民工劳务输出大省河南省有农民工1700万人，2005年全省农民工劳务收入达到730亿元，占全省农民纯收入的40%。另一方面，许多有志于为家乡作贡献的农民工，在城镇学到了技术和经营管理理念，积攒了一定资金，回到农村兴办企业，为农村经济发展增加了活力，有力地带动农民脱贫致富，有利于"三农"问题的解决，推进社会主义和谐社会建设。

陈民： 信阳农民工支撑了信阳市的新农村建设和经济社会的协调发展。信阳市的各个县、区，每年春节四大班子领导要和农民工当中创业有成的人员，开一到两次座谈会。从市到县到乡到村都这样做，这已形成了一个惯例。信阳市现在搞"回归工程"，就是让在外创业有成的农民工回乡创业，给更多的家乡人带来就业机会。

"外出打工入工会、培训提高到工会、维护权益靠工会、有了困难找工会"逐步在广大农民工心中扎根，效果究竟如何呢？

陈民： 现在全国各级工会在加强农民工工作方面做了大量工作，社会各界和农民工对此有何反应？

徐德明： 工会积极协助党和政府开展农民工工作，经过这些年的努力，确实取得了很大的成效。现在，农民工参加工会的组织化程度逐步提高，要求加入工会组织的多了；农民工合法权益得到工会组织维护的效果日益明显，遇到困难请求工会帮助解决的多了；农民工对

十三　扎扎实实做好维护农民工合法权益的工作

工会组织的认同感逐渐增强，切身感受到工会是代表和维护他们利益的组织多了。现在，不仅农民工的经济权益得到了保障，而且他们的社会地位逐步提高，民主政治权益也逐步得到落实。近几年，全国已经表彰了21名农民工"全国劳动模范"，有38名农民工荣获了全国"五一劳动奖章"称号，在社会上引起强烈反响。

在哈尔滨市，农民工与城镇居民一样享受基本医疗保险、失业保险；没有工作工会帮助介绍，没有技能工会帮助培训；生活遇到困难工会实行救助；被拖欠工资工会帮助追讨；子女可以正常入学接受教育；优秀分子可以在城市里落户口；逢年过节工会进行慰问，并被邀请观看专场文艺演出、参加游艺活动；在人大、政协、工会等组织中都有农民工代表、委员，农民工正在平等地融入城市社会生活，在建设城市的同时也感受着城市的温暖。

在青岛港这样的企业中，农民工不仅可以入会，而且在工资、福利、升职等方面都和正式工享受一样的待遇，实现了共建共享。许多农民工入会后感到与以前不一样了，找到了家的感觉。一位外地来天津打工十几年的农民工说："以前总觉得身处外地，融不到天津这个大都市里面，自从加入了工会以后，我好像找到了家，感到自己是天津市民中的一员了。"

随着经济社会的发展，城市化进程的加快，农民工队伍将进一步壮大，全国总工会将采取哪些措施加强农民工工作？

张自峰：今后，进城务工的农民工会越来越多，工会将采取哪些

181

措施来保障农民工的权益呢？

徐德明：党的十七大报告提出，规范和协调劳动关系，完善和落实国家对农民工的政策，依法维护劳动者权益，为我们开展维权工作指明了方向。工会将采取五项措施，努力实现对农民工的主动依法科学维权，推动共建共享和谐社会。

最大限度地把农民工组织到工会中来。把组织农民工入会作为工会组建重点，力争2008年新发展农民工会员1000万人以上。

积极推进为实现农民工顺利就业创造条件。积极推动建立城乡统一的劳动力市场，消除农民工进城务工的制度障碍，继续推动与有关部门和组织在大中城市开好第三届民营企业招聘会，为农民工提供更多就业岗位。

大力推动《劳动合同法》的贯彻执行。发挥基层工会组织的作用，帮助指导农民工与用人单位签订劳动合同；建立区域或行业性集体合同制度，确保对中小型企业的覆盖，实现2008年底劳动合同签订率达80%的目标。

健全完善双向维权机制。积极完善省际、城际间维权机制，发挥工会组织网络健全、覆盖面广、沟通渠道顺畅、相互联系紧密的优势，努力实现农民工一地诉求、两地联动、联合维权。加强工会法律援助中心建设，为农民工提供法律咨询服务。

维护好农民工民主权利。指导基层工会召开职代会、会员代表大会时，按人员数量合理确定农民工代表比例。落实农民工选举权、参与权、知情权、监督权，增强农民工的政治责任感和荣誉感。

十三　扎扎实实做好维护农民工合法权益的工作

全国各级工会在维护农民工合法权益方面做了一些工作，也取得了一定的成效，但与广大农民工的意愿还有很大距离。我们将继续强化维护农民工合法权益的工作机制建设，进一步把维护农民工合法权益工作抓好抓实，抓出成效。

《经济日报》2007-12-25，李力、陈郁、张进中报道。

十四

如何坚守 18 亿亩耕地这条红线

对话人——

甘藏春：国家土地副总督察

张大勇：山东省青岛胶南市委书记

刘晓江：山西省晋城市阳城县北留镇史山村党支部书记兼村
　　　　委会主任

策划人——

李　力：经济日报产经部副主任

图 14　甘藏春（中）与张大勇（左）、刘晓江（右）在交谈

李树贵 / 摄

十四　如何坚守 18 亿亩耕地这条红线

1月8日，经济日报邀请国家土地副总督察甘藏春与县（市）领导、农民对话，共同探讨如何坚守18亿亩耕地这条红线。

甘藏春：经济日报举办的《对话》栏目，做了一件很有意义的事情，使我们能够一起畅谈我国当前土地管理和执法的有关情况。这种形式既为我们提供了一个调研的机会，也是宣传土地执法的一个好平台。

一、为什么要守住18亿亩耕地这条红线？

甘藏春：坚守18亿亩耕地红线是在去年政府工作报告中宣布的，所以我理解守住18亿亩耕地，是我国政府为了子孙后代的长远生计负责的一种表现，也是作为一个大国对世界承担责任的一种表现。保住18亿亩耕地，就确保了中国粮食安全，就使粮食安全有了基本的资源基础，可以从容应对国际形势的变化，不受制于人。同时，守住这条红线，也保持了农村社会稳定，有利于促进经济发展方式转变、稳定生态环境建设、有序释放建设用地，严把土地闸门，为今后建设预留后备资源。

张大勇：对我们胶南来讲，守住耕地，这不仅是红线，更是底线。因为它关系到我们的粮食安全和经济发展，关系到胶南的生态安全和社会安全，关系到子孙后代的生存发展。

胶南是青岛的一个县级市，山丘区面积占70%以上。目前，全市基本农田面积97.994万亩，人均耕地面积1.3亩，基本农田保有

率始终控制在土地利用总体规划确定的87.94%。

二、如何使18亿亩耕地这条红线不被突破？

甘藏春： 我国耕地现在只有18.27亿亩，在现有耕地中，只有2000多万亩可以作为机动。守18亿亩耕地这条红线，不是守一个时期，而是要为子孙后代守到人口高峰过去之后，所以说这是个很艰巨的任务。我认为，守住这条红线相当的有难度，但是有希望、有信心，只要工作到位是能够守住的。

首先，要合理引导、科学用地。比如说除了耕地之外，沿海地区也有很多未利用土地，在中部地区有很多丘陵地，我们过去为了加快工业化进程，减少成本，不管好地、坏地都占，而许多发达国家的村庄、房屋、集镇都是在山上建的。再比如，有的地方修了条高速公路，就要搞绿化带，实际上没必要。我们对用地结构和用地方向要进行调整，这要靠将来的国土规划、城市规划、土地规划来调整，做到不占耕地或少占耕地，这是一个大的措施。

同时，保护耕地要落实责任。保护18亿亩耕地这个责任，不仅是中央政府的责任，也是各级政府的共同责任。长期以来，有些地方把保护耕地的责任理解成是中央政府或者是国土资源部门的责任，其实保护耕地是各级政府的共同责任。地方在发展经济的同时，还要承担保护耕地的责任，现在问责制正在建立。还有就是要形成耕地保护多个部门齐抓共管的部门联动机制，目前正在探索这条路子。

还要建立保护耕地的利益机制。这里面就涉及，将来国家的主体功能区制度建立起来后，要使不同的区域承担不同的发展使命，保护耕地、维护粮食安全的地区，那是作出很大贡献的，怎样有一个合理的补偿机制，让当地财政、人民群众生活有配套的补偿机制，这也是保护好耕地的一个重要举措。

要大力推进节约集约用地。我们现在投入的土地和经济效益的比例，远低于发达国家，有的不到人家的 1/5，说明集约节约用地的潜力空间很大，所以要做好集约节约用地这篇文章。要科学调整、利用农村建设用地。现在农村建设用地是城市建设用地的 5 倍多。随着城市化进程加快，农村大量人口进城务工，农村建设用地应该在缩小、减少，这是符合规律的，但是这些年出现了"双增加"的问题：农村建设用地在增加，城市建设用地也在增加。这说明管理上还有问题，农村建设用地应该重新规划、重新利用。随着城市化进程加快，农村建设用地挖潜的空间比较大，大部分可以变为耕地。要结合新农村建设、土地整理等措施，把新农村建设这篇文章做好。

要加大执法力度。当前土地执法，责任重大，需要探索长效机制，实现土地管理形势的好转。从大的方面讲，保护 18 亿亩耕地，要有很多综合措施，但还有一条很重要，全国人民都要意识到保护耕地的重要意义，都来支持土地管理，切实保护耕地。农民群众很支持这项工作，不少老百姓来信说，土地早该这么管了，这说明农民还是十分爱惜土地的。总之，把这些措施综合起来，常抓不懈，18 亿亩耕地的红线我们就能守住。

张大勇：守住 18 亿亩耕地这条红线，我感觉县市一级党委、政

府的责任是最直接的，也是最关键的。不突破耕地红线，关键在基层。我们必须牢固树立"守土有责"意识，转变理念，从政治的高度、全局的角度来看待这项政治任务。

三、当前正在进行的全国土地"百日执法"行动收到了怎样的效果？

甘藏春： 概括讲，通过这 100 天的土地执法行动，转变了观念，采取了措施，取得了成效，提高了认识。

张大勇： 在这次"百日执法"行动当中，我们处理了违法用地 770 多亩，确实取得了成效。我体会最深、收获最大的，就是从原来的"两个担心"实现了"两个转变"。"两个担心"：一是担心会影响胶南的发展，二是担心执法会影响社会稳定。"两个转变"：一是从应付过关到自觉落实的转变，二是从单纯执法到执政的转变。

如果没有土地执法的大环境，集约利用土地、优质项目引进建设也不会取得好的成效。例如，我市珠海街道办事处近年来引进的项目没有新占很多土地，但财政收入仍然实现了较快增长。如果经济发展的指导思想不转变、发展方式不转变，就会仍然停留在过去简单的划地建厂房上，就不会取得这样的成果。

刘晓江： 2007 年 9 月中旬起开展的"土地执法百日行动"，在我们那里引起了很大反响。

我们是基层的村干部，通过国土资源部门的宣传，认识到了违法违规占地的严重性，尤其是违法占地行为严重危及耕地保护目标任务的实现，农民自己的利益也受到了损害。我们认识到了，保护耕地就是保护农民利益、维护社会和谐稳定，这也是我们农村干部的主要职责。

四、"百日执法"行动中暴露出哪些问题，将采取什么措施去解决？

甘藏春：这次百日行动，遏制了土地违法案件上升蔓延的势头，对广大干部群众进行了一次系统的土地执法宣传教育活动。同时，也推动了经济发展方式的转变。

第一，要深入贯彻落实科学发展观，切实转变经济发展方式。现在有些地区的区域发展政策不明确，有的县不论有没有条件，都去办工业，不办工业解决不了财政和就业问题。不具备条件发展工业的地方，只能是牺牲资源环境来办工业。解决问题的方法只有一个，就是落实区域产业布局，还有与之相适应的财政政策等，现在国家正在抓主体功能区制度的建设，就是要解决这个问题。比如基础设施建设资源浪费问题，这是一个最大的浪费，因为占地面积比较大，这是一个宏观性的问题。

第二，要推进国土管理自身的改革。比如说怎样加强监管能力的建设，怎样才能够把工作的重点从微观审批转到总量控制上，在土地审批上，既要贯彻从严，又要畅通便捷，让土地管理的大门打得开、走得通。

第三，要借助运用各种行政资源和人力资源来加强土地管理。现在已经出台了加强农村建设用地管理和加强集约节约用地的文件。下一步我们要抓批后监管等重点改革。要适应宏观调控的需要，要做

到每一天全国供了多少地，用在了哪个类别、哪些行业、地价怎么样等都要知道，因为国土部门参与宏观调控。这样才能发预警进行调控，哪个行业偏热，这个行业供地就要停止，我们要为国家的宏观决策提供准确的信息。省、市、县级国土部门能管得住、管得好的为什么没管住、没管好？也要认真查找漏洞，制定改革措施。所以，"百日行动"的成果不光是在百日之内，而是在百日之后要形成一套良性的机制。

刘晓江：我们史山村是一个正在快速发展的小康村，村容村貌日新月异。我村之所以没有一起违法违规用地，是因为我们在推进新农村建设时，始终把依法用地的理念放在首位。当然，也有赖于国土资源部门严密的监管，比如定期、不定期巡查，即使有人想违法占地也不可能，因为很快就会被发现，会被及时制止。

五、"百日执法"行动之后，如何建立长效机制来规范土地执法，以减少土地违法案件的发生？

甘藏春：长效机制就是要管住管好土地，不仅要管得住，还要管得好。所以关键是"百日行动"之后，如何减少土地违法案件的发生。目前，我们正在和相关部门联合出台一个问责制的规定，开始分解目标责任制，每年都要进行考核。

要建立一个部门联动配合机制。要形成让土地违法行为进行不下去的机制。比如说对于违法用地者，工商部门不给注册登记，银行不给贷款。要建成一个难以违法的机制，这是最重要的。

要加强基层国土所建设。要建立一个土地违法的发现和报告机制，现在有卫星，还有网络、动态巡查、群众举报等，叫作天上看、网上管、地上查，还要保证土地违法信息上报的渠道畅通。

要加强和纪检监察部门、司法机关的配合。前面这些措施会大量减少违法，还有违法的，将由纪检监察部门追究有关干部的责任，涉及刑事责任的，司法机关要处理。

同时，国土部门自身要进行改革。我们的管理方式要改，国土部门要管总量、管监管。长期以来，我们对事先审批比较注重，对事后的监管比较薄弱。今后要调整过来，加强监管，土地审批方式也要改，就是管住总量，管住结果，具体的由省级来管，重点转到这些方面。

刘晓江： 我们那里是太行山山区，全村现在耕地还有650亩，人均只有三分地。对我们来讲，耕地非常紧张，农民对土地是一垄一垄地算，你占我一垄也不行。我们那儿有个规定，新农村建设的方案如果土地部门不批准，方案就白搭。土地部门要参与新农村建设规划，村里的规划是什么样，土地部门要实地勘察，规划得再好，没有土地部门审批，就过不了关。

六、围绕节约集约用地，做到既保护耕地，又促进发展，将采取哪些措施？

甘藏春： 围绕节约集约用地，今后将采取以下措施：一是加快土地使用标准的修订，进一步提高工业项目的准入门槛和标准。二是启

动新增建设用地土地有偿使用费等更新工作，为新增费征收、工业项目建设用地控制指标和工业用地出让最低价标准的调整与实施服务。三是建立节约集约用地评价和考核机制。四是大力推进工业用地招拍挂和最低价标准执行。五是抓好节约集约用地试点工作，推出一批节约集约用地典型。六是认真落实土地利用政策，促进土地节约集约利用。

张大勇：胶南作为一个沿海开放城市，经济比较发达，住房价格相对于其他地方高一些。在城市开发中，我们坚持把政策性住房建设放在首位，优先保障各类经济适用房开发建设。自2005年以来，我们针对城中村居民开发建设经济适用房24万平方米，以低于市场近一半的价格配售给城中村2800户居民，引导农民自愿放弃宅基地申请。今年计划再开建20万平方米，使全市92个城市规划区内村庄不再产生新的宅基地，既改善了农民居住条件，平抑了房价，又节省了土地，不断提高城市土地集约利用水平。

我们还把这一做法推广到重点镇和中心村，鼓励利用存量土地开发面向农民的多层住宅，引导农民自愿放弃宅基地申请，有序向城镇和社区集中。

七、如何加强农村耕地保护和合理利用，以促进新农村建设？

甘藏春：落实新农村建设"生产发展、生活宽裕、乡风文明、村容整洁、管理民主"的要求，与国土资源工作特别是土地整理工作密切相关。

我国未整理的耕地普遍存在地块分割零碎、规模效益不高、机械化作业难以开展等问题，制约了农业生产率的提高和规模化经营。实践证明，通过土地整理，在改善农业生产条件、提高耕地产能的同时，可以归并分割细碎的地块，形成规模经营的条件，改善传统的农用地利用格局，有利于农业现代化生产方式和经营方式的调整。一些地方通过土地整理，为发展特色农业、引进农业产业化龙头企业创造了条件。

搞好新农村建设要有一个正确的思路。现在有一个倾向就是大拆大建，一是占地，二是古朴的乡村风貌都被破坏了。所以新农村建设要提高农业生产力，在村庄的建设上，应该因地、因时制宜，不能理解为造城运动、造村运动，不顾生产力的发展水平，也不顾当地的文化风俗，一味地去干，最后会事与愿违。刚才刘晓江同志讲的他们村的新农村建设规划，可能从全村来看也许是对的，但是必须把这个村规划纳进村庄集镇的整体规划，这样再做规划就比较好。

还有一种倾向是什么呢？新农村建设引入房地产开发企业来参加新农村建设，这样就可能成为一个变相的房地产开发，利用乡村风光搞别墅，开发商给农民交多少房子，剩下一块地给房地产开发，这样做也是不允许的。

张大勇："百日执法"行动以后，我们还要清理那些悬而未决的土地，胶南市大概有3000亩这样的土地，我们要充分利用"百日执法"行动提供的契机，来做好这项工作。我们加大征税的力度，一亩地一年拿4600元，让占地的人荒废不起。同时，执法的力度加大了，拆除了一些违章用地。

甘藏春： 从这几年土地本身的收益分配来看，从去年开始，全国每年有 1000 亿元的资金投入到支持"三农"上来。

比如说土地整理，就是靠新增建设用地有偿使用费这块资金转移到中部、西部，来支持维护粮食安全的农民，使农民得到实惠。

城市每年从土地收益当中也拿出一定比例的出让金，支持廉租房的建设。因为全社会支持土地管理工作，土地管理也要支持困难群体，支持国家有关政策的实施，这是一个良性互动。

《经济日报》2008-01-15，张进中报道。

十五

大力加强农业基础建设 促进农业发展农民增收

对话人——

郑新立：中央政策研究室副主任

顾国平：江苏省兴化市副市长

冯树举：山东省无棣县柳堡乡冯王村党支部书记兼村委会主任

策划人——

李　力：经济日报产经新闻部副主任

图 15　郑新立（中）与顾国平（左）、冯树举（右）在交谈

李树贵 / 摄

十五　大力加强农业基础建设　促进农业发展农民增收

日前，经济日报邀请了中央政策研究室副主任郑新立和来自基层的县（市）领导、农民群众共同探讨——

郑新立： 首先感谢经济日报围绕"三农"问题作的一系列报道。我从报纸上经常看到你们做的关于农业增效、农民增收的文章，这些报道都紧扣主题，效果很好。今天的这次座谈，对我来讲，是一个很好的和基层县（市）代表、农民群众交流的机会。

经济日报围绕中央惠农政策，谈如何加强农业基础建设，促进农业发展、农民增收，可以说选题是很准确的，也是很及时的。

近年来农村变化最大、农民得实惠最多

顾国平： 说到中央的惠农政策，我们是深有体会呀。兴化市地处苏中地区，是传统的农业大市，一直是粮食、棉花、油料、生猪的生产大县（市），连续获得了"全国粮食生产标兵县（市）"的称号。近年来，全市粮食产量每年都在23亿斤以上，农民的收入也有了很大提高，这都得益于中央的农村政策。

冯树举： 我来自山东省无棣县柳堡乡冯王村。近年来，我们村依靠中央的好政策，全村人勤劳实干，积极发家致富，不瞒您说，2007年村里人均纯收入达到5650元，家家户户喝上了自来水，通上了宽带网，看上了有线电视，近30户群众开上了奥迪、帕萨特等轿车，连续两年被评为省、市级文明村。大家都说，能过上这样的好日子，全是托党的好政策的福。

郑新立： 自 2004 年以来，中央连续出台五个一号文件，对解决"三农"问题加大了投入，现在看来，已经收到明显的成效，其中一个突出的成效就是我们粮食单产和总产连续四年增产。在耕地面积逐年减少的情况下，出现这样一个成绩，首先是得益于这几年中央农业农村的政策，特别是鼓励粮食生产的政策，调动了广大农民种粮的积极性。去年我们粮食产量超过 1 万亿斤，这对保障粮食安全起到了重要的作用。

前四个一号文件出台以后，产生了一个重要的政策效应，就是农民收入持续较快增长，平均每年增长 7% 左右，这对提高农民生活水平起了重要的作用。

还有，就是国家对新农村建设的投入增加，农村的基础设施、公共服务的面貌发生了很大变化，包括农村环境卫生也有一些大的变化。江苏兴化市和山东无棣县柳堡乡冯王村都是例子。

抓好农业发展、促进农民增收

顾国平： 从这几年看，兴化的老百姓跟过去比是得实惠最多的几年，解决了通村道路、圩区闸、站等排涝设施建设补助问题。同时，国家加大了对教育投入，实行合作医疗保险，解决了就医难题。这种情况是历史上最好的时期。

这几年，国家和省里对农业的投入是前所未有的。我认为，今年的一号文件和往年相比，更贴近农民，句句都是含金量很高的话。

郑新立： 你说得很对，今年中央一号文件含金量更高。首先，中

十五 大力加强农业基础建设 促进农业发展农民增收

央提出三个"明显高于":"财政支农投入的增量要明显高于上年,国家固定资产投资用于农村的增量要明显高于上年,政府土地出让收入用于农村建设的增量要明显高于上年";其次是结合已有的"四补贴"(粮食直补、农资综合直补、良种补贴、农机具购置补贴),今年还新增加退耕还林农民的补贴、奶牛良种补贴等,这些都会让农民得到更多的实惠。今年的中央农村工作会议提出,保持社会经济的稳定快速发展,最重要的是抓好农业发展,促进农民增收,让老百姓得到更大的实惠。兴化农民现在人均纯收入多少?

顾国平:我们那里人均纯收入6130多元。其中,种粮种棉收入3000元左右,有2000多元是务工的收入,还有1000多元来自老百姓从事多种经营生产,比如说养殖等。我们市还有20万亩香葱,是可以用于生产方便面的香葱,已形成了独特的产业,销往日本等地。此外还有养殖业,老百姓养殖龙虾、螃蟹等,效益都比较好。老百姓心气顺了,对政府更加拥护。所以,我觉得,当前最重要的是增加农民收入。

冯树举:冯王村过去是一个以种植业为主的村,自2004年开始,俺村大力发展工业,利用本村传统饲料加工产业和土地资源优势招商,先后引进了永胜饲料有限公司和新型建材加工厂等工业项目。

我们利用招商项目带来的集体收入,改良荒碱涝洼地300多亩,公开对外承包后,村集体每年有12万元的收入,走上了良性循环的发展轨道,集体经济和群众收入明显增加,家家都过上了好日子。

大力加强农业基础建设

顾国平：我们那里粮食平均单产至少在2000斤，高产在2700斤，一般老百姓的产量约2200斤，在江苏是很高的，在全国也是比较高的。但是由于粮食比较效益问题，虽是粮食大县、农业大县，同时也是财政穷县。

现在有什么问题呢？主要是农村的基础设施问题。江苏省委、省政府把里下河内涝治理作为2008年江苏省重点基础设施建设工程，为保障我们的粮食增产提供了基础条件。去年，省市级财政投入2800万元，农民自行承担3000万元，修建了169座防洪闸和一些排涝站。现在，农业基础设施建设及财政补助是我们非常关心的问题。

郑新立：你们冯王村农业基础设施情况怎么样，种植业占收入的比例是多少？

冯树举：我们村的农业基础设施需要加大投入。全村人均收入是5600多元，种植业有3000元钱，占收入的60%。现在种植棉花中央有补贴政策只要种配种棉，就能优惠到一块多钱一斤，你花一小部分，国家补助一大部分。原来普通的棉种一斤都在十块钱左右。现在有的配种棉要是高价买的话，要达到三四十块钱一斤，所以国家补贴很多，农民在这方面得到很大的好处。再者说，我们那儿盐碱地比较多，棉花很适宜盐碱地，我们那里也很需要加强农业基础设施建设。

郑新立：你们提出的这个问题是全社会都非常关心的问题。其实反映的就是要突出抓好农业基础设施建设，完善农业生产条件。据我了解，今年的一号文件就是从以下几个方面做好此项工作的。比如狠抓农田水利建设，加快大型灌区节水改造，搞好小微型水利工程，推广农业节水设施和技术，落实病险水库除险加固资金投入。狠抓耕地保护和质量建设，切实控制建设占用耕地及林地，加大土地复垦整理力度，加强中低产田改造，加快"沃土工程"实施步伐。狠抓农业机械化发展，要以粮食主产区、南方丘陵区和血吸虫疫区为重点，加快先进实用、生产急需农业机械的推广应用，大力发展农机合作组织，扶持发展农机大户，组织好农机跨区作业。狠抓生态保护和建设，继续实施重点生态工程，搞好水土保持工作，建立健全森林、草原和水土保持生态效益补偿制度，加大农业面源污染防治力度，加强农村节能减排工作。这些，都是今年中央一号文件所重点强调的。

扎实推进社会主义新农村建设

冯树举： 说到社会主义新农村建设，我谈谈我的看法：以前我们那儿盐碱地比较多，这几年，我们村通过进一步开荒，把荒地都利用起来种棉花，两年开荒开了600亩，还改良了土地。在新农村建设方面，我们那里虽然建得不是很标准，但是也能做到街上不见草、不见土。卫生方面，被评为省级卫生村，以前村民各扫门前雪，现在是共扫爱心街。垃圾都是提出去，放在存放点。

我们按村庄规划，自筹资金40万元，先后通上了柏油路，建起了高标准的村级活动场所。并按省道绿化要求，将村里三横二纵五条

街道全部绿化，栽植白蜡树 3000 株、冬青 5000 棵，各式花草 400 多平方米，构建各式文明小区 6 处，各文明小区和文化场所成了群众茶余饭后的好去处。

郑新立： 冯王村新农村建设工作还是很好的。值得注意的是，今年中央农村工作会议用了"强农惠农政策"的新提法，与以往"支农惠农政策"虽只有一字之差，但意味深长，这更加表明了农业在现阶段的重要性和政府解决"三农"问题、推进新农村建设的决心。

去年我到山东滨州市去调研，发现最近几年滨州经济发展速度很快。滨州就是从实际出发，确立了新的发展思路，特别是开发大量的盐碱地，搞工业小区和水产养殖，种植棉花、苜蓿、饲草，发展速度很快。有钱以后，财政收入增加了，这笔钱再集中投入"三农"上去，扶持新农村建设。这说明不管哪个地方，只要从本地实际出发，抓住自己的优势，发展特色经济，就能够加快发展速度，提高收入，扎实地推进社会主义新农村建设。

所以，全社会必须共同努力，全力促进农业生产不停滞不滑坡，切实保障主要农产品基本供给不脱销不断档，努力实现主要农产品市场价格不大涨不大落，积极争取农民增收势头不回落不放缓，做到新农村建设不松懈不走样。

积极发展现代农业

顾国平： 土地是农民的命根子，是农民的生命线。我觉得要按照依法规范有偿的原则，实行土地的集约经营。现在一亩地纯收入

十五　大力加强农业基础建设　促进农业发展农民增收

在 500 块钱左右，如果一家人种 6 亩地，只有三千到四千块钱的纯收入，而一个农民如果外出打工，一个劳动力可以收入五千块钱，粮棉结构的比较效益很低。

郑新立： 农民增收、农业的现代化，出路就在于提高劳动生产率，现在农民收入水平低，关键是土地经营规模太小。像兴化市，一个人一亩三分地，四口之家才五六亩地，一个劳动力种三亩地，仅靠种粮食的话，收入水平是不可能上去的。

解决这个问题的出路在什么地方呢？党的十七大报告已经把这条路指明了，今年出台的一号文件，又把它具体化了，要完善农村土地经营权流转市场。这个意思就是说，土地要向种田能手集中，通过有偿转让，使转让土地的承包户获得一定的收益。

农民自己种一亩地收入也才几百块钱，交给别人种收入也是几百块钱，而且包给别人耕种以后，把自己从土地上解放出来了，解放出来了他可以去打工、从事各种经营，一个劳动力，一年怎么也能挣到几千块钱，这是农民增收的一个出路。

现在像苏中地区、山东胶东平原这些地方，都是大平原，最适合大型机械化耕作，在现代机械化的条件下，我看一个劳动力种一百亩地没问题。这样就可以把种田能手留在农村了，就可以改变目前大家都担心的农村劳动力老龄化、妇女化问题。青壮年劳动力留在农村种地，种地的收入比出去打工收入高，这是实现农业现代化的根本出路。

农业劳动力的转移要有出路，要鼓励劳动力向二、三产业转

移。转移出来以后，农民的土地通过有偿转让出去。所以，党的十七大报告提出了健全土地承包经营权流转市场，正是解决这个问题的要旨。

大力发展农村金融

冯树举： 我觉得要保持农民增收，使农业经济取得更好发展，不解决农民贷款难这个农村金融瓶颈问题是不行的。

顾国平： 我觉得解决农业问题和农民问题，一个比较重要的措施就是农业的工业化，农业的工业化主要是农产品加工的工业化，如果不对弱势产业采取支持措施，仅靠土地的产出实现农民增收现在越来越难了，这就需要金融对农村的支持。

郑新立： 今年的中央一号文件，专门对农村金融改革写了一段，这段写得应该说是很到位的。大家都认为，农民贷款难是制约农村发展的一个最大的瓶颈问题，采取的措施，就是要推进农村金融改革，一个是农业银行要专门给农民、给农业发展来提供贷款。今年农业银行的改革要作为一个重点。农业发展银行也要进行改革，现在农发行主要承担粮食、棉花收购贷款任务，也要朝着为农民服务的这个方向来努力。另一个就是信用社，要把信用社的作用也充分发挥出来。

今年一号文件对农村金融改革采取一些新的措施，包括要加快各类农村小型金融机构允许开办的改革步伐。所有的商业银行，在县里设立分支机构，吸收的存款一定要拿出相当大的比例，在当地进行贷款，不能当抽水机把农村的钱都抽跑了，不能只存款不贷款，要求金融机构拿出相当大的比例用来贷款，比例是多少呢？正在讨论。邮政储蓄也要拿出一些用于解决"三农"问题的贷款，如果按照今年中央一号文件精神，全面抓好落实，刚才你说的农村贷款难这个担心，就可以解决。

郑新立：关于新农村建设问题，今年的中央一号文件根据党的十七大的精神，提出了明确要求。根据统筹城乡发展的精神，提出要建立城乡经济社会发展一体化新格局。建立城乡一体化新格局，需要从六个方面来努力。

第一，加快城乡发展规划一体化。将来搞规划，不能县城规划县城的，城市规划城市的，农村规划农村的，要把城市和农村放在一起来规划，哪个地方是农田保护区，哪个地方是工业小区，哪个地方是休闲区、水土涵养区、商贸区，都要统一规划，要经过地方人大通过，成为法律，政府换届，规划坚持不变干下去，经过几年的努力，改变农村的面貌。

第二，城乡产业发展一体化。农村农民生产了农产品可以直接到城里面设超市和零售店，包括在城里设加工厂来销售，城市要把为农民服务的工业和服务业向农村延伸，包括将来化肥厂要变成施肥的服务公司，农民打个电话，化肥厂可以搞测土配方施肥。

第三，城乡基础设施一体化。道路、垃圾处理、污水处理等向农村延伸，不能把城市里搞得很漂亮，农村不建设好也不行。

第四，城乡公共服务一体化。教育、医疗、社会保障要逐步向农村延伸。现在农村有条件了，但是制度设计上要能对接，逐步提高农村的水平。

第五，城乡就业市场一体化。农民到城里来务工经商，不能设置任何门槛。同样，城里人，包括大学生到农村去创业、领办企业应该给予支持和鼓励。现在有些地方采取的措施很好，让大学生到村里当村主任或村级干部，干完三年以后，可以优先考公务员，到中西部干几年以后，免除上学时候借的助学贷款等，这些优惠政策，能够吸引一大批高素质的人才到农村去。

第六，要实现城乡社会管理一体化，还要包括户籍管理一体化。青岛已经宣布取消农村户口和城市户口的界限，以后统称为青岛居民。唯一的区别就是有承包地的青岛居民和没有承包地的青岛居民。农民在市里面只要有工作、有房子，可以就地落户，和城里人一样生活。城乡社会管理包括户籍管理逐步一体化，能够加快农村的发展，发挥城市的带动作用，使我们几亿农民到2020年也能像城里人一样，过上现代化生活，至少能过上小康生活。

冯树举： 我很关心农民专业合作社组织问题，请介绍一下有关情况？

郑新立： 这个问题问得很好。探索农村集体经济有效实现形式，发展农民专业合作组织，这是党的十七大提出来的一个很重要的战略。今年的中央一号文件又把这个问题加以具体化了，农民要富裕，除了要转移到二、三产业以外，还有一条，就是要发展农产品的加工和销售，除了要获得农产品种植这个环节的收益，还要获取农产品加

十五　大力加强农业基础建设　促进农业发展农民增收

工和销售这个领域的收益，而且农产品加工销售这个领域的利润比种植环节的利润多得多，像国外都是四五倍甚至七八倍。

我们现在加工业跟种植业相比是一两倍，这个比例太低，农产品的加工销售谁来干，就是要让合作社来干。现在我们搞的专业合作社，是在农民家庭承包的基础上，鼓励农民在农产品加工领域、销售领域合作。就是让农民联合起来，通过合作社，直接把农产品卖到城市里去，直接把农产品销售到国际市场上去。

另外，通过合作社来加工农产品，形成这个区域的品牌。比如说兴化香葱，形成区域性的品牌后，大家共享，通过香葱合作社，共同维护这个品牌，保持比较高的价格，这样就能够让农民直接受益。

据我了解，今年对合作社的登记、税收减免、贷款优惠等实施细则将陆续出台，所以我建议你们要关注这些政策的信息，要鼓励农民赶紧把合作社搞起来，通过合作社建立起平台，来增加农民收入，享受各种优惠政策，这是在新的条件下农村集体经济的一种创新。

现在靠一家一户，那是很难增加收入的。尤其是中国加入WTO以后，外国的农产品经营的跨国公司进来了，人家实力雄厚，技术又很先进，而且国际经营的经验也非常丰富，所以人家一进到我们国内来，面对的是我们几亿分散的农户，跨国公司实力强大，我们的农民还是一盘散沙，没有办法跟人家竞争。所以现在赶紧利用出台的合作社的有关法律，把农民组织起来，提高农民进入市场的组织化程度，通过我们农民联合起来，通过合作社，跟外国的跨国公司进行竞争。要让合作社赚，赚完以后按照合作社的章程由社员们分，这样农民就

可以增加收入。

前不久,《经济日报》上有篇报道,我看了非常高兴,就是陕西省周至县成立一个猕猴桃生产合作社,自己改良品种,创造自己的猕猴桃品牌,原来一斤猕猴桃卖到一块钱,现在一斤卖六块钱,效益增加了数倍,同样是猕猴桃,效益差这么多,所以成立合作社非常重要。

《经济日报》2008-02-02,张进中报道。

十六

提高扶贫开发整体工作水平
扎实推进扶贫开发进程

对话人——

范小建：国务院扶贫开发领导小组副组长、办公室主任

毕振水：河北省广宗县委书记

罗宏升：黑龙江省桦川县县长

张敬恩：河北省广宗县件只乡东张魏村党支部书记

策划人——

李　力：经济日报产经部副主任

图 16 范小建（中）与毕振水（右二）、罗宏升（左二）、张敬恩（右一）在交谈

李树贵／摄

十六 提高扶贫开发整体工作水平 扎实推进扶贫开发进程

日前，经济日报邀请了国务院扶贫开发领导小组副组长、办公室主任范小建和来自基层的县（市）领导、农民群众共同探讨——

范小建：首先感谢经济日报围绕扶贫工作策划的这次报道。这次座谈的采访，也是我们和来自基层的县（市）代表、农民群众交流的好机会。

值得提出的是，经济日报围绕中央有关政策，认真关注国计民生，在这个时机，对扶贫开发工作作专题报道，可以说是很受社会关注的。

我国扶贫开发工作正在步入一个新的历史时期

毕振水：广宗县位于河北省东南部，总面积503平方公里，耕地51万亩，沙荒地10余万亩，总人口27万（其中农业人口25.4万）。广宗县农业生产条件差，百里沙带纵贯南北，早在1986年就被列为国家级贫困县，1994年被列为国家实施"八七"扶贫攻坚计划中的重点扶持贫困县，2001年再次被列为国家扶贫开发工作重点县。

从2004年以来，我们广宗县以扶贫开发来统揽全县经济社会发展的全局，牢固树立"大扶贫"理念，走出了一条"抓大抓小结合，富民强县并重"的扶贫开发路子。截至目前，全县第一、第二批扶贫村共有95个已脱贫出列，低收入以下人口减少了9.36万人。去年9月，河北省扶贫开发工作座谈会在我市召开，并到广宗现场观摩学习，对我县的扶贫开发工作予以充分肯定。我觉得扶贫开发工作，在

目前而言，是一个非常好的时期，也是历史上最好的时期。

罗宏升： 毕振水书记说的当前扶贫开发工作是历史上最好的时期，这方面我很有同感。桦川县是黑龙江省佳木斯市东北部的一个县，2002年进入国家扶贫开发重点县行列。我在桦川县工作6年，正好这一期扶贫开发的全过程我都经历了。县委、县政府高度重视新一轮扶贫开发工作，在国家、省、市的关怀和支持下，扶贫开发取得了显著成果。

贫困人口收入增加了。项目实施村的人均收入由原来的990元增加到1840元，贫困户人均收入达到了1300元以上，人均增收1000多元，贫困群众基本解决了温饱问题。

农业生产条件改善了。解决了贫困村农田、道路、桥涵、抗旱井、小型农田水利设施建设等问题。共修了白色路面27公里、改造农田路99公里，修桥涵52座，挖排水渠21公里等。这些项目增加了贫困村抵御自然灾害的能力，为农民的丰产增收提供了有力保障。

公益事业建设得到了加强。已为45个贫困村建设卫生所42个、畜牧服务站32个，为42个村安装了有线电视，为41个村安装了自来水，解决了贫困村、贫困户就医难、看电视难、吃水难等问题。

群众的精神面貌有了很大改观。过去我们那里有句土话："脸朝黄土背朝天，晚上就往被窝钻"，什么文体活动都没有。现在通过扶贫开发工作，乡镇建起了综合文化站，村里有了活动场地和秧歌队，有了农民书画、剪纸等丰富多彩的文化娱乐活动，农民的精神文化面貌有了很大的改观。

十六 提高扶贫开发整体工作水平 扎实推进扶贫开发进程

农村困难群体救助体制有了很大的完善。现在全县的农业贫困人口已有6000多人纳入了农村低保，每年每人可以得到640元的补助。特别是贫困村还实施了大病救助，去年我们就投入大病救助资金340万元，为14925名救助对象解决了困难。

县乡村三级干部得到了锻炼。因为有了扶贫这项工作，干部有了舞台，有了工作的方向，有了接近农民的机会，拉近了干部与群众的距离，使得县乡村三级干部和群众的关系得到了很大的改善，产生了很大的凝聚力，农村社会稳定了。

范小建：刚才河北广宗县、黑龙江桦川县简要介绍了各自扶贫开发工作的情况和取得的一些成果。从全国来讲，应该说改革开放30年来，扶贫开发工作取得了举世瞩目的成就，我们国家的绝对贫困人口从1978年的2.5亿人减少到2006年的2148万人，绝对贫困人口的贫困发生率从30.7%下降到2.3%，应该说成就是非常显著的。

2000年以后我们是实行两条贫困线标准，一条贫困线叫作绝对贫困标准，另一条贫困线叫作低收入标准，这两条贫困线加起来，在21世纪初的时候，也就是在2003年以前，我们一年能够减少贫困人口300万左右。实行"以工促农、以城带乡"的方针以后，从2004年到2006年，大体上每年要减少贫困人口900万人，这是一个非常大的成绩，从根本上说，是党的十六大以来贯彻落实科学发展观，统筹城乡发展的结果。

如何创新扶贫资金管理机制，提升扶贫效果

毕振水： 管好用好扶贫资金是扶贫工作的一个重点。在扶贫资金使用上，每年由省扶贫办将扶贫资金额度直接分配到县，由县扶贫办根据本地实际确定扶贫项目，扶贫项目由省扶贫办审批，在项目建成并验收合格后，由财政部门直接拨付给建设单位。为保证扶贫资金的有效使用，我县在扶贫项目建设过程中重点抓了"两项管理"和"三级督办"。以前，这项资金有挪用的现象，现在有这样的管理格局，再加上市每年执行资金专项审计，资金的专项督促检查，扶贫资金基本上做到了专款专用。

罗宏升： 扶贫开发专项资金是这项工作的命脉，如果扶贫资金管不好，可能什么工作也做不成。我们县按照国家、省、市的要求，探索出了一整套管理办法，将扶贫开发专项资金真正做到了专户专账、专款专用、封闭运行、群众监督，全部用到了刀刃上，杜绝了跑冒滴漏和挪用挤占的现象。

范小建： 刚才他们两个所谈的问题，涉及扶贫开发资金的管理机制，我也想介绍一些情况。因为扶贫开发资金管理机制的问题被各方面所关注，而且如何提高我们扶贫开发资金的利用效率，也同样被各方面关注。

现在国家的专项扶贫资金，从国务院扶贫办的角度来讲，实行"四到省份"的管理机制：就是资金到省、任务到省、责任到省、权力到省。有的省对县也是实行所谓"四到县"的原则。总体上看，这个办法是好的，但也确实存在着一些跑冒滴漏和挤占挪用的问题。

十六 提高扶贫开发整体工作水平 扎实推进扶贫开发进程

这几年我们正在进一步摸索，在"四到省份"之后，省内怎样保证国家用于扶贫的资金都能够落实到贫困村和贫困户的头上，发挥应有的作用。在不断总结经验的基础上，现在我们又提出了这样几个方法：

第一，县一级扶贫资金的管理和监督一定要分开。过去扶贫资金到县里以后，县扶贫办既是管理者、监督者，又是执行者，就很容易出问题。现在就要求县一级的扶贫办，主要是进行监督，项目的执行由乡、村去做，不能取而代之，什么事都抓到自己手上。

第二，分到乡、村的扶贫资金和项目必须进行公示。特别是在村里，要和乡里的政务公开和村里的村务公开结合起来，让老百姓都知道，这一点很重要。

这两年在开展整村推进当中，我们倡导参与式整村推进的原则。所谓参与式整村推进，比如说上级给了这个村50万块钱，说今年要搞整村推进，那好，咱们这个村干什么事，大家坐到一起来商量，村里面开一个村民代表大会，如果大家提了20个项目，咱们就摆上20个碗，每个人手上抓一把豆子，大家来投票。因为资金是有限的，不可能都干，要有限额，最后哪几个碗的豆子最多，咱们就干哪几件事。大家投票的结果，就产生了几个项目，项目定下来之后国家给的钱一定要干这几件事。

关于扶贫信贷资金的管理，我们准备从2008年开始，对财政扶贫信贷资金的管理体制进行改革，重点解决三个问题：

第一，改固定利率为固定补贴。就是通过把固定利率改成固定补

贴的方式进行。过去国家在每一笔扶贫信贷资金上所补贴的利率不变，贷款方的利率不变，而补贴要随着利率的浮动而浮动，现在，补贴不变，贷款方的利率要浮动了。这样就能够通过"四两拨千斤"的办法，使信贷资金的规模不受影响。

第二，改独家经营为市场运作。过去只是农业银行一家来做扶贫贷款。今后我们考虑其他的金融机构，比如信用社等其他国有金融机构都可以做。谁做了扶贫的项目，财政的贴息资金就补给谁。

第三，就是把项目贷款的权力下放到省和县。项目贷款给谁不给谁的决策权，根据贷款不同的性质，下放到不同的层次，这样就变得灵活了。从2008年开始，要在全国范围内逐步推广。一方面把财政专项资金管好，另一方面把国家的扶贫信贷资金搞活，两个方面共同努力来完善这个机制，来提高扶贫工作的实际效果。

如何实现扶贫资源的有效整合，有什么新的思路

范小建：这是一个大家都很关心的共性问题，就是如何整合资源的问题。整合资源这件事，是当前扶贫工作当中遇到的一个比较突出的问题，因为现在各方面对贫困地区的支持力度都加强了，怎样把这些资源整合好，大家都在探索。

八个月来，我走访了十几个省份，扶贫开发的重点县也走了40多个。这两年各地的扶贫开发，凡是搞得好的地方，都有一个共同的经验，就是他们实行了资源整合。据我了解，在省级、地区级、县级都能做，乡村也可以做。现在看，省一级做得最好的是广西，广

十六　提高扶贫开发整体工作水平　扎实推进扶贫开发进程

西在2003年到2005年选了东兰县、凤山县、巴马瑶族自治县进行大会战，集中解决这三个县的基础设施建设，取得了明显成效。这3年当中，他们专项扶贫资金安排了只有近2亿元，而从其他部门整合来的资金是20亿元，加起来是22亿元的资金，集中力量在两年的时间里，重点进行三个县的基础设施建设。

我前一段时间去调研的时候，他们告诉我，至少使这三个县经济发展水平加快15年。现在，他们尝到了甜头，又开始进行第二期。他们就是这样一批批、一块块地来啃这些"硬骨头"，效果非常明显。

为了推动这项工作，国务院扶贫办正在和有关部门协商，准备联合实施整村推进25000多个村，这25000多个村建有花名册，不但是扶贫部门的任务，其他部门也要认可，大家把各个部门的资源都向这25000多个村倾斜。这件事情我们和有关方面做了初步的协商，大家都很支持，我们也正在积极推动。我觉得，这项工作如果做好了的话，对各地进一步加强资源整合也是一个很好的示范。

毕振水：现在整合资源进行扶贫的格局应当说已经形成。我认为贫困县应该看到这一有利契机，充分利用和抓住这个契机，只要抓得住、用得好，贫困县脱贫步伐就能加快，农民脱贫致富问题就能解决。比如2004年，为彻底解决农民的行路难问题，我们把以工代赈资金、老区发展资金、扶贫开发资金、交通道路建设资金等各类资金捆绑使用，三年任务一年干，完成了127个村168公里的村级公路建设，实现了几代人梦寐以求的愿望。我们那里还有一个模式，就是两个不同层面的党支部结成了帮扶对子，也收到了很好的效果。

范小建： 你说的是国务院扶贫办培训中心和你们县东张魏村建立了联系，国务院扶贫办培训中心党支部和东张魏村的党支部结成帮扶对子，建立了友好支部，帮助村子搞发展，从而实现脱贫致富。

毕振水： 2007年，国务院扶贫办培训中心党支部与我县东张魏村党支部开展了共建"三联系""三创建"党支部活动，中直机关党支部与贫困县最基层的农村党支部结成友好支部，中直机关党员与贫困县最基层的党员结成帮扶对子，无论对党的建设、扶贫开发工作都产生了积极的意义。我们将国务院扶贫办培训中心党支部这一做法在全县进行推广，开展了"三创建""三联系"活动，构筑了县乡党组织的互帮互助机制，促进后进党支部实现转化升级，使后进村面貌发生根本性改变。

张敬恩： 自从2007年国务院扶贫办培训中心对我们村搞帮扶活动时，培训中心党支部就跟我们村支部建立了联系，结成了对子，给了我们很大的帮助。他们还捐款捐物，帮助我们村打井修路，我们村非常感谢国务院扶贫办培训中心的支持和帮助。

从贫困劳动力培训到"雨露计划"的实施

罗宏升： 我觉得，真正要让贫困户脱贫致富，还是要提高农民的整体素质。现在我们觉得农村特别缺乏管理人才。大中专毕业生，从农村走出去的很少能够回农村。一个村想找一个懂电脑和农业科技的人来带动农户致富很难，这样的人才太少。给扶贫开发工作带来了困难。所以我想说，在扶贫方面，应在政策上支持当地管理人才的培养

十六 提高扶贫开发整体工作水平 扎实推进扶贫开发进程

开发，提高农村基层干部的整体素质。

毕振水： 通过发展劳务经济，一人打工，全家脱贫，不仅可以直接增加农民收入，还能够培养出一批经商办企业的人才。因此，我们把劳务经济作为一个扶贫产业来抓，一方面建起了劳动力培训中心和劳务输出服务中心，培养当地企业所需的产业工人，实现农村富余劳动力就地转移；另一方面，建立了县乡村劳务输出服务网络，大力发展订单劳务、定向劳务，形成了"培训—就业—跟踪服务"的一条龙服务管理机制。

范小建： 刚才你们提到了劳动力培训问题，实际上劳动力培训，是我们扶贫开发工作的五项重点之一。我们有一个"雨露计划"，就是在"十一五"期间，每年要转移培训贫困地区100万个劳动力。解决贫困地区劳动力的问题，现在重点在做三方面的工作：

第一，"两后生"的培训问题。就是初中毕业之后和高中毕业之后没有考上学的贫困地区贫困家庭的孩子，这个是劳动力转移的一个重点，因为他们刚出校门，知识是最新的，基础也比较好，接受培训的效果也比较好，这部分人是培训重点。

第二，就是在那些特别贫困地区，要优先考虑那些贫困家庭的子女享受劳动力转移的政策。如果能够通过培训，实现劳动力转移，可能转移一人、脱贫一户的目标就能实现。

第三，要扩大劳动力转移的规模，提高转移的补贴标准。今年开始，教育部门对职教生，就是职业学校的学生，实行全面的生活补贴，一年补贴1500块钱。对职教生的补贴政策已经下来了。有些地

方扶贫部门过去对职教生有补贴，我们希望这些地方继续执行以往的政策，把扶贫系统过去补的那点钱也继续加在这些职教生身上，进一步减轻职教生学习的负担，给他们创造比较好的学习条件。

还有基层管理人才问题，这件事我们想和其他部门所开展的一些相关工作结合起来。比如说现在有些部门搞大学生"村官计划"，能不能和整村推进的工作相结合。我们现在每年有一万多个村在搞整村推进，贫困地区的贫困村领导班子需要加强，文化素质需要进一步提高，大学生"村官计划"，能够和我们的整村推进工作相结合，这也是很重要的。

当前扶贫工作的重点和难点是什么，哪些问题需要加强和改进

范小建：改革开放30年来，扶贫开发工作取得了巨大的成效，但也必须保持清醒的头脑。我们必须看到当前所面临的问题和困难：

第一，贫困人口的比例还比较大。

第二，一些特殊类型的贫困地区，贫困的问题还非常突出，有些地方贫困的程度还很严重。

第三，现在致贫的因素增多而且更加复杂。随着国家经济水平的不断提高，在经济发展过程中出现了一些新的问题。比如说生态问题，为了保护一个好的水源条件，因此有些贫困地区，原来以发展畜牧业为主的，现在牛羊都不能上山了。

第四，返贫问题不容忽视。虽然贫困人口下降比较多，但是很脆弱，稍微遇到一点大的灾害，就可能出现返贫。比如说南方地区正在

十六 提高扶贫开发整体工作水平 扎实推进扶贫开发进程

经历的这场低温、雨雪冰冻灾害，我们就非常担心有些地方可能导致的返贫问题。这几个方面的因素凑到一起，我觉得我们确实要对国家扶贫开发工作长期性、艰巨性、复杂性有一个清醒的认识。

今后国家关于扶贫开发工作有什么新的举措

毕振水：我们在扶贫开发工作中取得了阶段性成效，在某些方面实现了突破，如何抓住当前扶贫开发的大好契机，进一步提高扶贫开发整体工作水平，一直是我们深入思考的问题。范主任，能不能告诉我们今后扶贫开发工作还会有什么新的举措？

范小建：总体上讲，就是要努力提高扶贫开发的水平，继续坚持开发式扶贫的方针，还要逐步调整扶贫标准，增加扶贫开发投入，加大对贫困地区、贫困人口的扶持力度，同时要继续做好整村推进，劳动力培训转移和产业化扶贫工作，加大扶贫移民的力度，集中力量解决革命老区、民族地区、边疆地区等特殊类型地区的贫困问题。而且还要继续动员社会力量做好扶贫开发工作，大体上就是这样的一些要求。

今年扶贫开发工作确定了五项工作：整村推进、劳动力培训转移、产业化扶贫、移民扶贫、特殊类型的贫困地区扶贫。

整村推进这项工作中，在今后 3 年时间里集中力量解决人口较少的民族当中的贫困村、边境县的边境村当中的贫困村、国家重点扶贫县革命老区县当中的贫困村等。这三类贫困村，大体上是 25000 多个，我们要求各地要以这 25000 多个村为重点，2008 年力争完成规

划的 1/3。

产业扶贫方面，要注意发展防灾避灾特色农业，要积极探讨在整村推进的基础上，实行连片开发的办法。特色产业扶贫方面，要帮助贫困户找到一个比较适合当地条件的防灾避灾的特色产业，这一点非常重要。

扶贫移民这项工作，现在各地都非常重视，特别是在一些条件非常艰苦的地方，现在扶贫移民所占的比例是越来越大。从今年开始，我们要积极加强调研，总结经验，真正使移民能够做到移得出、稳得住、能脱贫。

特殊类型的贫困地区，主要是指严重干旱地区、荒漠地区、高寒地区，这些地区山大沟深，交通不便，自然条件极其恶劣，这些地区在 2020 年之前，一定要解决上述问题，这是非常艰巨的任务。

特殊类型贫困地区的生态补偿，也是非常重要的一个政策，因为这些地方人与环境的矛盾是很尖锐的。当然人如果能走出去了，这个问题就不存在了，但是只要人留下来了，他们还要靠着这方水、这方土来继续维持生存。要想减轻资源的压力，就要有一些相应的生态补偿的政策，来实现人与自然的和谐相处，实际上每一个不同的特殊类型贫困地区，都有自己发展的特殊性要求，这还要继续深入地研究总结，进一步厘清思路。

借此机会，向经济日报表示感谢，感谢你们对扶贫开发工作的关注和支持。现在社会非常关心这方面的情况，你们的报道对于进一步促进我们的工作，也会有帮助，向报社领导和同志们表示感谢。同时，欢迎大家面对面地给我们提出一些意见和要求，我们也要更多地深入基层去了解一线所存在的困难和问题，以进一步做好扶贫开发工作。

《经济日报》2008-02-26，张进中报道。

十七

推进灾后重建　恢复生态家园

对话人——

张建龙：国家林业局副局长

梁伟新：福建省邵武市委书记

余锦兵：江西省武宁县长水村党支部书记

策划人——

李　力：经济日报产经部副主任

图 17　张建龙（中）与梁伟新（右）、余锦兵（左）在交谈

李树贵 / 摄

如何扎扎实实做好林业灾后重建工作，经济日报特邀国家林业局副局长张建龙与受灾地区领导及林农代表共同探讨——

冰雪灾害使林业遭受重创　生态的恢复需要10年到20年

张建龙： 这次南方地区发生罕见的特大雨雪冰冻灾害，使林业遭受重创。此次灾害使灾区大面积的林木、毛竹、苗木被压倒压断或冻死，大批候鸟及野生动物被冻伤饿死，基层林业单位基础设施大量受损。据初步统计，全国因灾受损森林面积达2.79亿亩，相当于全国森林面积的1/10，冻死冻伤野生动物约14万只（头），林业直接经济损失573亿元，受灾林业人口约260万人。

这次林业灾情的严重性主要表现在四个方面：

一是林业受灾面广，占灾害总损失的比重大。此次灾害使全国近1/10的森林受损，而且大面积优质森林被损毁。受灾重点省林业遭受的损失占各省灾害损失的40%~60%。

二是林木、竹木和苗木受灾严重，当年造林任务实施困难。灾区各地林木、竹子大面积被压倒断裂，甚至连根拔起，森林损毁40%以上，竹林损坏80%以上，中幼林特别是近几年的新造林受害尤为严重。因灾冻死冻伤林木种子760余吨、苗木99亿株，还造成林木种子、种苗的供给能力下降。

三是林业及林农的损失惨重，造成了巨大的经济、生态损失和严重的社会影响。这次灾害给林区造成的损失是综合性、多方位的，包括直接的经济损失、严重的生态损失和社会影响。

四是林业灾情后续影响严重,对林业发展带来巨大压力,产生不利的影响。随着气候回暖和冰雪融化,灾区还容易引发泥石流、山体滑坡及水土流失等次生灾情,容易发生森林火灾、森林病虫害及乱砍滥伐行为。此次灾害使灾区森林资源状况普遍倒退10年以上。据专家估计,毛竹恢复至少需要5年,松杉恢复需要10年至20年,阔叶乔木恢复需要20年甚至50年,生态修复需要更长的时间。

灾害发生以来,国家林业局在春节期间派出了六个调研组对林业灾情进行调研的基础上,最近又派出了十几个灾后重建工作指导组奔赴灾区。

你们两位都是从受灾严重的地区来的,我非常想通过你们进一步了解这次冰雪灾害给林业造成的损失及灾后重建的情况。特别是了解此次冰雪灾害对目前正在推进的集体林权制度改革带来哪些深层次的影响,深入研究应该采取哪些有针对性的措施。

梁伟新: 这次冰雪灾害给林业造成的损失确实比较大,国家林业局给予了高度重视,大年初一上午,国家林业局工作组就来到邵武市,深入林区、乡村察看灾情。林业受灾程度之重,恢复难度之大,恢复代价之高,恢复时间之长,是难以想象的。据初步统计,我市毛竹山面积55万亩,损失了33万亩,中幼林尤其是马尾松损失31万亩。至少损失8亿多元。

张建龙: 这次雪灾对林业的危害非常突出。一是生态效益的损失大。南方是我国的主要林区,是生物多样性和生态效益非常好的地区。这次冰雪灾害造成的生态损失非常大,恢复需要十几年甚至二十年。二是老百姓的利益损失大。权改把山林承包给农民，这次冰雪灾害损毁了农民的山林，林农承担了大部分损失。你们长水村的林业损失情况怎么样？

余锦兵： 我们村受灾损失很大。我这次有幸来到国家林业局向张副局长汇报我们长水村的灾情。江西的雨雪从1月12日开始一直下到2月5日。雨雪下一层就冻一层，结成的冰不融化，结冰的层数达22层。那么重的冰压下来，把所有的树和毛竹都压断了。我们村是江西省林改的典型村，通过林改，老百姓都自主性地对林木进行封山养育，很多林木蓄积保存得比较好。雨雪灾害发生后，我们那里70%的毛竹被毁，大多数的树木拦腰断裂。省委、省政府相当重视，省林业厅、市、县政府的领导都前来勘察灾情，鼓励和安慰我们。现在，在林业部门的指导下，我们村的老百姓把山上无法再生的断树，统计起来，张榜公布，写出书面报告，向林业部门申请采伐许可证，尽量把损失减少到最低限度。

目前，我们已经着手重建。国家林业局、省林业厅给一些优惠政策，帮助老百姓增加收入。省林业厅向全省林农承诺，灾区采伐税费和育林基金全部减免。省里给林农每亩12块钱，县委、县政府也拿了12块钱，帮助林农恢复生产。我们村委会决定，2008年全村不准采挖竹笋，把笋子全部留起来长成竹材。县委也规定，今年不准生产春笋，不准采伐松树，保持生态，提高生态效益。我们还坚持山上损失山下补，组织老百姓进行生产自救。山上山下凡是有空的地方，今年都组织村民栽种适合生长的果木林。

雪灾验证了林改的重要性　林农全力开展抗灾自救

张建龙：这次受灾的区域是我国林业发展最快、最具活力的地区，也是森林及野生动植物资源最好的地区。受灾的19个省（区）是集体林权制度改革的重点地区，其中13个省份已全面推开了集体林权制度改革。这13个省份重点集体林区面积16亿亩，占我国集体林地面积的65%。这次冰雪灾害也给林改带来许多影响。

此次雪灾也证实和检验了林改的重要性。首先，林改的重要性和林农的积极性凸显。林改以后，林地分给了老百姓，老百姓就当成自己的资产了，损失了就感觉心疼。其次，产权明晰后，林农自救意识增强。遭受这么大的灾害，国家及各级政府都要采取一些政策予以扶持，使林业渡过难关。但是，我们国家这么大，灾害这么频繁，完全靠国家也不现实。所以，以林农为主体的生产自救很重要。刚才长水村余支书讲道，现在他们已经开始搞自救，上山清理断木。通过政策扶持，老百姓把林业重建当成自己的事情去做，在一定程度上对于缓解森林灾害起到了积极作用。调动林农的育林营林积极性，既是林业恢复重建的一项重要工作，也是林业长远发展、可持续发展的重要保障。

灾区展开恢复重建　需全社会大力扶持

余锦兵：张局长，您刚才讲到，林改调动了大家的积极性，的确是这样的。我是从最基层来的，了解老百姓的想法。这两年，通过林改发展了林业，增加了相当多的森林资源。老百姓在这次雪灾中遭受了很大的经济损伤，但大家着眼长远，都在积极努力进行恢复重建。

今天我把在山上拍的一些图片带来给您看一下。这是一条被雪灾毁坏的上山公路。我们村修了30多公里林中路。修这条公路一是为了防火隔离，二是可以降低运输成本，一举两得。可是，在这次雪灾中，大部分的路都滑坡了，需要重修。老百姓反映，在林区公路方面加大一点投资政策，对林区的恢复重建是最需要的。

张建龙：你讲的是基础设施建设问题。实际上，林区的公路对防火和运材都非常重要。目前，我国省级公路、县级公路、乡级公路、村级公路都有专项投资。我们林区的公路基本上没有国家专项扶持资金。从现在看，对我们林区的公路，国家确实应该采取一些政策进行扶持。

为了全面推进集体林权制度改革，保护广大林农参加集体林权制度改革的积极性，要加大对受灾林农的扶持力度，加快灾后重建步伐，确保林改后林农的收益稳步提高。下一步，应采取如下三个方面措施推进林改工作：

一要加强林改政策宣传。让广大林农了解林改对长远发展的好处，充分认识到林改的政策会更加有利于老百姓，让广大干部和林农坚定林改的信心和决心。

二要制定应对灾害的扶持性政策。在集体林权制度配套改革中，积极研究适宜林业发展，保障农民利益的政策性林权抵押贴息贷款制度；要根据不同区域、不同林种、不同季节、不同生长周期林木生产面临的不同风险，建立政府扶持下的多方参与、风险共担的森林保险

制度，采取中央和省级财政承担一定比例的森林风险保障金的办法，对自愿参加森林保险的林农给予扶持。

三要增强林农的生产自救和应对灾害能力。各级林业行政主管部门要加强对林改地区林农的科技指导服务，坚持资金引导和政策扶持相结合，科技支持和信息服务相结合，引导林农组建专业合作经济组织，提高林农的自我管理、自我扶持和抵御自然灾害的能力。

党中央、国务院高度重视林业救灾及灾后重建工作。最近，中央财政分三批下拨了7亿元林业救灾资金。随着灾情的逐步显现和评估，以及抗灾救灾工作的不断深入，还会有一些扶持政策落实下去。特别感到欣慰的是，受灾的各省区市政府十分关心和支持林业救灾和恢复重建。江西省和福建省对林业恢复重建非常重视。我了解到，江西省在春节以后从财政拿出两千多万元购买种苗，帮助农民恢复造林。刚才江西长水村余支书还讲道，政府既给育林肥料的补贴，又给资金补贴。

雪灾呼唤森林保险　灾后更要科学营林

张建龙：这次冰雪灾害的发生，也将森林保险问题推上议事日程。这次林业遭受这么大的灾害，更显示了森林保险的重要性。国务院领导最近也专门就这个问题作出批示。国家林业局在推进集体林权制度改革的同时，也将森林保险和融资作为六大配套政策重点之一来研究。林改搞得比较早的福建、江西等地，在配套改革中已经在研究探索森林保险问题。现在已经启动了这方面的工作。人保集团与国家林业局也正在协调研究森林保险问题,以推进实施森林保险工作。

森林保险问题在世界上也是一大难题。跟农业保险一样,森林保险必须有各方面扶持政策。作为林改的重大配套改革,国家层面要解决的其中一个问题就是森林保险。

林业灾害有其独特之点,与农业、畜牧业遭灾确实不一样,农业、畜牧业遭灾可能只是一季性的,林业受灾后就很复杂,损失和影响也是长期的。中幼林要10年到30年才能成材。我们认为,林业灾后恢复重建,科学救灾很重要。灾害发生后,国家林业局分别制定了受灾主要树种救护技术和受害林木清理政策指南,分不同的树种、林种,不同的受灾状况,制定不同的方案,因地制宜地清理和处理雪压断木倒竹。

通过此次灾害发现,林木灾情与是否开展林业科学经营有很大关系。有个专家组去湖南调查,看了紧挨着的两片林子,经营抚育搞得好的林子受损要小,没有搞经营的林子损失百分之六七十。这些经验教训启示我们,林地分给了农民后,要指导林农进行科学营林,指导他们科学合理地选择树种、经营密度、经营抚育管理措施,以增强林业的抗灾能力。

梁伟新:按照国家林业局和省、市党委、政府的要求,我们围绕安全救灾、科学救灾、高效救灾三个方面来组织抗灾救灾。安全救灾就是确保不出现一起人员伤亡事故。科学救灾就是充分开展调查研究,用科学的方法抗灾救灾。我们请林业科技专家教授帮助会诊,连同林业部门技术人员一起,到每一片山林指导救灾。目前,全市春季

造林需要的种苗全部落实到位，还将对所有林农进行一次补种补栽技术培训，以保证恢复造林的质量。高效救灾就是不仅要组织抗灾领导小组和工作队，还要成立林业专业抗灾队伍，采取最优方案，保证所有的工作措施、力量、经费都能迅速到位，保证在最短时间内尽可能多地解决群众最急的困难和问题。

为了把林农损失减少到最低限度，我们要求所有林场加工企业，敞开收购群众因灾断裂的竹木，而且不能压价。对林农减免了"两金"（育林基金和林业维简金），全市仅此项就减了2000多万元。

张建龙：梁伟新同志讲到的安全救灾、科学救灾、高效救灾这三个做法非常好。我特别强调一下科学救灾问题。林业灾情的影响比较长远，会相伴一些次生灾害。只有科学救灾，才能把灾害损失降到最低程度，才能对林业的长远发展有好处。

在这场突如其来的灾情面前，国家林业局党组非常清醒，在指导思想上，把科学救灾放在非常突出的位置。春节期间组织了六个工作组深入灾区进行调查，及时向各地编发了受灾树种救护技术要点；春节刚过就派出三个专家组到四个省灾区一线调研指导，国家林业局党组全体成员听取了专家组调研情况汇报，贾治邦局长专门部署加强科技救灾工作。这次冰冻雪灾暴露出当前在科学经营、管理抚育森林方面存在的突出问题。灾后恢复重建，是我们加强科学经营林业的一个非常重要的契机。国家林业局已把森林科学经营作为现代林业发展的一个重要内容，并摆上重要位置。以前，我们强调以绿为主，扩大绿化面积，增加绿化覆盖率。现在，我们不仅要有绿化面积，还要有好的绿化结构和效益；不仅要绿，还要绿得科学；不仅要绿得合理，还要绿出效益来。

在重建中发挥林改优势　在林改中完善配套改革

梁伟新：张局长刚才讲，这次雪灾对林改是一次很大的考验，的确如此。我们搞林改的最终目的是能够让群众得到实惠，让林农享受到林改的成果。不幸的是，山林刚刚明晰了产权，这场雪灾让林农受到了损失。但在这种情况下，老百姓都积极参与恢复重建，表现出了林权所有者的强烈责任感和保住自己财产的急切心情。在救灾和恢复重建中，我们专门提出，要为林农做好服务，让林农的损失减少到最低，巩固好林改的成果。

张建龙：今年是我们推进集体林权制度改革的关键之年。深化林改，需要抓好各项配套改革。

配套改革主要有以下几项：一是森林资源管理制度改革，或者叫森林采伐制度的改革。林地分给了林农，就要落实林农的处置权。这些年来，我们实行森林采伐限额管理，起了重要作用。随着林改的推进，分林到户以后，如何既能满足林农的需要，又能加强森林资源管理，这就要对森林采伐限额管理进行改革。二是森林资源的流转制度改革。特别是大灾以后，就要进一步研究怎样规范流转林木和林地，怎么保护林农长远利益，不让农民失去林地的问题。三是保险和金融改革。一方面保证林农能贷到款，而且贷款手续和程序简单、便捷、快速。另一方面受灾害以后能够确保农民的利益。四是生态效益补偿

制度改革。过去，生态公益林每亩地国家补五块钱，加上省里补一点也不足十块钱。随着林改的全面发展，要进一步完善森林生态效益补偿制度，提高补偿标准。五是成立专项合作组织。推动林改搞得好的地方成立专业合作组织、协会、中介组织等，为林改后的林农搞好服务。这几项配套改革，是集体林权制度改革的重要内容，要抓好落实。

建立生态补偿长效机制　确保林业可持续发展

梁伟新： 这次冰雪灾害对生态环境的严重破坏和影响是全国性的，也是全球性的。

张建龙： 总体来讲，这次灾害不仅给林业造成严重损失，对生态的影响也非常大。要把这些地区森林资源及其生态功能重新恢复起来，至少需要10年到20年，有的甚至不可能恢复。如一些珍贵树木、野生动物、生物多样性等恢复起来要10年甚至30年、50年。

目前，全社会对林业生态功能的认识还有待进一步提高。此次灾害造成了严重的林业经济损失，包括森林资源的损失和林农收入的损失。这将直接影响集体林区特别是以林为主的山区县、乡、村的财政收入和经济发展。

为了搞好林业灾区重建工作，国家林业局采取了一系列重建措施，已经协调下拨了七亿多元资金支援灾区重建林业。随着林业工程项目的实施，还会增加投资。还将积极争取国家实施生态工程和林区基础设施建设工程，大力扶持林业产业发展，促进林业的长远发展和可持续发展。

梁伟新：通过今天的座谈，我们信心更足，劲头更大，我们回去下决心把林改工作抓好，救灾工作抓好，不辜负国家林业局、社会各界对我们的关心支持，扎扎实实做好灾后重建工作。

《经济日报》2008-03-25，刘惠兰报道。

十八

大学生志愿服务西部计划助推新农村建设

对话人——

卢雍政：团中央书记处书记

宁光贤：重庆市永川区委副书记

周以良：重庆市永川区朱沱镇四望山村党支部副书记

安丽清：内蒙古自治区和林格尔县农业示范园区讲解员

策划人——

李　力：经济日报产经新闻部副主任

图 18　卢雍政（右二）与宁光贤（右一）、周以艮（左一）、安丽清（左二）在交谈

亢舒/摄

十八　大学生志愿服务西部计划助推新农村建设

大学生志愿服务西部计划实施五年来取得了显著成效，为进一步号召大学生自愿投身西部农村建设，经济日报邀请团中央书记处书记卢雍政与重庆市永川区委副书记宁光贤，大学生志愿者周以艮、安丽清对话——

卢雍政： 5年来，大学生志愿服务西部计划工作取得了显著成效。大学生志愿服务西部计划是共青团中央2003年和有关部门联合发起的，在高校中招募毕业生志愿到西部地区去支农、支教、支医等，服务西部地区社会经济发展的一项工作。党中央、国务院对此项工作一直高度重视，这项工作也得到了社会各界尤其是西部地区的大力支持。今天，经济日报到共青团中央来谈这个话题，特别是请到了西部地区的基层领导和在基层工作的大学生志愿者一起来座谈、对话，这是一次很难得的机会，对于做好大学生志愿服务西部计划工作，促进西部地区经济社会发展都将起到重要的舆论推动作用。

大学生志愿服务西部计划有力地促进了西部地区的社会经济发展

卢雍政： 五年来，在各级党委、政府的大力支持和各有关部门的积极配合下，各级团组织和各地项目办精心组织，广大青年学生积极参与，大学生志愿者努力工作，大学生志愿服务西部计划取得了显著成效，主要表现在这几个方面。

第一，服务领域不断拓展，在支教、支医、支农、农村文化建设等11个领域开展专项志愿服务行动。

第二，在广大青年学生中唱响到西部、到基层、到祖国最需要的地方建功立业的主旋律，在高校毕业生中形成良好导向。

第三，大学生志愿者以满腔热情踏实工作、真诚奉献，为西部群众办实事、好事，赢得了当地政府和群众的信任和欢迎。

第四，志愿者自身在服务过程中得到了锻炼，增长了才干。在西部计划志愿者中涌现出了一大批优秀典型，有的成了社会道德模范，有的扎根西部成了当地经济发展带头人，也有的成了基层党组织负责人等。

第五，西部计划作为青年志愿者事业的重点品牌项目，促进了志愿服务理念的广泛普及和志愿服务项目、队伍、组织、机制等各项建设，为志愿服务长远发展培养了一大批经受锻炼、富有志愿精神的骨干力量，推动中国青年志愿者事业迈上了新台阶。

宁光贤：重庆市永川区从大学生志愿服务西部计划启动以来，共有100名大学生志愿者扎根永川基层，与群众同吃同住同劳动，在支持西部地区新农村建设方面发挥了积极作用。现在西部地区新农村建设面临着一个很重要的问题，就是西部劳动力大量外出，农村人才，包括基层干部人才短缺的问题一直比较突出，有的村干部年龄偏大，有的村甚至党支部书记都很难找，大学生志愿者到了镇里、村里以后，对改变西部地区农村干部队伍状况起了很大作用。

同时，拥有科技知识的大学生，在和群众日常工作、生活的交流互动中，也极大地带动了当地群众思想观念和生活习惯的改变。

我认为，西部计划给西部地区新农村建设输送了大量的人才，像我们永川区基层干部也需要大学生后备力量。大学生到村里工作，得到了村里群众和党员的信任和拥护，增长了才干，也为更好地发挥作用打牢了基础。

周以艮： 我毕业于安徽省阜阳师范学院，是一名西部计划志愿者，在重庆市永川区朱沱镇四望山村当村干部。

在西部农村工作一年多来，感觉到每年的高考把农村很多的精英人才输送到大学里面，农村的父母辛辛苦苦供他们的孩子完成学业，如果他们能够回到家乡去，就能帮助自己的家乡尽快发展。但是因种种原因，不少大学生毕业后留在了城里。大学生志愿服务西部计划，弥补了这个缺口。在这一年多当"村官"的过程中，我和农民们一起生活、一起劳动，修路、抗旱，过得很有意思。农民们就是这样的：你真心对待他们，他们就会真心对待你。我说心里话：在这里创业，我觉得很好。

大学生志愿服务西部计划已成为促进西部农村经济社会发展的民心工程

安丽清： 我是2006年参加大学生志愿服务西部计划的，现在是内蒙古和林格尔县农业示范园区的一名讲解员，也就是科技推广员。

有一位听过我讲解的农民说过，要是这些知识在村里也可以听到那该多好，他们很想知道怎么提高牧草的产量，什么样的品种更适合当地种植，我听完这些话，就想我是不是可以自己办个培训班。于是，在父母的帮助下，卖了家里的两头奶牛，花了两万多元买了设

备,开始办流动科技班。从去年4月份开始,到现在一共办了120期培训班,培训农牧民7000多人。

在进村入户讲农业科技的过程中,我发现很多农户用村里养的土种公牛繁殖奶牛,生下的牛体弱多病,产奶量一代不如一代。养牛不仅不挣钱,还赔钱,出现了杀牛、卖牛的现象。我们那儿的农民主要是以养奶牛为生,奶牛就是家里的宝贝,当农民不得已杀牛时别提多难过了。

于是我告诉奶农,要改变这种现状,就必须改良奶牛品种,而改良最好的办法就是使用性控冻精。

经过讲解,农民们渐渐地认识了"性控冻精"这项新技术,可问题又出现了,一支性控冻精要200元到300元,价钱相当于普通冻精的10倍。有的农户是手头没钱,有的是有钱也舍不得。于是我凑了400元,帮助了两个特困户购买性控冻精。其实我也想多帮几户,但我是心有余而力不足呀!我想到了找内蒙古自治区扶贫办。我给他们写了一封信,反映了奶农因奶牛品质差、产奶低而赔钱,出现了杀牛、卖牛的现象。扶贫办看了我的信,非常支持,拨了10万元专项扶贫款,用于支持盛乐镇的奶牛改良工作。这就壮了我的胆,因为盛乐镇是蒙牛的主要奶源基地之一。我决定再去找蒙牛繁育公司试试看。蒙牛繁育公司决定给盛乐镇的农民提供1000支性控冻精,每支比市场价便宜100元,就这样我先后为盛乐镇争取到20万元奶牛改良资金,现在盛乐镇47个行政村,已产下了900多头性控母犊。农民们看到了实实在在的好处,都想尝试着用性控冻精加速奶牛改良,性控冻精在盛乐镇就这样推广开了。

记得端午节那天，小林坝村的王大娘从10里外的家中给我送来了20多个粽子，我感到我已和当地群众真正地融合在一起，成了一家人。

宁光贤：在重庆市永川区，也有很多像小安这样的大学生志愿者，他们心里想着当地的群众，千方百计为当地的发展尽心尽力。

卢雍政：周以艮和安丽清的事迹非常感人，他们和群众打成一片，吃住一起，结下了深厚的感情。同时，通过大学生志愿者的宣传，也使更多人了解了西部基层的现状，开始关注和支持农村建设，促进社会资源向西部农村流动，使广大农村群众真正得到了实惠。据了解，在大学生志愿服务西部计划中，许多大学生为当地做了很多的实事，解决了一些实际的问题，得到了当地群众的一致认可。

实践证明，西部计划已成为引导高校毕业生到西部去、到基层去、到祖国最需要的地方去建功立业的有效途径，成为促进西部地区经济社会发展的重要举措，成为培养造就优秀青年人才的示范工程，成为服务西部地区新农村建设的民心工程。

大学生志愿服务西部计划为西部地区新农村建设输送了大量优秀人才

卢雍政：大学生志愿服务西部计划是中央财政和地方财政直接支持的第一个引导高校毕业生到西部基层服务的重点项目，已经成为引导大学生树立正确就业观、到西部基层服务的导向工程。该计划实施

以来，在全社会特别是大学生中产生了强烈反响。通过志愿者的实践，使在校大学生感受到西部基层对人才的渴望，认识到大学生在西部基层天地广阔、大有可为。志愿者立足基层、建功立业的事迹，在高校毕业生中产生了强烈的共鸣，到西部去、到基层去、到祖国最需要的地方去已经成为高校毕业生的一个重要选择。

听了宁光贤同志和两位志愿者介绍的情况，很受感动。地方党政领导，不仅仅是把西部计划当成一项重要工作，而且是把计划实施和当地经济社会发展特别是和新农村建设、西部大开发等一些中央重大战略决策联系起来，找到了这项工作和当地经济社会全面协调、可持续发展的一个有机的结合点，使这项工作能够真正地朝着为老百姓办实事的目标发展，才取得了显著成效。

建设新农村首先要培养新型农民。大学生志愿服务西部计划，就是要通过志愿者的努力，来更好地为培养具有现代眼光和意识、现代科学文化知识和文明素质的一代新型农民发挥作用。这当中，西部计划的志愿者们通过招商引资、推广新技术等办法，取得了一些经济效益。但更重要的是通过这些志愿者的言传身教，影响了西部农村一大批人的思想观念，他们不仅直接服务于农村的经济建设，还为西部新农村建设提供了重要的人才保障。

宁光贤：这一点我们永川区是深有体会。我们对大学生志愿服务西部计划活动非常重视，一方面落实他们的相关待遇，使他们有基本的工作条件，放手使用，2007年在永川的大学生志愿者当中，有的已经担任村党支部副书记，有的担任村委会副主任，有的担任团委书记，有的在企业里面负责一些技术性工作，我们为他们提供了发挥作用的大舞台，而他们也在这个大舞台上发挥了很大的作用，为西部基层提供了有效的人才支持。

卢雍政：通过实施西部计划，培育了社会主义新农村建设的青年人才，推出一大批科技兴农带头人、转移就业带头人、创业致富带头人、村务管理带头人，一批立足农村、发展农业、致富农民的优秀农村青年典型脱颖而出。

从 2003 年至今，全国项目报名人数累计达 26 万余人，已有 4 万多名大学生志愿者到中西部 500 多个贫困县开展志愿服务。北京、辽宁、河北、江苏等 23 个省区市实施了西部计划地方项目，参与服务的志愿者超过 3 万名，进一步拓展了西部计划的工作领域。

大学生志愿者在西部计划当中受到锻炼，成为西部地区致富带头人和新农村建设的青年人才

卢雍政：今年是西部计划实施的第 5 年，5 年来，有 7 万多名志愿者参与到西部计划服务的行列，当中涌现出了一大批胸怀理想、服务西部、心系群众的青年人才，做出了他们力所能及的贡献。有相当一部分人选择了留在西部、扎根西部，没有留在西部的也用各种方式来继续关心、支持西部地区发展。

西部计划之所以产生这么大的影响力，我个人认为有三个方面的因素。

第一，体现了理想的力量。无论是过去还是现在，支援西部地区

农村经济社会发展的工作项目并不少。西部计划最大的不同是以志愿服务的方式来组织，动员青年知识分子到西部去、到基层去、到祖国最需要的地方去，完全是自愿，没有任何摊派、指令。要求志愿者必须具备一些基本条件，这种要求也是根据西部地区的实际情况提出的，按需招募，按需设岗。

志愿服务和志愿精神既体现了我们核心的价值观，又体现了我们面向世界、面向未来的宽阔胸怀。西部计划产生了越来越大的影响力，理想的力量是非常重要的一个基础。

第二，体现了模式的力量。结合到西部计划，一是西部贫困地区需求，西部农村地区缺少人才，是基本事实；二是城市里有部分受过高等教育的青年有支援西部地区的愿望，但是不能靠传统行政命令的方式，所以采取公开招募的方式。

西部地区的人才短缺问题不是短期内能够解决的，需要长期努力，通过一批一批地接力去解决西部地区、贫困地区的人才短缺问题。通过这种模式的探索，为实施好西部计划打下了坚实的基础，可以讲这是一种成功的模式。既照顾到了贫困地区的需求，也照顾到了青年内在的要求，把党和政府的关心和西部地区人民群众的需要有机地统一起来了。

第三，体现了系统的力量。西部计划是一个庞大的系统工程，它的服务领域广，现在有11个专门的子项目，涵盖了农村经济社会发展的各个方面。系统论上有一条最著名的原理：整体大于部分之和。我们通过西部计划把过去相对独立的、不相关联的，或者关联度比较低的一些方面整合在西部计划这样一个平台上，形成了一个庞大的系统和发展的平台，来推动西部地区新农村建设和经济社会发展。服务期满后，一批西部计划志愿者选择了扎根西部基层、就业创业。他们中有的直接走上了领导岗位；有的成为农村群众的致富带头人；有的成为深受企业欢迎的科技人才。我们欣喜地看到，一支既有现代科学文化知识又有基层工作经验，并富有强烈社会责任感的青年人才队伍正在逐步形成。

继续推动大学生志愿服务西部计划各项工作科学发展

宁光贤：西部计划取得了这样明显的效果，作为地方上来讲，我们想知道今后如何把西部计划做得更好，最大力度地支持我们西部地区的经济社会发展。

周以艮：是呀，在这个问题上，今年毕业的大学生都很关心这个问题，请您给我们介绍一下有关情况。

卢雍政：今年是大学生志愿服务西部计划实施5周年，为全面总结西部计划实施5周年来的成效、经验和启示，营造西部计划发展的良好社会氛围，今年将以西部计划实施5周年为契机，全面科学评估西部计划实施5年来的成效和不足，推出西部计划宣传重点。通过编辑西部计划5周年画册、拍摄5周年成果片、出版西部计划5周年丛书等让更多社会人士了解、认知西部计划。今年我们将坚持以人为本，加大培养力度，健全工作机制，坚持协调发展，整合多方资源，完善政策措施，坚持统筹兼顾，加强宏观指导，形成工作合力，求真

务实、开拓创新，扎实做好今年西部计划各项工作，推动西部计划各项工作科学发展。

今年我们将通过审定西部计划服务县资格、监督西部计划服务县岗位设置、强化西部计划服务县日常管理、完善西部计划服务县绩效考核等方式，进一步做实西部计划服务县管理服务工作，推动西部计划各项工作科学发展。

经与财政部协调，从2008年开始，适度提高志愿者的生活补贴，同时根据国家艰苦边远地区的津贴标准对志愿者进行补助。

安丽清：团中央这样重视西部计划，地方上又大力支持，我想会有更多的大学生志愿到西部去学习、奉献、奋斗的。

进一步完善大学生志愿服务西部计划

周以艮：许多的志愿者很想留在那里继续为当地的经济建设出力，但是需要建立相应的渠道。能不能创造一种机制和条件，使愿意留下来、当地又需要的志愿者能够留下来，这样既解决了很多大学生的就业问题，又为西部地区输送了人才。

宁光贤：是啊，小周提的这个问题是个普遍现象。大学生志愿者西部计划的时间是一年，他们对当地了解、熟悉以后，有的愿意留下来建功立业，发挥进一步的作用，我觉得这个问题是很值得研究的。

另外，我们在公务员考核考试、事业单位进人的时候，给予他们一些优惠政策，比如说考试的时候能加分。重庆现在是加5分，实际上就是优先使用他们。我觉得这是政策层面的问题，要好好研究。

十八 大学生志愿服务西部计划助推新农村建设

卢雍政： 西部计划作为一个庞大的系统工程，毕竟才走过5年的路程，还处在不断探索、不断完善、不断推进的阶段。比如说周以艮提到的怎样更好地按照西部地区需求，更好地招募对口志愿者的问题，志愿者到了西部地区以后，怎样更好地发挥作用，配置服务岗位的问题，都需要考虑。包括志愿者的就业服务，以及他们的发展问题，我们现在也在协调各个方面不断地去改善。当然这个事情也不是一个部门、主办单位完全能够解决的，还需要各方面的齐心协力。

既然是一个系统的工程，中央部委层面要做出努力，西部地区受援地也要根据谁受益谁负责的原则做出努力。现在一些企业非常好，在招收员工的时候，明确地提出，有西部计划服务经历的人员优先。更广义地讲，参与过志愿服务，真正为社会、为他人做出过贡献的这些人，我们要为他们做一些实实在在的事情。

比如说在宏观层面，我们正在推动志愿服务的立法工作，现在已有10多个省份有了志愿服务地方性立法。我们正积极推动志愿服务全国性立法工作，要从法律层面来引导公众参与志愿服务，保护志愿者组织和志愿者个人的合法权益。同时，我们积极推动公共政策的制定，就是推动在一些公共政策制定的过程当中，能够向那些为社会做出过奉献的志愿者倾斜，给予他们优待。我们还要积极地推动探索建立志愿服务的社会化的组织体系和保障体系，比如说我们在推广广东省建立志愿者基金会的经验，我们还要不断地发展和培育基层的志愿服务组织，进一步完善志愿者的注册制度，等等。

我们还要进一步争取包括新闻媒体在内的社会各方面的支持，在

全社会能够形成一个大家都来参与志愿服务、传播志愿服务理念、弘扬志愿服务精神的浓厚氛围。

《经济日报》2008-04-22，张进中报道。

十九

下大力气做好水利抗震救灾和当前防汛抗旱工作

对话人——

鄂竟平：国家防汛抗旱总指挥部秘书长、水利部副部长

伍备战：湖南省绥宁县县长

邓余良：江西省高安市龙潭镇镇长

策划人——

李　力：经济日报产经新闻部副主任

对话 上

图 19 鄂竟平（左二）和伍备战（左一）、邓余良（右二）与经济日报记者座谈

李树贵/摄

十九　下大力气做好水利抗震救灾和当前防汛抗旱工作

我国已全面进入汛期。近日，经济日报邀请了国家防汛抗旱总指挥部秘书长、水利部副部长鄂竟平，湖南省绥宁县县长伍备战，江西省高安市龙潭镇镇长邓余良，就水利抗震救灾和当前防汛抗旱工作进行了对话———

鄂竟平：当前正值抗震救灾、重建家园和防汛抗旱工作的关键时期，经济日报做这一期《对话》栏目，我认为选题很准，我们要谈的话题正是社会高度关注的问题，也是当前必须做好的重点工作。在此，对经济日报表示感谢。

汶川大地震发生后，水利系统奋力开展水利抗震救灾，各项工作取得了积极的成效

鄂竟平：地震发生当天，水利部立即召开紧急会议部署水利抗震救灾工作，并于当晚连续两次紧急会商，启动紧急应急响应，成立了以陈雷部长为总指挥的水利部抗震救灾指挥部。为了及时分析研判险情，水利部抗震救灾指挥部实行了滚动会商、实时通报、随机反应的工作机制，指挥部工作人员和技术专家，夜以继日地分析水情、雨情、险情，研究技术方案，制定应急措施，为前方查险排险提供了有力支撑和保障。

陈雷部长、矫勇副部长和刘宁总工程师始终在四川前线指挥抗震救灾，其他部领导也多次到四川、甘肃、陕西等重灾区指导工作。还从全国水利系统紧急抽调专家、技术人员、施工人员1780人，自带

车辆、设备、干粮，火速奔赴灾区，在余震不断的情况下，冒着生命危险现场查险排险，在最短时间内为灾区水利抢险争取了最有利的条件。经过艰苦努力，目前水利抗震救灾工作取得了阶段性成果。

一是灾区堰塞湖总体处于可控状态。汶川大地震在四川形成一定规模以上的堰塞湖34处。目前，已有12处堰塞湖人工或自然溢流泄空消除险情。剩余22处已有21处完成了工程排险任务，原计划采取非工程措施的1处低危险级堰塞湖，也将于近期完成工程排险。为确保下一阶段的安全，还落实"1+3"责任体系，即1个行政总责任人和堰塞湖应急排险、转移避险、监测预警3个方面责任人。

二是震损水库、水电站没有发生溃坝。水利部组织专家对所有震损水库进行了全面排查会诊，采取了降低水位或空库运行的应急措施。落实了震损水库管护责任人24小时值守制度和应急预案、人员转移方案，并抓紧抢护修复，有效地保障了水库安全。地震中，紫坪铺水利枢纽大坝局部受损，电站机组全部因事故停机。5月20日水库恢复正常运行，目前专家已制定修复设计方案，正着手组织实施。6月初，全国2473座震损水库已全部降低水位运行，其中四川1803座震损水库中已有183座降至死水位。

震损水电站通过采取降低水位、腾空库容等应急保坝措施，已有821座排除了险情。余下的一座正在放水排险，即将开始施工。

三是堤防应急抢险工作加紧实施。重大和较大险情堤段全部落实了责任人，明确了监测人员和监测方式，其中96%落实了抢险方案、队伍、物资，制定了预案，73%正在实施应急抢险。四川省除北川县的 5 处震毁堤防无法修复外，其余 45 处已开展应急抢险，其中已完成 15 处，正加紧施工抢险 30 处，全部堤防抢险工程将于 6 月底完成。

伍备战：绥宁县位于湘西南，人口 35.45 万，是湖南省建立民族乡最多的县。汶川大地震波及到我们县洛口山水库，对水库也造成了一定的影响，增加了安全隐患。洛口山水库灌溉面积 2.5 万亩，是绥宁县唯一一座以灌溉为主，兼顾防洪、发电、综合利用的中型水库。目前，我们已对水库大坝进行安全鉴定和位移观测，采取了相关措施，确保水库安全。

受地震灾害影响导致的农村供水人口临时饮水问题基本解决

鄂竟平：全国因地震影响农村供水人口 955 万人，其中四川省 575 万人。通过抢修原有供水工程设施、修建临时供水工程、安装净水设备、过滤消毒和交通工具送水等应急措施，国务院抗震救灾总指挥部确定的 955 万人的农村应急供水任务已经基本完成。

当前，随着工作的开展，农村供水又面临一些新问题，如因堰塞湖风险出现的新的转移人口、农村居民逐步返乡等。根据抗震救灾新的情况和任务，下一步，农村供水将重点做好以下 5 个方面的工作：积极抢修受损水厂、供水管道等供水设施，逐步减少送水比例，提高灾区供水保证率，加快对现有供水工程设备的修复，尽快恢复供水能力；根据灾区农村居民临时安置规划，解决好新建居民安置点的供水问题；解决好因堰塞湖风险、余震等出现的新的转移人口的饮水问题；解决好偏远山寨的饮水问题，重点指导和帮助群众搞好消毒工作；解决好返乡群众的饮用水问题。

下一阶段的工作目标是以工程形式供水为主，实现人均日供水量20升以上，水质标准基本达到国家饮用水标准，供水保证率达到85%以上。同时，结合灾区群众的定居安排，编制完成《四川灾区供水工程灾后重建规划》，分步实施。

伍备战： 我们县是一个山洪地质灾害经常发生的县，年初又遭受了罕见的低温雨雪冰冻灾害，每次抗灾都离不开党中央、国务院的亲切关怀，每次抗灾都得到兄弟市县的无私帮助。对于汶川大地震灾害，我们感同身受，全县人民带着特殊感情，立即行动起来，以实际行动支援灾区人民抗震救灾、重建家园。

结合实际，长远规划，确保受损水利设施3年内全面恢复正常

鄂竟平： 针对水利设施震损实际情况，统筹考虑防洪安全、人民群众生活用水以及恢复生产等各项需求，结合水利工程自身特点，在具体工作中，我们将把握3个基本原则：一是科学评估、全面规划。科学评估水利设施灾情，全面分析受损工程突出问题，深入开展论证工作，结合现有水利规划，按照灾后重建工作的总体要求，对水利基础设施灾后重建进行全面规划。二是突出重点、统筹兼顾。按照"先应急，后重建；先除险，后完善；先生活，后生产"的原则，以解决好防洪安全、乡（镇）村群众饮水困难等突出问题为重点，统筹兼顾各类受损水利设施的灾后重建，全面做好水利基础设施灾后重建工作。三是相互衔接、远近结合。做好灾后重建与现有各类水利规划任务的衔接工作，远近结合，统筹安排好灾区水利建设任务。

水利工程对灾区防洪安全、供水安全具有重要作用，同时其自身工程特点要求在主汛期前首先要保证工程本身的运行安全。为此，水利灾后重建工作分为应急修复和灾后重建两个步骤。应急修复是从确保水利工程度汛安全，保证汛期灾区人民群众防洪安全，从为灾区提供基本生活、生产水利条件的角度，在2008年主汛期前开展震损水利工程应急修复工作。灾后重建则是结合国家的总体要求，充分考虑灾区生活和生产对水利的需求，以及在建水利设施顺利完成建设任务的要求，从全面恢复震前水利保障体系，加快在建工程建设步伐的角度，全面开展震损水利设施灾后重建工作。我们将按照统一部署，依托四川等受灾地区和各级水利部门，3年内全面恢复重建震损的水利设施。

水利抗震救灾工作之所以取得重大胜利，一是由于党中央、国务院的高度重视和坚强领导；二是由于国务院抗震救灾总指挥部的正确决策和有力指挥；三是得益于解放军指战员、武警官兵的舍生忘死和英勇奋战；四是得益于水利专家和工程技术人员的精心设计和科学指导；五是得益于地方各级党委、政府的大力支持和有力保障；六是得益于各有关部门的通力支持和密切配合。

伍备战：汶川大地震给灾区人民的生命财产带来巨大损失。灾情发生后，我们召开了紧急会议，专门就支援四川抗震救灾工作进行了动员和部署。要求全县人民发扬"一方有难、八方支援"的精神，急灾区之所急，以实际行动支援灾区。通过各种形式，全县共筹得资金270余万元支援灾区。

确保大江大河、大型和重点中型水库安全，确保奥运会防洪和供水安全

鄂竟平： 目前我国已全面进入汛期。近日，南方部分地区连续发生了几次强降雨过程，一些江河发生了超过警戒水位或保证水位的洪水，部分地区发生了严重的山洪、泥石流、滑坡等洪涝灾害。

今年防汛抗旱救灾工作的重点：确保大江大河、大型和重点中型水库安全，确保奥运会防洪和供水安全，努力保证中小河流和一般中型、小型水库安全度汛，全力保障城乡居民生活用水安全，千方百计满足生产和生态用水需求。

我们将一手抓好抗震救灾和灾后重建，严防发生堰塞湖溃决、震损水库（水电站）垮坝等水利次生灾害，一手抓好防汛抗旱工作，做到两手抓，两不误。

第一，强化防汛准备。对前一阶段防汛抗旱检查中暴露出的问题和薄弱环节，加大处置力度，限期加以整改和整修。一时不能落实应急工程措施的，根据实际情况立即修改完善今年度汛预案，落实下游受威胁地区群众人员转移预案，确保责任、人员、资金、物资、预案、措施到位。加强天气监测预报，及时组织联合会商，增加预报准确率，延长预见期。加强前期水毁、冻毁、震毁工程修复，在确保工程质量的前提下，尽早恢复工程防洪抗旱能力，确保安全度汛。

十九　下大力气做好水利抗震救灾和当前防汛抗旱工作

第二，强化震区防汛抗洪工作。把震损防洪工程作为重中之重加以研究，按损危程度，分类指导，分别处置。通过主动扒口、自然漫溢等措施，力争尽早解除堰塞湖威胁；对汛前不能完成除险的震损水库、水电站采取爆破拆除、空库运行、降低水位、加强监测巡查等多项措施，尽快降低安全风险，确保下游安全；对卡口的河道进行必要的清淤和疏浚，确保洪水安全下泄；切实落实病险工程下游群众安全转移预案，确保人民群众生命安全。

第三，强化水库、水电站安全度汛工作。这必须引起我们的高度重视，督促地方对所辖地区水库、水电站进行全面排查，切实加强水库、水电站的安全管理；汛期要及时掌握库区雨情水情和工程运行情况，落实各项预案，一旦发生严重险情，在强化险情抢护工作的同时，立即组织下游群众转移，避免人员伤亡。

第四，强化台风防御和城市防洪工作。今年台风登陆时间早、强度大，目前台风已逐渐进入频发、高发时期。沿海各地必须按照防台风预案，抓紧落实预案规定的台风监测、预警预报、人员转移等具体措施，抓好薄弱环节，重点抓好因台风登陆造成的次生灾害的防御，切实做好防台风工作。加强城市防洪工作的统一管理、统一指挥、统一调度，加强灾害性信息的预报、发布和预警工作，提高城市居民防洪意识，努力减少城市洪灾损失。

伍备战：绥宁县是湖南省山洪灾害重点防范县。多年的抗灾实践表明，基层干部群众有没有防灾意识、具不具备自救能力，直接关系到防御山洪的成效。群众是防御山洪的主体，使广大干部群众掌握防御山洪知识，则是防灾准备的基础性工作。这几年，我们通过广泛深入宣传，广大干部群众对山洪灾害有了更科学、更系统的了解和认识，在山洪灾害发生之前，能主动躲灾避灾。如今年的"5.28"特大暴雨山洪中，农户在接到县、乡、村预警信息后，都提前往棚子里躲，且有专人监视值班，在整个救灾过程中，我县成功转移8.3万人。13名外省来的民工在长铺乡田心村深山伐木，缺乏避灾意识，当地群众耐心说服他们转移到安全区，避免了伤亡。

鄂竟平：湖南省在山洪灾害防御方面的经验和措施，在全国是比较先进的。水利部在湖南专题召开了两次山洪灾害防御工作会议。湖南的经验和做法确实走在了全国前列。

我也归纳了一下，山洪灾害防御的工作重点叫"三预一避一责任"。"三预"就是要有预案、预测、预警。预案就是要有预先的计划和方案。预测就是像刚才伍备战同志讲的那样，多装一些雨量的监测设备，监测降雨的强度和历时，多长时间降多少雨，这是监测。预警就是按照事先滤定的临界雨量值，即明确多长时间降多少雨就要出现险情，一旦降雨量超过临界值了，要赶快通知到各家各户。"一避"就是靠避灾，说得通俗一点，就是方向对、跑得快。"一责任"就是事先要把所有的工作都责任到人，特别要落实行政首长的责任，只有这样才能保障做好各项防御工作。如果把这5件事做好了，就能大大减少山洪灾害带来的损失，特别是减少人员的伤亡。

必须把山洪灾害防御工作放在更加突出的位置，以确保广大群众生命财产安全

鄂竟平： 在加强大江大河防汛抗洪工作的同时，切实加强山洪、泥石流、滑坡等灾害防御工作。特别是一些前期降水量较多的地区，土壤已经饱和，遭遇强降雨极易诱发山洪、泥石流、滑坡等灾害，甚至可能造成重大人员伤亡。必须把山洪灾害防御工作放在更加突出的位置，以确保广大群众生命财产安全为首要目标，进一步加强山洪灾害的预测和防范，特别是加强对山地灾害多发区的监测，加大监测预警系统建设，建立健全基层防御组织体系，及时转移危险地带群众，减少人员伤亡。

邓余良： 我来自江西省高安市龙潭镇，我们镇里的水库安全管理员为水库汛期安全发挥了很大的作用。有个故事能说明这个问题——

2007年4月13日傍晚，我们那里连续不断地下雨，山塘水库中的水位也一点一点地往上涨。水库安全管理员周双全对小二型水库赤山水库的安全也加强了监视。当他正在察看水位离汛限水位有多少时，突然听到"轰"的一声，他意识到倒坡了，立刻向声源方向奔去，只见出水涵管由于老化断裂，造成堤墙出现了一个直径达3米的大洞。如果水位上涨，超过洞口后果不堪设想。周双全用手机及时把水库险情向镇村作了详细汇报。

镇里得知险情后非常重视，调用了挖掘机和50余名干部群众奋战两昼夜，及时把涵洞掩埋，重新开挖了溢洪道，并在堤下做了反滤层，使水库化险为夷，保住了人民的生命财产安全。

现在，镇里许多水库安全管理员中，人手一本龙潭镇山塘水库和渠道情况的工作笔记，上面写满了密密麻麻的数字。这些数字真实地反映了水库和渠道的汛期和抗旱情况，它维系着人民的生命财产安全。正因为我们的安全管理员尽心尽责，才确保了汛期水库安全，解除了旱情，带来农作物的大丰收。

我们还培养群众形成"冬天多挑一担土，夏天少增一分忧"的防洪意识，做到早防早治，收到了很好的效果。

鄂竟平：江西省在水库安全防范方面的经验在全国都是比较先进的，水利部在江西开过现场会，来总结推广他们的经验。

邓余良同志介绍的中小水库安全防范的经验是值得肯定的。现在病险水库的安全是非常突出的问题。经过多年工作实践，我归纳为"三措施、两保障"。所谓"三措施"：就是一旦发现水库有问题，马上要采取3个措施。一是把水位降低，想办法降低水位；二是组织抢险抢修；三是转移群众。"两保障"：第一个保障是要建立责任制。责任制是非常必要的，责任制在防汛过程中是至关重要的。第二个保障就是预案，水库一旦有险情，如何去抢修，如何把水位降下来，如何转移群众，必须要有个预案。如果能把这些做好，就能保证不发生群死群伤的灾难。

采取五项重点措施，做好广大农村地区防汛抗旱工作

鄂竟平：我国农村地区群众分布点多、面广，且地处偏僻、居住分散，防汛抗旱工作难点很大，主要表现在以下几个方面：

农村群众大多分布在中小河流附近，这些江河防汛工程设施不足，建设标准低，工程基础薄弱，遇到强降雨很容易引发山洪、泥石流、滑坡等灾害，甚至可能造成重大人员伤亡。

农村地区大多地处偏僻，通信、交通不畅，非工程体系很不完善，基层应急预案体系还存在管理机制不健全、启动条件模糊、保障不力、可操作性不强等问题。

目前我国农村地区整体的防灾减灾管理能力还不适应经济社会发展的需求，侵占河道、任意设障、乱搭乱建、忽视防洪安全和环境安全等违背自然规律现象大量存在，加大了洪涝和干旱灾害风险。一些地区群众存在严重的麻痹思想和侥幸心理，存在有"年年防灾不见灾，今年未必有洪灾"的错误认识。

做好广大农村地区洪涝灾害防御工作，要重点采取以下措施：

一是加强工程设施建设。要高度重视中小河流、中小水库存在的问题，中央给予必要的支持，地方政府也要加大投入力度，加大"两小"工程治理力度，尽快提高防洪标准。

二是扎扎实实地抓好预案、预报、预警等非工程措施。要让每一个村民知道，一旦发生洪涝灾害等紧急情况，马上往正确的方向转移。同时，要做好预报，采用土洋结合的办法，经济条件好些的地方可以采用短信、电视、广播、电话等通信方式；经济条件差些的地方，可以通过吹口哨、敲锣打鼓等预警方式，通知村民按照预案确定的路线撤离。

三是进一步完善防汛抗旱组织体系，推广湖南、江西等省的经

验，在防汛任务重的地区，将防汛抗旱组织延伸到乡镇，抓好基层防办能力建设。要进一步完善以防汛抗旱行政首长责任制为主要内容的防汛抗旱责任制，明确责任主体，规范工作程序，强化监督机制，切实把防汛抗旱行政首长责任制落到实处。

四是提高群众避灾自救能力。要加强对公众避险救灾知识的宣传，通过编制预案简本、科普读物、影像资料、知识讲座等多种形式，利用广播、电视、报刊、网络等多种媒体，开展宣传教育，普及预防、避险、自救、互救、减灾等常识，强化村民应对突发事件的意识和能力，提高避险自救能力。

五是强化抗旱工作。在抓好防汛工作的同时，高度重视做好抗旱工作。要立足于防长旱、抗大旱，加强对抗旱水源的统一管理和调度，强化计划用水、节约用水和科学用水；加强抗旱水源工程建设，抓紧维修、配套和改造现有的抗旱工程，因地制宜修建一批蓄水、引水、提水和集雨等抗旱设施，千方百计解决重旱地区的人畜饮水困难；加强抗旱服务，切实帮助农民解决抗旱中存在的实际问题。

《经济日报》2008-06-24，张进中、李力报道。

二十

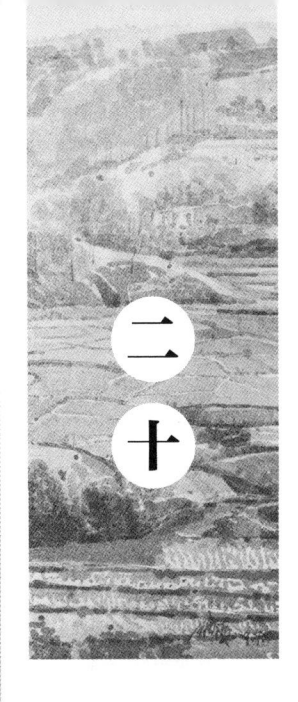

充分发挥工会组织优势
做好抗震救灾和灾后重建工作

对话人——

徐德明：全国总工会副主席

张金城：沈阳市总工会副主席、市农民工维权中心主任

张惠评：福建泉州市总工会副主席

李代光：四川省江油市文胜乡仁和村五组村民

策划人——

李　力：经济日报产经新闻部副主任

对话 上

图20 徐德明（右二）和张金城（左二）、张惠评（右一）、李代光（左一）在交谈

乔金亮／摄

二十　充分发挥工会组织优势　做好抗震救灾和灾后重建工作

日前，经济日报邀请全国总工会副主席徐德明与沈阳市总工会副主席、市农民工维权中心主任张金城、福建泉州市总工会副主席张惠评、四川籍农民工李代光，就如何发挥工会组织优势，做好抗震救灾和灾后重建工作进行了对话——

徐德明： 在当前地震灾区正在重建家园这个特殊时期，经济日报组织这次对话访谈，让全国总工会和基层工会，尤其是四川籍在外务工人员，就抗震救灾和灾后重建工作进行面对面地交流，具有重要的意义和作用，我代表全国总工会表示感谢。

全国各级工会组织紧急投身于抗震救灾和灾后重建工作，发挥了积极作用

徐德明： 汶川大地震发生后，全国各级工会组织认真贯彻党中央、国务院的部署，把抗震救灾工作作为当前的首要任务，积极配合做好受灾职工群众的救治和帮扶工作，动员和组织广大职工积极投身于抗震救灾和重建家园。

地震发生当日，全国总工会书记处迅速决定，向四川省总工会下拨第一批100万元应急救灾慰问金，次日全总再次向灾区紧急拨款850万元救灾慰问金，14日至20日又连续向受灾五省市工会拨款3586.6万元。接着，全国总工会又开展了以"抗震救灾作贡献、重建家园立新功"为主题的"工人先锋号"创建活动。

灾情就是命令，时间就是生命。各级工会广泛募捐，紧急救援，

为抗震救灾提供资金和物资支持。他们想灾区之所想、急灾区之所急、帮灾区之所需,紧急采购调运灾区急需的救灾物资。中共中央政治局委员、全国总工会主席王兆国多次过问,亲自布置,组织协调捐助救灾物资。

5月18日晚,四川省总工会向全国总工会发出紧急求援电报,提供了灾区目前急需的物品清单,全总立即部署组织有关人员连夜落实采购事项。仅用4个小时,就将装了10个车皮和20辆卡车的帐篷、活动房等20余种抗震救灾及生活必备品采购到位,于19日上午运往灾区。仅5月19日至26日,全总共组织了四批价值2500多万元的救灾物资运往灾区。上海、浙江、安徽、天津、重庆、湖北、福建等省市工会也紧急组织各种急需物资运往灾区,为灾区工会和职工解燃眉之急。辽宁省工会系统向四川灾区捐建了4000套移动板房,同时捐赠6辆面包车和6套电影放映设备,累计捐助款物达5597.2万元。

同时,灾区各级工会组织带领广大职工奋战在抗震救灾第一线,营救、慰问、帮扶和安置受灾职工。

四川省总工会深入街道、乡镇逐一排查摸底,掌握灾区职工和农民工的家庭人员伤亡情况,并协助发放救灾物资,安置安抚受灾群众。

绵阳市总工会主席王倩冒着余震察看灾情,组织志愿者队伍,负责城区10万名多群众的安全转移和安置,并在九洲体育馆建立起最大的受灾群众集中安置点,挑起九洲体育馆1.8万名受灾群众和数千志愿者的饮食供应重担,确保物资准确及时发放到受灾群众手中。

都江堰市总工会在幸福家园赈灾居民安置点成立临时工会,为大家提供困难帮扶、就业培训、文体活动等服务。

张惠评: 汶川大地震牵动了全国人民的心,也牵动着泉州百万职工的心。灾难发生次日,泉州市总工会就启动了"因自然灾害受灾职工紧急处置预案",一方面广泛组织动员捐款捐物,另一方面积极做好在泉40多万名川籍员工的稳定工作。同时,密切与四川省及绵阳市等与泉州建立城际间农民工就业维权联盟城市的联系,及时了解并向职工发布有关赈灾信息,大力支持灾区人民抗震救灾。

各级工会组织和工会会员积极帮助受灾群众共渡难关

徐德明: 在这场突如其来的灾害面前,全国各级工会组织和广大会员,积极投身抗震救灾的特殊战场。

在工会的号召下,各地劳模纷纷献出爱心,很多企业慷慨解囊、奉献爱心。天津市劳动模范、荣程联合钢铁集团董事长张祥青夫妇累计捐款1亿元。

农民工工会会员也积极行动起来。湖北竹溪县在河北务工的300多名农民工工会会员从不多的收入中捐助了10万元。在辽宁打工的河南新县农民工杨新辉月收入2000多元,一次就捐献2000元。

地震发生后,各兄弟省区市工会纷纷致电四川省总工会,"无灾"支援"有灾"、"轻灾"支援"重灾",向受灾企业和职工表示慰问,上海、浙江、青海等省市工会当晚就汇去捐款。

同时，兄弟工会间的帮扶也自发展开。5月13日，受灾同样严重的广元市总工会的干部和职工经过一天的艰难跋涉，将10万元慰问金及1万斤大米、面条、药品等急需物资送到青川受灾职工群众手中；同在四川的东方锅炉厂得知东方汽轮机厂受灾极其严重，迅速组织职工为东汽受灾员工捐赠各类床上用品、衣物等物资，连夜运到东汽职工家属德阳救助点。

河北省总工会取消了将要举行的职工文艺演出，把组织晚会的30万元款项买成1.1万条"爱心棉被"火速送往灾区。

"地震来时，我们没哭；房子倒下时，我们没哭；看到你们到来，我们都哭了！"当重庆总工会将10卡车矿泉水、牛奶等生活必需品送到受灾最严重的北川、绵竹、什邡等地时，灾区群众拉着他们的手说。

"在我们受灾最重的时候，娘家人来了。"当甘肃省总工会慰问团奔波上千公里，来到陇南的徽县、康县、武都、文县等受灾严重的县区时，受灾职工这样说。

张惠评：我们积极发动各级工会和广大职工为灾区捐赠款物。市总工会联合当地媒体发起"情系灾区、爱心捐赠"大型募捐活动，截至6月4日，全市各级工会积极发动职工和社会各界为灾区捐款捐物共计人民币7828.69万元。市总工会从工会经费中拨出30万元对口支援四川省总工会，根据全国总工会关于"重建家园、再献爱心"的倡议要求，发动全体工会会员捐赠。据统计，捐款已达160万元。

二十 充分发挥工会组织优势 做好抗震救灾和灾后重建工作

全国总工会和地方各级工会妥善安抚四川籍农民工，组织四川籍农民工有序返乡参加抗震救灾和灾后重建

徐德明： 王兆国同志对做好抗震救灾期间四川籍农民工的帮扶和稳定工作非常重视。国务院农民工工作联席会议办公室下发紧急通知，要求做好抗震救灾期间农民工工作。全总立即传达并做出工作部署，要求各级工会全力做好在本地务工的四川籍农民工工作。各地工会高度重视，认真贯彻落实，收到了很好的效果。

针对川籍农民工不同程度存在亲属遇难、家庭成员受伤、财产受损和急于回家等情况，开展多种形式的帮扶救助。北京、天津、辽宁、上海、江苏、浙江、福建、湖北、广东、云南等省市总工会采取有力措施，帮助灾区农民工解决实际困难，对于家乡房屋受到损毁，亲人遇难和受伤的，工会送上慰问金，组织捐款捐物，对他们表示亲切慰问。发放电话卡，帮助他们与家乡保持通畅联系。为返乡的重灾区农民工，提供各种交通便利，帮助购买车票。通过精神关爱、生活关心，稳定他们的情绪，让他们安心工作。

张金城： "灾难无情人有情，一方有难八方支援"。汶川大地震发生后，沈阳市总工会迅速部署救灾工作，要求工会当前工作一切服从服务于抗震救灾，尤其要全力做好在沈阳务工四川籍农民工的帮扶济困工作。

5月14日，沈阳市部分区县的川籍农民工要求结算工资返川，市、区总工会迅速派人赶赴现场，昼夜加班，协调开发商、建筑商等紧急筹措资金，结算农民工工资，保证他们及时返乡。

14日上午9时，市浑南新区某建筑工地250余名川籍农民工，急于返乡救灾，希望快点结算工资。我们一边安慰农民工，稳定大家的情绪，一边请来了市劳动局、建委和浑南新区主管领导以及开发商、建筑商方面的主要负责人，现场办公。尽管建筑商按双方合同不存在拖欠农民工工资问题，但考虑到救灾要紧，各方一致要求施工企业按紧急情况处理，使问题得到圆满解决。施工企业当场答应抓紧为农民工结算工资，16日上午将143万元工资发放到农民工手中。同时，区维权中心和施工企业分别为返乡的农民工准备了价值11万元的生活用品及药品。很快，农民工顺利地返乡了。

各级工会积极为四川籍农民工进一步排忧解难，办实事好事

徐德明： 各级工会在全力投身于抗震救灾、重建家园的同时，还努力为四川籍在外农民工排忧解难，办实事、办好事，做好川籍在外农民工的稳定工作，有力地支持了抗震救灾、重建家园工作。

张惠评： 是啊，为使川籍来泉务工人员能够在泉安心工作和生活，我们高度重视做好他们的情绪稳定工作，引导职工冷静沉着，坚定信心，依靠党和政府以及家乡人的力量做好救灾工作。劝解职工不要急于回家，以免因交通和通信不畅造成新的问题和损失。而待灾情相对稳定后，需要回家的职工，企业应准予请假，发给足额的工资；提出辞职的，企业应特事特办，准予解除劳动关系，不得以任何理由扣发工资。同时，各级工会再次对外公布热线电话，确保市、县两级困难职工帮扶中心有人值班、有人接听和有人处理，及时主动接受受灾职工的诉求，热情做好稳定情绪和化解矛盾工作，重要情况及时上报上级主管部门。

张金城：沈阳市沈河区五联商厦建筑工地，共有210余名川籍农民工。5月19日下午，市总工会主席鞠秀礼来到建筑工地，慰问了150余名坚守工作岗位的北川、江油等灾区的农民工，为他们送来大米、豆油等生活用品，每人发给一张电话卡，并帮助解决其他困难。很多农民工感动得热泪盈眶，纷纷表示："我们要留下来支援第二故乡的建设！"

为解决在沈务工灾区农民工急需用劳动收入来资助家乡重建家园的问题，市总工会制发了《关于按月支付在沈务工四川籍农民工工资的紧急通知》，6月初，与市劳动、建设、安监、执法等部门组成联合检查组，对全市建设领域，尤其是四川籍农民工集中的建筑工地开展工资支付情况大检查，确保在沈务工的四川籍农民工，无论是返乡还是坚守岗位都能及时、足额领到自己的劳动报酬。

此外，市、区总工会对返乡资金有困难的农民工，给予500元至1000元的返乡路费，端午节前后和灾区农民工共度节日，将粽子、猪肉、鸡蛋、白糖等送到建筑工地，同时，开展了为灾区农民工医疗义诊活动，定期深入工地对农民工进行常规的身体检查、健康咨询，发放体检卡等。

四川籍在各地农民工立足本职工作，积极回报社会

李代光：我是四川省江油市文胜乡仁和村五组的农民，在这次大

地震中，我们家的房子全倒塌了。地震发生时，我正在沈阳打工。

我得说说在沈阳打工的感受。沈阳市总工会在我们工地建立了农民工工会和医疗站，为我们农民工维权。特别是"5·12"大地震后，沈阳市总工会第一时间给我们四川农民工送来了电话卡，还送来了猪肉、米、菜，让我们非常感动。

我家是重灾区，家里有很多事情要做，但是我们不能走，沈阳市总工会的领导和其他部门的领导对我们太好了，我们要把本职工作干好，要对得起沈阳市的人民，还要对得起工会。

有了党和政府的关怀，我们什么也不怕，我们相信一定能把家乡重新建设好。我们在沈阳要努力工作，坚守本职岗位，用实际行动回报沈阳人民，这就是我们最大的愿望。

张惠评：地震灾害发生后，在泉川籍员工心急如焚。泉州市总工会为及时将党和政府及工会组织的温暖送到职工当中，第一时间联合有关部门分头深入企业、车间看望慰问来自受灾地区的农民工。当我们来到开发区华发包袋厂慰问受灾及亲属遇难的员工时，看到工厂大门口立着的欢迎牌上写着："化悲痛为力量，立足本职搞好工作，把泉州第二故乡建设得更好。"落款是"北川全体员工"，是员工自己写的，尽管字体不太工整，但表现出来自灾区的外来工面对灾难时的坚强。他们坚守岗位、做好本职工作的精神，着实让人感动。

在慰问座谈会上，17位受灾员工面带忧虑但情绪稳定，在地震中失去了奶奶、父亲也受了重伤的华发包袋厂女工李本玉哽咽而又坚定地说："感谢党委、政府和工会对我们的关心帮助，虽然我们的房子震没了，我们的亲人离去了，但我们一定会化悲痛为力量……"泉州市通过在就业、居住、子女入学、维权四个环节上下功夫，外来工、农民工已经在泉州安居乐业，享受到其所参与的经济建设成果，他们把工会当成自己的"娘家"，把泉州当成"第二故乡"，已成为新的泉州人。

各级工会广泛联系动员企业，促进企业积极履行社会责任，为抗震救灾和恢复重建工作贡献力量

张惠评：5月24日，我们来到设立在绵阳九洲体育馆的安置点看望受灾群众，了解到受灾群众中有许多青壮年农民，我们产生了组织他们到泉州务工，用他们自己的双手参与生产与自救的想法。

我们与绵阳市领导和受灾群众安置指挥部领导进行了座谈，双方共同研究探讨了通过工会城际间就业维权联盟这条线路，由泉州市总工会与绵阳等城市总工会联合，组织泉州企业提供就业岗位，赴灾区招工，组织受灾群众赴泉州务工的可能性。返回泉州后，我们立即率领有关人员深入各类企业和部门调研，就提供就业岗位、岗前培训、食宿安排、工资报酬及子女就学等问题进行广泛的探讨和论证。

企业负责人纷纷表示，"大灾应有大爱"，我们愿意提供多种岗位以供灾区务工人员选择，并在工资报酬及生活保障方面给予特殊待遇。市教育局也就灾区学生在泉州就学出台了各种优惠政策，免除来泉务工人员的后顾之忧。截至目前，泉州市在号召全市企业开展"支援灾区生产自救，为灾区提供就业岗位"活动中，已得到众多企业的

积极响应，数十家知名企业提供了3000余个工作岗位，等待灾区农民工前来就业。

各级工会积极组织开展"抗震救灾、重建家园"十大帮扶行动

徐德明：当前，抗震救灾、重建家园任务十分艰巨繁重。全国总工会书记处决定，组织和动员全国各级工会和广大职工，充分发挥工人阶级的主力军作用，发扬团结友爱、互助互济、一方有难、八方支援的精神，组织开展"抗震救灾、重建家园"十大帮扶行动，切实帮助灾区职工群众和工会组织解决生产生活和重建过程中的实际困难。

一是开展资金帮扶。继续深入开展"重建家园，再献爱心"工会会员大行动，将募集的资金全部用于支援抗震救灾和重建工作。全总通过增加困难职工帮扶专项资金、压缩办公行政经费支出等措施，加大对四川等受灾省份的帮扶资金投入，同时严格按照"收支两条线"原则，进一步增加对受灾严重省份工会的回拨经费。

二是开展物资帮扶。各级工会要根据灾区重建和职工群众生产生活的迫切需求，加大对灾区紧缺物资的筹集力度，组织动员社会各界和广大职工为灾区捐赠紧缺生活用品，发动企业为灾区支援救灾设备和物资。

三是开展技术帮扶。各级职工技协组织要充分发挥技术和人才优势，组建专业技术人员队伍，帮助灾区重建。组织非灾区技术实力领先的企业与灾区企业结成帮扶对子，对口开展技术帮扶，从技术、人才等方面积极献计出力，为灾区重建贡献智慧和力量。

二十 充分发挥工会组织优势 做好抗震救灾和灾后重建工作

四是开展信息帮扶。充分发挥工会组织网络健全的优势,积极向灾区企业和职工提供各种信息服务,为灾区企业重建或恢复生产过程中急需的物资、技术、产品销路等提供信息帮助。同时,积极向受灾地区工会和职工提供异地就业岗位、就业技能培训和创业项目等信息。

五是开展生活帮扶。灾区各地工会要进一步整合帮扶资源,统筹安排帮扶专项资金,尽快恢复帮扶中心的正常运转,充分发挥帮扶中心作为"困难职工之家"的作用,开展为灾区困难职工送温暖活动,在做好生活救助工作的同时,对灾区困难职工进行全面帮扶服务。

六是开展就业帮扶。结合灾区灾后重建中产业结构调整和岗位技能需求,与非灾区工会密切协作,根据灾区职工的就业愿望和需求,积极开展省际对口劳务合作,有针对性地组织免费就业技能培训,提供职业介绍服务,组织劳务输出和异地安置就业。

七是开展助学帮扶。在灾区要加大工会助学力度,深入开展金秋助学活动。灾区工会要及时对受灾职工子女就学情况进行调查摸底,积极配合政府有关部门落实好国家的各项助学政策,确保不让一名灾区职工子女因灾辍学。

八是开展医疗帮扶。对于在地震灾害中致残致病的职工,各级工会要积极协助政府部门切实落实各项医疗工伤保险、医疗救助政策,并对有特殊困难的职工提供必要的医疗救助。

九是开展法律帮扶。积极组织专兼职法律援助工作人员、工会法律援助志愿人员和工会公职律师等,为灾区职工提供及时高效的法律

援助和服务，努力维护灾区职工的合法权益，维护灾区劳动关系的和谐稳定。

十是开展文化帮扶。在灾区职工相对集中的安置点和临时居住区，全总援助建立一批"工会文化活动室"，每间活动室由工会援建100平方米板房，配备适量的桌椅，摆放适量书籍，提供棋牌、电视机等文化娱乐用品，在活动屋周围建立简易体育健身器材等。组织文艺演出团队和电影流动放映队赴灾区进行演出，丰富灾区职工群众的精神文化生活。

为保证十大帮扶行动顺利组织实施，全国总工会将整合资源，加大投入，协调协作，形成合力，以结对帮扶为基本载体，组织协调地方工会、各产业工会与受灾地区工会开展一帮一、多帮一结对帮扶，为灾区工会和职工群众提供最急需的、有力有序有效的帮助，全力支持灾区职工群众重建美好家园。

《经济日报》2008-07-08，张进中、李力报道。

对话

李力 / 编著

中

经济日报出版社
北京

目录
CONTENTS

上册

001 | 一 为农民加快铺就致富路

015 | 二 发挥农民专业合作社优势 积极发展现代农业

029 | 三 阳光工程：让农民从培训中长期受益

043 | 四 为新农村建设提供坚强的组织保证

059 | 五 建立完善的农村公共文化服务体系

073 | 六 让广大农村妇女在新农村建设中大显身手

087 | 七 为新农村建设提供充足的电力

101 | 八 为新农村建设提供优质的税收服务

115 | 九 为新农村建设培育更多有技能的新型农民

129 | 十 构建农村现代流通体系 提高农产品流通效率

141 | 十 一　进一步完善新型农村合作医疗制度

155 | 十 二　为亿万农民提供更加优质的工商管理服务

169 | 十 三　扎扎实实做好维护农民工合法权益的工作

185 | 十 四　如何坚守18亿亩耕地这条红线

197 | 十 五　大力加强农业基础建设　促进农业发展农民增收

211 | 十 六　提高扶贫开发整体工作水平　扎实推进扶贫开发进程

227 | 十 七　推进灾后重建　恢复生态家园

241 | 十 八　大学生志愿服务西部计划助推新农村建设

255 | 十 九　下大力气做好水利抗震救灾和当前防汛抗旱工作

269 | 二 十　充分发挥工会组织优势　做好抗震救灾和灾后重建工作

中 册

283 | 二十一　为新农村建设提供更加优质的金融服务

299 | 二十二　为推进农村改革发展创造更好的水事环境

313 | 二十三　让信息化为新农村建设注入新的活力

327 | 二十四　搞好农民职业培训　增强农民创业能力

341 | 二十五　加快推进湿地保护与利用

355 | 二十六　切实抓好春耕生产　力争全年粮食和农业有个好收成

371 | 二十七　发挥侨联组织优势　服务新农村建设

385 | 二十八　让辽阔的草原绿起来　让牧民的腰包鼓起来

401 | 二十九　振兴我国大豆产业　确保国家粮油食品安全

417 | 三　十　加快推进城乡一体化进程

433 | 三十一　加强新时期农业法制建设　为新农村建设保驾护航

447 | 三十二　为农业机械化加快发展增添新的动力

463 | 三十三　努力形成城乡经济社会发展一体化格局

477 | 三十四　乡镇企业危中寻机求发展

493 | 三十五　科技创新是现代农业发展的原动力

507 | 三十六　今年春来早　各地春耕忙

523 | 三十七　实施小额信贷　助推农村妇女创业

539 | 三十八　城乡一体化　风景美如画

555 | 三十九　一事一议财政奖补制度　促进农村公益事业发展

下册

571 | 四　十　探寻奶产业一体化发展新模式

585 | 四十一　发展壮大食用菌产业　拓宽农民增收渠道

599 | 四十二　整合各方资源　服务新农村建设

613 | 四十三　推进"母亲水窖"建设　让干旱地区农民用上安全饮水

627 | 四十四　温暖工程圆农家子女创业就业梦

641 | 四十五　拓宽农民增收渠道　让农民腰包鼓起来

655 | 四十六　休闲农业：致富农民的朝阳产业

669 | 四十七　城乡一体化　工农同步走

685 | 四十八　促进奶业持续健康稳定发展

699 | 四十九　为亿万农民群众铺就致富路幸福路

713 | 五　十　防治水土流失　共建秀美山川

729 | 五十一　力争全年粮食丰收

743 | 五十二　如何健全农田水利建设新机制

755 | 五十三　应该把发展中小企业作为一项基本国策

769 | 五十四　以商活农百业兴

783 | 五十五　新时期如何加快减贫与发展

797 | 五十六　产销对接忙　城乡互动畅

809 | 五十七　怎样破解南水北调工程移民难题

821 | 五十八　黔西巨变

833 | 五十九　亿万农民的黄金十年

845 | 六　十　做让消费者放心的国产奶

855 | 六十一　放心的全程食品链如何打造

二十一

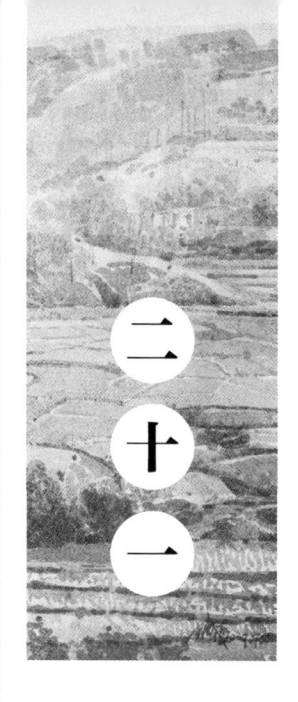

为新农村建设提供更加优质的金融服务

对话人——

蒋定之：中国银行业监督管理委员会副主席、党委副书记

朱兰玺：山东省寿光市常务副市长

董立军：山东省寿光市洛城街道董前村党支部书记

策划人——

李　力：经济日报产经新闻部副主任

图21 蒋定之(中)、朱兰玺(右一)、董立军(左一)在交谈

乔金亮/摄

二十一　为新农村建设提供更加优质的金融服务

日前，经济日报邀请了中国银行业监督管理委员会副主席、党委副书记蒋定之、山东省寿光市常务副市长朱兰玺、山东寿光市洛城街道董前村党支部书记董立军，就银行业服务"三农"工作、促进新农村建设进行了对话——

蒋定之：感谢经济日报对银行业和银行业监管工作的关注和支持，特别是对农村金融工作的关心和关注。舆论支持有利于促进农村金融的健康发展。我印象很深的是，前不久《经济日报》上连续刊出的"新型农村金融机构成立一周年回访"系列报道，在银行业引起了很大的反响，收到了很好的效果。我代表银监会向报社表示衷心感谢！

截至今年一季度末，银行业金融机构涉农贷款余额达到6.6万亿元，3亿多农民受惠

蒋定之："三农"问题历来是党和国家全部工作的重中之重。改革开放以来，我国农村发生了翻天覆地的变化，取得了举世瞩目的成就。金融是现代经济的核心，在推进传统农业向现代农业转变过程中，承担着特别重要的责任。

这几年，按照中央的统一部署，银监会在认真履行对银行业金融机构监管职责的同时，努力采取措施来加强和改进"三农"金融服务，积极组织和推动农村金融机构深化改革、转换机制、强化管理、改进服务，为支持农业增产、农民增收和农村经济发展发挥了积极作用，农业信贷在宏观调控中体现了加强的一面，支农服务在城乡统筹

中不断改善，农民在贷款获取的便利度上不断提高。

目前，全国农村信用社第一阶段的改革任务已顺利结束；村镇银行、贷款公司、农村资金互助社等三类新型农村金融机构试点工作取得积极成效；农业发展银行的业务范围逐步扩大；农业银行整体股份制改造工作稳步推进；邮政储蓄机构改革取得突破性进展；初步形成了以商业性金融、政策性金融、合作性金融为主体的农村金融组织体系。各类涉农金融机构定位逐步明确，功能不断拓展，由简单的动员储蓄、提供结算便利，发展到承担和发挥"三农"领域中配置资源、调节经济、分散风险、打造诚信等作用的重要行业。截至2007年末，银行业金融机构涉农贷款余额6.1万亿元，比上年增长17%。截至今年3月末，涉农贷款余额6.6万亿元，比年初增长7.2%，高于同期银行业贷款增速1.3个百分点。其中，农户贷款1.5万亿元，受惠农民3亿多。

农村经济与农村金融的发展是相辅相成的。农村经济活力强的地方，农村金融活力也强。山东寿光就是这方面的典型。

朱兰玺：近年来，银监会出台了很多银行支持农村经济发展的金融新政策，为打造我们寿光市农村金融服务体系，支持加快发展现代农业，创造了好的金融政策环境。目前，山东省第一家村镇银行筹建工作在寿光正式启动，邮政储蓄银行寿光市支行已经成立，寿光农村合作银行被列入山东省组建农村商业银行试点；农业发展银行也加大了商业性贷款的投放力度，地方农村金融服务能力和水平明显提高。

二十一　为新农村建设提供更加优质的金融服务

近年来，银监会遵循农村金融运行规律，采取了许多政策措施，改进对农村经济各类市场主体的金融服务

蒋定之：农村经济的市场主体种类多，有分散农户，有农民专业合作社，还有农业产业化龙头企业，等等。在传统农业向现代农业转变过程中，这些市场主体能够获得信贷支持是非常重要的。

近年来，银监会围绕发展现代农业和建设社会主义新农村，采取了许多针对性强的政策措施，指导和督促银行业金融机构努力做到"既贷点又贷链"，统筹支持各类农村市场主体的生产发展。一是在支持分散农户发展方面，出台了《关于银行业金融机构大力发展农村小额贷款的指导意见》，对农村小额贷款的发放主体、对象、额度、利率、期限等要素进行了全方位拓展。截至今年3月末，农户贷款余额达到1.5万亿元。二是在支持农村小企业发展方面，相继发出了《银行开展小企业贷款业务指导意见》和《农村信用社小企业信用贷款和联保贷款指引》，把农户信用贷款和联保贷款机制引入小企业领域，支持农村小企业创业发展。截至今年3月末，农村中小企业贷款余额达1.9万亿元。三是在支持农民专业组织方面，专门组织召开针对性的服务座谈会，把近年来蓬勃发展起来的各类农民专业合作社纳入重点支持对象，建立农民专业合作社和农村信用社的"两社"对接机制，支持农民专业合作组织加快发展。四是在支持农业产业化龙头企业方面，制定下发银（社）团贷款指引，引导银行业金融机构通过跨地区、跨行业的银（社）团贷款方式，重点加大对外联国内外市场、内联基地农户的农业产业化龙头企业的金融支持。今年夏天，我到宁夏吴忠

市看了一个叫"塞外香"的农业龙头企业，专门生产加工优质大米和面粉，联系的农户有3.2万户。科研机构为企业和农户提供先进技术和良种。当地农村信用社帮助企业解决信贷资金，也为农户提供生产资金，形成了"金融机构、科研院所、农业企业和农户"四位一体的生产联合体。这是现代农业的发展方向。截至今年3月末，银行业金融机构共发放农业产业化龙头企业贷款4781.3亿元，农业综合开发贷款1975亿元。同时，为改进对农村优质客户的金融服务，我们还要求各银行业金融机构要对优质客户实施利率、期限等方面的优惠，加快推进金融创新，积极提供有利于支持其生产发展的一揽子金融服务。

朱兰玺：是啊。我印象很深的是，去年12月份全国农村合作金融机构支农服务座谈会就是在潍坊召开的。寿光农村合作银行在前期工作基础上，按照会议精神进一步加大了对寿光市乐义蔬菜、绿能瓜果、农圣庄园等农民专业合作组织的金融支持，促进我市形成了一批特色鲜明的高效农业产业带和产业区，带动了15万农户增收致富。

银监会要求从紧货币政策下的"三农"服务工作不放松，支持力度不减弱，信贷投放不下降

蒋定之：针对去年以来农业和粮食生产发展出现的新情况以及年初以来自然灾害频发的不利因素，银监会立足自身职责，认真落实国家宏观政策，先后召开三次电视电话会议，下发《关于做好灾后恢复重建金融服务工作的紧急通知》《关于做好春耕备耕金融服务工作的紧急通知》《关于银行业金融机构进一步加大支持力度促进农业和粮食生产发展的通知》等一系列文件,要求银行业金融机构全力以赴做好今年农业和粮食生产的金融服务工作,全力支持抗震救灾和灾后恢复重建。特别是在从紧货币政策下,既要严格执行从紧货币政策,又要采取"有保有压、区别对待"政策,千方百计控制和压缩非农贷款投放,加大信贷支农投放力度,确保今年的农业贷款增长速度不低于去年水平,确保从紧货币政策下的"三农"服务工作不放松,支持力度不减弱,信贷投放不下降。

要求银行业金融机构要着力加强种养殖业的金融支持,有效增加农户购买种子、化肥、农膜、农药等生产资料的信贷资金投放,努力保障粮食生产以及生猪、油料等"菜篮子"农副产品生产的信贷供给,同时加大对农业科技进步、产业化升级以及农村流通体系和市场机制建设等方面的金融支持。允许根据农业生产的季节性特点,灵活掌握信贷投放进度。对于支农资金不足的农村合作金融机构,要主动申请用好支农再贷款额度。对信用良好、因受灾造成生产困难的农户和农业企业,要求各银行业金融机构要继续给予信贷支持,原有贷款可予以合理展期,不罚息,评级也不降低,帮助其尽快恢复生产能力。

朱兰玺: 寿光银行业支持"三农"的力度很大。近3年,寿光银行业累计发放农业贷款100多亿元,年均增长近20%。今年以来,已发放小额农户贷款17.6亿元,受惠农户达7.2万户;发放贷款30亿元,支持小企业发展。我们深刻体会到,农村经济的发展离不开金融的支持。

大力发展农户小额信用贷款和农户联保贷款，引导发展银（社）团贷款和银行代理业务，支持开展金融服务创新，"三农"金融业务步入全面拓展新阶段

蒋定之： 这些年，银监会立足我国"三农"发展的阶段性特点，指导和督促银行业金融机构积极推广传统优势业务，大力推进金融创新，不断满足农村金融多元化、多层次金融服务需求。一是针对农村贷款抵押物不足问题，大力发展不需抵押担保的农户小额信用贷款和农户联保贷款，支持农户致富奔小康。截至今年 5 月末，全国农村合作金融机构各类农户贷款余额 13216 亿元，比农村信用社改革初期的 2003 年末增加 6078 亿元，增长 85.1%。二是针对农村较大额度且单户机构难以满足的贷款需求，鼓励各类银行业金融机构按照"自愿协商、权责明晰、讲求效益、利益共享、风险共担"的原则，联合向农村资金需求较大的项目发放贷款。三是针对农村机构网点单一、功能不足等问题，指导各政策性银行和商业银行加强农村地区的金融业务合作与协作，大力发展代理业务。四是针对农村多元化金融服务需求特点，我们今年初提出开展"支农服务创新"活动，重点围绕解决"贷款难"问题，积极鼓励银行业金融机构在有效防范风险前提下，大力开展金融创新。

朱兰玺： 寿光银行业在破解"三农"贷款难方面，采取了信用村户评定、贷款品种和服务方式等方面的创新，收到了明显的效果。

去年 4 月，寿光在全国首家推出了"金纽带"信用互助贷款支农新产品，以协会会员自愿缴存贷款额 3%～5% 的风险保证金对全部会员贷款提供保证。加入信用互助协会的农户，在授信额度和期限内，不用担保，拿着贷款证、身份证、手戳就可以到银行柜台随贷随用，随时还款；授信额度也由原来的 5 万元增加到 10 万元，最高可贷到 50 万元；同时还享受优惠利率，利率在原来信用户贷款利率的基础上少上浮 40%。按户均贷款 10 万元计算，每户一年就能节省利息 3000 多元。

董立军：我是山东寿光市洛城街道董前村党支部书记，说起银行业这几年对我们农村的服务，我深有体会。

农村小额贷款政策的确让我们农民得到了很大的实惠。小额贷款手续简便，时间又快，很大程度上解决了一大部分群众的燃眉之急，起到了雪中送炭的作用，深受群众的欢迎。

银监会积极督促和引导与农业关系非常密切的大型银行，切实发挥好其信贷支农的积极作用

蒋定之：大型银行是我国银行业的主体。我们始终强调，大型银行既要遵循商业化经营原则，又要积极履行好企业应有的社会责任，以维护好社会的整体利益，促进整个社会发展目标实现。对每个银行业金融机构来讲，承担必要的社会责任是义不容辞的。为此，我们要求：

在机构网点上，大型商业银行现有县域机构网点要保持稳定，原则上不再自行撤并。建立市场准入审批"绿色通道"，鼓励大型商业银行和股份制商业银行在县域以下增设分支机构。邮政储蓄银行要加

快县域分支机构的组建步伐。

在资金投放上,县域内的农村中小金融机构除上缴存款准备金、留足备付金等资金外,所有资金都要用于当地,支持农业和粮食生产发展。其他各商业银行在县域内的新增存款,原则上也要大部分用于当地。

在评价考核上,要探索建立商业银行支农服务评价制度,根据其在县域内新增贷款占新增存款的比例,对在城市地区增设机构网点以及开办新业务等准入事项实行差别政策。

在管理方式上,督促大型商业银行调整信贷管理方式,下放信贷管理权限,提高县域资金运用水平。

同时,我们还积极督促和引导与农业关系非常密切的大型银行,切实发挥好其信贷支农的积极作用。农业银行重点是要处理好改制上市与面向"三农"的关系,切实发挥商业金融支农服务的骨干和支柱作用,加大对农业科技进步、产业化龙头企业、农村流通体系和市场机制建设等项目的信贷支持。邮政储蓄银行要结合县域分支机构的风险管控能力,逐步增加基层网点的业务授权,指导开办小额贷款、消费信贷等业务,加快邮政储蓄资金回流农村进度。农业发展银行要着力提升政策性支农服务功能,要按照建设专业化农业政策性银行的方向,努力成为政策性金融服务"三农"的骨干和支柱。

董立军: 近年来,银行为农民提供的贷款品种越来越多,服务越来越好。就拿我们董前村来说吧,以前我们村共有10户农户有银行贷款证,贷款额度不足50万元。银行实施"金纽带"信用工程后,有 69 户农户获得授信 595 万元，已取得贷款的达到了 52 户 380 万元，较好地满足了农户的资金需求。

大力培育贴近"三农"的新型农村金融机构，充分发挥村镇银行、贷款公司和农村资金互助社的支农作用

蒋定之：这些年来，银监会着眼于推进统筹城乡发展、统筹区域发展的工作要求，努力探索解决欠发达特别是贫困地区农村银行业机构网点覆盖率低、金融供给不足、竞争不充分等问题的新路径。

在充分调研论证的基础上，在 2006 年调整放宽了农村地区银行业金融机构准入政策。本着"低门槛、严监管"的原则，对三类新型农村金融机构的设置、股东资质、注册资本等方面的要求进行了大幅度调整放宽，先行选择四川、内蒙古等六省（区）进行试点，并于 2007 年 10 月份将试点扩大至 31 个省份。截至今年 6 月末，全国已正式开业的新型农村金融机构 50 家，其中村镇银行 36 家，贷款公司 5 家，农村资金互助社 9 家；三类新型农村金融机构累计发放农户贷款 9.2 亿元，农村中小企业贷款 5.1 亿元。

同时，为更好地推进实施这一政策，银监会还在去年首次发布了《中国银行业农村金融服务分布图集》，重点披露银行业金融机构在农村地区营业网点的覆盖和分布情况，有序引导符合条件的各类资本到农村地区投资设立机构。

我们还要求各地银行业监督管理机构，要切实加强对调整放宽农村地区银行业金融机构准入政策试点工作的组织指导，加快新型农村金融机构的组建进度，不断提高农村地区金融机构覆盖面。对于第二批已确定的试点机构，要积极完成筹建工作，力争今年底开业机构数量达到100家左右。同时，督促引导新型农村金融机构不断完善体制机制，加快业务发展，增加"三农"信贷投放。村镇银行新增存款除缴纳准备金、留足备付金外，绝大部分要直接或间接投入"三农"；农村资金互助社信贷投放要全部用于入股社员。

对小额贷款公司问题，今年5月份银监会会同人民银行联合研究下发了《关于小额贷款公司试点的指导意见》，首次对小额贷款公司的性质、设立、资金来源、资金运用、监督管理和终止等问题进行了系统性明确。

朱兰玺：开放农村金融市场的政策好。我们寿光的村镇银行刚刚筹建，当地银行机构就感觉到了竞争压力加大，改进工作的动力增强，相信后续效果也会很好。

进一步提升农村金融服务水平任重而道远

董立军：农民对享受更好的金融服务有着更多的期待和要求。比如进一步降低贷款利率，让老百姓得到更多的实惠；我们农民贷款抵押物缺乏，建议有关部门出台相关政策，进一步解决农民贷款抵押物不足和范围窄的问题。

朱兰玺：解决农村金融服务问题需要多策并举。对此，我们采取了多方面措施，包括帮助农村金融机构处置不良贷款，开展"信用菜乡"等诚信建设活动，取消不得在农村信用社开立账户等歧视性规定，不仅较好地解决了银行存在的难题，还推动了当地农村经济的发展。但是，我们也看到，随着农村经济发展变化，农村金融服务需求的多元化、多层次特征越来越明显，需要加快金融创新。

蒋定之：对于农村金融服务问题，我有两个总体判断：一方面，这些年农村金融服务水平确实有明显改善。各方面围绕农村金融服务都做了很多工作，银监会按中央要求先后采取一系列引导和鼓励性政策措施，各级地方政府及有关部门也结合实际，在贷款贴息、担保机构建设等方面出台了一些政策，各农村金融机构也积极推进金融产品和服务创新，并取得积极进展。另一方面，农村"贷款难"问题目前还确实存在，甚至在一些地方还比较严重，农村金融服务仍然是我国金融服务最薄弱的环节。对这一问题，我们不能回避，也不应该回避，要深入分析原因，认真查找症结，研究采取治本性、针对性的政策措施。

客观地讲，农村"贷款难"问题形成原因比较复杂，既有"三农"自身的问题，也有经济金融体制机制上的问题。当前来看，有这样几方面并存性矛盾：农村"贷款难"与银行"难贷款"并存；流动性过剩与农村资金短缺并存；商业化经营与政策性扶持不足并存。究其主要原因，大致有三个：一是农业具有天然弱质性，容易受到自然灾害和农产品市场价格波动的影响，决定了农村金融服务的高成本、高风险和低收益，使得服务"三农"与金融的商业化运作之间存在一定矛盾。二是缺乏农业信贷风险的转移、分担和补偿机制。农民融资缺乏足够、有效的抵押担保品，农业保险的广度和深度亟待拓展，引导银

行业机构增加"三农"信贷投入的系统性、长期化的激励政策体系尚未建立。三是一些农村金融机构服务"三农"的意识不强，作风不扎实，能力不强，产品也不丰富。

全局的问题需要全局统筹，政策的问题需要政策解决。农村"贷款难"问题不仅影响农村金融改革发展，也严重束缚"三农"发展，影响城乡发展一体化新格局的形成。要解决这一问题，根本上要靠优化农村生产关系，解放农村生产力，提高农业比较效益，增加农民收入，增强农村经济活力和综合实力，加快推进城乡二元经济转换。从金融角度来讲，要多方联手，多策并举，按照有利于加强"三农"金融服务，有利于化解农村金融机构风险，有利于提高农村金融市场活力的原则，在深化改革中创新体制机制，解决好农村金融市场活力不够的问题；在政策扶持中强化利益引导，解决好金融支农动力不足的问题；在功能布局中突出重点领域，解决好政策性金融能力不强的问题。

要按照"政府主导、市场参与、覆盖广泛、导向明确、激励有效、约束严格"的原则，建立符合农业发展融资需求和银行业金融机构商业可持续经营要求的信贷激励政策。我们认为，只有在政策上给予相应的激励措施，才能使农村金融业务运作实现商业上的可持续，才能使银行业金融机构主动增加"三农"信贷投放，才能保证农村信贷可持续增长。从这一意义上讲，国家对农村金融运作给予政策支持，实际上就是支持"三农"的发展。从国际经验看，在推进传统农业向现代农业转变过程中，几乎所有的国家对农村金融都采取农贷贴息、税收减免、资金支持等一系列引导增加农业信贷投放的政策激励和正向引导措施,其中的一些制度设计和具体做法不乏值得我们研究借鉴。

《经济日报》2008-07-22,张进中、殷楠报道。

二十二

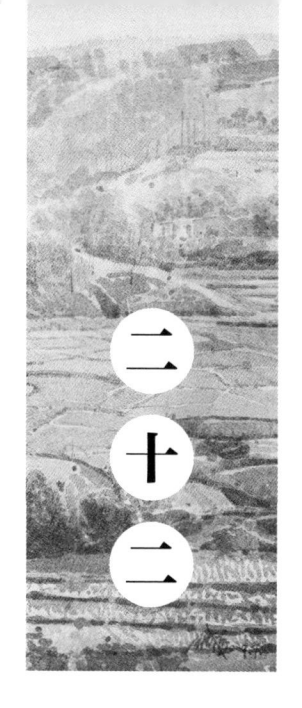

为推进农村改革发展创造更好的水事环境

对话人——

周　英：水利部副部长

杨增文：山东省水利厅水政处处长

孙寿松：黄河水利委员会水政局巡视员

梁雪山：河南省林州市政协主席

申巨州：河北省涉县合漳乡段曲村党支部书记兼村委会主任

策划人——

李　力：经济日报产经新闻部副主任

图 22　周英（中）与杨增文（左一）、孙寿松（左二）、梁雪山（右二）、申巨州（右一）在交谈

乔金亮 / 摄

二十二　为推进农村改革发展创造更好的水事环境

我国水利立法、执法以及水事纠纷调解等工作取得重大进展，坚持依法治水，维护良好的水事秩序，在新农村建设进程中发挥了重要作用。围绕如何为推进新农村建设做出更大贡献，经济日报邀请了水利部副部长周英与来自水利工作一线和地方的代表共同探讨——

我国已基本形成较为完善的水利法律法规体系，各项水事活动基本做到了有法可依

周英：首先感谢经济日报长期以来对水利工作，特别是对水利政策法规工作给予的关心和支持，也很高兴利用这个机会与来自水利工作一线和基层的同志们共同座谈和交流。

近年来，为实现依法治水，从而为国民经济和社会发展，以及新农村建设创造良好水事环境，我国水利法规体系建设工作取得了较快进展。水利立法是依法治水的基础，各级水利行政主管部门和流域管理机构按照贯彻落实依法治国基本方略、全面推进依法行政的要求，围绕服务经济社会发展大局，加快水利立法步伐，水利立法取得显著成效，基本建立起了符合国情、水情的水法规体系，各项水事活动基本上做到了有法可依。到目前为止，已出台法律4件，行政法规15件，部门规章51件，地方性法规和地方政府规章800余件。这些法规涵盖了水资源开发利用与保护、水域管理与保护、防汛与抗旱、水土保持、工程管理与保护、执法监督管理等水利工作的方方面面。最近几年，水利立法的步伐进一步加快，在水资源管理、水权管理、水文管理等方面的制度建设取得重大突破，取水许可和水资源有偿使用制度进一步完善，初始水权分配制度基本建立，水文事业全面步入依法管理轨道，填补了水法规体系的空白。

我们高兴地看到，国家和地方的立法实践，将党和国家的治水方针、可持续发展的治水思路和先进的治水理念以法律的形式固定下来，把经过实践检验行之有效的治水措施上升为国家的法律制度，保障了水利事业朝着正确的方向不断推进，为水利依法行政和依法治水奠定了坚实的基础。今后，我们将认真贯彻落实党的十七届三中全会精神，进一步推进依法治水，突出解决好涉及民生的水利问题，为推进农村改革发展做出新的贡献。

杨增文：周副部长谈到的这些，我们在水利一线工作的同志确实有很深的体会。近年来，山东水利步入了一个大投入、大建设、大发展的新阶段。南水北调、胶东调水、东调南下、村村通自来水等重点工程全面展开。这些工程的大规模建设，更加需要我们依法开展治水管水工作。

从立法方面来看，凡是国家已经出台的水法律法规，我们都结合山东省的实际进行了配套，先后出台地方性法规5件，省政府规章12件，省委、省政府规范性文件18件，其他重要规范性文件60余件，使山东省水利工作基本上做到了有法可依、有章可循。全省每年查处水事违法案件都在3000件以上，处理水事纠纷350起左右，"十五"以来共挽回经济损失近亿元，全省的水事秩序明显好转。

最值得一提的是我们搞了一些创设性立法，就是在实际工作当中需要有关的水利法规，而国家暂时还没有相关法律法规出台的情况下，我们结合山东的实际，搞了一部分创设性的立法。

周英： 确实，目前实施的《水法》难以规定得非常具体，因为全国各地水资源状况差别比较大，所以各省（自治区、直辖市）从本地实际需要出发有针对性地开展地方立法。山东的水利立法工作在全国都是做得比较好的，值得其他地方借鉴。

杨增文： 举个例子，我们山东的灌区面积全国第一，有7000万亩，所以我们就结合山东的实际出台了《山东省灌区管理办法》。再比如，像我们省里的村村通自来水工程，已经让7000多万农民喝上了自来水。农村供水目前还没有全国性的立法，针对这么大面积的农村供水，建了这么多工程，投了上百亿的资金，如果管不好，最后发挥不了效益，特别是如果保证不了老百姓吃水的水质安全，都将产生很严重的后果，所以依法实施农村供水管理就非常重要。我们现在正在制定《山东省农村供水管理办法》，争取年底前出台。

周英： 从全国层面上来讲，我们也在加快推进立法工作，现在正在起草的有《全国河道采砂管理条例》《太湖流域管理条例》《节水条例》和《抗旱条例》，这四个行政法规力争在近一两年内出台。

切实加强水政监察队伍的规范化建设和能力建设

周英： 我们常说，法律的生命力在于实施，依法行政，立法是基础，执法是关键。水利系统高度重视水行政执法工作，按照依法行政、依法治水的总体要求，通过组织开展水监察规范化建设、水行政执法能力建设、推行行政执法责任制和水利综合执法等活动，大力加

强水行政执法工作。经过近20年的努力，基本建立了覆盖全国的水行政执法网络，水行政执法队伍从无到有、从弱到强，逐步向专职化、规范化管理转变，形成了与依法治国、依法治水要求相适应的执法理念和执法队伍管理制度。全国已成立水政监察队伍3000多支，专兼职水政监察人员近7万名，流域、省（自治区、直辖市）、市、县四级水行政执法网络得到进一步完善。

在加大水行政执法力度方面，近年来，通过加大打击非法采砂、查处违法设障和非法取水的工作力度，全国采砂、取水秩序明显好转。据不完全统计，1990年至2007年，全国共查处水事违法案件70余万件，挽回直接经济损失约15亿元，水事违法案件查处率在90%以上，为维护良好的水事秩序、保障广大农民群众的利益发挥了重要作用。

杨增文：从工作当中我们也体会到，搞好水利执法的关键是，必须有一支素质高、作风硬的执法队伍。

周英：现在各地对水行政执法都比较重视，执法队伍建设得到了加强，能力也有了一定的提高。但是严格讲，目前仍存在机构设置、人员配备、经费投入不到位的问题，有待于进一步解决。

杨增文：经过多年的努力，在执法队伍建设上，我们全省从上到下形成了一套比较完整的水利执法网络。现在我们已经组建了一支5000多人的水利执法队伍，省一级有水政监察总队，市一级有监察支队，县一级有监察大队，乡镇都有水管站。

孙寿松：我们在工作中认识到，我们的水利干部职工首先要有很强的法律意识、法律素质，这样才能依法行政、依法管理。黄河水利委员会在内部建立了普法工作制度、学习制度等一系列制度，各级都建立了普法领导小组。每年还聘请一些法律方面的教授专家讲课。我们水政执法人员必须经过培训和考试以后才能上岗。

杨增文：我们在执法的体制上也做了一些探索，主要是推行水利综合执法。为什么要推行这个管理体制呢？因为水利执法有多个方面，比如说有水土保持、水资源管理、水政执法等多个方面，都涉及基层，比如说某个企业涉及收水资源费、河道维护费。如果今天来了这一拨，明天又来那一拨，都是水利局的，这对企业的生产经营活动在某种程度上是一个干扰，而且执法的效率不高，执法成本很高，所以我们就按照部里和省里提出的要求，相对集中这个执法权。

从 2003 年底开始，山东省在全国率先开展水利综合执法工作，先后选取了两批共 31 个单位作为试点，相对集中行政处罚权、行政征收权和行政许可权，做到一个窗口对外，一支队伍执法。通过改革和理顺执法体制，执法的整体效能有了显著提高。

河道采砂问题情况比较复杂，省里在这方面就推行水利和公安联合执法，凡是比较难整治的现场，水利部门和公安部门就联合执法。

有效预防和调处水事纠纷，维护和谐的水事环境

周英：我们国家水资源问题十分复杂，因开发利用水资源和防治水害所引发的地区之间的水事纠纷时有发生。水事纠纷的实质是权益争端，处理不当，极有可能引发群体性冲突的恶性事件。因此，我们

始终高度重视水事纠纷的预防和调处工作,将其作为一项十分重要的政治任务。

比如漳河沿岸的纠纷曾经是非常多的。我们知道漳河一条河涉及河南、河北和山西三个省,因为比较干旱,漳河两岸的群众对水看得十分珍贵,再加上沿河山区土地又少,种种原因加到一起,使漳河上游成为我国水事纠纷最严重、矛盾最激化的地区,引起了党中央、国务院领导和水利部领导的高度重视。1999年3月,该地区发生重大纠纷事件,我部政策法规司李崇兴同志参加水利部、公安部联合调查组,到现场调查处理边界水事纠纷事件,随后又到水利部所属的海委漳河上游管理局挂职,继续协调解决纠纷。2002年,又被任命为副局长,全过程地参与了漳河水事纠纷的处理工作,为解决漳河沿岸水事纠纷做了大量工作。

梁雪山: 我很了解这段历史。历史上林州十年九旱,解决水的问题就成为林州人民祖祖辈辈最大的事。中华人民共和国成立后,林州修了许多水利工程,最著名的就是在60年代,全市人民利用10年时间,在太行山悬崖峭壁上修成的"人工天河"红旗渠。红旗渠水可浇灌林州54万亩土地,占林州所有土地面积的90%。但是,由于红旗渠源头在山西省平顺境内,总干渠大部分也在山西境内,并且河北省也从漳河引水,沿漳两岸三地群众为了各自的基本生存条件,引发争地争水矛盾,水事纠纷逐渐增多。

申巨州: 1996年漳河两岸发生百年不遇的洪涝灾害,涉县、林州很多的公路和渠道都被冲垮了。漳河两岸河北和河南的村子的群众都要修护地坝，谁都想把坝往河道中间多修一点，给自己这边多圈点地，所以就造成了沿河的两省村民发生纠纷。

周英：正是因为这么严峻的形势，水利部为解决漳河两岸团结治水问题专门在海委成立了漳河上游管理局。近年来，漳河上游管理局做了大量工作，两岸的矛盾和纠纷逐步得到了解决。

首先采取工程治理的办法解决争地问题，国家和两省都投了不少的资金，并由漳河上游管理局按规划画出一条治导线，引导和规范冀豫两省边界的工程建设。任何一方建工程都不能超过这个线，凡是超过线的工程必须拆除，从而顺利解决了争地的问题。

梁雪山：另外一方面，漳河上游管理局还搞了很多节水工程，对沿河两岸涉及的水力发电站进行了改造，为下游群众节约出了更多的灌溉水量，效果非常好，很多矛盾通过工程措施就化解了。我们林州开工建设了红旗渠补源工程——马家岩水库。工程概算投资 1.99 亿元，设计库容 2795 万立方米，年可向红旗渠补水 4540 万立方米。目前，工程已完成投资 1.45 亿元，今年内主体完工，具备蓄水条件。

申巨州：从历史上看沿河发生纠纷的主要原因，两岸只要有一方建设工程，另一方就心里不安，矛盾也就随之出现。为解决这一历史性问题，各级领导早预防、早谋划，不等问题出现，就及时采取有效措施，取得了很好的效果。

比如，我们河北省水利厅把沿河村庄的护地坝纳入规划，逐年拨款逐段修建，群众看到了希望，就不再和对方闹矛盾了。

周英：另外，根据当地水资源非常紧缺的现状，按照水利部提出

的水权、水市场理论，搞了跨省调水。漳河上游山西境内有一些大中型水库，每年在6月前将汛限水位以上的水泄掉，这些水白白流走了，而下游村庄春耕严重缺水，怎么办？怎样才能把山西境内汛限水位以上的水量充分利用起来？在漳河上游局的协调下，两岸的地方政府同意出资到上面去买水库的水，于是就展开了跨省的有偿调水，较好地缓解了矛盾，也受到温家宝总理的称赞。

梁雪山： 上游局要我们政府花钱去买水，一开始也想不通，群众生活在漳河岸边从来没有花钱买过河水。后来，水调来了，老百姓在大旱季节有水浇地了。群众受了益，感到非常高兴，非常感谢漳河上游局。

申巨州： 现在我们河对岸的村子都不闹纠纷了，县、乡、村通过电话联系、登门拜访、联席会议这样的形式互通信息，加强了沟通，化解了矛盾，增进了友谊，加深了理解，促进了团结，推动了发展。

梁雪山： 2000年6月份，林州市党政领导以及公安、水利、文化等有关部门和乡、村负责同志，主动到毗邻的山西省长治市、河北省邯郸市及所属平顺、涉县开展走访联谊活动，搁置争议，共图发展，对如何在省界建立和谐融洽的友邻关系，为发展、稳定创造良好的氛围，进行了积极探索。之后，三方联谊活动频繁，沿河乡镇和村庄之间相互约定，一月联系一次，半年座谈一次，互相交换意见，以便及早发现并消除纠纷隐患，有效化解矛盾。

二十二 为推进农村改革发展创造更好的水事环境

切实加强法制宣传,提高全社会的水法制意识

周英: 依法治水提高全社会的法制观念和法律意识至关重要。加强法律宣传教育是提高全民法律素质、实施依法治国的基本方略,保证法律有效实施的一项基础性工作。水利部高度重视水利法制宣传教育工作,按照党中央、国务院关于深入开展法制宣传教育的要求和工作部署,紧密联系水利工作实际,积极主动开展水利法制宣传教育工作,圆满完成了前四个五年普法任务,并正在扎实推进"五五"普法工作。

我们了解到,地方水利部门的水利法制宣传工作也开展得丰富多彩。

孙寿松: 水利工作人员在管水的过程中都有很多体会,比如,老百姓认为水是从天上下来的,为什么收水费?种植河滩地、进而围河造地为什么不可以?面对遇到的这些问题,向老百姓宣传水法律知识就显得很必要。

黄河水利委员会所属的省、地(市)、县三级河务局都非常重视水法律知识的宣传。在水法周宣传活动期间,基层河务局到集市里面去贴标语、挂横幅,还到机关里、农户家送书籍、发宣传材料,后来又设置水法咨询站,给大家普法。一些与水相关的政策出来以后,我们以漫画、顺口溜、传单的形式对周边的群众进行宣传教育。

周英: 在水法制宣传方面,我们不断创新宣传形式,注重宣传效果。自1988年以来,我们已连续组织开展了十六届"世界水日"和二十一届"中国水周"的集中宣传活动,充分利用广播、电视、报

纸、互联网等媒体开展普法宣传，使宣传的深度、广度和社会参与程度不断扩大，取得了非常好的宣传效果。

孙寿松：我记得山东德州河务局在河边村庄搞了一个水法宣传长廊，村庄里的墙壁都画上漫画，把违法现象也画出来，比如说占河道了、挖堤了、破坏树了，全部在墙上画出彩图，在山东德州成了一景，还成了中小学生的一个教育基地，效果很好。

杨增文：黄河边上为了防汛应急放了很多物料、石块，以前经常会丢失，现在不一样了，没有人动了，这也是宣传的一个成效，老百姓知道这个东西是国家的，是为了防汛安全用的，不能动，动了就违法，要追究责任。

孙寿松：这几年普法宣传搞得越来越好，违反法律法规的案件比原来大幅度减少。通过普法，黄河水利委员会系统依法自觉遵守各项水利法律法规，依法行政，依法办事，也使沿黄群众服从黄河水行政监管的行为明显增多，违法建设及阻挠执法、暴力抗法的行为明显减少，维护黄河水事秩序的社会监控力量明显增强，积极举报水事违法行为的现象明显增多，沿黄各级政府、部门履行防汛、水文设施保护职责和支持黄河事业的自觉性显著提高，有力地保障了各项治黄方略的顺利实施。

进一步提高水事立法、执法水平，让良好的水事秩序更好地服务新农村建设

周英：为深入贯彻落实党的十七届三中全会精神，我们将进一步

二十二 为推进农村改革发展创造更好的水事环境

提高水事立法、执法水平,为农村改革发展提供更加良好的水事环境。

按照水利部《水法规体系总体规划》的要求,水法规体系建设的目标是:到 2010 年,初步建立适合我国国情的比较完备的水法规体系,使各项涉水事务有法可依,基本满足水利社会管理、公共服务和可持续发展的需要;到 2020 年,建立内容完整、配套协调、层级完善的水法规体系,水法规质量显著提高,满足全面推进水利依法行政和可持续发展水利的需要。

为实现这一目标,今后必须从以下三个方面加强和推进水利立法工作:首先,突出重点,统筹兼顾,不断完善水法规体系,争取实现新的突破。要重点做好三个方面的立法工作:一是完善防汛抗旱、移民、农村水利、水电等与民生息息相关的法律制度,解决人民群众最关心、最直接、最现实的水利问题;二是完善节水、水资源保护、地下水管理、水土保持等节约和保护水资源、水环境方面的法律制度,促进人水和谐和生态文明建设;三是完善河道管理、采砂管理、洪水影响评价等水利社会管理方面的法律制度,为经济社会发展和人民群众提供良好的水事秩序和法治环境。

其次,进一步提高立法质量。要从以下三个方面加强工作:一是高度重视调查研究和科学论证,针对水利立法当中的重点和难点问题,深入开展调查研究,加强沟通协商,集思广益,充分论证,使立法更加具有针对性和可操作性,更利于解决实际问题;二是进一步提高水利立法的透明度,广泛听取各方意见,使立法充分反映人民群众的呼声和愿望;三是探索建立水利立法的后评估制度,完善水法规实

施情况的跟踪反馈机制,做好水法规的定期清理工作。

同时,做好沟通协调工作,处理好各方面的利益关系。

在进一步加大水行政执法力度,提高水行政执法效能方面,水利部今后要重点抓好以下几个方面的工作。

一是要加强对水行政执法工作的领导。水利部已成立安全监督司,进一步加强水行政执法管理工作。二是继续推动水利综合执法工作,完善行政执法体制。三是大力推行行政执法责任制。四是加大执法力度,做到严格执法、公正执法、文明执法。做到有法必依,执法必严,违法必究,维护良好的水事秩序,切实保障人民群众的合法权益。

杨增文:作为省级层面来讲,我们山东省会进一步加快立法步伐,提高立法质量,完善水法规体系。山东省将重点加强有关社会管理、公共服务、改善民生方面的立法,突出水资源配置节约保护、农村供水管理、抗旱管理、河道采砂管理等方面的立法工作,逐步形成具有山东特色、较为完善的地方水法规体系。

我们还将进一步探索和总结经验,推进水利综合执法,理顺执法体制,尽快构筑起覆盖全省的水利综合执法网络,建立起权责明确、行为规范、监督有效、保障有力的水行政执法体制。同时,进一步健全水行政执法制度,重点抓好行政执法责任制的落实,完善行政执法评议考核制度和责任追究制度,靠制度去管人、管队伍,保证执法行为的规范、公正和公开。

《经济日报》2008-11-11,李力、亢舒报道。

二十三

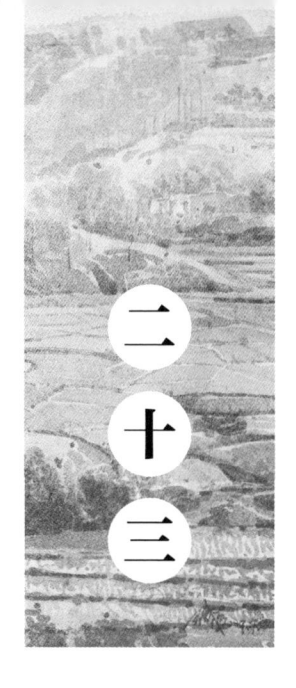

让信息化为新农村建设注入新的活力

对话人——

杨学山：工业和信息化部副部长

文建国：宁夏回族自治区信息产业办公室信息化推进处处长

沙　莉：宁夏回族自治区吴忠市同心县副县长

马占文：宁夏回族自治区吴忠市同心县新华村党支部书记、
　　　　信息员、经纪人

策划人——

李　力：经济日报产经新闻部副主任

图23 杨学山（右二）与文建国（左一）、沙莉（左二）、马占文（右一）在交谈

乔金亮/摄

二十三　让信息化为新农村建设注入新的活力

看电视、上网、打电话，这些原本城里人才能同时享受到的现代化信息技术提供的服务，如今正通过农村信息化的实施，逐步走入了寻常村民家中，并让农民的生产生活发生了巨大的变化。日前经济日报邀请了工业和信息化部副部长杨学山与来自地方的干部群众代表共同探讨——

"大山挡不住信息，网络连接着未来"，农村信息化让农民的生产生活发生了翻天覆地的变化

沙莉： 大家好，非常高兴今天参加这个访谈节目。同心县属于宁夏中部干旱带的核心区，属于山区县，也是革命老区。我们同心县有36万多人口，年财政收入不足4000万元，人均收入很低，农民年收入2213元。在信息化没有到我们那儿以前，我们那里山大沟深，有些地方连电视都看不到。

从去年开始，我们作为自治区农村信息化的试点县，现在已经在全县建成了131个新农村信息化服务站。这些站的建成，对我们山区的老百姓是一件大事，更是一件喜事。我们那里长期封闭在山里的老百姓，现在可以通过IPTV（网络电视）跟世界连接起来。这在他们面前打开了一扇窗，农民们说："大山挡不住信息，网络连接着未来。"我觉得这个话说得非常好。

马占文： 上世纪80年代中期，我们村从不适宜人居住的地方搬了出来。这些年，村里以种苹果为主，还有一部分种土豆、玉米。现在家家户户院子里面还建起了牛棚养牛。信息网没通的时候，我们没

什么事情做，最多看个电视新闻，只能收3个台。

信息网络进村太受欢迎了。我们村配了电脑、打印机、29英寸大电视、数码照相机、摄像机，就连电脑上也装了摄像头。

种植的玉米、果树出现问题了，打什么药？果树树叶黄了怎么办？这些都能上网请教专家，用网络联系三农呼叫中心，专家通过视频跟我们解释，及时解决这些问题。我感觉，这个"信息网"太好了，确实是富民工程。

我们村还利用信息网络搞劳务输出，我本人就是劳务输出经纪人。通过上网寻找用工信息，帮助村民联系，最近通过信息网络找到的工作每天工资能有40多元钱。网上的信息源源不断，内容十分全：这个企业用女工还是男工、什么条件，通过网上看公司的资质、经济实力怎么样，等等，这些我们足不出村就都知道了。

杨学山：当初确立宁夏为农村信息化试点主要有两个原因：一是宁夏集中全区的力量整合资源，利用统一的平台。我们认为，宁夏以村为基础提供服务的发展思路是符合规律、符合区情的，而且该区在农村信息化上也有了一定的基础。二是自治区的领导全力支持推进农村信息化，这也是能否做得成功的一个关键因素。试点确定后，我们组织最好的专家到现场去调研，然后在北京会商，最后确定了实施方案。

二十三　让信息化为新农村建设注入新的活力

"宁夏模式"解决了农村信息化中存在的难题，使得该项工程得以快速推进。其中，让农民用得上是关键问题

杨学山： 宁夏经验主要是三条，或者说农村信息化要解决的主要问题是三个，就是"用得上、花钱少、可持续"。宁夏在推进农村信息化的过程中对这三个问题进行了探索，并提出了解决办法。

第一个问题，从上往下看，全国涉农网站有18000个至20000个，专门的农业网站有6000个左右，提供了门类齐全、海量的涉农信息和服务。但从下往上看，农民不知道网上有那么多有用的信息和服务，知道了也不会使用，一个天然的屏障拦在那儿，等于没有。所以首先一定要解决农民用得上的问题。

农民用得上，宁夏的经验有两条。第一条，村村都有信息服务站，都有与互联网连接的计算机，计算机上带摄像头，还有电视机、打印机，2000多个行政村一个不落。

另外，每个行政村有信息员。没有信息员，设备放在那儿也不行，农民不知道怎么用。我曾在一个回民的清真寺看到，阿訇就是信息员，他的号召力很强，在整个村里面广泛宣传，大家就用起来了。

建设村信息服务站和一个村设一个信息员，这两点就把网络和农民结合起来了，解决了网上信息和服务与农民结合的问题，这是第一个经验。

马占文： 我也是村里的信息员。县上刚建起信息站，就组织我们各村信息员进行了几次培训。第一次培训了3天，第二次培训了1周，加起来10天时间，我们就初步掌握了。

一开始，大伙儿都不知道怎么开机、关机，Word是什么都不懂，IPTV、宽带网、信息网的一些代号名称就更不知道了。通过学习，大伙儿慢慢就能熟练操作了。靠自己多练、多接触，有时候，我们晚上都在那儿操作，也不觉得累，上瘾了。因为大伙儿有感受，有信息确实太好了。

农村信息化应注重用较少的投资实现最好的效果和最大的产出

文建国：从去年开始，自治区党委和政府支持农村信息化建设，自治区财政拿出2000万元的专项资金用于该项建设，一部分用于资源中心平台的建设；另外一部分用于信息服务站设备购置。

我们的投资方案并不是说直接拨钱买设备，而是先建后补。先按照我们的标准建服务站，建好以后我们验收，验收过了我们才把钱拨过去，避免标准不统一或设备不到位。

从整个投资构成来看，设备不是大头，大头在网络进村这块，也就是"最后一公里"的光缆铺设。中国电信宁夏分公司投资了2亿元来建设，宁夏有2362个行政村，75%是以光纤铺设的方式实现了宽带接入。有一部分村子在山里，我们用新的无线宽带技术，或者通过450兆传统的无线方式解决，还用上了工业和信息化部支持的卫星接收系统。

杨学山：花钱少，效果好，这是宁夏的第二个经验。搞农村信息化，政府的财力有限，既要少投入，又要有好效果，宁夏是怎么实现的呢？

首先，不是按行政层级，即自治区、市、县、乡、村一级一级建平台、建系统，买服务器、网络交换机等设备。这种方式建设费用大，运行维护费用高，而且越往下技术能力、信息搜集和服务能力越弱，这是很显然的。刚才小马说的专家服务，不是到乡镇、到县，而是直接连到自治区的服务平台，自治区组织300多名专家，有在线值班的，有在家里的，无论是在线值班还是家里，通过自治区统一的呼叫中心，针对问题提供一对一、面对面的网络服务。自治区建设统一的平台，省了钱，效果还好，这是花钱少的第一个原因。

政府花钱少的第二个方面，是政府、企业共同承担、多方出力。自治区的2000万元主要用于平台应用系统的建设和奖励地方。建的时候钱从哪儿来，网络及自治区平台的主要设备是由宁夏电信承担，各个村信息服务站的建设资金由相关的部门，还有宁夏的一些大企业对口落实。

宁夏农村信息网实现了三网融合，整合了各类信息资源，可以收看60套电视节目，还可以回溯三天观看。有4500多小时影视节目、文化信息资源、宁夏数字图书馆资源、中组部的农村党员远程教育资源、教育部的中小学远程教育资源，这样加起来是海量的数据，达到近40个TB。

文建国：宁夏电信投资2个亿，现在一个站上一年能有988块钱的收入，按投资回报率，2000多个站要100年收回投资，显然不划算，但是宁夏电信决定要投资。自治区党委和政府做出这个决策以后，宁夏电信做决策也是很难的，投资巨大，回报周期又这么慢，但

是他们有长远的眼光，看到了未来的潜在市场。

星星之火可以燎原，通过宣传，有些种养殖大户会选择单独入户，用户一多，市场就起来了，电信的回收就高了。我了解到，最近在宁夏一个县名叫马场村的村里，有100户主动要求加入这个信息网络。我们现在准备做这方面的工作，通过电信运营商，还有政府引导，再往深做一下，农民入户率会越来越高。如果说入户普及了，我们信息服务站的使命也就完成了，电信运营商潜在的市场也就挖掘出来了。

杨学山：这个问题我和宁夏电信公司的老总也探讨过，按目前的收费，投资周期太长，他为什么投，有三个主要原因。

第一，电信必须拓展农村市场。固网，城市基本上已经饱和了，拓展农村市场，仅有固定电话这种方式还不行，必须有新的服务，这是电信确定的发展战略。

第二，按照国家确定的"村村通电话"工程，电信是主要责任者之一。建设农村信息网，既完成了国家下达的任务，又提高了服务水平，对培育和发展市场有战略意义。

第三，农村收入提高以后，电话就会多起来，使用的农户就会多起来，投入的回报就会逐步加快。正如小文刚才说的，有一个村已经有100户要用了，市场就这样培育开发出来了。

农村信息员队伍的建设至关重要，应着力探索农村信息化长效机制的建立

杨学山："宁夏模式"为可持续发展创造了经验。农村信息化，持续发展是个大问题。村的服务站建了，怎么维持下去，信息员怎么安下心？要有回报，要有收入，宁夏想了很多办法，从政府扶持和市场机制两个角度，来解决这个问题。

对于信息员，自治区整合了各种可用的政策和财政资源。各级财政通过支农的方式给部分信息员一定补助，还利用科技特派员、大学生村官当信息员。

我曾经去过的一个村，有一位女信息员，一个月合起来有1000多块钱收入。她既担当村信息服务员，负责收集发布信息、计算机上网、电视电影播放等日常工作，还利用8台电脑，培训本村农民，由此变成了老师。

同时，有条件的地方鼓励信息员创业。信息员在提供基本服务的同时，在提供一些有商业利益的专门服务时能够有提成，自己创业当经纪人，比如劳务输出经纪人、农产品销售经纪人。假设需要10吨的农产品，原来一家一户承担不了，不能把单子接下来。信息员变成经纪人后，把各家分散的供给能力聚集起来，就能把生意做成，并从中拿一定的收入。

可持续发展的第二点，要在信息服务站提供更多的服务。实际上，村子里需要的服务还是挺多的，流动人口管理、消费者权益保护、治安等很多基层服务，这些服务原来是各个部门分头去做的，整

合到这个平台上，又省事又省钱，又准确又方便。把对农村的服务整合到信息服务站，有利于加快城乡公共服务均等化，把财政支持农村公共服务的资金用好，还能调动起村民参与的积极性，这样可持续发展的基本思路就已经有了。

沙莉： 从我们县来讲，现在急需解决的就是建设一支稳定、过硬的信息员队伍，这是我们政府要做的事情。刚才杨副部长也提到，我们的信息员队伍不稳定，他们的工资很低，300块钱左右，不安心这个工作，一有什么更好的工作就走了。怎么能够把薪水提起来，怎么通过各种优惠的政策把他留在这儿，还存在许多问题。

另外，一些信息员的技术不过硬。像我们小马操作上很熟练，但是设备出现故障就会很麻烦，电脑遇到病毒以后，还要请人来修，所以信息员的队伍建设非常重要。对我们县上来讲，现在网络平台区上给我们搭建好了，站点县上建起来了，怎么管好、用好，把这个信息员队伍稳定下来，这是我们最大的任务。

马占文： 县长也说到了，我们这个信息员队伍还有待加强培训管理。电脑中了病毒，请人弄一次得50块钱，我们县上懂技术的人也不多，这一块是个薄弱环节，希望政府继续加大对我们农村信息员的培训，我们也愿意继续学习。一站式服务直接连接到区上，确实好，可是信息员如果不愿意干了，走了，肯定会影响效果。

文建国： 我也说说农村信息化可持续发展这个事。这个网络大量担负的是公益信息服务，比如说文化信息共享以及政策宣传等，就必须要由财政支付。另外，我们想通过市场化运作，市场和公益结合起来，使信息服务站长效发展。

去年的时候，平罗县有 140 多个村，共建了 284 个站，把所有信息服务站的设备作为资产成立一个公司，既是信息中心，又管理信息服务，还把物流加进来了，实行农资的配送。比如说农资公司卖化肥、小麦种子，跟信息员联系，信息员帮着农资公司卖出去，然后有所回报。

另外，还有一种情况是把大市场和小生产联合起来。客商到地方上来找县里的电子商务股份公司，公司把大订单分享出去，村上有多少产量，由信息员报给这个电子商务股份公司。每年有三四十万元补贴给信息服务站信息员的费用，然后根据他的表现，比如根据收集上来的信息多少给补贴，这样可以提高信息员的工资待遇，这样信息服务站就容易长期维持下去。

单个的信息服务站发展还是有点困难，我们想以县为单位把信息服务站捆绑起来，对长效机制的建设还是有好处的，我们的探索初步来讲还是可行的。

杨学山：农村信息化还可以为解决农村现代化发展的一些其他问题作出贡献。如农民的组织化问题，农户通过网络、电子商务、经纪人—农户、农产品加工企业—农户等方式提高组织化程度。其次是提高市场化的程度。一个村和一家农户，作为市场主体太散、太小，必须联合起来才能成为有竞争力的市场主体。组织化的问题、市场化的问题，这些都是农业发展里面很关键的问题，通过农村信息服务站和村信息员，为解决这些问题带来了新的方法和路径。

在全国范围内进一步推进农村信息化建设

杨学山： 宁夏的经验还有一条是十分重要的，就是宁夏从自治区党委书记、自治区主席、分管的副主席，一个决策、一个声音，坚定不移地推进农村信息化。如果不是这样的话，在那么短的时间，建设好覆盖全区的农村信息网是办不到的。

沙莉： 刚才杨副部长也说了，在推进过程当中需要我们县来做工作。我们专门成立了领导小组，县委书记牵头开展农村信息化这项工作。

在这个过程当中，我们对农民进行了教育和引导，乡镇干部也来配合这方面的工作。信息网络站点建起来以后，政府也要投入，我们已经先把今年的资费从财政拿出来了，来保证这项工作的实施。

杨学山： 现在，各地农村信息化也下了很大功夫，有很多鲜活的、有效的经验。

一是提供农产品供求信息服务，千方百计提高农民收入。为解决农民"增产不增收"和"卖难"问题，全国许多省区市都建立了各类农产品供求信息系统，帮助农民及时了解市场变化，促进农产品产销对接，这是许多地方在农村信息化方面优先选择的突破点。浙江还推出了农民信箱工程，通过农民信箱，政府部门对不同产业的农户进行分类，收集相关资料并精选加工，提供有针对性的供求信息服务。2007年，通过浙江省农民信箱达成交易额14.9亿元，减少产品营销支出6341万元，挽回各类农业经济损失15.8亿元。

二是连接市场、企业（经纪人）和农户（大户），千方百计提升农民进入市场的能力。在帮助农民连接市场、企业（经纪人）和农户（大户）等农产品销售链的重点环节方面，信息化手段也被证明大有可为。目前较普遍的做法，是各地开办当地特色农产品的专门网站，如山东省的"寿光蔬菜网"、"烟台苹果网"、安徽省的"芜湖名特优新农产品门户集群"、河北省的"安平中国丝网"等。这类网站针对性强，特色突出，具有品牌效应，对产销双方的聚集明显，能大大提高交易成功率，降低销售成本。

三是提供农业科技信息服务，解决农民生产中的具体困难。各地用信息技术改造、提升农业科技服务体系，深入整合各层次、各方面的农业科技和人员资源，更加及时准确地为农民解决农业科技中遇到的各种难题，同样创造了很多经验。如海南省、陕西省的农业科技服务"110"，吉林省、山东省开通的"12316"新农村热线，福建省的农业"155"等。这些热线能够提供一站式服务。

四是提高农业科技含量，推进精准农业。推动农业科技成果转化，提高农业科技含量，促进精准农业发展，提升农业效益，是深入推进农村信息化必须面对的问题。新疆生产建设兵团大力推广精准播种、精准灌溉、精准施肥、精准植保、精准田管、精准收割等六大精准技术在农业领域的应用，实现了信息技术与集约农业的有效结合，有效地推动了当地农业向节地、节水、节肥、节药、节种的优质生态型、节约型农业方向发展。

沙莉：目前，我们县的131个农村信息化服务站都在良好运行当中，老百姓非常欢迎。当然因为我们是贫困县，也还存在一些困难，比如说信息员队伍建设、资金短缺等。

杨学山： 的确，农村信息化推广还有一些困难要解决。一是农民的信息技术能力相对弱，像小马刚才说的，原来不懂，计算机开关都不知道，名词都没听说过；二是三网融合在体制、政策上有障碍，尤其是涉农部门信息和服务整合还不够；三是可持续发展要加大政策支持力度。

党的十七届三中全会对农村改革和发展做出了全面部署，农村信息化是统筹城乡经济社会发展、推进城乡基本服务均等化、使广大农民平等参与现代化进程、共享改革发展成果的重要举措，是学习实践科学发展观的重要载体。推进农村信息化是工业和信息化部的职责之一，我们正在进一步调研并提出相应的政策建议。

马占文： 我对信息网络的体会比较深，刚刚起步的这几个月下来，已经增收3000块钱左右了，这个甜头确实尝到了，确实好。真心希望信息化这个事情能够得到更好地推广，让广大农民朋友富裕起来。

杨学山： 推广宁夏农村信息化经验，工业和信息化部准备先选择4—5个省份先行推广，在这个基础上，进一步研究明确农村信息服务站、农村信息员的政策，加大整合涉农信息资源和服务的力度，探索政府支持与市场机制的结合。再用3年左右时间，全国的农村信息化就可以上一个大台阶。

《经济日报》2008-12-02，李力、亢舒、胡红军报道。

二十四

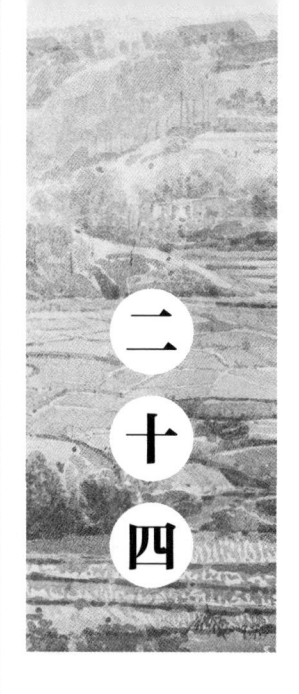

搞好农民职业培训
增强农民创业能力

对话人——

洪绂曾：农业部原副部长、中国教育发展战略学会农村教育
　　　　专业委员会会长

高庆华：江苏省句容市副市长

纪荣喜：江苏省句容市白兔镇云兔草莓专业合作社社长

策划人——

李　力：经济日报产经新闻部副主任

对话 中

图 24 洪绂曾（中）与高庆华（右）、纪荣喜（左）在交谈

魏永刚 / 摄

二十四 搞好农民职业培训 增强农民创业能力

农民培训是当前农村教育的重要方面。在国际金融危机影响加深，返乡农民工增多的情况下，这一问题更有现实意义。日前，经济日报邀请了农业部原副部长、中国教育发展战略学会农村教育专业委员会会长洪绂曾与江苏省句容市副市长高庆华、句容农民纪荣喜共同探讨——

农民培训是"三农"工作的一个抓手

高庆华：很高兴有机会向大家介绍句容的农民培训工作。句容市委、市政府一直高度重视这项工作。全市1385平方公里，有60万人口，其中农业人口占了38万多。江苏省委、省政府提出"两个率先"，能不能实现这个目标，应该说难点和重点都在农村，对我们这样的传统农业大县来说更是如此。所以，我们市委、市政府始终把"三农"工作发展放在重要位置。而农民培训正是"三农"工作的一个抓手。

我们在工作中感到，农民培训要处理好"口袋"与"脑袋"的关系。帮助农民"口袋"鼓起来，增加收入固然很重要，我们觉得让农民"脑袋""富"起来更重要。"富脑袋"就是要以科技知识武装农民的头脑，让口袋已经鼓起来的农民能不断富裕下去，让口袋还没有鼓起来的农民通过参加培训掌握本领，尽早富起来。

洪绂曾：你们认识到这点，重视对农民的科技培训，这是很有远见的。镇江市农科研究所和江苏农林职业技术学院都在句容，这都是你们进行农民培训的重要资源。提高农民素质，关键还是要靠教育，

靠对农民的教育。

高庆华：句容的农民培训工作，这些年来实现了两个转变：第一个转变是培训的着眼点实现了从个体培训到群体培训的转变。过去我们的培训工作着眼于培养专业户、培养典型。这项工作很有成效，现在我们句容出现了许多年收入在10万元以上的种植业、养殖业大户，都是这样的典型，今天在座的纪荣喜就是其中的一位。但是我们也认识到，让农民富裕起来，必须着眼农民这个群体。最近几年，我们从五个方面来进行对农民群体的培训。一是实用技术培训，这项工作每年培训十几万人，以传统农业为主；二是创业培训，就是培训农村经纪人、种养大户、农民专业组织领办人，帮助他们拓宽视野、提高能力；三是阳光培训，就是对拟外出务工人员进行专业技能培训，帮助他们尽快掌握就业本领，顺利实现就业；四是致富培训工程，就是要培训农民上网，把农民培养成"网民"，使农民通过网络获取信息，促进发展；五是新型农民培训，选择部分农民通过两年培训，使其达到农业专业技术职称初级水平。我们这里有一个苗木生产大户，通过网络销售苗木，带动了周边好多户从事苗木产业，苗木生产达到了上万亩的规模。

第二个转变是培训主体实现了从单一到综合的转变。这两年，我们努力整合各种农业教育资源，把单一的农业部门进行的培训，转变为农业部门主导，农业科技部门、科研院校、职教中心、农村专业合作社、种养大户等社会力量参加的培训体系。我们组织了一个农民讲师团，常年活跃在农村。这个讲师团有农业科技人员，还有农村这几年发展起来的种养大户,像今天来的纪荣喜就是讲师团成员。让身边人来讲身边事,农民容易接受。现在我们的农民讲师团下乡培训常常是场场爆满,许多时候院子里都站满了前来听课的农民。

农民培训工作提高了农民素质,促进了句容高效农业的发展。这几年句容形成了应时鲜果、优质茶叶、彩叶苗木、种草养畜和观光农业五大主导产业,现在又开始扶持发展中草药产业。2007年全市农民年人均纯收入达到6895元。能实现这样的成绩,就因为农民的素质提高了,农民培训起了很大的作用。

农民希望得到更多培训机会

纪荣喜: 我是种草莓的,我亲身感受到了农民培训工作的重要。两年前我就参加了句容市组织的农民创业培训工程,现在我是合作社的带头人,每年负责培训35个有创业意向的农民。我自己参加农民培训很有收获。第一,我们在生产中遇到的问题,找到了可以求教的人。我们在参加培训中把问题反映给老师,让他们带着问题来教农民,有针对性地帮助农民,实打实地让科技在我们的生产中发挥重要作用。第二,培训的专家和老师们能把行业动态告诉我们,能让我们了解到行业发展信息和最新的科技进展。第三,能够帮助我们分析市场,我们农民既是生产者又是市场营销者,本身素质又不高,所以很需要提高市场分析能力。培训过程中,老师帮助我们分析市场,提高分析能力,增强了我们致富的本领。因此,农民非常希望得到更多培训机会。

洪绂曾：句容市的同志把过程讲了，把农民培训的思路也讲清楚了，纪荣喜同志讲了他的切身体会，我们要向基层的同志学习。2007年，句容的农民年人均纯收入能达到6895元，能达到这个水平，很不容易。这也从一个方面说明了农民培训的重要性。我想，我们还应该从更广阔的层面认识农民培训和农村职业教育工作。改革开放已经30年了，我们一方面要认真回顾总结这30年走过的路，同时也应认真思考新形势下农村职业教育和农民培训工作的要求。农村职业教育和农民教育都要认真结合中国实际。首先，中国是农业人口占70%的国家，不同地区、不同素质的农民要因材施教，这是关系我国国民素质的重大问题。其次，中国是正在进行社会转型的发展中国家，一部分农民转向城市，开始全新的生活，一部分农民留在农村担负建设社会主义新农村和发展现代农业的重任。能不能完成这个使命，关键在于教育，在于对农民的教育。再次，中国是正在崛起的制造业大国，正在向后工业的信息化时代发展，对产业工人、技术人才有着迫切需求，怎么提高职业教育质量，怎么样帮助有能力的农民成为产业工人，这也是一个大问题。

时代为我们的农民培训工作，为我们的农村职业教育事业提供了广阔天地，也提出了新要求。我们从事农村工作的同志，尤其是在基层直接肩负培训农民工作的干部，要有紧迫感和使命感。农民中蕴藏着可贵的人才资源，他们生活阅历丰富，勤奋肯吃苦。能不能把这些资源转变成人力资源，需要我们去挖掘、引导和培育，需要我们加强农民培训和农村职业教育工作。

农民培训要抓住重点

洪绂曾：句容的农民素质高，这说明农民培训工作有了成效。同时，素质提高了的农民对培训工作也提出了新要求，农民不仅仅停留在解决基本生活问题上，有了进一步发展的追求，我们要研究这个新要求，努力满足农民对培训工作提出的新要求。

纪荣喜：我们农民对培训的要求确实很迫切。我现在种植的草莓是日本上个世纪80年代的品种，在日本，我们看到亩产可以达到4000公斤到4500公斤，而我们这里努力经营才能达到1500公斤到2000公斤。为什么？就是因为我们的技术不行。我们这样的种植业大户迫切希望通过培训来提高技术水平。我们身边的一些农民过去是搞传统农业种植的，他们想向我们学习，想转向效益高的产业，首先需要的也是技术。他们对培训的要求也很迫切。我们这样的种植业大户，一年收入10多万元，虽然现在日子还行，但我们知道，如果种的人多了，技术普及了，这个效益就会下来。所以，我们希望了解和掌握更多新技术，这也需要通过培训和教育来解决。在生产和生活中，我们农民都对培训有着迫切的要求。

洪绂曾：纪荣喜同志的要求就是农民提出的发展要求。我觉得，对农民的培训尤其要重点关注两个群体：一个是要关注主体农民，就是还在农村从事农业生产的那部分农民。现在，许多农村劳动力都外出务工了，留下来从事农业的那些人，他们需要什么样的培训，是我们要着力研究的。培训工作要满足这些人的需求，才可能直接推动农业发展。再一个是要关注青年农民。农村的未来还是决定于农村青

年。虽然现在许多青年农民到城里务工了,但他们中有些人还是要回来的。我们要通过培训来增强对这些青年农民的吸引力,让他们投身到新农村建设中来。发展现代农业,建设新农村,都需要更多青年农民的参与,需要提高青年农民的素质。

农民培训工作要贴近农民,发掘农民中间的资源很重要。你们搞农民讲师团,政府给补贴,农民当教师,就是一个创新。让富裕起来的农民作讲师,身边人讲身边事,这样的培训效果好。农民讲师团把大户集中起来,给他们发证书,提高他们的素质,让他们上讲台,这就把大户也转化成了培训资源。这样的事情,还需要多做。

党中央、国务院非常重视就业问题,也非常关心农民工就业。怎么扩大就业,是个现实问题,但对青年农民来说,增强本领恐怕是关键,因此,培训和教育工作对扩大农民工就业有着重要意义。我们要通过新农村建设来拓宽农业和农村的就业结构,通过培训和教育使更多农民在家门口就业。

培训要了解农民的新需求

纪荣喜: 如果农林学院要吸收我来脱产学习,我一定会来的。就是自己掏学费,我也愿意来。

洪绂曾: 纪荣喜同志已经是富裕起来的农民了,他还有这样的需求,这很值得我们重视。农民培训和教育工作都要了解农民的新需求。这些年,农业部门围绕提高农民就业技能和科学种养水平,抓农民培训工作,成效很大。通过阳光工程、世纪青年工程等培训项目,成千上万的农民得到了提高,增强了致富本领,许多人已经富裕起来了。最近几年,这些培训的力度都在加大。在实际工作中我们感受到,农民对这些培训工作十分欢迎,同时,我们也体会到,农民培训工作与新农村建设的需要还有不少差距。我们从事农业和农村教育工作的同志们都要有紧迫感。

满足农民对培训的新要求,有三个方面需要注意:一是短期培训要规范化。这些年对农民的短期培训搞了不少,但因为时间短,学习的内容比较少,现在已经满足不了农民的需求。和过去相比,农民从事农业生产的方式有了很大变化,从事高效农业的农民,尤其是纪荣喜这样的大户,每年脱产学习一两个月时间,是可能的。因此,短期培训要考虑到这个变化,增加一些学习内容。二是职业教育要上档次。农村职业培训要与职业教育相衔接,提高培训的档次。对农民的培训要有针对性。

高庆华:我们句容将开展职业中学与大专院校联合办学,实行"三加二"教学模式,使职业中学教育与大专结合起来,很受农民和学生欢迎。

洪绂曾:这也是一个有意义的尝试。第三个方面是技术培训要讲道理。过去我们的技术培训着眼于实用技术,这是需要的。现在,农民有了发展的要求,我们应该在培训中增加一些理论的内容,要帮助他们在培训中学习经营道德、学习营销理念、学习市场理论。我们的培训不但要培养生产者,还要培养市场营销者。在农民生活中,生产和市场营销是集中为一体的,所以,他们需要技术

知识，也需要营销理念和经营道德等知识。

返乡农民工培训也要"因材施教"

高庆华： 我们句容市委、市政府对 2009 年的农民培训工作正在进行规划。目前遇到的一个现实问题是对返乡农民工的培训。如果我们的培训工作做得好，返乡农民工里的很多人将会成为建设新农村的生力军。我们的工作是努力帮助他们实现平稳过渡，同时进行提高型培训，让一部分有志者留下来建设新农村，让一部分人还能再走出去。

洪绂曾： 你们句容的认识是正确的，要看到这些返乡农民工是宝贵的人力资源。他们在城市打拼好几年，眼界开阔，信息灵通，确实是建设新农村的生力军。对返乡农民工的培训也要"因材施教"。有些农民出去的时间长，习惯了城市的生活，他们可能需要提高型的培训，还想出去发展。我们要通过培训，帮助他们，提高他们。还有一部分青年农民出去时间短，刚刚出去不久便遇到了困难，就又回到农村来了。对这部分青年农民，我们要格外重视。他们能够走出去，说明他们有信心，我们要因势利导，鼓励他们学技术，争取他们留下来。要根据现代农业发展和新农村建设的需要，有针对性地做好他们的思想工作和技能培训教育工作，让他们成为新农村建设的新生力量。

你们对农民培训工作有着切身感受，我还希望听听你们的建议和意见。

高庆华： 我们感觉到有些农村教育和农民培训的教材，针对性、实用性和前瞻性不够，希望能有一套更加适应当前形势发展要求的好教材。此外，农民培训还需要加大投入。

纪荣喜：我希望农民培训工作不仅要围绕我们"干什么"来进行，还要围绕我们"想什么"来做。比如我自己，除了种草莓，我想的更多的是了解新技术，能在引领技术方面走在前面。可是，我在这方面得到的培训和信息就很少。希望农业科技人员能把他们的成果拿到我们的大田里来试验。

洪绂曾：农民培训和农村职业教育都需要有新材料和新思路，特别是要有帮助农民致富的新思路。你们的经验很有意义，职业教育和农民培训都不能仅仅靠几个部门完成，要整合各种资源。在实际工作中，我们感到，发挥行业的引领作用十分重要。行业部门不仅要参与职业教育，而且要发挥引领作用。这对于提高职业教育的效果，使教育与就业对接，都有非常重要的意义。

《经济日报》2009-01-13，李力、魏永刚报道。

相关链接——中央文件中强调加强农民培训的论述

——"大力办好农村教育事业。""重点加快发展农村中等职业教育并逐步实行免费。""加强农民技能培训，广泛培养农村实用人才。""增强高校为农输送人才和服务能力，办好涉农学科专业，鼓励人才到农村第一线工作。""加强远程教育，及时把优质教育资源送到

农村。"（摘自党的十七届三中全会通过的《中共中央关于推进农村改革发展若干重大问题的决定》）

——"扩大农村劳动力转移培训阳光工程实施规模，提高补助标准，增强农民转产转岗就业的能力。加快建立政府扶助、面向市场、多元办学的培训机制。""整合农村各种教育资源，发展农村职业教育和成人教育。"（摘自2006年"中央一号文件"）

——"加强农民转移就业培训和权益保护。加大'阳光工程'等农村劳动力转移就业培训支持力度"，"适应制造业发展需要，从农民工中培育一批中高级技工。鼓励用工企业和培训机构开展定向、订单培训。组织动员社会力量广泛参与农民转移就业培训"。（摘自2007年"中央一号文件"）

——"组织实施新农村实用人才培训工程，重点培训种养业能手、科技带头人、农村经纪人和专业合作组织领办人等。加快提高农民素质和创业能力，以创业带动就业，实现创业富民、创新强农。继续加大外出务工农民职业技能培训力度。加快构建县域农村职业教育和培训网络，发展城乡一体化的中等职业教育。"（摘自2008年"中央一号文件"）

近年来的农民培训成果：截止到2008年，中央财政累计安排新型农民科技培训工程补助资金8亿元，阳光工程补助资金32.5亿元，共培训农民2000多万人。同时带动地方投入农民培训资金30多亿元，培训人数达3000多万人；新型农民科技培训工程中央财政累计安排补助资金3亿元，已在全国600个县、3.3万个村开展培训，共培训专业农民153万人，带动地方培训500万人。

2008年，在10个省份257县开展了农村实用人才创业培训试点，共计培训创业农民1万名；绿证学员共培训3200万人，有1000多万人获证。

二十五

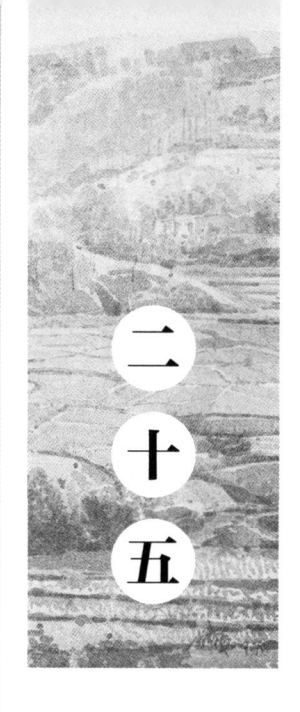

加快推进湿地保护与利用

对话人——

贾治邦：国家林业局局长

高洪贤：吉林省通榆县县长

包　军：吉林向海国家级自然保护区管理局副局长

李东海：天津市大港区太平镇镇长

张保国：天津市大港区太平镇大苏庄村党支部书记

策划人——

李　力：经济日报产经新闻部副主任

图 25　贾治邦（中）与高洪贤（左二）、包军（左一）、李东海（右二）、张保国（右一）在进行交流

常理 / 摄

二十五 加快推进湿地保护与利用

> 加快重点区域荒漠化和小流域综合治理，启动坡耕地水土流失综合整治工程，加强山洪和泥石流等地质灾害防治。提高中央财政森林生态效益补偿标准，启动草原、湿地、水土保持等生态效益补偿试点。安排专门资金，实行以奖促治，支持农业农村污染治理。
>
> ——摘自《中共中央 国务院关于2009年促进农业稳定发展农民持续增收的若干意见》

今年中央一号文件提出要启动湿地生态效益补偿试点，以加强湿地生态保护和管理力度。日前，经济日报邀请国家林业局局长贾治邦和来自基层的有关负责人、农民代表进行对话交流，共同探讨——

中央一号文件提出要启动湿地生态效益补偿试点，林业部门正配合财政部门调研湿地生态补偿问题

贾治邦：当前，人们对湿地及湿地保护的重要性认识还不够，还不能从维护生态系统安全的角度去充分认识湿地。在一些地方，把湿地看作荒滩荒地随意开发的现象仍然存在，使自然湿地面积继续减少。今年中央一号文件提出，要"提高中央财政森林生态效益补偿标准，启动草原、湿地、水土保持等生态效益补偿试点"。我们应该通过多种途径，扩大湿地的宣传，提高广大人民群众特别是各级领导干部对湿地保护重要性的认识。

李东海： 大港区位于天津市渤海湾，这里的退海之地形成了六万多亩自然湿地。在这些退海之地，沿海一些村有晒盐的历史。随着经济的发展，现在许多人都想在那里开办盐场。如果开办盐场，我们每年的财政收入和集体经济收入将有大幅度提高。但我们知道，我们不能失去湿地。即使盐场的利益再大、诱惑力再强，我们也不能破坏湿地开办盐场。近些年来，我们镇里设立湿地保护站，有六七个人专门负责湿地保护工作，使这些湿地完整地保存了下来。

张保国： 我们大苏庄村是太平镇最大的自然湿地村，全村有12万亩湿地。过去，这些湿地是我们全村老百姓赖以生存之地，村民在湿地中捕鱼、晒盐、种地。前些年还在湿地中捕猎飞禽鸟类。后来，随着政府加强湿地和鸟类的保护，通过宣传教育，村民不再捕杀鸟类，也不再在湿地种地了。禁止在湿地捕鸟种地后，村民生活受到一定的影响。

高洪贤： 向海湿地是国家级自然保护区，位于吉林省通榆县西北面向海水库南面、科尔沁草原东部边缘。我们通榆县是国家级贫困县，生产生活发展与生态保护的矛盾突出。目前，大家比较关心湿地补偿问题。比如，农民承包了湿地，就要进行生产，要打苇子、割草。但湿地上的苇子打掉、草割掉后，第二年鸟来了没有地方栖息、搭窝、孵化，不利于鸟类生长。要保护鸟类，就要留住湿地内的苇子和草，不能割掉。但不让打苇子、割草，就影响到村民的生活。这需要给予补偿，现在还没有补偿的办法。因此，我认为目前急需解决湿地补偿问题。

二十五 加快推进湿地保护与利用

贾治邦：这是一个关于局部利益和全局利益之间矛盾的问题，必须处理好、解决好。因国家保护湿地的需要，使湿地资源所有者、使用者的合法权益受到损害的，应当予以补偿，并对其生产、生活做出妥善安排。从国家全局来讲，国家应该出台生态补偿政策。今年中央一号文件已经明确启动湿地生态效益补偿试点，确定了宏观政策，具体配套措施正在调研。现在实行的生态补偿，只是对森林进行生态补偿，对湿地的补偿还没有政策和标准。因生态林不让老百姓砍伐，要给经营生态林的老百姓补偿适当的钱。和森林生态效益一样，湿地也要给予适当补偿。至于湿地生态效益补偿怎么补、补多少，补偿资金从哪儿来，我们林业部门正在配合财政部门进行调研。湿地生态效益补偿，要按照中央的有关要求，尽快拿出试点方案。还有湿地一定要有对水的补偿，探索建立湿地生态补水机制。

处理好湿地保护和利用的关系，在严格保护中开发利用，在开发利用中促进保护

张保国：我们村村民去年人均纯收入四五千块钱，一部分是靠到大港油田打工挣来的。在盐碱地上种地没有效益，还要保护湿地，怎么办呢？许多开发商看好我们这个地方，想在湿地上搞开发。但保护区里搞开发，政府部门不批准；湿地内搞生态旅游观光，又不允许随便修路。想请在座的领导从政策上帮助找出办法破解这个问题。

李东海：在维护湿地原始地貌、保护生态的前提下，我们想通过一些工程项目，加强湿地的恢复和保护。打算在湿地保护区内搞一些

补水措施，让湿地多存一些水。我们那里是西伯利亚候鸟迁徙的必经之地，候鸟共有140种，其中，国家一级的7种，二级的17种。如果季节合适，来这里旅游的客人常常能看到成群成片的候鸟。

贾治邦：你们这个地方属于滨海湿地，是一种重要的湿地类型。要处理好滨海湿地保护、恢复和开发利用的问题。我建议请一些湿地专家，搞一个滨海湿地保护、恢复、建设、利用的规划，通过实施规划，把这些滨海湿地科学地保护起来。渤海湿地基本上是盐碱地，我们计划在天津设立一个盐碱地研究开发项目。林业部门要帮助湿地保护区搞好基础设施建设。

对于湿地，不仅要保护，还要加以合理利用，使湿地产生经济效益。保护和利用是两个重要的方面，光保护不利用不行，开发利用不是破坏，要在保护的前提下合理利用。只有开发利用搞得好，才能更好地去保护。要严格保护自然湿地，保护和恢复重要的湿地，在严格保护中开发利用，在开发利用中促进保护。要加强湿地科学技术研究工作，在大学开设湿地研究专业，在科研院所设立湿地研究所，建立湿地监测评价体系。

高洪贤：我们向海自然保护区管理局成立得比较早，向海湿地保护得比较好，历史上面积最大时是3.6万公顷，现在还是3.6万公顷，没有减少。向海湿地已被列入国际重要湿地的名录，成为吉林的名牌。省委、省政府已经决定兴建向海生态示范园区。

刚才贾局长讲，湿地既要保护，又要开发利用。我们县守着向海这块宝地，怎么利用好这些天然资源发展旅游，资金是个问题。目前，按省委、省政府要求，省林业厅牵头搞了一个规划，计划投资26亿元。在保护区建设上，今年春天我们要干几件事：一是退耕还林，把核心区的耕地退出来造林。二是找适宜地块营造速生丰产林，扩大森林覆盖面积。三是在盐碱地较重的地块栽沙枣树，生态效益、经济效益两兼顾。四是搞村屯绿化。五是搞旅游起步区建设。自从建了保护区以后，为保护这块湿地，我们已总共投入3000多万元，建了一些引蓄水工程。

贾治邦： 近年来，我国各地坚持保护优先的原则，采取多种形式积极推进湿地保护，进一步完善了以湿地自然保护区为主体，湿地公园、国际重要湿地、水源保护区、海洋功能特别保护区等多种管理形式相结合的湿地保护网络体系。我国现有国际重要湿地36个，国家湿地公园38个，湿地类型自然保护区550多处，全国约有49%的自然湿地得到了保护。

我国制定并实施了《全国湿地保护工程实施规划》。规划在"十一五"期间投资90亿元，用于湿地保护、恢复、合理利用，以及能力建设工程。中央投资42亿元，地方配套48亿元。实施《全国湿地保护工程实施规划》三年来，国家林业局和有关部门已审批湿地项目近200个，完成湿地保护中央总投资8亿元。目前，在国家示范工程的辐射和带动下，各地也投入资金开展了湿地保护和恢复项目，一批生态地位重要的退化湿地生态状况正在逐步得到改善。

湿地保护法规亟待健全，国家湿地保护条例正在调研起草

张保国：湿地保护与当地的农民利益往往会发生矛盾冲突。如这个季节正是大雁迁徙的时候，你不让他捕杀鸟类，可是他说要保护麦田，春天偷猎打鸟的现象较多。

李东海：湿地是国家的，但使用权是我们的。原先我们镇里把这些湿地分给几个村，可是分散由各村管理就控制不住，这个村想这么干，那个村想那么干，不利于湿地保护。后来我们就把这些湿地再收回来，但老百姓有想法，老百姓还要靠这些湿地来抓收入。为此，我们镇上每年拿出三四十万元给这几个村，用以补偿村民。

高洪贤：现在我国有《森林法》《草原法》，但是没有湿地法。对于在湿地违法开荒、开垦耕地，没办法管理。对这些违法行为，处理轻了管不住，处理重了无法可依。现在急需建立健全湿地保护法律法规。

贾治邦：今后要建立健全湿地保护的法律法规，实行依法保护。近年来，我国湿地立法工作取得新进展。目前正在抓紧推进湿地保护立法，起草《全国湿地保护条例》，完成了11个相关专题论证报告和立法草案说明。近年来，地方湿地保护条例不断推出，已有黑龙江、内蒙古、宁夏等8个省区相继颁布实施省级湿地保护条例。通过立法，规范湿地保护和利用行为，使湿地保护管理工作有法可依。立法以后，就能依法来保护湿地。

二十五　加快推进湿地保护与利用

湿地保护不仅要靠保护区管理局，还要靠地方党委政府齐抓共管

包军： 1999 年之后，向海自然保护区划归省林业厅，成为林业厅直属事业单位。在当地政府的支持下，湿地保护实行社区共管。我们有一个联合保护委员会，高洪贤县长担任联合保护委员会主任，我们保护局和县政府十几个部门的有关人员，另外还有乡、村、社的基层干部都是联合保护委员会的成员。

高洪贤： 向海自然保护区虽然形式上划归省林业厅了，但仍然实行双重领导，保护区管理局局长是县政府副县长。县政府对保护区支持力度很大。保护区内有五个乡镇，仅向海乡就有两万多人。许多事情光靠保护区管理局办不了。如有的农民开荒、乱砍滥伐等，光靠保护区管理局管不了，必须与当地政府一起管。遇到有关生产生活与生态方面的矛盾，也得由政府拍板。比如，农民水库养殖需要水，湿地也需要水，怎么办？经县政府协调，去年先后解决了水库和湿地用水问题，缓解了生产和保护的矛盾。在发展旅游业上，保护区管理局的三个旅游景点和向海乡的景点，实行统一管理。这些方面体现了政府的重要作用。作为政府，要调节处理好生产生活与生态之间的矛盾，平衡好各种关系。

湿地核心问题是水的问题，湿地流域统筹治理的问题值得注意。流经湿地的一些河流上游如果修一些拦蓄工程，就会影响湿地。因此需要统筹考虑整个流域的治理，解决上下游互相争利的问题。

贾治邦： 在湿地保护上，要突出重点，实行流域综合治理。长江流域的湖泊很多，鄱阳湖、洞庭湖都是湿地，它们具有较强的蓄水调

水能力。要综合考虑这些江河湿地的保护和利用。我国的许多湿地都被开发了。与以前相比，湿地损失很大，许多地区的湿地损失近半。我小时候生活在内蒙古和陕西交界的地方，那里都是湿地草地，晚上到处能听到青蛙叫，白天见到野兔、刺猬，鸟类多得不得了。后来，那些湿地都变成了耕地，没有了这种动人景象。我们一定要把现有湿地保护下来，千万不能让湿地再缩小了。中国人口多，湿地保护面临的矛盾很多，工作任务很艰巨。但是矛盾再多、任务再艰巨，我们也要努力去做。作为湿地保护的主管部门，我们国家林业局要积极把大家的意见反映给中央，抓好各项措施和政策的落实。

我国是国际《湿地公约》的缔约国，也是公约常委会成员国之一。我们要把湿地保护与国际履约结合起来，加强国际合作与交流，充分借鉴、吸收国内外湿地保护修复的先进理念、先进技术和科学保护及开发湿地的有益经验，同时积极争取他们的一些合作项目，保护好我们的湿地。

进一步加大宣传力度，增强全社会湿地保护意识

贾治邦： 目前，人们对湿地的作用和价值认识还很不够，湿地是地球之肾，其作用和价值究竟有多大，很少有人能够十分了解和说得清楚。应该加大湿地的宣传力度，广泛宣传湿地的价值、作用与地位，让人们知道湿地对于生态环境的重要性，像保护眼睛一样保护湿地。

高洪贤： 在湿地宣传上，我们做了一些有益的工作。上世纪90

年代初拍摄了一部《家在向海》的纪录片，最近拍摄了一部以保护生态、保护向海为主题的电视剧《在水一方》，片中用的地名都是原名，我们的工作人员都去当群众演员。

包军： 向海湿地在世界上的影响很大，1992年就进入国际重要湿地名录了。世界鹤类基金会主席乔治·阿其博到过向海。他说，他到过世界50多个国家的许多自然保护区，像向海这么原始、植被保护得这么好、生物多样性这么丰富的国家级自然保护区，在世界上非常少。向海自然保护区，不仅是中国的一块宝地，也是世界的一块宝地。

开展湿地保护工作，必须提高农民湿地保护意识。而提高农民湿地保护意识离不开宣传工作。每年的春季，我们都出动宣传车，逐村逐屯进行宣传，印发一些小册子和宣传资料，送给农户，宣传湿地的重要性和湿地保护的重要意义。这几年来，我们在学校加强生态保护教育，从小学开始，向学生灌输湿地、鸟类、大自然保护的知识。受教育后，他们回家就告诉父母，保护区内的林木没有批准手续不允许随便乱砍滥伐，保护区的湿地谁也不许开垦，保护区的野生动物谁也不许伤害。有个小学生，家长在湿地里打了两只野兔回来，这个小孩一天没吃饭。他还对家长说，以后你再下夹子下套打野兔，我就永远不吃饭了，家长赶紧把那些捕猎工具都销毁掉了。

贾治邦： 林业既是一项重要的基础产业，又是一项重要的公益事业。林业承担着生态建设的重任，要把更多更好的生态产品奉献给社会和人民。目前，林业最主要的职责、最艰巨的任务是加快构建完善的林业生态体系，主要内容是建设和保护"三个系统""一个多样性"。"三个系统"是指建设和保护森林生态系统、保护和恢复湿地生态系统、治理和改善荒漠生态系统；"一个多样性"是指维护生物多样性。科学家把森林喻为"地球之肺"，把湿地喻为"地球之肾"，把荒漠化喻为"地球的癌症"，把生物多样性喻为"地球的免疫系统"。这"三个系统"和"一个多样性"保护和建设得好坏，直接关系到地球的健康，关系到我们人类的生存根基。试想，如果地球的肾、地球的肺、地球的免疫系统遭到破坏，地球就会失去健康，人类就会失去生存的根基，失去未来，失去一切。地球是我们人类共同的家园，这"三个系统"和"一个多样性"建设和保护好了，人类才能拥有美好家园，才能在这个绿色家园里繁衍生息，实现科学发展、永续发展。只有山够绿，水够清，天才会够蓝。

我们林业部门要成为生态文明建设的积极组织者、倡导者、参与者、实践者。林业部门的同志要注意宣传林业，走到哪儿都不要怕掉价，见人就讲，天天宣传。

湿地保护是一项社会性、公益性很强的事业。要把宣传教育作为湿地保护的一项根本性措施，常抓不懈。要创新宣传方式，采取各种有效形式加大宣传力度，不断提高全民湿地保护意识。要重视和加强对各级领导的宣传，提高各级领导对湿地保护重要性的认识。希望各级新闻媒体加强对湿地保护的宣传，进一步增强全国人民生态文明的意识，让更多的人投身湿地保护，切实做好湿地保护工作。

今天在座的县长、局长、镇长、村支书介绍的情况、反映的问题、提出的建议都很好。虽然当前你们在湿地保护工作中遇到的困难很多，但是你们的工作力度很大，成效非常明显，对国家生态建设及湿地保护事业做出了很大贡献。在此，我代表全国绿化委员会、国家林业局对你们及你们在湿地保护上所做的贡献表示衷心感谢。

《经济日报》2009-03-13，刘惠兰、杨学聪、武自然报道。

背景链接——我国湿地保护现状

我国的湿地类型较多，湿地的资源比较丰富，湿地内的生物多样性也比较好。我国湿地面积居亚洲第一位，世界第四位。全国单块面积在100公顷以上的湿地总面积达3800多万公顷，其中沼泽湿地和湖泊湿地占了将近一半。近几年来，我国湿地的保护、恢复取得了很大的成效。目前，我国49%的自然湿地得到了有效保护。

我国湿地保护目标今后一个时期，湿地保护与管理要以保护、扩大湿地面积，提高湿地功能为核心，全面推进湿地的保护、恢复、合理利用示范及湿地管护能力建设。2010年，力争使50%的自然湿地、70%的重要湿地得到有效保护，初步建立起结构比较合理，功能比较优化的湿地保护网络体系，逐步扭转湿地面积减少和功能退化的局面。到2030年，全国自然湿地保护区将达到910个，国际重要湿地达到80个，使90%以上的自然湿地得到有效保护，建立比较完善的湿地保护管理利用的法律法规、政策和监测科研体系，形成较为完

善的湿地保护、建设的管理体系，使我国成为湿地保护和管理的先进国家。

二十六

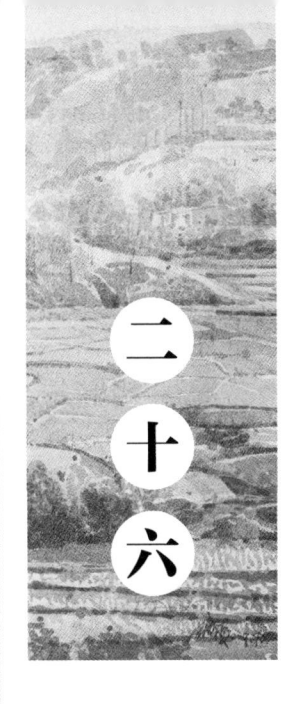

切实抓好春耕生产
力争全年粮食和农业有个好收成

对话人——

危朝安：农业部副部长

刘　臣：黑龙江省富锦市委书记

孙圣海：黑龙江省富锦市二龙山镇新兴村种粮大户

主持人——

李　力：经济日报产经新闻部副主任

图 26　危朝安（中）与刘臣（左）、孙圣海（右）在进行交流

常理 / 摄

二十六 切实抓好春耕生产 力争全年粮食和农业有个好收成

当前,国际金融危机持续蔓延、世界经济增长明显减速,对我国经济的负面影响日益加深,对农业农村发展的冲击不断显现。2009 年可能是新世纪以来我国经济发展最为困难的一年,也是巩固发展农业农村好形势极为艰巨的一年。在农业连续 5 年增产的高基数上,保持粮食稳定发展的任务更加繁重;在国内外资源性产品价格普遍下行的态势中,保持农产品价格合理水平的难度更加凸显;在全社会高度关注食品质量安全的氛围里,保持农产品质量进一步提升和规避经营风险的要求更加迫切;在当前农民工就业形势严峻的情况下,保持农民收入较快增长的制约更加突出。必须切实增强危机意识,充分估计困难,紧紧抓住机遇,果断采取措施,坚决防止粮食生产滑坡,坚决防止农民收入徘徊,确保农业稳定发展,确保农村社会安定。

——摘自《中共中央 国务院关于 2009 年促进农业稳定发展农民持续增收的若干意见》

在国际金融危机的形势下,保持经济平稳较快发展的基础在于农业。当前正值春耕时节,经济日报社邀请农业部副部长危朝安,与来自地方的有关负责人及农民代表共同探讨——

积极落实中央强农惠农政策,确保春耕生产顺利开展

孙圣海: 俗话说,一年之计在于春,我们现在已经把种子、化肥都运到家里了,水稻育秧大棚去年秋天就已经搭好了。今年我家播种面积和去年一样,有 255 垧,我们种地按垧算,也就是 3825 亩。

刘臣: 我们那儿的农民都开始张罗着种地了。富锦是典型的农业大市,有 570 万亩耕地,去年粮食产量 28.5 亿斤,这个产量够北京人吃半年的。在全党把农业作为重中之重的大背景下,我们富锦市委、市政府积极把抓好春耕生产作为当前工作的重中之重。

危朝安: 今年是应对国际金融危机、保持经济平稳较快发展的关键一年。党中央、国务院从国民经济全局出发,高度重视"三农"工作,进一步加大了对"三农"的支持力度。今年中央财政安排"三农"投入 7161 亿元,比上年增加 1206 亿元,增长 20.2%。其中,大幅度增加了粮食直补、农资综合补贴、良种补贴、农机具购置补贴,补贴资金总额达到 1230.8 亿元,增长 19.4%。"四补贴"里面增加最多的是农机具购置补贴,前年是 20 亿元,去年是 40 亿元,今年达到 130 亿元,力度空前地加大。大幅度提高了粮食最低收购价,并扩大国家粮食、棉花、食用植物油储备,适时启动主要农产品临时收储。同时,测土配方施肥、有机质提升等项目规模也明显扩大。

刘臣: 今年的形势总体来说还是非常好,政策好、力度大、落实快。比如说农机具购置补贴,富锦去年是 800 万元,今年我们已经落实的是 1300 多万元。现在,富锦的良种补贴已经到位 3000 万元,全年预计是 4900 万元。全市粮食直补及农资综合补贴预计 2.5 亿多元。目前，各种补贴大部分已发到农民手里了。

危朝安：为确保国家强农惠农政策发挥实效，我们按照中央的部署和要求，积极协商和会同有关部门，加强监督检查，加快落实进度。我们会同财政部制定公布了《2009年中央财政农作物良种补贴项目实施指导意见》，明确了2009年良种补贴项目的指导思想、主要目标、实施规模、补贴标准及工作要求；及时与财政部会商，在3月9日预先拨付149亿元补贴资金。去年底就下达了农机具购置补贴方案，使农民购机积极性高涨，预计春耕期间有望完成全年农机具购置补贴计划的60%以上，实施进度比往年提前两个月。

刘臣：我们以前常常跟上级反映资金问题，今年资金问题解决得比较好。我市农业生产总需求是23.5亿元，其中农民自筹10.5亿元，需贷款13亿元。目前信用社已发放贷款10亿多元，农行发放贷款4100万元，还有哈尔滨商业银行和邮政储蓄银行也在我市农村开展了贷款业务，应该说农户春耕资金是可以基本满足需求的。

孙圣海：现在各种补贴加起来，一亩能补68元钱。这还不包括农机具购置补贴。2007年我种大豆挣了100多万元，去年花100万元买了大型的农机具。如果没有国家农机具购置补贴，就得花130多万元，这一项就省了30万元。

刘臣：从全市角度说，因为补贴面大了，农机保有量提高了。现在，农民有"一二三四"的说法：一项产业，种植业或者养殖业；两套住房，城里一套，乡下一套；三部车，一台轿车，一台货车还有一台农用车；四项保障，合作医疗、低保、养老保险、农业保险。

孙圣海： 现在农民日子确实好过了，尽管去年生产资料价格高，我连大豆带稻谷还挣了 70 多万元。我们家在二龙山镇的花园小区买了楼房，汽车也买了好几辆。我自己买了一台越野车，我爸买了一台轿货两用车，农忙时能运送化肥、农药。

刘臣： 目前全市的春耕形势比较好，就目前时段来说，主要体现在"两检四备"上。"两检"就是农田水利设施、农机具检修，现在已经全部完成了。"四备"指种子、农药、化肥、农膜供应，都已超过 100%。

农资价格回复到正常价位，种子、化肥、农药等农资供需平衡

孙圣海： 今年生产资料价格回落了将近三分之一。比如，去年复合肥一吨 3600 元，现在才 2700 多元。整桶柴油的价格也从 1500 元降到今年的不到 1000 元。今年农民种地成本比去年降低了。

刘臣： 生产资料价格回落，对提高春耕标准和节本增收都有积极影响。目前，二铵价格每吨为 2800~3000 元；复合肥价格每吨为 2400~2700 元，同比低 500~800 元；大豆种子每市斤同比低 1 元左右。

危朝安： 今年农资价格大部分都在往下走，恢复到比较正常的位置。

目前从总量上看，春季农业生产用肥供应充足，有些品种可能要在地区间做调剂，供应的渠道也比较畅通，价格比较合理，农民比较满意。春季农业生产用肥大概占全年用肥的 60%，把这段时间的肥

料市场价格稳定住，对保持今年粮食生产、农业生产的稳定发展非常有好处，对增加农民收入也很有好处。

孙圣海：老百姓买化肥，既怕价高更怕货假。施了假肥，既花了钱又费了力，还耽误了农时，再买真肥也补救不了。我都挑有经营许可证的商店买大品牌的产品，价钱高一点没关系，用了假肥一年收成就全毁了。我们富锦目前为止还没有发现有假肥。

刘臣：在打假方面，我们农业、质监、工商等各个部门都发挥了很大的作用，力度还是不小的。

危朝安：我们农业部联合工商、质检、公安等部门，及早启动了农资市场打假专项整治行动，净化农资市场，维护农民利益。同时我们推广重大技术，比如测土配方技术，为保证农民科学用肥，减少化肥的施用量，提高化肥的施用效率，做了不少工作。

为保证春耕生产顺利进行，我们还加强了化肥、农药、柴油、种子等农资的储备、供需和价格监测，及时发布供求信息，确保春耕备耕物资供应充足。同时，加强农资市场监管，确保农民用上放心农资。从目前情况看，农资市场货源充足，价格平稳。

化肥方面，预计今年春季需求量为3100万吨左右，可供应量达4300万吨，从总量上看，完全能够满足农业生产需要，但部分磷、钾肥产品可能出现区域性、结构性偏紧。种子供需总量平衡，但因粮食价格上涨和制种成本增加，种子价格略有上涨。其中杂交水稻和杂交玉米种子需求量为26.3亿斤，可供应量达38.1亿斤。农药供应充足，价格稳中有降。

去年秋冬种工作扎实推进，为今年夏季粮油生产打下坚实基础

刘臣： 今年农业生产也面临一些不利形势，一是去年偏旱，三江平原过去以涝为主，今年墒情是偏旱一些。二是由于大豆保护价收购对水分要求十分严格，入库量少，大豆现在销路不够畅通，农民也在等待市场价回升。

危朝安： 这两个问题确实存在，其中第一个问题在富锦那个地方是比较突出的，今年的春天比去年的春天雨水要好，但江河水位比较低。

去年12月至今年2月，我国北方冬麦区遭遇了30年一遇、局部地区50年一遇的严重干旱，8个省约60%的冬小麦受旱。今年2月中下旬，南方地区出现大范围持续低温阴雨天气，形成"旱涝急转"态势，部分小麦、油菜遭受一定冻害和渍害。尽管灾情较重，但由于抗灾工作有力有效，田间管理措施及时到位，受灾小麦、油菜恢复较快，苗情迅速转化升级。3月20日农情调度分析，目前全国小麦苗情总体正常，一、二类苗比例为82.5%，比上年同期减少0.7个百分点，但比近10年平均水平高出1.5个百分点；油菜苗情好于上年，一、二类苗比例为77.9%，比上年同期增加3.3个百分点，与近10年来平均水平基本持平。

去年秋冬种工作比较扎实，今年夏粮面积稳中有增，冬小麦面积比上年增加280万亩；夏油面积继续恢复，冬油菜比上年增加880万亩。这为今年夏季粮油生产打下了坚实的基础。

目前，冬小麦已由南到北陆续拔节，冬油菜正在相继抽薹开花，离小麦收获还有50多天，距油菜收获还有40来天时间。当前和今后一段时间，正是夏季粮油产量形成的关键时期，后期生产还要经受倒春寒、干热风、烂场雨等气象灾害和病虫害的考验。我部将认真贯彻落实全国春季农业生产工作会议精神，增强忧患意识和防灾意识，立足抗灾夺丰收，切实加强夏季粮油中后期田间管理，扎实抓好各项防灾减灾措施的落实。

刘臣： 现在粮价开始回升，今年水稻的收购价在1元上下。如果不启动水稻的保护价收购，价格不会稳定到这个程度。在这种政策作用的引导下，我们今年的水稻面积还在上升。去年我们大约种植80万亩，今年预计达到100万亩。

危朝安： 从目前的情况看，今年的粮食种植面积能够达到我们预期的目标。我们今年提出来，全国的粮食播种面积要达到16亿亩左右。我们最近对农民种植意向调查结果显示，今年的粮食播种面积可能超过16亿亩。

刘臣： 我们那里玉米和水稻面积比去年增加了，大豆减少了，但总的播种面积保持在570万亩。我们坚持每年都把570万亩耕地种满。

在耕地总量不变的情况下，作物品种会相应地做一些调整。我们今年大豆种植面积减少了40多万亩，除此之外，我们大体上有100万亩的水稻、100万亩的玉米、100万亩的经济作物、220万亩的大豆。此外还有20万亩的小麦和30万亩的薯类作物。

作物病虫害防控形势严峻，农业部门已全面部署开展防控工作

危朝安：受去年秋季以来不利气候影响，今年小麦病虫害呈偏重发生趋势，其中，小麦条锈病发生时间早、发病面积大、扩展速度快，油菜菌核病在长江中下游油菜产区偏重发生，防控形势十分严峻。

刘臣：对我们来说，目前粮食生产的主要任务是克服墒情不足的影响，确保一次播种保全苗。

针对作物病虫害，我们建立了农作物病虫害预警机制，农业技术推广中心和省农科院建立了农作物病虫害区域监测站，对病虫害的发生随时监测、及早预防。在病虫害防治上，积极推广农业防治、生物防治和物理防治技术，特别是要集中力量重点防治突发性重大农作物病虫害，确保农业生产安全。

危朝安：现在，我们已经采取了一系列措施，进行了全面部署。各地按照我部统一部署和要求，切实加强组织领导，强化监测预警，狠抓措施落实，全面部署和组织开展了防控工作。据统计，截至3月19日，小麦条锈病冬春季已累计防治1684万亩次，重点发生区已普遍防治1~2遍，较好地遏制了病虫害快速扩展蔓延势头。油菜主产区各级农业部门抓住花期侵入这一关键时期，积极组织农民开展预防行动，已实施防治面积2022万亩。

下一步，我部将针对今年小麦条锈病和油菜菌核病可能偏重发生的情况，继续组织各地加大工作力度，采取切实措施，全力打好防控战役，力争夏季粮油获得好收成。

积极开展多种形式的宣传培训和技术指导，为春季农业生产提供科技服务

危朝安：为了加强春季农业生产的科技服务，农业部在年初启动了春耕生产科技入户行动，组织开展了多种形式的宣传培训和技术指导。一是科学筛选并发布了100个主导品种和60项主推技术，引导农民正确选用优良品种及其配套技术。二是分区域、分作物制定下发春季农业生产技术方案，指导基层农业部门和广大农民群众科学开展春季田间管理，抓住春播关键时机，大力推广测土配方施肥、种子包衣、精量半精量播种等先进实用技术。三是组织农机具检修维护和农民机手培训，召开了农业机械化春耕备耕现场会，全面部署农机备耕工作。四是组织开展全国春季测土配方施肥行动，利用去年冬季农闲时节，提前开展测土配方施肥千万农户大培训，为春耕生产科学施肥奠定了技术基础。

下一步，我部将利用春季施肥高峰季节，在全国范围内组织开展"巧施肥促增产"春季行动。组织发动10万名技术人员，深入乡村农户和田间地头开展春季科学施肥指导服务。同时，在春季施肥高峰季节组织测土配方施肥技术专家组成员分赴各地开展巡回指导。

刘臣：这些年我们感觉有个问题值得注意。以前，一些农药的化学成分一样，但名字不同，老百姓看到广告就买。以后能不能在源头上严格要求农药生产厂家统一名称，并给予农民更多的指导。

危朝安：刘书记讲这个农药同药不同名的问题确实存在。一药多名，商家换一个名字，又作为一个新的产品来卖。全国的农药生产企业有2530多家，农药经营企业有30多万家。市场上农药名称五花八门，让人眼花缭乱，要下大力气解决这个问题。从前年底我们就开始取缔一药多名，取消商品名，是什么药就写什么名，目前状况已经有很大改善。

我们从2007年1月1日开始，禁止在农业生产上使用钾胺磷等五种高毒农药。从2008年1月1日开始，我国全面禁止生产这五种高毒农药。这表明了我们解决农药问题的决心。

刘臣：今年我们也结合放心农资下乡活动，规范农资市场，对全市种子经销户进行了抽检。并引导农民科学选种，要求种子质量达到二级良种以上标准。

孙圣海：我们村已经搞了测土配方施肥，我们那儿成立了一个专家大院，指导农民科学施肥。

刘臣：我们市搞了一个科技创新中心，从品种选择到实用生产技术，在中心试验成功后再向农民推广。我们农业科技有几个载体，一个是我们每年都要出书发给农户，二是制作"三农"指南节目在电视台播出，很受农民欢迎。

孙圣海：这次来北京之前，我们市电视台刚到我家去录水稻浸种的节目。大户走一步，电视台录一步、播一步，全体农民跟一步。

刘臣：因为他种地多、影响大，电视台经常播他家的节目。像他这个大户，自己基本也成专家了。大家有时候不看我们当地的新闻，也要看这个节目。特别是这个时候，每天电视台都在下面录，回去就播。进种应该进什么样的？育秧出了什么问题？苗泛黄了怎么办？打

二十六　切实抓好春耕生产　力争全年粮食和农业有个好收成

开电视就能看到专家在现场的指导，老百姓碰到类似情况就直接学用，很方便。

万亩高产创建示范活动增粮效果显著，成为搞好粮食生产的重要抓手

危朝安：今年我部组织实施的万亩高产创建示范片将从去年的602个增加到2600个，实施作物扩大到粮棉油三大作物。目前工作方案已经下发，示范片已经落实到县、乡、村、田。同时，设立19个全国粮棉油高产创建督导组，分片包干，加强对高产创建示范片实施督促检查。

高产创建是我们农业部门在新时期抓好粮食生产，抓好农业生产的一个重要抓手。只有这样，才可能实现大面积的增产，而且只有万亩以上才是农民种出来的产量。这件事情我们推进的时间虽然不长，但成效是很显著的，是值得推广的。

刘臣：我们去年承担了高产示范工程，共150万亩大豆、10万亩小麦。大豆面积今年基本上稳定了，水稻的高产创建片今年能达到40万亩，现在三个乡镇已经连成一片了。

危朝安：我想连续抓几年整乡的推进，然后再过渡到整县的推进，一县一县来搞。因为尽管去年粮食单产突破了330公斤，是历史最高水平，但潜力还很大。

刘臣：我们去年的水稻高产攻关田亩产就是700公斤，达到了这个目标。在我们那儿叫一垧两万斤。

危朝安： 这个目标是经过专家反复论证的，是可以达到的。去年一年，山东一个小麦万亩连片最高单产670多公斤，增产的效果很明显。我们想再加大力度来抓。为了方便监督，我们要求每一万亩示范片要有标牌，技术负责人、行业负责人、粮食品种、播种时间、目标产量都要在牌子上公示出来。

今年中央财政将对高产创建专门给予支持，很多地方成立了以政府领导为组长的高产创建领导小组。地方政府现在抓粮食生产积极性都很高，高产创建给了他们一个抓手。

刘臣： 高产创建很有生命力，能调动地方抓粮的积极性。像大豆，我们全市平均亩产才150多公斤，但高产创建核心区已经达到254公斤以上。我们是产粮大市，现在上面是按照市里对国家粮食贡献下拨转移支付资金，我们抓粮有积极性。

危朝安： 油料万亩连片的目标是"三二一"，即亩产300公斤的花生，200公斤的油菜、大豆，100公斤的芝麻。

刘臣： 去年我们承担全省大豆"345"高产示范工程150万亩，小麦"678"高产示范工程10万亩，经农业部和省测产专家组验收，小麦1个农业部核心区亩产达到400.8公斤；8个示范区亩产达到350.1公斤；整个创建区平均亩产达到303.4公斤。大豆1个农业部万亩连片示范点亩产达到236公斤，比国家指标增长7.3%；3个核心区亩产达到254.5公斤；整个创建区平均亩产达到165.1公斤。

高产创建让我们的粮食综合生产能力进一步提升。今年富锦又承担水稻和大豆两个粮食作物的高产创建活动，实施面积为130万亩。

二十六 切实抓好春耕生产 力争全年粮食和农业有个好收成

我们要突出抓好粮食高产创建,加强技术集成配套、典型示范、规模生产、物资投入,坚持核心区、示范区、辐射区三区联创,以五大作物十大高产栽培模式为核心,力争高产。

《经济日报》2009-04-07,李力、杨学聪报道。

相关链接——高产创建的作用

2008年,农业部在全国范围内建设了602个粮油万亩示范片,集成了一批高产栽培技术模式,涌现出一批万亩高产典型,其中山东岱岳区小麦万亩示范片亩产679公斤,创造了我国大面积小麦单产最高纪录。万亩示范片还以点带面,促进了所在区域的大面积平衡增产,据统计,500个粮食高产创建示范片平均亩产617.8公斤,带动所在县亩产达到496.4公斤,比全国平均亩产高169.1公斤;102个油料示范片平均亩产185.3公斤,比所在县亩产高30.1公斤。通过高产创建活动,整合了农业行政、科研、教学、推广等各方面的资源和力量,形成了科技兴农的合力,加快了农业科技成果转化,万亩示范片成为行政领导抓农业生产的指挥田、科研专家展示成果的试验田、农技人员引导农民使用先进技术的样板田。

相关链接——高产创建的目标

农业部今年安排粮棉油万亩高产创建示范片达到2600个，覆盖1700个粮棉油主产县。其中，水稻、小麦、玉米示范片各600个，马铃薯100个，油菜250个，大豆150，花生100个，棉花200个。创建目标是小麦亩产600公斤、一季稻700公斤、玉米800公斤、双季稻900公斤、花生300公斤、油菜200公斤、黄河流域棉花100公斤、长江流域棉花120公斤、西北内陆棉花150公斤；南方地区示范片面积逐步扩大到3万—5万亩，北方地区逐步由村到乡到县整建制推进。

二十七

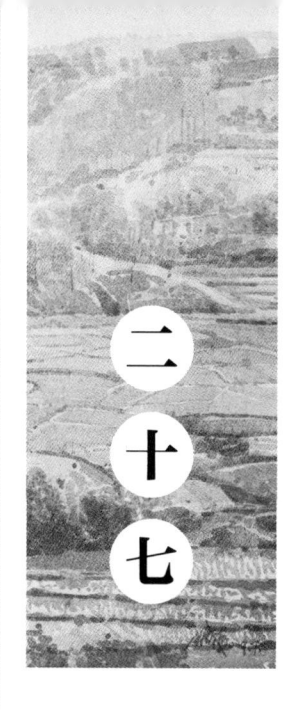

发挥侨联组织优势
服务新农村建设

对话人——

林　军：中国侨联党组书记、主席

李巨涛：云南省侨联副主席

马志山：云南省文山州委常委、砚山县委书记

宋　闯：中国侨联科技顾问、中国侨联科技专家服务团团长

叶荣强：云南省文山州砚山县平远华侨农场党委副书记、纪委书记

卢跃品：云南省文山州砚山县稼依华侨农场管理区党委书记、场长

策划人——

李　力：经济日报产经新闻部副主任

图27 林军(中)与马志山(左二)、卢跃品(左一)、李巨涛(右二)、叶荣强(右一)在交谈

常理/摄

二十七 发挥侨联组织优势 服务新农村建设

近年来,中国侨联深入贯彻落实科学发展观,以高度的责任感、使命感和对贫困归难侨的深厚感情,在社会主义新农村建设中发挥了独特作用。日前,经济日报邀请中国侨联党组书记、主席林军和来自基层的有关负责人、农民代表进行对话交流,共同探讨——

扶持政策普惠民生

卢跃品: 近年来,我们场员群众的生产生活条件不断得到改善。农场共修建了5米宽的沙石路1650米,修建5米宽的水泥主干道1610米,修建3个队居民区的水泥支道5040米,修建三面光排灌沟渠1334米,修建沼气池42口,打小水井70口,建两间科技活动室。

在侨联组织和政府部门的扶持下,农场通过基础设施建设,解决了场员以前饮水主要靠人挑、靠车拉,道路晴通雨阻,农场产品外运困难的问题,使场员群众感受到了党和政府对归难侨的关心和重视。水泥路建好以后,很多老年人都买了电动车。

林军: 我们非常重视和关注侨界困难群众的生产和生活,在服务社会主义新农村建设中,首先帮助解决聚居于84个华侨农林场和散居在广大农村的贫困归难侨共同关心的突出问题,引导他们共同建设繁荣和谐的新侨乡,共享改革开放成果。

卢跃品: 在归难侨危房改造项目方面,我们也是受益者。目前,国家发改委共立项批复在稼依农场实施275户归难侨危房改造工程。到今年2月底,农场已经完成归难侨的危房改造248户,另外有17户还没有竣工。完成总投资1324万元,其中中央补助248万元,群

众自筹资金和投工投劳折抵1076万元。我们农场兑现第一批危房改造补助款那天，三队的归侨卜锦照、欧廷孝拿着15000元的补助款，激动得热泪盈眶。

马志山： 近几年来，我们着力改善归侨侨眷的生活环境，加快推进危房改造，共实施危房改造457户，其中已竣工420户。另外，今年实施的549户规划、选址、到户工作已经完成，将于近期启动实施。今年还将在平远农场新建廉租住房9600平方米，在稼依华侨农场新建廉租住房7000平方米。我们将采取有力措施，确保年内按时、按质完成，为广大侨民提供优美舒适的生活环境。

在子女上学方面，农场适龄儿童义务教育入学率达到100%。在社会保障方面，我们对两个华侨农场养老保险的历年欠费进行清理补缴。现在两个农场共有3739名场员参加了新农合，解决了看病难、看病贵的问题。不过，目前农场地区的卫生基础设施较为薄弱，高素质的医务人员比较欠缺，这是今后改善农场地区医疗卫生条件需要努力解决的问题。

李巨涛： 云南省有归侨侨眷50多万人，其中归侨8万人；有13个华侨农林场，是国家安置归难侨的重要基地。长期以来，由于体制的原因，华侨农场经济发展相对比较滞后。这些年，华侨农场经历了包括危房改造、医疗保险等各方面的基本建设，涉及千家万户，这是我们为归侨侨眷办的实实在在的好事。

我们也要看到，对于华侨农场来说，发展才能解决根本问题。在想方设法帮助归侨侨眷解决民生问题以后，我们还要继续配合社会主

二十七 发挥侨联组织优势 服务新农村建设

义新农村建设，千方百计地提高他们的积极作用，调动他们的生产积极性。

林军： 归侨侨眷和海外侨胞为改革开放和现代化建设做出了重要的贡献。但目前国内还有 84 个华侨农林场和散居农村的 100 多万侨界困难群众需要帮扶。

中国侨联深入调查了解侨界困难群众的状况，切实把解决制约华侨农林场改革发展的突出问题，维护困难归侨侨眷的合法权益作为各级侨联组织服务新农村建设的重要内容。

全国人大常委会在执法检查中发现，长期困扰华侨农林场改革发展的体制机制、金融债务、基础设施建设、危房改造、土地确权、社会保障、生活贫困等问题突出，群众反映强烈。这些问题引起了党中央、国务院的高度重视，当年，唐家璇国务委员曾亲自率领 18 个部委的同志深入华侨农林场进行对策性调研，并相继制定了一系列配套政策。中国侨联将继续加强与政府职能部门的沟通协调，积极推动有关政策的贯彻实施，使华侨农林场的改革发展步入健康轨道。

基础建设抓紧跟上

卢跃品： 目前，制约华侨农场农业发展的最主要因素是农业基础设施差。我们农场水利设施年代比较久远，最早的水利设施已经有 50 多年的历史了，这些机井、沟渠现在已经老化，甚至不能正常供水。而且水利设施的覆盖面也比较小，农田的水利化程度比较低。

叶荣强： 我们农场是 1955 年建场的，水利设施都是上个世纪

七八十年代建的,那些管网看着倒是还可以,但是用的时候经常漏了或者堵了。另外就是用电的问题,我们周边地区的农网改造都已经完成,但平远农场还没有进行农网改造,一度电得相差两毛多,农场的电费负担要高很多。这不利于招商引资,在一定程度上也影响了农业产业化的进程。

马志山: 推进农业的产业化发展,需要有资金扶持。砚山县是国家级贫困县,目前的财政还要靠国家转移支付。我们现在每年都从财政中拿出140万元作为产业补贴资金,拿出140万元搞基础设施建设。

目前,农场的生活用水设施总体可以满足场员的需要,但老化的管网仍然需要改造。在农业用水方面,很多土地没有沟渠,得不到很好的浇灌,水利化程度非常低。我们也在努力做一些工作。像我们最近开发的现代烟草农业基地,就把管网拉到平地里边去,每隔50米设一个喷灌点,用胶管插上去就可以浇地了。去年我们实施了8000亩,今年要再实施25000亩。再一个是防洪的问题,雨季来的时候,水又很大,把我们很多耕地都淹没了,这个问题我们也在积极进行调研,寻找解决方案。

生活用水也好,农业用水也好,防洪排涝也好,都需要国家在政策上给予倾斜。我们有充足的水源,但现在要有投入,要把灌溉水渠纳进去,把防洪沟建起来。中国侨联也帮我们向水利部争取了1500万元的资金支持,用于解决华侨农场的水利设施问题。

刚才谈到平远华侨农场的电费要比周边老百姓的电费贵。我们在争取早日把华侨农场的农网改造,纳入南方电网的规划,实现同网同价,切实减轻侨民的生产负担。

林军: 在参与社会主义新农村建设中,中国侨联非常关注华侨农场的农业基础设施建设。去年7月,中国侨联组织专家团赴云南省文山州调研,了解到砚山县平远、稼依两个华侨农场所在地的平远大型灌区水利建设投资一直未达到规划要求,造成工程不能按计划实施、灌区难以连片建设、工程管理运转困难等问题,随即通过侨联及时反映到水利部农村水利司,引起高度重视,1500万元项目资金已于2008年底到位。

针对华侨农场在安全饮水和农田水利方面存在的问题,水利部也表示将加大支持力度,争取在今年年底前基本解决全国84个华侨农场30多万人的安全饮水问题;借助国家拉动内需、加大财政投资力度的大势,尽快落实水利基础设施建设项目资金,用于改善华侨农场灌溉排水条件和小型农田水利改造,并要求各地方水利部门高度重视华侨农场工作,将其水利设施建设纳入整体规划,有步骤、有侧重地推动相关问题的解决。

调整结构促进发展

卢跃品: 2006年底以来,我们从澄江引进了200头母猪和两头种猪给贫困场员饲养,已有90%的母猪生产了小猪,当年就有98户的贫困户出栏猪仔将近1300头,养猪业已经辐射了整个农场。2008年,全场共实现畜牧总产值101万元,完成生猪改良1350头,出栏

肥猪 756 头，出栏猪仔 612 头。我们还积极引导场员在果树地里发展家禽养殖，现在全场共发展果园养殖家禽 23 户，有家禽 2586 只。

我们还积极带领场员发展种桑养蚕产业，现在农场共发展蚕桑产业 1200 亩，2008 年全场共有 218 户养蚕，养蚕 580 张，群众增加经济收入 147 万元，实现亩均纯收入 1225 元。

我们的水果产业也得到了加强。去年中国侨联组织专家去调研培训后，农场的果农积极实施果园更新改造。目前全场共实现柑橘改造 250 亩，总种植面积 665 亩，梨更新改造 300 亩，发展日本甜柿 100 亩，种植石榴、花红李、猕猴桃等水果 150 亩。

马志山：我们明确华侨农场必须走调牢农业、调强工业的产业结构调整思路，并按照这一思路开展工作，加快工农业发展步伐。坚持借助外力与挖掘内力并举，壮大华侨企业经济发展的实力。利用华侨农场"侨"多的特点，充分挖掘侨力资源，多渠道招商引资，集中力量抓好建材、农副产品加工等产业的培育和发展，新型工业化步伐加快，工业发展质量和效益进一步提高。同时，围绕企业抓基地，瞄准市场抓调整，依托资源抓特色，逐步探索出了一条侨区现代农业发展之路。平远华侨农场依托新烟区开发暨现代烟草农业示范基地建设，大力发展烤烟和水果产业。稼依华侨农场紧紧围绕"猪、沼、果、桑"的发展思路，各项产业取得迅速发展。

今年，我们产业结构调整的另一个重大突破，就是在文山州推广 300 万亩油茶种植。文山州的土壤、气候、环境、日照等条件非常适合种植油茶，我们就把油茶种植作为下一步的工作重点。

林军： 发展油茶产业既关系到基层的经济发展，也关系到国家的粮油安全。去年11月，中国侨联邀请中国林科院的专家深入砚山、富宁、广南考察，针对当地优质油茶苗木短缺的问题，提出利用农业废弃物，实施轻基质网袋工厂化育苗新技术的对策性建议，并推介了油茶新品种及栽培技术，对当地调整产业结构、促进循环经济发展和科学发展油茶产业起了重要作用。目前，经中国侨联牵线搭桥，中国林科院已与文山州林业局初步达成以砚山为中心，辐射广南、富宁的工厂化育苗技术推广意向。

宋闯： 要发展油茶，必须要有好的种苗。我们的品种专家和育苗专家调研时，发现文山州那儿确实有干头。他们当地有优良的品种，亩产20公斤茶油应该没有问题。如果能好好利用当地的种子资源，进行工厂化育苗，就能够实现良种壮苗。

马志山： 中国侨联组织专家去调研和技术指导，对于推进农场的生产结构调整和产业化发展，意义重大。中国侨联还帮我们引进了一家香港公司。有技术支撑，有工厂化育苗，有深加工的龙头企业拉动，油茶产业的发展前景值得期待。现在油茶种植已经在全县乃至全州推广了。据初步估算，300万亩的油茶一年能创造几十亿元的经济收入。

技术下乡激活效益

叶荣强： 去年7月，中国侨联组织专家组到我们农场的一个生猪养殖厂看了以后，发现这个养殖场的生猪品种在发达地区已经被淘

汰，就建议引进新品种，并对养殖技术和防疫给了一些指导。有个场员在专家指导后，现在养殖规模已经发展到300来头。专家们还指导我们修枝打杈和预防病虫害。在专家的指导下，归侨林萍的金华梨亩产值提高1000余元，马令在8亩柑园里套种蔬菜，亩产增收了2000元。现在很多果农都有专家的电话，有问题就打电话咨询。

卢跃品： 以前我们靠天吃饭，搞农业没什么技术。现在不同了，科技下乡活动以后，场员们都开始琢磨精耕细作抓生产，积极想办法发家致富。

马志山： 现在华侨农场场员对于科技的热情很高，需求也很广泛，场员自己就给专家写信、打电话，邀请专家去指导。专家去了，在经济林木、蔬菜、粮食、沼气、鱼塘等方面也都能给些指导，这种点拨，真是起到"点石成金"的作用。

宋闯： 现在基层农林场的土地都已经分到户，场员们都迫切需要种植和养殖技术。而专家也希望把科研成果用于实践，去了以后，也确实有用武之地，都很愿意再为基层服务。

这几年，中国侨联一直在帮助基层的华侨农林场谋发展，帮助解决场员的民生问题，还关注他们的生产技术问题。中国侨联本身没有科技资源，但他们携手中国科学院、中国农科院、中国林科院等科研单位，服务华侨农林场，使科技资源和土地资源、气候资源、劳动力资源等生产要素结合起来，帮助侨区谋发展，这是很有意义的。

李巨涛： 以前我们每年去基层慰问归侨侨眷，都是送钱或生活必需品，但那解决不了根本问题。科学技术是第一生产力，在服务新农村建设中，我们非常重视科学技术的推广。我们利用侨联系统的整体优势，借助侨联组织的协调能力、联系能力，整合各条战线侨联组织的智力优势、人才优势、经济优势，把科技下乡活动落到了实处。中国侨联、云南省侨联和中科院到文山州开展科技下乡活动，效果还是很明显的。专家去的时候，当地的农技人员，农业局、林业局、农科所等方面的人员都参加了，受益面非常广。

侨联在开展科技普及活动的同时也配送项目，像油茶种植的技术推广，就非常典型。在云南省委书记到文山州调研并提出要重视油茶发展后，中国侨联到文山州开展科技下乡活动，推广油茶种植技术。现在，油茶种植在文山州处于起步阶段，群众干劲很大，专家们解决了他们信息不畅、技术掌握不够全面的问题，还带去了工厂化育苗项目，这简直是发展油茶产业的"及时雨"。

林军：华侨农林场要摆脱困境，除有步骤地解决体制机制和历史遗留问题外，最根本的还是要通过挖掘内在潜力，增强自身发展动力，用科学发展的办法解决前进中的问题。针对华侨农场信息闭塞、生产力水平低下、产业结构单一、劳动力科学文化素质偏弱等问题，中国侨联将借助社会力量，以扶持华侨农场科学发展作为服务新农村建设的着力点。2007年3月，我们在北京举办了为社会主义新农村建设服务活动启动仪式；聘请了12家单位的39名科技专家为首批科技顾问；与水利部、人力资源和社会保障部、中国农科院、林科院等8个单位签订了合作协议，合作领域包括推进华侨农林场的社会保障体系建设、剩余劳动力再就业培训、安全饮水、惠农政策落实以及华

侨农林场发展规划制订、现代农业科学技术的推广和科技入户、示范典型培育等；组织科技专家团深入华侨农场开展科技服务活动。

在中国科学院、中国农科院、中国林科院和国家气象局的大力支持下，两年来中国侨联先后组派5个专家团，分别到云南的陆良、太和、宾居、彩凤、稼依、平远、金坝7个华侨农林场开展调研和科技服务活动，召开13次座谈会，举办40场科技讲座，进行35次现场指导，内容涉及病虫害防治、新品种推广、现代农业发展知识、农产品市场营销等方面，受益群众达4500多人次。去年7月的调研和科技服务还形成2份专题调研报告，11份对策性建议书，对指导当地解决生产中的技术难题、优化产业结构、提高农业生产的经济效益起到了积极作用，给归难侨带去了新的知识、新的理念和新的希望。

我们将进一步建立完善"一个机制""两个平台"，依靠社会化的服务机制，继续发挥科研院所大专院校的人才优势，为推广普及现代农业科技知识，增强华侨农林场的科学发展能力提供科技支撑；搭建好与政府有关部门密切联系的政策信息平台和社会各界广泛参与、互利共赢的项目合作平台。进一步推动国家有关强农惠农政策落实到华侨农场，促进资金、人才、技术、管理等生产要素向农村地区流动，为发展现代农业提供项目资金支持。

《经济日报》2009-04-21，张进中、林火灿报道。

二十七　发挥侨联组织优势　服务新农村建设

背景链接——各地侨联积极服务新农村建设

近年来，各地侨联在为社会主义新农村建设服务的实践中，自觉以科学发展观为指导，结合实际，务实创新，突出重点，注重实效，通过整合各方面的力量提高工作的针对性和实效性，积极引导动员海外侨胞支持参与社会主义新农村建设，形成了上下联动、内外互动、发展共赢的良好局面。

浙江省侨联紧紧抓住浙籍侨胞、留学人员资金雄厚、智力密集的优势，推出了"百个侨团助百村、千名侨胞扶千户""百企联百村"等系列品牌活动。2008年4月，全国侨联系统为社会主义新农村建设服务推进会在浙江青田召开。推进会后，浙江省侨联积极开拓侨界智力资源，组织"高层次留学人员新农村服务团"，为农村发展献计出力；开展"侨界齐携手，共建新家园"主题活动；组织侨界政协委员到农村调研视察，有利于农村改革发展的意见建议得到顺畅反映。

山东省侨联积极组织、发动广大海内外侨胞投身社会主义新农村建设。菲律宾侨胞高旭日投资成立的山东盈享果蔬集团，把农民增收、企业增效、扩大就业、稳定社会作为公司宗旨，以"基地＋生产＋出口"的产业链模式，与上万农户签订了种植合同，使当地农民纯收入增加四成，附近村庄靠种植果品蔬菜走上了富裕路。

海南省侨联充分发挥广大归侨侨眷和海外侨胞在以创建生态文明村为载体的建设社会主义新农村中的作用。文昌市锦山镇南排田村旅泰侨胞黄宏莹先生捐资400多万元修建村中道路，修建鱼塘，绿化、

美化村容村貌，建文体设施，修建校园校舍，组织村中青年到泰国培训。目前，南排田村已成为全省有名的生态文明村。

广西壮族自治区侨联积极建言献策，对自治区人民政府《关于推进华侨农林场改革发展实施意见》提出修改建议，对华侨管理区的成立以及理顺用地问题、推动危旧房改造工作起到重要作用。同时，联系协调广西区劳动和社会保障厅开展全区归侨侨眷劳动技能培训活动，将全区华侨农林场、农垦林业安置场及其他安置单位以及散居在城镇和农村下岗失业的归侨侨眷及归侨侨眷子女纳入劳动厅的劳动技能培训计划，落实相应的补贴政策，帮助他们提高劳动技能和致富本领。

四川省成都市温江区侨联与西南财经大学侨联加强校地侨联合作，发挥各自长处，共同开展课题研究，形成了《统筹城乡发展，推进城乡一体化——温江区率先在成都基本实现城乡一体化探析》研究报告，为区委、区政府推进城乡一体化建设提供决策依据，报告中有关土地流转方式的发展对策已被温江区正在推进的农村产权制度改革所采纳。

云南省侨联坚持面向基层、面向贫困地区、面向华侨农（林）场归难侨、面向社会困难群体的工作方针，深入开展送医送药、捐资助学、救孤助残、挂钩扶贫等侨心工程。

二十八

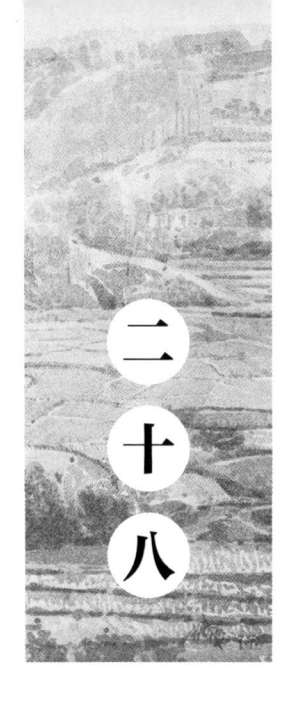

让辽阔的草原绿起来 让牧民的腰包鼓起来

对话人——

韩　俊：国务院发展研究中心党组成员、农村经济研究部部长

斯琴毕力格：内蒙古锡林郭勒盟副盟长

哈斯巴特尔：内蒙古锡林郭勒盟正蓝旗那日图苏木（乡）高格斯台嘎查（村）牧民

主持人——

李　力：经济日报产经新闻部副主任

图28 韩俊（中）与斯琴毕力格（右）、哈斯巴特尔（左）在进行交流

常理/摄

二十八　让辽阔的草原绿起来　让牧民的腰包鼓起来

"实施草原建设和保护工程，推进退牧还草，发展灌溉草场，恢复草原生态植被。强化水资源保护。加强水生生物资源养护，加大增殖放流力度。推进重点流域和区域水土流失综合防治，加快荒漠化石漠化治理，加强自然保护区建设。保护珍稀物种和种质资源，防范外来动植物疫病和有害物种入侵。多渠道筹集森林、草原、水土保持等生态效益补偿资金，逐步提高补偿标准。"

——《中共中央关于推进农村改革发展若干重大问题的决定》

"扩大退牧还草工程实施范围，加强人工饲草地和灌溉草场建设。加强森林草原火灾监测预警体系和防火基础设施建设。加快重点区域荒漠化和小流域综合治理，启动坡耕地水土流失综合整治工程，加强山洪和泥石流等地质灾害防治。提高中央财政森林生态效益补偿标准，启动草原、湿地、水土保持等生态效益补偿试点。"

——《中共中央 国务院关于2009年促进农业稳定发展农民持续增收的若干意见》

为保护草原生态，促进牧民增收，国家实施了一系列治理措施，效果如何呢？日前，经济日报邀请国务院发展研究中心党组成员、农村经济研究部部长韩俊，与来自地方政府的负责人及牧民代表共同探讨——

休牧后草原生态有所好转，部分区域生态明显改善

韩俊：前几年肆虐的沙尘暴，让大家都感受到了它对我们的生活、生产，以及整个生态环境带来的影响。近年来，国家为保护和改善草原生态环境，出台和实施了一系列草原生态治理的政策和项目，对于遏制草原生态退化趋势起到了积极作用。

草原是我国面积最大的陆地生态系统，也是我国的主体生态系统之一。我国是一个草原大国，拥有各类天然草原4亿公顷，草原面积仅次于澳大利亚，居世界第二。

斯琴毕力格：我们锡盟在北京正北方向，直线距离只有450公里左右，是北京重要的生态防线。多年来，在国家、自治区政府的高度重视和大力支持下，我们坚持"城乡统筹、三化互动（工业化、城镇化、产业化）"，草原生态保护和牧区发展取得了很好的成效。

2000年以来，国家和自治区把锡盟列入生态治理的重点区域，在相继实施的京津风沙源治理、生态移民、退耕还林（还草）、禁牧舍饲等生态建设工程中给予了重点支持。

哈斯巴特尔：我们牧民已经认识到禁牧、休牧的重要性。我们觉得，草原生态改善更多地要依靠自然恢复。草原上本来就有草种，只要环境允许，就会自己生根发芽。我们附近的沙地，经过几年禁牧，已经恢复得很好了。

春季牧草返青，秋天牧草变黄，这就是恢复自然生态，人的活动要顺应它、遵循它、呵护它。在自然的力量面前，人的能力是很有限的。

韩俊："草原治理"这个词太学术化了，牧民用"草原保护"这个词。我们在牧区调查以后归纳出一句话叫"自然天成易，人工治理难"。这是草原的生态规律。

斯琴毕力格：刚启动京津风沙源治理项目的时候，很多人说草原生态恶化了，要种树、种草，不是那个概念。草原生态系统不允许你种那么多树，成活率非常有限。草原生态系统有非常强的自我修复能力。像禁牧，三年牧草就长很高了。"保护"的作用是非常大的，带有全局性和长远性。

韩俊：近些年，国家在草原牧区主要开展的草原生态治理项目包括退牧还草工程、生态移民（围封转移）工程、京津风沙源治理工程等。这些工程的实施对于推动草原生态保护和建设起到了积极作用。但不可否认的是，目前实施的这些草原生态治理项目还存在一些缺陷，缺乏综合性及可持续性。这个问题怎么解决？我们到锡盟调研过，基层的同志们在这方面已经做了很多有益的探索。

斯琴毕力格：草原生态系统对承载能力是有限制的，要让草原绿起来，就要减少人的活动。面对沙尘暴持续不断地发生，面对生态环境的极度恶化，这几年，借助国家生态建设项目的支撑，我们探索了一个路子，叫"两转双赢"：力求通过转移牧区人口、转变畜牧业生产经营方式，实现草原生态恢复和牧民收入增加的双赢目标。

"两转"关键是转移牧区的人口。一方面，把牧区的富余劳动力，向城镇和第二、三产业转移就业。另一方面，过去那种以牲畜头

数论英雄的做法肯定是不行了，必须要保证牲畜数量适度、质量提高，转变粗放的生产方式。

解决生态保护和牧民增收的矛盾，锡盟的"两转双赢"是条好路子

韩俊： 草原保护和牧区发展中一个根本的矛盾就是生态和生计的矛盾。我们在调查研究中发现，在草原牧区，尤其是纯牧区，工业、服务业都比较落后，就业机会少，收入渠道窄，牧民的收入几乎全部来自于草原畜牧业。这种条件下，一方面，牧民希望多养畜增收致富，另一方面，草原不堪重负，草场退化，生态环境恶化。

近年来，随着牧区和外界沟通的加强，牧民的交通、生活、通信、教育等成本日益上升，也更需要牧民从有限的草地上获取更多的收益，来维持其不低于以往的消费水平。牧民增收发展与草原生态保护将会是长期存在、难以调和的一对矛盾。

斯琴毕力格： 生态问题说白了就是老百姓的出路问题。增加牧民收入实际上是整个牧区生态保护的最终目标。

哈斯巴特尔： 我们牧民也很苦恼，在条件有限的情况下，如果要生态，牧民生活水平就降下来了；如果牧民靠多养羊、养牛增收了，草原就受不了啦。

斯琴毕力格： 牧民收入的增长，一方面要靠畜牧业内部挖潜，比如说要少养精养，这个空间是有限的。另一方面，国家的政策性补助，包括直补、社会保障等肯定是特别需要的。

同时，鼓励牧民通过转移就业增收，通过劳务输出，通过生态移民，通过劳动力培训，让牧民到城镇、到第二、三产业就业，比如说搞一些经营、旅游等。

韩俊： 实际上中央和地方政府，都在探索实现双赢的办法。有专家测算过，每年牧区草原退化、沙尘暴给我们带来的生态损失为五六百亿元人民币。但是全国牧区的纯牧民加起来也就400多万人。这400多万牧民，每年的收入按人均4000元计算，也就是160亿元。

过度放牧，给草原造成了很大的压力，付出了很高的代价。把生态保护和老百姓生计的改善结合起来。一个方面要靠国家实施一些草原的生态治理项目，要靠国家对牧区提供一些支持，比如牧民休牧给补贴，人工草场有补贴，包括生态移民有补贴，当然对牧区的教育、医疗卫生这些基础设施和公共服务要有相应的支持政策。当然，牧区的发展更重要的还得靠转移人口，靠转变畜牧业的发展方式。

斯琴毕力格： "两转双赢"，一方面靠我们自己，在实践当中不断探索和完善，提出并大力实施了"转人、减畜、增收"的具体措施，另一方面靠国家项目的支撑。京津风沙源治理项目，锡盟是一个重点区域，这里面包括围栏、棚圈、水利基础设施、舍饲禁牧等。除此之外，国家这两年对牧民也给予了农机补贴和良种补贴，这的确对草原的生态恢复、生产方式的转变、农牧民的增收发挥了非常重要的作用。

从2000年至今9个年头，我们锡林郭勒草原生态环境有了很大的恢复，哈斯巴特尔生活的那个区域是明显恢复。

2000年时，因沙尘暴、病虫鼠害，我们牧民年人均收入不到

2000元，2008年达到5800元，这是一个恢复性的增长，所以说"两转双赢"这个路子是可行的。

不过，相比农业和林业，相比草原生态环境从根本上恢复的需求来讲，我们呼吁要进一步加大对"三牧"的投资力度。

加大政策支持力度，继续搞好禁牧休牧

斯琴毕力格：我们刚开始搞休牧时，国家启动了禁牧舍饲项目试点，要求牧民在春季牧草返青的两个月时间内休牧，一亩地给补贴一定的陈化粮，后来是直接补贴钱。连续搞了5年，试点成功，目前项目已经结束了，如果不继续禁牧舍饲项目或启动其他项目，对我们草原保护来说，可能是前功尽弃。

韩俊：现在你养牲畜还搞休牧吗？

哈斯巴特尔：我们现在是自愿休牧。我家一共6口人，养了90头肉牛。2001年，我们休牧开始有补贴。一亩地补贴六毛一。休牧期间牛要吃人工饲料，一年总共给补贴1000多元。

韩俊：补助够不够？

哈斯巴特尔：不够总比没有强。肯定不够，我放牧的同时还种草，必须保证人工草场产量提高，我每年都种一万多斤的青贮玉米。

韩俊：有一个数据，锡盟浑善达克沙地流动沙丘面积上世纪60年代有25.8万亩，2000年已经增加到445万亩，沙化非常快，平均每年增加10万亩。尤其是上世纪90年代到2002年，每年的沙地面积增加20万亩以上，沙化越来越严重。现在通过治理恢复起来了。

二十八 让辽阔的草原绿起来 让牧民的腰包鼓起来

哈斯巴特尔：草场越封育越多，牧民收入越来越少。原来可以利用的草场不让用了，牧民就会减少收入。但生态是我们的根本，不休牧不行，你必须这么去做，我们现在对付吃饱了，下一代怎么办？

韩俊：我们调查过432户牧民，他们反映实施草原生态治理项目以后，约五成的人说收入是减少了，这是一个比较严峻的问题。

哈斯巴特尔：为了保护生态，我们嘎查1995年就开始控制羊的数量，不保护草场肯定不行。我们希望禁休牧继续搞，而且国家继续给补贴，这样我们牧民才有奔头。

现在对农区的重视程度和补贴应该说做得越来越好，我们希望对牧区也能给更多的支持。今年我很高兴，我拿到了农机补贴，我买了一台一万多元的农用车，国家给我补了3000元，良种补贴也拿到手了。

现在农民种粮不是国家给直补吗，牧民养畜能不能也给直补呢？可以按人口补贴。

还有，科学技术必须要下乡，要到牧民那儿去，到苏木去，到嘎查去，这样才能让牧民用科学技术武装头脑，才能增收致富。还有，牧区的医疗卫生建设还不行。

因地制宜确定牧区生态容量，推动牧区生态移民

斯琴毕力格：这些年，国家各种项目的政策性投入，相比过去，总数还可以，但平均到每亩草场上就没有多少钱了。在这个基础上，进一步完善我们的思路和措施。在实践中我们认识到，草原建设应从

过去单纯的项目治理需要逐步制度化、规范化，因为它事关长远和全局，我们提出"生态容量"的概念，具体说锡林郭勒草原，有20万平方公里，过去牲畜最多时，全盟有1811万头只，但在考虑生态的前提下，锡盟合理的养畜规模应该在1000万头只，说明过去超载很严重。

这5年，尤其2003年以来，我们牲畜头数每年下调100万头只，现在回落到1300万头只，今年应该能到1200万头只。1000万头只牲畜究竟能带来多少收入，其他的收入从哪儿来？这就要求直接从事牧业生产的人口也得控制。锡盟牧区人口2003年达到23万人，通过转移就业、就地转产，最终目标是将牧区直接从事牧业人口控制在10万人以内。锡盟生态容量的概念：20万平方公里草场，1000万头只牲畜，10万牧业人口。

韩俊： 这就涉及生态移民和转移就业的问题。生态移民难度大表现在两个方面，一方面是政府方面的财政压力大、工作难度大，另一方面是移民的生活负担重、生存压力大。

以锡盟为例，生态移民试点项目的实施，已经围封禁牧草场370万亩，占生态恢复禁牧区草场总面积4074万亩的9.1%，已投入补贴资金2013.36万元，占试点区5年计划补贴资金的26.6%。按禁牧10年计算，4074万亩草场实施禁牧，有12200余人搬迁出来，需要补贴资金10亿多元，这么大的资金量，对经济发展相对滞后的锡盟来说是个沉重负担。

另外，牧民移民后其生活和生产方式都发生了极大的改变，牧民对新的生产和生活方式不适应。牧民转移到城镇从事第二、三产业，从文化、技能及生活习惯等方面不相适应，移民外出就业困难且工资不高。多数草原地区第二、三产业不发达，具有民族特色的餐饮、服务、旅游业尚未发展起来，对转移就业增收带动有限。移民后生活成本和生产成本大幅度增加，收入增长却很缓慢。

斯琴毕力格： 要保证牧区的生态，对牧区的人口就要像过去城镇户籍一样严格地管理。要保证牲畜、草场平衡，还要根据每家草场的生产能力限制牲畜数量。比如说哈斯巴特尔的家庭牧场，根据他草场的生产能力，绝对不能超载。

哈斯巴特尔： 按标准，应该是18亩草场养一只羊，90亩草场养一头牛，我家2540亩应该养20多头肉牛。我养了将近90头牛，按这个标准已经超标了。现在我租用了别人的5000亩草场，种了一部分青贮玉米，可以解决这些牛的草料问题。

斯琴毕力格： 转移人口的核心问题是要妥善解决老百姓的生计问题，简单的生态移民，从这个地方搬迁到那个地方，如果不能让老百姓就业，成功率是很低的。

韩俊： 草原禁牧以后，把牧民从草原上转移到城里来，安排一个住处很容易，但是牧民要找到稳定的合适的工作，非常困难，要适应城市这种生活方式，更困难。我见过一个70多岁的老太太，家里所有的人都到城里去了，她坚决不走，她要天天看蓝天白云和辽阔的草原。

斯琴毕力格： 这就需要考虑牧民劳动技能培训问题，人口转移也

要随着经济社会的发展稳步推进。生态移民是一个综合性的工程，对牧民的影响非常大，一定要有很多的配套措施，特别需要国家的大力投入。

哈斯巴特尔：移民必须要有技术。

韩俊：以后还要掌握技能。

斯琴毕力格：要实现人口的转移就业，最终的决定因素是劳动者素质，一部分青年牧民没有任何劳动技能，实行草原生态移民后，更需要各种技能培训。这就要求加大对牧民就业培训的投入，这是带有根本性的问题。比如我们锡盟每年有2000多名初高中毕业生，不能继续升学，就回去跟父母分草场、争地。假如这部分人能通过一定的职业技能培训，掌握一定的技能，在城镇第二、三产业就业，就可能带出2000多户牧民，到了一定年龄，父母也有可能跟着他们进城。

草原禁牧后，有些牧民在县城盖了房子，开始自己创业，有修摩托车的，有一些妇女到饭馆、羊绒厂去打工。

现在农业部的"阳光工程"、国家扶贫办的"雨露计划"、劳动部门的劳动力培训都覆盖牧区，但投资的标准很低，一个人培训补助600块钱，距离培养出一个合格的劳动者还有一定差距。

韩俊：锡盟在全国有一个非常超前的探索，就是超前发展牧区教育，所有的小学和初中，从苏木里面撤到旗里面来，集中办学，一年级的小学生都寄宿。义务教育、高中教育达到了免费教育的水平。牧民的孩子上高中，家庭困难的都有补贴。这是很有前瞻性的。

二十八 让辽阔的草原绿起来 让牧民的腰包鼓起来

巩固完善草原家庭承包经营制,让牧民吃上"定心丸"

韩俊：十七届三中全会中央提出要稳定和完善草原承包经营制度,牧民清楚不清楚,哪片草场是他的？

斯琴毕力格：牧民对自己草场的四至界限是最清楚的,而且很多地方都基本实现了围栏化。

哈斯巴特尔：牧民对边界都是很清楚的,我们那儿都用围栏围起来。牧民承包草原首先希望的就是稳定。我养牛就租了5000亩草场,要是国家能给我点补助就好了。

韩俊：租给你草场的人还不能把草场卖给你。在稳定草原承包经营权的前提下,草场可以流转,大户经营或者联户经营,实现规模经营。

斯琴毕力格：围栏一方面起边界保护的作用,另一方面起合理利用的作用,体现的是牧民的使用权。承包到户,是用围栏体现和实现的。现在不少牧民都在自己的围栏里进行轮牧。

哈斯巴特尔：我在自己承包和租来的草场里分了6个区,有的地方专门打草,牛群在这个栏里吃几天,再去那个栏里吃几天,都分着吃,绝对不能全部把它吃掉,全部吃掉就要沙化了。租用了别人的草场,必须把流转的草场利用好。

我们那里租草场一般是一到三年短期的流转。时间长了,一旦这个草场值钱了,他就会涨租金。

斯琴毕力格：这都是实践当中探索出来的。

韩俊：必要的围栏要搞,休牧轮牧要搞,同时能出去的就出去就

业，保护草原和增收首先是靠牧民自己，同时国家还要继续给予支持，这样，草原就能绿起来，牧民腰包就能鼓起来。

哈斯巴特尔：第一是草原绿起来，第二是牧民富起来。现在卖一头肉牛平均四五千元，我的平均年收入是十几万元。今年我做的风干牛肉全卖光了。

韩俊：要依法确认草原的所有权和使用权，进一步做好草原承包经营制的落实工作，牧民希望保护他这块草原权利的愿望是非常强烈的。

我们调研时也发现，非牧户占用草原的情况比较普遍，锡盟做过严格的清理，核心是保护牧民的权利，稳定草原的承包关系，让牧民吃上一颗长效定心丸。总之，只有草原承包制稳定下来，牧民才能够真正放心地来使用他的草原，流转他的草原，保护他的草原。草原定权了，牧民定心了。这是中央一直强调的，也符合牧民的心愿。

斯琴毕力格：草场流转主要靠市场机制的作用。草场承包解决了吃饱的问题，要想吃好，那就需要流转。

现在看，不会经营的牧民把草场租出去，会有一个稳定的可观的收入，成千亩草场租出去，每年会有上万元的收入。

牧民承包的草场可以出租转让给别人，这样不但有出租草场的收入，还可以去干别的工作挣钱，这是一个双赢的过程。

韩俊：草原的生态更脆弱，牧民更需要稳定的承包关系。

二十八　让辽阔的草原绿起来　让牧民的腰包鼓起来

建立生态补偿机制，细化具体实施细则

韩俊： 建立生态补偿机制，林业已经有了，草原也有这方面的政策要求。中央1号文件已经连续两年都提了这个问题。这是一个根本性的问题。公益林补偿已经启动了，一亩地给5元，给牧民是4.5元，另外还有5毛钱作为管理费。但是针对草原的补偿制度还没有明确。我们有关部门应该结合现在扩大内需、保增长、保民生的政策，抓紧研究出台一些相关政策。

休牧禁牧给补贴就属于生态补偿，生态移民给补贴和补助，广义来讲也是生态补偿。应该设计一个政策包，一揽子的政策，形成一个制度。刚才斯盟长讲，现在草原生态治理都是项目，没有形成一个制度，这个制度最重要的是要建立一种对草原生态的补偿制度，要调动牧民自觉自愿地来保护草原的生态，否则保护草原生态和促进农民增收这个矛盾，不可能从根本上解决。

斯琴毕力格： 现在要讲到体制机制这个问题，不应该是过去那种头痛医头、脚痛医脚的临时性措施，应该是站在全局、长远发展的高度上，进一步明确国家和牧民的责任，形成一个完整的制度体系，按照这个体系去运行。

韩俊： 锡盟现在改善了生态，又改善了牧区的民生，这是一举两得。政策要求是明确的，现在需要的是细化和落实。

草原的生态治理和保护工程，力度相对较弱。对草原的管理能力还亟待提高，各部门之间要形成合力。

《经济日报》2009-05-19，李力、杨学聪报道。

二十九

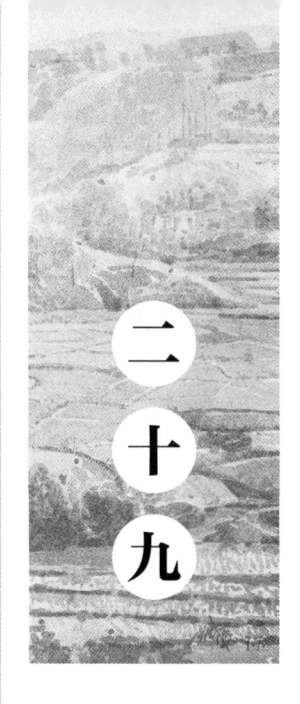

振兴我国大豆产业
确保国家粮油食品安全

对话人——

万宝瑞：国家食物与营养咨询委员会主任、中国大豆产业协
　　　　会会长

董颖秋：黑龙江省克东县县长

石克荣：河北汇福粮油集团董事长、总经理

马德军：黑龙江省克东县宝泉镇护路村党支部书记

策划人——

李　力：经济日报产经新闻部副主任

图 29　万宝瑞（左二）与董颖秋（右二）、石克荣（左一）、马德军（右一）在进行交流

常理 / 摄

> 支持优势产区集中发展油料等经济作物生产。加快实施新一轮优势农产品区域布局规划。落实国家扶持油料生产的各项政策措施，加强东北和内蒙古优质大豆、长江流域"双低"油菜生产基地建设。尽快制订实施全国木本油料产业发展规划，重点支持适宜地区发展油茶等木本油料产业，加快培育推广高产优良品种。稳定发展棉花生产，启动长江流域、黄淮海地区棉花生产基地建设。支持优势产区发展糖料、马铃薯、天然橡胶等作物，积极推进蔬菜、水果、茶叶、花卉等园艺产品设施化生产。
>
> ——摘自《中共中央 国务院关于2009年促进农业稳定发展农民持续增收的若干意见》

大豆在国家食物安全中占有重要地位。中国的大豆产业如何实现稳定发展？日前，经济日报邀请中国大豆产业协会会长万宝瑞，与来自地方、企业的有关负责人和农民代表进行了座谈——

在遭受国际金融危机影响、国际大豆价格下跌的形势下，国家采取临时收储政策，稳定了市场，给农民吃了定心丸，今年大豆生产仍呈现稳定发展的趋势

万宝瑞：今年上半年我国农业生产继续保持发展的好势头，夏粮再获丰收，实现了中华人民共和国成立以来首次连续六年增产。这是

很不简单的。夏收油菜也喜获丰收，总产和单产可望创历史新高。2008年大豆播种面积1.37亿亩，比上年增加560万亩，总产1554万吨，比上年增加280多万吨。在遭受国际金融危机影响、国际大豆价格下跌的形势下，为保护豆农的利益，国家采取临时收储政策，在东北地区敞开收购农民手中的大豆，稳定了市场，给农民吃了定心丸。

今年受国际市场大豆价格下跌影响，大量进口大豆压低了国内大豆市场价格，农民种豆收益出现下降，大豆播种面积略低于2008年。但各地加大新品种、新技术的推广力度，努力提高大豆单产水平。同时，在华南大力发展甘蔗（木薯）间套种大豆，在西南地区大力发展间套种大豆，增加高产蛋白大豆的供给。从目前的情况看，如果后期气候正常，今年大豆生产仍将是稳定发展的趋势，大豆的产量和去年基本上能保持平衡，能够保持稳定的自给率。

董颖秋：我们克东县是黑龙江省大豆的主产县之一，是大豆产业协会开展产业机制创新试点的县份之一。在克东县，放眼一望地里种的都是大豆，也有人叫我"大豆县长"。我们今年大豆种植面积没减，全县188万亩耕地，162万亩种了大豆。我们现在搞订单生产，也引进了一家深加工企业。

虽说今年县里大豆面积没减，但效益下降。因为今年的价格确实比前两年有所下降，前两年大豆价格最高时1市斤是3.2元，今年春季到目前的价格最高时1市斤才1.9元。

马德军：我们村一共11113亩地，大豆面积占到10800多亩，我们总共520户，剩下的地种点蔬菜。我在村里带头成立了大豆合作社，每亩地比农户自己种要增收10%左右。各家各户种大豆一亩地能打300斤，合作社能打320~330斤。产量高了，所以经济效益就上来了。

万宝瑞： 现在大豆种植全世界平均亩产160公斤，美国170公斤。你们的亩产量已经接近美国水平了。黑龙江、吉林、内蒙古是我国大豆的主产省区，今年生产形势比较好，南方套种面积也增加了400多万亩。但今年大豆价格比去年降了30%多。

石克荣： 听你们各位讲到今年大豆产量不会减少，我很高兴。我对大豆这个行业感情很深，我是1987年开始搞大豆加工的，经历了中国所有的制油行业工艺设备换代升级，可以说，现在国内粮油加工企业已经达到了世界先进水平。我们企业的全套设备都是引进的国外先进工艺设备，年加工能力达到200万吨以上。现在我们的问题主要还是"吃不饱"，去年实际加工量100多万吨，今年大约在160万吨。目前因为原料不足，大豆加工企业普遍存在"吃不饱"的问题。

近年来，我国大豆产业呈现消费需求快速增长、进口大豆迅猛增加、加工布局发生重大改变、食用专用大豆成为新的发展潮流等新特点

万宝瑞： 大豆是很敏感的一个产业，大豆不仅是重要的食用油脂和蛋白食品原料，而且是饲养业重要的蛋白饲料来源，在国家食物安全中占有重要地位。近年来，我国大豆产业呈现这么几个新特点：

第一，大豆消费需求快速增长。随着人民生活水平日益提高，对肉蛋奶等蛋白质食品、植物油消费快速增长。我举个例子，2001年

全国农民人均消费粮食 238 公斤，比 1989 年减少 4.6%；人均消费豆类食品 5.7 公斤，比 1989 年增加 66.7%；奶类制品 1.2 公斤，比 1989 年增加 26.3%；水产品 4.1 公斤，比 1989 年增加 95.2%。

现在，大豆豆粕消费总量的三分之二以上用于饲料。一般来说，大豆中油脂含量在 20% 左右、蛋白质含量高达 40% 以上，其蛋白质含量是谷物和薯类的 2.5~8 倍，且大豆蛋白富含 18 种氨基酸。大豆的营养价值决定了它在人类食品营养和畜牧业中的特殊地位。

第二，进口大豆迅猛增加。1985—1995 年，我国平均年出口量是进口量的 15 倍。1998 年以后发生变化。从进口量看，2000 年进口 1024 万吨，2008 年达到 3744 万吨。目前，我国大豆进口量占全球贸易量的 45% 左右，是世界第一大进口国。出口增长缓慢，估计 2009 年不会超过 50 万吨，进口量将是出口量的 80 倍。

董颖秋：我们一个县的大豆产量是 20 万吨。

石克荣：在大豆种植面积、产量上，咱们跟美国，巴西、阿根廷比不了。美国 1 年产 8000 多万吨；巴西是 4000 多万吨；中国才 1500 多万吨。德国一家公司 1 年收入是 117 亿欧元，其中大豆磷脂加工占他们的主要销售份额，这说明大豆深加工潜力非常巨大。

万宝瑞：正因如此，我国大豆产业呈现出第三个特点，大豆加工布局发生重大改变。一方面，由于进口转基因大豆数量的急剧增加，在我国东南沿海形成了以进口转基因大豆加工为主的企业群。跨国粮商控制了这些企业的原料进口。这种从原料、物流到加工的一体化联合经营，形成了拉动出口国转基因大豆生产的产业化格局。

二十九 振兴我国大豆产业 确保国家粮油食品安全

另一方面，国产大豆食品和豆油需求旺盛，我国的大豆油脂加工、大豆食品加工和蛋白加工企业发展迅速，在东北大豆主产区形成了产地豆制品加工企业群。这些企业以加工国产非转基因大豆为主，企业数量多、分布广、带动就业面大、产品多样化，这对拉动国产大豆发展，确保豆农生计起到了重要作用。

这种多种格局并存的客观发展，有利于我们重新定位我国大豆产业的发展，有利于我们全面认识我国大豆产业发展的未来走向。

石克荣：我想说，大豆产业很有发展前途。比如，做到医药级的大豆磷脂，价格很高。磷脂可以制成治疗脂肪肝、神经衰弱的一系列产品。而我国种植的都是非转基因大豆，符合绿色环保理念，大豆深加工前景广阔。按我们目前200万吨的国产大豆加工能力算，能产出1万吨磷脂。磷脂做成粉末是6万元1吨，这就是6亿元的收入。

万宝瑞：我国大豆产业呈现出的第四个特点，食用专用大豆成为新的发展潮流。高蛋白大豆、毛豆、芽豆等专用大豆发展迅速。日本、欧洲等食品加工企业直接到黑龙江大豆主产区建立大豆原料生产基地。浙江、广东、北京、山东的豆制品加工企业到东北直接签订非转基因大豆购买合同。国产大豆在食品营养、食品安全中的作用越来越成为国内外各界关注的热点。

我国大豆产业虽然遭受进口大豆冲击较大，但我国仍然是世界大豆四大主产国之一，又是最大的大豆消费国和进口国，我国在世界大豆产业中的地位十分重要

万宝瑞：大豆价格大起大落使大豆主产区的加工企业和豆农遭受很大损失。但是决不能因此轻言放弃我国大豆产业！

近些年来美国、巴西、阿根廷等国家大豆生产发展比较快，这有利于满足全世界快速增长的大豆市场需求。但是，我国大豆产业关系到13亿中国人民的食品安全，关系自主大豆品种资源的开发、利用和保护，关系到全国6000多万豆农的就业和生计，也关系到畜牧业的发展，我们不可能放弃我国大豆产业。事实上国家支持成立大豆产业协会，目的就是要振兴大豆产业。

从生产发展看，我国是世界公认的大豆品种资源大国，育成品种有2370个，生产中常用的品种达300多个，遍布从海南岛到黑龙江、从东部沿海到新疆的全国各地，适应了不同自然生态条件、不同消费用途的需要，这是我国的宝贵财富。目前，我国仍然是世界大豆四大主产国之一，又是最大的大豆消费国和进口国。无论从品种资源还是生产、贸易看，我国在世界大豆产业中的地位都是十分重要的，对全球大豆的生产、消费和贸易都产生了重要影响。

董颖秋：我们克东县的地理位置，在黑龙江省的北部，昼夜温差大，每年无霜期只有115~120天，大豆是最适合这个区位的农产品。在我们那里，种玉米减产，种麦子需要水，种水稻更不可能了。这部分土地如果不种大豆，会出现一系列问题，比如，豆农、加工企业职工的就业问题。所以尽管受到一些冲击和影响，我们还是要大面积种植大豆，这是自然条件所要求的。

石克荣： 如果你们都不种大豆了，我们加工企业就更缺少原料来源了。

董颖秋： 这些年，国外进口大豆越来越多，国产大豆价格降低，农民利益受损。为了提高农民收益，我们县也做了一些尝试：过去种大豆用小垄，现在种大豆垄宽达到一米零五，增加了大豆的株数。每公顷种植数量从 30 万株增加到 40 万～45 万株，产量就上来了。在土地经营层面，我们通过合作社搞规模化经营，全县搞了 30 多万亩。老马他们村就是一个典型。

马德军： 我们在农民自愿的情况下，用每亩地 260 元的价格把地租过来，农民就什么都不用管了。还有一种形式，就是大家统一种植，收获后平均分大豆。

董颖秋： 以前，一家一户的农具都是小四轮车，没办法深耕土地，土壤的透气性差。组建合作社之后，扩大土地经营规模，用大机械整地，土壤透气性增强，中间环节可以省掉了，这就增加了收入。

过去，张老三、李老四各家的大豆收完之后混在一起卖。现在，合作社跟企业签订单，把高油大豆、高蛋白大豆分开种植。蛋白含量在 39% 以上，1 市斤多卖 1 角钱，1 吨就增加了 200 块钱，收入又提高了。

我国大豆产业大有潜力可挖，规模化经营、机械化种植，将进一步提高大豆生产能力。发挥我国非转基因大豆优势，发展大豆深加工，提高产品附加值，是农民和企业增收的重要途径

万宝瑞：关于我国大豆产业有许多议论，有人说我国大豆品质差、产量低，竞争不过洋大豆，这种说法不全面，我国大豆和进口大豆各有优势，不能一概而论。

从品种资源看，我国高油大豆含油率20%以上的品种有很多；蛋白质含量40%以上的品种也很多；高产大豆品种一般亩产都在180公斤以上，像中黄35号亩产达到了371.8公斤，最近有个"金张掖"大豆，亩产高达436.8公斤。

再从生产实践看，黑龙江农垦1000多万亩大豆，2002—2007年，年均亩产为168.7公斤，高产项目区的单产达到194.3公斤，2008年全区大豆平均单产达到173.6公斤，高于世界大豆平均单产161.3公斤，也高于美国单产170公斤。中国大豆产业发展的方向在于体制机制创新，在于提高科研、推广水平。

石克荣：万会长说得好，要振兴我国大豆产业，就要大力发展深加工。比如，大豆加工企业生产出豆粕，可以把豆粕用于生产氨基酸，把副产品变成主产品。如果我们用大豆生产食品磷脂，能生产出2％的磷脂，收益会相当惊人。

发挥我国非转基因大豆优势，发展大豆深加工，提高产品附加值，这是农民和企业增收的重要途径。现在瓶颈主要是原料、技术等存在一系列的问题。如果我们能够解决这些问题，中国大豆深加工事业必然会加速发展。在这方面,我国大豆非转基因的自然资源条件国外是不可比的。

非转基因大豆还有一个好处,就是口感好。其实最简单的做法是让老百姓体验国外大豆和我国东北大豆的口感,我国东北大豆低含油高蛋白口感很好。

万宝瑞: 石总讲得有道理,我们要从我们的优势里面找突破口,对国产的高蛋白大豆进行深加工,生产高附加值的产品,用咱们的资源优势,搞生产加工销售一体化,提高中国在国际大豆市场上的影响力。

董颖秋: 我们现在招商引进一个大豆深加工企业,每年加工30万吨,但是我们全县的大豆年总产量是20万吨,这个企业还可以加工一些其他县份的大豆,我们的产业化正在形成。

石克荣: 我们希望国家对大豆加工企业给予重点扶持,让有能力、有条件的企业,进行大豆产品深加工的市场研发。

马德军: 现在种大豆容易忽视整地,有人家的地30年没有深翻过,因为没有这个能力。现在要想提高大豆产量,用大型农业机械深翻地,起码一亩地增产8~15斤。由于村里没有大型机械,我们要雇别人的车。自己的车在本村干,20元一亩,外村要计算来回的成本,一亩要30元。县里在这方面的农机补贴很少。

董颖秋: 有这样的问题,30%的补贴,如果买小机械,1万元补3000元,农民出7000元还能买得起,但想买大机械就困难了。一台大马力拖拉机价格在50万元左右,再带上后面的播种机等配套农机

具，就得100万元。一套设备1年顶多能深松整地5000亩，像老马这样的合作社至少应该有一套。

万宝瑞： 现在大家都很关注这个问题。过去的贷款主要解决农民买化肥、农药等生产资料，现在买大型农机具也有优惠政策了。农民希望在购买大型农机具时，国家补贴政策能更优惠一些，有关部门正在研究这个问题。

董颖秋： 现在黑龙江出台一个政策，利用世行的贷款，国家贷款完之后，以乡为单位，贷1000万，省里面负责还70%，30%由承贷单位去还，这个政策还是不错的，现在开始实行了。我们以整县为单位正在进行。但是还有一个问题，买大机械需要建车库，一个车库是400多万元。车库应该作为公共设施建设，国家也应该有相关优惠政策。

克东县原来是一家一户搞生产，现在我们在国家大豆协会领导下，进行体制机制创新的试点，就是以村为单位，或者以乡为单位，把农民组织起来，把若干农户的地通过不同的方式集中在一起，进行规模化经营。大豆规模化经营之后，效益高了，成本相应下降了。

马德军： 我们是今年4月份开始机制创新试点。通过集中采购柴油、化肥等降低生产资料成本，规模种植和老百姓自己种相比，一亩地成本要降低20元左右。使用农机作业，一亩地光省油也能省5元钱。部分村民从土地上解放出来，可以外出打工，搞畜牧业、养殖业，有能力的还可以创造第三产业。同时，还能解决一些老幼病残的难题，把土地交给合作社，比他们自己种效益还要高。

石克荣： 农业的潜力是巨大的，还应该开发富硒大豆。我们搞过大豆肽的实验，把大豆的分子变短，重新排列，可以保证人体100%吸收，生产成本也就是生产豆浆的成本，但在医院要卖几百块钱一袋。如果大豆产业在这方面搞研发，优势发挥出来不得了。

充分发挥大豆协会的作用，推动大豆产业发展体制机制创新，探索振兴我国大豆产业的新路子

石克荣： 我国土地资源是有限的，水资源是有限的，又不能轮耕、休耕，我们不能大面积种植大豆。我们应该充分发挥中国大豆科研院所的作用，研究大豆品种、高产栽培技术、化肥投入、环境保护等方面的问题。

万宝瑞： 中国大豆产业协会会员包括大豆种植、加工、贸易、科研等各个领域，是覆盖大豆全行业的产业协会。协会成立两年多来，主要开展了以下三方面的工作。

一是开展大豆产业发展体制机制创新试点。经过到黑龙江、内蒙古等省区调查研究，在充分听取专家、企业以及地方政府意见的基础上，我们认为要改变我国大豆产业"农户一盘散沙、企业孤军奋战、市场竞争乏力"的局面，必须从产业体制机制创新着手。刚才董颖秋同志、马德军同志讲的，就是从体制机制考虑的。目前试点工作已经在黑龙江省克东县、林甸县、红星农场和内蒙古自治区扎兰屯市顺利展开。我们把豆农组织成合作社，像老马说的一样，主要是解决统一良种、统一种植管理、统一采购生产资料、统一销售等问题，以经济

合同把合作社与大豆加工企业直接联系起来,形成市场引领加工企业、加工企业带动合作社、合作社协调服务社员、产加销一体化的新型大豆产业体系。

根据典型调查,大豆合作社生产比农户小规模生产购买生产资料的费用一般可减少5%~10%;全面采用高产大豆新品种和深耕等配套栽培技术,大豆亩产可提高15%~20%;实行专品种种植解决了大豆混收混存、商品质量差的问题,大豆价格提高10%左右。综合来看,豆农可以节本增收30%以上。加工企业与合作社签订合同,不仅建立了原料基地,直接从合作社购进大豆,减少了收购网点投资和收购环节,每吨大豆节约收购成本100~200元,而且可以根据市场需要,引导合作社种植专品种,从而收到高油或高蛋白的优质大豆。据蛋白加工企业测算,市场混收大豆的蛋白含量一般为38%,而合作社专品种大豆蛋白含量可高达42%,在加工成本不变的情况下,大豆蛋白每提高1个百分点,每吨大豆企业可净增加利润200元,4个百分点每吨可多获利800元,按合同企业可把增值效益的50%返还给豆农(即每斤大豆加价0.2元),企业仍可获利400元,同时,企业建立了优质大豆基地。

二是为国家出台大豆扶持政策提供了决策依据。2007年5月大豆协会报送了《关于大豆产业存在问题及发展对策的报告》,引起高度重视。此后,国务院办公厅发出了《关于促进油料生产发展有关政策措施的通知》,将大豆良种补贴面积由1000万亩增加到4000万亩,2009年大豆良种补贴在主产区实现全覆盖;发改委发布了《关于促进大豆加工业健康发展的指导意见》；商务部制定实施了《大宗农产品进口报告和信息发布管理办法》，这些政策措施对扶持大豆产业发展做出了具体规定。

三是为广大豆农、大豆加工企业搭建生产、加工、贸易、科研、信息交流平台。2007年与国家食品营养咨询委员会、农业部优农中心合作成功举办了《全国大豆及油料油脂产业发展论坛》。2009年4月与世界自然基金会等国际组织合作在京成功举办了《第一届国际大豆可持续发展论坛》。大豆协会还与国家大豆产业技术研发中心合作举办《中国南方大豆发展论坛》，与大连商品交易所合作举办《第三届国际油脂油料大会》。

石克荣： 现在，我们企业是中国大豆产业协会的常务理事单位。

董颖秋： 大豆协会组织的国际研讨会、可持续发展研讨会，包括巴西、美国等一些大豆生产国都来交流经验，我们也参加了，确实很有收获。

万宝瑞： 大豆产业发展体制机制创新是一项复杂的系统工程，要协调豆农、加工企业和有关部门的工作，也是构建现代大豆产业体系的探索，需要在实践中不断地总结经验，不断完善提高。从目前看，体制机制创新可能是振兴我国大豆产业的一条新路子。

《经济日报》2009-08-11，李力、杨学聪报道。

加快推进城乡一体化进程

对话人——

侯云春：国务院发展研究中心副主任

段喜中：河南省济源市委书记

李道安：河南省济源市梨林镇范庄村党支部书记

策划人——

李　力：经济日报产经新闻部副主任

图 30　侯云春（中）与段喜中（右）、李道安（左）在进行交流

常理 / 摄

> 建立促进城乡经济社会发展一体化制度。尽快在城乡规划、产业布局、基础设施建设、公共服务一体化等方面取得突破，促进公共资源在城乡之间均衡配置、生产要素在城乡之间自由流动，推动城乡经济社会发展融合。统筹土地利用和城乡规划，合理安排市县域城镇建设、农田保护、产业聚集、村落分布、生态涵养等空间布局。统筹城乡产业发展，优化农村产业结构，发展农村服务业和乡镇企业，引导城市资金、技术、人才、管理等生产要素向农村流动。统筹城乡基础设施建设和公共服务，全面提高财政保障农村公共事业水平，逐步建立城乡统一的公共服务制度。
>
> ——摘自《中共中央关于推进农村改革发展若干重大问题的决定》

缩小城乡差距、加快城乡一体化进程，对全面建设小康社会具有重要意义；在国际金融危机的形势下，更具有特殊意义。日前，经济日报邀请国务院发展研究中心副主任侯云春，与地方领导和农民代表共同探讨——

推进城乡一体化是全面建设小康社会的必由之路，目前试点地区已形成各具特色的城乡一体化模式

侯云春： 加快推进城乡一体化进程，这是目前大家广泛关注的话

题。我国城乡存在一定差距是由多种因素决定的，既有历史和现实的原因，也有发展阶段和发展模式的原因。多年来，经过多方努力，我们在这方面取得了很大成绩。但总的看来，城乡差距依然较大。

对于城乡差距扩大的趋势，党中央、国务院高度重视，做出了建设社会主义新农村、推进城乡统筹和城乡一体化的重大战略部署，确立了工业反哺农业、城市支持农村和多予少取放活的方针，要求建立以工促农、以城带乡长效机制，调整国民收入分配格局，推进城乡基本公共服务均等化，实现城乡、区域协调发展，形成城乡经济社会一体化发展新格局。这对全面建设小康社会具有重要意义。

为加快推进城乡一体化，中央和各地区、各部门出台了一系列政策措施，许多地方结合本地实际情况，因地制宜，积极探索，形成了各具特色的城乡一体化模式，如广东东莞、江苏常熟、山东诸城、河南济源等一些走在前面的试点城市，都有许多好做法、好经验，值得认真总结和推广。

段喜中：济源市是河南省最小的省辖市，是中原城市群九个城市之一，2005年被列为河南省城乡一体化的试点市。经过几年来的努力，济源市的城乡一体化工作取得了显著的成效。城乡居民收入持续增长，农民人均纯收入由2005年的3889元增长到了2008年的6176元，位居全省第二位，从2006年起连续3年超过城镇居民收入的增幅，连续3年增幅全省第一。城镇居民人均可支配收入由2005年的9017元增加到2008年的13809元，位居全省第三位。济源市城乡居民的收入差距由2005年的2.32∶1缩小到2008年的2.24∶1。今年上半年，全市城镇居民人均可支配收入达 7831 元，增长 8.2%；农民人均现金收入达 3989 元，增长 9.6%，农民人均现金收入的增幅继续超过了城镇居民人均可支配收入的增幅。

与此同时，农村的基础设施、社会事业、社会保障水平与城镇的差距不断缩小，农民群众的生产生活条件也得到了显著改善。可以说，这几年济源变化最大的是农村，受益最多的是农民。目前，加快推进城乡一体化已经在全市上下形成了广泛共识，成为济源经济社会发展的一大亮点。

李道安： 的确如此，城乡一体化给农村带来的最大变化是老百姓富起来了。2006 年的时候，我们村 518 口人，人均纯收入不足 4000 元；到 2008 年，人均纯收入达到了 1.2 万元。现在家家户户都住上了楼房，家用电器全部普及。全村 128 户人家中有 39 户有了小汽车。我们村里没有矿产，没有企业，没有区位优势，村里是靠什么发展起来的？最重要的就是靠城乡一体化的好政策。

城乡差距主要体现在四大方面，缩小城乡差距的关键是抓发展，重点是抓农村，核心是抓统筹

侯云春： 我国城乡差距较大主要表现在几个方面：一是城乡居民收入差距较大。2008 年，我国城镇居民家庭人均可支配收入 15781 元，农村居民家庭人均纯收入 4761 元，两者之比为 3.31∶1，差距明显。

二是城乡居民生活质量差距较大。改革开放以来，城乡居民的恩格尔系数分别从1978年的57.5和67.7下降到2008年的37.9和43.7，城乡居民生活水平都有明显提高，但农村居民的系数值仍比较高，说明农村居民在提高生活质量和用于个人发展方面的支出与城市居民相比差距较大。

三是城乡基础设施和公共服务差距较大。近年来，国家大幅增加了对农村的资金投入，2008年中央财政用于"三农"的支出比上年增长37.9%，达到5955.5亿元，占中央财政总支出的11%左右，但由于我国农村地域广大、人口众多，广大农村尤其是中西部地区农村，水、电、路、气、通信等基础设施状况与城市的差距较大，城乡居民能够享受到的公共服务差距比较明显。

四是城乡社会保障差距较大。无论是保障体系的完整性，还是保障覆盖面和保障水平，城乡之间都存在明显差距。

段喜中：在这几方面，我们做了一些尝试。在城乡一体化的发展过程中，我们确立了"到2020年实现人均生产总值比2000年翻三番以上，率先在中原地区实现全面建设小康社会、率先在河南省实现城乡一体化"的战略目标，按照"关键抓发展、重点抓农村、核心抓统筹"的工作思路，以体制机制创新为动力，加快推进城乡一体化建设。

李道安：城乡一体化确实让我们农民得到了实惠。过去我们吃的是浅层地下水，水质不好，现在我们吃的是深井里打上来的优质自来水。村里还修了500立方米的沼气池，供全村用气，废物得到了利用，环境更加卫生了，同时每户每年的生活成本下降500多元。

同时，每个村民都参加了医保；户户通上了有线电视；家家有了宽带网；大田耕作全都实现了机械化。我现在住的房子就有250多平方米。咱们跟城里人比基本不差啥。

段喜中：现在他们的生活跟城里人比真没啥大区别，城里好多中低收入的居民还不如他们。这个村没有其他优势，就是靠土地，靠调整农业产业结构，靠调整种植业结构增收致富的。

李道安：我们村现在已经形成了"猪—沼—菜"的种养模式，村里搞了一个养殖小区集中养猪，猪粪用来生产沼气，沼渣给大棚里的蔬菜做肥料。

侯云春：好啊，你们这是绿色生态种养模式，也是一种循环经济的模式。依靠调整种植业结构、农村产业结构来增加农民的收入，这是一条好路子。老李这个村的经验，可学、能学、不难学。

推进城乡一体化对于应对国际金融危机，着眼于今后又好又快发展具有重要现实意义

李道安："猪—沼—菜"的种养模式给我们村造了福，我们村的村民李小勤家里非常困难，她孤身一人供两个女儿上学，自己还是半个残疾人。前几年村里帮她建起了两个蔬菜大棚，现在她家每年的收入在3.5万元以上，还建起了小楼房。

侯云春：你们村养猪和种菜两个产业中，养猪占多大比重？今年生猪的价格下跌，有多大影响？

李道安：养猪占49%，蔬菜占28%，其他还有务工、经商的收入。生猪价格下跌肯定对增收有影响，但是今年的蔬菜产销形势很好，蔬菜收入今年肯定要超过去年，去年收入40多万元，今年要超过60万元，光这一项要增加20万元收入。去年人均收入达到了1.2万元，今年可能还会更高。

侯云春：当前，推进城乡一体化对于应对国际金融危机，着眼于今后又好又快发展具有重要现实意义。

这次国际金融危机集中暴露了现有经济发展方式的弊病和脆弱性，过去那种过度依赖物质和劳动力投入，过度依赖第二产业尤其是重化工业推动，过度依赖出口和投资拉动的发展方式，造成了资源环境的巨大压力，在国际产业分工中处于不利位置，必须尽快改变。因此，我国提出要加快转变经济发展方式，调整和优化经济结构，把扩大国内需求作为促进经济增长的长期战略方针和根本着力点，充分发挥内需特别是消费需求拉动经济增长的主导作用。

我们必须把扩大内需特别是消费需求摆在更重要更突出的位置，而扩大内需的难点和重点在农村，只有通过推进城乡一体化改善农村生产生活条件，促进农村经济发展，增加农民收入，建立社会保障体系，免除农民的后顾之忧，改善农村消费环境，才有可能扩大农村消费，将我国经济发展建立在内需拉动的坚实基础上。

段喜中：要拉动内需，首先要推进城乡一体化，让农民富裕起来。近年来，我们建立了"三农"投入长效机制，2004年到2008年累计投入8亿元，今年将达到3.9亿元，如果再加上镇级投入，市、镇两级今年的投入将超过5亿元，全市38万农民平均每人能够从中受益 1300 多元，而且今后市、镇两级财政收入对"三农"的投入每年都要确保增长 30%以上。

加快推进城乡一体化，要处理好五大关系

李道安：城乡一体化给农民带来的实惠很多。我举个例子，村里要建蔬菜大棚，一个大棚的费用大概是 1.6 万元。在城乡一体化建设中，每建一个大棚，济源市财政补助 1.2 万元，镇财政补助 2000元，村里水、电、路等补助 2000 元左右，农民不花一分钱。大棚建起来以后，农民种一个大棚一年的平均收入在 1.2 万元左右，去掉 4000 元的劳动报酬和投资，纯收入在 8000 元左右。现在，我们村已经建了 50 个这样的大棚。

目前我们正在筹建 100 座 320 平方米的大棚搞开发，与以色列合作，用以色列技术把一年两季蔬菜改为三季，一个大棚的收入就会超过 2 万元。到明年这个时候，我们的蔬菜收入就可能达到 280 万元左右了。

段喜中：是啊，经济的发展、财力的壮大是推进城乡一体化的根本前提。在城乡一体化发展的大格局中，我们一直坚持工业反哺农业和以工促农的指导思想。济源是一座以工业为主导的城市，全市工业总产值由 2004 年的 167 亿元增加到 2008 年的 760 亿元，主营业务销售收入超亿元企业达 74 家。工业经济的蓬勃发展，为我们做好"三农"工作、加快推进城乡一体化提供了强大的财力、物力支撑。

我们非常注重处理好发展工业和稳定农业的关系，真正实现工

业、农业的良性互动和协调发展。一是处理好工业发展与保护耕地的关系。市委、市政府确定了"工业出城、项目上山"的发展战略，充分利用山坡地、荒地和闲置土地发展工业，通过连续四年实施土地开发整理，每年新增耕地近万亩。二是处理好工业发展与环境保护的关系，积极推进节能降耗、清洁生产和循环经济，连续几年我市工业产值每年都增加近百亿元，但环境质量并没有随着工业总量的增加而恶化，反而逐年好转，自2006年开始连续三年成为全省环境质量良好城市。

侯云春：加快推进城乡一体化，关键问题或根本问题，是要打破城乡二元经济结构，革除城乡分割的体制障碍，通过统筹城乡经济社会发展，统筹城乡规划，统筹城乡基础设施和社会事业建设，统筹城乡劳动就业和社会保障等手段，在城乡之间合理配置公共资源，逐步实现公共服务均等化，促进生产要素自由流动，提高配置效率，形成城乡经济社会一体化发展新格局。

我认为应注意处理好这么几个关系：一是公平和效率的关系。推进城乡一体化，既要着眼于公平，使农村居民可以像城镇居民一样公平地获取公共资源，享有公共服务，同沐公共财政的阳光；更要着眼于发展，提高城乡资源配置效率，增强城乡发展能力。

二是政府与市场的关系。推进城乡一体化，应坚持政府推动、市场主导。通过政府行政力量和公共资源，统筹城乡规划，推动基础设施向农村延伸，社会保障向农村覆盖，社会事业向农村侧重，公共财政向农村倾斜。

三是输血与造血的关系。推进城乡一体化，需要加大对农村的财政投入力度，增加农民收入，改善农村生产生活条件；更要提高农业和农村的发展能力，优化农村经济结构，增强"造血"机能。

四是近效与长效的关系。推进城乡一体化，应注重实效，不做表面文章，既要通过一些超常规、大力度的财政投入和帮扶措施，尽快改善农民生活水平和农村面貌，更应注重制度建设，通过长期性、根本性的政策措施，为农村的长远发展注入持久的动力和活力。

五是经济发展和社会建设的关系。推进城乡一体化，经济发展是前提，是基础，是重点，同时城乡一体化又是一个复杂的系统工程，需要统筹协调、整体推进。应该在经济发展的基础上，协调推进城乡各项社会建设和社会事业发展，加强精神文明建设，全面推进城乡经济社会发展和文明进步。

统筹城乡基础设施建设和社会事业发展，要靠体制机制创新

段喜中：近年来，我们在城乡水、电、路、气等基础设施建设方面不断加大投入力度，开工建设了几项水利工程，将有效解决水对济源发展的困扰。我们先后开通了几条高速公路，率先在全省实现了镇镇通高速。济源过去的电力设施较为薄弱，通过这几年持续加大投入，实现了与经济发展同步，随着两个新变电站项目的陆续建成，济源将真正实现电力先行。

近年来，我们在进一步加强城镇建设的同时，把工作重点放在完善农村各项基础设施上，大力实施以"硬化路组组通、自来水村村

通、宜建沼气户户通、广播电视村村通、电话宽带村村通"为重点的"五通"工程，加快推进基础设施建设向农村延伸，在质量、内涵上不断提高农民的生产生活条件，济源的城乡基础设施建设走在了全省前列。

李道安：市里的政策，让我们村的面貌发生了很大的变化，村里实现了"五化"：硬化、绿化、净化、美化、亮化。家家门前是硬化路，家里有电灯，出门有路灯，到处是绿树鲜花，可美了。

段喜中：今年，市财政奖补资金达到6000万元。这些资金主要用于三个方面：一是抓好农村经济结构调整，二是抓好农业结构调整，三是推进种植业结构调整，大力发展畜牧业、蔬菜、林果、烟叶、药材等特色产业。

从2007年开始，我们实施"百村富民"工程，在全市选择了138个村（居），2008年增加到154个，采取单位分包的办法，一包三年，着力培育一批新农村建设的典型；实行"3581"农民增收计划，以人均纯收入3000元、5000元、8000元、10000元为台阶，将全市526个村（居）分为五个档次，大力开展创富竞赛活动；大力推进"双二十"村建设，在全市范围内选择20个强村和农民人均纯收入排名后20位的村进行重点帮扶，尽快使强村更强、弱村变强。

李道安：城乡一体化后，村民们在思想观念方面都发生了变化，思想观念相对比较超前。比如说种菜，我们村种子选最好的，品种选最优的，技术选最先进的。范庄村近10年来没有发生过一起打架斗殴，没有发生过一起刑事案件，没有发生过一次上访事件。

三十 加快推进城乡一体化进程

段喜中： 在推进城乡一体化的过程中，农村的社会保障相对来讲是一个薄弱环节。近年来，我们出台了一系列政策措施，着力构建城乡一体的社会保障体系，特别是加大对农村社会保障的投入力度，使农民群众能够像城市居民一样享受到济源改革发展的成果。一是加快教育资源的整合力度，进一步优化中小学布局，推进小学向中心村集中、初中向镇区集中、高中向市区集中，特别是着力改善农村的办学条件，在全省率先基本普及了高中阶段教育；二是深入实施文化资源共享工程，加快社区文化中心和村镇文化大院建设，丰富了城乡居民的精神文化生活；三是加快推进乡镇卫生院改造和农村标准化卫生所建设，切实改善农民的就医环境；四是进一步加大对农村计划生育家庭的奖励扶助力度，提高补助标准，增加补助项目；五是建立统筹城乡的社会保障机制，率先在全省实现了最低生活保障、医疗保障、社会养老保障的全覆盖，率先为全市85周岁以上老人每年发放敬老补贴。这几个率先的实现，使我市的城乡社会保障也走在了全省前列。

侯云春： 你们的介绍很全面、很生动，加之前不久我们曾到济源调研，很受启发，济源城乡一体化的做法和经验有很多创新之处。

一是创新发展思路。济源作为河南省城乡一体化试点城市，制定了一系列行之有效的政策措施和工作思路，保证了城乡一体化积极稳妥、扎实有效地推进。

二是创新发展理念。济源在推进城乡一体化进程中，注重以工业化的理念发展农业，推进农业的规模化、产业化、标准化，上水平、创品牌，大力发展现代农业；注重以城市化的理念建设农村，大力改

善农村水、电、路、气、通信等基础设施；注重以市民化的理念塑造农民，提升发展能力和文明程度。

三是创新发展模式。济源在推进城乡一体化中，坚持资源节约型、环境友好型发展模式，注重节约集约利用土地，"工业出城、项目上山"，推进园区化、集约化发展；注重节能减排，推进清洁生产，发展循环经济。

四是创新体制机制。济源十分重视以深化改革促进城乡一体化，创新体制机制，在全省率先实现了医疗保障和养老保障的城乡全覆盖，建立了城乡统一的户籍管理制度。这在全国范围内都具有示范和借鉴意义。

五是创新工作格局，济源在推进城乡一体化中，创新工作方法，综合运用了激励机制、奖惩机制、竞赛机制、学习机制等手段，有力地推动了城乡一体化的发展。

城乡一体化取得重要进展的同时，还有许多新课题亟待破解

侯云春：当然，济源在城乡一体化取得重要进展的同时，也面临一些课题值得进一步研究。一是济源现有的工业以资源、能源等重化工业为主，面临着转型升级和结构调整的压力，应当加快这一进程，同时，要注意三次产业的协调发展。二是统筹考虑外来人口的社会保障问题。随着区域经济的快速发展，可能面临着较多外来人口，如何妥善解决他们的社会保障问题，是一个全国性的问题，济源可以先进行一些探索。三是农民进城变市民后的承包土地和宅基地问题。如何处理比较稳妥，济源也可以进行一些总结。

李道安：村里现在的困难和问题，一是缺乏高新技术，农民企盼高新技术到农村去；二是缺乏现代农村管理人才，我们企盼懂技术、懂管理的现代化人才来带领我们迈上新台阶。

段喜中：济源有着深厚的历史文化底蕴和丰富的旅游资源，愚公移山的故事就发生在这里，自然风光秀美，文物古迹众多，济源城乡一体化新的经济增长点就在旅游和文化产业。今后，我们将在旅游业的发展上重点打好两张品牌：一是把王屋山打造成旅游业发展的龙头品牌；二是大力开发工业游、城市游、新农村游，打造好济源大旅游品牌。同时，进一步挖掘愚公移山精神等丰富的文化资源，打造好文化产业品牌，促进文化资源旅游化、旅游资源文化化，实现文化与旅游的完美嫁接、互促共赢。

侯云春：推进城乡一体化，各地发展水平和财力不一，起点有差距，进程有快慢，水平有高低，重点有不同，不可能有统一的模式，也不可能一蹴而就。必须坚持科学规划，因地制宜，分类指导，有步骤、有重点地加以推进。济源的模式提供了一个很好的借鉴，值得学习研究，并在实践中不断探索完善。

《经济日报》2009-08-25，李力、杨学聪报道。

加强新时期农业法制建设
为新农村建设保驾护航

对话人——

张　穹：国务院法制办副主任

沈黎明：江苏省昆山市委副书记

吴根平：江苏省昆山市周市镇市北村党委书记

策划人——

李　力：经济日报产经新闻部副主任

图 31　张穹（中）与沈黎明（右）、吴根平（左）在进行交流

常理 / 摄

三十一 加强新时期农业法制建设 为新农村建设保驾护航

> 加强农村法制建设,完善涉农法律法规,增强依法行政能力,强化涉农执法监督和司法保护。加强农村法制宣传教育,搞好法律服务,提高农民法律意识,推进农村依法治理。培育农村服务性、公益性、互助性社会组织,完善社会自治功能。采取多种措施增强基层财力,逐步解决一些行政村运转困难问题,积极稳妥化解乡村债务。继续做好农民负担监督管理工作,完善村民一事一议筹资筹劳办法,健全农村公益事业建设机制。
>
> ——摘自《中共中央关于推进农村改革发展若干重大问题的决定》

加强新时期农业法制建设,是农业和农村经济社会乃至国民经济社会发展中的一个重大课题。日前,经济日报邀请国务院法制办副主任张穹,与来自地方的有关负责人及农民代表,共同探讨——

加强农业法制建设,对于农村改革、发展和稳定,保障、促进农业和农村经济社会发展,具有十分重要的作用

张穹: 经济日报《对话》栏目关注新时期的农业法制建设,我认为很有意义。加强农业法制建设,是全面建设农村小康社会和新农村建设的内在需要。农业法制建设既是农村小康社会建设和新农村建设的重要内容,也是实现农村小康社会和建设新农村的基本保障。只有不断加强农业法制建设,才能为农村经营制度建设、农业综合生产能

力提高、农村市场经济发展、农民权益的维护、农村公共事业进步等提供有力法制保障，注入新的活力。只有营造良好的法制环境和法制秩序，才能使农业和农村经济社会发展置于强有力的法制保护之下，才能更好地运用法律手段指导农业和农村经济社会又好又快发展，才能确保农业增效，农民增收，农村繁荣，农村稳定，才能顺利推进社会主义新农村建设，实现农村全面小康社会的奋斗目标。

沈黎明： 对您这番话我们深有感触，昆山30年农村改革发展的伟大实践，实际上也是农业法制建设不断加强的真实反映。我们依托国家的一系列涉农法律法规，从昆山的实际出发，大力营造良好的法制环境，建立法制秩序，努力服务好农业和农村经济发展。昆山在农业农村建设发展中取得了很好的成绩，这与贯彻落实好中央的一系列方针政策是分不开的。

张穹： 我赞成沈书记这个观点。改革开放以来，昆山市经济飞速发展，社会繁荣稳定，得益于依法治市，推行法治政府建设，用法治来解决经济社会发展中的一系列问题。

吴根平： 我当了十几年的村支书，我觉得当前所有问题中，法制建设是最为重要的，法制建设是经济建设的保障，没有法制保障，任何事情都做不了，成不了。

张穹： 经过这些年的建设，我国农业法律法规体系不断完善，在稳定农村基本经营制度，加强农业资源保护与合理配置，建设现代农业和调整农村社会事务等方面，都有了明确的制度规范。下一步，根据新时期农业和农村经济社会发展的客观要求，要进一步健全和完善农业法律法规体系，继续加大农业立法的力度，加强这几方面的立法，如促进农业和农村经济体制改革，对农业的支持与保护，改善农业生产条件和促进农村经济结构调整，农业资源保护，农村社会发展。同时，对于已经不能完全适应新时期农业和农村经济社会发展的法律法规，要根据实践的需要，及时加以修改、完善，使农业法律法规体系成为一个开放的、与时俱进、不断完善的制度体系，保障和促进农业和农村经济社会又好又快发展。

截至目前，国家已经出台几十部农业领域的专门法律和行政法规，此外，还有100多部法律、行政法规涉及农业和农村问题

张穹： 一直以来，党中央、国务院高度重视"三农"问题，始终将农业、农民、农村问题作为一项重要工作来抓，出台了一系列政策措施，致力于发展农业、惠及农民、建设新农村。我们坚持将农业法制建设作为社会主义法制建设的重点内容之一，紧紧围绕农业增效、农民增收、农村发展和稳定，不断建立和完善农业法律制度。近年来，国家每年都要制定一部或者几部涉及农业、农村发展的法律、行政法规，农业法制建设不断加强。先后制定了包括《农村土地承包法》《农业机械化促进法》《畜牧法》《农民专业合作社法》《农村土地承包经营纠纷调解仲裁法》《重大动物疫情应急条例》《抗旱条例》在内的一系列法律、行政法规。同时，适应农业和农村发展的需要，适时修订了《农业法》《草原法》《农药管理条例》《饲料和饲料添加剂管理条例》《兽药管理条例》等法律、行政法规。目前，以农业法为基础，各农业领域单行法律、行政法规为主体的农业法律法规体系已经基本建立，农业领域基本做到了有法可依。

沈黎明：我们昆山配合上级立法调研，突出农民参与。2007年以来，我们多次配合苏州市完成立法调研活动，先后组织农民群众参与《苏州市节约用水管理条例》《苏州市地名管理条例》《苏州市阳澄湖水源水质保护条例》《苏州市昆曲保护条例》《苏州市阳澄湖大闸蟹地理标志产品保护办法》等立法活动，对涉及大多数农民群众权益的立法内容，积极邀请上级立法部门走下来倾听群众心声；并及时将基层社情民意传上去，纳入上级立法计划，配合加快涉农立法进程，为新农村建设提供法律和制度保障。

张穹：目前，"三农"方面法律体系基本建立了，"三农"各项工作基本上有法可依，这是总的评价。你们从农村的角度看，对我们立法部门还有什么要求？我想听听你们的意见，我们立法部门还要怎么更好地为你们服务？

沈黎明：事实上，目前农村的法律应该说是比较健全了，方方面面基本上都覆盖了，像农业方面，种子、肥料等方面的法律法规都比较健全。举例来说，我们昆山在农资供应方面做得比较好，农民要什么农药、化肥，农技部门就会开出来一张单子，然后就可以到供销社去取，这样不仅确保了农资的质量，同时也能起到稳定价格的作用。有些好的政策法规，有时也要用一些经济手段来落实。比如，在农机推广方面有法律法规，我们昆山的农机化率已经达到了80%多，去年财政拿了500万元补贴买农机具。

张穹：昆山是发达地区，发达的地方如何贯彻法治精神，你们有几条给我启发很大。一个是认识问题，认识上去了，什么都好做了。二是靠制度约束，主要是靠法制约束，比如要做到规范、民主、公开，法律都有规定。再一个就是提高村民法制意识，实际上就是让老百姓学会用法律保护自己的权益。

吴根平：是啊，村民懂了法，就会支持我们，监督我们。

张穹：你们的村务公开搞得怎样？

吴根平：我们村里每个项目开支都列得很细，原始材料都按照档案法的规定保存，有长期永久性档案，有短期档案，满20年的才可以销毁。

农业法制建设不仅服务于农业和农村经济社会发展，更是保护农民切身利益的强有力手段，也是广大农民群众的迫切要求

张穹：加强农业法制建设能够切实有效地保护农民的合法权益。比如，加强农业立法，通过法律手段明确农村基本经营制度，就赋予了农民长期而又稳定的土地承包经营权，给农民吃上了长效"定心丸"。加强农业执法，严厉打击坑农害农的不法行为，规范农业生产经营秩序，确保农民依法经营、公平竞争，使农民的经济利益和合法权益不受侵害。同时，加强农业法制宣传教育，增强了农民的法制观念，强化了农民知法、守法、用法的意识。

沈黎明：我们根据昆山的实际，认真贯彻落实中央的方针政策，贯彻落实国家的法律法规，广大农民群众的合法权益得到了很好的维

护,激发了他们的创造力,生产力得到极大的解放,从而使昆山的农村经济得到了极大的发展。

吴根平: 经过多年的奋斗和发展,昆山富了。但是,富了口袋更要富脑袋,我们农民更要学法懂法用法。我们投入大量资金和力量,在村里建设了法制展示厅、法制长廊、法制公园等,引导农民、教育农民,同时也管好村干部。我们村干部带头学法用法,规范自己的行为,做好表率。我们通过法制建设来提升群众的满意度。

农业法制建设是维护农村社会稳定的重要保证,维护农村社会稳定,既需要经济手段和行政手段,更需要法律手段

张骞: 当前,我国改革发展进入关键阶段,经济体制深刻变革,社会结构深刻变动,利益格局深刻调整,思想观念深刻变化,工业化、信息化、城镇化、市场化、国际化不断推进,这对农民的利益分配、思想道德、价值观念、行为方式,对农业和农村经济社会发展产生广泛而深刻的影响,使农村的社会关系和利益关系更趋复杂。征地拆迁、土地承包等引发的纠纷、农民上访、农村群体性事件等时有发生。解决这些矛盾和问题,离不开法律手段。加强农业法制建设,有利于引导和规范各种社会行为,促进农村经济社会有序运行;有利于农民依法参与农村社会事务管理,增强主人翁意识;有利于依法调节农村各种社会关系和经济利益,减少和化解各种社会矛盾和纠纷,营造和谐稳定的社会环境,维护农村社会稳定。可以说,经济发展和经济繁荣要靠法制,凝聚民心要靠法制,社会稳定也要靠法制。

吴根平：为维护农村社会稳定，我们提出"四规范"，即规范制度、规范决策、规范行为、规范监督；还提出"四公开"，即党务公开、政务公开、村务公开、财务公开；还有"三民主"，即民主管理、民主监督、民主决策。农民很朴素，很讲平等，搞特殊化，搞不公正，老百姓是不同意的。为让群众都能公平享受到改革开放的成果，我们提倡开展法律监督，大家相互监督，包括监督我们村干部。现在农村有很多矛盾和纠纷，包括土地问题、拆迁问题、宅基地问题、赡养老人问题，解决不好的话，就会出现上访告状，经济就不可能很好地发展。我们通过法律教育农民，引导农民。为调解矛盾纠纷，我们设有调解室、信访室、接待室。现在老百姓安居乐业，没有上访告状的，问题和矛盾在当地就解决了，这样的社会就是和谐小康社会、和谐法制社会。

要采取农民群众喜闻乐见的方式，扎实有效地开展丰富多彩的法制宣传教育，切实提高农民的法律素质

张穹：要创新农业法制宣传教育形式，注重实效，不断增强法制宣传教育的吸引力、感染力和说服力。要充分发挥广播、电视、网络、报刊等媒体的作用，大力宣传与农民生产生活密切相关的法律法规，以案释法，让农民群众在耳濡目染中受到法律的感染和熏陶，增强对农业法律法规的认知度。同时，要积极推进农村普法宣传教育，特别要加大对经济落后地区、偏远贫困地区的普法宣传力度，提高农业法律法规的普及率。要加强对农村基层干部的法制教育，增强农村

基层干部的法制观念和依法行政、依法办事的能力。我想听听你们昆山"五五"普法的情况？

沈黎明：昆山是全国"五五"普法先进县市。为了加大农村普法教育，我们建立了六大法制平台，即昆山电视台法制栏目、《法治风》杂志、昆山日报《法治昆山》专版、昆山普法网、法制文明艺术团、法制短信平台，用来宣传贯彻党和国家关于农村的一系列方针政策和法律法规。我们还开展"十百千万"法律知识提升工程，如，千名领导干部学法主题活动，千名学法小标兵活动，万个家庭学法活动，万名外来务工人员学法知识竞赛，等等。这一系列活动的目的，就是让党的方针政策和国家的法律法规在农村家喻户晓，让农民群众熟悉、掌握和运用，调动农民的积极性，维护农民的利益，确保农村社会的稳定。

吴根平：我们村在普法方面，专门有一个法制学校，定期给党员、村民代表上课。我们每年都花费十几万元搞一个法制晚会，用通俗易懂的方式让老百姓提高自身的法制意识。我们还给每一个村民发村刊，上面有很多有意义的案例，我们还给村民送党报，主要送《人民日报》《经济日报》《法制日报》，要求人们要学法、懂法、知法、用法。

张穹：昆山法制建设、法制宣传抓得非常实在，有电视栏目、杂志等大量法制宣传的载体。昆山的法制培训也抓得好，培训对象既有干部、学生、外来务工人员，还有外商，等等，做到了家喻户晓。同时你们还围绕法制宣传开展了一系列的活动，真正把法制宣传摆到了突出位置。

强化和规范农业执法，着力纠正涉农执法中存在的突出问题，营造良好的执法环境

张穹： 在加强农业立法的同时，农业领域的行政执法不断得到加强，农业行政执法水平逐步提高。目前，我国已经初步建立了包括土地管理、森林保护、动植物防疫检疫、农业综合执法在内的农业行政执法体系，在维护农民的合法权益、保障农业和农村经济社会发展方面发挥了积极作用。随着依法治国、依法行政进程的不断推进，各级涉农行政机关不断规范行政执法行为，完善行政执法程序，加强农业行政执法监督，推动涉农行政机关合法、公开、公正、高效执法。请你们谈谈执法状况，老百姓对执法队伍有什么意见？

沈黎明： 我兼市委政法委书记，我可以说，昆山的农业执法情况很不错。我们实行的是联合执法，由农口领导带队，包括渔业、土地、环保等部门整合起来，统一到村里去，不准多头去。这样联合执法效率比较高，可以到村里一次性解决问题，而且能够相互制约。在执法方面，我们提出并要求做到"三个敢于，三个竭尽"，即敢于争取、敢于负责、敢于突破；竭尽全力、竭尽心智、竭尽所能。

张穹： 联合执法应该提倡，要不然执法部门太多了。现在有些地方反映执法部门多、难协调，基层对执法单位感到负担重。像你们这样经济比较发达的地区，营造良好的执法环境在全国也有示范作用。你们实行联合执法的形式，既有集中执法的平台，又有集中执法的队伍，这样就防止多头执法、多层执法对老百姓的干扰。

沈黎明： 我们每年执法的收费都是呈负增长的，2008年全面实

行收费就低制，组织行政事业性收费专项检查，取消或停止征收61项行政事业性收费项目，实行收费"零增长"，大幅度降低收费标准，减轻群众和企业负担。同时减少执法中需要审批的种类，2004年以来行政服务中心31.1%。2008年，我们全面推行"两集中、三到位"，30家行政部门新设了行政服务科，推进了审批流程再造和审批程序优化，实行企业登记注册"一表制"、岗位"AB角"制、限时办结制、部门会商制等工作措施，行政效能不断提高。效率高了，执法中的矛盾也大大减少了。

张穹：好，你们在执法中也有服务意识。为什么个别地方执法遭老百姓反感，因为让人误以为执法就是收费，管理就是要钱。你们做得就很好，把执法需要审批的东西尽量减少，这样收费就越来越少，执法环境自然也就越来越好。执法环境的改善关键要靠发展经济，发展经济以后又促进了执法环境的改善，从你说的内容能得出这么个结论。

吴根平：我觉得好事要做好，不能好事做得让老百姓不满意了。通过法律教育农民，这样我们执法也就容易多了。前一段我们调解了一件事，弟兄两个赡养老人的矛盾问题。通过我们调解，我跟他们讲，按照有关赡养老人的法律，两个儿女要各负责一半，你们不能把责任都推给对方，你们要争光，最起码要为自己争光，为我们村争光。在接待室谈了一个小时，就沟通得差不多了，通过这个平台，我们把大事化小、小事化了。近年来我们村刑事案件一个没有，小的纠纷也很少。

新时期农业法制建设,要立足于新时期农业和农村经济社会发展的阶段性特征,把握农业和农村经济社会发展的客观规律

沈黎明: 我们昆山这么多年全面推进依法行政,加快法治政府建设,为构建和谐社会提供了良好的法制保障,取得了显著成效。我们主要做了以下几个方面工作:一是强化组织领导,推进依法行政工作进程;二是积极转变职能,深化行政管理体制改革;三是完善决策程序,健全科学民主决策机制;四是注重建章立制,提高规范性文件制定质量;五是规范执法行为,提升行政执法水平;六是创新监督体系,有效实施行政监督;七是加强队伍建设,树立依法行政理念。

张穹: 我认为,在农业法制建设中,要始终坚持和把握这四项原则和理念:

一是服务的理念。农业法制建设要以服务于农业和农村的发展为出发点和落脚点,不断研究农业发展的新情况、新问题,把握农业和农村经济社会发展的基本规律,有针对性地进行制度安排,稳妥地解决农业和农村经济社会发展中存在的矛盾和问题,使农业法律制度有效服务于农业和农村发展,为农业和农村经济社会发展提供有力的制度保障。同时,要广泛听取社会各方面意见,特别是要倾听和反映农民的要求和呼声,把维护广大农民的根本利益、提高广大农民生活水平作为农业法制建设的重要目标。

二是创新的理念。做好新时期的农业法制工作,要坚持解放思想、实事求是、与时俱进,在体制、机制和制度方面有所创新,取得新的突破。要坚持以改革的精神,突破不利于农业生产力发展的体制

性障碍，进一步解放和发展农业生产力。要按照社会主义市场经济的要求，转变政府行为，建立运转协调、灵活高效、公正透明、管理科学的农业管理体制，将农业行政管理职能切实转变到经济调节、市场监管、社会管理、公共服务上来。要着力建立有利于促进农业和农村改革，有利于促进农业和农村经济结构调整，有利于实现生产要素合理配置，有利于强化农业投入，有利于保护农民的合法权益的法律制度。

三是全局的理念。农民是我国最庞大的社会群体。农民的合法权益能否得到保护，事关农村改革、发展、稳定大局，实现好、维护好广大农民的利益是农业法制建设的重要任务。因此，我们的法律制度要符合农民的利益，农业法制建设要从全局出发，符合市场经济规律的要求，牢固树立服务全局的意识。

四是国情的理念。我国农业人口多、底子薄，生产力水平低，农业法制建设起步晚，没有现成的经验可循。我们要立足于我国国情，从我国农业和农村经济社会发展的实际出发，研究我国农业和农村发展中的问题，遵循法律制度建设的内在规律，循序渐进，分步骤分阶段整体推进。同时，也要学习借鉴发达国家在运用法律手段调整和支持农业发展方面的成功经验和成熟做法，使我国的农业法律制度既符合国际通行做法，又体现我国农业和农村经济社会发展的阶段和特点，体现农业法制建设的中国特色。

《经济日报》2009-09-08，李力、常理报道。

为农业机械化加快发展增添新的动力

对话人——

张桃林：农业部副部长

刘学圣：山东省潍坊市坊子区区长助理

杜晓平：雷沃重工副总裁兼农业装备事业部经理

王允泉：农机大户、山东省滨州市邹平县东来农作物种植服
务专业合作社社长

策划人——

李　力：经济日报产经新闻部副主任

图32 张桃林（左二）与刘学圣（左一）、杜晓平（右一）、王允泉（右二）在进行交流

常理/摄

三十二　为农业机械化加快发展增添新的动力

嘉宾简介

张桃林： 男，1961年5月生，汉族，江苏姜堰人，研究生学历，农学博士学位，研究员、博士生导师。1985年7月参加工作，曾任中科院南京土壤研究所所长、南京市副市长、江苏省副省长。任九届、十届全国政协委员，江苏省十届、十一届全国人大代表。现任九三学社中央副主席、农业部副部长。

刘学圣： 男，1975年8月生，汉族，山东寿光人，研究生学历，北京大学法学硕士学位，中共党员。2001年7月参加工作，现在潍坊市坊子区政府挂职担任区长助理。任区长助理期间，致力于坊子区农业机械化发展。

杜晓平： 男，1954年12月生，汉族，本科学历，教授级高级工程师，中共党员。1972年12月参加工作，1999年进入福田雷沃国际重工股份有限公司，现任雷沃重工副总裁兼农业装备事业部经理，曾获省、部级科技进步奖项。

王允泉： 1964年生，山东省滨州市邹平县农民，农机大户。1996年开始开着自己的收割机参与跨区收割。2008年起任邹平县东来农作物种植服务专业合作社社长。

"镰刀下岗，农机上岗"，目前全国有2800多万台套农机具正在"三秋"农业生产中大显身手，我国农业机械化发展取得了举世瞩目的成就。日前，经济日报邀请农业部副部长张桃林，与来自地方的领

导、企业管理者、农机手代表共同探讨——

历史性跨越

我国农业机械化已进入中级发展阶段

张桃林：经济日报《对话》专栏关注农业机械化发展这个主题，我认为非常有意义。60年来，我国农业机械化确实取得了举世瞩目的发展成就，总体上已经进入了中级发展阶段，实现了历史性的跨越。我们先从装备水平上看，今年全国农机总动力将超过8.75亿千瓦，比1949年增长了1万倍以上，农机装备结构进一步优化。再从作业水平上看，小麦生产已经基本实现了全程机械化，水稻、玉米生产机械化快速推进，畜牧业、渔业、林果业、农产品加工业和设施农业等领域的机械化全面发展，全国农业耕种收综合机械化水平今年将达到48%。从制造水平上看，我国农机工业经历了一个从无到有，从小到大，从低到高这样一个快速发展的过程，规模以上农机企业产值今年将超过2000亿元，我国已发展成为世界农机生产大国。从服务水平上看，农机大户、农机合作社等新型农机服务组织发展壮大，4000多万农机手成为建设现代农业的主力军。

刘学圣：我们这些在基层工作的同志对领导说的这番话特别有感受，农业机械化为我们潍坊地区的农村生产力的解放、农业发展、农民增收提供了重要保障。

拿我们坊子区来说吧，经过近30年的发展，全区农业机械化水平显著提高，全区农机总动力达到17.6万千瓦，比1983年建区前增长了602倍。目前，我们区小麦综合生产基本实现了全程机械化，综合机械化水平达到99%；玉米综合机械化水平从无到有，今年预计将达到65%。这是实实在在的变化。

杜晓平：潍坊是我们国家较早的拖拉机生产基地，是著名的农机城。雷沃重工1998年在坊子区创立时，我国农机工业正处于转折期。创立之初我们主要生产联合收割机，那时候联合收割机是农机的支柱产品。2001年，我们切入大中型拖拉机业务，雷沃谷神收割机和雷沃欧豹拖拉机是我们这个时期的拳头产品。

王允泉：我今年45岁了，从小就看着小手扶拖拉机在地里耕作。我记得当时我们当地有一个农机站，最大最先进的一个拖拉机要拿火点着才能启动。我十几岁的时候，我们那里是用镰刀割麦子，后来是用割晒机，真正的机械化作业是1996年以后的事情。现在有了各种机械，老百姓可享福了。

张桃林：大家都亲身感受到了农业机械化发展带来的巨大变化。我国农业机械化60年的发展历程大体经历了4个阶段。从1949年到1980年是创建起步阶段，新时代农机具起步从无到有发展起来。从1981年到1995年是体制转换阶段，农村实行家庭联产承包责任制后，一些小型农机具，如手扶拖拉机等走进农家。从1996年到2003年是市场引导阶段，市场经济逐渐建立并快速地发展，联合收割机跨区机收小麦服务开始兴起。从2004年以来是依法促进阶段，以《农业机械化促进法》公布实施为标志，我国农业机械化进入了快速发展

的新阶段。

刘学圣：耕田机械的使用，结束了牛耕马拉的时代；播种机、收割机等现代化农机具的应用，让农民彻底摆脱了"面朝黄土背朝天，弯腰弓背几千年"的历史。农机化带来的生产效率提高，使原来需要一两个月的夏收、秋收缩短为十几天甚至几天，完成全年农业生产任务的时间由几个月缩短为几个星期。

关键性决策

农机购置补贴政策使农民得实惠、企业得效益、政府得民心

张桃林：农机购置补贴作为中央强农惠农的优惠政策，中央财政不断加大补贴资金规模，由2004年的7000万元增加到2009年的130亿元。补贴范围由66个县拓宽到全国所有的农牧业县，补贴机具品种从6大类农机具扩大到12大类38小类的128个品目。在补贴政策带动下，各地农民购机热情十分高涨。

刘学圣：购置补贴政策的出台，极大地调动了农户购机的积极性，对农机企业也是一个很重要的扶持政策。

我们从2004年开始发放农机购置补贴，经公开报名、张榜公示、签订合同等程序，公开、公平地确定补贴实施对象560多户，730余台（套）农机具，配套资金1107万元。截至今年5月份，累计带动农户投入3700多万元。

王允泉：我们合作社现在能调动的车辆有一百七八十台，其中

70%~80%的车都是补贴的。我自己买拖拉机和收割机等设备就花了200多万元，按30%的补贴率计算，得到了70多万元的补贴。

刘学圣：老百姓购机热情非常高，购机补贴政策的进一步实施，对农业增产、农民增收、农村劳动力转移会有明显带动作用。

杜晓平：从我们企业的角度看，补贴发放6年，我们企业的销售逐年提高。今年1至9月，雷沃重工农业装备业务的销售收入增长了52.5%。在国际金融危机的背景下，我们拖拉机销售同比增长了28.8%，收割机增长了78.1%。对企业来讲，购机补贴政策对销售是一个全面的拉动。

张桃林：是啊，在全国范围内，购机补贴让企业得到了实惠，促进了农机工业的升级转型、快速发展。今年虽然受到国际金融危机的冲击，上半年全国规模以上农机企业产值达到了1128亿元，同比增长22.34%，增幅在机械工业13个行业中列第一位，骨干企业就业人数比去年同期增加20%以上，这个政策是提高农机化水平的一个加速器。现在看来，130亿元补贴仅仅是一个引导。要通过实施购机补贴政策，引导农机装备结构优化，促进先进适用技术的推广应用，防止低水平重复购置，提高农机化的发展质量。要做好规划和布局，促进农机工业转型升级。

近6年来，通过落实农机购置补贴政策，找到了政府引导性投入与市场机制的最佳结合点，真正做到了让"农民得实惠，企业得效益，政府得民心"。先说农民得实惠吧，2004年到2008年，中央和地方财政累计投入农机补贴资金达到121.6亿元，受益农户225万

户。今年预计各级财政投入农机补贴资金将超过145亿元，受益农户近300万户。再说企业得效益，在国际金融危机冲击的背景下，我国农机企业获得不凡佳绩。三说政府得民心，农机购置补贴政策已成为各级政府保增长、保稳定、保民生的一项有效举措。

最佳组织形式

农机专业合作社是新时期推进农业机械化、发展现代农业、建设新农村的重要力量

张桃林：由于各地种植作物品种不一样，环境不一样，对农机的需要也不同。我到潍坊去过，当时看了不少农机大户，确实非常好。

王允泉：我本人就是农机大户，也是农机合作社社长。我们邹平县是全国百强县，农民接受能力比较强。现在，我有5台125马力的收割机，2台能扒皮的玉米收割机，还有比较小型的90马力左右的两轮驱动拖拉机。

张桃林：你富了以后可以带动乡亲共同致富，这点很重要，我见到好多农机大户为乡镇文化事业、设施建设做了很多贡献。

王允泉：是啊，我们对国家政策的宣传落实、当地政府农机技术推广和企业产品推广，都起到一些作用。老百姓看到这个实惠，他们就会学着做。

张桃林：农机专业合作社是农民专业合作社的重要组成部分。

《农民专业合作社法》公布实施以来，全国农机专业合作社组织化、规模化、产业化程度不断提高，已经显示出强大的生命力。到 2008 年底，全国农机专业合作社总数达到 8622 个，比 2007 年增长 103%。实践证明，农机专业合作社已成为推进农业机械化、发展现代农业、建设社会主义新农村的重要力量。

下一步，农业部和各有关部门将继续加大对农机专业合作社发展的支持力度，推进农机专业合作社持续快速健康发展。一是财政资金支持，国家农机具购置补贴政策对农机专业合作社给予了重点倾斜。二是信贷支持，2008 年 12 月 8 日国务院常务会议决定，允许农机服务组织和农户以拟购置农机具作为抵押物向金融机构贷款；一些地方金融机构对购机贷款给予优惠利率，适当延长还贷期限。三是税费减免支持，国家免征农机作业服务营业税、农机作业和维修服务企业所得税。对跨区作业的联合收割机、农业机械及运送联合收机、插秧机的车辆，免交车辆通行费。

刘学圣： 我们区像老王这样的合作社有 8 个。合作社在一定程度上克服了原来个体经营分散、抗风险能力弱、资金少的缺陷。现在国家也出台了关于农民专业合作社的法律，从资金来源、组织形式、运作形式等方面进行了规范。

王允泉： 我们成立了农机专业户协会。我们合作社把能说会道的社员组织起来，到周边的淄博、章丘等地联系订单，可以完成几千、几万亩的大面积机收。

张桃林： 农机化工作与我们农业经营制度创新是一个结合点。我

们希望通过农机组织，解决生产到户以后机械化作业的难度。农机合作组织可以整合土地、劳动力、资金、装备、技术等要素，完成包括生产、销售、技术、维修等方面的社会化、专业化、市场化运作。其作用不可替代。

全新发展思路

发展农机化要使公益性与社会化、专业化、市场化相结合

杜晓平： 农业机械化的发展，也使我们企业从中受益。雷沃重工创立短短11年，从成立之初销售收入不足2000万元，到去年实现销售收入116亿元，再到今年1至9月的114亿元，增长了近千倍，品牌价值在国内农机行业排第一，这些都是企业受益的具体表现。

张桃林： 你们是起步晚、起点高、步伐快。

杜晓平： 我们的发展有三个得益于，第一，改革开放30年，特别是最近10年，是农机发展最快的时期，我们赶上了这个机遇期。第二，从2004年起，农机购置补贴的政策出台，带动了我国农机工业的快速发展。第三，始终坚持自主创新科学发展。雷沃重工在快速发展的同时，也为中国农业机械化的发展尽了微薄之力。现在雷沃谷神收割机的市场保有率已突破30万台，市场占有率超过70%，可以说中国人每吃两个馒头就有一个是用雷沃谷神收割机收获的小麦做成的，雷沃欧豹拖拉机的市场占有率达30%，雷沃重工对全国耕地机耕贡献度超过30%。

刘学圣： 近年来，坊子区农机企业发展势头喜人。目前，全区规模以上农机制造企业20个，农机专业合作社8家。

近年来，坊子区开辟了1000亩的保护性耕作机械化示范田，派出专业技术人员进行全程技术指导与跟踪服务。对该地块的测产结果显示：示范田比常规麦田每亩增产31.5公斤，增产率达到7.6%，每亩节支增收80多元。

张桃林： 农机化的作用非常明显。一是农机化对提高农业综合生产能力、保证粮食安全，以及保护资源、保护环境和生态建设方面起到了积极作用。二是通过农机化提高了劳动生产率。我国人均耕地面积不到1.5亩，通过机械化，可以促进土地合理流转和规模经营，把农民从高强度的体力劳动中解放出来，同时又稳定和促进了农村劳动力转移。三是农机化设施对农业机械工业改革和创新起到很好的推动作用。四是对我们整个农业机械工业快速发展起到了非常重大的作用，对培养与中国特色农业现代化相适应的农民，起到了积极作用。

今后要进一步做好农业机械化工作。第一，围绕中心，加快发展。农机化工作，始终要围绕农业增产、农村发展、农民增收这个主题来推进。农业现代化关键还是机械化，要从这个角度来提高我们的认识，不失时机、与时俱进地推进农机化发展，不断加强农民与企业在整个农机化发展当中的主体地位。

第二，突出重点，全面发展。农机化发展一定要与农业发展阶段相适应。从粮食作物到经济作物，从种植业到畜牧业、水产养殖业，

从大田生产到设施农业，从生产到加工环节等各个方面。在不同的发展阶段和不同的农业领域，农机化都能够有所作为。

第三，依靠科技，创新体制。农机化一定要强调自主创新，包括引进消化吸收后的再创新，大力研发新型的、先进的、适用的农机具，大力推广保护性耕作、机插秧、化肥深施等农机化新技术。同时要从体制机制上进行创新，提高组织化程度，提高机具的配套性，继而提高机具的利用效率，得到更多的经济回报。

第四，政府扶持、市场运作。政府要制定扶持政策，营造一个好的发展环境，特别是在加强农机化服务体系和能力建设方面要有所作为。要通过政策引导，把资本、技术、人才等生产要素聚在一起，同时要充分发挥市场在资源配置上的基础性作用。

总体来讲，中国特色农业机械化发展道路，就是"农民自主、政府扶持，市场引导、社会服务，依靠科技、创新体制，共同利用、提高效益"。简单地说，就是"一性三化"，也就是要突出公益性跟社会化、专业化、市场化这样一种特征。

农民伟大创造

农机跨区作业有效提高了农机利用率，增加了农机手收益

张桃林：有了现代化的农机具，今年"三夏"的农机跨区作业再创佳绩。据统计，全国共投入联合收割机44万台，比上年增加2万台，其中参加跨区作业的有28万台，比上年增加1万台。联合收割机日投入量最高达到33.5万台；麦收进度加快，日收获量连续5日超过1500万亩，最高达2114万亩，再创日投入机具、日机收面积历史新高。

据测算，今年"三夏"跨区机收共为农民节省人工费用40亿元，减少粮食损失25亿公斤左右，农机手纯收入26亿元，共为农民节本增收近110亿元，均超过去年。

王允泉：跨区作业既方便了农业，也成为我们创收的重要来源。我们每年都要派两三个服务队出去。

张桃林：你们跨区收割都去过哪些地方？

王允泉：我们农机大户去过的地方可多了，南边到安徽、江苏、河南。南边割完以后我们当地收割就开始了，当地割完再北上，去北京、天津，再就是往东去胶东半岛，一次跨区作业一般不会少于三个地区。

张桃林：农机跨区作业是中国农民的又一伟大创造。改革开放30年来，我国农民户均耕地只有7.6亩左右，不及欧盟国家的四十分之一、美国的四百分之一。发展农业机械化，必须解决好农户一家一户小规模生产和机械化大规模作业之间的矛盾。

跨区作业有效提高了农机的利用率，增加了农机手的效益，满足了农民对农机作业的需求，大幅度提高了机械化水平，解决了"有机户有机没活干、无机户有活没机干"的矛盾。在生产方式上实现了规模化经营，开辟了我国小规模农业使用大型农业机械进行规模化、标准化、集约化、产业化、现代化生产的现实道路。

难得发展机遇

谋划好推进农机化科学发展的新举措，到2020年农作物耕种收综合机械化水平要达到65%以上

张桃林：农业机械化是农业现代化的重要标志。20世纪末，美国工程技术界把"农业机械化"评为20世纪对人类社会进步起巨大推动作用的20项工程技术之一。这一评价客观地反映了农业机械化在经济社会发展中的重要地位。

当前，我国农机化事业正面临着难得的发展机遇。从现在到2020年，是我国全面建设小康社会的关键时期，也是我国由传统农业向现代农业迈进的关键时期。随着各项强农惠农政策的进一步落实，农村金融信贷扶持政策进一步完善，土地规模化经营进一步推进，尤其是农机具购置补贴的大幅度增加，农民对农机具购置和农机化作业的需求越来越强，将为农业机械化的加快发展增添新的动力。

我们要抓住机遇，谋划好推进农业机械化科学发展的新思路、新举措。到2020年全国农作物耕种收综合机械化水平要达到65%以上，粮食作物生产基本实现机械化，为农业稳定发展、农产品有效供给和农民持续增收提供坚实的装备支撑。

农机化的发展前景非常广阔。我们讲高性能、精准化、信息化，这些特点都要体现在机具里。这对提高机械的利用效率、集成度作用非常明显。

杜晓平：农机具大有可为。比如沼气除渣，如果人工除渣，一个是成本非常高,二是有危险,效率也非常低。现在我们研发了专门除沼气渣的车,效率非常高。下一步,我们要按照农业机械化发展的要求,抓住机遇,加快发展,为社会主义新农村建设多做贡献。

刘学圣: 今后,坊子区要加快发展现代农业,重点发展优质、高效、生态农业,积极推进农业品牌和农机龙头企业建设。一是整合农机企业资源,力促农机产业升级。二是加大农机监管力度,促进"平安农机"建设。三是加快推进农机专业合作社建设,提升农机专业合作社水平。

《经济日报》2009-10-20,李力、杨学聪报道。

三十三

努力形成城乡经济社会发展一体化格局

对话人——

韩　俊：国务院发展研究中心党组成员、农村经济研究部部长

邹庆忠：山东省诸城市委书记、市人大常委会主任

孙万红：山东省诸城市密州街道北十里四居党支部书记

策划人——

李　力：经济日报产经新闻部副主任

图33 韩俊（中）与邹庆忠（左）、孙万红（右）在进行交流

刘婷/摄

如何实现城乡产业融合互动发展、城乡基础设施共建共享、城乡基本公共服务同步均衡推进？日前，经济日报邀请国务院发展研究中心党组成员、农村经济研究部部长韩俊，与来自地方的领导、农民代表共同探讨——

夯实基础

以深化农业产业化经营为重点，加快推进城乡经济社会一体化

韩俊： 探讨如何推进县域城乡一体化这个主题，我认为非常有意义。党的十七届三中全会的决定讲得非常清楚，形成城乡经济社会发展一体化的新格局，是推动农村改革发展的根本要求，我认为这也是我国农村改革发展的一个新的飞跃。全国各地都在这方面进行了积极探索。最近几年，诸城市以深化农业产业化经营为基础，以发展镇域经济为支撑，以建设新型农村社区为切入点，以城乡基层党组织联建为保障，以创新体制机制为根本动力，全方位推进县域城乡一体化建设，取得了显著的进展，积累了丰富的经验。

邹庆忠： 我认为，要形成城乡经济社会一体化发展新格局，在县域内实现城乡一体化发展非常关键。如果县域内实现不了城乡一体化，全国的城乡一体化就落不到实处。而要推进城乡一体化发展，首先要努力做到城乡产业的一体化发展，这是基础性工作。这方面，我们主要采取了三种方式。首先，加强农业龙头企业建设，深化农业产业化经营。农业龙头企业既属于工业，又属于农业，是联结工业与传

统农业的载体。加强农业龙头企业建设，深化农业产业化经营，是推动工业农业结合、统筹城乡经济发展的一条十分有效的途径。诸城是农业产业化的发源地，农业龙头企业建设起步早、基础好。自上世纪80年代末90年代初，诸城先后推行了"商品经济大合唱"、"贸工农一体化"、农业产业化，开始探索以农业龙头企业建设带动城乡经济一体化发展的路子，在全省乃至全国产生了很好的影响。近年来，我们采取政策扶持、领导包靠、考核奖惩等措施，进一步做大做强龙头企业。同时，进一步拓展农业产业化经营领域，大力发展农民专业合作组织，多形式、规范化推进农村土地承包经营权流转，探索出了"龙头企业+农民专业合作社+农户""农民专业合作社+农户"等产业化经营新模式。通过龙头企业建设和深化农业产业化经营，打破了传统的工业和农业相分割的局面，促进了城乡第一、二、三产业的融合发展。

韩俊：诸城确实做得很好。

邹庆忠：同时，我们借鉴农业产业化经营的理念，推进城区工业企业向农村扩散延伸。通过规划引导、政策激励等措施，推动有条件的城区企业转移到镇村或将生产链条延伸到农村；镇村主动承接城区企业的转移，形成了以城区企业为龙头、镇村企业协作配套的"龙形"工业经济发展格局。近年来，诸城共有100多家有条件的城区企业将生产链条向农村转移延伸，带动镇村发展起规模以上企业500多家，有15万名农民在家门口变成了产业工人。此外，我们还加快建立覆盖城乡的服务业发展网络。在城区，着力做大做强骨干商流企业；在乡镇（街道），重点发展特色物流园区和农村专业市场；在农村社区，依托社区服务中心这一平台，建立便民超市、农资超市等连锁店700多家，基本形成了以城区骨干流通企业为龙头，以农村各类专业市场为支撑，以农村社区服务中心的超市为主体，覆盖城乡的服务业发展网络，既拓展了农村市场，拉动了农村消费，又促进了城乡经济一体化发展。

孙万红： 推进城乡产业一体化发展确实让农民受益匪浅。我们北十里四居有30多年养殖狐狸、水貂的历史，在这方面积累了很多技术和经验，但之前一直没有得到很好的发展。在市里这几年大力推进城乡一体化发展的过程中，我们就抓住机会整合城市的一些生产要素，吸引资金和技术向农村流动，与农村的生产要素相结合，成立了大森林特种动物养殖专业合作社。目前，有947户农户成为我们合作社的社员，合作社的规模算是比较大的。

就在我这次来北京前，我们刚刚办好了出口权，我们生产的裘皮今后就可以自营出口了，合作社将来的发展前景非常广阔。现在我们采用土地流转经营的方式，集中了山岭薄地4000亩，为合作社的发展带来了新的空间，同时还吸纳了外围村庄的160多个农户加入合作社，既壮大了合作社的力量，又为农民找到了致富道路。

韩俊： 我去孙书记那个地方看过两次，看了以后感到非常振奋。农民通过专业合作社组织起来，形成一个经济共同体，联合进入市场。我问过这个专业合作社的很多成员，加入合作社有什么好处，农民说，合作社就是农民联合起来做买卖，合作社就是农民自己的公

司，通过联合，农民讨价还价的能力明显提高了，每一张貂皮可以多卖20元钱，这就是最直接的好处。他们现在又往前迈了一步，合作社下一步要自己搞加工、搞出口，这样农民可以更大程度地来分享加工和流通环节的利润，更大程度地受益。

诸城在发展农业产业化方面有一个很大的突破，就是在培育龙头企业的同时，注重让龙头企业带动农户，使之成为一个利益共同体。其中一个方法就是发展农民专业合作社，合作社实力强了以后搞加工企业，可以说，这代表了今后整个农业产业化的一个新的发展方向。通过这种方式，农民不仅是经营主体，还是受益主体。

推进城乡一体化发展，必须有产业支撑，只发展传统农业是不行的，只搞种养，只卖原料是不够的，必须发展农产品加工，推进农业产业化经营，要让农业产业化的龙头企业带动农民增收，到了一定的阶段，引导农民发展自己的合作社，让农民自己参与加工，这就形成了农业产业化经营的新格局。诸城这方面做得比较好，全市90%的农产品得到了就地加工转化，90%的农民参与了农业产业化经营，农民收入的75%来自于农业产业化经营体系。

有力支撑

发展镇域经济，发挥好镇域在推动城乡一体化发展中的关键节点作用

韩俊： 诸城的一大亮点，就是作为一个县级市，他们提出一个很

新的概念——要发展镇域经济。镇域经济发展了,县域经济发展才有真正的支撑。

邹庆忠: 乡镇一级处在统筹城乡发展的最前沿,是联结县城与农村的关键节点,是融合聚集城乡各类资源的重要载体。统筹城乡经济社会一体化发展,打破城乡二元结构,把乡镇发展好至关重要。我们为强化乡镇功能,一是实施乡镇撤并,适度扩大镇乡规模和空间。2007年撤并10处乡镇,将全市乡镇调整为13处,扩大了镇域发展空间,节省了行政成本,集聚了乡镇财力,增强了乡镇在统筹城乡发展中的作用。二是扩权强镇。将原来由市里审批管理的96项权限下放到乡镇,增强了乡镇自主发展的能力。三是调整市乡财政体制。实行"核定收支、定额上缴(补助)、增量分享"的分税制财政体制,增强了乡镇的财政实力和发展经济的动力。四是打造镇域经济发展有效载体。13处乡镇(街道)都建起了特色产业园区和中小企业创业服务基地,增强了乡镇(街道)的经济发展能力。

韩俊: 诸城的经验表明,加快镇域经济发展是推进城乡一体化发展的重要途径和手段,必须增强镇域自主发展、统筹发展的能力,增强乡镇(街道)投入新农村建设的财力,增强其对农村地区辐射带动能力。

孙万红: 我们那儿外出到大城市打工的农民越来越少了,相反,我们乡镇上很多企业都在大量招聘外来的农民工就业。

找准切入点

建设新型农村社区，实现城乡基本公共服务均等化

韩俊： 加快城乡一体化发展，无论从全国来讲，还是从一个县里来讲，一个核心抓手就是公共服务均等化的问题。诸城搭建了农村社区服务中心这个平台，给农民提供最基本的公共服务，包括水、电、路、气，也包括农村的村容村貌、环境，以及农村的教育、医疗、卫生、文化、社会保障、公共安全等很多方面。在这些方面诸城都有一些很好的思路、重要的探索，给农民带来了实实在在的好处。

邹庆忠： 在实践中，我们深刻地认识到，农村公共事业发展关系到广大农民切身利益和农村社会全面进步。诸城将农村地区的基础设施和公共服务设施纳入城乡规划统筹安排，加快城市基础设施和公共服务设施向农村地区延伸，增强城乡基础设施建设的集约度，实现城乡基础设施共建共享。

我们按照地域相近、规模适度、有利于整合利用公共资源的原则，将全市1257个村庄规划建设为208个农村社区，到2008年6月份，全市208个农村社区和社区服务中心全部建成运行，全市农村实现了"社区化覆盖"。在每个社区中心村设立社区服务中心，包括一个办事服务大厅和若干个服务站室，服务半径一般掌握在两公里之内，涵盖4至5个村，1500户左右，既避免重复建设和资源浪费，又方便就近服务群众，并通过它将乡镇（街道）和市直有关部门的基本公共服务下沉延伸到农村，为农民开展医疗卫生、教育培训、治安警务、养老入托、健身娱乐等基本公共服务；为农民开展农业技术咨询、市场营销信息、土地流转、贷款等方面的生产性服务；设立便民超市、农资超市、便民食堂，为农民群众提供市场化服务，农民出家门不超两公里就能享受到与城里人一样的社区服务。同时，以农村社区建设为契机，推动周边村向社区中心村集聚融合，为加速推进城乡经济社会一体化发展奠定了基础。

孙万红：的确是这样。以前我们在农村买什么、做什么都不太方便。但自从2007年搞了农村社区化服务以后，政府的基本公共服务延伸到村庄，我们感到方便多了。现在农资、便民超市就开到了家门口，从我家到超市，走路三分钟就到了。

韩俊：这就把公共服务送到了村口，送到了农民身边。我印象很深的是，山东不仅城里的路修得好，到诸城一看，农村的路修得也非常好，电也普及了，天然气、自来水也进入了农民的家里。今年整个山东推开农村新居建设，诸城要抓住这个机遇，在搞好社区服务中心的基础上，通过统一规划和建设，让农村的环境更优美、生活更便利。

邹庆忠：我们现在提出向社区中心村聚集融合，用公共服务吸引，用财政补贴引导，鼓励农民向中心村集中，加快农民就地城镇化，推动城乡一体化的进程。在旧房改造的过程中，我们出台一系列的政策，推动社区中心村周边的老百姓向中心村聚集融合，这样能节省大量的土地。

组织保障

实现基层党组织联建，为加快城乡一体化发展提供有力的组织保障

韩俊：多年来，山东经济社会发展的一个很大特点，就是农村基层组织发挥了重要作用，这是他们的传统，也是很大的优势。这几年诸城在推进城乡一体化的过程当中，又特别注重在基层党建、基层组织建设上以城带乡、城乡互促共建，创造性地探索建立城乡联合党组织，以及在产业链条上建党的基层组织，做了积极的探索。

邹庆忠：我们认为，党的基层组织不仅是我党的执政基础，也是我们统筹城乡发展的宝贵资源。从 2007 年开始，诸城在全市推行了城乡党的基层组织联建，我们也称城乡联建党组织。就是突破基层组织建设中"就城市抓城市、就农村抓农村"的传统思维模式，按照组织联体、城乡联合、优势互补、资源共享、以城带乡、共同发展的思路，创新党的基层组织设置形式，引导城区内综合实力强的强居、强企、部门（单位）党组织与弱村党支部跨区域、跨空间建立联合党组织，以组织资源的整合带动城乡各类发展资源的整合，走出了一条通过组织制度创新推动城乡一体化发展的新路子，建立起了基层党组织互帮互助的长效机制，为推进城乡一体化发展提供了有力的组织保障。

孙万红：我有一个很深的体会，就是我们搞城乡党组织联建，北十里四居和另 5 个有山岭薄地的比较边远的村庄，成立一个联合党总支。这个联建党组织里，北十里四居有 30 年的养殖传统，有钱、有技术，但没有发展空间了，其他村什么产业都没有，但有山岭薄地，这样就结合起来，优势互补，在新的起点上发挥各自的优势。同时，联合党总支把6个村的287名党员，按照从事产业和行业的不同，分别成立了一些功能型的党支部，像养殖的、种植的，等等。这些党支部成立以后，发挥党员各自的特长，带动群众发展新的经济合作体。

韩俊：我一直在思考的一个问题是城乡县域经济发展、农业产业化发展、专业合作社发展究竟靠什么呢？最根本的来说，关键在人。首先诸城市历届市委、市政府的改革意识非常强，他们始终想在体制机制创新方面走在前列，这对于一个地方的发展，对城乡一体化的推进是非常重要的。其次，在诸城有一批企业家、一批基层干部，还有一批新型农民在共同推动城乡一体化。比如孙万红同志就是一位新型的村官，更重要的是他带动了一批新型的农民。

根本动力

创新体制机制，在县域范围内整体推进城乡一体化

邹庆忠：我们在基层感到，推进城乡一体化发展，进行工作理念、工作方式、体制机制的创新很重要，特别是体制机制的创新至关重要。进行体制机制的创新，这个比单纯地投钱给物、搞个项目，意义更大。刚才我提到的农村社区建设、城乡基层党组织联建，就属于机制体制的创新。这些年，我们还在投融资体制、城乡就业服务、社会管理等方面进行了一系列创新，初步建立起了一整套促进城乡统筹

发展的体制机制。像我们在投融资体制机制创新方面，充分发挥政府的主导作用，该政府承担的投入不推卸责任，但政府不大包大揽，不包办代替，调动社会各方面力量，投入到城乡一体化发展中，初步建立了统筹城乡发展的多元投入机制。

不要总说没钱，实际上很多县市的很多资源资产都没有被激活，就是观念和体制没有创新。有资产，就要想通过什么形式激活它，把它变成活钱，用于建设这方面。观念、体制和办法的创新很重要，如果不创新，即使守着那些财富，手里还是没钱。

韩俊： 体制机制创新很重要，它是推进城乡一体化发展的根本动力。诸城经常琢磨体制机制创新，很多机遇就抓到了。新农村建设、城乡一体化的推进，必须要解决好钱从哪里来的问题，诸城对这个问题解决得比较好，在很多方面都开了先河。他们整合盘活城市国有资产，多形式搭建融资平台，拓宽融资渠道，在全国县级市第一个发放治污减排债券、中小企业集合债，为城乡一体化发展提供了有力的资金支持。

城乡一体化发展是国家的一个政策，在国家层面形成一种工业反哺农业、城市带动农村的总体性政策框架下，经济再落后的地方，也要按城乡一体化的要求来推进各项工作。当然这需要一个过程，只要工业发展了，城镇化在推进，在这个过程当中，就应该培育形成这么一种机制，不是说只有工业化、城镇化到了哪一个点，才能来做这项工作。

孙万红： 农村的公共资源其实很多，包括土地。如果只是放在那个地方，对我们农民来说是坐吃山空。然而，这个资产通过我们合作社激活，就有大用处。

我们首先把村里的资产量化，量化以后分配到每个村民头上。村民拿着持有的公积金份额，按照不同的合作形式加入到合作社，再由合作社来整合这块资产。比如说村里一个办公楼值 80 万元，我们合作社现在需要用它，我们就可以用 80 万元买过来。这 80 万元不一定是现金，也可以是我们合作社社员持有的等额的公积金份额，由此我们就可以盘活这块资产。

建设成效

城乡产业融合互动发展、城乡基础设施共建共享、城乡基本公共服务同步均衡

韩俊： 从上世纪 80 年代中期以来，诸城市率先创造了商品经济大合唱、贸工农一体化、农业产业化和中小企业产权制度改革等经验，为推动农村改革发展做出了突出贡献。近年来，诸城市适应新形势、新任务的要求，创新体制机制，持续不断地推进城乡经济社会一体化发展，全市经济社会发展保持了强劲势头，成为全国县域经济发展速度最快的县市之一，城乡居民生活水平显著提高，县域经济全面跨越发展，综合竞争力大幅提升。

邹庆忠： 诸城市 2008 年完成地区生产总值 363 亿元，按可比价格计算，是 2002 年的 2.7 倍；实现财政总收入 32.6 亿元，其中地方

财政收入 20.4 亿元，分别是 2002 年的 4 倍和 5.1 倍。全市城镇居民人均可支配收入达到 14089 元，农民人均纯收入达到 7701 元，远低于全国平均水平。

孙万红： 我们合作社通过社员们多年的努力，2008 年销售收入达到了 15 亿元，纯利润达到 5 亿元，合作社的户均收入达到 30 多万元。我们合作社初期加入的那些社员现在户户都有轿车。

韩俊： 因此，我总是说，农民群众是新农村建设的主体，广大基层干部是推进城乡一体化发展的积极实践者。诸城作为城乡一体化发展的先行区、示范地，给农民带来了实实在在的收益。他们在健全统筹城乡发展政策和制度体系方面取得的重要进展，积累的宝贵经验，具有重要的创新价值和借鉴意义。全国各地对诸城的经验非常关注，不少专家学者也都在研究。我们国务院发展研究中心农村经济研究部去年对诸城做了比较全面的调研，撰写了《县域城乡一体化发展的诸城实践》一书，专门探讨诸城在探索城乡一体化中的经验，这本书很快就可以和读者见面了。

城乡一体化就是要处理好推进城镇化和建设新农村的关系。从诸城的经验来看，完全可以做到城镇化和新农村双轮驱动发展。如果全国的县域将来都按这种思路发展，达到了这种水平，我觉得解决中国的"三农"问题就大有希望了。

《经济日报》2009-12-08，李力、刘瑾报道。

乡镇企业危中寻机求发展

对话人——

高鸿宾：农业部党组成员、副部长

张俊成：辽宁省彰武县副县长

丁美中：辽宁省阜新市美中鹅业工贸有限责任公司董事长

策划人——

李　力：经济日报产经新闻部副主任

图34　高鸿宾（中）与张俊成（右）、丁美中（左）在进行交流

刘婷/摄

嘉宾简介

高鸿宾： 男，1953年5月出生。毕业于首都师范大学，研究生学历，高级经济师。自从上世纪80年代初开始从事农业、农村经济政策研究，曾长期从事国家扶贫开发工作，在国务院扶贫开发领导办公室历任副主任、主任。现任农业部党组成员、副部长，分管畜牧、兽医、农垦和乡镇企业等工作。

张俊成： 男，辽宁彰武人，1965年1月出生，1986年8月参加工作，1989年7月加入中国共产党，现就职于彰武县人民政府，任副县长。曾任彰武县林业局局长，获得过辽宁省林业厅授予的"辽宁省绿化先进个人"，国家林业局授予"国家治沙先进个人"等荣誉称号。

丁美中： 男，安徽省六安市人，1964年5月出生，1998年在辽宁省彰武县投资建立了"彰武县金羽禽类屠宰加工厂"。2003年6月，在原有基础上正式组建了"阜新市美中鹅业工贸有限责任公司"，并任公司董事长。曾荣获"全国农村青年创业致富带头人""中国农产品加工业十大新闻人物"等荣誉称号。

面对国际金融危机带来的不利影响，乡镇企业如何积极应对进一步加快自身发展，如何继续对农民增收致富和新农村建设发挥重要作用？日前，经济日报邀请农业部党组成员、副部长高鸿宾，与来自地方的领导、农民代表共同探讨——

总体形势

乡镇企业的发展困难很多，但形势很好，处在加快恢复增长阶段

高鸿宾：这次国际金融危机对我国乡镇企业尤其是外向型乡镇企业的发展带来了严重影响。最大的困难就是由于国际市场需求不足，外贸出口严重受挫。外贸企业整体反映订单大幅度减少，有的甚至撤单，许多企业的正常经营受挫，不得不相应减产，有的甚至停工停产。当然也有资金短缺、原材料价格上涨等诸多困难。总的看来，乡镇企业目前的发展形势可以说是，困难很多，但形势很好。

丁美中：去年我们确实受点影响。2008年我们给鹅养殖户的保护价是13元一公斤，结果市场价掉到8元5角到9元一公斤，每公斤大概差将近5元。最后美中鹅业按订单价格付给养殖户，企业自己承担了这笔损失，有1000多万元。

高鸿宾：你们企业多大规模？饲养和加工业都经营吗？

丁美中：鹅产业这块我们算是全国最大的。年加工能力达1500万只鹅，按照"公司＋农户"的组织形式，由公司负责饲养种鹅、孵化、并育雏10至15天后把鹅苗放给农民。农民饲养周期在70天左右，我们收回来进行初加工、深加工，把鹅肉销往长江流域，比如上海、南京、武汉、成都等地，鹅绒出口到日本等国家和地区。去年我们生产量是900万只，计划今年的生产量要达到1100万到1200万只，但实际完成了800万只，缩减了三分之一。明年形势好的话打算再扩大规模。

张俊成：彰武县鹅的出栏量一年是600万只，美中鹅业作为彰武的农业产业化龙头企业，这几年加工量都在800万至1000万只，仅彰武县本地的鹅并不够用，所以美中鹅业工贸有限责任公司每年还要到外县收一部分。美中鹅业工贸有限责任公司对农民增收的拉动作用特别大，养鹅业成本低，周转快，农民最容易接受，也符合彰武贫困县促进农民增收的实际情况。

实事求是地说，美中鹅业工贸有限责任公司20年来由小到大的发展过程，彰武县政府给予了大力扶持。重点是扶持企业打造基地，给农民养殖提供一些优惠政策，扩大养殖量和企业的收购量。

丁美中：20年前我从老家安徽到辽宁开始创业的时候，的确很艰难，因为缺少资金，只能一点点慢慢地积累。但是后期，特别是2003年，正式成立了美中鹅业工贸有限责任公司后，政府部门对我们支持比较大，县扶贫局为我们提供了350万元扶贫资金，我们拿出50万元现金，再加上从银行贷的200万元，一共是600万元作为风险基金，保证养殖户的收益。后期农民得到甜头就开始大量的养殖。现在每散养一只鹅可给农民带来25元的收益，这个过程只需要70天左右。目前，我们带动了4万多户农民养殖。

高鸿宾：很多乡镇企业都是白手起家。不要说个人创办企业，就是包括当年的社队企业、集体企业，也是在夹缝中求生存，根本就没有一席之地。江苏那些乡镇企业原来都请上海的工程师帮忙，当时是又没技术，又没资金。

丁美中：确实是这样的。我当时就是在学校毕业以后，借了30

元开始起步。拿个货郎鼓，挑两个大筐下乡，挨家挨户收鹅毛，收完了自己加工然后拿到市场卖掉。后来偶然发现辽宁很多地方只吃鹅肉、鹅蛋，没有人经营鹅毛，1988年那年我就带了1000元，领着四个人过来了。那时候在彰武收一只鹅光卖鹅毛就能赚三元左右。

去年我参加了在无锡召开的乡镇企业协会成立30周年总结会，会上万向集团的老总鲁冠球在做报告的时候，说自己当时是七把锤子、八个人干起来的，我听了特别感慨。

高鸿宾： 就是这样干起来的一批乡镇企业，现在发展成了行业内规模较大、实力很强的龙头企业。

目前乡镇企业的发展形势，处在加快恢复增长阶段，乡镇企业对我国经济企稳回升作用值得期待。据统计，全国乡镇企业从3月份开始逐渐扭转不景气境况，企业设备开工率和用工需求都稳步回升，经济运行企稳回暖，到二季度末，全国乡镇企业增加值增速已回升至9.02%；第三季度，乡镇企业继续保持了回暖趋势，外向型企业订单数量也有一定回升；第四季度，乡镇企业回升势头更加稳定，预计增速可达到12%。

加大支持

政府出台扶持政策，引导乡镇企业发展

高鸿宾： 2009年，我国的乡镇企业面对国际金融危机，采取了积极的应对措施，不断降低国际金融危机带来的负面影响。实际上乡

镇企业怎么应对这次国际金融危机，也是整个国家怎么应对国际金融危机的一个部分，它应对得好与不好，不仅仅是乡镇企业本身的事，还对整个国家的宏观经济产生影响。从现在的情况看，状态良好。

乡镇企业还是很有活力的，过去说乡镇企业船小好调头，现在规模大了也不太好调了，国家出台的一些应对政策对他们都有影响，当然他们自己也有应对国际金融危机的一些具体措施和办法。

丁美中： 企业在发展的过程中，困难肯定是有的。想想当年我们最困难的时候，一分钱没有，开始创业的时候，没有床睡在地上，吃的饭都是凉饭。那么艰苦的时候都过去了，我想现在有点困难也不怕，想办法挺过去最重要。

高鸿宾： 许多企业根据国际金融危机影响下的市场变化，及时调整营销思路，实行营销市场多元化。在外销上，在巩固欧美、日本、韩国等传统客户的同时，把目光转向非洲、俄罗斯、越南、印度等国家和地区。在内销上，把开拓市场的功夫下在国家政策带来的新商机上，例如新农村建设、国家基础设施建设和"家电下乡"等。强势的市场开拓，使许多企业重新拥有了市场，增加了销售。

可以看到，在国际金融危机带来的压力影响下，乡镇企业普遍加强了企业管理，努力节约企业开支，节约经营成本。有的企业抓住有利时机，引进国内外先进设备和科技成果，进行技术改造、设备更新、开发新品，提高了企业的竞争能力。著名的乡镇企业红豆集团应对危机抓转型升级，将"人才、效率、制度、文化"作为提升企业竞争能力的指导方针，推进企业由生产经营型向创造运营型转变。

张俊成：彰武县千方百计地为乡镇企业发展调整扶持政策，引导企业健康发展。彰武县在这方面有几个着力点，一是支持龙头企业跟农民的衔接。二是支持农民和市场之间的对接，扶持产业化机制创新。三是为企业进一步发展打造了产业集聚园区，把企业引导到工业园区里边，集聚式发展。另外，还提供了一些融资、服务体系上的政策扶持，以及一些舆论宣传方面的扶持。

高鸿宾：你们做得很好，各地在这方面都做了一些探索。江苏就引导乡镇企业发展、提高资金使用效益、创新发展、团结合作和诚信等方面下了功夫，省内许多市县也出台了扶持政策。浙江、广东、福建、山东通过资本注入、信贷担保、财政贴息、资金补贴等方式，加大对乡镇企业的支持。

发展成就

乡镇企业助推整个中国经济发展、社会进步

高鸿宾：30年来，乡镇企业创造了许多辉煌，成为国民经济的重要组成部分，成为农村经济和县域经济的重要支撑力量，以及农民转移就业的主渠道，为在我们这样一个农民占绝大多数的农业大国解决好农业、农村、农民问题，推进中国特色农村工业化、城镇化、现代化进程，探索出了一条成功之路。所以说乡镇企业功不可没，不仅仅是说在农村发挥了作用，应该看到在整个中国改革开放的进程中，乡镇企业都起到了非常重要的作用。丁美中不仅是农民的代表，还是

个地地道道的乡镇企业代表。

张俊成：丁美中是中国乡镇企业协会的副会长。

高鸿宾：乡镇企业作为我国国民经济的重要支柱，在增强我国综合国力方面具有不可替代的作用。2008年全国乡镇企业增加值84127亿元，占国内生产总值的27.98%；出口商品交货值35092亿元；实缴国家税金8765亿元。2008年乡镇工业增加值达58805亿元，占全国工业增加值的45.5%，而在1978年这一比重只有9.95%。2008年乡镇企业增加值占农村社会增加值的71.21%，成为支撑农村经济最坚实的支柱。

乡镇企业的发展冲破了我国城市搞工业、农村搞农业的经济格局，使我国走出了一条城市工业与农村工业相互依托、相互融合、相互促进的有中国特色的工业化道路，加快了中国工业化的进程。

目前，乡镇企业的许多产品，特别是日用消费品，已占全国相当大的比重，如电子及通信设备制造占21%，机械占29%，原煤占16%，非金属矿物制品占40%，食品饮料占42%，服装占84%，繁荣了我国的城乡市场，增加了社会有效供给。

张俊成：在我们当地的经济发展中，乡镇企业始终保持着较快的增长速度。

高鸿宾：2008年全国乡镇企业增加值增幅保持着两位数增长。今年乡镇企业的目标是增加值增幅10%以上，从历史数据和前三季度情况来看，乡镇企业有能力完成既定目标，对我国经济回暖促升作用值得期待。今年从乡镇企业地区结构来讲，东部地区稳住，西

部地区明显加快，中部地区稳定增长，所以从地区结构来看，现在的形势是企稳回升，非常好。美中鹅业工贸有限责任公司今年的效益怎么样？

丁美中：我们今年比去年还好一点。今年我们加工了800多万只鹅，销售额将近3亿元，利润2300多万元，比去年增加了近1000万元。

高鸿宾：美中鹅业工贸有限责任公司通过企业加农户的方式让农民养鹅，企业获得了稳定的收益，也给农民提供了就业增收的机会。

发展乡镇企业是农民就业增收、致富奔小康的主要途径。随着乡镇企业的迅速发展，大量农村富余劳动力从事第二、三产业，再加上乡镇企业工资水平提高，到2008年乡镇企业支付职工工资达15830亿元，农民人均从乡镇企业获得收入1666元，比1978年的10.74元增加了150多倍，大大加快了农民致富奔小康的进程。

乡镇企业开创了农民在农村就地就近就业的新路子。人多地少、人增地减是中国农村的一个突出社会问题。解决的出路在于发展农村非农产业。但是，1978年全国社队企业职工也只有2827万人，只占当年农村劳动力的9%多一点。进入80年代，乡镇企业异军突起，吸纳农村富余劳动力的能力大大增强。到2008年，乡镇企业从业人员达15451万人，占农村劳动力总数的29.34%，极大地缓解了我国的就业压力，优化了农村劳动力结构，同时为农业适度规模经营、提高劳动生产率创造了条件。

张俊成：农民散养一只鹅收益在25元左右，一年养200只左右就能挣到 5000 元。而且养鹅每个周期只要 70 天就能见收益，与养奶牛等养殖业相比，资金成本和时间成本相对低得多，进入这个行业的门槛也就低多了。

高鸿宾：其实乡镇企业不仅帮助农民增收，还成为保持农村社会稳定的重要因素。乡镇企业的发展，使大量农村富余劳动力有了稳定的职业和收入。

有些地方利用农副产品资源优势，以加工企业为龙头，大力发展农副产品加工业和储藏、保鲜、运销业，实行种养加一体化、产供销一条龙，为农户与市场之间架起桥梁，带动农业的企业化、集约化和产业化，减少了农业的自然风险和市场风险，较好地解决了农业比较效益低的问题，促进了农产品的增值增效增利，支持了农业的发展。

经验积累

加快技术进步和结构调整步伐，把品牌、质量作为赢得市场竞争的关键

高鸿宾：30 年来，乡镇企业在取得辉煌成就的同时，也积累了很多丰富的经验。乡镇企业自然有其发展规律，市场竞争的加剧逐步淘汰了那些落后的技术和企业，促进技术创新和产业升级。更多的乡镇企业越来越重视技术创新、设备更新、科技投入，重视人才培养，重视制度化和科学化的管理。

张俊成：可以说，乡镇企业能够由小到大、由弱到强，既有国家

大的政策方针的支持，有市场运作的成功，也依靠了地方政府对乡镇企业的扶持。比如彰武，目前国有企业很少，96%都是乡镇企业，一共有1140家。在乡镇企业发展的过程中，彰武县各个部门统一思想，采取了对乡镇企业先扶持、后管理、再理顺的做法。

丁美中： 我感觉，品牌和质量对企业来讲特别重要。品牌对乡镇企业的发展有着不可估量的作用。现在很多企业开始用技术提高产品质量，实施品牌战略。

高鸿宾： 是啊，近些年乡镇企业扩大与国外的合资合作，许多地方和企业利用国外资源、国际市场和国际资本进行产业结构的调整和技术管理水平的提升，沿海很多乡镇企业朝着外向化、规模化、集约化方向发展。随着经济梯度发展规律的作用，外向型经济的触角正逐步向中西部地区延伸。

区域间经济技术合作有助于不同地区的乡镇企业之间相互扶持，共同发展。开展东西合作，东部和中西部在优势上进行互补，在利益上实行互惠互利，一方面使东部地区乡镇企业优化了产业结构，拓展了新的发展空间；另一方面也使中西部地区引来了资金、技术、管理、人才，促进了中西部地区乡镇企业的发展和提高。东西合作是符合经济发展规律，实现区域间经济社会协调发展的一项重大战略举措。

目标定位

乡镇企业应着力发展与"三农"关联大,又具有比较优势的农村第二、三产业,拉动我国经济企稳回升

高鸿宾: 乡镇企业异军突起时是上世纪80年代、90年代那个阶段。现在的情况跟若干年以前相比要复杂得多。农村的企业进城了,城里的企业下乡了,城乡在融合;国内的企业走出去了,国外的企业又引进来了,乡镇企业成了多元化混合体。

丁美中: 是啊,作为一个农民企业家,我太有感受了。我能创业成功,是赶上了国家发展农业产业化,搞新农村建设这些好机会,是国家的好政策给了我们非常好的发展机遇,我以自己是一名乡镇企业家为荣。

高鸿宾: 这就对了,乡镇企业该叫什么名字不必讨论,重要的是如何促进这些企业的发展,使它发挥更重要的作用。实在地讲,经济越发展,乡镇企业越复杂。将来可以从不同的角度,按行业来讨论。现在的问题是,在当前这种历史条件下如何引导乡镇企业全面协调可持续发展。

丁美中: 您刚才谈到行业问题,其实应该像水产养殖区,小麦、玉米、水稻种植区一样,鹅、鸭、鸡、猪、牛、羊在各个地方都可以由当地的资源优势来决定它们的养殖区域。像我们辽宁阜新地区,属于辽宁西北部。从大的方面来讲,辽宁、吉林、黑龙江的西部以及东蒙这几个地区,丘陵地带比较多,划为养鹅区我认为是最好的。每一

个地区投入一家具有一定规模的龙头企业，利用企业的带动作用充分拉动当地畜禽业发展。

高鸿宾： 你说的这个畜牧业产业规划，国家已经开始着手做了。

张俊成： 我说说彰武现在的情况。彰武作为一个农业县，我认为应该按照一个大的循环经济角度去考虑发展问题。我们今年引进了两家肉牛加工企业，年加工能力都是10万头。彰武肉牛的年饲养量现在是12.4万头，省外的牛每年经过彰武进行交易的能达到3万头左右，但也只能维持一个企业所需。之所以引进两家企业，是因为其中一家要自己发展基地，这对肉牛产业的发展有很大的带动作用。建议农业部从大的循环经济角度考虑，对某一个县定位一个主要产业，给予政策的扶持和支持。

高鸿宾： 你强调的是农产品的区域规划，而且这个区域规划强调要配合农产品加工业的发展。

今后乡镇企业确实要着力发展产业聚集，将乡镇企业的布局结构调整与小城镇规划建设紧密结合。现在全国各地已经形成了一批乡镇企业工业园区、科技园区、特色块状经济区，吸引了大批企业。

实现国家工业化必须大力发展农村工业，城市工业与农村工业互为市场、互相补充、互相促进，合理布局和分工，比翼齐飞。推进工业化进程，必须注重三次产业的协调发展，增强我国农村三次产业发展的协调性，必须大力发展农村各种生产性服务业和生活性服务业，提高农村第三产业比重。从农村实际出发，今后乡镇企业应着力发展与"三农"关联大，而又具有比较优势的农产品加工业及储藏、运输、包装业、劳动密集型企业、与大工业配套的企业、农村商品流通和批发业、乡村旅游、休闲农业等农村第二、三产业，从而较好地处理乡镇企业与其他类型企业的发展关系。

《经济日报》2009-12-24，李力、刘瑾报道。

三十五

科技创新是现代农业发展的原动力

对话人——

翟虎渠：中国农业科学院院长

汪宝国：北京市大兴区农委主任

陈庆福：浙江省温州市瑞安市种粮大户

策划人——

李　力：经济日报产经新闻部副主任

图35 翟虎渠（中）、汪宝国（右）、陈庆福（左）在进行交流

常理/摄

三十五 科技创新是现代农业发展的原动力

科技创新在现代农业发展和农民增收中扮演着越来越重要的角色。日前，经济日报邀请中国农科院院长翟虎渠，与来自地方的有关负责人和农民代表，共同探讨——

嘉宾简介

翟虎渠：江苏涟水人，现任中国农业科学院院长。1977年江苏农学院毕业。1981年南京农业大学获农学硕士。1987年获英国伯明翰大学遗传学博士。1995年任南京农业大学校长。2001年至今任中国农业科学院院长，兼任中国科学技术协会常务委员、国务院学位委员会委员、中国农学会副会长、中国作物学会副理事长等职务。1971年加入中国共产党，是中共十六届、十七届中央候补委员。

汪宝国：北京市大兴区人，高级经济师，现任北京市大兴区农工委书记、农委主任。自1976年2月参加工作以来，长期从事农村、农业工作。近几年，先后组织推进了大兴区的农业保险、设施农业、农业信息化、农民专业合作组织、农业品牌策划、农产品质量安全体系、农业科技推广和服务体系建设，取得了较好的效果。

陈庆福：浙江省温州市瑞安市飞云镇西湖村人。2008年，创温州市早稻单产纪录，并摘取了全省早稻单产冠军。2009年，再次打破温州早稻单产历史纪录，位居全省第二。2009年提供商品粮756吨，分别被温州市政府授予2008年度优秀种粮大户称号、被瑞安市政府授予2007年度和2008年度十佳优秀种粮大户称号。

话题之一

依靠科技增产增收奥妙何在？

翟虎渠： 本期《对话》专栏关注农业科技创新这个话题，我认为非常有意义。农业增产、农民增收离不开科技的进步、新技术的推广。中国农科院成立 50 多年来，累计获得的 5000 多项科技成果都深受农民欢迎，确实大幅度提高了我国农业科技水平，在支撑国家农产品供给实现总量平衡、丰年有余的历史性转变，结束短缺时代、走向全面建设小康社会的历史进程中发挥了不可替代的重要作用，同时为保障国家粮食安全、促进农业农村经济发展提供了有力的科技支撑。

陈庆福： 院长说的我深有感触。我从 1997 年开始承包土地种水稻。最初没有新技术，赚不着什么钱。从 2007 年开始，我有机会到中国农科院的水稻所参加农业技术培训，水稻所的专家把国外一些先进的耕作模式、耕作技术、新的机械设备介绍给我们，使我大开眼界。

我试种了从水稻所引进的超级稻种子，当年就成功了，这个品种比常规品种每亩能增产 50 公斤。后来我放心大胆种了 300 多亩超级稻。2007 年，整个瑞安市水稻亩产超过 500 公斤。

后来瑞安市政府召开大规模现场会，组织农民到现场看我种的水稻，农民们认识到，超级稻产量确实高。超级稻开始在全市范围内推广，越来越多的农民尝到了种植超级稻增产的甜头。

汪宝国： 农业科技太重要了。以前，大兴西瓜以京欣一号为主，这个品种反复种植以后，产量减少了、品质也退化了，西瓜产业举步维艰。农科院帮我们引进了一系列的大、中、小果型的西瓜品种。小果型和中果型的西瓜非常适合市场的需要，供不应求。我们通过密植、立体栽培技术种植西瓜，西瓜个头虽然小了，但结的果实多了，产量又上去了。与过去比，一亩地的收入从一两千元钱，增加到两三千元钱，现在搞采摘活动，一亩地能收入两三万元，增加了近10倍。

话题之二

我国农业科技哪些项目在世界上处于领先水平？

汪宝国： 我们和农科院有二十几个合作项目，效果都非常好。现在我们大兴的花卉基地专门生产火鹤，这个品种的规模目前在国内是最大的。

花卉种植技术含量很高，要有经济效益必须得依靠农科院的技术支撑。比如说组织培养，以前成苗率只有70%至80%，企业只够成本，根本不能盈利。通过和农科院的合作，科技人员调整了培养基的配方，规范组培操作过程，使成苗率达到90%以上，企业增加了10%到20%的成品率，从而取得了较好的收益。

陈庆福： 农业科技的进步改变了我的命运，我特别要感谢中国农科院水稻所的专家们。我家祖祖辈辈靠田吃饭，以前五亩七分地

就够我们一家忙的。从小父亲希望我能读书，摆脱面朝黄土背朝天的生活。但我做生意没做出什么成绩，还是回到土地上才有了今天的发展。

我种的都是中国水稻所的超级稻新品种，今年亩产可以达到658.5公斤，比以前亩增产可达200多公斤。这几年新品种给我带来的效益每年都超过10万元。我们瑞安市也从农业新技术推广中获益，2007年推广新品种2万亩，亩产增加50公斤。这两年种植面积继续扩大，产量继续升高。

翟虎渠：最近这些年来，我们农科院用占全国8%的农业科技人员，创造了农业26%至28%的科技成果，每年创造的经济社会效益都在200亿元以上。

以水稻为例，我国南方种植两季稻，过去早稻亩产突破500公斤就比较困难，但我们现在已经有了600公斤到650公斤的品种，一亩地单产提高100公斤，农民收入就会有很大的提高。我给大家算一笔账：承包1000亩土地，光增产这一项一年就能增收10万元左右。

现在，我们的超级稻研究领跑世界。"印水型水稻"在全国年应用面积达355万公顷，占我国杂交水稻种植总面积的1/4。"超级稻协优9308"品种平均亩产达789公斤，在长江中下游地区大面积种植。第二代超级稻"国稻6号"，经营权转让费达1000万元，创我国单个水稻新品种最高转让价。

汪宝国：咱农科院还有哪些先进实用的科技？

翟虎渠：我们最近还有几项突破性的成果，例如转基因抗虫棉。

该技术推广应用后每年新增的皮棉产量相当于目前1000万亩棉田总产量，等于再造一个长江流域棉区。

20世纪90年代，抗棉铃虫棉花品种被国外垄断。到目前，我们国产抗虫棉的种植面积已占到全国抗虫棉种植面积的95%。我们还首创了转基因三系杂交抗虫棉，我们技术的进步，对国外的技术和品种起到了有效替代的作用，也为农民的增收，以及国家棉花增产做出了很大贡献。

另外，禽流感、口蹄疫疫苗技术在世界上具有领先水平。我国现在培育的小麦品种，最高亩产达750公斤，玉米品种亩产800公斤至1000公斤，最高单产1400公斤，处于世界的前沿水平。

话题之三

科技合作有着怎样的广阔前景？

翟虎渠：为了让科研能更好地为经济发展服务，近年来，我们农科院全力推动全国科研大协作。自2001年以来，农科院先后与河北、浙江、宁夏等省（区、市）人民政府和新疆生产建设兵团签订了科技合作协议，加强院省（区、市）科技合作，以科技支撑地方农业农村经济的发展。根据2008年国家颁布的增产1000亿斤粮食计划，又分别与吉林、黑龙江、河南等粮食主产省签订了科技服务协议。

与北京市大兴区的协作是我们院区合作的一个成功范例。

汪宝国：在北京都市农业发展的过程当中，大兴农业产值占北京

市的 1/6 以上，大兴农业的发展直接影响整个北京农业发展的水平。院区合作使大兴农业主导产业得到了很大的提升。

我们和农科院合作是从 2003 年开始的，现在已经是第三期了。北京郊区农业的发展在科技方面是全国领先的，但规模比较小。大兴要想把农业发展下去，只能在科技上突破。

我们的合作形式是政府提供一部分资金资助，农科院把适合京郊需要的农业品种和技术提供给我们，我们进行推广应用，在合作中双方实现了共赢。

翟虎渠： 在刚刚结束的第二期（2006 年至 2008 年）院区合作中，农科院 6 个研究所承担的 6 个科技合作项目共培育和推广了西瓜、甘薯等 36 个农作物新品种，建立了包括花卉、甘薯、西瓜、西洋梨储藏保鲜、新型饲料和优质奶等 25 个生产试验基地以及 1 个甘薯组织培养实验室，培训技术人员和农民一万多人次。

汪宝国： 这种合作方式，也为农业科技人员提供了一个科研实践场所，一方面使科研成果得到推广应用，另一方面实践可使成果更加完善。合作中，农民是最大的受益者。

陈庆福： 这个我体会很深。

翟虎渠： 我们和大兴区的合作是最紧密、时间最长的，实际上已经实现产学研一条龙了。

汪宝国： 通过两期院区合作，我们正在开发功能型西瓜。比如，有的西瓜长出来以后甜度很低，特别适合糖尿病人吃；有的是冰淇淋西瓜，口感和糖度适中，吃起来很脆。经过几年的选育，大兴西瓜产业的发展，既有推广市场的主打品种，也有储备品种，还有正在科研的新品种。

翟虎渠：可能很多人不知道，大兴最好的果品是梨。最老的梨树在大兴，最大的梨林在也大兴。大兴有很大规模的二三百年的老梨树林，这些梨以前都是贡品。我们对老果树进行高枝嫁接，用新技术生产出新品种，现在大兴果品梨很受市场青睐。

汪宝国：梨的储藏技术也是在我们院区合作中产生的，已经成为国家梨储藏的技术规范，这就是合作的成果。第三期合作我们又着手做西洋梨品种引进的一系列储藏研发。

翟虎渠：我们和大兴每年都有两次会议研究下一步的合作内容，他们提出一些技术问题，我们来解决这些问题。这种"大兴模式"有一套完整的运作方式，对解决生产中的实际问题非常管用，值得在全国推广。

话题之四

科技下乡解决了多少问题？

陈庆福：我听了汪主任说的新品种西瓜、雪梨，真是诱人，农业新技术永远学不完啊！听了翟院长和汪主任的话，更感觉到科技就是第一生产力，确实给我们农民带来了实惠。

中国水稻研究所对我的支持非常大，科技人员每年都到我们瑞安进行两三次培训，把研究成果转化成生产力。种水稻讲究"良种良

法"。有好种子，还要有一整套科学的种植方法。如果只有良种，不得法不一定种得好，不明白的人还会怀疑是种子有问题。按照水稻所一整套的技术，我在当地创造了最高的单产。水稻所有新品种都在我的地里开现场会示范，让老百姓心服口服。

翟虎渠：是啊，保守地算账，超级稻能使瑞安市一年增收几千万元。与大兴的院区合作使4500余户农户直接受益，创造直接经济效益1.14亿元。院区合作对推进大兴区农业产业结构调整，提升农业生产技术水平，提高农产品商品率，增加农民收入做出了贡献。

陈庆福：农业科技人员经常送服务下乡，帮我解决了大问题。以前我经常发愁怎么除草，遇到顽固的、恶性的草，像我们那里的一种叫"千金子"的草，愁得没办法。靠人工拔成本太高，也拔不完。除草剂本身都是有选择性的，一种除草剂只能杀死几种草，"千金子"杀不死、长得又快。科技人员给我传授了一个好办法，现在对症下药，除草用药只需花一二十元，一喷就行。

翟虎渠：有很多农业技术还需要进一步创新和推广，有很多地方特色农产品还需要进一步提高质量，上档次。

汪宝国：是啊，过去北京的红薯白薯，都是闲杂地种的。现在人们知道它所含的抗氧化剂——花青素的含量是所有果蔬含量当中最高的，市场需求量很大。紫红薯现在成了我们的主导产业，一亩地能有五六千元的收入。现在超市里现场卖的烤红薯，大多产自大兴。人们还把红薯包装做成小礼盒，价格一下就上去了。

从全国来看，在甘薯产业规模上我们没法和其他省份比，我们怎么定位？通过院区合作抢占科技的制高点，满足北京中高端市场需求的产品，这就是我们的定位。

话题之五

农业科技创新如何与时俱进？

陈庆福：我们非常希望科技人员能经常到田间地头来，带来更新更好的技术。

汪宝国：现在农产品的安全是个大课题，我认为要解决这个问题，一个是要从源头控制种子的质量，另一个就是要加强技术研发，生产出高效低毒，更加符合当前农产品安全需要的农资。

翟虎渠：这些确实都是今后需要关注的问题，我们的科研工作也是与时俱进的。"十五"以来，农科院根据现代农业发展的需要，确立了新时期发展"三个中心、一个基地"的战略目标，即用10年至15年的时间将中国农科院建设成为国际先进水平的国家农业科技创新中心、国内一流的农业科技成果转化中心、国际农业科技合作与交流中心、高层次农业科研人才培养基地。我们优化学科设置和科技资源配置，加快科技创新平台建设，合理配备人才队伍，着力构建9大学科群及41个一级学科、173个二级学科，确立了84个重点研究方向；同时大力实施人才兴院战略，先后启动了"杰出人才工程"和"优秀科技创新团队"建设工程。

今后，我们主要抓以下几方面的工作。首先，抓人才队伍建设。

我们从2002年开始大量吸引和培养人才,已经引进、培养了近400人,力度很大。我们也是2008年国家引进海内外人才的20个主要基地之一。

其次,重视平台建设。就是建立一些国家的重大科学工程、国家重点实验室、部级重点实验室。我们现在有两个国家重大科学工程:一个是关于农作物种子资源的;一个是针对有害生物入侵建立的生物安全科学工程,防止像红火蚁、一枝黄花这类有害生物的入侵。

最后,抓学科整合。我们围绕国务院和农业部的中心工作,围绕基础性和方向性的问题,解决关键性的技术难题。"十一五"以来我们取得了40项国家成果,每年平均有5项到6项成果。

话题之六

今后农业科研的重点放在哪里?

翟虎渠: 粮食安全不只是数量问题,我们还要保证质量的安全。我们加大了对农产品质量方面的研究,包括标准的制定、检验检测技术的提高、培训力度的加大等,这方面我们也走在全国的前列。我认为,今后农产品的质量将是科研的重头戏。现在农产品出口要按照国际标准检验质量,我们成立了农产品质量标准检验检测研究所,专门来研究各种农产品的质量标准及检验检测技术。

要保证国家中长期粮食安全,我们要继续努力,到2020年,我国农业科技整体水平要走在世界前列。

陈庆福：我提点建议，我希望能在水稻防病虫害方面加大科技投入力度。水稻防治病虫害，每年每亩要投入500元，再加上人工，费用很高。抗棉铃虫的技术能成功，水稻生产也需要这样的高端技术。如果技术成熟，我想第一个试种。

翟虎渠：你提得好，这个方面技术问题已经解决了，只是还没有投入到生产当中去。

陈庆福：还有，现在种田都是用化肥，农家肥用得越来越少了，米质都受影响。另外，和我们同样产量的国外水稻品种有比较矮小一些的，我们希望国内也能研制出这样的品种。

翟虎渠：每种作物吸收的营养成分有二三十种，化肥中补充的只有氮磷钾几种。营养不全面，作物还能生长，但其他元素的含量会越来越少，人们觉得蔬菜水果口感不好，就有这个原因。以后，我们会有针对性地在技术创新上下功夫，进一步为"三农"发展做好服务。

《经济日报》2010-01-25，李力、杨学聪报道。

画外音——让全民共享农业科技成果

农业要发展，农业科技创新是个绕不过去的话题。

在本期《对话》中，陈庆福和大兴区都是农业科技发展的直接受益者，更是农业科技帮助农民增收，让人们共享农业科技进步成果的典范。

农业科技，让陈庆福这个精干的浙江汉子，在土地里淘到了自己

的第一桶金。帮助他成功的，是水稻所科技人员传授的先进技术。农业科技，让北京大兴这个曾经受困于西瓜品种退化的区域通过发展特色农业，在京城独树一帜，在技术高地上的耕耘，让世人惊叹。

农业科技进步可以满足人们的多种需求。成方连片的大规模示范田保证了国家的粮食安全；精耕细作的现代农业可以满足人们的个性化需求。抗虫棉有了，人们可以期待抗虫水稻的出现；水果不够甜，可以期待研究出更好的品种。

目前，我国的良种覆盖率、农业机械化率、水肥利用率水平都还有待于进一步提高，农业标准化水平、农技人员比例都低于发达国家水平。但这也正为我们提供了进一步提升的空间，需要我们不断创新、不断努力。

刚刚结束的科技工作会议明确提出，全面推进技术创新工程，着力在创新主体、创新要素、创新机制和创新服务上下功夫，积极引导和支持创新要素向企业集聚，促进产学研用的紧密结合。而加快农业科技创新，要以服务"三农"为核心，积极引导科技要素和现代生产经营要素在农村一线集聚，大力提高农业科技创新和服务能力，促进农村经济平稳较快发展，推进社会主义新农村建设。

在科技一日千里的今天，农业科技已经成为帮助农民增收致富的关键力量。一个水稻新品种，可以使无数农家喜笑颜开；一个西瓜新品种，可以成就一个产业，造福一个地区。我们完全可以期待，在不远的将来，高新科技缔造的现代农业，终将使所有人共享农业科技进步的成果。

三十六

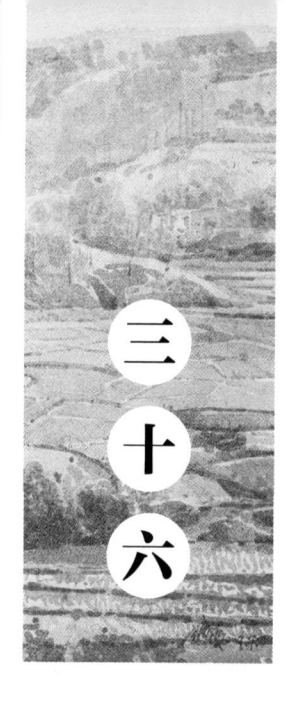

今年春来早　各地春耕忙

对话人——

危朝安：农业部副部长

王中和：内蒙古自治区赤峰市委副书记、市长

李　华：内蒙古自治区赤峰市松山区穆家营乡衣家营村种粮大户

策划人——

李　力：经济日报产经新闻部副主任

图36 危朝安（中）与王中和（右）、李华（左）在进行交流

常理/摄

三十六　今年春来早　各地春耕忙

当前正值春季田间管理和春耕的关键时节，如何抓好春管和春耕生产，确保粮食连续丰收？经济日报邀请农业部副部长危朝安，与来自地方的有关负责人和农民代表一起进行了座谈——

嘉宾简介

危朝安： 1955 年生，江西南城人。现任农业部副部长、党组副书记。曾先后任江西省农业厅厅长、江西省宜春地委书记、江西省政府副省长、党组成员。

王中和： 1957 年生，内蒙古自治区赤峰市人。1975 年 9 月参加工作，内蒙古党校经济管理专业毕业，在职研究生学历。十一届全国人大代表。现任赤峰市委副书记、市长。

李华： 1960 年生，内蒙古自治区赤峰市松山区衣家营村人，大专学历。2003 年，被农业部授予"国家种粮大户"荣誉称号。2009 年种植玉米 1700 亩，实现农业产值 200 万元。

话题之一

今年春管为何抓得早

危朝安： 今年冬小麦苗情复杂，春季田间管理抓得早。农业部在立春前就对春季麦田管理进行了部署，要求抢抓农时，迅速掀起春管热潮。

主持人： 今年有什么特殊情况吗？这样做主要出于什么考虑？

危朝安： 今年春管部署得早，农业部在立春前就召开全国春季田间管理视频会议，这在近年来还是首次。之所以提早部署、提早启动，主要是因为今年小麦苗情复杂，需要早抓早管，尽快促进苗情转化，切实把握夏粮生产的主动权。

今年小麦生产面临的突出问题是苗情复杂。受去年以来多次寒潮天气影响，我国华北、黄淮北部冬小麦提前15天至25天停止生长进入越冬期，冬前生长量不足，群体偏小，冬前苗情是近五年来最差的一年。初春是冬小麦返青、生长、分蘖和拔节的关键时期，加强春季田间管理、促进苗情转化升级的任务十分艰巨。

王中和： 今年我们当地的农民都是从春节前就开始忙起来了。

危朝安： 今年节气有所提前，立春比春节早10天，要求各种农事也相应提前。特别是立春以后，全国大部分麦区气温回升较快，小麦陆续返青拔节，正是促进苗情转化的关键时期，各项田间管理措施必须迅速到位。应该说，时间还是相当紧迫的。

今年的春管工作不仅时间紧，而且任务重，必须早动员、早部署、早落实，围绕"抢农时、抓春管、夺丰收"，一环紧扣一环地抓好春季田间管理，为夺取夏粮丰收打牢基础。

李华： 今天我很激动，作为一个普通的农民，能和农业部领导、市领导坐在一起谈种地、谈打粮，可以说是我以前想都不敢想的事情。我从原来种十几亩地，年收入几千元钱，到现今敢承包上千亩地，年产上百万斤粮食，收入达到几十万元。说句心里话，确确实实要感谢党的强农惠农政策，感谢各级政府的关怀和支持。

话题之二

今年春管的主题是什么

危朝安： 今年春管的主题是"抢农时、抓春管、夺丰收",这是农业部门针对今年夏粮生产的新情况和新特点提出的。

主持人： "夺丰收"的具体目标是什么？

危朝安： "夺丰收"就是要坚定夏粮丰收的目标不动摇。今年是我国实施"十一五"规划的最后一年,是应对国际金融危机、保持经济平稳较快发展的关键一年。农业特别是粮食生产关系国计民生,继续保持农业和粮食生产稳定发展,是实现宏观经济调控目标的重要基础。

王中和： 夏粮生产是全年农业生产的第一仗,夺取夏粮丰收,就能为全年农业和粮食发展赢得主动权。

李华： 我理解"抢农时"就是早点下地干活。

危朝安： "抢农时"就是要抓紧抓早、不误农时。今年立春早、农时紧,加之小麦苗情复杂,如果按照传统习俗,等过完年才抓田间管理,就会贻误农时,错过春季田间管理的最佳时机,影响小麦生长发育进程,进而影响小麦产量,给夏粮生产造成被动。

主持人： "抓春管"的具体措施是什么？

危朝安： "抓春管"就是要把春季田间管理作为当前最紧迫的任务。农业部要求各级农业部门立足一个"早"字,按照"早抓早管、促弱转壮"的技术路线,狠抓管理措施落实,切实加强防灾减灾,迅速掀起春季麦田管理热潮。

话题之三

今年春管采取哪些有针对性的措施

危朝安： 针对今年小麦苗情复杂的特点，农业部提出"早抓早管、促弱转壮"的技术路线，并于近期下发了《2010年冬小麦春季管理技术指导意见》，针对不同区域、不同苗情的麦田提出了分类指导的春季管理意见。

王中和： 农业部总的要求是什么？

危朝安： 总的要求是通过科学运筹肥水，促进弱苗转化升级。在"肥"和"水"两个关键措施的运筹上，去年大旱，我们重点抓了"水"，今年大部分麦区墒情好，促进苗情转化有基础，重点应在"肥"上做文章。农业部小麦专家组提出，"三类苗施好返青肥，各类麦田普施拔节肥"，这个意见很有针对性。据我部小麦专家组多年的实践经验，施拔节肥比不施拔节肥每个麦穗能增加2个至3个籽粒，每亩可增产20公斤左右，增产效果十分明显。

李华： 大家都喜欢吃新麦面蒸的馒头，希望今年小麦继续丰收。

危朝安： 目前，黄淮南部麦区已经开始返青，长江中下游麦区陆续拔节，必须抓住这一关键时期，尽快将春季肥水管理措施落实到田，促进小麦苗情转化升级。小麦穗数足了、粒数多了，后期再防好条锈病和干热风等灾害，将粒重保持在这几年的较高水平上，在今年全国小麦种植面积比去年有所增加的情况下，丰收还是有希望的。

话题之四

今年夏粮能否再夺丰收

主持人： 大家都很关注目前春管进行到了什么程度？小麦长势如何？在六连增的基础上，今年夏粮能否再夺丰收？

危朝安： 针对今年立春早、农时紧、冬小麦苗情复杂等情况，我部确定了"早抓早管、促弱转壮"的技术路线，并及早启动了春季田间管理各项工作。元旦一过就组织专家指导组深入小麦主产区查苗情、墒情和病虫情，立春前召开视频会议提早部署春季麦田管理工作，立春当天举行全国春季麦田管理启动仪式。春节后一上班，我部即下发了关于加强小麦、油菜春季田间管理的紧急通知。随后，先后派出21个工作组，分赴小麦、油菜主产区和西南重旱区，指导春季田间管理和抗旱春管工作。

主持人： 目前苗情总体情况怎样呢？

危朝安： 由于田管措施及时落实到位，加之近期墒情较好，气温回升较快，小麦苗情开始转化升级。目前，江苏、湖北、四川、河南等地苗情长势较好，尤其是河南、四川苗情长势好于去年。据河南省统计，自立春到目前，全省超过55%以上的麦田已落实中耕、追肥、化除等田间管理措施，全省小麦一、二类苗比例达到87.7%，苗情总体正常，为夺取丰收奠定了良好基础。

李华： 今年夏粮丰收有把握吗？

危朝安： 目前大部地区小麦正处于返青拔节期，距离收获还有2

个多月。现在判断收成还为时过早。从当前情况看，夏粮生产仍有许多有利条件。

一是政策环境有利。去年麦播以来，国家出台了一系列扶持夏粮生产的政策措施。继续实施小麦、油菜良种补贴，扩大了马铃薯补贴规模，较大幅度提高了小麦最低收购价等，这些都为夏粮生产创造了良好的政策环境，调动了农民秋冬种和春季田间管理的积极性。

二是面积稳中有增。据农业部农情调度，预计冬小麦3.38亿亩，比上年增加285万亩，为今年夏粮生产稳定发展奠定了面积基础。

三是墒情总体较好。去年10月底以来，北方麦区出现多次雨雪天气过程，降水量多于常年，土壤墒情较为适宜。特别是立春以来，黄淮、江淮地区出现大范围雨雪天气，缓解了部分地区的前期旱情，为小麦返青生长提供了良好的墒情条件，有利于春季苗情转化升级。同时由于冬季气温偏低，降低了病虫越冬基数，有利于降低病虫危害。

四是技术支撑有力。近几年粮食增产逐步由依靠面积扩大转向依靠单产提高，特别是近两年来，通过大规模开展高产创建，促进了夏粮单产不断提高。今年我部夏粮高产创建万亩示范片在去年基础上有较大幅度增加，覆盖了所有夏粮主产区，必将进一步带动夏粮平衡增产。

我认为，尽管今年冬小麦长势偏弱、苗情复杂，只要信心不动摇，措施不减弱，扎实抓好春季田间管理各项措施落实，夺取今年夏粮丰收仍然是有希望的。

王中和： 听您这么一说，我们心里就更有底了。

三十六　今年春来早　各地春耕忙

话题之五

目前全国春耕备耕情况如何

王中和： 俗话说，一年之计在于春，我们市里对春耕备耕工作非常重视，及早进行了安排部署，目前整个春耕备耕工作正在有条不紊地进行着，请农业部领导放心。

危朝安： 很高兴看到全国的春耕备耕工作从南到北都已经行动起来了。你们春耕备耕都做了哪些具体工作？

王中和： 我们首先抓紧春汇地工作，就是抓紧浇地。去年夏秋以来，我市大部分地区连续干旱。我们积极采取措施抗旱保春翻，抓紧对现有水资源进行整修，并在有水源条件的地方，因地制宜地采取临时打坝、截潜流、扩泉水、掘净水等措施，千方百计扩大汇地面积，预计4月上旬将完成全部春汇地任务。

危朝安： 做得很好，这是目前农业部重点关注的工作，只有抓好春耕备耕，才能为全年粮食增收打好基础。你们今年农作物播种面积能达到多少？

王中和： 预计今年农作物总播种面积将达到1600万亩，实现应播尽播，其中粮食播种面积1300万亩，正常年景粮食总产量将超过70亿斤，力争达到80亿斤。

危朝安： 目前农业生产资料供应情况怎么样？

王中和： 目前全市已到位农牧业生产资料16万标吨。其中，二铵11万标吨；尿素3万标吨；农膜2300吨；玉米杂交种8200吨，农资

价格基本稳定。全市农资市场供求保持平衡，能够满足春耕需求。

李华：我在春节前就已经备齐今年春播生产需要的生产资料，共购买底肥27吨，追肥54吨，玉米高粱种子1万公斤。

危朝安：我去年陪国务院领导同志去过赤峰，了解一些情况，你们那里只要水资源充沛，粮食产量还是相当高的。我相信，不仅是内蒙古，还有东北地区、黄淮地区、华北地区，包括南方的春季田间管理一定可以抓好，春耕备耕工作也一定会做得更扎实。

话题之六

如何解决农民春耕生产资金问题

危朝安：你家买了多少农机具？一共花了多少钱？补贴的钱有多少？

李华：我家现在买了春耕和秋翻的设备，秋翻的拖拉机一共花了十几万元钱，补贴的钱有30%左右。因为有政府的补贴，农机具的价格相对便宜了很多，这不仅提高了我们的机械化程度，同时也减轻了我们农民种地的成本。再有就是，国家连续几年出台最低收购保护价，对我们农民种地打粮的帮助是很大的，我们的积极性被极大地调动了起来。现在，我们农民坐在一起谈春耕也好，谈秋收也好，都发自内心地感谢党的好政策。

王中和：现在农民吃饭不成问题，但是由于去年的旱灾，今年有很多农民种地都缺少资金。

三十六　今年春来早　各地春耕忙

危朝安： 这就暴露出春耕备耕存在的问题了。

李华： 是啊，不过我们春耕缺钱可以贷款。

危朝安： 你们主要是从信用社贷款还是从农行贷款？

李华： 主要还是从信用社贷款，政府会给我们协调，小户能贷到几千元，大户一次可以贷到几万元。

危朝安： 如果有保险，一亩田绝收你们可以拿到多少赔付？

李华： 如果绝收的话，可以把投入的种子、化肥、人工费都拿回来。像去年，到七八月份一干旱，一人多高的玉米都旱死了，怕就怕这样的灾害。我们目前争取自筹一部分资金，将来再得到点专业银行的支持，这样我们就可以省一大块的成本。

王中和： 当前农民贷款也是一个热点问题。现在整个农村的金融创新也有了新的进步，比如小额贷款公司、农民的专业合作社、信用互助协会等。一家一户入股，政府拿出一些钱作为风险金，然后一个大户带着一些小户，小户贷款没有抵押，但是有大户签字、担保，这样小户就也能把款项贷下来了，这是农村贷款的一个新事物，也是一个新的方向。

危朝安： 对，你们赤峰市关于农业发展的思路很清晰也很好，抓得也很实在。去年应该说是五六十年一遇的特大干旱，可能会有一部分农民春荒的问题比较突出，我们希望赤峰市委、市政府能够高度关注，不让一户农家、一个农民，因为去年的特大干旱而生活过不去。

话题之七

农业部门如何应对目前的严重旱情

危朝安： 自去年入秋以来，我国西南部分地区发生了严重干旱，尤其是云南省，旱情十分严重，对春季田间管理和春耕生产造成直接影响。据我部农情调查，截至3月16日，西南五省（区、市）农作物受旱6677万亩，成灾3848万亩。

主持人： 今年干旱的特点和影响都有哪些？

危朝安： 最近，注意到西南地区的旱情还在发展，影响还是挺严重的。今年干旱的特点和影响主要有三个方面：一是重旱区主要集中在西南地区，其中云南旱情最为严重；二是受旱作物种类较多，不仅有粮食作物，还有油菜、蔬菜、甘蔗等经济作物，对当地小春生产和农民增收造成严重影响；三是受持续干旱影响，西南受旱地区江河径流持续偏枯，水利工程蓄水明显不足，给春耕生产带来困难。

主持人： 农业部采取了哪些措施应对目前的严重旱情？

危朝安： 我部高度重视西南地区旱情。去年10月中旬旱象露头以来，多次下发通知，对抗旱保秋冬播和加强田间管理进行部署。今年已先后四次派出部司领导带队的工作组，深入重旱省区调研指导抗旱救灾工作。韩长赋部长在2月初召开的春季田间管理视频会议上，特别强调要重视抓好西南地区抗旱救灾工作，进一步加大农业抗旱力度，千方百计减轻旱灾损失。3月5日，我部在云南召开西南地区抗旱保春耕工作座谈会，对抗旱保春耕工作进行再动员、再部署，要求受旱地区立足抗大旱、持续抗旱，切实减轻小春损失，确保大春作物播种面积落实。

李华： 我们农民最怕春旱了。

危朝安： 目前西南地区旱情仍在持续发展。我部将指导和帮助旱区进一步落实各项抗旱措施，努力实现"小春损失大春补"，千方百计稳定全年农业生产。在水源条件允许的地区，努力浇灌保苗，做到能保则保，重点保种子田。对灾毁的蔗田，及时搞好补种。在算好水账的基础上，统筹安排好大春和晚秋生产。对没有水源保障的稻田，要做好"有水就种稻，无水则改旱"的两手准备。要组织好统一育秧，做到一旦来水能够及时插秧，确实无法栽插水稻的，扩种玉米、马铃薯等旱粮作物，积极推广水稻旱育秧、地膜覆盖等旱作节水技术，努力稳定春播面积。

王中和： 为确保春耕生产需要，我们还要搞好种子、化肥、农药等农资的调剂调运。同时，及时制定配套的技术指导方案，在备耕、播种、管理等关键农时季节，为农民提供及时有效的技术指导与服务。

话题之八

全国粮食产量能否稳定在一万亿斤以上

危朝安： 中央一号文件提出，今年的农业和农村经济工作重点是巩固和发展当前农业农村经济的好形势。温家宝总理在今年全国两会

上作政府工作报告时也特别强调，在连续6年增产增收之后，更要毫不松懈地抓好"三农"工作。对此，农业部作了积极部署，积极实施"两个千方百计"，即千方百计保持粮食产量稳定在一万亿斤以上，千方百计保持农民收入增长在6%以上。

王中和： 为落实党中央、国务院和农业部有关稳粮增收的精神，我们地方政府必须重农抓粮，努力为国家粮食安全和农民增收做贡献。

去年，国家提出实施千亿斤粮食增产工程。其中，分配给内蒙古的任务是51亿斤，落实到赤峰市是8.8亿斤，每增产1斤粮食国家大概补助1.8元，主要是用于中低产田改造、提高机械化水平、扩大水浇地面积等。我市粮食正常年景产量70亿斤，随着投入力度的加大，生产条件的不断改善和提高，经过几年的不懈努力，粮食单产达到700斤至800斤是完全有条件的，这样即使在不增加耕地的情况下，我市也将具备100亿斤粮食的生产能力，比目前生产能力增加30亿斤以上。

危朝安： 好啊，预祝你们粮食生产能力建设迈上新台阶，粮食生产取得好收成。

王中和： 我们要继续努力。目前赤峰的耕地面积较大，虽然大部分都是中低产田，粮食产量不高，但潜力很大；另外，土地相对肥沃，只要水资源的保障和支撑能力增强，确保粮食增产不成问题。在这些方面希望国家能给予我们更多的支持。

李华： 如果我们当地的农业基础条件能够进一步改善，我保证能为国家贡献出更多的粮食。

危朝安：我们相信，有党中央、国务院的正确领导，有地方政府抓粮的决心，特别是有我们农民种粮的积极性，今年实现一万亿斤以上的粮食产量我们还是很有信心的。

《经济日报》2010-03-22，李力、常理报道。

妙语集锦

今年是我国实施"十一五"规划的最后一年，是应对国际金融危机、保持经济平稳较快发展的关键一年。农业特别是粮食生产关系国计民生，继续保持农业和粮食生产稳定发展，是实现宏观经济调控目标的重要基础。抓好春耕生产和春季田间管理，就能为全年农业和粮食发展赢得主动权。

——危朝安

我们地方政府既肩负着推动农牧业发展、农牧民增收的任务，又肩负着维护国家粮食安全的责任。我们必须加快转变农牧业发展方式，大力发展现代农牧业，自觉地重农抓粮，让广大农牧民增产又增收，为维护国家粮食安全做出贡献。

——王中和

我们普通农民能有今天的好日子，我能得到这么高的荣誉，真是既激动又感动，很想代表我们农民给关心农民的领导鞠上一躬。

——李华

三十七

实施小额信贷
助推农村妇女创业

对话人——

崔　郁：全国妇联党组成员

王淑存：北京市妇女联合会副局级巡视员

王丽芝：北京市平谷区山东庄镇鱼子山村党委副书记

策划人——

李　力：经济日报产经新闻部副主任

图 37　崔郁（中）与王淑存（右）、王丽芝（左）在进行交流

常理/摄

嘉宾简介

崔郁： 1956年出生，中共党员，研究生学历。全国妇联党组成员，第九届、十届常委，妇女发展部部长，兼任国务院扶贫开发领导小组办公室、国务院农民工办公室和国务院就业工作联席会议成员。中国小额信贷发展促进委员会副主任，中国社会工作者协会、中国农产品流通经纪人协会副会长。

王淑存： 1958年生，中共党员，在职研究生学历，高级政工师。北京市妇女联合会副局级巡视员。曾任全国妇联第九次代表大会执行委员会委员。

王丽芝： 1970年出生，北京市平谷区山东庄镇鱼子山村人，现任村党委副书记。全国"双学双比"活动女能手。创办的北京润泽旅游观光园拥有固定资产1000多万元，年产值200余万元。

当前，小额信贷成为帮扶农村及城镇下岗失业妇女创业就业的有效途径。小额信贷已成为妇联组织为广大妇女提供扎实有效服务的民心工程。经济日报邀请全国妇联党组成员崔郁，与来自地方的有关负责人和农民代表一起进行了座谈———

话题之一

农村妇女对小额信贷需求强烈

崔郁：妇女是推动经济社会发展的重要力量，只有尊重妇女的主体地位，准确了解妇女的迫切需求，切实解决她们的困难和问题，才能更好地促进妇女发展。为适应新形势、新要求，全国妇联把工作着力点放在推动解决妇女最关心、最直接、最现实的利益问题上，放在为妇女群众做实事、办好事、解难事上。小额担保贷款财政贴息是一项涉及部门广、政策及业务性强、操作程序复杂的系统工程。作为一个群众组织，妇联一直将小额信贷作为推动妇女特别是农村妇女创业、就业重点工作之一。

王淑存：我们北京市妇联在13个远郊区县就小额信贷问题做了比较深入的调查，同区县的妇联主席、基层妇联干部、农村种养户以及相关基地、协会、合作组织负责人召开了多次座谈会，向基层妇女群众发放问卷300份。调研结果显示，89.4%的农村种养户和协会服务组织需要小额贷款，农村妇女对小额贷款的需求非常强烈。

王丽芝：是的，小额贷款对我们的帮助真的是太大了。我们农村妇女大多数是做种植、养殖、农副产品加工的，这些行业投资期长、见效慢、利润低，而创业贷款的利息也对我们造成沉重的压力，甚至会影响我们的创业信心，所以我们迫切需要政策支持。

王淑存：我们调查发现，94.1%的种养户和协会、服务组织负责人希望政府可以通过贴息方式对农村妇女创业给予政策扶持。

崔郁： 正是基于农村妇女创业发展对资金的需要，早在20世纪80年代，妇联组织就开始探索运用国外资金和自筹资金的方式，进行小范围试验。从80年代中期开始，借鉴孟加拉"GB"模式，即通过对低收入人群特别是贫困妇女的金融扶持，帮助她们获得资金从事生产经营，实现脱贫致富。90年代中期，全国妇联在组织系统内推广经验。在实践中，各级妇联加强与扶贫办、农业银行和国家开发银行等政府部门及金融机构的合作，多方面争取资金，探索农村微型金融帮助妇女脱贫致富的多种模式，有效地推进了农村妇女扶贫工作。90年代末期，妇联组织将农村妇女小额信贷扶贫的经验引入城市。1998年，天津市妇联在联合国开发计划署和澳大利亚发展署资助下，实施"下岗女工再就业与创业"项目，取得了很好的效果，小额信贷成为帮扶城镇下岗失业妇女创业就业的一条有效途径。目前，已有30个省区市妇联开展小额信贷工作。

话题之二

四部门联动共推妇女小额信贷

崔郁： 2009年8月，财政部、人力资源和社会保障部、中国人民银行、全国妇联联合发布了《关于完善小额担保贷款财政贴息政策，推动妇女创业就业工作的通知》（以下简称《通知》），决定将妇联组织纳入下岗失业人员小额担保贷款工作体系，通过适当提高妇女小额担保贷款额度，扩大妇女小额担保贷款申请渠道，推动妇女特别

是农村妇女创业就业工作。

王丽芝：我关心的是，《通知》对现行小额担保贷款财政贴息政策作了哪些调整？

崔郁：《通知》在贷款覆盖面、贷款额度、贷款组织、奖补机制等方面都实现了新突破，主要是以下三个方面：一是将小额担保贷款政策覆盖面由城镇失业人员和就业困难人员拓展至农村妇女。二是提高妇女小额担保贷款额度。经办金融机构对妇女个人新发放的小额担保贷款最高额度由5万元提高至8万元。对符合条件的妇女合伙经营和组织起来就业的，明确经办金融机构可将人均最高贷款额度提高至10万元。三是将小额担保贷款政策覆盖面由城镇失业人员和就业困难人员拓展至农村妇女，依托妇联组织开展妇女小额担保贷款工作。

王丽芝：农村妇女申请小额担保贷款有什么条件？该怎么申请？

王淑存：农村妇女可就近向当地妇联组织提交贷款申请。妇联组织对借款人申请进行初步审查，通过后提交人力资源和社会保障部门审核。对人力资源和社会保障部门审核通过的借款人，妇联组织将推荐至担保机构和金融机构审核。担保机构审核通过后承诺提供担保，商业银行审核借款人贷款申请，审核通过后办理贷款手续。你可以向平谷区妇联提交申请贷款。

崔郁：对，很方便。妇女小额担保贷款工作是政府指导，全国妇联、财政部、人力资源和社会保障部、金融等部门共同推动的一项民心工程。为做好妇女特别是农村妇女小额担保贷款工作，妇联组织将发挥总协调作用，建立四部门联动机制。具体而言，妇联组织负责组织开展政策宣传和贷前相关创业基础服务，做好农村妇女贷款登记工作，全程指导妇女完成贷款申请，跟踪项目实施，积极帮助承贷妇女解决创业过程中遇到的困难，并协助做好贷款回收工作。人力资源和社会保障部门负责做好妇女小额担保贷款审核管理工作。人民银行分支机构负责协调指导经办金融机构落实小额担保贷款政策，做好小额担保贷款发放管理工作。财政部门负责做好财政贴息资金、奖补资金和担保基金管理工作，确保资金及时到位和专款专用，同时根据妇联组织工作开展情况，给予必要的工作经费保障。

王淑存：考虑到农村妇女缺乏抵押担保物的实际情况，《通知》规定，对妇联组织推荐的借款人，经办担保机构原则上不要求借款人提供反担保。积极鼓励和支持金融机构简化贷款手续，提高审批效率，创新金融产品和服务方式，更好地为农村妇女申请和使用小额担保贷款提供高效的金融服务。

崔郁：根据现行小额担保贷款政策，各省、自治区、直辖市以及地级以上市都要建立小额担保贷款担保基金，所需资金主要由同级财政筹集，专户存储于同级财政部门指定的商业银行，封闭运行，专项用于小额担保贷款。贷款担保基金收取的担保费由地方政府全额向担保机构支付。妇女个人微利项目小额担保贷款财政贴息资金，除北京、上海、山东、江苏、浙江、福建、广东（简称七省市）外，其他省（区、市）所需贴息资金由中央财政预算安排。七省市所需妇女个人微利项目小额担保贷款贴息资金，由地方财政预算安排。财政部将根据各省级财政部门申请，经审核后预拨，年终进行

清算。省级财政部门按季向地市财政部门预拨贴息资金。经办银行按季向地市财政部门申请贴息资金，地市财政部门收到经办银行申请后审核拨付贴息资金。

话题之三

多种模式帮助农村妇女脱贫致富

崔郁：为帮助妇女解决发展生产的资金需求，扩大小额信贷的覆盖面，各级妇联在开辟资金渠道方面进行了有益的尝试：首先是争取政府财政资金。妇联主动争取政府财政资金支持，加强管理，循环使用，发挥最大效益。

王淑存：在市政府的支持下，北京市妇联积极协调解决妇女创业就业资金问题。特别是为农家女争取小额贷款贴息1500万元，带动创业就业资金4.5亿元，近万名妇女受益。

崔郁：同时积极协调职能部门专项资金。妇联积极与扶贫办联系，协调政府专项扶贫贷款资金，支持妇女发展生产。

王淑存：北京市妇联每年在扶贫小额信贷资金中，争取到2000万元妇女扶持创业资金，同时争取到每年不低于30万元的扶贫培训经费，部分区县还争取到工作经费，保障了妇女小额信贷工作的顺利实施。

崔郁：再有就是争取金融部门贷款，不断推动放贷规模的扩大。河南省妇联与省农行、信用社联合开展"巾帼信用致富工程"，贷款

三十七 实施小额信贷 助推农村妇女创业

年执行额度从 120 万元增至 3000 万元，实现了贷款额度由小到大、贷款范围由户到村、发放机构由单一到多元的跨越。同时发挥妇联自身优势，广泛争取国内外小额信贷扶持项目。内蒙古赤峰市妇联实施联合国开发计划署"可持续的小额信贷扶贫项目"，累计放款 7000 万元，还款率 99.94%，1.3 万户农户受益。各级妇联通过多种渠道自筹资金。全国妇联自筹 300 万元，在东北三省实施"妇女创业循环金项目"，新开辟就业岗位 3893 个，直接帮助 1.2 万名妇女实现创业就业。

王丽芝： 2004 年，我承包了位于京东大峡谷的一片 30 亩荒滩地。我投入全部资金 20 万元，平整土地，建起 9 栋高标准日光温室，全部栽上优良品种的桃。我想在园区内建一座集餐饮、住宿、采摘、旅游为一体的现代有机农庄，可是没钱了，做不成事。在这个时候区妇联通过镇妇联主任找到我，了解情况后，主动帮我同农商行协调贷款 30 万元，解决了我的燃眉之急。园区建成后，顾客盈门，我又想扩大客房规模，增加游乐设施。可是资金缺口大，于是我找到了区妇联主席金国英。金主席第二天就找到农商行，又给我协调了 50 万元贷款，解了我的难题。

王淑存： 看来，建立健全科学管理机制，加强操作过程中的动态管理，对确保小额信贷安全有序运行十分必要。

崔郁： 的确如此。我们在实施过程中强化规范管理。首先制定规章制度。其次明确操作原则。各级妇联严格遵守金融政策，坚决不吸储；明确贷款对象，坚持贷穷不贷富、贷女不贷男的原则；做到"四清"，即：家庭情况清、贷款项目清、贷款数额清、还贷能力清。最

后规范操作程序。各地妇联在执行过程中，严格审核申贷人条件，选择技术能力强、公信度高、示范带动力大的妇女做贷款人；严格审查贷款项目，对投资少、风险小、成功率较高的项目优先扶持；严格把住申贷、审批、放贷、收贷四个环节，确保小额贷款放得出、收得回、有效益。

王淑存： 为确保农家女小额贷款贴息工作顺利进行，北京市妇联根据相关部门提供的资金支持，根据银行提供的优惠政策，先后制定了《关于实施农家女小额贷款贴息的方案》《农家女小额贷款贴息发放办法》等文件，并做了大量基础性工作确保四个"明确"，即：明确贷款和贴息对象，明确贷款贴息的用途与范围，明确贷款贴息标准和申报手续，明确贷款贴息工作要求。在贷款贴息的具体实施过程中，各区县分别成立了贴息工作审核小组，并根据本地区特点制定了详细的工作方案。

崔郁： 各级妇联把信贷支持与综合服务相结合，为贷款妇女提供有针对性、全方位的服务。一是争取政策支持。二是开展有针对性的培训。三是提供具有本地特色、妇女易于接受的各类项目。四是提供产供销一条龙服务。

话题之四

小额信贷"小钱办大事"

王丽芝： 妇联组织实施小额信贷20多年来，实现了工作由点到面、规模由小到大、资金由少到多、模式由单一向多元的跨越。对我来说，直接感受是，小额信贷为农村妇女特别是贫困妇女提供了发展生产的急需资金，在满足我们小规模生产和创业资金需求方面起了重要作用。我们利用贷款发展"短平快"种养项目或农产品加工、运输等，促进了妇女就近就地转移就业，起到了"小钱办大事""四两拨千斤"的作用。

王淑存：我想，妇联组织实施小额信贷不仅有效解决了农村妇女发展资金的短缺问题，而且转变了妇女的思想观念，激发了她们求生存谋发展的意识，提高了她们的综合素质和社会地位，还密切了妇女与妇联组织的关系，增强了妇联组织的凝聚力。

崔郁：小额信贷的实施，为解决低收入妇女的信贷需求提供了一条切实可行的思路，是妇联组织服务妇女、利民富民的一项重要工作抓手和民心工程。小额信贷带来全新的扶贫理念，农村妇女特别是贫困妇女通过小额信贷，有了生产和经营中的决策权、发言权、支配权，坚定了脱贫、创业的信心，激发了自尊、自信、自立、自强精神，使自身潜能得到了充分的发挥。

王淑存：妇联组织实施的小额信贷扶贫是用经济手段把妇女组织起来，用小组联保的贷款方式强化了妇女之间的经济联系，提高了她们的组织化程度。同时，各级妇联积极动员贷款妇女参与各类妇女专业技术协会和专业合作组织，实现资源共享、技术互助、信息互通、风险共担、利益共享，极大地提高了还贷率和抵御市场风险的能力。

王丽芝：小额贷款不仅通过政府支持激励了我们姐妹在市场经济

条件下利用社会资金发展自己的信心和动力，也培养了我们创业妇女的金融意识、风险意识和竞争意识。通过贷款贴息我们实现了自身的持续发展，受益后，我们又通过带动更多农村妇女就业回报社会。

崔郁： 妇联组织在实施小额贷款贴息工作中，注重贴近基层、贴近妇女、贴近家庭，并发挥了组织协调优势，一方面积极协调配合有关部门，为农村妇女的创业争取优惠、便捷的金融政策；另一方面深入田间地头为妇女当参谋、选项目、跑市场、搞培训，密切了妇联组织与妇女群众的关系，使广大妇女群众感受到了党和政府的温暖。

话题之五

受益农家女更加信赖"娘家人"

崔郁： 小额信贷工作是妇联组织服务"三农"、服务妇女的一件重要实事。就业是民生之本，妇联组织紧紧围绕党政工作大局，通过小额贷款贴息工作促进了广大妇女创业就业，项目的实施，使妇联组织真正成为党开展妇女工作的坚强阵地和深受广大妇女信赖和热爱的温暖之家，起到了很好的助手作用。妇联组织具有贴近妇女、贴近家庭的天然优势，妇联只有直接服务于妇女群体，才能真正代表和维护妇女群体的最广泛利益。妇联的基本职能之一就是带领妇女参与经济建设，而国际小额信贷之父尤努斯教授创办小额信贷机构的主要目的就是帮助贫困妇女摆脱贫困，实现男女平等。只有妇女从事经济建设，才具有经济自主权，才谈得上男女平等。组织的网络优势为妇联开展小额信贷工作提供了保障。全国妇联拥有自上而下六级组织，网络十分健全，妇联组织的广泛性和完备性，为妇女小额信贷的实施提供了便利。

王丽芝： 妇联组织通过这项工作，赢得了广大妇女群众的信任。我们村里很多受益妇女表示"妇联真为我们妇女办好事、解难事""妇联是我们真正的娘家""妇联的工作越做越实了"。我想，通过这样有益的探索和实践，妇联组织的社会影响力和社会信誉度将有效提高，妇联组织的地位将不断提升。

王淑存： 通过运作农家女小额贷款贴息工作，许多妇联干部了解了更多的银行贷款知识，成为指导妇女贷款的行家。同时，通过开展"农家女小额信贷"工作，妇联干部加强了与金融部门的沟通，与银行部门建立了密切联系，为今后组织妇女在银行贷款创造了更加有利的条件，拓展了妇联工作的领域和范围。另外，在具体运作小额贷款贴息过程中，妇联干部一方面积极协调配合金融部门做好工作，一方面为农村妇女创业争取优惠、便捷的金融政策，有效增强了责任意识和协调能力。

话题之六

小额信贷将让更多农村妇女受益

崔郁： 在下一步的小额贷款工作中，妇女小额贷款工作的特点是贷款随着项目走，培训跟着管理行。妇联组织要加强与更多政府部门

和金融机构的合作。一方面，为城乡妇女创业就业争取更多的贷款贴息，减轻妇女的贷款压力；另一方面，争取一部分贷款风险抵押金，降低妇女的贷款风险，进一步畅通担保机构、贷款部门的贷款渠道。

王淑存： 2005年，北京市妇联在门头沟、平谷、通州等5个区县先行试点，三年中已将试点推至13个远郊区县，计划向18个区县扩展，启动"北京巾帼创业信贷工程"。2009年，推出了妇女创业信贷帮助行动，并初见成效。据不完全统计，2009年142个"双学双比"示范基地贷款数额3.8亿元。继续与市农委、北京银行、北京农业担保公司等部门联合开展"5+5"金融服务农家女小额信贷工程，计划用两年到三年时间向农村妇女发放50万张"富民卡"，拉动贷款资金50亿元。这项工作已在顺义、平谷、密云三个区县开始试点并配合金融部门进行信贷业务工作。

王丽芝： 回顾10多年的创业经历，我先后3次得到妇联组织提供的小额贷款贴息帮助。我的企业在发展、在壮大，今后免不了还要遇到资金短缺等问题，但是我一点也不担心，因为有妇联组织的帮助，有小额贷款的垫付和贴息政策的减压，我完全可以放开胆子大干。

崔郁： 妇联组织要继续教育妇女增强金融意识、风险意识，鼓励她们勇于利用融资手段发展生产。同时，教育妇女提高素质、诚实守信，加强对贷款妇女的技术指导，增强其还贷能力。总之，采取多种切实可行的措施，使妇女在创业、就业和发展生产上所需的银行资金实现贷得出、用得好、还得上。

《经济日报》2010-05-17，苏琳报道。

妙语集锦

帮助妇女争取小额贷款，解决妇女创业发展的资金"瓶颈"，是妇联组织为妇女提供的扎实有效的具体服务。我们要下大力气，把这项惠及广大妇女的民生工程落实好。

——崔　郁

为妇女群众全心全意服务是我义不容辞的责任，我会用心用情地为妇女解难事、办实事、谋实效。

——王淑存

我坚信，人只要通过自己努力，勇敢面对生活的艰难困苦，就一定能闯出一条致富路，开拓出生活的一片新天地。

——王丽芝

三十八

城乡一体化　风景美如画

对话人——

韩　俊：国务院发展研究中心党组成员、农村经济研究部
　　　　部长

王　翔：江苏省常熟市委书记、江苏省常熟经济开发区党工
　　　　委书记

朱亚辉：江苏省常熟市古里镇党委书记

常德盛：江苏省常熟市蒋巷村党委书记

策划人——

李　力：经济日报产经新闻部副主任

图38 韩俊（右二）与王翔（左二）、朱亚辉（左一）、常德盛（右一）在进行交谈

常理/摄

嘉宾简介

韩俊： 1963年生，山东高青人，1989年获西北农业大学博士学位。现任国务院发展研究中心党组成员、农村经济研究部部长，兼任中国社会科学院研究生院、中国农业大学博士生导师。长期研究农业政策和农村发展问题。1993年获得国务院政府特殊津贴。

王翔： 1962年12月生，大学学历。历任张家港市委副书记、副市长、市长，江苏国泰国际集团董事长，张家港保税区党工委副书记、管委会主任。现任常熟市委书记、常熟经济开发区党工委书记。

朱亚辉： 1967年1月出生，籍贯江苏如东。历任常熟市广播电视台电视中心副总监；常熟市广播电视局副局长；沙家浜镇党委书记。2009年7月至今任古里镇党委书记，古里镇资产投资公司董事长。

常德盛： 1960年毕业于任阳农业中学，1966年9月任蒋巷大队大队长，1973年9月任蒋巷大队党支部书记，2004年1月任蒋巷村党总支书记，2004年12月任江苏常盛集团有限公司董事长，2005年6月任蒋巷村党委书记。2000年被评为全国劳动模范，2001年被评为全国优秀党员，2002年当选为中共十六大代表。

在推进城乡一体化进程中，如何让农业更强、农民更富、农村更美？日前，经济日报邀请国务院发展研究中心党组成员韩俊，与来自地方的领导、农民代表共同探讨——

城乡一体化不是一样化　防止城乡统筹走形变样

韩俊：如何统筹城乡发展是当前大家广泛关注的经济社会热点问题，我们在调研中发现，新农村建设，各村有各村的高招；城乡统筹，各地有各地的特点。一些县市在城乡统筹发展中取得了可喜的进展和成效，探索出了新的机制和模式，积累了很好的经验，农业和农村经济获得大发展，广大农民得到了实惠，新农村面貌焕然一新。

但也有一些地方以统筹城乡为名，统农村的土地资源多，筹农村的公共服务少；统城市的建设项目多，筹农村的民生工程少。这些做法背离了城乡一体发展的宗旨。我们要反复强调，统筹城乡发展，既要鼓励积极探索，大胆实践，又要把握好方向，防止走形变样。

王翔：您强调的这点非常重要，也是我们在实践中特别要注意的问题。常熟作为苏州率先发展、科学发展、和谐发展的先行区，多年来始终坚持全面协调可持续的发展理念，保持了经济社会又好又快发展势头，呈现了富民与强市良性互动、经济与社会协调并进、城市与农村共同繁荣、环境与发展同步提升的可喜局面。

近几年，常熟进一步确立了城乡一体化发展的理念，深入贯彻落实工业反哺农业、城市支持农村和多予少取放活方针，以统筹城乡规划为龙头，以深化农村综合配套改革为动力，全面推进社会主义新农村建设，涌现了蒋巷村、梦兰村、康博村等一批新农村建设的典型，为加快形成城乡一体化发展新格局奠定了坚实的基础。

韩俊：这是非常可喜的现象。党的十七届三中全会明确提出，推进农村改革的根本要求是形成城乡经济社会发展一体化的新格局。今年的中央一号文件，把加大统筹城乡发展力度作为重要主题，与时俱进地提出了统筹城乡发展的新要求。在调研中，我们实实在在地看到，常熟深入贯彻落实科学发展观，在探索城乡统筹发展方面敢于创新，善抓机遇，是城乡一体化综合配套改革的先行者，闯出了一条"富民强市"的道路，为全国县域经济发展提供了许多值得借鉴的有益经验。

朱亚辉：听了两位领导讲的内容很受启发，我感觉到城乡一体化的一个突出成果，就是实现了工业反哺农业、城市带动农村。

以我们古里镇来说，改革开放30多年来的发展，使我们由一个农业镇变成了工业镇，去年全镇的工业销售额达到300亿元，财政收入10多亿元，人均GDP超过了16000美元。但我们在发展工业的同时，并没有忽略农村，相反是更有实力反哺农村了，古里镇被评为苏州市科学发展的十佳乡镇之一。在城乡一体化进程中，我们乡镇一级主要解决的问题是，怎样使城镇更像城镇，农村更像农村。

韩俊：你说得很对，城乡一体化不是一样化，不是把农民都赶到城里来，而是让城市现代化，农村也现代化。常熟在新农村建设方面有自己的一些创新，形成了很多独具特色的现代化新型农村社区。

常德盛：说到这个，我特别有感受。我在村里当了44年村干部，可以说村里翻天覆地的变化，我都是看在眼里、喜在心上的。我们蒋巷村农民现在生活得很幸福，农民吃的是新鲜的粮食蔬菜、呼吸的是新鲜空气、享受的是田园风光，我们既能与城里人一样享受到现代化的生活方式，"楼上楼下，电灯电话"，还能保持美丽的江南农

村风貌。蒋巷村是全国文明村、全国农业旅游示范点,我们的江南乡村景色特别美,谁看都喜欢。

立足于农业农村　促进农民致富

韩俊: 常熟推进城乡统筹立足于农业、农村,重点放在促进现代农业、促进新农村建设、促进农民致富上。个别地方一说统筹,就盯着农民那点地,常熟则不是这样,常熟的农村富裕,一个重要原因就是因为每个村里还有土地,通过土地整治,村庄整理,节省出来一块土地留给农民开发,为村级集体的发展开辟了一个新的通道。

王翔: 多年来,我们常熟市在保持经济快速健康发展的同时,特别注重城乡的统筹发展,大力推进新农村建设,我们在城乡统筹方面主要取得了四大成效:城乡布局构建了新框架、农民增收形成了新机制、现代农业迈出了新步伐、社会事业取得了新进展。

我们启动了新一轮城市规划的编制,按照城市现代化和城乡一体化的发展要求,优化了城市的空间形态、产业布局、人口布局和功能布局。我们在规划的指引下,全面推进了村、镇区划的调整,从原来的34个镇和3个场合并调整成现在的10个镇和一个虞山林场,行政村由原来的653个合并为现在的224个。

同时,我们在城乡一体化发展的过程当中,也更注重全面提升城镇建设的水平,做优做强中心城,做精做美中心镇区,加强公共配套设施,优化人们的居住环境,从而增强中心城镇的辐射带动作用和集聚能力,全面推进农民的居住向新型社区集中。目前已有6万多户农户进入了城镇，或者是集中到居住区居住。

韩俊：构建城乡布局的新框架非常重要，推进农民的居住向新型社区集中是个好办法。

朱亚辉：我们古里镇就是三个乡镇合并而成的。

王翔：常熟的现代农业建设也迈出了新的步伐。在推进农业现代化过程当中，我们认识到非常重要的一项基础性工作，就是推进农业规模化经营；另外我们形成了有江南常熟特点的特色农业，基本形成了以优质大米、特种水产、畜禽养殖、蔬菜果品、花卉苗木为主的五大特色产业，高效农业的占比已经达到了57.2%。同时，我们大力推进产业化发展，积极鼓励专业大户成立专业合作组织，全市40多家农业龙头企业带动了10万户的农民，实现了产业化经营，提高了农民整体的产出效益。

朱亚辉：常熟的现代农业非常发达，像我们古里镇，是省里的高效农业示范基地，我们3万亩基本农田都得到了充分的保护，而且低产变高产，低效变高效，农民在现代农业的改造过程当中也得到了实惠。市委、市政府把现代农业也作为我们的亮点。

常德盛：我们蒋巷村不仅搞现代工业，还坚持搞高效农业，搞新农村建设，既有获得"全国诚信守法乡镇企业"的常盛集团，村民每人还有一亩多水稻田可种。

王翔：常熟还注重统筹城乡社会事业发展，全市实现了村村通公路，覆盖率达100%，在全省率先实现区域联网供水；我们每个行政村都设有社区卫生服务站，医疗保障筹资水平达到了每人400元钱，

全市养老保险覆盖率、社会养老保障率、农村合作医疗参入率均超过99%；我们所有的乡镇都被评为国家卫生镇，省级卫生村覆盖率达到了98%以上。

韩俊： 王书记如数家珍般地讲了他们在推进城乡一体化方面做的实事。基本上全国这些城乡一体化推进比较快的地方我都去到了，常熟的城乡一体化水平，可以说在全国也是排在前列的。

从2009年开始，国务院发展研究中心把常熟列为固定调研联系点，主题就是城乡一体化。我记得2008年的时候，常熟市委、市政府就出台了一个文件，标题是《加快推进城乡一体化发展的若干意见》，这个文件有30条，讲得很实在。他们明确了一个发展思路，就是常熟的现代化建设不能建立在农业农村萎缩的基础上，要以城带乡、以工促农。实际上常熟也是这么做的，通过这几年的探索，常熟走出了一条城市现代化、新型工业化、社会主义新农村建设和现代农业"四轮驱动"的协调发展道路，常熟的农业也走上了以科技为支撑的规模化、高效化、生态化的路径。

王翔： 在加快城镇化、工业化进程中，我们更加注重现代农业发展和新农村建设，我们那里没有出现农村凋敝、农业衰退的丝毫迹象，相反，我们的农村更美了、农业更强了、农民更富了。

缩小城乡收入差距　消除公共服务差异化

韩俊： 我认为，城乡一体化的关键是要缩小城乡的收入差距，消除城乡在公共服务方面的差异化，使农民能够真正享受到与市民同等的服务。

常德盛： 当年毛泽东主席就讲要消灭"三大差别"，现在我们常熟的城乡差别确实在逐渐缩小了。我们村过去种田是"面朝黄土背朝天"，现在我们蒋巷村也种田，但都是机械化操作了，不种田的农民就进工厂、搞三产、开商店，务工、务农、经商都能赚钱。我们农民收入提高的同时，各种社会保障也多了，比如农民养老，以前靠子女，现在靠社会保障，我们蒋巷村养老金从55岁就开始发，每个月发放金额按年龄段从300元到600元不等。另外，去年我们社区股份分红人均还得了4000元左右。

韩俊： 你们搞了社区股份分红？

常德盛： 对，今年分红能达到人均5000元。

韩俊： 去年人均年收入是多少？

常德盛： 两万元多一点儿。

韩俊： 是全国农民人均年收入的4倍，常熟市的县域经济综合实力在全国是排在前头的。

朱亚辉： 我们在推进城乡一体化的进程中，不是剥夺农民的利益，而是把空间留给发展，把利益留给农民。

韩俊： 这是以改革创新的精神来推进城乡一体化。常熟强调集体资产股权量化，资产变股权，农民变股东，农民都成了股民，都持股分红，现在常熟农民入股分红，资产性收入在全国几乎是最高的。

常德盛： 我们农民的居住、医疗卫生、文化教育和水、电、路等基础设施条件都改善了。我们蒋巷村家家有别墅，比城里人的住房条

件还好；城乡供水实现了一体化，我们与城里人一样都吃长江水；我们村里还建了电影院、篮球场及各种娱乐设施，农民日子过得比城里人还好。

韩俊： 这个村里绝大部分农民已经离开了土地，已经变成了工人。你们村里外来打工的多不多？

常德盛： 我们村外来打工的大约有2000人，我们给他们和本地农民一样的待遇，给他们提供职工宿舍。

韩俊： 衡量城乡一体化程度高低，首先是看城乡收入差距有多大，常熟是全国城乡收入差距最小的县市之一，农民享受的公共服务及各种社会保障水平，也排在全国的最前列。

建立农民增收的长效机制　确保农民多渠道稳定增收

王翔： 常熟已经基本形成了农民增收的长效机制。现在，农民增收既有经营性的收入，又有工资性的收入，还有财产性的收入，再加上政策的反哺机制，这样几个方面相结合，促进了农民持续增收。

从我们常熟市的整个经济发展来看，乡镇工业发展比较早，商贸比较繁荣，我们全市民营企业已经超过了17000家，个体工商户达到64000户。

从就业来讲，现在我们90%左右的农民在第二和第三产业中就业。

再从我们的投资性收益来看，目前我市已经组建的三大合作经济组织达到了540家，去年实现分红总额达到5100万元。

从政策性的保障来看，我们有农村低保、医疗和养老保险、老年农民补贴等各种保障，再加上对农业和农民的一些直补，构筑了新的长效增收机制。

常德盛：我们农民来钱的路子确实越来越多了。

韩俊：统筹城乡经济社会发展，要解决的一个核心问题就是"钱从哪里来"。我认为，一是按照2010年中央一号文件提出的"总量持续增加、比例稳步提高"的要求，更加自觉、更大幅度地调整各级政府的财政支出结构，切实把"三农"作为投入重点，把与"三农"有关的项目作为国家新增投资安排的优先领域，保证财政预算内农业支出有较大幅度增长，确保新增财政支出向"三农"倾斜，并建立财政"三农"投入稳定增长机制。抓紧划分中央与地方的支农事权，完善转移支付办法，建立中央与地方财权和事权相匹配的财政支农体制。二是积极开拓农业农村发展资金的筹集渠道，引导社会资金投向农业农村。三是深化农村金融改革，建立普惠性的农村金融体系，加快培育适应"三农"需要的各类新型金融组织，培育竞争性的农村金融市场，加大政策性金融对农村改革发展重点领域和薄弱环节的支持力度，加强财税政策与农村金融政策的有效衔接，引导更多信贷资金投向"三农"，提高农村金融服务质量和水平。四是规范土地税费管理。统筹土地税费收取和使用，土地出让收益优先用于农业土地开发和农村基础设施建设。

朱亚辉：有了中央的政策支持，农民持续增收的渠道就更宽了，我们基层干部为农民增收服务的办法也更多了。

优化资源要素配置　推动资源要素向"三农"倾斜

韩俊： 刚才市委书记、镇委书记、村党委书记，从三个层面介绍了常熟城乡一体化的发展情况。我觉得常熟的城乡一体化能够达到现在这个程度，重要的一个原因就是他们强调优化资源要素配置，市委、市政府在强力推动各种资源要素向农业、农村、农民倾斜。

王翔： 我们实现资源的有效合理配置，主要是从这么几个方面来推进。第一个方面是城乡的基础设施要全面对接，这个投入很大。虽然我们现在已经实现了村村通公路，但是通达的水平、道路等级还要进一步提高，否则无法满足老百姓的需求。因此，从去年开始，我们启动新一轮的农村道路提升改造工程，预计整个工程大约需要修建690公里，投资30亿元左右；还有就是公共交通方面，我们在实现村村通公交的基础上，又率先启动了镇域公交的方案，把各乡镇之间的公路交通都连接起来，这样通过每一个乡镇的"小交通网"带动了全市的"大交通网"，大大方便了老百姓出行；另外就是饮用水的保障，我们率先启动了全区域联网供水，现在我们自来水入户率接近100%；再有就是我们启动了城乡一体化生活污水处理工程，计划用三年的时间，投资20亿元左右，实现污水管网的全覆盖。

第二个方面是公共资源的有效配置。我们要实现城市的优质资源向农村延伸。举个例子来讲，比如医疗卫生，我们每个镇都设有中心卫生院，但是随着老百姓生活水平提高，他们渴求有更好的医院和更好的医生，如果我们不能把市区的优质资源辐射到农村，就会有很大的问题。我们现在主要采取两个办法，一个是由市里的大医院到乡镇设立分院，提高那里的医疗水平，这样让农民看病更加便利。还有就是由市级医院与乡镇卫生院采用联营的模式。在这个过程当中，既让乡镇卫生院医生的医疗水平有了很大提高，也使老百姓的就医愿望得到满足和实现。再从教育来讲，我们出台政策，鼓励城里的学校与农村的学校双向挂钩，老师双向互动教学，效果也很好。

韩俊：朱书记可以算一笔账，你们这个镇一年的财政支出有多少，有多少钱是用在农民身上的？这就能说清楚资源要素配置是怎么向农村倾斜的。

朱亚辉：我们镇里可用财力有2亿元左右，其中用于农民的医疗保险、养老保险、失地农民补偿等政策性的支出为4000多万元。另外，每年大概有3000万元用于农村的改造，包括农村道路改造、农村绿化、污水处理等。

韩俊：一般讲资源要素向农村配置，主要是讲钱，常熟已经超越钱了，除了往农村投钱以外，王书记他们思考得就更深了，他们要把好医生、好老师这些优质的人力资源引到农村去，要提升农村人力资源素质。过去很多农民感觉到政府天天都在忙工业的事，忙开发区的事，忙城市建设的事，但你到常熟却可以看到，现在政府的职能已经完全覆盖到农村了，各个部门都在忙农村的事。

常德盛：现在政府各部门的人都在为农村服务，去年市里表彰会还叫我们村里作为代表给服务优秀的部门发奖。

韩俊：政府的钱能不能投到村这一级来，村里能不能受益？

常德盛：能啊，我们平时生活中涉及的医疗、饮水、教育、养老

保险、购置农机等，都能够得到各级政府的补贴。

韩俊： 主要是政府掏钱？

常德盛： 对，政府掏钱，就包括秸秆禁烧、综合利用，政府也有奖励。

王翔： 改变农民的生活习惯，也要通过奖励来实现。

韩俊： 常熟提出让农民均衡地享受改革开放的成果，这首先体现在资源要素配置上。

王翔： 这里要补充一点，公共资源配置当中还有文化资源，包括科技信息资源，这也是非常重要的，我们搞远程教育，在每个村搞文化活动站，效果很好。

韩俊： 你们的资源要素确实得到了合理的配置，所以常熟在全面整体推进城乡一体化方面取得了重大的进展。特别是在制度建设方面，已经形成了一个比较完善的制度框架。常熟提出到2012年基本实现城乡一体化，期待你们真正实现这一宏伟目标，为全国城乡一体化的实现起到样本作用。

《经济日报》2010-05-31，李力、常理报道。

妙语集锦

城乡一体化不是一样化，不是把农民都赶到城里来，而是让城市现代化，农村也现代化。

三十八　城乡一体化　风景美如画

——韩　俊

在加快城镇化、工业化进程中，我们更加注重现代农业发展和新农村建设，我们那里没有出现农村凋敝、农业衰退的丝毫迹象，相反，我们的农村更美了、农业更强了、农民更富了。

——王　翔

在城乡一体化进程中，我们乡镇一级主要解决的问题是，怎样使城镇更像城镇，农村更像农村。

——朱亚辉

我们村过去种田是"面朝黄土背朝天"，现在我们蒋巷村也种田，但都是机械化操作了，不种田的农民就进工厂、搞三产、开商店，务工务农经商都能赚钱。

——常德盛

三十九

一事一议财政奖补制度促进农村公益事业发展

对话人——

王卫星：国务院农村综合改革工作小组办公室主任

房　民：江苏省农村综合改革领导小组办公室副主任

李桂春：贵州省农村综合改革领导小组办公室主任助理

朱伯萍：江苏省扬州市委农村工作办公室副主任

李杏桃：江苏省扬州市邗江区委农村工作办公室副主任

金学年：江苏省扬州市邗江区杨寿镇宝女村党支部书记

策划人——

李　力：经济日报产经新闻部副主任

对话 中

图39　王卫星（左三）、房民（右三）、李桂春（左二）、朱伯萍（右二）、李杏桃（右一）、金学年（左一）在进行座谈

常理/摄

三十九　一事一议财政奖补制度　促进农村公益事业发展

农民最盼望、最急需的"户外村内"公益事业建设怎么搞？经济日报邀请国务院农村综合改革工作小组办公室主任王卫星，与来自地方的有关负责人和农民代表一起座谈——

话题之一

一事一议奖补制度是在什么背景下实施的？

王卫星："户外村内"的道路、桥梁、水利等农村小型基础设施建设，直接关系到农民的切身利益。如何更好地推动"户外村内"农村小型基础设施建设，进一步改善农村生活环境，成为大家关心的话题。

经过两年多的试点工作，全国村级公益事业建设一事一议财政奖补制度得到较好实施，取得了阶段性成果。

党的十六大以来，中央从中国特色社会主义事业总体布局和全面建设小康社会的战略高度，作出了统筹城乡经济社会发展的重大决策，出台了一系列推进城乡基本公共服务均等化的政策措施，对"三农"的投入大幅度增加，对农村基础设施建设的支持力度不断加大，村级公益事业建设取得了积极进展。特别是胡锦涛总书记2009年两次对一事一议财政奖补制度的实施及完善作出重要批示，2009年中央一号文件明确要求探索建立新形势下村级公益事业建设的有效机制，充分体现了党中央的高度重视。

房民：我们江苏省2009年被国家纳入村级公益事业建设一事一

议财政奖补试点省份。试点工作到目前为止已进行一年多了，有力地推进了我省农村公益事业发展，大大加快了新农村建设的步伐。

李桂春：同样是在 2009 年，贵州省列入全国村级公益事业建设一事一议财政奖补扩大试点省份。一年多来，在各级党委、政府的高度重视以及综改、农业、财政、交通、水利等部门的共同努力下，我省村级公益事业建设一事一议奖补试点工作进展顺利，成效明显。

王卫星：农村税费改革前，村级公益事业建设主要依靠村提留、"两工"（劳动积累工和义务工）。农村税费改革取消了农业税、村提留和农村"两工"，大幅度减轻了农民的负担，涉农收费的行为得到了规范，各方面向农民乱收费的现象得到了遏制。同时，国家规定，村级兴办集体公益事业所需资金，实行一事一议筹资筹劳，由村民大会民主讨论决定，实行村务公开、村民监督、上限控制和上级审计。但由于这项制度当时相关配套措施不完善，没有建立相应的激励机制，农民积极性调动不起来，出现"事难议、议难决、决难行"的现象，从农村税费改革到一事一议财政奖补试点前，村级公益事业建设投入总体上呈下滑趋势，成为农民反映强烈、要求迫切的问题。

话题之二

一事一议财政奖补制度取得了哪些成效？

王卫星：通过试点，初步构建了"财政资金引导、农民筹资投劳、社会捐资赞助"的农村公益事业建设投入新机制，促进了新农村建设。

2009年,中央和地方财政共投入奖补资金185亿元,农民筹资筹劳和社会资助村级公益事业投入628亿元。相当于财政奖补1元钱,带动了近4元钱的村级公益事业建设投入。2009年已建成或在建项目25万余个,硬化村内道路47万公里,环卫设施100多万平方米。特别是修建村内小型水利设施24万处,对抗旱防灾、提高农业综合生产能力发挥了重要作用,全国2.6亿农民受益。

可以说,一事一议财政奖补制度极大地发挥了财政资金"四两拨千斤"的作用,已成为破解农村公益事业建设难题的一把钥匙。

房民：一事一议财政奖补政策在江苏的实施,受到了农村广大干部群众的普遍欢迎,取得了明显成效。一是村内公益事业建设步伐明显加快。据统计,2009年我省共实施村内道路、桥梁、小型水利设施、环境整治等一事一议财政奖补项目18190个,奖补项目总投入达47.71亿元。二是农民出资投劳的积极性得到充分调动。全省农村一事一议筹资筹劳筹集率比上年提高5个百分点。三是一事一议筹资平调问题得到有效遏制。通过建立和规范多项制度,对村级公益事业建设实行项目化管理,杜绝了以往一些乡镇平调挪用农民一事一议筹资的现象,保证了资金的应有用途。

朱伯萍：扬州市2009年下半年开始一事一议奖补试点工作。我市有8个县区,其中7个县区的538个行政村开展了试点工作,覆盖面达44.28%,建设投资总额8387万元。这其中,一事一议筹资资金2403万元、省财政补贴资金2545万元、村集体资金1545万元、社

会捐助和其他资金1894万元。共建设村级公益事业项目611个。

李杏桃： 我们邗江区有行政村149个，其中99个村纳入试点工作，占总村数的66.44%。全区核准立项的财政奖补项目58个，投资概算1725.36万元，其中财政奖补资金投入333万元，实际投入1863.45万元。

王卫星： 省、市、区的实施情况都很好。具体落实到村里怎么样，咱们得听金书记讲讲。

金学年： 我们杨寿镇宝女村村民们切实享受到了一事一议奖补政策的好处，村民得到了很大的实惠。去年我们筹资建造的一条2.5公里的公路，总成本大概30多万元，省里给我们补助7万元，镇里一里路给补助2万元，再加上村民一事一议筹资4万多元，一共是21万多元。

王卫星： 总共筹到21万元钱，还有9万多元钱的缺口，这缺口是怎么补上的？

金学年： 剩下的主要来自社会和企业的捐助。

李桂春： 2009年，贵州省选择32个县（市、区）作为全省整县推进试点。到2009年12月底，我省已开工建设项目5875个，占实施计划的97.71%；已完工项目5768个，占实施计划的95.93%；完成项目投资55.48亿元，占投资计划的93.45%，其中群众筹资、筹劳折资及社会捐助43.97亿元，一事一议财政奖补支出11.51亿元。

通过一事一议财政奖补建桥修路，解决了村民们几代人出行难的问题，村民自发地将过溪小桥命名为"感恩桥"，给乡村干部披红挂彩送锦旗，发自内心地感谢党的好政策。

王卫星： 各试点省份和地区按照中央要求，结合实际，大胆探索，勇于实践，创造了许多好的经验，为进一步扩大试点奠定了基础，提供了借鉴。这些经验可以归纳为"五个坚持"。一是坚持农民自愿，自建自管。以农民意愿为前提，重点解决农民最盼望、最急需的"户外村内"公益事业建设问题；充分发挥农民当家作主的主人翁精神，坚持民事民议、民事民决、民事民建、民事民管，让村民充分享有村内公共事务的自主决策权和管理权。二是坚持因地制宜，各具特色。在中央统一政策指导下，各地结合实际，积极探索，形成各具特色的奖补模式。目前，主要有捐赠赞助型、实物补助型、定额补助型、分类奖补型四种类型。三是坚持民办公助，阳光操作。农村公益事业建设以农民筹资投劳为主，政府奖补为辅。农民筹资和财政奖补资金实行"专户管理、专账核算、直接支付、公开公示"管理方式，确保专款专用，规范透明，阳光操作。四是坚持统筹推进，以县为主。在试点组织实施上，强化省级统筹安排，县级具体组织，乡村具体落实的责任，对一定限额以下的奖补资金，由县级直接审批，省市重在政策指导、督促检查。五是坚持统一规划，有效整合。在新农村建设规划指导下，以一事一议财政奖补机制为支点，撬动涉农专项资金集中使用，实现公共资源有效整合，推进新农村建设。

话题之三

如何尊重农民自主权，不加重农民负担？

王卫星： 充分发挥农民群众的主体作用，尊重农民群众意愿和自主权，是推动一事一议奖补试点的基本原则和基本经验。在农村，无论做什么事情，只要涉及农民掏腰包，就要慎之又慎，量力而行，实行民主议事。

房民： 我认为，一事一议财政奖补资金必须以农民自愿议事筹资筹劳为前提，有议事才能有奖补。坚持"直接受益、量力而行，民主决策，合理限额"的原则，先易后难，谁积极、谁规范就支持谁，不强迫命令，不主观决策，充分尊重民意。

李桂春： 我们在实践中体会到，要确保这项工作的顺利开展并取得实效，必须坚持以农民群众为主体。在这方面，贵州省的做法是坚持农民群众要自始至终参与一事一议财政奖补项目建设的全过程。项目的选择要通过村民议事确定，项目的实施要以群众自建为主体，资金物资的使用要接受群众监督，项目的考核要以群众是否满意为标准，项目管护要由村民组织进行。

金学年： 我的一个突出感受就是，农民在这个问题上着实有了话语权。刚开始的时候，我们对奖补措施进行公示，村民们的积极性很高，都要求这里的阁要修一下，那里的桥要改造一下，说明这都是村民们着急要做的事情。我们会量力而行，把这些事情进行筛选，然后再交由村民大会审议决定做哪些不做哪些。

王卫星：我认为尊重农民意愿应做到以下几点：一是在项目选择上，要尊重农民意愿。让农民按照一事一议程序，自己商议、自己选择、自主决定建设项目，把村级公益事业建设变成农民的自觉行动。大多数群众不同意的，就不要去做，不搞包办代替、强迫命令。大多数群众同意的，就要坚决予以支持，扎实做好工作。对一些暂时办不到的，应做好宣传解释工作，争取群众理解。二是在项目建设上，要依靠农民自主管理建设。一事一议奖补项目原则上应由村"两委"具体组织实施，通过群众投工投劳、政府奖励补助、社会捐赠支持、相关部门提供技术指导来完成，让农民依靠自己的双手改善生产生活条件。三是在项目验收上，要以农民满意为根本标准。

话题之四

如何搞好监督检查，确保奖补资金不被挪用？

王卫星：加强监管，是搞好试点工作的重要保证。各试点省份要进一步健全农民负担"一把手"负责制和违反农民负担管理"责任追究制"，坚持农民筹资筹劳上限控制，不得随意突破上限控制标准。要继续加强对农民负担的动态监测，定期对试点情况进行督查，重点检查农民是否自愿筹资筹劳，是否存在强行集资摊派，一事一议财政奖补工作程序是否规范，奖补资金和筹资筹劳资金是否被截留挪用，工程质量是否合格等。对检查中发现的违纪违规问题，要及时纠正，严重的要追究责任。

李桂春：贵州省围绕一事一议财政奖补试点工作的精细化管理，着力加强制度建设。省里制定下发了"五个暂行办法"，建立完善了"五项制度"。一是村民一事一议管理制度，规范议事范围、程序和要求，调动农民参与的积极性；二是资金使用管理办法，强化资金监管，确保资金安全；三是项目管理办法，规范项目建设标准、物资采购及报关领用等管理，确保项目顺利实施和有效管护；四是试点竞争立项和激励制度，把钱花到最需要的地方；五是考评验收制度，发现问题及时整改，力争试点出成效。

房民：我觉得实施一事一议财政奖补项目建设，必须进行阳光操作。奖补资金筹集层次多，管理和监督的流程长。在工作过程中，各地相关部门要加强配合，定期会商，建立健全公示制度、项目招投标制度、档案管理制度、督促检查制度等一系列管理制度，保证财政奖补工作规范、有序。

朱伯萍：扬州市在试点工作中，严格把好三关。一是严把民主议事关。凡是村级公益事业建设一事一议财政奖补项目，必须经过村民代表会议议事通过。二是严把项目立项关。各县（市、区）对村镇上报的财政奖补项目，严格按照省财政奖补的范围一一对照，不符合的一律不予立项。三是严把工程质量关。从项目设计、招投标，到工程监理，都狠抓落实，确保到位。各村都成立了项目质量监督小组，全程监督，确保工程质量。

李杏桃：我们在试点项目实施的过程中，区、镇职能部门充分发挥对项目积极引导和实施全程监管的职能；经管部门加强对项目实施的指导、监督、管理；财政部门严格资金拨付程序，加强资金使用与管理；纪检监察部门加强财政奖补试点工作的监督检查，确保一事一议财政奖补的规范实施；审计部门加强对奖补资金的监督，做好奖补资金的跟踪问效；建设、水利农机、交通、城管、农林等部门配合镇（街道）加强对项目的指导、相关质量的把关。项目竣工后，由项目村整理相关资料，提出验收申请。镇（街道）组织人员对所有项目进行逐个验收，并出具验收报告，区一事一议财政奖补试点工作领导小组办公室组织领导相关单位对所有项目进行复验。

王卫星： 为确保一事一议财政奖补的规范运行，我认为要重点强化三方面的监管措施。首先要强化审核监督。要对财政奖补项目筹资筹劳进行严格审核。对村民急需、要求迫切的议事项目，优先审核；对超出议事适用范围、违反民主议事程序、突破限额规定标准的议事项目，或者未按规定程序审核的议事项目，一律不得列入筹资筹劳范围。

其次，要强化检查监督。要对财政奖补项目筹资筹劳进行定期检查，建立健全经常性检查制度。同时，加强专项审计监督，定期对一事一议资金、劳务及奖补资金使用情况开展专项审计，有关账目和审计结果及时公布，广泛接受群众监督。

最后，要强化责任追究。要按照有关规定，加大对财政奖补过程中违规违纪问题的查处力度。对截留挪用一事一议筹资筹劳资金和奖补资金等问题，要严肃查处，及时纠正；情节严重的，要追究责任人员的责任，并停止向农民筹资筹劳。

话题之五

如何继续努力做好2010年的扩大试点工作？

王卫星： 按照试点工作的总体部署，2010年，除已在全省（区、市）开展试点的黑龙江、云南、河北、江苏、内蒙古、湖南、安徽、贵州、重庆、宁夏等10个省（区、市）外，新增浙江、福建、湖北、广西、甘肃、山西、陕西、江西、山东、辽宁、四川等11个省份在全省（区）范围内进行试点，新疆、海南、河南、吉林、青海、西藏等6个省（区）进行局部试点，其他4个省（市）自主进行试点。这样，2010年纳入中央财政奖补试点的省份达到27个，受益农民约5.3亿人。

金学年： 这就是说，今后能有更多的农民兄弟和我们一样，从这项政策中受益了，我很高兴。

王卫星： 要落实规划方案，卓有成效地开展试点工作。坚持做到先规划后建设。要求各试点地区结合本地实际，以科学的规划指导农村公益事业建设；主动服务农村改革发展大局。各试点省份要主动将一事一议财政奖补试点与一些省份的农村改革试验区工作结合起来，努力推动农村改革试验区的建设。在试点县市，要将一事一议财政奖补工作与当地农村中心工作相结合，解决群众关心的重点、难点问题，确保试点发挥最大政策效用。

房民： 从我们江苏的实践来看，规划工作确实特别重要。

王卫星： 要落实财政投入，确保扩大试点工作顺利进行。今年中央财政加大了对一事一议的奖补力度，明年在全国推开这项工作后，还要适当提高中央财政的奖补比例。因此，各试点省份也要相应增加对一事一议财政奖补资金的投入，形成稳定的奖补资金来源。各试点省份在指导县市开展试点时，不强求县市配套安排资金，但是要鼓励有条件的县市增加对一事一议奖补投入。

李桂春： 在中央财政的大力支持下，我们也要努力增加财政奖补资金的投入。

王卫星： 要完善财政奖补制度，加大奖补工作透明度。要不断完善现行的财政奖补制度，在总结试点经验的基础上，探索通俗易懂、易为群众理解、便于基层操作的财政奖补政策。有条件的地方，可结合实际，开展试点，将对农民筹资筹劳按比例奖补逐步过渡到按参加筹资筹劳人数奖补。各地也要结合实际，健全制度，完善措施，对村级公益事业建设从项目申请、项目实施、资金拨付的每一环节都从严把关，做到资金投到明处，用到实处，见到好处，使村级公益事业项目在资金使用上经得起群众的检验，在工程质量上经得起历史的检验。同时，各地还要探索建立已建成村级公益设施的管护机制，做到建管结合。

朱伯萍： 我相信扬州的村级公益事业项目在资金使用上经得起群众的检验，在工程质量上经得起历史的检验。

王卫星： 要加强监控，保障试点工作健康进行。当前主要做好两方面的工作：一是安装和试运行一事一议奖补监管系统软件，利用现代化信息系统掌握试点情况，加强对试点情况的监控，提高监管效

率。二是加强监督检查。各试点省份和地区都要加强对一事一议财政奖补试点情况的监管，明确部门职责和监管分工，建立事前、事中、事后相结合，内部监控和外部抽查相结合的全方位监督体系和制约机制，及时发现问题，完善政策。

李杏桃：我们利用现代信息手段监控试点情况，效果确实很好。

王卫星：要加强协调配合，齐心协力做好扩大试点工作。各试点省份要在当地党委、政府的统一领导下，加强沟通协调，密切配合，形成合力。要通过多种形式，争取各方面理解支持，形成全社会推动试点的强大力量。我相信，在大家的努力下，扩大试点工作一定能取得圆满成效，这项制度一定能更好地造福农民。

《经济日报》2010-06-21，李力、常理报道。

妙语集锦

"一事一议"议出了村民争相建设美好家园的积极性，议出了干群之间的融洽，议出了农户之间的和谐，议出了农村社会的稳定。

——王卫星

村级公益事业建设一事一议财政奖补制度是一项得民心、顺民意的"民心工程"和"德政工程"。

——房民

要以农民满意为根本标准，只有农民真正受益，村级公益事业项目建设才算达到了目的。

——李桂春

一事一议财政奖补制度，解决了村民最关心、最迫切的现实问题，找到了新形势下有效开展农村工作的抓手。

——朱伯萍

一事一议财政奖补制度，已成为我们基层破解农村公益事业建设难题的金钥匙。

——李杏桃

开展一事一议财政奖补机制，调动了农民群众当家作主的积极性，由过去"要我干"变成了现在"我要干"。

——金学年

对话

李力 / 编著

下

经济日报出版社
北京

目录
CONTENTS

上册

001 | 一　为农民加快铺就致富路

015 | 二　发挥农民专业合作社优势　积极发展现代农业

029 | 三　阳光工程：让农民从培训中长期受益

043 | 四　为新农村建设提供坚强的组织保证

059 | 五　建立完善的农村公共文化服务体系

073 | 六　让广大农村妇女在新农村建设中大显身手

087 | 七　为新农村建设提供充足的电力

101 | 八　为新农村建设提供优质的税收服务

115 | 九　为新农村建设培育更多有技能的新型农民

129 | 十　构建农村现代流通体系　提高农产品流通效率

141 | 十 一 进一步完善新型农村合作医疗制度

155 | 十 二 为亿万农民提供更加优质的工商管理服务

169 | 十 三 扎扎实实做好维护农民工合法权益的工作

185 | 十 四 如何坚守18亿亩耕地这条红线

197 | 十 五 大力加强农业基础建设　促进农业发展农民增收

211 | 十 六 提高扶贫开发整体工作水平　扎实推进扶贫开发进程

227 | 十 七 推进灾后重建　恢复生态家园

241 | 十 八 大学生志愿服务西部计划助推新农村建设

255 | 十 九 下大力气做好水利抗震救灾和当前防汛抗旱工作

269 | 二 十 充分发挥工会组织优势　做好抗震救灾和灾后重建工作

中册

283 | 二十一 为新农村建设提供更加优质的金融服务

299 | 二十二 为推进农村改革发展创造更好的水事环境

313 | 二十三 让信息化为新农村建设注入新的活力

327 | 二十四 搞好农民职业培训　增强农民创业能力

341 | 二十五 加快推进湿地保护与利用

355 | 二十六　切实抓好春耕生产　力争全年粮食和农业有个好收成

371 | 二十七　发挥侨联组织优势　服务新农村建设

385 | 二十八　让辽阔的草原绿起来　让牧民的腰包鼓起来

401 | 二十九　振兴我国大豆产业　确保国家粮油食品安全

417 | 三　十　加快推进城乡一体化进程

433 | 三十一　加强新时期农业法制建设　为新农村建设保驾护航

447 | 三十二　为农业机械化加快发展增添新的动力

463 | 三十三　努力形成城乡经济社会发展一体化格局

477 | 三十四　乡镇企业危中寻机求发展

493 | 三十五　科技创新是现代农业发展的原动力

507 | 三十六　今年春来早　各地春耕忙

523 | 三十七　实施小额信贷　助推农村妇女创业

539 | 三十八　城乡一体化　风景美如画

555 | 三十九　一事一议财政奖补制度　促进农村公益事业发展

下 册

571 | 四　十　探寻奶产业一体化发展新模式

585 | 四十一　发展壮大食用菌产业　拓宽农民增收渠道

599 | 四十二　整合各方资源　服务新农村建设

613 | 四十三　推进"母亲水窖"建设　让干旱地区农民用上安全饮水

627 | 四十四　温暖工程圆农家子女创业就业梦

641 | 四十五　拓宽农民增收渠道　让农民腰包鼓起来

655 | 四十六　休闲农业：致富农民的朝阳产业

669 | 四十七　城乡一体化　工农同步走

685 | 四十八　促进奶业持续健康稳定发展

699 | 四十九　为亿万农民群众铺就致富路幸福路

713 | 五　十　防治水土流失　共建秀美山川

729 | 五十一　力争全年粮食丰收

743 | 五十二　如何健全农田水利建设新机制

755 | 五十三　应该把发展中小企业作为一项基本国策

769 | 五十四　以商活农百业兴

783 | 五十五　新时期如何加快减贫与发展

797 | 五十六　产销对接忙　城乡互动畅

809 | 五十七　怎样破解南水北调工程移民难题

821 | 五十八 黔西巨变

833 | 五十九 亿万农民的黄金十年

845 | 六 十 做让消费者放心的国产奶

855 | 六十一 放心的全程食品链如何打造

四十

探寻奶产业一体化发展新模式

对话人——

刘成果：中国奶业协会理事长

郭树森：河北省奶业管理办公室副主任

徐广义：辽宁辉山控股集团副总裁

李正洪：内蒙古奶联科技有限公司董事长、总经理

王银香：山东省磐石办事处五里墩行政村党支部书记、山东
　　　　银香伟业集团董事长

策划人——

李　力：经济日报产经新闻部副主任

图40 刘成果（左三）、王银香（左二）、徐广义（右二）、李正洪（左一）、郭树森（右一）在进行座谈

四十 探寻奶产业一体化发展新模式

如何确保我国奶产业健康、可持续发展？日前，经济日报邀请到中国奶业协会理事长刘成果，与来自地方的领导、企业家、农民代表，共同座谈——

模式之一

"把牛集中到一起，统一管理"

刘成果：奶产业一体化不是指奶业组织方式的一体化，而是指利益联结的一体化。只有利益联结形成了一个整体，奶业才能够持续健康地发展。

现在国际上实现一体化的形式主要有两种，一是产业链内部形成一体化，像欧美国家、澳大利亚、韩国、日本等。他们的主要做法是把奶牛的饲养者奶农、牧场主组织起来，形成合作社。在合作社的基础上，每个牧场主、奶农都作为股东共同出资去兴建乳品加工厂。加工厂组建以后，收购这些股东的原料奶，通过加工、销售形成利润，把这个利润的一部分再返还给这些股东。

还有一种形式，就是采取政府宏观调控的方式实现一体化，比如加拿大、以色列。目前我国奶产业的实际状况与这两种方式都有差距，我们的合作社刚刚兴起，还不够成熟和规范。

李正洪：对，您说得没错。我们现在的公司叫奶联社，这实际上是合作社的一个雏形。我们把奶农的牛通过奶联社都集中起来，统一饲养，每个奶农既是奶联社的社员，也是股东。

我们现在做的工作还主要局限于产业链的前半段，因为有一个实际情况，那就是奶业发展很快，这就导致了我们目前的生产资料非常分散。因此我们要解决的问题就是，怎样能够在奶业发展到一定时期以后，把分散的资源整合起来，把农民做不好的工作由我们企业来承担。

经过探索，我们现在正着力做好这几件事情。首先我们整合农民的奶牛，也就是生产资料的整合；其次我们还整合农民的土地，因为畜牧业的基础是农业；最后就是把不种地、不养牛的农户集中起来，整合成为我们的产业工人。

刘成果：去年你们人均红利能达到多少？

李正洪：现在，我们每年都有奶农入社，一头奶牛一年的纯利润在1000元到1500元。我们租农户的牛，可以把他们的劳动力解放出来，他们可以再去就业，再挣一份工资。此外，养牛的风险投入是由我们企业来承担。通过这些方法，我们快速地把周围散养的农户给整合起来了。

刘成果：你们现在整合了多少奶牛？涉及多少农户？

李正洪：目前我们在建的牧场一共是25个，奶牛有25000头至30000头，涉及农户8000多户。

刘成果：你们的这个模式之所以是成功的，我认为主要有以下几点：一是实现了饲养的专业化。你们把奶业的资源、要素都整合在一起，大大提高了资源的有效利用率。二是实现了机械化生产，机械化挤奶，提高了奶的品质，提高了工作效率。三是实现了科学管理、科学饲养，使得奶农得到的收益要比他自己养牛挣得多，这就调动了奶农入社的积极性。

你们的效益好来自几个方面，一是奶的产量提高了，在集中饲养的环境下，每头牛每年可增产 1 吨左右，也就是增产增效。二是由于实现了规模化，牛奶的质量上去了，脂肪和蛋白质含量都提高了，菌群数下降了，这样产品价格自然也就上去了，也就是提质增效。

李正洪： 您说得没错，现在伊利收购我们的奶，每公斤可达到三元五角左右。如果是散户自己饲养的话，每公斤就两元钱多一点。

刘成果： 你们的做法实质上就是提高了奶农的组织化程度，在这种情况下再去和大企业对接，你们之间就能够形成一种稳定的购销关系，这样奶农的利益就有保证了，这是在向一体化的方式过渡。

李正洪： 所以我们还得继续努力。

刘成果： 你们的做法是一种探索，而且很成功。

李正洪： 我觉得，做这个工作最根本的是要确保农民的利益，无论是在整合土地、奶牛，还是劳动力的时候，都首先要考虑到农民是否能够增收。出于这一原则，我们现在建设牧场的速度赶不上奶农入社的速度。

模式之二

"在统一的小区内，让农民自己养牛"

刘成果： 王银香这边，是另外一种模式。

王银香：对，我们这儿是企业调控，包括养殖、加工、销售。刚才刘理事长说有的国家是政府调控，我们的模式有点类似。记得我们企业刚开始发展的时候，曾号召农民分散养殖，但随后我们很快就看到了分散养殖的弊端：农民难以实现科学养殖；再一个挤奶、饲草、饲料难以形成规模；另外农民也难以组织市场销售；防疫方面也欠缺，等等。这些都极大地制约了奶业的集约化发展，因此我觉得，只有实行一体化才能把这些问题解决了。我们这个企业的发展一直采取的是集约经营，刚才李总说他们那儿是把农民的牛集中起来，我们这儿是农民自己养自己的牛，但是必须进我们统一的养殖小区。

刚才李总的那个观点很对，你要叫农民养牛，必须考虑农民养牛的利润，他们有了利润，才有积极性，大家养牛有积极性，奶业才能有发展。另外我认为要建立两个体系，一个是建立防疫体系。奶品质量是特别重要的一个因素，我们企业必须从源头上严格控制食品质量，农民如果想带牛进入我们的养殖小区，必须通过三次检疫，三次检查后这个牛很健康，才能打上疫苗，并带入隔离区，在隔离区养殖三个月以后再检查，没有疾病才可以进入养殖小区。在进入小区以后，一年还有两次的定期查体，如果发现有什么疾病，就要强制淘汰。这样通过三五年的努力，我们的养殖小区里面就没有什么疾病，如果一旦发现苗头，就马上动作、彻底清除。再一个就是建立饲养体系，我们全部跟农民签订了种植合同，一签就是30年。

刘成果：你这种模式是在实践中摸索出来的。

王银香：嗯，这十几年来我一直在摸索。过去也曾跟国外的一些专家探讨过，我们也吸取了国外的一些好的经验。但是，毕竟中国和外国的国情是不一样的，中国是人多地少，因此我们必须采取集约的手段，把有限的资源充分地利用起来。

我们公司现在实行"五个统一"：统一规划、统一建设、统一饲草饲料、统一防疫、统一挤奶。"四个配套"，水电配套、道路配套、技术配套、绿化项目配套。农民带着牛在里面养就行了，公司给提供草、提供料、提供防疫配种、提供挤奶等服务。营养配方这块，我们有专门的动物营养师。此外，我们有自己的饲料加工厂、防疫体系、育种繁育体系，挤奶、加工、销售都是由我们企业自己控制的。

刘成果： 银香的这个模式，有什么特点呢？首先，它的主体是做乳品加工的，但是它在奶源上下工夫，不仅组建了自己的奶源基地，给奶农提供牛舍、挤奶厅等各种设施，让奶农安心地在它这儿养。而且在价格问题上，它的企业调控也能够保证奶农得到合理的利润，这样，它就把奶源给稳定住了。

郭树森： 你们那儿有没有出现抢奶源的情况？

王银香： 抢不走，因为我跟奶农有着很紧密的关系，刚才刘理事长说了，我给他提供全套的技术服务，并且我提供的质量是最好的，价格是最优的。饲草、饲料的质量是最好的，另外配种、防疫我们都不收任何费用，这是其他地方所不具备的优势。

在饲料这块，我们经常请专家到我们这里做指导，目前我们自己有七个饲料配方。我们的饲料没有任何添加剂，全是营养搭配的，这使得我们的牛产奶水平一直很高。这十几年来，农民在我这里边养牛

的，一头牛一年的净利润没有低于2000元的，高的能达到6000元到8000元，所以现在在我那儿，农民都排队进我们养殖场养牛，现在报名登记的已经排到2011年底了。

我觉得养牛这个行业，诚信是最主要的，无论是在哪个环节都要有诚信。作为养牛企业也好，加工企业也好，每个人都要有一种道德的理想。该赚的钱要赚，不该赚的钱就不要去想它。

刘成果：你说得很对，没有道德是干不了奶业这个行业的。这是个道德行业、良心行业。

模式之三

"实现养殖、加工、销售一体化"

刘成果：还有一种模式是自己加工自己养殖，这种模式更趋向于一体化了。

徐广义：我们辉山乳业原本是一个以农垦为基础的、拥有60年历史的乳制品企业，这也是我们的养牛历史。刚才刘理事长比较全面地讲了奶业一体化发展的重要意义，我非常认同。奶业是一个特殊的行业，不仅环节多，而且各环节间的依存度高。在不同的阶段，经常会因为各环节的利益分配不均而造成矛盾，只有真正地实现一体化才能化解这些矛盾。

在这样一个高速发展的行业中，各个环节，特别是在上游的养殖业上，出现了不同的发展模式。我们现在要探索的问题就是，到底什么样的模式才能实现真正的一体化？什么样的一体化模式更适合于中国奶业的发展？刚才刘理事长也提到，我们中国的奶业和世界上其他国家的奶业有所差距。国外的经验表明，只有一体化发展，才能够真正化解产业链条的矛盾，这也是我国奶业可持续发展的一个有效途径或者说必由途径，只有一体化才能让我们在确保奶业安全的情况下去满足市场的供应，促进整个产业链条的和谐发展。

2000年以后，中国奶业迎来了一个高速发展阶段，那时候对乳品企业来说，我们面临着一个十字路口，那就是到底是花钱去打市场，还是去抢奶源？当时，在进行了全行业、全方位的考察后，我们制定了一个企业中长期的发展战略，那就是把80%的资金都用在了养牛上，我们把自己的这种模式称为自营牧场模式。也就是说从基础设施建设，到奶牛的购置、员工的聘用，完全由企业自营。这种一体化就避免了刚才刘理事长提到的两层皮问题。我觉得这样对乳品企业来说，能够得到一个更加稳定、质量更加有保障、成本更容易控制的奶源。对整个产业来说，也更适合于现阶段我国奶业的进一步发展和可持续发展。

刘成果：你们的思路非常好，你们是做乳品加工的，但同样非常重视奶源建设。正是因为你们遵循这个规律，所以随着乳品加工规模的扩大，你们自营牧场的数量也逐渐增多，饲养规模逐渐扩大。我记得你们有三十几个牧场，五六万头牛了。

徐广义：对，目前我们已成为国内较大的奶牛养殖公司。目前有些人对养牛抱怀疑的态度，不知道这个行业利润有多大，或者认为风

险比较大。其实，养牛业是一个有利润的行业，如果模式找对了，技术跟上了，再加上有信心，这个行业是相当有发展的。

刘成果： 你的模式确实跟他们前两位的不太一样，你不直接跟奶农发生任何关系了。

徐广义： 我们现在已经转制成民营企业了。

刘成果： 你们这几种模式都有借鉴、指导和示范的意义。辉山的自营牧场模式，就和有的奶业大企业发展思路不一样，你们是从奶源抓起，然后搞加工。但有的企业，不养牛，不建牛场，先建工厂，没有工厂先打市场，这个路子就走反了。

徐广义： 我们是脚踏实地一步一步这么走过来的。

王银香： 我觉得在实现一体化方面，我们三个企业各有千秋。我觉得奶业一体化模式是什么样子的，要根据当地的资源、环境综合考虑。但是有一点是必须要保证的，那就是利益分配要均衡，再有就是要把风险降到最小化程度，这都需要靠一体化来解决。

模式之四

"统一制定指导价格、统一签订合同"

刘成果： 请河北省奶业管理办公室的郭主任说说你们省的情况。

郭树森： 作为一个政府的行业管理部门，从2008年以后，压力很大，工作量也很大。河北省委、省政府高度重视奶业的发展，出台了一系列政策措施，我们从那个时候所开始做的，就是今天咱们谈的一体化问题。我们也找过一些专家给我们出谋划策，最后得到的结论就是要实现规模化、标准化、集约化、一体化，我们确实也是一步一步地朝着这个方向努力的。2008年年底，我们的规模化养殖比例达到了60%，2009年年底达到了80%，2010年实现了100%规模化养殖。另外我们还积极进行奶站整治。

刘成果： 现在整治的效果怎么样？

郭树森： 从原来的2000多个整治到现在剩1900多个了，只要是不符合要求的，我们就一定给它关掉。我们做的另外一项工作就是，由乳制品加工企业经营管理奶站，使奶站慢慢成为乳制品企业中的一部分。这样的话，乳制品的质量就有保障了。2009年年底，我们实现了100%的奶站由乳制品企业来经营管理。

下一步我们要做的就是怎么样深化乳制品企业经营管理奶站，因为一体化说起来比较容易，但是真正做起来还是有很大的难度，乳制品加工企业要考虑自己的利益，而作为我们政府部门来讲，要最大限度地保护奶农的利益，这就牵扯到双方的利益分配问题，如何让双方都得益，我认为这是最重要的问题。

今年4月1日到5月15日，是我们的"执法月"，我们所做的主要工作是怎么调节和平衡生鲜乳收购站跟乳制品加工企业之间的关系。我们的做法主要是规范合同，根据农业部和国家工商总局推荐的一个合同示范文本，签了有效的合同以后，我们再进行三方备案，也就是说乳制品加工企业、收奶站、县主管部门这三方备案。我们政府从宏观层面上对这个事情做了规范，成立了一个奶价调节委员会，由

物价部门、行政部门、企业还有奶农参加。价格我们也不是刚性的，只是一个指导价。

刘成果：现在各省份形成的指导价格虽不是刚性的，但是能起到一定的约束作用，如果哪个企业的价格要是明显低于指导价，那么就会遭到行业内其他企业的谴责。

王银香：你们那儿的指导价是多少？

郭树森：我们河北省的收购价一般是每公斤三元二角到三元五角，在奶农手里是两元八角左右。

刘成果：两元八角也可以了，奶农手里还是有利润的。河北省在奶业治理整顿上下了大功夫，通过治理整顿来促进规模化发展，探索一体化的实现形式，这种方式，就是一种价格的形成机制，他们采用定期公布指导价的方法；第二就是规范收购合同，他们的签约率达到100%，有了这个合同，他们就通过执法宣传检查来进行监管。通过这两种方法，政府就能保证各个环节的利益达到平衡，最终实现一体化发展。虽然调控力度还没有那么大，但都是朝着这个方向发展的。

王银香：其他省份是不是也有这样做的？

刘成果：其他的省份在价格形成机制方面也有进行尝试的，合同签约方面也在做工作，但是没有他们的效果明显。他们之所以能有现在的效果，一个是他们签合同的面宽，达到了100%；再一个执行合同时有人去监管，这就保证了政策的实施力度。

《经济日报》2010-07-12，李力、常理报道。

妙语集锦

一体化是医治目前奶业所有病症的良药,是解决目前奶业存在的深层次问题、构建奶业持续稳定健康发展长效机制的重要举措。

——刘成果

作为政府部门来讲,要最大限度地保护奶农的利益,协调好奶产业链条上的利益关系,保证各个环节的利益达到平衡,最终才能实现一体化发展。

——郭树森

农民手上的资源,一旦经过合理的配置和利用以后,不仅可以大大增值,而且可以把在农业、畜牧业上丢掉的利润空间补回来。

——李正洪

养奶牛的周期比较长,没有三年的时间见不了利润,因此发展奶产业必须要有持之以恒的精神。而且要让农民实实在在得到实惠,这样整个产业才能发展起来。

——王银香

我们一直秉承的经营理念就是用心养好牛,有了好牛才有好牛奶。

——徐广义

发展壮大食用菌产业
拓宽农民增收渠道

对话人——

陆解人：中国食用菌协会常务副会长

董正国：河北省平泉县县长

修国军：河北省承德润隆食品有限公司总经理

高树满：河北省平泉利达食用菌专业合作社总经理、平泉瀑河源食用菌有限公司总经理

策划人——

李　力：经济日报产经新闻部副主任

图 41　陆解人（右二）、董正国（左二）、修国军（左一）、高树满（右一）在交谈

常理 / 摄

四十一　发展壮大食用菌产业　拓宽农民增收渠道

我国迅速发展的食用菌产业，极大地促进了农业增效和农民增收。经济日报邀请中国食用菌协会常务副会长陆解人，与地方领导及农民企业家代表共同探讨——

话题之一

我国食用菌产业发展现状如何？

陆解人：食用菌现在得到了广大消费者越来越多的喜爱，我国食用菌产业近年来的发展确实非常可喜。从"十一五"的发展情况来看，2005年全国食用菌产量达到1300多万吨；2009年产量达到了2020万吨。我们初步预估，2010年的产量会达到2200万吨左右，平均每年的增幅达到了12%。

党中央、国务院对"三农"工作十分重视，强调要实现农业增效、农民增收、农村繁荣，我认为发展食用菌产业，可以起到一定的积极作用。

董正国：现在全国有很多地方都开始发展食用菌产业，早些年南方地区食用菌产业比较发达，现在北方地区发展也十分迅猛。

陆解人：现在食用菌生产基本格局已经"南菇北移"，过去在南方可以生产的现在在北方同样也可以生产。目前我们也提出了"东菇西移"这么一个大的发展战略，这就使一些西部相对欠发达地区的农民也能通过种植栽培食用菌得到实惠。从目前的生产格局来说，也逐步形成了基地产业化模式，食用菌产业由原本的补充农村经济的形式，逐步发展成为一个地区、一个区域，或者说县域经济当中的主要支柱产业。

我国现在的食用菌产业，各个生产环节配套设施齐全，产业链条较为完整。从种植、生产、销售、营销还有循环资源再利用等方面，可以说我国的食用菌产业已经处在了一个快速发展的阶段。

修国军：我觉得食用菌产业的发展还是很有前景的。从食用菌本身来说，它具有丰富的营养价值，富含氨基酸、维生素、矿物质、多糖等多种对人体健康有益的物质。再有，从经济效益上来看，一亩食用菌的年产值平均可以达到1万元至2万元，纯收入可达5千元至1万元，这是一个很可观的数目。

高树满：我当年在家乡的山沟里种蘑菇时，真没想到能赚到这么多钱，没想到能发展到今天，能成立食用菌专业合作社和创办食用菌企业。

董正国：当前，小小的食用菌已经成为一个大产业了，这个行业能发展到今天，我认为跟国家在政策上的大力支持是分不开的。

陆解人：对，政策确实非常重要，实际上政策的内涵就是支持。

从具体政策支持来讲，应该说这些年是一个从无形到有形，从小力度到大力度的过程。财政部在"十一五"期间，专门拨给了中国食用菌协会1500万元的资金，主要用于带动食用菌产业发展，以服务新农村建设。另外，科技部在"十一五"期间，专门把食用菌的产业化问题，列入了科技部的重点项目，给予了3400多万元的科学研究经费。此外，农业部在"十一五"期间也投入了几千万元资金，专门用于食用菌产品的科学研究、科技创新。

从地方政府来看，扶持力度也都比较大，平泉县就是一个比较典型的例子，县委、县政府非常重视这个产业。全国还有很多地区都是如此，他们都根据自己地区的情况，因地制宜地出台扶持政策。产业发展了，最终得到实惠的还是我们广大的农民兄弟。

董正国：正如陆副会长所说，中央一直高度重视"三农"问题，我们平泉县按照中央和省、市的部署，将促进农民增收作为我们工作的重点，所以我们在农业产业优化选择过程中，选择了食用菌产业，这个产业非常符合平泉县的实际情况。为了让农民能够从这个产业上得到更多的收入，我们确实采取了许多的措施，尽管这个产业给县财政的贡献率较低，并且我们每年还要拿出接近 4000 万元的资金用于支持全县的食用菌产业发展。也正是因为有这种支持和引导，再加上农民认识的提高，我们平泉县的食用菌产业才迅速发展起来了。

话题之二

如何将食用菌发展成为支柱产业？

陆解人：董县长，你们县的食用菌产业是怎么发展起来的，你给大家介绍一下。

董正国：平泉食用菌产业近些年发展速度还是比较快的。平泉森林覆盖率很高，野生的蘑菇比较多，早在 20 世纪 80 年代的时候，本地农民就有采摘蘑菇然后通过供销系统出口的习惯。随着大家对食用

菌认识的逐步深入，大家发现其实自己种植也是一个很好的办法。所以从80年代中期开始，就有一些农民开始种植食用菌。由于当时原料、设备、技术都存在着一定问题，行业的发展速度很慢。但是随着其他地区食用菌发展的规模越来越大，我们也开始到别处去学习先进经验。从90年代中期开始，逐步开始引导着农民种植食用菌，一直发展到现在，10年间，平泉县食用菌产业走出由小到大的发展历程，昔日一家一户小窝棚里的"小打小闹"庭院生产已发展成为园区化、标准化生产，平泉现已成长为"中国食用菌之乡""中国特色产业集群50强"和全国食用菌行业十强基地县。

修国军： 食用菌已经成为我们平泉的支柱产业了。

董正国： 对，目前平泉县食用菌产量已经达到16万吨，每年给农民带来的收入平均在2000元钱左右，占到我们当地农民收入的1/3。今年我们的规模又进一步扩大了，预计达到18万吨的产量。全县农民人均收入的40%以上来自食用菌行业。

陆解人： 平泉县原本就有一定的基础，虽然大规模种植起步稍晚，但发展速度非常快，这和县里的重视是分不开的。对于发展食用菌这类产业，下力度支持的话，发展将是很快的。

董正国： 说到具体的，我们主要采取了这么几个方面的措施，首先是引导农民认识食用菌，让大家知道食用菌产业的好处和前景，引导大家从事这个产业。

其次就是为农民种植食用菌提供技术、资金等方面的扶持。我们成立了若干个合作社，同时县乡都设有食用菌办公室，形成一个整体网络，由大户带散户，合作社带农民，把食用菌产业发展起来。

陆解人：你们怎样解决资金的问题？

董正国：农民种植食用菌，资金这一块是个难点。怎么让农民有钱去种食用菌？我们的主要做法就是协调以信用社为主的金融机构，给农民放小额贷款。同时政府在贷款方面给予适当的贴息，促使农民能够借钱。但是，从去年以来，我们又把这个政策改了，不再进行贴息，只是对整个的设施进行补贴，因为有的人需要借款，有的人可能不用借款，不用借款他就享受不到这样的支持，所以我们就把政策进行了调整。另外一个就是直接补贴。农民搭建大棚，我们有建棚的补贴；农民建冷库，我们也有补贴，100 平方米以上的我们直接补助 4 万元钱，农民购置烘干机，我们补贴 30%。这些举措一方面缓解了农民在资金上的压力，另一方面表明了我们对发展食用菌产业的坚决态度。

高树满：对，这一点我的个人感受最深，扶持政策真的是很有力度。

董正国：还有一个重要的措施是，我们为农民提供食用菌的销售渠道，目前，全县已经形成了一个区域内的价格中心。农民种植食用菌以后，不发愁卖不出去。

同时，我们要求龙头企业起到稳定市场价格的作用，在市场波动的时候，我们的这些龙头企业都必须对种植户有承诺，保护价收购，保证农民不受损失。在这种情况下，农民种食用菌就比较踏实了，大家的积极性相对也就高了。

话题之三

食用菌产业给农民带来哪些实惠？

陆解人： 咱们这儿坐着农民呢，他最有发言权，老高，你来讲讲你种植食用菌的情况。

高树满： 在1996年之前，我在北京打工，那时候一年的工资也就3000多元钱。1996年我回家乡之后，正好赶上县里发展食用菌产业，政府号召我们种食用菌，当时我们也不知道这个行业好坏，就先干了起来。第一年下来后，我的效益还行，大约挣了4000元钱，这使我感觉到比出去打工强很多，从那以后我就一直种下去了。随着政策扶持力度的加大，我们县食用菌产业得到了快速发展，这使得我们农民的收入有了明显的增长。去年，我们那儿收入最高的一户一年能挣几十万元钱，少的收入也有10万元左右。

陆解人： 农民的钱袋子真是鼓起来了。

高树满： 我觉得我们平泉县发展食用菌产业最好的一点在于：培养农民的意识，由过去的打工赚钱，转变成现在的投资赚钱。可以说，是政府的政策引导我们一步步致富的。

董正国： 你家现在一共种了多少？

高树满： 我们家种了80万袋，如果按一袋赚一元钱来算，我家可以赚80万元，如果一袋赚两元钱，我家可以挣到160万元。

我们家种植的品种主要是香菇。记得刚开始发展的时候，我们不懂技术，多亏了政府及时地聘请了技术人员，给我们指导。而且政府还引进一些收购企业，给我们提供冷库支持，这些对于我们农民来讲，无疑是解决了我们的后顾之忧，有了政府的支持，我们就可以放心大胆地发展了。

陆解人： 你的合作社是哪年成立的？现在有多少社员？

高树满： 2007年成立的，一共101人。我们成立合作社之后，有很多好处。原来我们主要到外地去销售，这样比较分散，运输成本很高。成立合作社之后，我们的技术实现了统一管理，自己组织销售，不仅节约了成本，而且每斤的价格也比原来提高了5毛钱到1元钱。

陆解人： 平泉县的食用菌产业，在全国来说属于中上水平。发展食用菌产业还有一层好处就是可以解决农村富余劳动力。很多返乡的农民，凡是开始种植食用菌的，大部分就不再愿意出来打工了，因为他出来打工很辛苦，劳动强度也很大，而挣的工资很有限。但是他们如果在家里种食用菌的话，不仅收入上远远高于外出打工，而且还可以照顾家庭。

话题之四

食用菌行业发展中存在哪些问题？

陆解人： 当前我国食用菌行业发展也遇到了一些问题。第一个问题是行业正处在发展初期，尚不成熟，要进一步拓展，向广度、深度进军，要让各个环节能够配套齐全，且按标准化生产的要求，上档

次。尤其要注重食用菌市场的培育和开拓，注重深加工的发展和加大科学研究的力度，使食用菌产业能够保质保量持续发展。

第二就是人才问题。人才应该说是目前行业发展的一个"瓶颈"，为什么这么说呢？食用菌产业是近二三十年才真正形成规模的一个朝阳产业，发展速度过快，就出现了人才供应不上的状况。因此，我觉得人才队伍的培养应该是下一步予以重点关注的。

第三个问题在科学技术方面。也就是说要从科学的角度去研究这个行业。虽然我国目前有一些专用的食用菌研究院所，也有一些高校设有生物、菌类研究专业，但是从研究发展的进度和步伐来讲，还是远远不够的。

董正国：您说得没错，我们在具体发展过程中也遇到了这些问题。第一点就是，我们虽然形成了一定的技术输出能力，但是我们还特别需要一些掌握更全面技术、更高深技术的人才。

第二点就是资金问题，尽管我们现在想尽一切办法来协调，包括政府拿出钱来支持、贴息等，但是仍然满足不了农民对资金的需求。食用菌这个产业的"门槛"还是有一定高度的，对于较为贫困的农民，他们加入进来的困难就比较大。现在我们县委、县政府的主要做法就是打捆使用一些资金，尤其是一些国家的扶贫资金，来帮助农民搞种植。但是仍然还有大部分收入很低的农民进不了这个"门槛"，一方面我们地方政府会拿出资金来帮助他们，同时也希望得到各方的扶持。

第三点就是技术问题。从目前情况来看，虽然我们现在从科研、生产技术、加工、销售能够形成一个链条，但是总的感觉还是技术不精，刚才陆副会长提到的，如何能够通过技术的研发，使食用菌的产量及质量再提升、品质再优化，那对整个产业的发展来说无疑是意义重大的。

高树满： 我们现在的食用菌加工，还比较多地停留在鲜品阶段，真的应该研发出具有更高附加值的一些产品，例如保健品、医用品等，这些产品的利润都是巨大的。

修国军： 我感觉现在的食用菌加工完全可以再多元化一些，不仅能使它进入酒店宾馆，更能够进入到老百姓的餐桌上面。让老百姓通过简单的方法，如微波炉加热、蒸、煮就可以直接食用。

董正国： 对，我们平泉县也是朝着这方面发展的，我们现在跟中国农业大学、中国农科院都有密切的合作，也力争通过科研院所，来帮助我们解决技术上的问题。

话题之五

食用菌行业未来发展方向怎样？

陆解人： 老高，你种的蘑菇会不会都送到修国军那儿去，让他的企业给你加工、出口？

高树满： 送到他那里有很大一部分，另外还有一部分是我们自己走内销市场，主要面对北京、上海、天津这些大城市。

修国军： 对，刚才我们董县长讲了平泉县的食用菌发展历史，我

们企业从20世纪80年代中期开始做食用菌生意。当初我们只是单纯地给别人提供原料，之后我们开始做一些初级的加工。近几年，我们在县委、县政府的组织和引导下，建立了自己的加工厂、生产基地和合作社。

同时，我们和菇农形成了比较紧密的链条。在原来，我们的种植户都比较分散，基本都是在家里的房前屋后种植。但最近几年，政府通过发展园区种植、集中管理、分散经营的方式，把种植集中到一起，这样既提高了管理的效率，又对产品的安全起到了保障。同时，政府还完善配套设施，给我们架电、打井、通路，这些都极大地调动了广大农民的积极性。

陆解人：你们企业的销路主要是什么地方呢？

修国军：我们公司的产品大概有80%以上是出口的，因为我们企业当时成立的时候是有合资背景的。但是最近几年，我们也意识到，由于国际金融危机，外部需求面临巨大的挑战。我们也正逐步把发展方向转向国内市场，我们正致力于打造中国食用菌调理产品的第一品牌，这是一个愿景和目标，我们正在向这个方向努力。

陆解人：你们都往哪些国家和地区出口？

修国军：我们目前出口市场主要是在东南亚、欧洲。随着改革开放30多年来的经济发展，老百姓的钱袋子鼓起来了，为什么我们最好的东西不能在国内消费呢？鉴于这种想法，我们把最好的食用菌拿到国内市场销售，好产品我们仍然可以卖出个好价钱。

陆解人：董县长，像他这样规模的加工企业，在你们平泉县有多少，都是外向型还是内向型企业？

董正国：在平泉县，有30多家企业都在做食用菌加工，像润隆公司这样规模的企业有四五家，主要是出口型企业，目前也都在积极开发国内市场。

陆解人：嗯，应该扩大国内市场的份额。据2009年食用菌协会统计的数据来看，全国食用菌行业的产值在1100亿元左右，从农业种植当中的排序来看，食用菌在粮、棉、油、菜、果之后排在第六位，虽然目前规模并不大，但是未来将有着很大的发展前景。我们分析，在今后的五年中，食用菌产业应该还会有将近50%的提升幅度。

《经济日报》2010-07-26，李力、常理报道。

妙语集锦

我现在到处宣传，食用菌产业一定要发展园区式种植，只有这样才能够实现产业化规模。否则一家一户，只能算小农经济，不能称其为产业。

——陆解人

我们发展食用菌产业，更要注重食用菌文化的开发和利用，要把文化和种植业、加工业结合在一起，使我们的食用菌产业能够健康发展、后劲更足，更让农民放心。

——董正国

对于我们企业方面，在缺资金的情况下，我们不能光等着要，我们要靠自己创造，想办法把企业的产品做大，把企业的市场做好。

——修国军

我们农民原来是给人家打工，现在是自己当老板，这种感觉完全不一样，我们用自己种植食用菌赚的钱去投资搞扩大再生产，然后通过投资获得回报，我们的命运就掌握在自己手里了。

——高树满

四十二

整合各方资源　服务新农村建设

对话人——

王永乐：中国侨联副主席

区德强：广东省侨联副主席

张维仁：浙江省侨联副主席

李　梅：广东省水利厅侨联主席、规划处副处长

章文琼：浙江省温州市永嘉县小坑村村委会主任

朱春秀：湖北省荆州市江陵县熊河镇熊河村村民

策划人——

李　力：经济日报产经新闻部副主任

图 42　王永乐（右三）、张维仁（左三）、区德强（右二）、李梅（左二）、章文琼（左一）、朱春秀（右一）在进行交谈

常理 / 摄

各级侨联组织在服务新农村建设中发挥了重要作用。经济日报邀请中国侨联副主席王永乐，与来自地方的领导和农民代表，共同探讨——

话题之一

合力解决涉侨民生水利问题显成效

王永乐： 为加快新农村建设，解决涉侨民生水利问题。2009年7月份开始，中国侨联和水利部共同组成调研组，分赴广东和广西，针对那里的华侨农场进行调研。在调查中我们发现了一些问题。一是安全饮水工程仍需重视。其中，广东的杨侨华侨农场还有8000多人饮水不安全，清远华侨农场有6000多人没有纳入安全饮水统一规划；广西壮族自治区华侨农场13万人中，尚有5.87万人未解决安全饮水问题。二是水利建设任务还很艰巨。华侨农场水利建设历史欠账较多、投入渠道少且单一，水利工程管理体制改革基本没有启动。三是与地方发展规划相脱节。华侨农场对于自身水利建设，普遍缺乏着眼于适应地方经济与社会发展的统一规划，与当地水利管理部门之间相互沟通协调不够或沟通渠道有误，绝大部分与地方水利建设总体规划不相衔接。四是基层水管力量亟待加强。华侨农场缺乏必要的专业技术和管理人员，前期设计工作滞后，不能及时满足国家基建工程的立项条件，等等。

区德强： 目前广东省有23个华侨农场，这些地方的发展一直滞

后于广东省整体的经济发展水平。去年7月,我们接到调研组要来调研的通知以后,非常高兴,感觉到这是一次提升华侨农场发展水平的重大契机。广东省的华侨农场是全国最多的,海外华侨华人、归侨侨眷也是最多的,总数占到全国的2/3。资源多的同时问题也多,我们的工作压力也比较大。

为了这次调研,我们积极配合中国侨联和水利部,做了很多准备工作。我们跟省水利厅协调,向23个农场发了调查问卷,问题包括水库的除险加固、饮水工程等方面。在调研过程中,特别是一些座谈会上,分管农业的市领导、水利局领导向调研组汇报了当地农场水利建设的基本情况以及存在的问题。通过调研,我们对农场的情况有了比较全面的了解,比如说清远的华侨农场,总共有四条7000多米的灌渠有待修建,英华华侨农场水库主干渠需要维修,等等。

在了解了基本情况之后,广东省就把华侨农场的水利建设纳入到了全省新农村水利发展的整体规划当中,并且提出要加强华侨农场水利建设和水利设施的管理,要求各个地级市的水利部门负起责任,落实管理责任制,只要是华侨农场的水利基础建设工程,在同等条件下全部优先安排。听到这个表态,我们各级侨联和侨场都非常高兴。

近年来,华侨农场经济发展滞后的状况已经引起了广东省委、省政府的重视,省里也在积极推进华侨农场的体制改革,现在华侨农场在管理上已经逐步理顺了一些关系。通过调研,作为省侨联,我们也进一步加深了对华侨农场水利建设相关问题的认识。各级侨联、水利部门在积极推动华侨农场的水利建设和安全饮水等问题上,逐步取得了成效。在华侨农场水利建设方面，这应该是多年以来力度比较大的一次。去年年底，广东省水利厅向全省的华侨农场发出了《关于开展我省华侨农场水利发展规划编制工作的通知》，另外还制定了广东省华侨农场水利发展规划工作大纲。据我们了解，到目前为止，有一些水利问题已经逐步得到了解决。

李梅：刚才区副主席提到了华侨农场的水利发展规划问题，这个问题很重要。这次调研之后，水利部发了通知，要求各个地方对特殊地区的水利建设进行调研。广东的特殊行业就是农场，于是我们把它作为一个专项进行规划，现在初步成果已经显现出来了，下一步我们想继续充实一下规划，更好地为华侨农场提供帮助。"十一五"期间，侨场的事业发展资金是600万元，水利补助资金500万元，老归侨事业费50万元，省级的基建投资500万元。"十二五"准备分别加大力度，事业基金增加到1000万元，水利补助1000万元，老归侨事业费50万元至300万元，基建投资1000万元，总的来说正好翻番。应该说广东省委、省政府对侨场的改革发展一直都很重视。

王永乐：这次调研的联动性很强。前期调研和实地考察中，既有水利部、中国侨联的充分沟通，又有各级政府、侨联组织上下互动，还有侨务和水利政策、规划、技术等方面专家领导与地方政府干部、华侨农场职工的直接交流，形成了合力解决涉侨水利民生问题、共同谋求华侨农场改革发展的有力态势。

区德强：这一点我感受很深。中国侨联在这次工作里选择的方向非常正确，关注水利建设非常重要，因为这是华侨农场发展很重要的

一环，中国侨联和水利部都很关心这个问题。

第二点王副主席也谈到了，侨联跟政府有关主管部门联合起来一起推进这项工作，是一种很有效的方式。作为侨联，就是要发挥桥梁和纽带作用，把下面的一些问题和困难反映给政府，配合政府部门一起去调查研究、解决问题。这一点给了我们很大的启发，目前我们在工作中和水利厅的联系也很密切。

王永乐： 在今后的工作中，我们要不断推进涉侨民生水利建设成果的持续深化。进一步密切与水利部的协调配合，加强情况掌握，及时总结华侨农场饮水安全工程的成功经验，注重推动前期设计工作，坚持以规划引领项目、以项目落实投入、以投入助推发展，进而延伸到灌区改造、防洪除涝、水库加固等其他方面，着力促进建立"国家项目支持、地方投资配套、受益群众投劳"的长效机制，力求把水利建设发展成为解决华侨农场民生问题的"亮点"，以水资源可持续利用支持经济社会可持续发展，为探索政府部门与侨联组织实现良性互动发挥示范作用。

同时，大力促进营造有利于"三个融入"（体制融入地方、管理融入社会、经济融入市场）的政策环境。充分发挥参政议政和民主监督职能，协调推动有关部门开展国务院有关文件落实情况检查活动。突出破除体制障碍、优化运行机制、理顺工作关系，研究提出系统性、操作性很强的政策措施，形成推进"三个融入"的"组合拳"，切实使华侨农场享受到应得的各种优惠政策。

此外，积极协调一些重点和难点问题的妥善解决。认真总结联合调研行动经验，主动协调政府相关部门，共同推动华侨农场的改革与发展。针对全国 84 个华侨农场的各自特点和发展定位，本着实事求是和有利于改革发展稳定的原则，对侨场机构性质、职工身份进行科学合理的认定；着眼和谐侨场建设，把华侨农场非归侨职工的危房改造纳入国有农场、工矿企业棚户区危房改造范围，给予安置点归难侨适当照顾；对于像广西壮族自治区崇左市这种地处偏远、华侨农场过于集中的市县，呼吁加大扶持力度，涵养资源，为华侨农场改革发展创造良好的周边环境；支持华侨农场充分发挥土地资源优势，通过设立工业园区发展高附加值产业，优化产业结构，用改革的办法解决前进中出现的问题。

话题之二

"健康光明行"令白内障患者重见光明

王永乐： 近年来，中国侨联围绕中央关于建设社会主义新农村的工作要求，有针对性地开展了三方面活动。其中之一就是我们持续开展的"健康光明行"活动。今年 5 月中旬，中国侨联"健康光明行"活动在湖北黄冈举行，这是我们组织的第六次活动，前几次分别在甘肃、西藏、云南和湖北等省（区）进行，累计救助贫困白内障患者 667 名，这次在湖北黄冈救助了 202 名，是救助人数最多的一次。

中国侨联"健康光明行"活动，顺应海内外侨胞和侨联组织的意愿，秉承以人为本的理念，是侨联组织扶贫济困、促进和谐的一个重

要举措。活动得到了天津医科大学眼科中心以及美国人类健康机构的大力支持。在此，我要说明一下，天津医科大学眼科中心是由爱国侨胞陈嘉庚先生的外孙女婿林少明教授，与我国工业眼科的创始人美国侨眷袁佳琴教授在1989年创办的，是我国第一家人工晶体的培训中心，也是中国侨联第一批科教兴国示范基地。

"健康光明行"活动每到一处，都有许多感人的事情发生，上次我们在云南昭通，有一位名叫李辉的先天性白内障患者，他刚做完手术，却执意要走到几里以外迎接复查医疗队。他说，等眼睛好了，第一件事就是去找工作，让全家人过上好日子，然后送女儿读书，将来让女儿也当眼科医生，为更多的白内障患者服务。今天也有白内障康复患者来到现场，我们可以请朱妈妈说说她的真实感受。

朱春秀： 我今年74岁了，眼睛看不见有6年多的时间了。由于家里经济困难，而我又生活不能自理，日子过得真是非常艰难。前几年好不容易凑钱做了白内障手术，结果失败了，我当时真的快失去活下去的勇气了。要不是"健康光明行"活动让我重获光明，以后真不知道该怎么办。

王永乐： 您现在的生活状况怎么样了？

朱春秀： 现在虽然只有一只眼睛可以看清，但是生活上完全可以自理了，穿针引线都没有问题了。今天能来到这里，我真的是特别激动，这是我第一次离开家乡，第一次来到北京，我发自内心地感谢党和政府，感谢中国侨联，是你们让我们这些贫困患者解除了病痛，给了我们继续生活下去的信心。

王永乐： 朱妈妈说得很真切，那次活动，中国侨联、湖北省侨联积极争取沙市市、荆州市、江陵县政府部门，特别是市县卫生局医院的支持。由于当时报名的人数非常多，而我们的名额又十分有限，所以只能从中选择生活条件较差且能符合手术要求的，最后一共选定了100多名患者。

朱春秀： 我当时去报名时，医生要联系方式，可是我家根本就没有电话，多亏了我们县卫生局局长朱荣，他把他的电话留给了医院，然后再由他来通知我，这才使我没错过这次宝贵的机会。

陈桦（中国侨联经济科技部部长）： 去年，朱妈妈没有做手术之前，我见过她一次，当时她的精神状态很差。现在她跟那时简直判若两人，红光满面的，精神特别好。

区德强： 我们广东省侨联现在也在进行"健康光明行"活动，请了国外一些慈善家、医生来共同参加这个活动。

王永乐： "健康光明行"是中国侨联服务社会主义新农村建设的活动之一，旨在通过改善归侨侨眷聚集的贫困地区的医疗条件，推动当地经济社会发展。明年我们将尽最大努力争取社会各界的支持，把"健康光明行"活动做大做强，为更多的白内障患者送去光明。

话题之三

凝聚侨心　汇聚侨智、侨力

王永乐： 大家称呼章文琼是"海归村官"，他确实也是目前我们

所知道的学历最高的村官。章文琼在留学获得硕士研究生学历后回到家乡参加新农村建设，带领乡亲们把家乡建设得越来越好，确实是很了不起。小章，你讲讲当初是什么原因促成你回到家乡的。

章文琼： 我今年33岁，7岁的时候就跟随父母离开了小坑村，21岁去英国伦敦留学，读了5年以后回国。离开家乡20多年一直没有回去看过，但心里一直充满着对家乡的思念之情。

2004年我第一次回乡，家乡的贫穷和落后深深触动了我。那时，村里没有通公路、没有手机信号、没有网络和有线电视、没有自来水、没有路灯，村民甚至要走20公里山路到镇卫生院看病……当时看到这些，我心里非常难受，觉得我的家乡不应该是这个样子的。所以我就决定把这几年积攒的100万元钱全部投到村里的建设之中。

原来的柏油路不能通到村里，省里在2004年的时候推出了康庄工程建设、通村道路建设，省市县三级财政配套，于是我就争取到浙江省的一个财政配套，在村里又筹资三十几万元，修了从主干道连接到村子的公路，共6.3公里。我2006年4月份回到村子，7月份当选村委会主任，花了一年多的时间修好了路。现在村里的道路、饮用水、路灯等基础设施方面，有了质的转变和提升。村民人均收入有了明显的提高，2005年平均收入2280元，2009年达到6800多元。眼看着农民的收入有了稳步增长，自己非常开心。

王永乐： 你在村里当干部有收入吗？

章文琼： 从去年开始，村党支部书记和村委员会主任开始有补贴，每年在7000到10000元钱，以前没有，也就是说以前当村干部就是一份无报酬的工作。

张维仁：章文琼的事迹很突出，是浙江省侨联力推的一个典型。目前，华侨当村官的人越来越多，据我们统计，已有39名，主要集中在温州、青田等地的侨乡。在助推新农村建设方面，我们出台了相应的文件，实施了"百个侨团助百村，千名侨胞扶千户"，力推典型人物等亮点活动。浙江省侨联有一个海外联谊青年总会，我们在2007年的下半年吸纳章文琼作为青年总会的理事。我们跟他做了一些交流，觉得他很务实。2008年春节期间，刚好江南地区有雪灾，我跟省侨联主席王成明去他们村子里慰问，村民对他赞不绝口。

章文琼：侨联对我个人的培养和帮助非常大。当时他们来我非常感动，大大提高了我工作的积极性。省侨联的领导来过之后，市、县一级的侨联也给我提供了平台，吸纳我进去工作。在这样一个平台上，我有了更多的交流机会，有更多的资源可以整合、借鉴，对自己在推进新农村建设上有很大帮助。同时，我也感到了很强的归属感，一种家的感觉。

王永乐：这叫凝聚侨心。浙江出国后又回来的新侨特别多，尤其是20世纪80年代改革开放后出去的人，他们大都学有所成，对浙江的侨务工作帮助很大。

张维仁：对，我们浙江的侨情比较独特，是一个新侨乡。虽然从数量上仍没法和广东、福建比，但很多侨胞定居在欧美一些发达国家。这几年，我们主要发挥服务品牌的示范作用，抓住一些亮点，向各级侨联组织提出来，寻找一条与当地的经济社会发展相适

应、与侨情特点相符合的新农村建设道路，像章文琼，还有前面提到的"百个侨团助百村，千名侨胞扶千户"活动，就起到了很好的典型示范作用。

除了个人宣传外，我们省侨联也有一些动作，比如连续组织高校的高层次人才到农村开展暑期人才服务支援活动，今年是第三届，已经开始筹备了。另外，我们还比较注重对基层侨联、侨胞的引导。比如去年，一个侨胞在浙江投资建设了10所小学和卫生院。

我们衷心地希望在中国侨联的指导下，根据浙江省委提出来的要创业富民、创新强省的总战略，为新农村建设做一些力所能及的工作。

王永乐：为新农村建设服务是最容易动员"侨智"和"侨力"的。说到经验，第一，在组织上，刚才讲的四级联动和与政府联系就是很好的经验。第二，在"侨智"和"侨力"上，要把二者凝聚在最能发挥作用的领域，对整个社会和家乡都有好处。第三，要找一些符合当地侨情和当地情况的活动方式，搞好品牌，比如"健康光明行"活动。第四，做好活动的宣传和推广，宣传出去以后，可以起到示范的作用。第五，要争取各级政府对侨务工作的支持。只有在各方面的共同努力和领导的支持下，侨联的工作才能取得良好的效果，才能真正为新农村建设服好务。

《经济日报》2010-08-09，李力、常理报道。

现场速写——幸福着朱妈妈的幸福

第一眼看到来自湖北农村的朱春秀老妈妈时，心里"咯噔"一下，没想到中国侨联请到北京来的白内障康复患者代表，竟是一位74岁的老妈妈。

朱妈妈身形瘦小，但红光满面。看到我们，她显得很激动，拽着簇新的白底蓝花上衣的衣角说，这是她为了来北京特地花40元钱买的新衣服。当说到这是她第一次出远门，第一次来到首都北京，第一次看到了天安门的时候，幸福，写在了她那饱经沧桑的脸上……

在采访座谈中，说起以前患白内障失明时的痛苦，朱妈妈几次拿出手帕擦拭眼泪。在长达6年的失明岁月里，朱妈妈不仅失去了干农活的能力，而且连生活都不能自理，在黑暗中过日子几乎让她失去了活下去的勇气。

说到中国侨联组织的"健康光明行"活动让她重见光明，朱妈妈又几次感动得落泪。她一再说："我发自内心地感谢党和政府，感谢中国侨联，帮助我们这些贫困患者解除了病痛，给了我们继续生活下去的信心。"

朱妈妈高兴地告诉我们，现在她不仅能干点力所能及的农活，还能穿针引线呢。说着她想展示给大家看，但发现忘记带针线包了，朱妈妈很懊恼。我们表示相信她能干针线活后，朱妈妈才孩子般地笑了。

朱妈妈的笑容深深地感染了我们，我们也同时幸福着朱妈妈的幸

福。我们衷心地祝愿朱妈妈有个幸福的晚年，也祝愿所有在"健康光明行"活动中受益的白内障患者们生活幸福！

《经济日报》2010-08-09，李力报道。

四十三

推进"母亲水窖"建设
让干旱地区农民用上安全饮水

对话人——

黄晴宜：全国政协社会和法制委员会副主任、中国妇女发展
　　　　基金会理事长

韩克茵：甘肃省妇联党组书记、主席

孟可仕：百事公司大中华区董事长

策划人——

李　力：经济日报产经新闻部副主任

图 43 黄晴宜（中）、韩克茵（右）、孟可仕（左）在进行座谈

李平/摄

四十三 推进"母亲水窖"建设 让干旱地区农民用上安全饮水

"母亲水窖"公益项目是社会群众团体配合政府工作,营造解决农民安全饮水困难和良好社会氛围的成功实践。经济日报邀请全国政协社会和法制委员会副主任、中国妇女发展基金会理事长黄晴宜,与来自地方的有关负责人和企业代表一起探讨———

话题之一

安全用水　旱区所盼

黄晴宜: 受自然条件等综合因素影响,我国西部农民的生活水平总体上还不高,少数地区由于自然环境恶劣,在安全饮水等方面存在着困难。尤其是在西北黄土高原的部分地区,贫困与饮水难交织在一起,极度缺水影响了当地农民脱贫和进一步发展。

长期以来,我国政府高度重视解决农民安全饮水问题,制定了一系列规划和政策措施,并为此投入大量的人力、物力、财力,取得了显著成效。然而,由于贫困干旱地区农民居住相对分散,条件各异,目前很难一下子全部解决他们的安全饮水问题,这就需要在政府主导下,充分发挥社会组织作用,需要全社会共同努力,进而把巨大的社会资源利用起来,建立起公众参与机制,配合政府共同解决群众的安全饮水问题。

中国妇女发展基金会是全国妇联直属的全国性慈善公益组织,主要通过面向国内外的社会组织、个人募集资金与物资,支持妇女和妇女事业的发展。帮助贫困干旱地区妇女解决饮水困难,是妇联组织的

职责所在。

韩克茵： 就以我们甘肃省为例，地处西北黄土高原，由于自然和历史的原因，极度缺水。有的地区降雨量只有 300~400 毫米，而蒸发量却高达 1500~2000 毫米。按可利用水资源统计，人均可利用水资源占有量 110 立方米，是全国可利用水资源占有量 720 立方米的 15.3%，是世界人均可利用水资源占有量 2970 立方米的 3.7%。那里的人、畜用水几乎全靠人工蓄集有限的雨水。

孟可仕： 作为一家国际性的食品饮料企业，我们把为人们提供安全健康的饮用水作为履行企业社会责任的重点关注领域之一。因此在 2001 年，百事公司就开始支持"母亲水窖"项目，帮助中西部地区贫困的缺水家庭解决安全饮水问题，成为首批为这个项目捐款的跨国企业。

话题之二

应需而生　切合实际

黄晴宜： 为配合我国政府的安全饮水工程，在联合国千年发展目标制定和我国政府提出西部大开发战略之时，通过对中国西部妇女生活状况调查，在水利部的支持下，全国妇联、北京市人民政府、中央电视台于 2000 年 12 月共同发起，由中国妇女发展基金会具体组织实施了"大地之爱·母亲水窖"（简称"母亲水窖"）大型公益项目。该项目面向社会募集善款，针对西部地区资源性缺水、工程性缺水和

四十三　推进"母亲水窖"建设　让干旱地区农民用上安全饮水

水质性缺水的不同状况，为当地捐修混凝土构造的水窖或小型集中供水工程，帮助那里的人们特别是妇女摆脱缺水困境。

"母亲水窖"项目的公益实践，创造了我国规模化、正规化开展妇女公益事业的先河，使公益事业增加了新的发展力量，为妇女事业注入了新的活力。

韩克茵："母亲水窖"，既包括了社会各界对贫困干旱地区无私、博大、母亲般的关爱，也包括了受益方是以贫困母亲为主要救助对象的双重含义。"大地之爱"是一个永恒的主题，"母亲水窖"是一个专项扶助行动。实践证明，修建一口容量36立方米的水窖，一年可蓄集雨水50~80立方米，能保证一个3~5口人家庭一年的人、畜饮水；拥有2口水窖，就能发展一亩庭院经济作物，陆续解决了一系列的生存和发展问题。在严重缺水地区修建集雨水窖，是有效利用雨水资源以解决缺水之忧的最简便、最经济、最实用的办法。

黄晴宜：全国妇联有一个独特优势，即有纵向到底的六级妇联组织网络，有7万多名乡以上妇联干部队伍。我们充分运用这一优势，将妇联组织作为项目的管理主体，通过签订协议明确责任，建立以《项目指南》为核心的一整套管理制度施行管理，项目申报、实施、验收信息实行了网上管理。而技术支持则通过建立协调机构，由水利、卫生、环境、教育、扶贫、社会等相对固定的专家组负责。

韩克茵：同时，把妇女作为参与项目实施的主体，注重提高妇女参与项目决策、实施、监督和建后管理意识，通过培训使她们掌握水、健康、发展等科学知识，思想观念得到转变，激发其自强自救的

精神，努力做到以解决饮水问题为切入点，在维护妇女权益，消除贫困方面有所促进。

孟可仕： 在百事实施"母亲水窖"项目过程中，我们了解到，通过解决当地吃水难题，"母亲水窖"也给他们的生活带来了变化，甚至改变了他们的命运。我可以与大家分享一个小故事：百事的第一个母亲水窖村在甘肃省靖远县。2007年，百事基金会的克莱尔女士回访这个村子的时候，有一位姓杨的村民，把她拉到家里，高兴地示意着家里的变化———屋里非常干净，还养了金鱼……克莱尔感动地流下了眼泪。她说："我看了变化，水改变了他们的生活，真让人高兴……"

话题之三

政府主导　社会参与

黄晴宜： "母亲水窖"是一项系统工程，需要全社会的协作支持。10年来，政府有关部门、各级妇联组织、爱心企业、新闻媒体以及社会公众共同参与，形成强大合力，搭建了一个汇聚爱心、凝聚力量、播撒希望的公益平台，保证了项目持续不断的力量源泉。2009年，在水利部支持下，"母亲水窖"被纳入国家编制的农村水利发展相关规划。农业部的"一池三改"项目中提到"母亲水窖"项目村的一些做法和经验。国家发改委拿出100万元做"母亲水窖"试点，希望借鉴其扶贫方式以及资金管理等做法，找出扶贫资金管理的新模式。一些省区成立了由副省长为组长的"母亲水窖"项目实施领导小组，并在"母亲水窖"的配套资金、妇联工作费用等方面给予支持。

韩克茵：2001年首批试点项目确定在甘肃省实行后，省委、省政府高度重视，成立了由主管农业的副省长任组长，省妇联主席任副组长，省发改委、水利厅、农牧厅、扶贫办等部门分管领导为成员的甘肃省"母亲水窖"项目领导小组。各项目实施市州及县（市、区）也分别成立了由分管副书记、副市长（副县长）任组长，妇联、扶贫办、发改委、水电局、农业局、项目乡镇领导等为成员的"母亲水窖"项目领导小组。形成了省、市、县三级项目领导网络，为项目顺利实施提供了有力的组织保证。

孟可仕：10年来，百事基金会、百事大中华区和员工投入巨大热情参与献爱心活动。为了让更多贫困缺水地区的农民、妇女儿童喝上洁净卫生的水，百事公司不仅要保证水的供给，还要保证水的质量。百事公司同中国妇女发展基金会深入合作，在部分地区整合各方资源，利用百事在水处理方面的先进和实用技术，实施农村安全饮用水工程，实现水窖项目的可持续发展和水资源的可持续利用，将"母亲水窖"项目推向新阶段。

黄晴宜："母亲水窖"专项基金为社会捐赠款，为管好、用好这些善款，我们对基金扶持范围、技术路线、管理方式、组织保障、项目和资金管理等进行了合理、规范的设计，坚持以修建一家一户的集雨水窖和以村为单位的小型集中供水工程为主，做到宜窖则窖、宜井

则井。"母亲水窖"通过定位于农村严重缺水的贫困家庭，以有限的资金对最困难的农民进行有效的帮助。

"母亲水窖"项目在实施过程中，考虑到其自身的特点，注意将实现项目设定目标和扩大项目的影响和示范作用结合起来。从区域分布角度来看，首先，项目基本上都瞄准了国家级贫困县，尤其是位于西部的国家级贫困县。其次，项目在贫困县的分配中，重视机会均等，覆盖尽可能多的区域。

韩克茵： 在项目立项时，甘肃省严格按照《"大地之爱·母亲水窖"项目指南》及妇基会每年下达年度投资计划的通知要求和原则，把重点放在严重干旱缺水的贫困地区，保证所选项目点符合以下三个要求，即：一是干旱缺水，严重制约了这些地区的经济发展；二是群众生活相对困难，生活用水多以坑塘水和雨水为主，拉运水的水平距离都在1.5公里以外，耗费了大量的人力物力；三是部分地区饮用水水质差，含氟量较高，危害了群众身体健康。比如，临洮县项目实施地经省、市项目办公室两次勘察，两次修改，最后决定在中铺镇摩云村实施，切实体现了水窖项目的扶贫性质；肃南县明花乡的水窖项目点，经多方考察、论证，根据当地降雨量少而地下水资源充足的情况，由原来计划修建水窖改为修建集中供水工程。不仅解决了当地农民的生活用水，还可以利用充足的水源灌溉农田，发展养殖、种植等产业，实现了项目立体扶贫、扩大效益的目标。

孟可仕： 百事公司多年来对"母亲水窖"项目的投入不仅限于资金的支持，更多地体现在对项目实施过程中的细节参与。百事公司在项目选点、施工、管理、评估等每一个环节上实行了专人专项管理机制，亲自参与项目讨论，与"母亲水窖"项目办公室和地方妇联一道探讨专业的解决方案。

话题之四

突出重点　凸显效益

黄晴宜："母亲水窖"的实施，使受益地区妇女及家庭不仅摆脱了找水吃的历史，而且产生了积极的经济和社会效益。随着"母亲水窖"项目的深入发展，我们越来越感到，要帮助贫困干旱地区群众获得发展，必须在解决群众安全饮水问题的同时，为群众增收致富提供新的推力。近年来，我们结合正在推进的新农村建设战略，紧跟社会发展形势，以解决安全饮水为龙头，将缓解贫困、改善环境、健康教育等问题统筹考虑，不断充实项目内容，在修建供水工程的同时，采取"带动辐射、立体扶贫、扩大效益、整体推进"的方式，以水窖为龙头，整合资源，延伸开发配套扶贫项目。现在已总结形成了"1+N"的模式，即以一眼母亲水窖，带动建立一个太阳灶或沼气池、一处卫生厕所、一棚蔬菜瓜果、一圈家禽家畜、一个美化的庭院等，从而为项目的可持续发展和妇女增收致富奠定了基础。

韩克茵："母亲水窖"对社区发展的影响既有资金、信息、知识、技术等生产要素，也传递了社会关爱和思想观念。它打破了村庄已有的平静状态，激活了村庄的生活，使社区内已有的经济结构、政治结构、社会关系在一定程度上得到改变,社区整体质量得到提升。以前由于争水,村与村以及邻里之间发生摩擦和打架的情况很普遍,甘肃天水仓下村甚至为争水而与邻村打上法庭,现在该村已成为当地的文明村,在全乡文明评比中,"五好家庭"的比例获得第一。村民们特别是妇女对村庄公共事务的责任感和参与意识也提高了,村妇女主任组织妇女开会比以前容易多了,村民投工投劳的积极性也明显提高,还集资投劳修建了村幼儿园和村公路。

孟可仕: 作为第一家参与到"母亲水窖"项目的"财富500强"外资企业,10年来,百事基金会、百事公司以及百事中国员工累计捐款1770万元,修建水窖1500多口,小型集中供水工程近30处,项目惠及包括四川、甘肃、贵州、广西、河北及内蒙古在内的7个省(区)的24个县、28个村,56000多人。百事公司培训农村妇女万余人,以进一步维护当地水窖工程。百事公司投入专家力量,将百事公司在"水"领域中的专业知识与技能带入这个项目,并与中国妇基会合作积极推进"一加五"工程,即"一口水窖"+"一个卫生厕所""一个沼气池""一圈家禽/畜""一亩经济林"和"一个美化的庭院"。

韩克茵: "母亲水窖"的实施,不仅保障了受益妇女及家庭成员平等获得饮用水的权利,并且使受益地区的妇女及家庭在住房、食物、生活燃料等方面发生了结构性变化。特别是与水相关的配套项目使农户的劳动力资源和其他要素进行了更为有效的重新配置,改善了当地农业生产条件和生产机会,经济结构得到调整,农民的收入也伴随项目实施获得显著提高。据调查，每户每年平均节约一个劳动力的64个劳动日，在"母亲水窖""1+N"模式的带动下，许多项目村实施延伸项目捆绑，整村推进，立体发展。据评估，项目村农民现金收入年均增长5~6个百分点。

黄晴宜： 截至目前，中国妇女发展基金会共向23个省、区、市贫困干旱地区投入社会捐款2亿多元，加上地方配套资金和群众自筹约4亿元，共修建"母亲水窖"12万多口、小型集中供水工程1300多处，约160万名农民受益。

话题之五

影响广泛　任重道远

黄晴宜： "母亲水窖"项目以我国政府西部大开发战略的实施为契机，以帮助贫困地区妇女儿童解决缺水需求为切入点，顺应了时代要求，符合了人民利益，受到了干旱地区群众的普遍欢迎和社会各界的广泛赞誉，在经济、社会、人才、生态等方面取得了很好的效益。

我们要进一步提高项目管理水平，建立和完善科学的项目运行机制，确保项目工程质量和水平，不仅要把"母亲水窖"做成群众称赞的"民心工程""德政工程"，更要做成社会各界认可的"放心工程""品牌工程"。

韩克茵： 我们将加强对项目实施地水资源状况、地理条件、农业产业结构、经济社会发展等方面的综合考察,并邀请专家对项目进行全面、科学的论证,选择适合当地情况、能够促进当地可持续发展的最佳设计方案,切实发挥项目综合效益。为保持"母亲水窖"项目旺盛的生命力,我们不仅要继续加强与水利、扶贫、农业等部门的协作,而且还要不断拓展新的合作领域,整合各种社会资源,以"母亲水窖"项目为龙头,开发与水资源相关联的、适合当地经济发展的项目,整体推进当地经济社会全面发展。

孟可仕: 百事公司一直秉承这样的理念,即:人类可持续性、环境可持续性和人才可持续性。基于"百事公司的承诺",百事公司在不断开拓在华业务的同时,也义不容辞地积极承担社会责任。"母亲水窖"项目是百事公司在华投资30年来持续支持的社会公益项目之一。因为我们认为,通过我们的努力,让许许多多中西部贫困、缺水地区的老百姓喝上便捷、安全的饮用水,这不仅符合现实的紧迫需求,也是我们非常乐意贡献一己之力的善事。我们将继续努力,扩大企业和非政府组织间更广泛的合作,更好地发挥"母亲水窖"项目的作用。

黄晴宜: 实践证明,"母亲水窖"公益项目有力配合了国家西部大开发战略和民生工程的实施,贯彻了联合国千年发展目标和联合国第四次世界妇女大会《北京宣言》《行动纲领》的核心要求,在消除贫困、促进性别平等并赋予妇女权能、减少无法持续获得安全饮用水人口等方面做出了卓有成效的积极努力;是配合政府工作、促进公众参与机制建立、搭建社会参与平台、为我国西部干旱地区群众解决饮水困难的成功实践。

《经济日报》2010-09-06，苏琳报道。

受益农民自述　"母亲水窖"改变了我的生活

我是泉山镇玛丽艳村人，55岁。过去，由于没有水源，村里人和牲畜用水，全靠村东头那口老水井。最发愁的就是每隔三五天就要到2公里外拉一趟水。

一个特制的大铁皮桶装着近300斤的水，压得破旧的架子车一路吱吱呀呀响个不停，我得费力地把着辕，路不好走，等拉到家里，衣服上都能拧出水来。

我清楚地记得，2008年的一天，村主任用喇叭喊着让家家户户挖水窖。我不敢相信，要知道，水在这里比油还要金贵。可是母亲水窖真的建成了，这意味着村里人可以喝到甜滋滋、清凌凌的水。通水那天像过年似的，不，比过年还要高兴。鞭炮噼里啪啦响个不停，全村欢腾起来。

记得村主任那天讲话时说，这件事是一个叫"完美"的公司义务捐助的。我不知道完美是做什么的，也不了解那个叫完美的公司，但我却牢牢记住了这个名字，这个好听的名字。我没读过书，只是在年幼的时候跟人背过一些字句罢了，其中大部分几乎忘记了，可有一句怎么也忘不了，那就是"吃水不忘挖井人"。

"母亲水窖"改变了我的生活,家乡也变了,变得干净了。农忙下来,再也不用拖着疲惫的身体去担那泥浆子水了。家里十几亩的庄稼长势喜人,丰收在望,相信日子会越过越好。

《经济日报》2010-09-06,甘肃省民勤县泉山镇玛丽艳村

柴玉香口述,苏琳整理。

四十四

温暖工程圆农家子女创业就业梦

对话人——

张榕明：全国政协副主席、中华职业教育社理事长

高鸿宾：农业部副部长

丘千盛：福建省长汀县委统战部副部长、长汀县中国职业教育社主任

王献行：接受温暖工程资助到北京工作的农村青年

策划人——

李　力：经济日报农村新闻部副主任

图 44　张榕明（右二）、高鸿宾（左二）、丘千盛（左一）、王献行（右一）在进行交谈

常理 / 摄

温暖工程资助城乡困难群体参加职业培训，在社会上产生了重大影响。经济日报邀请全国政协副主席、中华职业教育社理事长张榕明，农业部副部长高鸿宾与来自地方的有关负责人和职校毕业生代表一起进行了座谈——

话题之一

使受助者提高职业素养

温暖工程作为中华职业教育社的一项社会公益项目，旨在动员国内外财力资源，资助城乡困难群体参加多种形式的职业学习和职业培训，使受助者提高职业素质，实现稳定就业或改善就业状况。

张榕明：说到温暖工程，就不得不提中华职业教育社。1917年，著名教育家、社会活动家黄炎培联合教育界、实业界知名人士蔡元培、梁启超等人创立了中华职业教育社。该社倡导、研究和推行职业教育，改革脱离生产劳动、脱离社会生活的传统教育，提出职业教育的目的是"谋个性之发展，为个人谋生之准备，为个人服务社会之准备，为国家及世界增进生产力之准备"；宗旨是"使无业者有业，使有业者乐业"；主要任务是开展职业教育研究与实验，推进职业教育的改革与发展；宣传国家有关职业教育的方针政策，积极参与科教兴国和人才强国战略的实施；协助政府，发挥教育中介组织的相关作用；支持民办职业教育事业的发展；开展与港、澳、台地区及国际交流与合作。

1995年,时任全国人大常委会副委员长、中华职业教育社理事长的孙起孟倡导并发起了温暖工程。截至目前,温暖工程已在22个省、自治区、直辖市建立温暖工程基地106个,开展下岗失业待业人员、农村富余劳动力就业培训等,累计培训各类人员644万多人,帮助249万多人就业,资助贫困生49万多人,筹集资金4.3亿元。

高鸿宾: 农业系统在2007年承担了温暖工程培训任务,其中河南省、重庆市各承担3万人,湖北省承担4万人。截至目前,三省市共转移就业95584人,总体转移就业率达95.6%。其中,河南省转移就业28835人,转移就业率为96.1%;湖北省转移就业38805人,转移就业率为97.0%;重庆市转移就业27944人,转移就业率为93.1%。

丘千盛: 近年来,福建省长汀县加快融入海峡西岸经济区建设,积极参与海西产业分工和区域经济协作,迅速发展壮大了纺织服装、机械电子、稀土和农副产品深加工等主导产业。产业的蓬勃发展、企业的日益增多,为长汀丰富的人力资源提供了广阔的就业空间,同时也对劳动者的素质提出了新的更高要求。长汀县委统战部、县职教社主动作为,以温暖工程为基础载体,充分发挥统战优势,着力构建"大职教"平台,在服务县域经济发展,促进发展方式转变方面作了积极的探索和实践。自2006年实施温暖工程以来,长汀县共投入资金500多万元,组织农村劳动力7200多人参加各类培训,全部实现就地就近转移就业。

王献行: 我就是温暖工程的受益者。通过"温暖工程就业助学计划",我不仅圆了大学梦,还走出农村来到北京,并成功踏入一家较大企业的管理层。温暖工程正如其名，带给社会和家庭以温暖，它以善心为发源，以善举为内容，以善果为目标，是一项实实在在的慈善工程。

话题之二

培育掌握技能新农民

温暖工程致力于职业技能培训和实用技术培训，抓住了促进农民就业创业的关键环节。温暖工程以培训产业工人、培育新型农民为导向，整合职业教育培训资源和力量，搭建"大职教"平台。

张榕明：温暖工程致力于职业技能培训和实用技术培训，抓住了促进农民就业创业的关键环节。通过加强对农民的教育培训，可以提高农民的综合素质和就业能力，使走出去的农民具备一定的务工经商技能，留下来的农民掌握一定的农村实用技术，搞创业的农民懂得一定的经营管理知识。这既是扩大农民就业、提高农民收入的迫切需要，也是推动城市产业升级，提高产业竞争力的需要；既是推进新农村建设的当务之急，也是推进城镇化、现代化和全面建设小康社会的长远之计。

高鸿宾：农业系统在培训中突出以职业操作为重点，由培训机构按照市场需要、师资力量、操作设施条件，并根据国家职业标准和就业岗位具体的要求安排教学内容，设置培训课程。重庆市通过多方争取投入，使温暖工程受训学员人均补助标准达到1100元，有效确保

了培训的时间和质量。在培训中坚持"技能培训为主、引导性培训为辅,实际操作为主、理论培训为辅"的原则,技能培训时间占总学时的90%左右,引导性培训时间占10%左右;实际操作时间占技能培训时间的75%左右,理论学习时间占技能培训时间的25%左右;学员结业后,除发放温暖工程结业证书,还发放相应的职业技能鉴定证书。河南省为了切实提高培训质量,很多承担任务的培训机构对在职教师进行了培训或配备了优秀教师,部分培训机构还专门更新了培训设备。通过校企联合的办学模式,提高受训学员的操作技能,有的机构还直接聘用用工企业的专家到学校授课,切实提高培训的针对性和实用性。

丘千盛: 2006年,长汀成为福建省最早实施温暖工程项目的县份。只要农民有意愿,即组织其参加培训。除在城区和开发区定点培训外,还由培训实体将培训设备用"大篷车"拉到18个乡镇和一些较大的行政村巡回培训,把培训班办到农民的家门口。把培训推向市场,由县统战部、职教社直接向培训实体购买培训成果,形成了"市场引导培训,培训带动就业,就业促进增收"的机制。以培训产业工人、培育新型农民为导向,整合职业教育培训资源和力量,搭建"大职教"平台,大力发展订单培训、定向培训。据调查,通过温暖工程培训转移就业的学员,年人均增收1万元以上,使农民"掌握一门技术,找到一个岗位",取得了"发展一域经济、带动一方百姓、致富一个家庭"的效果,从而有力地推进了城乡一体化发展和社会主义新农村建设。温暖工程已成为长汀县职业培训的品牌项目,长汀县委统战部被评为龙岩市统战系统先进单位，长汀中华职教社也被福建中华职教社评为先进集体。

话题之三

创造职教扶贫新模式

温暖工程通过各种形式的职业教育和培训、职业指导和介绍，并结合这两种手段，为迫切需要创造和优化就业条件的富余劳动力提供服务，开辟了协助政府解决困难群体就业、实现社会公平的新途径。

张榕明：温暖工程秉承"为国分忧，为民效力；急人所急，雪中送炭；灯亮一盏，光洒成片；不厌其小，务求其实；矢志不渝，做好做大"的宗旨，为迫切需要创造和优化就业条件的富余劳动力提供服务，帮助、指导他们就业转岗，合理开发利用人才资源，促进生产力的发展和社会稳定。

温暖工程始终坚持为"三农"服务的方向，积极参与农村的产业结构调整，大力推广农业科技知识和实用生产技术，提高农民素质，增加农民收入，实行科技扶贫，为解决"三农"问题做出了积极贡献。一方面，对农民开展实用技术培训和科技推广，帮助农民脱贫致富。如黑龙江、河南、河北、湖南、安徽等省把实施温暖工程与办学工作紧密结合，坚持"依托城市、面向农村"的办学方针办职业学校，针对农业大省的特点开设多种专业，面向农村招生，收费低、减免广，为农村直接培训各种实用人才。黑龙江省泰来县以职教社员小

组为单位开展工作,支持社员创办农业科研机构、产业协会,通过举办各种培训班,推广各类新技术和农业新品种,受到了当地农户的欢迎。另一方面,对农村富余劳动力进行多渠道转移培训,推进城镇化进程。温暖工程与各地农、科、教等部门培训体系相结合,面向农村富余劳动力开展近百个专业的职业技术培训,并推荐、安置他们就业,做了大量卓有成效的工作。如重庆市面向库区实施移民培训,支持三峡工程建设;在黑龙江省泰来县,温暖工程积极与"沙地综合开发治理"相结合,挖井、种草种树、人工封育、大力建造治沙林,既改善了当地生产生活条件,转移了部分农村富余劳动力,又加快了兴乡富农的步伐。

高鸿宾: 根据各地反映的情况,接受温暖工程培训后转移就业的农民工,月收入比未接受培训转移的农民工高出200多元,比在家务农高出约400元。温暖工程免费培训,使广大转移就业意愿强烈、无力承担培训费用的农民有了宝贵的学习技能的机会,前面提到的三个省市免除农民学费3000万元,切实减轻了农民接受培训的费用负担。三个省市在实施温暖工程过程中,都采用了订单培训、定向培训的方式,由培训机构有组织、有计划地安排受训学员转移就业,减少了农民工流动的盲目性,促进了农村劳动力转移的组织化、有序化。通过温暖工程培训,促进了农民技能水平和综合素质的提高,农民非农产业就业竞争力明显增强,外出务工农民的工资水平、工作适应力、工作满意度都有了较大提高。受训农民树立了勤劳致富、劳务增收的思想和科学的就业、择业观念,增强了务工的信心和决心。

王献行： 离开家乡时，我对自己承诺，要通过温暖工程这个项目改变自己，改变我的家庭状况。如今通过学习，我的目标比这些更远大，我要成为可以为社会做贡献的人。我永远不会忘记家里人在我临走前那对我期望的眼神，也永远不会忘记企业领导们对我的关怀，更不会忘记温暖工程给予我这宝贵的机会与每一丝关怀，我确信通过温暖工程给我提供的这一平台，我将成长为对企业、对社会有用的人。

话题之四

"双百计划"带来双效益

启动实施"温暖工程百县百万农民培训计划"，标志着温暖工程将以"政府推动、社会参与、资源整合、优势互补、规范标准、注重实效"的基本原则在全国整体推进。

张榕明： 2005年10月，中华职教社在温暖工程项目的基础上，启动实施了"温暖工程百县百万农民培训计划"（简称"双百计划"），使得温暖工程在当前和今后一段时期拥有了一个服务社会的闪亮品牌。"双百计划"受到了各地党政领导的高度重视和高位推动，各级党委统战部更是强化责任，加强领导，将其作为一项重要工作来抓。

2006年至2007年岁末年初，启动的"全面开展'温暖工程李兆基基金百县百万农民和万名乡村医生培训'仪式"，标志着温暖工程将以"政府推动、社会参与、资源整合、优势互补、规范标准、注重实效"的基本原则在全国整体推进。

在实施"双百计划"的项目县中，有211个项目县由县委统战部承担起了项目责任部门的职责，部长或副部长担任了首席责任人或项目督导员，直接参与项目实施。县委统战部积极协调地方教育、劳动和农业等部门，最大限度地调动这些职能部门的积极性。"双百计划"已成为省市职教社联系地方的一条重要纽带。

"双百计划"项目实施以来，成果显著，主要体现在：一是受助农民的资助成果，二是促进县域经济发展的成果，三是职教社组织的建设成果。涌现了许多受助农民一人就业全家脱贫的感人事例，许多学员给我们写信说，"感谢温暖工程为我们创造了一个培训学习技能的机遇，把我们贫困山区的农民带上了脱贫、致富、奔小康之路"；"通过温暖工程'双百计划'的培训，我感受到了社会对我们贫困农民的关心，以后我也要拿出钱来帮助他们学成技术改变命运"。

高鸿宾：项目实施县对项目给予了高度评价，一些县还把"双百计划"项目作为"一把手"工程列入当地政府工作计划和年度考核目标。认为"这是一项为农民群众谋利益、促发展的民心工程、德政工程，是关注百姓、造福民众的幸福工程"；认为"温暖工程帮助解决农业人口向非农转移的就业问题，为县域经济发展和乡镇社会治安的稳定做出了重要贡献"；认为"温暖工程'双百计划'免费技能培训既让农民学到职业技能，帮助企业解决了用工问题，又密切了党群、干群关系"。

张榕明：项目的实施还有效带动了基层职教社的组织建设，许多市级、县级职教社因此成立，有的地方社如吉林市、云南红河州还解决了工作用车、编制、经费等实际问题。同时，项目的实施，成为基层统战工作的有力抓手和参与社会主义新农村建设伟大实践的主要载体，使许多基层统战部门找到了工作的着力点，对全面加强统一战线建设，增强统一战线服务功能，塑造基层统战工作新形象具有重要意义。有些县委统战部部长说，"这是县级统战工作前所未有的一项为老百姓办得最直接、最实在、县里最欢迎、老百姓最受益的大好事，使我们基层统战工作也活跃了起来"。

话题之五

打造职业教育的"品牌工程"

通过实施温暖工程，爱心得到升华，善举得到尊重，仁慈得到传播，社会更加和谐、温馨。温暖工程已经成为统一战线服务经济社会发展的一个品牌工程、亮点工程。

张榕明： 温暖工程自1995年实施以来，在党中央、国务院的亲切关怀下，在社会各界和海内外热心人士的积极参与下，通过中华职业教育社各级组织和全体社员的共同努力，产生了显著的社会效益，取得了丰硕的工作成果。

温暖工程在实施过程中，很多爱心人士慷慨解囊，扶危济困，各级统战部门大力支持、积极协调，广大职教工作者无私奉献、辛勤工作，使一大批下岗失业待业者和农村劳动力就业技能得到提高，一大批困难家庭重新燃起了生活的希望。

高鸿宾： 温暖工程的实施，提高了参与项目农民的就业技能和收入水平，探索出了一条"慈善资金支持、党委政府组织、培训就业统筹、校企合作实施"的农村富余劳动力转移就业培训新模式，发挥了良好的社会示范作用，带动了社会各界积极参与社会公益事业，为推进社会主义新农村建设，促进经济发展与社会和谐作出了积极的贡献。

丘千盛： 近五年来，长汀县大力推进温暖工程，取得了较好的社会效益和经济效益，并成为我县的"惠民工程""民心工程"。实践中，我县中华职教社始终按照党委、政府的决策部署，紧紧围绕建设"山清水秀、业兴民富、安定和谐的海峡西岸西部名城"的战略目标，主动融入发展大局中，找准定位，主动作为，积极作为，有效作为，使温暖工程公益品牌在我县扎根、开花、结果，得到各级党委政府和上级社的肯定，使职教社发挥作用的平台得到有效延伸和拓展。实践证明，任何群团组织，不论大小，只要方向正确，贴合实际，服务社会，找准社会需求，都能找到发挥作用的大舞台。正是通过温暖工程这个项目，通过以温暖工程延伸的"大职教"这一平台，凝聚起了社会各界的智慧和力量，为温暖工程的顺利实施提供了强大的动力支持。

张榕明： 中华职业教育社是一个有着光荣历史的职业教育团体，是具有统战性、教育性、民间性的社会组织，联系着国内外一大批职业教育领域的专家学者和优秀的职业教育培训机构，在职业教育培训方面有着独特的优势。作为温暖工程的发起者和实施者，中华职业教育社在提高劳动者素质、帮助贫困群体脱贫致富方面作出了重要贡献、积累了成功的经验。中华职业教育社将继续秉承黄炎培先生职业教育思想,积极探索新形势下我国职业教育的新模式,充分发挥优势,不断总结经验,进一步动员社会各界力量,把温暖工程做大、做强、做好,为促进我国职业教育的蓬勃发展,为实现全面建设小康社会的宏伟目标再立新功。

《经济日报》2011-02-14,苏琳报道。

四十五

拓宽农民增收渠道
让农民腰包鼓起来

对话人——

黄守宏：国务院研究室副主任

兰　毅：内蒙古自治区武川县委常委、常务副县长

仝宝生：永业集团副总裁

汪继革：北京市平谷区黄松峪乡黄松峪村村委会主任

策划人——

李　力：经济日报农村新闻部副主任

图 45　黄守宏（右二）、兰毅（右一）、仝宝生（左二）、汪继革（左一）在交谈

罗杰/摄

粮食连续增产、农业持续发展的同时，如何让农民走上富裕之路。日前，经济日报邀请国务院研究室副主任黄守宏，与来自地方的领导和农民共同探讨——

话题之一

政策给力　农民增收势头良好

黄守宏：过去的一年，在自然灾害极为严重、农产品市场价格异常波动、外部环境非常复杂的情况下，我国农业农村发展取得了极不寻常的显著成绩。放在国民经济和社会发展全局来看，其中一个突出亮点就是去年农民收入增长速度达到10.9%，超过城镇居民收入增长速度3.1个百分点，这是1998年以来的首次，可以说是统筹城乡发展的一个成果。

去年农民增收的佳绩是近几年农业农村大好形势的一个缩影。2003年以来，农民收入一直保持较快的增长速度，主要是因为国家出台了一系列强农惠农政策，加大了扶持力度，调动了农民积极性，促进了农业的发展。到2010年，粮食产量连续七年增产，可以概括为"七连增"，农民收入连续七年快速增长，可以概括为"七连快"。

兰毅：您说得对，这几年农村的变化确实大，就说我们武川县吧，这几年大力推动农牧业产业化发展，农民收入显著提高。"十一五"期间，我们县农民人均纯收入由2372元增加到2010年的4900元，年均增长15.6%。"武川土豆"先后走进了2008北京奥运会

和2010上海世博会,成为餐饮专供土豆,农民从中受益很大。数据显示,武川县马铃薯产业占农民纯收入的60%以上。

武川县地处阴山北麓,自然条件非常适合土豆种植和种薯的生产繁育。县里大力实施"中棚"种植模式,成为增加农民收入的有效途径。推广"中棚"模式设施农业以来,经过三年的摸索和经验总结,每亩中棚的产值是普通大田的4~8倍。举一个例子,哈乐镇三合泉村近两年来共建有中棚200亩,每亩中棚两茬作物收入超过4500元。农民种植中棚马铃薯的积极性一浪高过一浪。今年我们还特意引进了"费乌瑞它"马铃薯新品种。目前,全县中棚种植面积达到1.2万亩,头茬作物全部实现订单种植。

汪继革: 作为农民,我有直接的感受。我来自北京市平谷区黄松峪村,村委会积极带领村民发展林果业和旅游业。全村林果业已形成规模,有果园21525亩,年产各类果品超过160万公斤,成为全村主要经济来源之一。另外,村里部分农户开办了民俗旅游接待,为农民带来了可观的收入。仅计算其中最成功的6户,去年共计纯利润可达到80万元到100万元。村民陈付华的温室大棚地处去往石林峡、湖洞水景区的必经之路上,2004年陈付华投资5万元建成了温室大棚,并全部栽上桑葚树,仅2009年一年就获得收入4万余元。俗语说,"要致富,先修路"。为了解决果农果品运输难问题,村里多方筹集资金对黄松峪村西涝洼田间道路进行道路整平,解决了阴雨天气田间路泥泞难走对果品运输不利的问题。

黄守宏: 你们村很有特色,初步走出了一条发挥资源优势、开发农业多种功能、发展特色产业、多渠道促进农民增收的路子。北京郊区特色农业这几年发展得很快，农民得到不少实惠。从全国范围来看，这几年农民增收保持良好的发展势头，取得了一些重要的标志性成果。一是农民人均纯收入连续七年超过6%，这是1985年以来的第一次。二是农民人均纯收入七年增加3297元、年均增加471元，这在历史上是第一次。三是城乡居民收入之比由2009年的3.33∶1变为2010年的3.23∶1，这是近13年来首次出现缩小，虽然一年的情况并不表明整个趋势，但仍可从中看出积极变化。四是农民收入结构呈现多元化增长的新格局。我认为这是在农民增收方面一个非常重要的成果。工资性收入、生产经营性收入、转移性收入和财产性收入都持续增长，特别是农民外出务工收入增长比较快。2010年农民月工资收入达到了1690元，比2005年的875元增长了近一倍，农民外出务工收入对农民增收的贡献率是最高的。五是促进农民增收的政策体系进一步健全，农村社会保障、农民教育培训等体制机制也在逐步完善。相信只要我们抓住机遇，综合施策，在2011年甚至更长一段的时间里，促进农民较快增收，是完全有可能的。

仝宝生： 得益于国家的这些强农惠农的好政策，作为农资企业，我们永业公司开拓了"永业致富模式"，为农民提供高科技转化产品及农技知识指导服务，探索合作与共赢，帮助农民实现增产增收。刚才兰副县长谈到的特供2008北京奥运会和2010上海世博会的"武川土豆"，就施用了我们生产的高科技专利产品"永业生命素"，在促进植物生长确保产量增加的同时，有助于保证有机农产品的质量，从

而有利于农民因农产品质优价高而多增收。目前我们永业公司已在遍布全国的乡镇、村庄建立了24000个永业科技服务站，能够心贴心、手拉手地为农民朋友进行田间地头的技术服务。看到富裕起来的农民灿烂开心的笑脸，我们非常高兴。

黄守宏： 促进农民增收关系经济社会发展全局，这不仅是农民自己的事，也是全社会的共同责任，社会各界都应该像永业集团这样以各种方式支持农民增收。增加农民收入为什么这样重要？因为它是一个综合性指标，反映了农业农村发展状况，反映了农民生活水平，也反映了强农惠农政策的成效。只有农民收入上去了，才能不断提高生活水平和质量，与全国人民一道实现全面小康；才能不断扩大消费，拉动国内需求，促进国民经济长期平稳较快发展；才能不断增加投入，发展现代农业，保障农产品供给。所以促进农民增收，既是农民富裕之本、农村繁荣之源、经济社会发展之基，也是"三农"工作的永恒主题。推进传统农业向现代农业转变，转变农业发展方式，促进农业科技进步，所有这些工作的核心就是要促进农民增收，让农民富裕起来。

话题之二

把握机遇　实现多渠道增收

黄守宏： 当前在促进农民增收方面有几大机遇，我们要紧紧抓住。其中之一就是应该抓住当前农民工工资上涨的机遇，着力增加农民工资性收入。这些年，工资性收入一直呈持续增长态势，在农民收入中的比重稳步上升。去年在劳动力供求关系变化的推动和国家政策的引导下，绝大多数省区市都提高了最低工资标准，大体幅度在20%左右，这样就推动了农民工工资全面的上调，月均收入达到1690元，比2005年增长近一倍。同时，去年农民外出务工人数增加，农民工资性收入增长了17.9%，占农民收入的41%，成为农民增收的主要力量。综合分析各方面的情况，我认为，在今后一段时期内农民工工资上涨的势头还会持续，去年出现的农民工工资水平和外出务工人数同时增加的趋势今年还会延续。今后要多措并举、综合施策，既要积极稳妥深化户籍制度改革，加强农民工社会保障和服务，促进农民进城务工经商，又要大力发展中小企业和民营经济，促进农民就地转移，拓展农民就业增收空间。这里一个重要方面，就是要进一步加强农民培训，提高农民职业技能和创收能力。

汪继革：我们村外出务工的收入比例也很可观。大多数人选择在市里就近务工，还有一些人去了南方。有些干得好的农民工已成为一些工厂的部门负责人，他们还经常回乡组织富余劳动力到所在企业务工。面对竞争激烈的劳务市场，区里组织开展灵活多样的引导性培训，选择市场需求热门的餐饮、建筑、保安、电焊、修理、养殖等热门专业对村民进行培训，努力使外出务工人员拥有一技之长。在这些"务工之星"的带动下，村里务工模式从过去盲目流动务工，转变成现在有序流动务工，由过去的农闲时阶段性务工转变为稳定性务工。甚至有的人在外面已经小有成就，希望回乡创业。

仝宝生： 在帮助农民致富的同时，我们的很多农民出身的经销商事业也得到了发展。

黄守宏： 要抓住城镇化加快发展的机遇，多渠道增加农民的财产性收入。现在农民的财产性收入从总量来讲不大，但是它增长速度非常快，去年达到了21%。我认为随着工业化、城镇化进程加速推进，为农民增加财产性收入创造了很多机遇。比如，大量农村劳动力转移就业特别是在城镇落户之后，其原来承包的土地就可以按照依法自愿有偿的原则转让给仍在农村的农民，获得土地承包经营权流转收益。比如，按照十七届三中全会要求，在土地利用规划确定的城镇建设用地范围外，经批准占用农村集体土地建设非公益性项目，允许农民依法通过多种方式参与开发经营，农民可以从中长期获得收益。再比如，农民可以通过投资入股、出租不动产、理财等方式获得股金、租金、红利等财产性收入。沿海地区或大中城市郊区的一些农民财产性收入占到纯收入的三分之一甚至一半以上。可以预计，财产性收入将成为今后农民增收的新亮点。

汪继革： 我们村正在大力发展民俗旅游接待产业，村周边有满湖秀色的黄松峪水库，还有古长城遗址和各种果品采摘园，是个游人采摘、游玩、垂钓的好地方。依托地理优势，越来越多的村民开始从事民俗旅游接待工作，村里开展的特色"农家乐"吸引了四方的游客，成为农户们增加收入的好途径。村里很重视旅游开发招商工作，村民们也很乐意。下一步，我们计划开展旅游创意策划，发动大家的智慧，把村里的特色旅游资源全面开发出来。

兰毅：武川县原有农畜产品精深加工企业较少，大部分农畜产品还属于初级产品，农民要想通过出售农产品获得更高的经济收入，陈旧的生产销售方式迫切需要改变。近几年来，武川县在网上招商，走出去推介，和数十个大中城市的超市建立了供货渠道。今后要大力发展县域经济，推进设施农业和新农村建设，将农业产业化经营水平逐步提高。

黄守宏：你们讲了促进农民就业增收的一个重要途径，就是要充分利用农村丰富的资源，引导农产品加工业在产区布局，发展农村非农产业，培育壮大县域经济。在这些方面潜力很大，前景广阔。比如，乡村旅游业近年来发展很快，呈方兴未艾之势。随着城镇化水平的提高、生活质量的改善和工作节奏的加快，人们到秀美田园风光和清新自然环境中观光休闲、修身养性愿望越来越强，走进自然、亲近自然、享受自然的人越来越多，为发展乡村旅游业、促进农民就业增收带来了机遇。再比如，现代农业是由生产、加工、流通等环节构成的完整的产业体系，每一个环节都有很多的就业增收机会，通过发展产业化经营、建立龙头企业与农民的利益联结机制、发展农民专业合作社等，可以最大限度地扩大农民就业容量、分享增值收益。总之，我认为现在在扩大农民收入渠道、拓展农民收入的空间方面，有很多的文章可做。

兰毅：按照我们县创建生态农牧业大县的构想，我们要深入推进"三个百万"生态农牧业富民工程。县里准备利用10年或更长的时间，整合各类涉农资金，建成优质高效稳产农田100万亩，调整种植

结构，将农作物不宜实现高产稳产的坡梁旱地种植一年生、多年生优质牧草100万亩，集秸秆转化、育肥、改良、舍饲等畜牧技术，肉羊饲养量达到150万只，出栏量达到100万只。

话题之三

依靠科技　推进农业现代化

黄守宏： 增加农民收入从大的方面讲就是协调推进工业化、城镇化和农业现代化。十七届五中全会提出在工业化、城镇化深入发展中同步推进农业现代化，这既是顺利推进社会主义现代化建设的重要条件，也是强化农业基础、促进农民增收的迫切要求。这既是个理论问题，也是个实际问题。现在我国正处在工业化、城镇化加快推进的历史阶段，不同步推进农业现代化，不仅国家粮食安全会受到影响，农民增收也很难保持快速增长。

兰毅： 确实，长久依赖传统农业的发展模式无法让"武川土豆"在产量、品牌、效益等方面实现突破。怎么办？我们立足当地实际，走现代化农业之路，提出"薯业立县"的发展战略，开展精细化、高效种植，将马铃薯产业作为全县促进农民增收的重点项目来抓。经过努力，马铃薯由过去的十几万亩迅速扩大到现在的70多万亩，年产鲜薯近8亿公斤，而中棚马铃薯的种植成为武川县从传统农业到现代农业的一次飞跃。

说到推进现代农业，我们县提出了要大力发展品牌化农业、标准化农业、创意农业和无公害、绿色、有机农业，走出一条特色鲜明的生态农牧业可持续发展之路。我们成功建设了高效设施农业示范项目、农业综合开发样板区、有机农业庄园、食用菌项目、水保示范区和有机奶基地、绿色肉羊养殖示范区等农牧业示范项目区，进一步夯实了特色优势产业的基础。

仝宝生：我们成立了永业科学院，我们的科技人才和农民共享。近两年，有近 5000 名大学生通过永业科学院专家的定期培训，直接或间接地服务于永业科技服务站。我们对农户提供的全程科技服务全部是免费的，科技人员在做科技服务的同时，不仅帮助农户对高科技产品"永业生命素"进行规范使用，同时还帮助他们在田间地头解决遇到的各种种植、养殖难题。我们与北京延庆、大兴的 200 多位村官开展科研合作模式探讨，向他们敞开合作资金与技术窗口，可为他们辅导创业方案、提供创业平台和科技服务。

汪继革：乡里多次请来农科院的专家对果农培训，改变了过去集中课堂培训的形式，直接到田间地头授课，现场操作，手把手教会果农修剪。专家在示范的同时会就果树剪枝技术、标准化果园管理等方面进行讲解，近距离指导果农搞好果树科学管理。专家所到之处，都得到了果农们的热烈欢迎。

黄守宏：对，依靠科技进步是促进农民增收的关键。发展现代农业，将科学技术、先进设备和科学管理广泛应用于农业生产经营，对于促进农业可持续发展、持续提高农民收入具有重要意义。解决我国农业面临的资源环境和市场供求的双重约束，必须推动农业转向科技

创新驱动，走中国特色农业现代化道路。

兰毅：我们县在依靠科技进步方面采取了一些措施，比如，围绕农村肉羊、马铃薯两大主导产业开展科技培训，仅2010年，我们就举办了各类培训班286期，科技咨询21次；培训农民17000人次、科技带头人200人次。

仝宝生：作为一家农业科技企业，我们在做科技推广时，首先要了解农民真正的需求，解决实际问题。我们建立了一个百人专家团队，这些专家不仅参与研发，还针对科技服务站、深入到田间地头为农民服务，他们多年在田间地头与农民打交道。这些专家来自不同的行业，有化工专家，有植物营养和栽培专家，有病虫害防治专家，还有植物生理生化专家等。组织专家开展培训工作，专家互相学习，获得更全面的技术知识，然后再将先进的农技推广到农村，用先进的科学技术培训大学生。

黄守宏：总结起来，要积极培育科技型农业企业，促进产学研、农科教结合，增强农业科技发展的活力。同时，要完善基层技术推广体系，创新农业信息化服务模式，促进科研成果尽快转化为生产力。

话题之四

示范带动　发展农村合作组织

黄守宏：我国农户经营规模比较小，难以进入市场开展竞争。怎么办呢？就是要发展农民专业合作社，发展农村合作组织，提高农业组织化和规模化程度。要加快构建以公共服务机构为依托、合作经济组织为基础，龙头企业为骨干、其他社会力量为补充，公益性服务和经营性服务相结合、专项服务和综合服务相协调的新型农业社会化服务体系。

兰毅：我们县也在努力发展壮大农村经济组织，通过农村专业合作组织，把农畜产品统一包装，分档销售，创造更大的利益。目前，全县累计有36.05万亩土地成功流转并进行规模化经营，成立各类农民专业合作社和专业协会242家，覆盖农民2万人，农民进入市场的组织化程度进一步提高，有力推动了农村经济健康快速发展。另一方面，我们着力打造建设农畜产品精深加工、产业延伸加工龙头企业，将工业和农业有机结合，不断提升农产品附加值和市场竞争力。

黄守宏：如何在农产品价格上涨的趋势下，让农民更多地分享价格收益，是摆在我们面前的一个重大课题。在最近一段时间农产品价格上涨中，农民真正得到的好处并没有价格的涨幅那么多，大部分好处被中间环节拿去了。解决这个问题需要采取很多措施，其中一个重要方面就是要发展农民专业合作社，让农民组织起来进入流通领域，减少中间环节，发展产销对接、农超对接，让价格上涨的好处尽可能多地给农民。这既有利于农民增收，也有利于消费者。

仝宝生：永业公司通过快速建立起来的遍布在全国乡镇、村庄的24000家永业科技服务站，积极与当地的农民专业合作社沟通合作，为农民提供大量的科技、销售信息和优质农资，帮助农民专业合作社尽量减少农民一家一户的生产成本，帮助农民避免假种子、假化肥的

坑害。另一方面，我们积极帮助农民销售农副产品，通过农民专业合作社实现"农超对接"，帮助农民将农副产品直接供应到城市的广大用户，使城市消费者能够购买到更优质的农副产品。

黄守宏：通过政策引导和示范带动，这几年农民专业合作社和各类专业服务组织得到了大发展。2009 年，全国农业产业化经营组织达到 22.4 万个，带动 1 亿以上农户；农民专业合作组织达到 24.64 万个，实际入社农户达到 2100 多万户。

汪继革：林果业是我们村里的一项支柱产业，主要产板栗、核桃。由农户发起，我们成立了专门的果品产销合作社，统一从农户手中收购，20 万斤果品通过合作超市进入北京市民的菜篮子。利用营销网络，合作社销往辽宁、内蒙古等地的果品，每年可达 160 万公斤。在旺季，合作社还接受非社员农户的产品。大家都感觉，这些专业合作社作用很大，参加的社员们腰包鼓起来了，带动效应明显。

《经济日报》2011-03-28，李力、乔金亮报道。

四十六

休闲农业：致富农民的朝阳产业

对话人——

高鸿宾：农业部副部长

张文杰：浙江省奉化市市长

刘松江：浙江省奉化市滕头村党委副书记

策划人——

李　力：经济日报农村新闻部副主任

图 46 高鸿宾（中）、张文杰（右）、刘松江（左）在交谈

乔金亮/摄

随着工业化和城镇化进程的加快,我国休闲农业快速发展,成为农业发展新业态。日前,经济日报邀请农业部副部长高鸿宾,与来自地方的领导和农民代表共同探讨——

话题之一

富裕农民　带动高效现代农业发展

高鸿宾: 休闲农业与乡村旅游是非常值得重视的朝阳产业,是一篇可以大有作为的锦绣文章。据不完全统计,全国休闲农业与乡村旅游年营业收入已超过 1200 亿元,带动 1500 万农民受益。截至 2010 年底,全国"农家乐"已超过 150 万家,规模以上休闲农业园区超过 1.8 万家,全国年接待人数超过 4 亿人次。发展休闲农业,带动农民致富效应明显,能够使农民的农业生产收入与经营收入相叠加,在农民传统增收途径外开拓新渠道;能够使农民的就业收入与创业收入相叠加,提高资产性收入和资本性收入在农民收入中的比重;能够使季节性收入和长年性收入相叠加,保障农民收入"四季不断"。

张文杰: 的确如此,您说的这些我们感受很深。奉化地处"长三角"南翼东海之滨,生态良好,气候宜人,人文荟萃,兼得山海平原之利,是中国优秀旅游城市。"十一五"期间,我们依托自身独特的资源条件和区位优势,把发展休闲农业作为发展农业、致富农民的突破点和着力点。据统计,奉化休闲农业与乡村旅游年接待游客连续三年在百万人次以上,直接经营收入超过 1.5 亿元,农民人均纯收入连

续六年增幅在 10%以上，2010 年达到 13543 元。滕头村就是奉化发展休闲农业带动农民致富的一个典型案例。

刘松江：我就来自滕头村，滕头村是奉化的一个小村庄，村域面积只有 2 平方千米，340 多户人家。凭借发展休闲农业的契机，我们从当初的"田不平，路不平，亩产只有二百零"的穷村，发展成了经济发展、生活富裕、生态良好，而且获得 70 多项国家级荣誉的小康村。去年我们全村实现社会总产值 47.5 亿元，人均纯收入 2.8 万元，接待游客 153 万人次，门票收入达 3600 万元，旅游经济综合收入 1.6 亿元。上海世博会上，滕头村入选"全球唯一乡村案例"，唱响了"乡村让城市更向往"的主题，参观者称赞我们是"城市化的现代乡村、梦想中的宜居家园"。

高鸿宾：滕头村的案例充分说明，发展休闲农业拉长了农业的产业链条，带动了相关配套产业的发展，已经成为新时期拓展农民就业增收空间、引领农民发家致富的重要举措。据测算，休闲农业每增加 1 个就业机会，就能带动整个产业链增加 5 个就业机会。一个年接待 10 万人次的休闲农庄，可实现营业收入 1000 万元左右，安置 300 名农民就业，并带动 1000 户农民家庭增收。

休闲农业的发展，在富裕农民的同时，也有利于加快传统农业向现代农业转变的进程：有助于带动农业基础设施建设，改善农业生产条件，提高农业抗自然风险的能力；有助于促进农业标准在休闲农业生产基地的贯彻落实，提升农产品质量安全水平；有助于加强农产品生产基地建设，改变农业生产规模小、格局散的情况，实现适度规模经营；有助于一、二、三产业融合发展，产、加、销一体化经营，加快农业经营方式的创新；有助于改善农业生态环境，实现农业生产的平衡发展、循环发展和可持续发展，从而促进农业装备科技化、生产设施智能化和管理运营现代化。

刘松江：滕头村休闲农业的红火还带动了高效现代农业的发展。我们是浙江省首批 12 个现代化农业示范区之一，也是"国家级农业综合开发示范区"，总面积为 3000 亩。园区大部分为高效农业，如蔬菜瓜果种子种苗基地、植物组织培养中心、花卉苗木基地等，都是我国现代农业的样板。滕头村农业始终走低碳之路，不断推广标准化生产，实施品牌战略，大力发展现代绿色农产品基地、种子种苗基地，农业技术日趋成熟，产品供不应求，得到了市场及外商的高度肯定，成为全省农业科技示范的样板。生态温室以栽种珍奇植物品种和体现先进的种植方式为主题，拥有自动降温系统、自动遮阳系统、自动内遮阴、自动灌溉系统和智能化控制等十几项高科技功能，体现农业生产的智能科技化。

张文杰：奉化着力培育花卉苗木、海水养殖、草莓等十大主导农产品，把休闲农业列入现代农业发展"五个十"工程之一，大力推进农业产业休闲化。为了形成规模效应，我们积极"筑园迎客"，建设滕头现代农业示范园区、尚田万亩优质草莓基地、溪口至莼湖的百里花木长廊等一大批集科技、生态、展示于一体的现代农业基地，配套发展"一镇一景""一村一特""一户一品"特色产业和特色产品，着力推进精品工程，实施绿色品牌战略，努力把农产品基地建设成为绿

色、安全、环保的新兴产业基地和休闲观光园区。

话题之二

美化乡村　助力新农村建设

高鸿宾： 发展休闲农业是建设社会主义新农村，实现村容整洁、乡风文明、管理民主的重要举措，使农村逐步转变为农民的美丽家园。具体来说，发展休闲农业，能够促进农业生产基地转变为休闲农业景区，使农业与农村成为市民走进自然、认识农业、怡情生活的新天地；能够促进村容村貌的整治，改变传统农村脏、乱、差的情况；能够带动农村基础设施建设，改变农村水、电、路等基础设施落后的情况，改善农村发展环境；能够引导城市人才、技术与资金等生产要素流向农村，促进农村整体发展。

张文杰： "农家乐"休闲旅游的发展，扩大了农村开放程度，更新了农民思想观念，促进了城乡资源和文明的有机交融，为进一步建设新农村积累了财力。我们把发展休闲农业与建设新农村相结合，先后实施"环境整治"、"乡村康庄工程"、"千里清水河道"、垃圾集中清理、生活污水处理、"村村植绿"等工程，新建改建农村联网公路150条280千米，23.4万居民饮用水质量得到有效改善，森林覆盖率由五年前的62%提高到66%。实现了村庄绿化、洁化、亮化和美化，营造了"景在村中，村在景中"的江南乡村风情，为加快推进乡村旅游提供了环境资源、人力资源、基础设施支撑。

刘松江： 在发展休闲农业的同时，滕头村注重建设优美生态环境、提高村民生活质量，把生态环境建设与村庄建设结合起来，改善人居环境。我们努力走一条"既要金山银山、更要绿水青山"之路，实现了从"全球生态500佳"到"世界十佳和谐乡村"的跨越。

我们加快基础设施建设，使景区和村庄融为一体。坚持农房改造景观化，老住宅区增加马头墙，一幢幢赏心悦目的新潮别墅和古朴民居，形成了现代与传统的有机交融。坚持基础设施标准化，把原有的水泥路改造成沥青路，污水处理实现雨污分流，电线地埋实现无杆化，拆除柴灶煤炉实现无烟村，家家户户安装太阳能热水器。坚持配套设施现代化，在全村安装了全球通电子监控系统，村民家中全部安装有线电视终端，实现户户通光纤。始终坚持生态、环保、节能理念，新建生态旅游公厕，均可实现循环用水。村里道路应用了风光互补路灯，利用风能和太阳能来发电，一年四季都能保证路灯供电。

张文杰： 在滕头模式的启发下，奉化把发展"农家乐"休闲旅游纳入新农村建设的整体规划，因地制宜突出了生态旅游型、田园风光型、滨海风情型、文化特色型等四种类型的休闲旅游特色村建设，并加强分类指导，在有资源、有客源、有财源、有意愿的地方先行发展，在基础条件好、经济实力强、资源优势强、适宜发展乡村旅游的30多个小康村最先展开。同时，我们加快完善基础设施和配套设施建设，发展餐饮、住宿、特色农产品商店。

高鸿宾： 从休闲农业本身看，生态效益决定着休闲农业的经济效益，良好的农业农村生态环境，是吸引消费者休闲的基础，这也是休

闲农业区别于其他服务业最本质的特点。我们一定要认识到保护生态环境就是保护休闲农业，要努力形成经济效益与生态效益互相促进的发展格局。

刘松江： 这一点，我们村就是一个例子。近年来，村里投入上亿元资金实施"蓝天、碧水、绿地"三大工程，拆除了农家柴灶统一改用液化气，实现了农居无烟村；遍植各类绿化树和草皮，饲养白鸽、野鸭等飞禽。目前全村的绿化率达到67%，营造了"花香日丽四季春，碧水涟涟胜桃源"的江南田园美景。来自联合国的"全球生态500佳"唱响了滕头的生态美名，吸引了全国各地的游客。借助这一优势，滕头村成为全国最早开始卖门票的乡村旅游点之一。

张文杰： 奉化市坚持资源开发利用与保护并重，鼓励利用荒山、荒坡、荒滩、废弃地等发展休闲农业，避免滥占耕地；充分考虑区域生态环境承载能力，在发展休闲农业的过程中，坚决防止只顾经济效益而滥加开发以至于破坏自然环境的行为，确保休闲农业的经济效益、生态效益和社会效益协调统一。

话题之三

农民主体　多元化推动

高鸿宾： 农民是农业生产的主体，也是休闲农业发展的主体，在休闲农业发展过程中，要注重突出农民的主体地位，坚持以农为本、农民主体的基本原则，有利于实现农民就地就业创业，拓展农业综合效益，拓宽农民增收渠道。但休闲农业是一项多产业联合、多功能兼备的产业，客观上需要社会参与，来解决农民所存在的资金、管理、人才等方面的不足。

张文杰： 农民是唱响休闲农业这台大戏的主角，但由于农民经济实力以及社会资源有限，我们因势利导，着力引导投资主体和经营主体的多元化。目前，我们休闲农业经营主体主要有三种类型。一是村民单干型。个别具有较强经济意识的农民敏锐地捕捉到市场信息，及时把握创业机遇，在自然风光与生态环境良好的郊区山村，开辟富有自然情趣的休闲场所，推出休闲农事活动。二是集体主导型。就是村集体把建设新农村与发展"农家乐"有机结合起来，充分利用和开发当地自然、生态和人文等资源，打造一批特色比较鲜明的"农家乐"专业村。三是农户联合型。部分农民或民营企业主自发组织，积极投资，合作开发，合作经营，一般经营规模较大，经营活力较强。

高鸿宾： 要正确处理农民主体与社会参与的关系，既促进休闲农业加快发展，又让农民利益最大化。一方面，要拓宽社会参与、支持的途径和方式，引导人才、资金、土地等要素流向休闲农业，实现休闲农业上水平、上层次、上规模和持续发展。同时也要注重建立健全保护农民利益的机制体制，在突出农民主体地位的前提下，积极探索建立休闲农业多方投入和参与机制，实现多方共赢。

张文杰： 休闲农业在吸引农户个体投资或合股投资经营的同时，乡村集体经济、农业龙头企业、工商企业和个体经营户也开始投资休闲农业。去年奉化市游客人数突破 1000 万大关，实现旅游经济综合

收入 55.02 亿元，同比分别增长 21.22% 和 26.87%。我们还吸引了一批单体投资 20 亿元以上的旅游大项目落户。

高鸿宾：休闲农业的发展离不开政府的引导。在休闲农业发展过程中，政府通过制定发展规划，引导休闲农业的发展方向；通过制定扶持政策，促进休闲农业加快发展；通过强化管理服务，促进休闲农业规范提高。要充分发挥政府在经济调节、社会管理和公共服务方面的作用，把该由政府管理的事情切实做好，做到既不缺位，又不越位，为休闲农业发展创造良好的环境。

张文杰：我们高度重视休闲农业的饮食卫生、公共安全、服务水平等的提升，通过创新机制、加强监督检查、引导行业自律等多种有效形式，进一步开展休闲农业与乡村旅游业的规范化管理，重点实施四个规范，即"规范审批、规范管理、规范经营、规范服务"。同时出台相应的办法，对"农家乐"经营服务进行全过程监管，促进奉化休闲农业与乡村旅游业的有序健康发展。

高鸿宾：在我国社会主义市场经济体制不断完善的情况下，休闲农业发展，必须发挥依靠市场配置资源的基础性作用，调动市场主体从事休闲农业的积极性，从而使得休闲农业在经营上更加灵活多样，在机制上更加充满活力，在服务上更加贴近市场需求。

刘松江：我们景区积极拓展旅游市场，着重开发上海、杭州、南京等长三角地区的旅游市场，2010 年，签约旅行社 615 家，新增 315 家。去年上海世博会，我们抓住了全球乡村唯一入选上海世博城市最佳实践区的机遇，做好了世博的文章。许多游客在参观滕头馆以后，特地来到滕头村实地看看。我们精选了 100 户农户用于世博接待，让游客亲身体验农家生活。

高鸿宾： 我国农村地区聚集了全国 70% 的旅游资源，具有发展休闲农业得天独厚的优势。随着政府的规划引导，从业者的精心经营，以及农业农村基础设施条件的改善，可供休闲和旅游的农村资源将更加丰富和完善。

话题之四

立足特色　产业化发展

高鸿宾： 坚持特色化建设，这是休闲农业发展的基本方向。要凸显乡村旅游的"三农"本色，区别于城市；要因地制宜，区别于他人；开发新产品，区别于传统业态，防止同质化、低水平、无特色简单重复建设。

就目前情况来看，各地已经开始根据自然特色、区位优势、文化底蕴、生态环境和经济发展水平，不断创新发展模式，丰富发展内涵，挖掘乡土文化，注重文化创意，先后形成了"农家乐"、休闲农庄、休闲农业园区和民俗村等形式多样、功能多元、特色各异的模式和类型，农业的多功能性得到极大拓展，为建设现代农业、促进农民创业增收提供了新途径。

张文杰： 奉化坚持以农业特色主导产业为支撑，紧紧围绕农业生产过程、农民劳动生活和农村风情风貌，大力培育特色休闲农业产

业，充分展示最富有特色魅力的农业景观，最具吸引力的生产生活方式和文化习俗，着力发展农业娱乐休闲文化、饮食文化、民俗文化、村落文化，形成鲜明的主题，保持"人无我有、人有我新、人新我精、人精我特"的特色。目前，我们正在加快开发水蜜桃、草莓、桑果、有机笋、生物禽蛋、优质稻米等一批上档次的农业旅游商品，着力打造高人气、高品质、高附加值、高市场竞争力的休闲农业项目和产品。

高鸿宾：发展休闲农业，要打造一批有影响力的休闲农业知名品牌和节庆活动，引领休闲消费热点，提升产业影响力、社会认知度和产品知名度，提高休闲农业发展水平和经济社会效益。从全国范围来看，要培育一批生态环境优、产业优势大、发展势头好、示范带动能力强的休闲农业示范县和示范点。

张文杰：发展休闲农业，基础在产业，特别是能够吸引城市游客的特色产业基础及特色农产品。奉化是"中国水蜜桃之乡"，奉化水蜜桃素有"琼浆玉露、瑶池珍品"美誉，也是奉化休闲农业的标志性农产品。随着假日旅游和休闲时代的到来，我们围绕水蜜桃这一特色做足了文章。市里着力推进水蜜桃产业，通过政策引导、技术指导，培育新品种，引导水蜜桃精品化发展、规模化种植，培育鲜食和观赏兼用的多种珍稀桃种，并加快形成产业基地。同时，每年举办"中国奉化桃花节""水蜜桃旅游文化节"等系列活动，引领市民春赏百里桃花，夏品千顷桃香，并应游客的参与要求，推出了认养托管和自由采摘服务。

目前，奉化水蜜桃赏花、摘桃、品桃的时段已从过去的三个月延长到八个月，形成一大批面积超千亩的专业村，有3个优质万亩水蜜桃基地，并建成萧王庙"天下第一桃园"和溪口"世界第一桃街"两个规范化景区，成为休闲农业的一大品牌，吸引了游客，提高了水蜜桃的知名度和身价。水蜜桃年产值从2006年的1.8亿元增长到现在的3.1亿元，精品水蜜桃卖到了15元一只。

刘松江： 我们通过加强管理和对外营销，打造滕头旅游的品牌。大力开展节庆游宣传，每年的春节、五一、国庆假期都是景区人气最旺的时候，我们会策划一系列主题活动，丰富景区内涵，将这种氛围推到高潮。开展特色游宣传，迎合游客心理，适时更新旅游项目，并推出美食节、动物节、嘉年华等特色旅游活动。

我们把高雅的园林艺术与生态旅游、农业观光旅游有机融为一体。柑橘观赏林、婚育新风园、绿色长廊、乡村文化广场、盆景园等30多处景观，使众多游客在观赏中领略到江南风韵的田园乐趣，感受到返璞归真、崇尚自然的生态特色。下一步，我们将继续挖掘滕头生态旅游品牌内涵，塑造鲜明特色，着力打造极品、特品和精品旅游项目，把休闲农业推向深入。我们将建设满足学生社会实践的野营拓展基地，以"自然、舒适、新奇"为特色，融入山脉、密林、池塘环境因素，体验者享受到回归自然、战胜自我的户外拓展乐趣。

高鸿宾： 总体来看，休闲农业大有作为。它是促进农民就业增收和满足居民休闲需求的民生产业，缓解资源约束和保护生态环境的绿色产业，发展新型消费业态和扩大内需的支柱产业。"十二五"时

期，要实施示范基地创建工程。遵循休闲农业发展规律和市场规律，形成一批主题鲜明、特色突出、内涵丰富、产业完备、功能齐全的休闲农业示范基地，带动全国休闲农业持续健康发展。

《经济日报》2011-04-11，李力、乔金亮报道。

妙语集锦

休闲农业与乡村旅游是亿万农民自行创造的新业态，是新时期解决"三农"问题的重要举措，是一项方兴未艾的朝阳产业，对于促进我国农业农村经济又好又快发展具有重大意义。

——高鸿宾

奉化的休闲农业要以需求为导向，突出区域资源、环境和文化特色，打造生产标准化、经营集约化、服务规范化、功能多样化的休闲农业特色优势产业带和产业群。

——张文杰

滕头村要继续挖掘生态旅游品牌内涵，塑造鲜明特色，着力打造极品、特品和精品旅游项目，推动休闲农业向深入发展。到2015年，把滕头打造成为市民的重要休闲度假基地、华东生态旅游第一村。

——刘松江

四十七

城乡一体化　工农同步走

对话人——

韩　俊：国务院发展研究中心副主任

于建成：山东省莱芜市委书记、市人大常委会主任

陈爱民：山东省莱芜市委农工办主任

王永胜：山东泰山钢铁集团总裁

柳建增：山东万兴果菜食品有限公司总经理

徐祥新：山东省莱芜市郭家沟村党支部书记

策划人——

李　力：经济日报农村新闻部副主任

图 47　韩俊（左三）、于建成（右三）、陈爱民（右二）、王永胜（左二）、柳建增（右一）、徐祥新（左一）在交谈

乔金亮/摄

四十七　城乡一体化　工农同步走

统筹城乡，促进城乡一体化发展是实践科学发展观的重要内容。日前，经济日报邀请国务院发展研究中心副主任韩俊与来自地方的领导和农民代表共同探讨——

话题之一

统筹融合推进　城乡经济共同壮大

韩俊： 莱芜是国务院发展研究中心的固定调研点，近3年来，我们多次去莱芜调研。统筹城乡发展，全国有很多地方都在做，莱芜的特色是什么呢？我印象最深的是，莱芜更加注重以制度的创新来加快推进城乡一体化进程。最鲜明的特点，就是在工业化、城镇化快速推进的过程当中，农业和农村的现代化也在同步跟进；在城市经济快速发展，第二、三产业快速发展的同时，农业和农村经济也在同步提升。我认为，莱芜的经验可以用"两个同步"来概括：一个同步是，农业农村现代化与工业化、城镇化同步推进；另一个同步是，第一、二、三产业同步提升，城乡经济实现了融合发展。

于建成： 莱芜推进城乡一体化改革探索的实践，可以总结为八个字：融合、流动、共享、服务。莱芜近年来发挥工业化水平较高、大企业带动能力较强、农业产业化发展较快等基础条件，按照"以工促农、以城带乡、城乡互动、协调发展"的思路，莱芜把全市2246平方千米作为一个整体统筹谋划，把工业和农业、城市和农村、市民和农民统筹考虑，大力推动城乡规划布局一体化、产业发展一体化、基

础设施建设一体化、公共服务一体化、就业和社会保障一体化、社会管理服务一体化等"六个一体化"。一系列举措有力地促进了农民增收和农村经济发展，城乡差距明显缩小，城乡面貌显著改观，初步构建起统筹城乡一体化发展新格局。

韩俊：应当以统筹的理念谋划和推进城乡经济发展，推动经济在区域之间、城乡之间和产业之间相互融合、相互渗透，优势互补、互促共赢，实现城乡经济一体化发展、共同壮大提升。

于建成：说得对，我们就是打破行政区划界限，统筹规划布局促进区域融合。遵循"经济布局区域化、产业发展集群化、资源配置市场化"的规律，将全市作为一个整体，统筹规划发展"三大产业板块"。在北部，发挥山水生态资源优势，发展生态旅游板块。该板块涉及5个乡镇、600多平方千米，目前已发展起雪野湖、九龙大峡谷等十多处生态景区，建设了航空科技体育公园、现代农业科技示范园等一批重点旅游项目，年接待游客430多万人次，实现旅游总收入16亿元。在中西部，发挥姜蒜产业优势，以省级农业高新技术产业示范区为重点，加快发展姜蒜加工储运板块，努力打造国内一流的种质资源基地、标准化种植基地、储运加工基地和产品信息交易中心。该板块涉及6个乡镇、500多平方千米，现已发展姜蒜标准化生产基地30多万亩，储运企业280多家、加工企业320多家，莱芜因此得名"中国生姜之乡"。在南部，发挥钢铁产业优势，以服务配套莱钢为重点，加快发展钢铁加工物流板块。该板块涉及5个乡镇、400多平方千米，目前钢铁产能达到2000多万吨，全市人均10多吨；发展

四十七　城乡一体化　工农同步走

钢铁深加工企业372家，年加工能力550万吨；物流企业283家，年物流量2200多万吨，因此莱芜有"绿色钢城"之称。现在三大产业板块集聚了全市80%以上的经济总量，带动了区域经济大融合、大发展。今天这三个板块的代表都来到了《对话》现场。

韩俊： 坚持以城带乡、以工促农，就是不断打破城乡界限，促进工农融合。引导工商企业和城市经济进入农业、农村，但决不能牺牲农民利益而是要实现互促共赢。

于建成： 泰钢集团就是一个例子。泰钢整合周边10个村，建设泰钢工业园，走出了以企带村、村企融合发展的路子。

王永胜： 我们泰钢集团扶持园区内的10个村建起7个实业公司，通过提供技术支持、资金扶持、援建项目等方式，依托泰钢发展配套加工项目30多个，村集体经营收入由原来的3200多万元提高到5.6亿元，集体经济实力明显增强。与此同时，泰钢集团自身也得到了发展，集团销售收入去年达到260亿元，跃居中国制造企业500强第149位。通过村企融合发展，加快了农民变工人、村民变市民的步伐，园区内4800多名适龄劳动力全部进厂务工。

韩俊： 通过村企融合，农民变工人之后，他们的社会保障是如何解决的？

王永胜： 泰钢集团每年投入1500多万元，将实业公司居民纳入社会保障体系，一揽子解决养老、医疗、救助、教育等社会保障问题。60岁以上的老人，除享受市新农保外，还分别享受集团公司每月60~70元的养老补助金；泰钢招工进厂人员，全部加入职工养老

保险、医疗保险；未进厂的人员参加农村新型合作医疗。同时，对53个特困户，除享受市里农村居民最低生活保障外，泰钢集团还提供每人每年600元的最低生活补助。

韩俊： 实际上城乡之间，农村有农村的优势，城市有城市的优势，农业、农村、农民不是包袱，应该是财富，城乡是一个相互依赖的共生关系。我们要打破第一、二、三产业界限，通过渗透提升促进产业融合。积极推动第一产业向第二、三产业融合发展，开发新型业态，提升产业层次，拓展发展空间。特别是发挥特色农业发展优势，促进农业与工业、旅游服务业融合发展。

于建成： 这里有两个数字：一是去年我们农民的收入增长13.6%，城镇居民则是11%，实现了农民的收入增速高于城镇居民；二是我们连续两年农产品的出口增长迅速，2009年比上一年增长122%，去年又同比增长73%。可以看出，在我们工业化进程当中，农业不但没有萎缩，反而不断得到了加强。

话题之二

生产要素顺畅流动　迸发城乡活力

韩俊： 资源只有进入市场才能变为资本，资本只有流动起来才能产生效益。我们要用改革的办法、市场的手段和创新的机制优化资源配置，促进各类生产要素在城乡之间顺畅流动，才能释放出城乡发展的巨大能量。

于建成： 我们探索出了"龙头企业+村级组织+农户""龙头企业+农户""专业合作社+农户"等多种途径，促进了农业区域化布局、标准化生产、规模化经营、产业化发展，农业效益和农民收入均大幅提高，增幅连续两年居全省第1位。

柳建增： 我们万兴果菜公司就是依托莱芜特色农产品——姜蒜建立起来的。公司是集农产品种植、收购、储存、加工、出口于一体的外向型企业，是国家级农业产业化龙头企业。去年实现出口创汇1.6亿美元，连续九年成为全国生姜出口第一大户。

2004年以前，莱芜生姜出口面临的国际绿色壁垒比较多，绿色壁垒其实就是一个质量标准，一家一户的生产方式很难达到质量要求，如何破解这个难题呢？我们从源头上控制农产品品质，使生姜达到日本有机食品和欧盟良好农业规范标准。公司在村级组织的协调下，连片承租农民的土地，建设标准化生产基地，实行规模化经营，实现企业、集体和农民三方共赢。按照"企业带基地、基地连农户"的运作模式，把企业和农民的利益有机联系起来，与企业周边农户签订"定品种、定面积、定品质、定最低收购价"的种植协议，统一购买生产资料、统一进行标准化种植、统一组织销售，并按高于市场价10%的保护价收购。

韩俊： 采用这一模式以后，目前各方的收益怎么样？

柳建增： 通过这一模式，公司目前建起合同基地3万亩，带动10个乡镇2.63万户农民手持订单组织生产，带起各类专业村136个，带动36个村1.5万户农民参与姜芽加工，带动95个村从事生

姜、大蒜种植。采取"企业+村级组织+农户"的模式，建设有机生姜种植基地，实现了企业、村集体和农民多赢的效果。一是促进了企业效益快速提升，出口的生姜达到日本有机食品和欧盟良好农业规范标准，出口价格达到每吨3000美元，是国内普通生姜常年价格的6倍多。二是促进了农民增收，农民每亩土地每年可获得600元的转租收入，在基地打工每月还可获得1500元左右的工资收入，年收入是原来的4倍多。三是壮大了村集体经济，6个村每年增收50多万元。目前，我们正加快推进总投资15亿元的"万兴食品产业园"建设，争取用3年时间打造成全国最大的姜蒜产品精深加工产业园，吸纳周边村更好地参与到产业化经营中来，壮大集体经济实力。

徐祥新：我们郭家沟村成立专业合作社发展特色种植和高效林果业，合作社的社员每股有1200元的保底收益，年底还可参与合作社分红，农民在农场打工每年平均获得1.5万元的工资收入，户均收入是原来的3倍多。通过入股专业合作社，农民可以凭股权获得保底收入或基本保障，还可以获得打工、分红等多项收入，促进了农业适度规模经营和农民增收。

韩俊：以农民专业合作社为代表的新型经济组织，代表了农村先进生产力的发展方向。要全力加快农民专业合作社、专业协会等农村新型经济组织的发展，广泛吸纳资本、技术、人才等各类生产要素，提高农民组织化程度和农村经营管理水平。大力发展农村新型经济组织，促进生产要素向先进生产力集中。

陈爱民：近年来，我们采取典型引路、政策激励等多种措施鼓励发展农村新型经济组织。目前，我市已发展各类农村新型经济组织300多家，其中出口额过1000万美元的有11家；全市60%的农户参与到农业产业化经营中来，农民的组织化程度和抗风险能力显著提高。

于建成：我们还大力发展"飞地经济"，在全市规划建设了五个省级功能园区，制定出台促进"飞地经济"发展的政策，引导不适宜发展工业的乡镇特别是山区乡镇到五大重点园区发展工业项目。目前，几个山区乡镇已发展"飞地项目"200多个，工业项目入园率80%以上。钢城区辛庄镇是一个山区乡镇，处于城市水源地保护区，不适宜发展工业，他们在市高新区创办了"飞地工业园"，先后引进项目23个，地方财政收入近5年平均增长40%以上，去年达到3300万元。

韩俊：利用"飞地经济"来实现城乡统筹，这个做法我觉得具有新颖性和可复制性。因为所谓的统筹城乡，这个"乡"既包括农村也包括乡镇。而往往一些地方提到统筹城乡，主要是发展县城，发展地级市，乡和村实际上没有真正受到重视。莱芜不但重视农业，而且通过"飞地经济"，使得一些边远的山区乡镇壮大了实力，开辟了一条新的发展路径。

话题之三

让城乡居民共享改革发展成果

韩俊：在推进统筹城乡一体化发展中，既要注重把社会财富"蛋

糕"做大，更要注重把"蛋糕"分好，加快公共资源向农村配置、公共服务向农村强化、社会保障向农村覆盖，让城乡居民共享改革发展成果，努力提高农村群众生活品质，促进社会公平。

于建成：我们首先努力的方向是基础设施的城乡共享。为此，我们加快城市公交、供水、供电、供暖等基础设施向农村延伸覆盖，实现基础设施城乡共建、城乡联网、城乡共享。如在山东省率先推行城乡公交一体化，健全完善了市区公交网、城镇公交网和村镇公交网"三网"融合衔接的大公交网络，实现了全市市区、镇、村公交全覆盖。

徐祥新：拿我们村来说，村民进城原来平均要用一个多小时，现在不到半小时；原来要花5~10元，现在由村到镇只要1元钱，农村居民和城市居民一样享受到了安全便捷、质优价廉的公交服务。城市公交车开到了家门口，只花1元钱就能像城里人一样进城务工和消费，既方便快捷，还省钱。

韩俊：通过推行城乡公交一体化，不仅极大地方便了群众出行、降低了出行成本，更重要的是加速了城乡资源流动，促进了城乡融合发展，城乡之间人流、物流、资金流、信息流大大加快。

于建成：共享的第二个努力方向就是社会事业的城乡共享。加强农村教育、文化、卫生、科技、体育等公共服务体系建设，加大城乡公共服务资源整合发展力度，推动城乡基本公共服务均等化。在卫生事业上，从2008年开始，探索建立城乡医疗机构托管合作的机制，引导城市医院兼并、托管乡镇卫生院，加快城市卫生资源向乡镇延伸。目前全市所有乡镇卫生院都与城市医院建立了托管、合作关系，城区医院对乡镇卫生院的财务、人事、药品、后勤等实行统一管理，医疗卫生技术、人才、设备等实现了共享，农民不出镇村就享受到城市医院的医疗卫生服务。

徐祥新：乡镇卫生院被城区医院托管后，农村群众享受到了城市医疗服务，但费用却平均降低了20%左右，像做一般的阑尾炎手术，在城市医院大约需要2400元，而在乡镇卫生院由同样的城市医院的医生来做，收费仅为1600元左右。目前，包括我们村在内莱芜市所有的村卫生室都已被乡镇卫生院领办，村民基本做到了小病不出村、大病不出镇。

于建成：共享的第三个努力方向是社会保障的城乡共享。莱芜按照"城乡一体、全面覆盖、低点起步、逐步提高"的思路，从制度创新入手，初步构建起养老、医疗、住房、救助等覆盖城乡的十大民生保障体系。"十一五"期间，全市民生保障累计投入超过200多亿元，是"十五"时期的4.3倍。在养老保障上，从2007年开始，莱芜就自费推行农民社会化养老保险，适龄农民全部纳入保障范围；2009年底，我们又与国家新型农村社会养老保险制度相衔接，按照国家试点标准自费改革，成为全国首个新型农村社会养老保险全覆盖的地市。

徐祥新：现在我们村，凡是年满65岁的老年人都能按月领取养老金。

韩俊：所谓城乡共享，实际上是要解决三个问题，第一，资金要

到农村去,这是基础;第二,服务要到农村去,农民应该享受到交通、医疗、教育以及社会保障的公共服务;第三,更重要的是能提供各种优质公共服务的人员也要到农村去。统筹城乡发展,并不是说将来农民都到城里来,该留下的还得留在农村,还要有在农村就业和创业的,同时城市的各种资金、技术包括管理,甚至包括各种新的组织形态,要下乡。农村的发展,最需要的是资金、技术、管理,需要一些新的组织形态。

话题之四

创新服务　维护城乡居民利益

韩俊: 在城乡统筹改革试点的过程当中,对政府自身来讲,就是要探索怎么转变政府职能,成为一个服务型的政府,而且要成为一个提供均等化公共服务的政府。

于建成: 在提供公共服务方面,我们以开展大规模创业就业免费培训为重点,服务城乡群众创业致富。在培训方式上,采取政府花钱买服务的方式,从2009年开始,市财政每年安排1700万元专项资金,向有培训需求的群众发放"培训券",群众凭"培训券"到有关培训机构免费接受培训。在培训内容上,实行按群众的需求分类进行。如对大中专毕业生、下岗失业人员和返乡农民工等群体,进行不少于45天的就业再就业技能培训;对有创业意向的,进行1~3个月的创业培训;对想学一门致富技术的农民,则进行15天左右的实用技术培训。在培训机制上，政府面向省内外择优选定了20多家优质培训机构，群众持"培训券"自主选择培训机构参加创业就业培训。培训期满后，对合格学员颁发培训合格证书或职业资格证书，培训机构以合格学员的"培训券"向财政部门兑付培训费用。截至目前已培训4.8万人，参加培训的学员80%以上实现了多途径就业创业。去年以来，全市新发展个体工商户、私营企业增长均在30%以上。

陈爱民：我们以开展"城乡牵手共建"活动为载体，大力帮促农村经济发展。采取"1+1+1"方式帮促潜力较大的村加快发展。每年在全市选择100个发展潜力较大的村，由100个市直单位、100个企业结对帮促，结对单位共建基层组织、共过组织生活、共享党建资源、共促科学发展。采取"3+1"方式帮扶后进村向先进村转化，即由3个市直单位包扶1个村，在项目、资金、人才等各方面加大帮扶力度。截至目前已累计组织220个市、区部门联系包扶了310个村。

徐祥新：我们郭家沟村与市林业局、华盛彩印公司结对后，林业局发挥技术、人才等优势，帮助村里发展起扁桃、花生、板栗等特色种植区；华盛彩印公司发挥资金、市场等优势，帮助村里办企业上项目，目前村里已发展起3家企业，村集体经济收入800多万元，农民人均纯收入1.3万元，农户全部住进了小楼，65岁以上的老人实现了集中供养，社会主义新农村的风貌已初步显现。

于建成：以推行"便民服务全程代理制"为抓手，方便群众办事、维护群众权益。在全市城乡所有村大力推行"便民服务全程代理

制"，对关系百姓生产生活的婚姻生育、求职创业、法律维权等行政服务和审批事项进行全过程免费代理，目前全市所有村庄和社区均设立为民服务代办点，聘请代办员1400人，居民不出村和社区就能办理好各个事项。同时，健全农村法律服务体系，在乡镇和大型社区普遍设立便民合议庭、民生检察室、法律援助惠民室等法律保障机构，使农村群众更加方便地享受法律咨询、司法援助等服务。

徐祥新：我们村是全市第一批设立了代办点、聘请代办员的村，不仅安排一名专职代办员为民服务，而且村委会班子成员轮流带班，对关系群众生产生活的求职创业、法律维权等行政服务和审批事项进行全过程免费代理。目前已累计为群众办理各类代办事项过千件，不仅方便了群众办事，而且促进了干部作风转变、密切了党群干群关系。

于建成：我们强化了农村生态环境建设和村容村貌综合整治，大力治水、造绿，创建成为"国家园林城市"。针对"垃圾围村"这一治理难题，从2007年开始，我们按照政府主导、市场运作的路子，建立"定点收集、集中清运、统一处理"的农村垃圾集中治理机制，全市所有行政村按每300人配一人的要求配齐了保洁员，各乡镇以市场化的方式确定了清运保洁公司，并建立市对区、区对镇、镇对村和保洁公司的逐级考核监督体系，保证了垃圾治理的效率和质量，农村像城市一样实现了垃圾日产日清。

徐祥新：目前，像我们这样的偏远山村也能够像城市一样做到垃圾日产日清。同时，我们还充分利用市里出台的优惠扶持政策，带领全村群众修路治水、植树造林，先后绿化荒山2700亩，新建小型水库11座，开发土地3000亩，新修道路13千米，治理河道2600米，建设文体广场等公共活动场所5000平方米，极大改善了村里生产生活环境。

韩俊：近几年莱芜城乡一体化发展，可以说取得了显著的成效，实际上这种成效就是城乡一体化的一种组织创新、制度创新的系统集成。真正的城乡一体化，最后是实现在制度上的一体化，包括实现城乡全面发展的各种公共服务要到位，而要实现这个目标，我们还有很长的一段路要走。

*《经济日报》*2011-04-25，李力、乔金亮报道。

促进奶业持续健康稳定发展

对话人——

谷继承：中国奶业协会副会长兼秘书长

张东旭：宁夏回族自治区吴忠市利通区人民政府副区长

曹明是：上海奶业协会副秘书长

钮立平：北京三元食品股份有限公司总经理

王占利：养牛大户、北京归原生态农业发展有限公司董事长

策划人——

李　力：经济日报农村新闻部副主任

图 48　谷继承（中）、张东旭（左一）、曹明是（右一）、钮立平（左二）、王占利（右二）在交谈

乔金亮 / 摄

2010年我国奶业实现了生产和消费双增长。目前，我国奶业正处于传统奶业向现代奶业转型的关键时期。如何进一步转变奶业发展方式确保奶业可持续发展？日前，经济日报邀请中国奶业协会副会长兼秘书长谷继承，与来自地方的领导和农民代表进行了共同探讨——

话题之一

加快转变奶业发展方式

谷继承：我国奶业是新兴产业，21世纪以来快速发展，但是在"十一五"期间，我国奶业发展可谓跌宕起伏，先是经历了快速发展，随后遭遇了"三聚氰胺奶粉事件"的严重冲击，现在进入了恢复后的发展转型时期，在浴火重生中总体呈现了向好发展的态势。可以说，我国牛奶质量总体上是安全的。

当前，我国奶业已处于由传统向现代转型的关键时期，必须进一步加快奶业转型，发展现代奶业，提升效益、质量和安全，确保奶业持续健康稳定发展。现代奶业是一个全面综合的概念，是与传统奶业相对应，包括奶牛良种繁育、饲养管理、原料奶生产、乳制品加工和市场营销全过程的现代化，是牵涉面广的改造升级和奶业经济发展过程。

曹明是：传统奶业要转型升级，首先要把现代奶业的理念传递给牧场和奶农。上海奶业协会鼓励牧场提高生产管理水平，"养健康牛，产优质奶"的观念已成为大家的共识，"安全、高产、高效、良

种先行"的理念也日渐深入人心。刚刚有一个区要求我们奶协的几个专家去做一次培训，专门针对该区16个奶牛场的奶牛生产性能测定报告进行一次讲解。要发展现代奶业，就要让奶农明白怎么解读和分析专业报告，我觉得今后发展现代奶业就得用数据来说话，用数据来指导我们的奶业生产，依靠科技来改良我们的奶牛种群。

张东旭：吴忠市利通区位于银川平原中部，拥有天然草场119.6万亩，全年气候适宜，光照充足，饲草料资源丰富，年平均温度8.8℃，具有发展奶牛养殖业独特的自然条件和优势，是宁夏奶产业发展的核心区域。

谈到发展现代奶业，我们感触很多。20世纪80年代，我们都是以农民散养为主，到90年代末，我们对奶牛进行品种改良，2000年以后，我们感到奶牛养殖的转型势在必行了。先是从散养到养殖小区集中饲养，如今则是搞牧场，实行规模化经营，把一家一户的奶牛集中，交由专业的饲养人员来养。

另外，我们还围绕奶牛优化调整了种植业结构。现在我们区40万亩耕地，一年就可以种到16万多亩冬麦，比春麦提前15天到20天左右的收割期，然后再种青储玉米。利用发展奶业的契机，我们的种植业结构得到了优化。

王占利：我是北京市延庆县的一个养牛大户，创办了归原生态农业公司，公司长期专注于发展有机奶。2006年，公司正式取得有机产品认证证书，成为全国首家通过饲料基地、有机鲜牛奶、有机牛奶加工生产的全程有机认证的企业。

我觉得，有机奶是传统奶业转型的一个发展方向。按照国家有机食品的要求，我们在奶牛选种、饲草选择、奶牛饲养、疫病防治、灭菌灌装等所有生产及加工过程中均采用有机生产方式进行，严禁使用化肥、农药等一切化学合成的各类添加剂。

我们与有关科研院所合作，共同开发有机奶的研究课题。为了保证原料的有机，公司专门开辟了有机作物种植基地，有机牧草实行规模种植，建成了青储储存基地。我们还获得"国家农业标准化示范区"和"北京市循环经济试点单位"等荣誉称号。

谷继承： 现代奶业的特点可以从以下几个方面来概括，包括奶牛良种化、养殖规模化、生产标准化、装备先进化、疫控法制化、粪污无害化、经营产业化、监管严格化和质量安全化。当前我国奶业发展出现一些积极变化，为实现产业转型奠定了基础。

话题之二

集约化经营是现代奶业的经营方式

谷继承： 集约化经营是现代奶业的经营方式。传统奶牛养殖分散在一家一户，养殖效益方面也不是太好，要通过转变发展方式，把奶业发展转到依靠科技进步和从业人员素质提高的轨道上来，由粗放经营转向集约化经营。其途径就是要改革生产方式，推行集约化经营。要以规模化为载体，广泛运用奶业现代科学技术和先进装备，推行集约化经营。

曹明是：上海原有1000多个奶牛散养户，规模一般是一户养三头或五头。到2004年底，上海取消了散养户，目前已经全部成为规模化牧场，现在共有137家（含异地养殖）。这些牧场实行规模化养殖以后，取消了传统的收奶这个中间环节，转而由乳品加工企业代表收奶站，到牧场根据签订的合同直接收奶，这可以有效杜绝奶源在流通过程中可能造成的一些不安全隐患。

张东旭：我们感到，传统的分散养殖奶牛现在效益越来越低了，随着市场要求越来越高，老百姓散养户的风险逐渐变大。我们积极扶持发展壮大奶业经济合作组织，组织奶牛养殖规模园区通过兴办奶业合作社，成立奶农协会的方式，提高组织化程度，推进奶牛标准化健康养殖技术。

如今我们有义明奶牛合作社和富农奶牛合作社这两个合作社，搞奶牛托管很成功。此外，我们还对旧奶牛养殖园区进行扶持改造，改变分散饲养、人畜同院的传统饲养方式，提高奶牛规模化程度。重点围绕提高生鲜乳质量安全环节，完善挤奶设施和更新设备、饲草料加工调制等。

钮立平：三元乳业的发展模式就是一个全产业链的发展模式，近年来，这种模式不断得到了行业和消费者的认可。"好种出好牛，好牛出好奶"，我们关注的第一个就是良种化。三元公司拥有数十家自有绿荷牧场，在原辅料控制方面，公司每年都通过外部第三方机构对公司原辅料供应商进行二方审核，审核通过后方能成为合格供应商。专业的二方审核在公司供应商质量控制方面发挥了积极的作用。

张东旭： 规模牧场的建设方面，我们始终坚持防疫为重、人畜分离、以牛为本、生态养殖的原则，实现了以园区带牧场、以牧场增总量、以质量求效益的产业良性格局。目前，全区奶牛存栏13.5万头，鲜奶总产量40万吨，实现奶业产值11.26亿元，奶业产值占畜牧业产值的75%；农民人均奶业现金收入3060元，占农民人均现金收入的45%。

谷继承： 当前，我国奶业转型发展呈现出良好的势头。一方面，奶牛规模化养殖速度进一步加快。

目前，全国100头以上奶牛规模化养殖比例达到28%，比2009年底提高5个百分点，国家实施奶牛良种补贴政策以后，良种覆盖率有很大提高；国家实施农机具补贴政策以后，机械化挤奶率达到87%，为我国奶业的转型升级奠定了物质基础。实现规模化养殖的好处，一是奶的产量提高了，在集中饲养的环境下，饲料供应和饲养管理比分散养殖有明显改善，单产水平明显提高，也就是增产增效。二是由于实现了规模化，牛奶的质量上去了，脂肪和蛋白质含量都提高了，菌群数下降了，这样产品价格自然也就上去了，也就是提质增效。

另一方面，生鲜乳收购站监管力度明显加强。目前，全国共有生鲜乳收购站13503个，比清理整顿前减少6890个，减幅达34%。现有奶站由乳制品生产企业、奶畜养殖场和奶农合作社三类合法主体开办，全部获得生鲜乳收购许可证。奶站规范化建设和标准化管理水平迈上新台阶。

话题之三

全过程实施有效监管

谷继承： 近年来，国家加强了奶业的宏观管理，出台了一系列的法规、纲要、规划、标准和文件。国务院于2008年10月发布了《乳品质量安全监督管理条例》，它是我国关于乳品质量安全的第一部法规，为确保我国乳品质量安全提供有效的法律制度保障，对我国奶业进入法制化管理具有里程碑的意义。2008年11月国务院转发了发改委、农业部、工业和信息化部等13部委联合出台的《奶业整顿和振兴规划纲要》指导和规范奶业的发展。奶业要发展，一方面要求各相关政府部门加强监管，明确各环节监管的目标、任务和责任，规范奶业的各个环节。另一方面，要求各奶业企业加强自律，要积极探索自律机制，强化自律手段，做到标准化、规范化生产，加强奶业产业链全过程质量安全自检工作。在产业链上，原料奶的质量保证是首当其冲，要提高原料奶的乳脂肪、乳蛋白和干物质含量，减少体细胞数、细菌总数和药物残留，提高奶制品的质量，使奶及奶制品的质量与国际接轨。

张东旭： 我们区已经把发展奶业作为农村经济发展的一个支柱型产业。实行区人民政府对监管过程负总责，同时要求各相关部门立足各自职能，明确职责：经发局负责建立奶站和乳品加工企业的联结机制；工商部门负责监督检查奶站的工商营业资格，依法查处无证经营和掺杂使假行为；公安部门负责查处用不正当竞争手段扰乱奶站经营秩序的行为，对阻挠监管奶站的现象进行严厉打击；卫生部门对奶站环境和鲜奶收购人员的卫生条件进行审查；质量技术监督部门加强对鲜奶的质量检测，依法整治掺杂使假和使用不合格计量器具的违法违规行为；农牧部门对奶站的布局进行规划，审核奶站的主体经营资格和动物防疫条件，落实奶站的相关扶持政策。各部门强化联动配合，采取行之有效的措施，确保了奶站监督管理工作取得成效。

钮立平：三元在牧场管理上，实现兽药、饲料、挤奶、贮运、防疫统一管理，制定严格标准。在兽药使用方面，厂家资质证明齐全、统一采购、规范使用严控残留；在饲料控制方面，严格检测、集中采购、统一配方；在饲养方面，TMR日粮和自由采食，人牛和谐；在挤奶方面，两次药浴、纸巾干擦、机器挤奶；在贮运方面，过滤加预冷确保卫生少菌、冷链封闭、专车专人运输；在防疫方面，按时检疫、积极消毒、及时疫苗注射。同时，在原料奶出厂前，绿荷组织质量安全员试饮、品尝，进行出厂前检测。总体上看，在质量管理上，三元绿荷牧场已形成自己的质量追溯体系。

王占利：我们公司建立起了完整的追踪机制，对每头奶牛都进行了编号，并建立起了详细的档案，体重、年龄、上下几代的关系、乳蛋白的含量等参数都有详细的记录。所有消费者都能从网上，直接了解养殖基地存栏奶牛的建康状况及牛奶中的各项指标，并可以对每头牛每天所产牛奶进行跟踪追溯，从而达到对源头奶质量的全方位安全控制。

张东旭：借助于国家实施的科技入户工程项目，利通区进一步加大"科技下乡、入户"、技术推广和社会化服务的力度，提高生产水平，重点推广应用品种改良、TMR全混合日粮、疾病预防监控、奶牛分群分阶段饲养、生鲜乳质量监管等，为散养户向规模化、集约化、标准化生产过渡创造条件。派驻技术人员深入奶牛养殖合作社及小区现场指导，帮助制定技术规范，开展技术培训，解决技术难题。通过示范带动、典型引路，积极引导广大奶农摒弃传统的养殖模式，着力推进我区奶牛标准化健康养殖新模式。

钮立平：公司多年来一直致力于检测技术水平的提高，并率先开展了多种适时的检测项目。为控制因牛群亚健康水平给原料奶带来的质量隐患，确保原料奶质量，2000年，公司就开展了体细胞检测。检测实施后，各牛场积极采取措施，从挤奶环境环节改善、挤奶方式转变等方面入手，牛群健康水平也大大提高。同时，为保证原料奶计价指标公平、公开、公正，公司采取了内部第三方检测的方式，由有国家实验室认可资质的公司中心实验室进行原料奶计价检测，工厂检测原料奶时，采取盲样检测的方式，避免了人为影响的过程，保证了原料奶检测的真实性。

谷继承：三元这种模式就是加工企业自己建奶源基地，直接对自己的企业，没有中间环节。

曹明是：上海借鉴奶业发达国家的管理经验，对生鲜牛乳收购实行脂肪、蛋白质、细菌数、体细胞数等八大指标检测，并对这些指标数值实行加价奖励。上海对生鲜牛乳进行第三方检测已经实行10年了。经政府授权的权威的第三方检测机构对每天的奶源进行抽样检测，目前已经做到了上海市的全覆盖。

上海于 2008 年起实行由奶农代表、乳企及市物价局、农委、奶协共同参与的价格协商机制，商定生奶收购价格，确保双方利益。上海奶业协会还建立起了行业诚信体系建设平台，目前已经有多家企业加入。

谷继承： 针对行业自律和诚信建设，今年 4 月，中国奶业协会组织 35 家副会长及常务理事单位向全行业发出倡议。要求全行业履行社会责任，建立和完善企业管理制度，形成自律机制；加强对奶牛饲料、饲养等关键环节的管理，确保上市产品质量安全；加强企业文化和诚信体系建设，在规范有序的竞争中提升企业形象，促进行业长远发展。

话题之四

龙头企业带动示范

谷继承： 发展现代奶业，要大力发挥奶业龙头企业的示范带动和聚合发展作用。发挥龙头企业资本集成优势，建立高标准原料生产和加工基地，有利于推进奶业规模化集约化生产；发挥龙头企业技术创新主体作用，与科研院所合作，与产业技术体系对接融合，有利于新品种、新技术、新工艺的引进开发；龙头企业具有较强的市场开拓能力，能通过与农民建立经济利益共同体，共同推进奶业的产业化经营。

钮立平：技术示范是龙头带动的一个方面。三元在全国范围内筹划奶牛示范基地建设。我们在加工厂所在地建设至少一座示范性奶牛场。示范牛场的规模一般是3000头到5000头。按照我们的测算，一个示范牛场大概能够覆盖300平方千米的范围。

这座牛场发挥两种作用：一是在牛场内部，引入绿荷先进的奶源管理经验与理念，建立质量管理系统，使其成为与绿荷同一质量标准的放心牛场。二是通过示范牛场对所在地其他牧场及养殖小区进行技术培训、技术指导服务及建立管理标准，带动和影响并使之达到绿荷的质量标准，以达到加工厂所用奶源共同提高质量水平，从源头控制产品质量。

曹明是：实际上，北京三元的示范性牧场这个系统不仅是在北京市质量效益是最好的，目前在全国也是最高的。在地方建绿荷牧场，实际上起到了一个示范引领的作用。当地牧场通过学习，可以借鉴他的牧场管理体系，来达到高产优质。

王占利：在北京延庆，我们的有机奶产业链成为带动周边农民发展有机农业的契机。目前，我们通过有机认证的土地28000亩，其中有15000亩养草。牛是750头左右，出奶的牛是280头，牛食用的精料主要就是玉米、大豆和东北麦芽根。虽然牛奶产量比较低，平均为14公斤到15公斤，但是公司效益比较高，产品市场售价也很可观。在归原带动下，周边1万亩牧草和1100亩玉米实现了有机转换。

为了生产出高品质、高营养的有机乳制品，公司重视奶源基地建设。将原有的老式石棉板牧场牛舍改建为钟楼式自然采光、双向通风、自动颈夹的双棚式采食牛舍，还为每头牛安上了独立的牛床，还在圈舍内外安装了自动饮水器和自动牛体刷，让奶牛在轻松自然的环境中充分享受采食和休息的乐趣。公司还安装了一整套目前世界具有领先水平的带有高智能分辨系统的榨乳设备，它不但能在线完成榨乳全过程奶质监测，还能对单体牛位不合格乳品发出报警指令，提示工作人员对不合格原料乳给予及时处理，从源头上切断不合格原乳进入加工环节。

张东旭：我们按照"政府主导、市场引导、部门协作、企业参与、共同建设"的原则，积极鼓励扶持乳品企业、奶牛养殖规模场和奶业合作社投资建设奶源基地，现有乳品加工企业6家，日处理鲜奶能力1800吨，累计建成奶牛规模养殖场119个，机械化挤奶站122座，生鲜乳收购全部实行合同订单收购，奶牛出户入园上台率达到76.3%。

钮立平：质量管理是龙头带动的另一个方面。公司是行业内首批通过四标一体的企业。多年来，通过体系建设，建立控制规范，并组织形成从公司到一线员工质量巡查检查的频次和方式，以看板、通报、质量会议的形式沟通质量信息，鼓励创新。通过每年的质量培训、品牌宣传，在公司内部创建质量文化，开展诚信体系建设，使员工重视质量。

目前，公司不仅有能够检测重金属、农残、兽残、食品添加剂及常规检测项目的国内领先的仪器设备，同时人员经过培训，均能达到熟练操作的水平，这为按国家要求开展必要的检测项目提供了坚实的

基础。

王占利：龙头企业带动的结果就是使得周边农户受益。归原有机牛场建起沼气池每天可产1500立方米的沼气，供应周边的农户。同时，沼渣、沼液还田，供应周边的2000多亩农田使用有机肥。现在，牛场附近村民用上了沼气，每天烧水做饭只需几毛钱。以前烧煤气，一年下来得800多元，而现在用沼气一年不到100元。1000多户农民一年能省90万元。

谷继承：循环经济是现代奶业的一个发展方向。你所说的有机牛场建沼气池就是其中的一种典型模式。具体来说，饲养奶牛可以把人类不能直接利用的作物秸秆、藤叶和籽壳充分利用起来，变废为宝，转化为奶；奶牛是饲料报酬最高的家畜，有利于节约粮食；以奶牛粪便为原料生产沼气，可缓解农村能源短缺。

张东旭：我区做出了建设"宁夏奶产业核心区"的战略决策，将奶业作为优势特色产业来发展。我们计划用3—5年的时间，使奶牛存栏达到20万头，鲜奶总产量达到70万吨，奶牛年均单产突破7500公斤，奶牛出户入园率和青储饲料入户率达到90%，奶业产值达到15亿元，占畜牧业产值的80%，农民人均奶业现金收入达到3800元，建成奶业资源高效利用的"奶牛之乡"。

《经济日报》2011-05-16，李力、乔金亮报道。

四十九

为亿万农民群众铺就致富路幸福路

对话人——

李盛霖：交通运输部部长

董正国：河北省平泉县委书记

敖日明：河南省光山县交通运输局局长

王翠娥：河北省平泉县榆树林子镇郑杖子村党支部书记

策划人——

李　力：经济日报农村新闻部副主任

对话下

图49 李盛霖（左二）、董正国（左一）、敖日明（右二）、王翠娥（右一）在交谈

乔金亮/摄

如何顺应农民群众的新期待，推动我国农村公路建设迈上新台阶。日前，经济日报邀请交通运输部部长李盛霖，与来自地方的领导和农民代表共同探讨——

话题之一

农村路网建设带动县域经济发展

李盛霖：农村公路是保障农民生产生活的基本条件，是农业和农村发展的先导性、基础性设施，在新农村建设中发挥着重要的支撑作用。农民是中国最广大的群体，如果农村没有得到公路发展的实际好处，比如修了那么多高速公路，农民却不能顺利地从城市回家，就不能说公路的发展是健康的。"十一五"期间，在高速公路快速发展，各省干线加强改造的同时，国家的资金重点放在了农村公路建设上。经过这几年发展，全国的公路形成了一个整体网。如果说高速公路是骨架，各省干线是连接线，农村公路就是它的毛细血管，只有农村公路发展了，全国路网从宏观来讲才能形成一个整体。"十一五"时期，是我国农村公路发展史上完成投资最多、建设速度最快、发展质量最好，也是成效最大的一个历史时期。5年来，交通运输部每年都把农村公路工作作为年度交通运输工作的第一件大事来抓，组织召开电视电话会议和现场会、经验交流会，安排部署农村公路重点工作。

王翠娥：我们村是距县城较远的山村，全村有10个居民组，512户，分布在4个自然村。村民们分散居住，祖祖辈辈走的都是脏

乱差、坑洼不平的泥路，靠传统的种植方式生活，日子过得紧巴巴的。这几年，国家加大了农村交通基础设施建设的力度，每千米补8万元至10万元修"村村通"公路。我村在县交通局的支持下，修了3个自然村的"组组通"和部分"户户通"道路，解决了群众出行难的问题。

我的亲身体会是，之前交通不便，导致村里比较闭塞。通过修路，车好走了，给村里带来了经济发展的有利条件，北京的投资商来我镇建了个较大的集贸市场。过去，我们村主要是种高粱和玉米。如今，依靠交通的便捷，群众建起了蔬菜大棚，现在全村有550多个大棚。按保守计算，一个大棚能赚3万元，一年就有1500万元的收入。每天我们都要有150辆至200辆车往外运黄瓜，村里大棚的黄瓜隔两天就必须趁嫩摘一次，再大了市场就不要了。黄瓜最怕颠，如果像以前一样路不好走，车一颠就把顶花带刺的嫩黄瓜颠坏了，黄瓜就卖不上好价钱了，所以，大伙儿都念叨政府修路是帮农民办了一件大好事。

董正国：平泉县处于河北、内蒙古、辽宁三省区交界处，有较好的区位优势，但原来因为交通因素发挥不出来。近几年，平泉县掀起了"村村通"建设高潮。2004年开始，实施"村村通"工程，到2010年全县共完成村级公路硬化1017.1千米，每年完成硬化近170千米，全县行政村基本全部实现道路硬化。经过几年的建设，到2010年，全县每百千米道路硬化达到57.2千米，比"十一五"之前增加了四倍。"十一五"期间，平泉县公路总里程由过去的1000千米左右，增加了将近一倍，现在接近 2000 千米。

如今，农村公路发达以后，区位优势就显现出来了。道路条件的改善，极大地拉动了县域经济的快速发展。2010 年，我们县实现地区生产总值 84.8 亿元、全部财政收入 10 亿元，分别为"十五"末的 2.6 倍、3.2 倍，年均分别增长 14.6%、25.9%。交通条件的改善，还拉动了平泉商贸物流业的快速发展，到 2010 年底，全县有大型货运物流 4 家，中小型货运物流 52 家，全部与信息化网络衔接，实现网上管理，使平泉商贸流通跻身全国先进行列。

敖日明：我来自河南最南部的光山县，我们县所处的位置是一个丘陵地带，自然村分布比较分散。前几年，我们的农村公路情况比较差，县级道路建设得还可以，乡村两级道路基本上处于有路无路面的状态。"十一五"期间，由于农村公路大发展，群众出行条件得到了极大的改善。全县共建设农村公路项目 466 个 1421.4 千米，改造桥梁 26 座 1413 延米，累计投入建设资金达 33642.7 万元，所有行政村全部通了水泥（油）路，40%的自然村通了水泥（油）路，提前完成了省政府确定的 3 年实现所有行政村通水泥（油）路的目标。截至 2010 年底，全县公路总里程已达 3820.5 千米，有高速公路 2 条 83.9 千米，有国省道 5 条 160.8 千米，公路密度达 208.2 千米/百平方千米，已构成以高速公路和国、省干线公路为骨架，以县乡公路为支脉，以乡村公路为网络的立体交通网络。有群众说，农村公路建设是真正看得见、摸得着、人人受益的"德政工程"。

农村交通条件的不断改善和提高，不仅方便了群众的生产生活，

更带动了工业、农业、旅游等产业的快速发展。我们县的茶叶产业就是最好的例证，过去因运力有限，很多山区采摘的新鲜茶叶没法及时运出。现在交通便利了，全县茶叶产业得到蓬勃发展，旅游业也大幅升温。2010年全县GDP实现94.1亿元，增长11.1%；财政一般预算收入完成2.4亿元，增长16.7%；城镇居民人均可支配收入达到12924元，增长10.7%；农民人均纯收入5287元，增长15.3%。

李盛霖：农村公路的建设有效增加了农民的收入，农产品运输过去要用手推车等人力车，由于速度慢、耗时长，很多鲜活的农产品都烂在地里。农村公路在促进农民增收的同时，也促进了农村消费结构的改变。如今大量的家电产品、家用汽车能够走进农民的家里，很大程度上源于近年的农村公路建设，促进了农村消费结构的调整，带动了农村消费市场。

王翠娥：农村修路后，对村里的环境卫生和人的精神面貌也有直接的改善。以前没修路时，"晴天一身土，雨天两脚泥"。村民想穿件好衣服都不敢穿，出门半天就脏了。如今修路以后，还建了广场，村民吃完晚饭，三五成群地去广场扭秧歌，心情特别好。

李盛霖：可见，农村公路修好后，村容村貌随之发生了很大的变化，农民的生活习惯也改变了。如果路不通，农民享受社会服务的实际机会就会受影响，农村的产业发展机会也不多。只有路通了，这个地方的经济发展才能够起步，同时农民的生活才能够改善，思想也才能逐渐解放，才能为城乡统筹打下一个很好的基础。总之，无论从宏观还是微观上来讲，无论是从经济整体发展的要求还是从农民生活水平的提高上看，农村公路都发挥了很重要的作用。

话题之二

推进城乡公共交通服务均等化

李盛霖：一直以来，农村公路主要是服务农民和农村的。现在看来，农村公路不仅是完善路网结构，对整个宏观路网发挥了很大的效益，在建设社会主义新农村和统筹城乡发展方面也起了很大的作用。在"十二五"时期，我们要进一步统筹城乡客运资源配置，加快推进城乡客运一体化，鼓励城市公交向城市周边延伸覆盖。加快建立农村客运公共财政支持保障制度，引导地方政府加大对农村客运的投入力度，提高农村客运的通达深度，特别是尽快提高中、西部地区客运班车通乡镇、通建制村的比例。加强与财政部门的沟通协调，及时足额下发城乡道路客运燃油补贴，解决农村客运发展中面临的困难和问题，促进农村客运可持续发展。从我部的角度来说，一是发布《关于推进城乡客运一体化发展的若干意见》，适时择机组织召开全国城乡客运一体化现场会，推进城乡客运服务均等化。二是会同财政部研究建立农村客运公共财政奖励制度，加大公共财政对农村客运的资金保障力度。三是建立政府主导的农村客运发展新机制，研究制定城乡客运服务标准体系。

董正国：近年来，平泉不断加大农村公路建设力度。2004年开始实施"村村通"工程，6年来共投入资金1.6亿元用于农村公路建

设，其中包括县级财政配套资金7000万元。2010年全县行政村基本全部实现道路硬化。速度改变生活，农村公路建设极大地改善了农村群众的出行及就医、就业、受教育条件，推进了城乡公共交通服务均等化，推进了城乡之间资金、技术、信息和劳动力等生产要素的合理流动和优化配置。

我们不断改善百姓的出行环境，通过提升客运班线通行密度和档次，让交通更好地服务百姓生活。现在，全县已初步形成了以县城为中心、乡镇为节点、通达各村的快速客运交通运输体系，农村五级客运站点、候车厅等服务设施遍布主要班线，农村公路发展正由"路通"走向"路通车通"，全县行政村到本乡镇、乡镇到县城全部纳入"半小时交通圈"。据交通部门统计，目前全县日均客流量2万余人次。

王翠娥：说到农村客运，我们村所在的榆树林子镇是县里最偏远的乡镇。"十五"初期，镇里仅有1辆班线客车，日发车次仅有两次，村民们的出行极为不便；到2010年，有了8辆班线客车，日发班次16次，基本满足了大家出行需要。我老家在唐山迁西，过去班车少，我回家得先坐车到平泉镇住一宿，第二天再等班车去迁西，来回至少需要4天，现在当天就能打个来回。

李盛霖：近5年来，中央车购税资金补助25亿元用于农村客运场站建设。到2010年底，全国农村客运车辆达36万辆，农村客运线路9万条，日均发班110万个班次，全国乡镇、建制村通客运班车率分别达到98%和90%，极大方便了农民群众出行。

话题之三

更加注重农村公路发展质量

李盛霖："十二五"时期，我国农村公路要由过去以"量"的增长为主，向以"质"的提高为主、"量""质"并重理念转变。农村公路质量的提高一定要以人为本，充分体现农民群众的意愿，注重农村公路的可持续发展，注重农村公路发展的建管养运的协调，更加注重民生和公平正义，实现基本公共交通运输服务均等化。这就是在新的历史时期对农村公路新的认识。

敖日明：从我所在的河南省情况看，自2007年开始，省交通厅连续4年按照每年县道每千米7000元、乡道每千米3500元、村道每千米1000元的补助标准对农村公路累计投入了12.5亿元大中修工程专项补助资金；各县（市、区）政府按照各地改革实施方案承诺的具体标准，将农村公路日常养护和大中修补助资金纳入本级财政预算，并及时拨付到位，保障了养护生产的正常开展。

这几年我们光山县的农村公路虽然有了很大发展，但距离经济社会发展需求特别是新农村建设，还有很大差距。最突出的是农民群众急切盼望提高农村公路建设的标准。随着汽车下乡、大型农机具的快速增多，原有的农村公路已越来越不适应农民需求。过去所修的农村公路技术等级低，虽然通达，但不顺畅。尤其是那些宽度只有3.5米的公路，车辆交会都很困难。此外，大部分乡村道路桥涵构造物配套不齐备，形成"断头路"或是有路无桥、宽路窄桥、附属设施不配套

等，抗灾能力差，影响道路通行能力。"十二五"期间，将以"县县畅、乡乡联、串村道路等级化"为目标，着力提升和完善农村骨干路网，提高道路等级，改善路面质量，增强连通功能，逐步实现"村至乡、乡至乡、乡至县"路网由"通达"到"通畅"的转变。同时，着力解决"县畅乡联"骨干路网上的危桥和有路无桥等问题。

李盛霖： 经过大规模的建设，我国农村公路总里程已经达到350万千米，如何做好这些公路的养护管理非常重要。前一阶段我们会同国务院有关部门对各地管理养护情况进行了检查评估，发现农村公路管理养护工作在逐步走上正常化、规范化轨道的同时，还存在一些问题，如一些地区还没有将农村公路全部列养，有的即使列养了，养护保障水平也不高；一些地区管理养护资金单一，仅靠燃油税转移支付，地方公共财政投入不足。这些问题制约了农村公路健康发展。

董正国： 近两年，我县农村公路发展正在由建设为主转变为建、管、养并重。建设中我们严格项目法人责任制、招投标制、工程监理制等制度，确保每条公路工程质量都达到标准要求。在注重建设质量的同时，加强公路管护，我们出台实施了《农村公路养护管理办法》，以"畅通、安全、舒适、美观"为目标，强化以路面为中心的全面养护，及时处理路面病害，农村公路形成了全县"统一领导，分级管理，以县为主，乡村配合"的养护体制，真正解决农村公路养护问题。我们每年用于农村公路管护的资金都在百万元左右，每天有近400余名公路养护人员坚守在各级公路养护岗位，有效地保证了农村公路的安全，畅通了农村交通环境。

李盛霖： 中央农村工作会议要求切实加强农村基础设施管护工作，建立确保工程设施长期发挥效益的有效机制。在"十二五"期间，我们要求各地把加强管理养护工作作为"十二五"时期农村公路发展的重点，坚定不移地推进各项改革，加强指导和行业管理。

今年，我部将联合国家发展改革委、财政部等部门，在对全国农村公路管养体制改革情况进行充分调研和检查评估的基础上，起草进一步加强农村公路管理养护工作的意见，针对管理养护体制、运行机制和养护资金筹集与使用等重点问题，研究提出相关政策措施。同时启动为期3年的农村公路管理养护制度落实年活动。

从全国范围看，有几个省的经验值得大家借鉴。山东、湖北、河南、黑龙江等地以地方法规的形式出台了农村公路条例。山东省总结推广了"枣庄模式"，建立了农村公路管理养护长效机制。陕西省将日常养护资金纳入地方公共财政预算，稳定了养护资金渠道。吉林省开展了养护管理年活动，有效提升了农村公路管养水平。

部里先后提出了抓好管理体制"三落实"和运行机制"三结合"，重点做到认识、责任、考核"三个到位"。各地农村公路养护管理体制和运行机制基本建立，养护资金筹措渠道进一步明确，日常养护管理工作得到初步落实，农村公路的发展质量得到进一步提高。

对话 ⬇

话题之四

建设更多更好的农村公路

李盛霖： 截至去年底，全国仍有1278个乡镇、11.73万个建制村不通沥青（水泥）路，其中90%集中在西部地区和边远贫困地区。在这些地区，建设的重点是乡镇、建制村通沥青（水泥）路。东中部省份和西部省份一些中心城市的郊区县，已基本实现了乡镇和建制村通沥青（水泥）路的目标，建设重点要逐步向县乡道改造、连通路建设等方面转移。不同地区或同一地区不同区域的差异性需求，是新时期农村公路发展的一个特征，需要因地制宜，分类指导。

"十一五"期间，在资金十分紧张的情况下，国家安排近2000亿元用于农村公路建设。"十二五"期间，在坚持资金支持力度不减的同时，国家还将继续加大资金支持力度，补助标准也会提高。资金投放优先考虑西部地区建制村通沥青（水泥）路建设，同时要加强危桥改造、安保工程建设，支持尚未通沥青（水泥）路的乡镇和建制村的农村公路建设、县乡道改造、连通工程、乡镇客运站建设等。

董正国： 在农村公路建设中，特别是在"村村通"工程中，由于许多村集体经济薄弱，通村里程长，单靠乡村的力量很难完成任务。为此，我们采取县包乡镇、县直部门包任务村的办法，同乡镇同奖同罚。县直172个部门和单位参加了包扶工作，有钱的出钱，有物的出物，积极支持交通建设。实施"村村通"工程以来，全县共为任务村筹措款物1580多万元，保证了"村村通"工程的按时完成。

我们在充分利用好国家补助资金的同时，克服财力紧张的困难，每年都从县乡财政中安排一定的专款用于农村公路建设，把有效的资金用在刀刃上。同时，我们还采取"一事一议"集一点、出工出劳省一点、拍卖集体资产筹一点、在外工作人员帮一点、沿线受益企业捐一点等多种方式筹集建设资金，确保地方配套资金到位，保证工程进度。在资金使用上，实行专项管理、专款专用，做到"一路一账、一路一档"，确保资金有效使用。

王翠娥：我村修路县里给了很大的支持。但是还有一些缺口。通过"一事一议"，村民自愿每人集资40元，共集资了5万元，建设村内"户户通"。修路能得实惠，大家都支持，群众积极性很高。

李盛霖："十一五"期间，交通运输部先后与27个省、区、市人民政府签署了《关于落实中央一号文件农村公路建设任务的意见》，明确了部省建设责任，细化了目标任务。各地也通过层层签订责任状，有效落实了农村公路建设主体责任。

从今年起，国家对农村公路建设投资全部实行财政转移支付的方式，这有利于地方更加自主地根据需求和重点，有针对性地推进农村公路建设。

董正国："十二五"期间，我们将抓住国家加大基础设施建设的机遇，围绕中等城市建设，在已有的通京、通辽的公路格局上，统筹规划，建干线、构网络、提等级、保畅通，新建绕城公路等，加快县乡公路上等升级，打造城乡一体化交通网络，进一步提高交通道路运输业现代化水平。

敖日明： 目前，我们全县规划建设公路里程达1531千米，桥梁建设项目101座4418延米。预计2015年底，我们力争建成"覆盖面广、结构合理、安全顺畅"的农村公路网，基本实现县境内村村通水泥路，组组通汽车，东西南北大循环，形成县内联网、县外对接的农村公路网络。

李盛霖： 根据"十二五"农村公路发展目标，到2015年，我国农村公路总里程将达到390万千米；农村公路管理养护体制改革落实到位，基本实现"有路必养"。完成县、乡道路桥以上危桥改造。进一步改善农村公路安全技术状况。大力发展农村客货运输，实现所有乡镇和90%的建制村通班车，支持发展农村配送物流。总之，要为农民建设更多更好的农村公路，造福亿万农民。

《经济日报》2011-05-30，薛志伟、李力、乔金亮报道。

五十

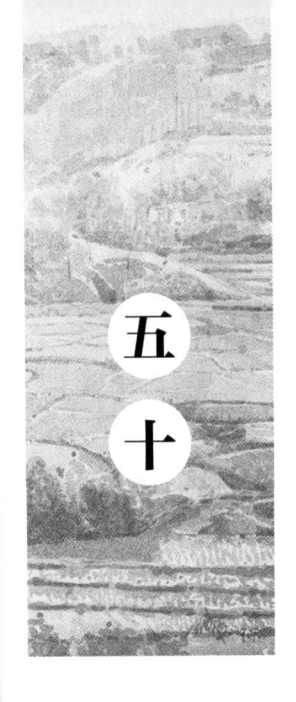

防治水土流失　共建秀美山川

对话人——

刘　宁：水利部副部长

赵众炜：甘肃省定西市安定区区长

毛　科：中国华电集团公司科技环保部副主任

张应昌：山西省吕梁市柳林县昌盛农场经理、水保大户

策划人——

李　力：经济日报农村新闻部副主任

对话 下

图50 刘宁（左二）、赵众炜（右二）、毛科（右一）、张应昌（左一）在交谈

乔金亮/摄

话题之一

新《水土保持法》实施将带来水土保持新面貌

刘宁： 目前公众对水土保持、生态环境建设十分关注，今年3月1日起正式施行的新修订的《水土保持法》引起了更为广泛的关注。新《水土保持法》为我国预防和治理水土流失，保护和合理利用水土资源，减轻水、旱、风沙灾害，改善生态环境，保障经济社会可持续发展，提供了更加全面、规范的法律依据。

《水土保持法》自1991年6月29日公布施行，20年来，推动水土保持工作取得了长足发展。但是随着经济社会的快速发展，《水土保持法》的外部环境相应发生了很多变化，需要予以修订。

从法律自身发展的要求来讲，《水土保持法》施行20年来，水行政部门大力推动落实，各地积极贯彻执行，为推进水土保持新发展提供了坚定的法律依据。但是，随着社会的全面发展和法制建设的日臻完善，需要进行修订和完善。

从经济社会发展的要求来讲，随着综合国力的增强、人民生活水平的提高，全社会对水土流失防治的要求越来越高，对水土保持工作提出了新的、更高要求，需要以法律的形式得到充分体现和落实。

此外，随着水土保持工作的深入开展，广大干部群众和科技工作者在实践中创造和积累了丰富的新鲜经验，这些实践证明了行之有效的经验和做法需要以法律的形式固定下来。因此，新《水土保持法》应运而生。

赵众炜： 我们安定区位于甘肃省中部，总人口47万人，其中农业人口37万人，是全国有名的贫困县（区）之一。

安定区之所以贫困，主要根源在于干旱少雨、水土流失严重、生态环境恶劣。历届区委、区政府始终把控制水土流失、改善农业生产条件作为增强发展后劲的一项重要举措，大力实施"水保立区"战略。

我们感到，随着经济社会的快速发展和广大人民群众对生态环境要求的不断提高，原《水土保持法》在具体实践中遇到了一些难以解决的新情况、新问题。就安定区来说，较为突出的表现在三个方面。

一是水土保持工作难以形成合力。原《水土保持法》没有将地方政府作为责任主体，导致这项关系全局的工作没有形成统筹兼顾、综合治理的工作机制和全社会共同关心、支持、参与水保事业的强大合力。

二是水土保持措施得不到有效落实。原《水土保持法》没有明确水土保持规划的法律地位，国民经济和社会发展规划没有充分考虑到水土保持工作，造成水保投入得不到保障。

三是水土保持执法力度跟不上。在县（区）工作中，一些重大项目都要求地方无偿做好土地征用等配合工作，并给予经济补偿，但对取土、采砂、采石等造成水土流失的治理没有任何补偿机制，水保措施落实没有强制性的法律规定。有"禁则"、无"罚则"，导致边建设、边破坏的现象时有发生。

刘宁：安定区遇到的问题在全国范围内应该说是普遍存在的，原《水土保持法》的不适应性还体现在水土保持工作管理制度、水土保持规划、水土保持方案编审制度等方面。

此次修订《水土保持法》，意义具体体现在：一是促进生态文明建设。明确了水土保持工作思路，加强了预防保护和综合治理，加大了水土流失严重地区和生态脆弱地区的综合防治，推进水土保持生态建设步入新阶段。

二是促进小康社会建设。加强了水土流失重点预防区和重点治理区的坡耕地综合治理、淤地坝等水土保持重点工程建设，着重改善农业生产条件和群众生活条件。

三是促进防洪安全。进一步加大长江和黄河等重点流域及区域的水土流失防治力度，减少泥沙进入江河湖库，减轻淤积，提高防洪能力和水资源利用效益。

四是促进粮食安全。强化土地治理与水系调配相结合，科学配置水土资源，促进水土资源高效集约利用，提高土地产出率，稳定提高粮食产量。

五是促进水土保持依法行政。进一步确立了各级政府的水土保持职责，提高水土保持社会管理和公共服务能力，为推进水土保持依法行政提供了强有力的法律支撑。

毛科：我们中国华电集团公司是特大型国有发电企业，我们在给千家万户带来光明的同时，也尽最大努力减少对环境的影响。这几年我们认真贯彻落实《水土保持法》，高度重视水土保持工作，加强生

产建设项目的水土保持管理，水土保持工作取得了积极成效。

张应昌：作为水保大户，我很关心新《水土保持法》的实施。农业要发展，粮食安全要有保证，水土保持工作必须先行。我们地处山区，要搞好水保，必须要有规范的法律可以依据。

话题之二

依据新《水土保持法》探寻体制机制新突破

刘宁：新《水土保持法》将近年来党和国家关于生态文明建设和水土保持方面的方针、政策，以及各地的成功做法和实践经验，以法律形式确定下来，重点在八个方面进行了强化。

一是明确了地方政府目标责任制。在水土流失重点预防区和重点治理区，实行地方各级人民政府水土保持目标责任制和考核奖惩制度。

二是确立了水土保持规划的法律地位。规定县级以上人民政府要组织编制水土保持规划并严格执行。

三是强化了水土保持预防保护。规定在水土流失严重、生态脆弱地区，应当限制或禁止可能造成水土流失的活动。

四是强化了水土保持方案管理。规定在山区、丘陵区、风沙区以及水土保持规划确定的容易发生水土流失的其他区域开办可能造成水土流失的生产建设项目时，生产建设单位应当编制水土保持方案，报县级以上人民政府水行政主管部门审批。

五是强化了水土流失重点治理。进一步丰富完善了不同水土流失类型预防和治理技术路线，规定要加强水土流失重点预防区和重点治理区的坡耕地改梯田、淤地坝等水土保持重点工程建设。针对水源保护和人居环境改善的新要求，提出开展清洁小流域建设。

六是强化了水土保持监测。规定县级以上人民政府应当保障水土保持监测工作经费，县级以上水行政主管部门应当加强水土保持监测工作，生产建设单位应当对生产建设活动造成的水土流失进行监测。

七是规定了水土保持补偿制度。规定因生产建设活动而损坏水土保持设施、地貌植被不能恢复水土保持功能的，应当缴纳水土保持补偿费。

八是加大了水土保持违法处罚力度。增加了滞纳金制度、代履行制度、查扣违法机械设备制度，强化了对单位（法人）、直接负责的主管人员和其他直接责任人员的违法责任追究。

赵众炜：您刚才提到的第一个强化就是新法明确了地方政府目标责任制。新法的实施用法律赋予我们一个抓水保工作的主体地位和权力，当然这里面还有压力。我们各级政府要把水土保持工作列上重要议事日程，同时把水土保持工作作为我们考核区一级政府及部门的一个重要内容，形成抓水土保持工作的整体合力。

新法还确立了水土保持规划的法律地位，规定县级以上人民政府要组织编制水土保持规划并严格执行。我们一方面要把区域内的水土保持规划做好，另一方面在进行地方经济和社会发展规划的时候，还要在其他的专业规划中充分考虑水土保持理念。此外，新法还规定了

水土保持补偿制度，解决了一个投入不足的问题，而且从法律上给予了我们支持。

刘宁：新《水土保持法》就是水土保持工作的法律依据，有了这个法律依据就可以在体制机制上寻求一些破解的路径。

话题之三

水土保持实现生态和经济效益双赢

刘宁：水土保持是关乎生态文明、全面建设小康社会，以及促进防洪安全、确保粮食安全的大问题。

回顾"十一五"，我国水保工作取得了显著成效。首先，法制建设成果丰硕，最重要的成果就是2010年12月25日修订后的《水土保持法》通过全国人大常委会审议，并于今年3月1日起正式施行。

我们可以用一些数字来说话。"十一五"期间，我国各级水行政主管部门审批水土保持方案11.5万个，各类建设项目共计投入水土流失防治经费1300多亿元，治理水土流失面积7.3万平方千米，减少水土流失量3.6亿吨。重点治理加快发展，"十一五"期间，全国新增水土流失综合治理面积23万平方千米，治理小流域2万多条，其中建设生态清洁型小流域800多条。水土流失治理区林草覆盖率增加4个百分点，平均每年减少土壤侵蚀量3.68亿吨、增加保水量85亿立方米。生态修复广泛推进，"十一五"期间，全国共实施生态修复面积22万平方千米，27个省区市、136个地市和近1200个县出台了封山禁牧政策，国家水土保持重点工程项目区实现了封育保护全覆盖。

赵众炜："十一五"期间，我们安定区以国家水土保持重点工程为载体，整合封山禁牧、退耕还林、荒山造林、梯田建设、坝系建设等水保治理措施，加快了治理步伐，提高了治理成效。五年来，全区累计完成水土保持投资1亿元，比"十五"时期增长150%；新增治理水土流失面积240平方千米。水土流失治理与产业开发相结合，建立了"修梯田、保水土、调结构、兴产业、增收入、促发展"的发展模式。

我想说几个具体的事情。众所周知，我们定西是马铃薯种植大市，这几年，我们以水土保持梯田建设为平台，充分发挥梯田高产的优势，大力发展马铃薯种植，推动了马铃薯产业的发展。

原来坡地上种植马铃薯产量很低，一亩地就收三五百斤，修成梯田后每亩地产量在三五千斤。单从收购来说，农民的收入就可增长10倍左右。更重要的是，我们现在已经围绕马铃薯形成了种植、销售、加工的产业链，马铃薯产业已成为辐射千家万户、带动农民增收、引领县域经济的战略性主导产业。应该说，正是因为水土保持梯田建设带动了马铃薯产业的壮大。

再一个，正是因为修了大量的梯田，农业机械被应用得更充分了，劳动力从土地上解放出来，剩余劳动力向城市其他产业转移，形成了独特的劳务产业。2010年，我们区共培训城乡劳动力3.2万人次，输转11.2万人次，创劳务收入9.8亿元。

水土保持工作让我们的粮食增产了，产业结构调整了，农民收入增加了，特色产业发展了。可以说，保水土、保生态就是保发展。

张应昌：水土保持和我们农民的关系最密切，我有切身体会。这几年，水土保持工程给我们农民造了很多高产优质的土地，像坝地、滩地、梯田，过去的"三跑田"变成了"三保田"。

我们柳林是一个贫困的山区县，没治理的时候连温饱都成问题，实行山水综合治理后，这几年发展得不错。原来下一点儿雨，水就流走了，土也被冲走了，土壤里面的养分也跟着走了，跑水跑土跑肥，我们叫它"三跑田"。现在修成里低外高型梯田，下点儿雨就可以在地里留下来了，这是保水保土保肥的"三保田"。

有了这些好地，就能增产增收，我们农民心里就有了底。一亩坝地能抵得上6亩坡地，旱涝保收，农民都抢着要。山西的水土保持部门在我们那里搞的坝滩联治工程，上有淤地坝拦洪做保险，下面垫滩造地，配了渠，修了路，很实用，很实惠。

在有了地的基础上，水利部门根据当地气候条件，帮我们选择培育增收快的产业，像我们那里就是发展核桃。目前我们乡人均核桃树2分多，亩产大概150斤，一斤13元，人均增产就是400多元。在开展水土保持过程中，我们还能从中挣一笔劳务费。

像我们农场，现在彻底改变了环境，还种植了果树等经济作物，搞起了农产品加工，发展农业旅游。

刘宁：这就产生了生态效益和经济效益。从你这一个水保大户或者是一个区域做的工作可以以小见大，看出四个效益：水土保持工作实现了保水保土保肥，带动产量提高；同时关乎着生态的安全；又有利于老百姓收入的提高；从我们水利行业来讲，还保护了江河的不淤积。

毛科： 为了防治人为的水土流失问题，我们一直在积极贯彻《水土保持法》，水土保持工作取得了显著成效，主要体现在三个方面。

一是系统内对水土保持工作的认识得到普遍提高。二是水土保持方案报批、水土保持"三同时"和竣工验收工作不断规范。集团公司水土保持方案申报率已达到100%；在集团范围内基本扭转了建设项目"重审批、轻落实"现象，水土保持验收工作得到显著规范，项目建成后久拖不验情况得到明显扭转。截至2011年2月底，华电集团已投产火电、水电项目的水土保持验收率由成立之初的零完成上升至70%，其他已投产项目正在积极开展验收申请或验收评估工作。三是水土保持管理工作不断强化，基础工作能力不断提高。

话题之四

调动全社会力量积极践行水土保持

刘宁： 尽管"十一五"时期，我国水土保持工作取得了显著成效，我们也应该注意到，当前水土保持工作中还存在许多亟待解决的问题。

水土流失防治任务仍然艰巨，与全面实现小康社会的战略目标和生态文明建设的要求还有很大差距。我国水土流失面积356万平方千

米，面积大、类型多、分布广、危害重、治理难，每年水土流失造成的损失，约占我国年度GDP的3.5%。全民水土保持意识和法制观念有待进一步增强，开发建设过程中急功近利、忽视生态保护的现象仍较为普遍，水土保持监督管理、监督执法能力和水平也还需进一步加强和提高。

修订后的《水土保持法》既是当前和今后一个时期开展水土保持工作的法律准绳，也是依法防治人为水土流失的法律武器。法律的生命力在于实施，我们水利部门一定要抓好宣传、抓好贯彻、抓好落实。重点加强以下五方面工作：

一是强化政府责任。全面推进落实地方政府水土保持目标责任制，建立健全考核奖惩制度，切实发挥政府在水土保持规划的制定和执行、资金投入保障等方面的主导作用。建立有效的水土保持协调机制，加强部门之间、行业之间的协调与配合，形成"水保搭台、政府主导、部门协作、社会参与"的协作机制。

二是夯实规划基础。按照统筹协调、分类指导的原则，科学编制好规划。以各地水土保持规划为基础，加快编制全国水土保持规划，科学确定水土保持发展目标、总体布局、防治方略、重点项目和政策保障。

三是加大投入力度。把水土保持纳入公共财政框架，积极探索建立水土保持投融资机制，综合运用财政转移支付、水利建设基金、金融信贷、税收调节、收益提取等办法，推动水土保持投入多元化。以水电、煤炭、石油天然气等行业为重点，逐步建立国家层面的水土保持生态效益补偿机制。

四是加强执法检查。以新《水土保持法》实施为契机，尽快启动地方性水土保持法规的修订工作，完善相关配套规章和规范性文件。扎实推进水土保持监督执法能力建设，进一步加强执法队伍建设，完善水土保持技术保障体系。

五是激励社会自觉。加强对水土保持工作人员和技术服务人员的集中培训，提高依法行政的能力和水平。面向各级党政部门和相关重点行业，有针对性地对新法加以解读，保障新法的各项规定、措施和制度落到实处。

赵众炜：按照新《水土保持法》的要求，我们要认真搞好规划，对水土保持规划确定的任务，安排专项资金，认真组织实施。要建立和实行地方人民政府水土保持目标责任制和考核奖惩制度，逐级落实责任，完善考核办法，完善目标管理体系，把水土保持目标任务完成情况作为评价各乡镇和有关部门年度工作的重要指标，加强水土流失重点预防和重点治理。

要制定优惠政策和措施，支持投资大户参与水土保持综合治理工程建设，鼓励全社会参与水土保持事业，全方位拓宽融资渠道。

还要进一步加强水土保持法制宣传和教育培训工作，充分利用广播、电视、报刊、网络等各种媒体，广泛开展宣传教育活动，全面提高社会公众和生产建设单位的法制观念和水土保持意识。

毛科：我们注意到，新《水土保持法》对生产建设活动提出了新的、更高要求。今后，我们将进一步强化水土保持工作。一是严格执行方案编报制度。法律明确了水土保持方案是生产建设项目开工建设的前置条件，可能造成水土流失的生产建设项目必须编报水土保持方案。二是在履行防治水土流失义务的过程中，要始终坚持与主体工程同时设计、同时施工、同时投产使用的水土保持"三同时"制度，在项目投产使用前要开展水土保持设施专项验收。三是在项目选址选线时，要避让水土流失重点预防区和重点治理区，对无法避让的项目，依法提高水土流失防治标准，严格控制地表扰动和植被损坏范围。四是项目建设过程中产生的弃渣，首先考虑进行综合利用，确需堆放的要有专门存放地，并采取防护措施，保证不产生新的危害。我们将认真学习新《水土保持法》，在生产建设中最大限度地减轻水土流失，减少对生态环境的影响。

张应昌：对农民来说，要琢磨如何在承包地上做好水土保持工作，我觉得有两点：一是处理好治理与开发的关系，要有生态效益，也要有经济效益；既要谋划长远，也要顾好眼前。二是水利水保部门也要加强监督和技术支持。我们的一些治理方法不是很科学，有了专业技术人员的指导，我们的治理开发才能事半功倍。

刘宁：您说得很好。在过去的20年里，水土保持的社会激励机制不断完善，全国各地涌现出不少像您这样的水土流失治理大户。

新《水土保持法》鼓励和支持社会力量参与水土保持工作，要求社会力量参与水土流失治理应遵循经批准的水土保持规划，这样可以避免治理工作的随意性和盲目性，保证治理工作科学、有序开展，发挥效益。

五十　防治水土流失　共建秀美山川

水土保持是一项社会公益性事业，经济效益相对较低。国家将在资金、技术、税收等方面给予一定的扶持优惠政策，充分调动全社会参与水土流失治理的积极性。

相信在全社会的共同努力下，山川秀美、江河安澜、人民富裕、国家强盛的美好蓝图一定能够早日实现！

《经济日报》2011-07-18，张雪、李力报道。

力争全年粮食丰收

对话人——

陈萌山：农业部总经济师

翟学军：国家半干旱农业工程技术研究中心主任

杨爱民：河北省饶阳县副县长

李　钧：成都新朝阳生物化学有限公司副总经理

刘国柱：河北省饶阳县大尹村镇吾固村党支部书记

策划人——

李　力：经济日报农村新闻部副主任

图51 陈萌山（中）、翟学军（右二）、杨爱民（左二）、李钧（右一）、刘国柱（左一）在交谈

赵晶/摄

话题之一

夏粮丰收来之不易

陈萌山： 大家都十分关注今年我国夏粮丰收的好消息。夏粮在大旱之年再获丰收，冬小麦实现了八连增，成为上半年国民经济运行中的一大亮点，确实令人振奋。

今年的夏粮生产是在连续七年丰收的基础上展开的，起点高、难度大，再获丰收相当不易。确保丰收最大的挑战是干旱。小麦播种后不久，黄淮海地区就出现了大面积、长时间的冬春连旱，旱情最重时，黄淮海8个主产省有四成以上小麦受旱，4月到5月局部地区旱情有所反复。面对这么严重的旱情，我们都很着急，一直在思考怎么能够把干旱造成的影响减少到最低的程度。可以说，抗旱减灾贯穿今年夏粮生产的全过程，抗旱夺丰收是夏粮生产的最大亮点。

翟学军： 的确，今年的干旱对夏粮的丰收形成了威胁，我们也都非常关注旱情的发展。旱情加重影响作物的成活率、发育及产量，因此，抗旱保墒十分重要。

陈萌山： 夏粮生产能够战胜干旱、再获丰收，主要得益于四个因素。一是政策支持有力，中央及时出台抗旱浇水补助和弱苗追肥补助等政策措施，调动了农民抗旱夺丰收的积极性。二是技术落实到位，深松整地、播后镇压、浇越冬水、"一喷三防"等技术措施推广面积进一步扩大，促进了小麦单产的提高。三是农业部门行动迅速、组织有力，大力推进科学抗旱，将影响降到了最低程度。四是高产创

建带动，今年全国各级小麦万亩示范片达到2000个，比上年翻了一番。各地在高产创建中，率先推广抗旱增产技术，率先实行良种良法配套，率先实现农机农艺结合，在有条件的地方实行整村整乡整县推进，为促进夏粮增产发挥了重要作用。

大旱之年夏粮再获丰收，为全年粮食生产稳定发展奠定了坚实基础，提振了信心，有利于保障粮食市场有效供给。

杨爱民：我们饶阳是个传统农业县，也是全国、全省粮食主产区。去年，全县共播种小麦26.59万亩。去冬今春的持续干旱气候给我县粮食生产带来了严峻挑战。

为保我县夏粮丰产丰收，县政府成立了由县长任组长，主管副县长任副组长，农牧、水务、科技、财政、发改、电力、石油等有关部门及各乡镇负责同志为成员的抗旱与粮食生产工作领导小组，建立了县领导包乡镇、乡镇干部包村、村干部包户的工作机制，明确了各级责任。县农牧局成立了抗旱保丰收工作领导小组，组建了技术服务小分队，深入各乡镇、重点村，指导群众科学抗旱、科学管理。

在具体工作当中，咱们农技人员付出了很大的心血，我们在全县筛选了50个点，开展了多次小麦墒情、苗情调查，针对不同地块类型制定出《小麦追水追肥管理方案与技术管理建议》，通过村广播喇叭每天早中晚反复进行广播，并印制技术资料5万份分发到各乡镇、村。组织群众开展了"一喷三防"技术措施，大力推广配方施肥、病虫害防治等技术，切实改善苗情，提高夏粮收成。

农业、水利部门开通24小时抗旱农技热线，农业技术人员全部分片包乡，深入小麦生产一线，对群众进行技术指导。同时制作"一抗双保"电视专题讲座 5 期，采取飞播字幕等方式进行大力宣传，营造了加强小麦管理的浓厚氛围。水利、电力、气象等部门也各司其职，共同为夏粮生产搞好服务。

刘国柱：今年我们吾固村的旱情挺严重的。上级党委、政府给了我们很大支持，派县里的农技员到村里给我们指导抗旱工作，并且给予了我们一定的资金支持来打井、铺管道，所以我们的夏粮生产取得了好收成。今年的粮食产量比去年还要高，像我们村去年一亩地产 800 多斤，今年产 900 多斤，品质上也比上一年好。

杨爱民：尽管持续干旱带来了压力，但是我们今年的小麦总产依然达到 23535.8 万斤，比去年 21328.6 万斤增加 2207.2 万斤；单产 885 斤，比去年 819 斤增产 8.1%。

李钧：夏粮实现丰收，套用以前的一个老话，叫一靠政策，二靠投入，三靠科学。今年的大旱，我们看到国家非常重视，不光有政策支持，投入也很大，老百姓自身的投入也非常多。与此同时，科技对夏粮增产起到了非常重要的作用。

在粮食生产方面，现在常常有一种误区，"谈肥色变""谈药色变"。应该说，我们的粮食生产是现代农业的一部分，现代农业必须依靠科技、依靠投入（包括化肥、农药等农资的投入）。我们谈粮食安全，应该包括两个方面，一个是数量安全，一个是品质安全。如果没有化肥、农药的投入，保证不了数量的安全。但是更重要的是，一定要正确使用优质的农资产品，只有好的农资产品才能确保粮食增产又优质。

陈萌山： 今年的夏粮丰收，离不开科技的支撑。我们要实现粮食生产的优质、高产，和投入密不可分。我们讲优质、高产、高效、生态农业，其中就包括科学施肥，如果没有化肥的投入，要想高产是很难做到的。科学地施用化肥、增加农资投入是粮食获得高产的一个物质条件，也是一个基础。

话题之二

秋粮生产值得期待

陈萌山： 目前大家关注的另一个问题就是秋粮能否丰收。从近期农业部农情调度和各地反映的情况看，今年秋粮生产播种动手早、进度快、质量好，奠定了夺丰收的好基础。

翟学军： 夏粮是基础，秋粮是关键，各地都非常重视秋粮的生产，干旱、半干旱地区都把抗旱保苗、高温热害防御、病虫害防治作为当前田管重点。

陈萌山： 现在各地都在忙着秋粮生产的田间管理。按农历说，"八月十五定旱涝、八月十五定收成"，现在预测秋粮丰收是有依据的。今年秋粮的种植面积稳中有增，全国秋粮意向播种面积11.57亿亩，同比增加700多万亩。特别是高产作物玉米、水稻面积增加较多，玉米4.97亿亩，同比增加1000多万亩；中稻2.74亿亩，同比增加660万亩；晚稻意向种植面积9500多万亩，同比增加200多万亩。

播种进度总体也是正常的，除长江中下游部分地区中稻因旱栽插进度略慢于往年外，其他地区粮食作物播种期基本正常，特别是东北地区播种期普遍提前，辽宁采取边整地、边播种的一条龙作业方式，有效加快了播种进度，提高了播种质量，玉米播种比去年提前 15 天；黑龙江 5 月 20 日种完大田，5 月 25 日结束水稻插秧，分别比去年提前 10 天和 5 天。

杨爱民：今年，我们全县玉米播种面积有 28.38 万亩。据农业部门调查统计，目前玉米长势良好，穗位整齐，40%已抽雄。我感觉，今年秋粮长势要好于去年，为什么呢？麦收以后，我们采取了贴茬播种，麦子收了以后马上播种，小麦收割机后面跟着播种机，随割随种，实时播种，并推广使用密植型品种，增加株密度。及时浇水，把玉米苗"送"出来以后，正好赶上后期一场透雨，为今年的玉米生长打下基础，再加上后期追肥，为我们秋粮增产打下了好基础。

陈萌山：你们的做法很好，今年全国的播种基础总体较好。东北地区播种期间雨水充足，土壤墒情适宜，机械化整地力度大，播种进度快，全部实现适期播种，一播全苗。黑龙江水稻育秧大棚增加 11.4 万栋，大棚育秧比例提高 8.7 个百分点，机插秧比例达到 90%以上，提高 11.2 个百分点。辽宁耐密型玉米品种种植比例达到 70%，增加 40 个百分点。长江中下游地区超级稻、优质稻和测土配方施肥、旱育秧、集中育秧、机插秧等技术应用率稳步提高，尽管前期持续高温无雨，但 5 月 21 日以来，普遍出现明显降雨过程，有效缓解了旱情，特别是近期江淮地区雨水较多，对中稻分蘖和孕穗有利。

杨爱民： 为了确保秋粮丰收，我们还采取了很多措施：加强技术指导，在玉米不同生长期开展技术讲座，指导群众在大喇叭口期进行了二次追肥。指导群众加强病虫害防治，重点对发生的二点委夜蛾进行了测报、除治。在收获期将继续深入推广"两晚"节水增产技术，确保玉米增产丰收。

刘国柱： 我们村种的1800亩地，大多数都在大喇叭口期进行了二次追肥，现在长势挺好。

陈萌山： 从目前的情况来讲，今年旱情还是比较重，我们始终要坚持抗灾夺丰收。还有一个月的时间，秋粮收成就可见端倪。

翟学军： 从农业科研角度来说，当前正是秋粮产量形成的关键时期，也是自然灾害和病虫害多发易发期，要全力夺取秋粮好收成，一定要努力减轻灾害损失。

陈萌山： 目前正值防汛抗旱的关键时期，秋粮生产还要过洪涝、干旱、早霜、寒露风等关口。东北地区要重点防范夏伏旱和早霜；黄淮海地区要重点预防夏伏旱；长江中下游地区要重点防御洪涝灾害，提早落实高温热害和寒露风防范措施，切实加强台风防御工作，确保秋粮安全成熟。

同时还要大力开展病虫害统防统治，重点做好秋蝗、稻飞虱、稻纵卷叶螟、稻瘟病、病毒病、二点委夜蛾等病虫害的监测与防控指导。发动全国已建成的800个病虫害预警与控制区域站，加强病虫监测预警，及时发布病虫信息。在病虫害发生危害的关键时期，组织3批专家指导组赴东北稻区、长江流域稻区和黄淮海玉米产区等秋粮主产区巡回指导病虫害防控工作，确保防控技术措施落实到位。

翟学军：我接着说两个具体的问题。我感觉要保证秋粮的增产增收，必须重视防病防虫问题。比如蚜虫问题，如果不加以防范可能会影响授粉，也影响整个光合作用。再一点，我认为应该重视"两晚技术"的使用。根据现在天气变化的趋势，春天比较寒，秋天到11月温度还偏高，适当推迟玉米收获期和小麦播种期，充分利用9月下旬和10月上旬的光照资源，对粮食的增产作用很大。

陈萌山：我相信，只要我们立足抗旱减灾夺丰收，措施到位，今年秋粮实现好收成是可以期待的！

话题之三

向提高综合生产能力要粮食

陈萌山：粮食是安天下的产业，解决吃饭问题始终是治国安邦的头等大事，我想这也是我们农业部门的首要任务。要确保粮食生产持续稳定发展不滑坡，就要着力提高粮食综合生产能力。

"十二五"期间，我国的粮食生产基础要得到巩固和加强，粮食综合生产能力要稳定提高，有两个具体目标是，耕地保有量不低于18亿亩、粮食播种面积要保持在16亿亩以上。这样，粮食自给率才可能稳定在95%以上，其中，水稻、小麦、玉米三大粮食品种完全自给。

要稳定提升粮食综合生产能力，我们必须扎实强化"三基"：一是强化农业设施基础。下大力气加强农业基础设施特别是农田水利设施建设，稳步提高耕地基础地力和产出能力。大力推进农业综合开发和基本农田整治，加快改造中低产田，建设高产稳产、旱涝保收、节水高效的标准农田。实施重点涝区治理，加快完成中部粮食主产区大型排涝泵站更新改造，提高粮食主产区排涝抗灾能力。加快小型农田水利建设，整体推进农田水利工程建设和管理。

二是强化科技支撑基础。大力推进农业关键技术研究和先进适用技术的集成配套、示范推广，力争粮食单产有大的突破。到2015年科技对农业增长的贡献率达到55%以上，比2010年提高3个以上百分点。

三是强化粮食调控基础。完善粮食补贴和价格支持政策，保护和调动地方政府重农抓粮积极性和农民种粮积极性。健全粮食储备制度，加强粮食进出口调剂，健全粮食宏观调控机制。加强粮食市场体系建设，促进粮食市场竞争，充分发挥市场在资源配置方面的基础性作用。

翟学军：这个"三基"概括得好，我很受启发，今后我们的研究课题也要围绕着强化"三基"下功夫。

刘国柱：您说的这些措施真好，都是让我们农民受益的事，我们太欢迎了。

陈萌山：要稳定发展今后的粮食生产，我们必须采取六个方面的具体措施。要大规模建设旱涝保收高标准农田。"十二五"期间，要力争新建高标准农田4亿亩，更新提质建设高产田1亿亩。重点开展农田水利建设、土地平整,建设田间排灌沟渠及机井、小型集雨蓄水设施、节水灌溉设施和机耕道路,增施有机肥和秸秆还田,提升农田保灌能力和土壤肥力,改善生产条件。这件事情是粮食生产的根本,关系长远。

要做大做强现代种业。"十二五"时期,要推进体制改革和机制创新,整合种业资源,构建以产业为主导、大企业为主体、大基地为依托、产学研结合、育繁推一体化的现代种业体系。

要大规模开展粮食高产创建。目前依靠单项技术很难实现单产大幅提高,可行的途径是集成推广先进实用技术,促进良种良法配套、农机农艺结合,带动大面积平衡增产。去年农业部在全国建设4380个粮食万亩以上高产创建示范片,平均亩产达656公斤,比全国平均水平高出320多公斤。

要大规模开展病虫害专业化统防统治。按照政府扶持、市场化运作、社会化服务的原则,率先在水稻、小麦、玉米三大粮食作物主产区实施专业化统防统治,逐步实现重点地区、主要品种全覆盖,降低防治成本,提高防治效果。

要大力开展农民职业培训和新型生产经营主体培育。随着农村青壮年劳动力大量转移,许多地方留乡务农劳动力以妇女和中老年为主,从事农业的劳动力素质呈结构性下降,这是发展现代农业面临的一个突出问题。解决这个问题,主要措施就是多渠道开展农民职业培训,扩大培训的覆盖面,加快推进农业职业免费教育,免费进行"绿色证书"培训,着力培育一大批种田能手、农机作业能手、科技带头

人等新型农民。

要大力提升农机装备水平。去年，我国农作物耕种收综合机械化率达到52%，标志着农业生产方式由过去人力畜力为主转入以机械作业为主的新阶段。要继续实施好农机购置补贴政策，进一步扩大农机装备总量，优化农机装备结构，推广先进适用农机化装备和技术，用高科技含量的机械化带动农业现代化。

杨爱民：我说几点切身感受。第一，种子的问题非常关键。良种对粮食增产的作用贡献极大，良种研发出来，还必须保证群众实实在在去用、去种，才能产生看得见的效益。

第二，就是得加强农技推广体系的建设，任何一项技术，一个品种，你要推广，没有体系是做不起来的。

陈萌山：县长讲的正是目前粮食生产的两个薄弱环节。

杨爱民："十二五"期间，提高农业综合生产能力，就我们县来说，首先要调动农民生产积极性，农民是种粮食的人，调动起他们的积极性很重要。我们要制定落实好扶持政策，组织好粮食直补、农资综合补贴、良种补贴等政策项目实施，加大政策引导，鼓励土地有序规模流转，向粮食种植大户集中。

就农技推广体系建设，我们将切实加强基层农技推广站建设，完善功能，加大培训，不断提高农技队伍人员素质，希望进一步加大对产粮县财政转移支付力度，保证农技队伍工资待遇、办公经费落实，不断改善其工作条件，切实调动农技人员推广服务热情。

再者，加大良种良方推广力度。良种良方是粮食高产的重要保障。要不断加大新品种研发、引进，提高良种良方科技含量。同时，要进一步加强良种良方推广，采取更有效的良种补贴形式，加大良种推广力度，扩大良种覆盖面积。

刘国柱： 要想提高粮食产量，我看主要得依靠科技，再一个就是稳定种植面积，保证粮食生产不滑坡。另外，我感觉农民最关心的还有农资价格问题。

李钧： 我们是农资生产企业，农资价格上涨确实是因为原材料和劳动力等成本提高了。我想强调的是，农民使用农资一定要讲究科学，不是化肥施得越多越好，化肥过量使用还会造成浪费、土壤板结、污染等后果。同时，我们的产品和技术一定要适应农民的一些生产习惯的变化。就像我们照相喜欢用简单便于操作的"傻瓜"相机一样，农民也愿意用操作简单省事的农资产品和技术。因此，我们公司的观念就是，一定要贴近农民研发我们的技术和产品，让农民喜欢用、习惯用，才能让科技发挥出更大的作用。

再者，我们感觉到现在市场中农资企业非常多，有好的产品，也有不好的产品，每个产品都说自己的好，但农民的辨别能力比较差。这就需要有关部门扶优打劣，只有推广优质的农资产品，才能确保我们粮食的增产和品质安全。

翟学军： 我认为提高农业综合生产能力，必须高度重视节水农业的发展。我们针对华北区域严重缺水的问题，和我国冬小麦、夏玉米主产区的现状，从 2009 年开始率先在河北省开展了冬小麦、夏玉米两季滴灌、微喷水肥一体化技术研究与示范，结果表明，微喷水肥一

体化技术可使小麦增产 20% 左右，同时节水、节电均达到 50%，节地 10% 左右，另外 2010 年夏玉米也增产 30%。

陈萌山： 节水农业对我们国家来讲，既是战略选择更是现实需要。不解决节水的问题，小麦生产将会受到影响，粮食安全也会受到影响，因此探索小麦节水的技术体系，意义十分重大，今后还要加以重视。

解决好我们 13 亿人口的吃饭问题始终是个大问题，我们一定要稳定提升粮食综合生产能力，确保我国粮食安全。

让我们大家一起努力，力争全年粮食丰收！

《经济日报》2011-08-15，李力、张雪、吉蕾蕾报道。

五十二

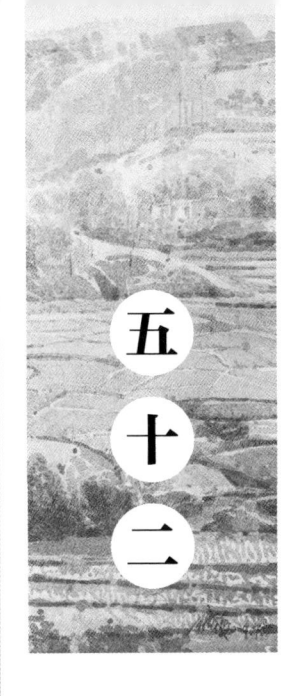

如何健全农田水利建设新机制

对话人——

李国英：水利部副部长

吴忠华：河南省新郑市委书记

付华廷：黑龙江省甘南县兴十四村党总支书记

策划人——

李　力：经济日报农村新闻部副主任

图 52　李国英（中）、吴忠华（右）、付华廷（左）在交谈

乔金亮 / 摄

水丰才能粮茂。中央一号文件和中央水利工作会议强调要大兴农田水利。如何把中央的政策层层落实好，水利部副部长李国英与来自基层的领导和农民代表共同探讨——

话题之一

有收无收在于水

李国英：农谚说"有收无收在于水，收多收少在于肥"，农业生产离不开水。我国既是农业大国，也是水利大国。中华人民共和国成立以来，党和国家始终高度重视水利工作，水利事业的不断进步为经济社会发展、人民安居乐业做出了突出贡献。但也必须看到，迄今为止农田水利建设滞后仍然成为影响我国农业稳定发展和国家粮食安全的最大硬伤。

为此，今年中央一号文件和中央水利工作会议都特别强调要大兴农田水利，明确提出把农田水利作为农村基础设施建设的重点任务，对农田水利建设提出了具体要求，包括到2020年，基本完成大型灌区、重点中型灌区续建配套和节水改造任务；在水土资源条件具备的地区，新建一批灌区，增加农田有效灌溉面积；实施大中型灌溉排水泵站更新改造，完善灌排体系；加快推进小型农田水利重点县建设，加强灌区末级渠系建设和田间工程配套；因地制宜兴建中小型水利设施，支持山丘区小水窖、小水池、小塘坝、小泵站、小水渠等"五小水利"工程建设；大力发展节水灌溉，等等。

吴忠华：听您详细解读中央加强农田水利建设的政策，作为基层干部我倍感鼓舞，中央的决策为我们下一步的水利建设提供了政策性的保障，为我们基层大兴水利撑了腰、做了主。

我们新郑市地处中原腹地，耕地面积74万亩，人均水资源量不足全国人均的十分之一，水资源短缺一直是制约我市农业和经济发展的主要因素。

按照中央一号文件和中央水利工作会议的要求，我们进一步明确了"南调长江水，北引黄河水，西蓄天上水，东治洪涝水，合理开发地下水，综合利用循环水，全社会厉行节约用水"的治水思路，把水利作为最大的民生问题来考虑，并且坚持两个"两手抓"，一手抓水利建设，一手抓水利管理；一手抓防汛，一手抓抗旱。在水利工作重点上，把村村通安全卫生的自来水、高效农业暨农用机井升级改造工程、水库除险加固暨生态水系建设和基层水利服务体系建设作为重中之重来抓。

李国英：新郑市的思路很好。我们看到全国很多地区都已经出台了各自贯彻落实中央一号文件的"一号文件"和加强水利建设，特别是农田水利基本建设的文件，可以说，以今年中央一号文件颁发和中央水利工作会议召开为契机，全国范围内正在掀起新一轮大规模的农田水利建设高潮。

付华廷：刚才听李副部长讲一号文件的精神，我非常振奋！国家这么重视并加大投入修建农田水利设施，这是实实在在给农民腰包塞钱，让我们农民直接受益，这么好的事儿做梦都能笑醒。我们兴十四村是黑龙江省严重干旱的地区，用老话说是"沙包地、破皮黄，十年十旱不打粮"，有的年份年降雨量才 140 毫米。对我们农民来说，水就是命。

我们这几年的发展，就是沾了水利的光。国家给我们建了大喷灌设施，去年三伏天 80 多天没下雨，我们用大喷灌浇上 7 遍水，照样大丰收，粮食平均亩产超吨，马铃薯脱毒种薯最高亩产达到 10285 斤。要是没有大喷灌，我们就得绝产。

现在，我们全村节水喷灌覆盖面达到 100%。一个妇女一按电钮，就可以浇两千亩地。我看这就是一项最好的民心工程。

李国英：我多次到兴十四村调研，农田水利设施在兴十四村的作用发挥得比较充分，付书记的体会比较深刻，他们那里的自然降雨条件不好，如果没有喷灌，粮食产量很快就会掉下来。

农田水利设施为什么受农民群众欢迎？就拿喷灌设施来说，在兴十四村这一带，如果没有喷灌，即便是好年景，一亩玉米也就收六七百斤，上了喷灌以后，一亩地能收 2000 斤，增产 1000 多斤，可增收 1000 多元，扣掉成本以后，净增收也有 1000 元。喷灌还有一个明显的好处，就是省水，比大水漫灌至少节省 50% 以上的水。

付华廷：我们喷灌一亩地才 6 元钱，要是漫灌，一亩地得 15 元钱，你说这得省多少钱。

去年我们全村人均收入是 32000 多元，今年能超过 5 万元。好的农田设施真能让我们多打粮、多挣钱。

李国英：兴十四村是个典型的靠节水灌溉增收的例子，付书记的

话听了真让人高兴。

还有一个好消息,为把中央一号文件精神落到实处,国务院办公厅把文件要求的内容分解成88项具体任务。其中涉及农田水利的36项,水利部都已落实到有关司局,明确了具体目标、任务内容和完成时间。今年的434个大型灌区续建配套和节水改造任务,新增400个小型农田水利重点县建设任务,6000万农村居民饮水安全建设任务,都已全部落实下去,投资规模和建设规模都比往年有较大幅度的增加。

照这样的规模和速度推进下去,经过十年左右的努力,我们的农田水利基本建设会跃上一个新的台阶,农田水利建设滞后问题会得到有效解决,国家粮食安全会得到更加有效的保障。

话题之二

钱从哪里来?

李国英: 水利的公益性很强,干水利,一定要有真金白银的投入。我们初步计算,未来十年,要大规模进行农田水利基本建设,每年大约需要2000亿元,这是一个相当大的数字,必须解决钱的来源问题。

今年中央一号文件特别提出要建立水利投入稳定增长机制,提出三个方面的投入渠道,一是加大公共财政对水利的投入;二是加强对水利建设的金融支持;三是广泛吸引社会资金投资水利。

基于水利的公益性、基础性和战略性，公共财政投入是其主要的投入渠道。这里面包括几种形式，比如"从土地出让收益中提取10%用于农田水利建设""延长水利基金征收年限并拓宽来源渠道""完善水资源有偿使用制度""有重点防洪任务和水资源严重短缺的城市要从城市建设维护税中划出一定比例用于水利建设"等。

吴忠华：我们县级地方政府，就如何保障水利建设的稳定投入，也在动脑筋、想措施。首先作为我们市本级的财政，就要加大投入。除了从土地出让收益中提取10%用于农田水利建设外，我们还决定将不少于5%的财政一般预算收入用于水利建设。

其次，我们按照"渠道不乱，用途不变，区域集中，各尽其功"的原则，整合各类涉农资金投入农田水利建设。

最后，公益性水利事业我们主要依靠政府投入，对经营型的要广泛吸引社会资金，采取市场的办法，融资解决。

李国英：从吴书记的介绍中，能够感受到，新郑市没有拘泥于中央一号文件规定的从土地出让收益中提取10%用于农田水利建设。他们还有一个含金量很高的政策，就是将财政一般预算收入的不少于5%用于农田水利建设，这是很重要、很有保障的一个投入渠道。

因为土地出让收益到了一定程度以后，没有那么多土地出让了，土地出让收益就会降下来，而财政一般预算收入会逐年增加，这是一项可持续的保障政策。

吴忠华：我们新郑市财政一般预算收入去年达到16.2亿元。实际上最近三年，我们市财政投入水利建设的资金每年都在2亿元左

右，远远超过5%的比例，5%只是一个底线。有这个基数在，水利工程建设就有发言权。

李国英：我非常赞赏你们建立这种投入机制，这种模式值得各地借鉴！

付华廷：我们现在用上的大喷灌设备都是政府给投资的，但是相应的配电设施需要村里投入。发展农田水利，国家支持一块，集体投一块，村民摊一块。老百姓积极性也挺高，因为虽然投入一些钱，但赚回来的钱更多。

李国英：从总体来看，农田水利涉及面广，历史欠账多，现状投入水平相对农田水利建设实际需求仍严重不足。为有效解决农田水利的投入问题，水利部将采取以下措施争取加大投入力度，提高资金效益。一是与国家发展改革委、财政部等有关部委积极衔接，切实增加农田水利投入，增加农田水利专项资金规模；二是通过制定有效的政策措施，采取"民办公助"等办法，引导群众自愿参与农田水利建设；三是制定各项优惠政策的执行细则，督促各地用好用足"土地出让收益10%用于农田水利"等政策措施；四是建立融资平台，吸引社会资金投入经营性较强、经济效益较好的农田水利工程建设。

话题之三

建得起更要管得好

李国英：农田水利基础设施建设是百年大计，资金投入有保障了，要使工程建得起，管得好，关键要让群众长受益，还必须创新组织方式。

水利部在创新组织方式上采取了以下措施：一是鼓励省级开展竞争立项，公开竞争择优确定项目区。比如说搞小农水重点县建设，优先支持哪些县搞呢？有个竞争性意向问题，你要承诺你的配套政策、工程建设质量，还要有良性运行的工程管理机制做保障等，通过这样竞争性的立项方式，强化基层对工程建设质量保证的责任和义务。

二是我们要求县级推广群众参与、政府群众互动的"遵循规划、民主议事、集中申报、竞争立项、以奖代补、强化管理"六步工作法，发挥两方面积极性和主观能动性，把农田水利作为自己的事业来干，当作自己的家园来建。

三是推动项目区受益群众采取"一事一议"的办法，参与项目建设管理全过程，充分保障农民权益，确保项目的透明公开和公平公正。

四是建立健全分类管理模式。对大中型灌区节水改造、泵站更新改造等较大规模的工程，大力推行工程建设"项目法人责任制、招投标制、建设监理制和合同管理制"等四项制度。对分散的较小规模工程，积极探索建立适合小型农田水利特点的建设管理制度，推行"民办公助"和"财政奖补"政策。

吴忠华：您谈到的农田水利建设管理工作很重要，我们在基层工作有切身的体会。在新郑市，我们要求水利工程建设必须把好"六关"：财政预算关、工程招投标关、质量监理关、资金拨付关、工程

验收关、审计决算关。如果工程质量出现问题，资金不仅不拨付而且还要重做，否则纳入不诚信施工单位，不允许在新郑市做工程。

付华廷： 我的体会就是要抓落实，农田水利设施要管住、管好，让它发挥最大效益。我们村里除了有一级资质的施工队伍，严格监理，村民还自己主动看着工程建设，少添一锹土也不行。同时，我们严格划分责任，喷灌的泵、线路、变压器等全和农民签合同，丢失、损坏要赔偿。

李国英： 有了钱，要建工程，一定要建长期可持续利用的工程，各地采取的措施不尽相同，但我想在这个问题上，哪种方法有效就用哪种方法。对确保工程质量而言，无论采取多么严厉的措施都不过分。

吴忠华： 我认为，构建相应的基层服务体系也很重要。

我们市在村组构建以"六护员"队伍为主体的"六护一站"管理体制，以农田水利基础设施管护为主，一岗多职、一员多能。护井渠、保井井通水；护道路、保路路畅通；护林木、保乡村绿化；护电力、保网网通电；护村庄、保村村整洁；护土地、保处处集约。实现了农村小型水利设施"时时有人管、处处有人管、事事有人管"。

李国英： 中央一号文件和中央水利工作会议提出"健全基层水利服务体系"，这是农村水利发展的必然要求，因为工程建完之后，如果基层的服务体系跟不上，水利工程也不能充分发挥应有的效益。一个时期以来，基层农田水利不仅存在工程建设上的"最后一公里"问题，也存在工程管理上的"最后一公里"问题。

吴忠华： 基层水利服务体系，具体应该包括哪些方面呢？

李国英： 我们研究之后，认为至少要有三个方面的内容，或把它概括为"三驾马车"。

"第一驾马车"是基层水利服务机构，或者叫基层水利站，它是县级水行政主管部门的派出机构，主要承担水资源管理、防汛抗旱、农田水利建设、水利科技推广等公益性职能。

"第二驾马车"是农民用水合作组织，农民在自愿的基础上自发组织起来，负责区域内的水量分配、水费收取、水事纠纷调解、水事秩序维护，同时负责末级渠系的建设与管护等。

"第三驾马车"是准公益性专业化服务队伍。在基层农田水利设施运行过程中，提供专业化服务。比如，专业设备提供、维修，等等。

目前看，至少要这"三驾马车"并驾齐驱，相互配合，共同支撑起农村基层水利工程的运行管理，让其发挥应有的效益。可能将来在"三驾马车"的框架下，还会有一些有益补充，我们的根本目的是让农田水利工程在田间地头发挥出最大效益，让老百姓感到便利。

《经济日报》2011-08-29，李力、张雪、乔金亮报道。

画外音——"水利嫁妆"缘何走俏？

女儿出嫁，各地风俗各异，嫁妆自然会有所不同。形形色色的嫁

妆中，平板电脑、高档家具都已不稀奇，但陪嫁喷灌机，您可曾听说过？甘南县兴十四村村支书付华廷说，在当地，嫁女儿时要打听男方家是否有喷灌机。如果婆家没有，有条件的女方一般会陪嫁喷灌机。

可别小看这些并不华丽的嫁妆，它能给农民带来实实在在的好处。据农业专家介绍，用喷灌机雾化喷灌既节省劳动力，又节能节水。"自动喷灌一遍一亩地的成本才6块钱，和传统的柴油泵喷灌相比，每亩地可省9块钱。如果没有灌溉，产量就会掉下去。"我国农户生产规模小、经营分散，农业生产对灌溉依赖性强。喷灌机等小型农田水利设施担负了保证国家粮食安全、节约灌溉用水等任务，亿万农民正是小型农田水利工程的直接受益者。

陪嫁喷灌机显示了农民对于民生水利需求的迫切。民生水利发展是一个长期的动态过程，尽管近年来民生水利发展迅速但还不全面，任务还十分艰巨。今年中央一号文件要求，"十二五"期末要完成发展喷灌、微灌等高效节水灌溉面积5000万亩。放眼水利发展，应当坚持民生优先，着力解决人民最关心最直接最现实的水利问题。让民生水利的阳光普照亿万群众！

《经济日报》2011-08-29，乔金亮报道。

应该把发展中小企业作为一项基本国策

对话人——

侯云春：国务院发展研究中心副主任

陈宏坤：山东金正大公司副总经理、国家缓控释肥技术研究中
　　　　心副主任

宁石林：湖南省新晃侗族自治县龙脑开发有限责任公司董事长

班书严：农民工代表、山东金正大公司员工

策划人——

李　力：经济日报农村新闻部副主任

图 53　侯云春（左二）、陈宏坤（右二）、宁石林（左一）、班书严（右一）在交谈

乔金亮 / 摄

中小企业对经济社会发展贡献巨大，但自身发展还存在着很多困难。新形势下中小企业如何发展壮大？国务院发展研究中心副主任侯云春与中小企业代表和农民工代表共同探讨——

话题之一

中小企业发展的"98765"意味着什么

侯云春：今天我们谈论的话题是很有意义的，因为中小企业在经济社会发展当中，具有举足轻重的作用。在任何国家都是这样，中小企业量大面广、多如繁星，是最具活力、最具创业意识、创新意识和竞争意识的企业群体，是国民经济和社会发展的重要力量。中小企业特别是微型企业不仅具有经济功能，更具有重要的社会功能，在反贫困、促就业、惠民生、保稳定等方面的重要作用无可替代。因此，各国都十分重视中小企业的发展，采取多种经济社会政策支持中小企业。总体来看，我国中小企业发展有一个"98765"的数字，可以说明其地位和作用。就数量来讲，我国的企业99%以上是中小企业，其创造的就业机会是80%以上，专利和创新占全国总数的70%以上，创造的国民生产总值占全国的60%以上，提供的利税占全国利税总额的50%以上。在经济社会发展中，中小企业是市场竞争的促进者，是创新的担当者、创造就业的担当者，也是传统文化的传承者。

陈宏坤：您对中小企业的肯定让我们很感动。金正大公司是13年前利用80万元创业的公司，经过10多年的发展，我们从一个小企

业发展成为中型企业。在就业方面，我们从创业初期解决几十个人的吃饭问题，到现在承担了5000多名员工的就业问题，尤其是为周边的农民提供了很好的非农就业岗位。公司从以前的缺资金，甚至没有利润的情况下，发展到现在每年能够向地方政府缴纳1亿元左右的税收，对地方经济的发展起到了助推作用。

这些年来，我们坚持发展缓控释肥这一新兴产业，建立了亚洲最大的缓控释肥生产基地，有力地促进了整个化肥行业的转型升级。缓控释肥在节约资源、减少污染、减少农民劳动力投入、增产增收等方面都发挥了重要作用，具有巨大的生态和社会价值。化肥是大进大出的行业，我们每天原料和产品的进出量要超过1万吨，直接带动了交通运输产业和辅料制造以及周边餐饮业等的发展。

班书严：说到增加就业，我最有体会。我就是一名农民工，是金正大公司5000多名员工之一。我进公司至今有5个多年头了。之前我在家种地，经济比较紧张，7亩地一年收入就是四五千元钱，而进入公司的当年，我们的工资待遇就是每个月2000元左右。

如今我在公司上班，也不耽误家里种地。利用公司生产的缓控释肥，在播种的时候就把肥施了，种地很轻松。现在公司上市了，工资待遇也相对提高了，从去年开始每月工资大概在3000元到4000元左右。公司按照社保要求为我们缴纳了"五险一金"，还推出了很多福利待遇，每月发放毛巾和洗衣粉，每个员工过生日时，公司都送生日蛋糕和礼品。还修建了职工餐厅、职工浴池等场所，我们在餐厅吃饭方便又经济，每餐花两三元就能吃得很饱很好。

陈宏坤：公司员工离家比较近，在播收忙碌的季节，公司会给他们放几天假回家忙农活。另外他们也可以雇别人种地，基本可以说上班、种地两不耽误。

班书严：最让我感动的是，公司规定员工的子女如果考上了国家统招大学，在读期间每年都给予资助，专科是每年 2000 元，本科是 3000 元，研究生是 5000 元，博士生是 1 万元。我的 3 个孩子都考上了大学，大女儿是博士生，双胞胎是本科，每年公司都给予资助，到目前总共 5 万元了，要是光靠我自己就供不起了。

陈宏坤：这是公司应尽的社会责任。

宁石林：我们公司所在地是一个侗族自治县，现在还是省级贫困县。公司 1997 年成立，到现在已经有 14 年了。从规模上讲属于中小企业，但从行业来讲是龙头老大，中国唯一。我们主打产品是天然龙脑，我们把品种培育出来以后，国家林业局授予了我们植物新品种权证，依法拥有 20 年的独占经营权。这个产业在新晃落户以后，带动周边的农民种植户有 5000 多户。新晃县总共有 26 万人，我们每年用工在 10 万人次左右。这个产业落户新晃县促进了当地的就业，现在本地的农民已经不够用了，开始从贵州招工了。公司与农户的合作方式有两种：第一种方式，是由农民把地租给公司，他拿租金，然后再到公司来上班，通过种这块地拿工资；第二种方式是农民兄弟们联手把土地集中起来，100 亩以上跟我们签约，签 15 年的枝叶统购合同，由他们自己种树，由公司提供种苗和技术指导。

我们这个产业具有特殊性，属于循环经济。种植龙脑樟树 3 年

后，就可以采摘枝叶加工提炼龙脑等有效成分，提炼后的废渣可以做肥料，肥料可以返回山上培植土壤。水也是循环水，几乎没有污水排放，生产过程中排出去的水，水质也很好，是可以直接进入农田和池塘的。

侯云春：你们开发的这个产品注重生态和环境效益，对生态环境的改善和人类健康产业都做出了贡献，循环经济的运作也为其他中小企业提供了借鉴。

总体看，中小企业的发展，不仅是一个经济问题，也是社会问题。其最大的功能在于增加就业。特别是在当下，就业是各国普遍存在的一个突出矛盾。需要采取多项措施来促进中小企业的发展，解决劳动力的就业问题，同时为社会创造财富，为经济发展和人民生活提供便利，这可以从需求和供给两个方面促进经济增长。

话题之二

如何破解中小企业融资难题

侯云春：就中小企业发展来讲，我们国家对中小企业采取了很多扶持政策，中小企业经营发展的环境有了很大的改善。在税收减免、金融服务、市场进入以及中小企业的培训、法律咨询等各个方面都有了很大的发展，中小企业目前还面临着很多的挑战和困难。最突出的是中小企业的融资难、融资贵，有调查显示，银行贷款对于大企业可以100%全覆盖，中型企业可以覆盖到80%，小型企业只有20%。也就是说，80%的中小企业不可能从银行得到贷款。在此情况下，中小企业要发展一方面是靠企业自身的积累，但毕竟资金实力有限；另外一方面是依靠民间的金融，但民间的金融往往很不规范，中小企业用资成本比较高。

据有关资料，美国有许多专门为中小企业服务的银行，资产在10亿美元以下的小银行有7000多家，主要服务于社区小企业。我们的小银行不足600家，远远不能满足中小企业金融服务的需要。这方面我们需要加大改革和发展的力度，从根本上解决中小企业融资难、融资贵的问题。在当前总的稳健货币政策之下，应该采取有保有压、有紧有松的策略，对中小企业的发展在资金上给予更多的支持。

陈宏坤： 说到融资难这个问题，我非常同意侯主任的观点，虽然目前我们企业规模大一点，贷款融资不成问题。但在5年前融资难还是最大的问题，特别是在创业初期，因为企业刚成立，要上设备、要上项目、产品要推广、还要招人员，全都需要钱。虽然产品很好，项目很好，设计也很好，但就是没有钱。当时融资难是公司头等大的问题。

班书严： 那时候尽管公司资金比较困难，但是从来没有拖欠我们员工工资，都能及时发放，公司承诺的各项福利也都能兑现。

陈宏坤： 现在这个问题基本解决了，但我们的合作伙伴、周边的小企业，都切身感受到融资特别困难。比如，我们的经销商是一些小企业，甚至是个体户，有时要进大量的化肥，但没有那么多钱，我们就跟银行、客户三家签订了一个共同的协议，通过我们的担保解决融

资难题。整个流程在银行的监管下封闭运行，既解决了经销商融资难的问题，对银行来讲又实现了金融产品的创新，对我们公司来讲，很好地实现了产品的销售。

宁石林：我深有体会，我们企业有14年的历史了，如果前期能够有银行的贷款，发展速度能够更快。现在融资是不难了，风险投资基金围着转，但银行的贷款还是比较少的，去年才开始拿到。如果不是企业坚持借用社会力量把它做起来的话，早就"熄火"了。当然，银行也有银行的难处，它需要你有还款的能力，贷款要有回报。

侯云春："嫌贫爱富、催生催死"，这是银行的本性。但有一些不该死的，稍微扶持一下就能发展的，也需要银行去扶持。这既需要银行自身的努力，也需要国家创造相应的政策环境，为银行开展这方面的业务提供必要条件。

中小企业融资难也是个世界性的难题。我觉得发展面向中小企业的金融服务，一方面是"大行小做"，由大银行积极开展中小企业信贷业务；另一方面是积极稳妥地发展"草根银行"，特别是为小微企业服务的村镇银行、小贷公司，这是解决中小企业融资难的重要途径。我们在印度尼西亚和马来西亚的集贸市场上看到，那里的微型金融很活跃，服务很周到，银行的点就开在集贸市场里面，每天营业员到摊位上去放款、收息。我们对此很有感触：银行能够像中小企业那样做得那么辛苦，能够放下架子去挣那些"蝇头小利"，中小企业贷款难就肯定能大大缓解。

中小企业的发展一方面要银行的融资支持，同时还要大力发展资本市场，特别是中小企业中的创新企业和需要长时间培育的企业，应该利用风险投资、天使基金，给中小企业一些早期的培育和支持。要有一个"养鸡"阶段，在"下蛋"之前是需要有投入的，仅仅靠企业自身的投入是有限的。这方面国际经验也很多，像欧盟、日本、美国都实行小企业优先原则，提供融资担保、创业辅导、员工培训和技术、法律服务等，有很多的中介机构为中小企业提供多方面的服务。

话题之三

中小企业发展要靠创新

侯云春： 中小企业本身也有一个调整和结构优化的问题，要靠创新来赢得市场。对于从事制造业的企业来说，要紧紧围绕大企业开展专业化协作，在做专做精中寻求创新。日本大企业采取下包制，小企业紧紧围绕着大企业的需要，给他们做一些零部件的加工，做得很专业。他们的小企业被称作产业的隐形冠军，企业虽小，却拥有卓越的技术和工艺。我们熟知的索尼、丰田等这些大品牌、大企业，其实只是大的产品集成商，很多核心部件产品、中间产品都是中小企业完成的。培育发展"小伙伴""小巨人"，大中小企业协作配套生产，这是日本企业、日本产品富有竞争力的重要经验，很值得我们借鉴。

陈宏坤： 我们在发展的过程中就是坚持科技创新，通过研发缓控释肥等新型肥料，承担了国家的一些科研项目，以及推动行业技术进步的任务。我们先后承担过"十一五""十二五"国家科技支撑计划，承担了缓控释肥行业标准与国家标准的起草和制定，另外国家的缓控释肥工程技术研究中心也落户在我们公司。

班书严：科技创新确实很神奇，我们现在用一种"机械手"码放肥料成品，码放得又快又整齐，比以前用人工强多了。但因为我们文化水平有限，有很多农民工兄弟还不会用这一类的高科技工具，所以建议公司多给我们搞点技术培训。

侯云春：金正大公司发展是很快的，首先是它抓住了农民对肥料的迫切需求，有市场，再就是有技术、有创新。他们的缓控释肥在肥料行业里是颇具创新、非常先进的技术，这是很重要的。"一招鲜，吃遍天"，中小企业发展的很大的特点就是创新，当然大企业也有很多创新。比如，在管理方面、技术革新方面，但是许多创新需要先在小范围内探索、试验，有一个市场选择的过程，是从小逐渐放大的。这方面，中小企业具有先天的优势，"船小好掉头"，方向对了，就加速前进；方向错了，就及时调整。可以说创新是中小企业的生存之本、活力之源。

宁石林：我们也认识到创新对于企业的重要作用。中华中医药学会经过考察、审核，确定公司为"中华中医药学会天然龙脑资源保护与研发利用基地"。我们在国内首次选育出龙脑含量更高且性状稳定的龙脑樟优良品种，独创了一套龙脑樟规模化快繁育苗技术体系，首创了我国第一套龙脑高效提取生产工艺，并研制出我国第一套龙脑工业化提取成套设备，目前所提取的龙脑精品纯度达到99.99%以上。"十二五"期间，新晃县将把龙脑樟作为农业农村经济的一项主导产业来抓，计划在 5 年内建成全国最大的龙脑产业基地。

陈宏坤：对中小企业的发展，我们希望国家对一些带有社会公益性质的产业给予扶持。比如，缓控释肥，从资源与环境上来讲，它能减少一半的化肥用量，而且减少了对环境的污染，改善了土壤品质，对农民来说又可以增产增收，还能节省劳力。因此，对这种带有社会公益性质的产业，我们建议政府在扶持时，采取扶持产业发展而不是支持某个企业的政策。可以参照"家电下乡"的政策，凡是使用缓控释肥的农民，政府都给补贴。这样做利国利民也利企，既减轻了农民的负担，让农民得到了实惠，也间接地促进了行业的发展，在我看来，这对扶持一些缓控释肥中小企业发展，对服务"三农"来说都是非常好的。

侯云春：促进中小企业发展，我们的政策和体制机制也要创新。我们要采取更多的普惠性的而不是选择性的政策，让所有的中小企业都能感受到扶持中小企业政策的普照之光。我们应该把促进中小企业发展作为一项重大的国家战略来实施。我甚至认为，应该把促进中小企业发展作为一项基本国策，它无论是对于增加就业，促进经济增长，还是建设和谐社会、缩小分配差距都具有重大的积极意义。我们的基本国策已经有了计划生育、男女平等、环境保护、耕地保护、科教兴国和对外开放。应该再增加一项，把发展中小企业作为基本国策之一。如果有人对此有异议，那么把增加就业作为基本国策，把创新作为基本国策，应该没有问题吧。就业是民生之本，而中小企业乃就业之基；创新是强国之路，而中小企业乃创新之源。把发展中小企业

作为基本国策，从哪个方面说都不为过。

解决中小企业面临的生存发展的困难，就要采取有针对性的切实可行的措施，为中小企业提供多方面的支持。比如说市场准入，有一些行业和领域是需要设置一些"门槛"的，需要有规模和标准的限制，但有一些行业是需要充分竞争的，准入"门槛"要放低，监管要从严。现在我们是进门很难，进来之后监管不全面。这方面需要改进，应该宽进严管，而不是严进不管、松管。在财政税收上，应该为中小企业提供支持。为中小企业提供金融服务，完全靠银行自己来做是有困难的，财政可以提供贴息，为中小企业的贷款提供担保，扩大覆盖面。金融方面要鼓励银行为中小企业提供创新服务。发展中小金融、微型金融方面要采取更大力度的改革措施，鼓励专门为中、小、微企业服务的银行的发展。要加强中小企业服务体系建设，为中小企业提供创业指导、人员培训、管理咨询、融资担保、对外合作和技术、法律等方面的服务。这方面要做的事情很多，既需要中小企业、管理机构的积极努力，也需要社会上的中介机构共同来做。

我还想强调一点，中小企业面临的许多困难，原因固然是多方面的，但说到底，还是与我们的认识和体制机制有关。最为突出的是，在现行财税体制和利益格局下，GDP和财政收入直接关系地方利益和政绩，而劳动力则可以在地区间流动就业，前者是硬约束，后者是软任务。许多地方热衷于发展能更多地带来GDP和财政收入的大项目大企业，中小企业虽然能大量增加就业，但短期内对GDP和财政收入的贡献不大，同时还需要政府投入财力支持，因此，往往对发展中小企业重视不够、积极性不高。只有从根本上改变这种状况,通过深化改革、提高认识、完善政策、改善环境,形成促进中小企业发展的体制机制、政策体系和良好的外部环境,中小企业的春天才会真正到来。

总体来看,切实提高认识是做好中小企业工作的根本前提,充分发挥市场机制的作用是激发中小企业活力的根本途径,加快转变政府职能是促进中小企业发展的根本保证,这是促进中小企业发展最基本、最重要的经验。相信在全社会的共同努力下,我们一定能迎来中小企业发展的春天。

《经济日报》2011-09-26,李力、乔金亮、吉蕾蕾报道。

画外音——老班的幸福生活

听说班书严在报社参加《新农村·对话》专栏的座谈采访,他在北京读博士的大女儿跑来看望父亲,父女俩见面甭提有多亲热了。女儿看到爸爸能代表农民工接受中央媒体的采访,很为老爸感到骄傲。老班给大家介绍他的女儿时,脸上也满是自豪的神情。

老班感叹当初知道孩子们考上大学时,除了高兴还有担心,毕竟三个孩子读大学的费用对于普通农家来说,是一笔很大的开销。老班掐指一算,这几年从公司拿到的助学基金总共有 5 万元。如今双胞胎已经参加工作,家里进项也多了起来。老班说自己感到肩上担子轻了许多,今后的日子一定会越过越好。

谈到发展中小企业的好处，朴实的老班说："我们农民工到大企业去打工，门槛比较高，进去很困难，只有发展中小企业，我们能去打工的地方才会更多，能挣钱的地方自然也就多了。所以我认为中小企业的发展对农民是大有好处的。"正是受益于中小企业的发展，越来越多像老班一样的农民有了更多的收入来源，越来越多的农家子弟上学费用有了着落。中小企业在活跃经济、吸纳就业、便民利民等方面发挥着越来越重要的作用。

《经济日报》2011-09-26，乔金亮报道。

五十四

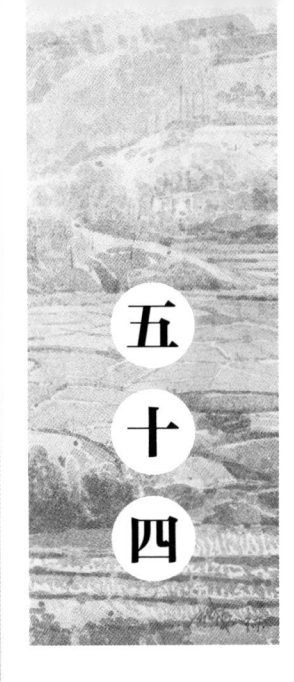

以商活农百业兴

对话人——

韩　俊：国务院发展研究中心副主任

和润培：云南省供销合作社党组书记、主任

刘如擎：云南省宣威市供销合作社主任

张剑南：云南省开远市供销合作社主任

张跃伟：云南省蒙自市蒙生石榴产销专业合作社理事长

策划人——

李　力：经济日报农村新闻部副主任

图54 国务院发展研究中心副主任韩俊(中),云南省供销合作社党组书记、主任和润培(右二),云南省宣威市供销合作社主任刘如擎(左二),云南省开远市供销合作社主任张剑南(右一),云南省蒙自市蒙生石榴产销专业合作社理事长张跃伟(左一)在交谈

王蒙/摄

编者按 我国供销合作社系统几乎是和中华人民共和国同时成立的，是以服务农民为宗旨的特殊合作组织。几十年来，我国供销社系统在为"三农"服务的过程中，曾经取得辉煌的成就，也曾走过曲折的发展历程。在当前我国加快推进工业化、城镇化和农业现代化的新形势下，供销社系统如何重新发挥服务"三农"的重要作用，如何创新农村流通体系建设，如何在改革发展中再造辉煌，这些都是大家关心的问题。

近年来，云南省供销社从衰落谷底开始"二次创业"，在解决农产品买难卖难、带动农民增收致富方面，走出了一条独具特色的服务"三农"的路子。今天，本期《对话》以云南省供销系统为例，围绕供销社系统改革发展的有关热点问题进行深入探讨。

话题之一

供销社怎么改革

韩俊： 我到云南调研发现，云南供销社系统这几年变化很大。云南供销社曾是全国亏损严重的供销社之一，生存问题都解决不了。在短短的几年时间内，通过深化改革，激发了内部的活力，搞活了农村商业，带动了农村各业的发展，供销社由衰变兴、由弱变强、由落后变先进，为全国供销社的改革积累了非常宝贵的经验。很多专家学者把云南供销社的改革经验概括为"云南模式"。

和润培： 非常感谢大家的肯定！确实，2003年以前，云南供销系统处境艰难，债务多、亏损多、历史遗留问题多，经营全面萎缩，可以说是"线断、网破、人散"。云南省委、省政府对供销社的改革非常重视，2005年以来，几乎一年出台一个文件。但最重要的是2008年，省委、省政府出台的云发〔2008〕14号文件，全面推进供销社"二次创业"。云南供销社在省委、省政府的领导下，提出了创建"服务型供销、创新型供销、和谐型供销和开放型供销"的"二次创业"目标。

云南供销社改革发展经验概括起来就是"四个三"。第一，实行"三个推进"。一是党委、政府高位强力推进。省委、省政府把供销改革作为农村改革的重点，把抓农村流通作为解决民生问题的关键，一年召开一次全省推进会，一年出台一个新文件，一年进行一次督查。二是供销行业加大推进力度。三是与有关部门合作推进。近年省社与省级有关部门联合下发文件20多个，各州（市）、县（市区）下发文件140多个，解决了一系列改革中的难题。第二，实施"三个创新"。一是全面实施经营创新，二是实施组织创新，三是实施服务创新。第三，实现"三个突破"。一是在打造龙头企业上有新突破。通过整合资源、盘活资产，提高行业服务能力和经营实力，增强带动力、辐射力。二是在打造农村现代流通服务体系上有新突破。三是在建立农村合作经济组织指导服务体系上有新突破。第四，抓好"三篇文章"。一是在开放办社、联合办社上做文章。二是抓班子、强队伍，在人才兴社上做文章。三是在强化管理、创新机制，做强做大社有资产上做文章。

韩俊：《国务院关于加快供销合作社改革发展的若干意见》，也就是国发〔2009〕40号文件，是2009年出台的。这个文件对云南供销社的改革起到了重要的引导作用，对供销社的发展给予了很大的扶持。

和润培： 在改革中，我们的具体做法是实施了"三转""三减"。"三转"就是：联社转职能，企业转机制，职工转身份。"三减"就是减亏、减债、减包袱。

供销社所属企业的成分原来是多元的，企业转机制就是全部转成股份制。原来的一些老职工，一部分退休、一部分分流，其余的职工全部转成合同制。联社转职能就是县以上联社从原来的经营型全部向服务型转变，提供指导、协调服务。

当时的包袱，一个是债务繁重，一个是人员臃肿。这两个包袱甩了，我们2004年就减亏了，2005年开始盈利。实施"二次创业"6年多来，全省经营总额增长3倍，利润总额增长10倍，职工工资翻了一番，"两社一会"数量增了300倍，资产总额翻了一番。

刘如擎： 我们宣威市供销社2003年开始改革改制，当时工资发不了，医药费报不了，每年上千人上访。我们当时对上面的政策理解有误，认为供销社不需要了，卖完资产走完人了事。

张剑南： 我们开远市供销社当时也面临类似的困难，在当时的改革改制中，资产基本上被卖光了！

和润培： 那个时候情况比较特殊，县级供销社很少有人来省里汇报工作，到省社上访的人倒是排成队。我们只好主动找县级供销社主任做工作，谈怎么改革、怎么发展。面对他们的巨大困难，我们没有

钱扶持，就从思路上开导他们。

刘如擎： 我是2008年3月到供销社上任，看到的景象是很心酸的，县社10多个人挤在一个破沙发上算是欢迎我了。我到省里向和主任汇报，想搞清楚是要改"死"还是改"活"。和主任肯定地告诉我，当然是要改"活"，而且要在服务"三农"中发挥新作用。我很受触动，回去就扎扎实实开始了"二次创业"：第一，立即废除有关处理资产的文件，停止卖土地安置职工的做法；第二，把过去卖出去的资产，花几倍的价钱又买回来，全部用来建配送中心、建超市、建市场；第三，把过去解散了的职工重新组织起来，成立新企业，解决职工的再就业。过去天天上访的职工现在有工作了，收入增加了，人心也稳定了。从2008年到现在，已经没有人上访了。

韩俊： 把原来出售的资产买回来，你们的钱从哪儿来？

刘如擎： 第一是从银行贷款，第二是向上级争取，第三是自筹。我们这几年建设农村流通网络，总投资近3亿元，国家财政支持了3000多万元，自筹一部分，贷款一部分，靠社会投入一部分。通过拓展业务，我们的实力逐步壮大。

张剑南： 我们开远市供销系统不仅靠改革解决了困难，还迅速发展壮大了自身的实力，从一无所有到兵强马壮，从人心涣散到干劲儿十足。

韩俊： 供销社是服务"三农"的一个重要部门。供销社的发展要依靠自身改革激发活力，但也离不开政府的引导和扶持。

和润培： 确实如此，我省2008年出台的省委14号文件含金量很高，比如说在资金的扶持方面、在税收的优惠方面、在土地出让金的返还方面，都有实实在在的政策。

韩俊： 云南供销社之所以发展得很好，是云南省委、省政府没有把你们看成包袱，而是把你们看成得力助手，给予高度重视和大力扶持。对供销社的发展，各级政府需要转变观念，千万不能把供销社看成包袱，要把它看成服务"三农"、解决"三农"问题的助手，给予更多的扶持。

话题之二

供销社怎么为农服务

韩俊： 现在农村发展面临一个很大的问题，就是流通的制约。这几年我们有一些农产品价格涨得很猛，跌得很惨；一些农产品，农民卖的价格很低，但是城镇居民买的价格很高。

解决流通的制约问题，需要做好两篇文章：第一篇文章是为农业提供专业化的、社会化的服务；第二篇文章是把农民组织起来，引导农民走向合作。

和润培： 正是基于您说的这两点，云南供销系统这几年最显著的变化有两点：一是建立农村流通服务体系，给农民提供各种社会化服务；二是大力发展"两社一会"，建立农村合作经济组织服务体系——带动农民发展专业合作社、综合服务社、专业协会，现在几乎要覆盖到所有的乡村。

张跃伟：在供销社引导下，我们当地的石榴从小规模种植，发展到现在的13万亩。

韩俊：蒙自石榴通过农民专业合作社，卖到全省，卖到全国，甚至卖到了东南亚。农业增了效，农民增了收，供销社也发展壮大了。

和润培：更好地服务"三农"是我们供销社的职责所在，也是我们的生存之本。在全国推进新农村建设的进程中，我们进一步提出"四进村、五个有"。"四进村"就是：超市进村、行业管理进村、信息服务进村、人员培训进村。"五个有"就是：每一个村有一个专业合作社、一个综合服务社、一个专业协会、一个集贸市场、一批农产品经纪人。我们在全省35个县作示范试点，取得了很好的成效，受到农民的欢迎。

韩俊："四进村、五个有"，是云南供销社系统这几年服务"三农"最重要的一个探索，就是在一些发达的省份都没有真正做到。"三农"工作重点在基层，重心应该放在为农服务上。

和润培：我们扎根在农村，抓基层、打基础、强网络、拓服务，全力抓了近7年，发展了专业合作社和专业协会8000多个，占全省合作经济组织的80%。省里每年补助2000万元，每一个州（市）都出台了扶持政策。在大理州、开远市，每发展一个专业合作社政府就明确补助1万元钱。

韩俊：农村市场很大，把根扎在农村，真正为农民服务好了，农民就会拥护你。你不为农民服务，你也壮大不了。

和润培：对。到今年8月，我省"两社一会"加在一起已经有

26000多个。其中，综合服务社发展到18000多个，覆盖了95%的行政村和部分自然村。专业合作社、协会有8000多个，入社农民43万人，提高了农民组织化程度，推动了农业产业化发展，带动了农民增收。

张跃伟：对专业合作社我感受最深。我就是农民，自己也是种石榴的。开始的时候种我自己家里的6亩地，现在承包了50亩。刚种的时候，每亩收入几百元就很满足了。当时市供销社来动员我成立农民专业合作社，我觉得又像搞大集体了，还不积极呢。后来我们在供销社的专业指导下，逐步发展壮大，现在离不开供销社了。现在我们合作社有1100多户，覆盖了周边几个乡镇。我们把一家一户的农民组织起来，种是一家一户地种，但统一技术指导、统一管理，实行规模化生产、标准化生产、品牌化营销。

韩俊：你们供销社为农民提供了哪些服务？

和润培：这几年，我们帮助专业合作社发展，一是进行宣传、培训和政策引导；二是在项目上给予扶持；三是帮助制定章程；四是搭建平台，联合外省供销社推销专业合作社的产品；五是提供信息服务、技术服务。我们还开通了农产品信息网，在网上推销专业合作社的产品。各级联社都同综合服务社和专业合作社签订了服务承诺书。

张剑南：我们为农民提供七送：送信息、送办公室家具、送项目、送资金、送人才、送荣誉、送服务。

韩俊：引导农民走向合作，引导合作社走向联合，云南供销社探索出了一条新路。合作社的成员都是土生土长的农民，很弱小，他们

需要走向合作，走向联合。云南供销社是发展农民合作的带动力量，他们把一家一户的农民组织成合作社，最后形成联合社。合作起来做买卖，就有讨价还价的能力，就有抵御市场风险的能力。云南供销社带领合作社走向了新的联合，克服了流通对农业生产、农民增收的制约，实现"以商活农"。就拿你们的石榴来说，过去是"披头散发进市场"，在路边卖，没有标准化、没有品牌、没有包装。现在是"梳妆打扮进市场"，经过包装后，到超市里卖。这是靠一家一户的农民做不到的。云南供销社探索让农产品流通企业跟农民形成互利共赢的模式。

张剑南：我们开远已经成立了107个合作社，一方面我们为合作社提供资金；另一方面我们为合作社提供担保。担保费按照国务院规定的最低标准收，比信用社的利息还低，农民很喜欢跟我们打交道。我们的资金担保公司有5000万元的注册资金，担保资金政府支持一部分，我们自己筹一部分。

韩俊：专业合作社要做大做强，必须解决融资问题。供销社担保公司为专业合作社提供融资服务，这是一个非常重要的经验。你们发展农民合作经济组织，还有什么优势？

和润培：供销社具备网络优势、人才优势、资产优势、信誉优势。信誉优势在农村很受重视，老百姓很支持供销社。供销社组织发展专业合作社、专业协会，农民都十分踊跃，积极参加。

张剑南：我们还为农民提供信息服务，帮助农民在网上发布农产品信息，推销农产品。

韩俊：农产品信息服务是一个最基本的服务。为什么生猪价格一会儿涨得这么猛，一会儿跌得这么惨？很重要的一个原因是信息不对称。农民看邻居养什么就养什么，这样一来都是同步震荡，总是在价格最低点才能卖出产品。供销社信息服务能够给农民专业合作社解决大问题。

张剑南：在合作社的农产品销售方面，我们供销社也参与进去。我们也参股，像投资一样，也是他们的理事成员之一。从栽种开始，我们就全程参与，该做什么我们共同商议。

韩俊：农民离不开合作社，合作社离不开政府扶持。供销社是企业化的组织，可以为农民提供实实在在的服务。最重要的是，供销社要给自己定好位，不能代替农民，不能代替专业合作社，最终要实现互利共赢。

话题之三

打造新型流通体系

韩俊：供销社的发展要打破行政工作思维定式，打破按照行政级别逐级组织推动的工作模式，要推行企业化的管理，要大力发展一些能够带动农民、带动专业合作社发展的龙头企业。供销社要和农民的专业合作社形成互利共赢的新型的合作关系，发展新型流通业态。

和润培：云南供销社在发展新型流通业态上，提出"两小两大"的模式，建设"小网点、大网络""小超市、大连锁"，形成服务"三农"的独特优势，网点几乎覆盖到所有乡镇、村，为千家万户的农民提供直接服务。这是其他任何组织都代替不了的优势和潜力。

韩俊： 云南供销系统最近几年由弱变强，由落后变先进，都是因为为农民服务得好。怎么才能为农民服务好？最重要的是要建立一个贯通城乡的现代农村流通体系，形成一个现代的经营服务网络，要把一些新的流通业态引进来。

和润培： 农村流通网络体系的建设是供销社的主要任务，这几年我们采取了"政府引导、行业主抓、社会参与、龙头带动、互利共赢"的发展方式，通过财政补助、银行贷款、引进外部资金、盘活内部资产，联合不同所有制、不同区域、不同层次的企业，共同打造多元化、多层次的农资、日用百货销售、再生资源回收、农特产品推销的大网络。这几年我们打造了一个县有配送中心、乡镇有中心超市或集贸市场、村里有综合服务社的农村流通经营服务网络体系。

韩俊： 综合服务社给农民提供哪些服务？

和润培： 主要是农资和日用百货供应，同时收购农产品进城，实行双向流通。综合服务社做到统一店面、统一配送、统一标识、统一价格、统一着装、统一柜台，是村里面最热闹的地方，农民有事无事都到里面逛一圈，顺便买一点东西回去，再把土特产卖给超市。

综合服务社的商品可以赊销。农民急用化肥的时候，没钱怎么办？先拿去用吧，等收了粮食，再来还账。农村网络建设以后，云南80%的化肥、农药通过供销社供应到农村。同时还解决了大批人员的就业问题。云南供销社以前老体制下有10万人，新的网络体系建设后，农村市场、销售网点、流通企业、合作经济组织就吸纳了40万人就业。

韩俊：谈城乡统筹时，我们经常说到"以工促农，以城带乡"，根据对云南的调研，我觉得还应该加上"以商活农"。流通确实是一篇很大的文章，流通活，百业兴。农业要增效，农民要增收，迫切需要解决流通问题，解决好流通问题就是要做好产销对接，做好农商对接。供销社发展壮大的根本出路，不在于政府全包起来，也不在于都改造成合作社。供销社的根本出路还是走企业化、市场化的路子，与农民的合作社形成一种新型的伙伴关系，与农民的合作社实现互利共赢。可以这么讲，云南供销系统正在成为真正为农服务的一个组织，希望"云南模式"能够在全国推广。

话题之四

在探索中快发展

张剑南：希望国务院加大惠农政策的力度，现在合作社急需大的项目支持。我们当地的合作社已经开始进入冷链产品加工这一个环节了。比如，建一个冷库起码要500万元以上，单个合作社负担不起。

韩俊：你的建议就是农村发展现代流通业，需要政府大力支持，要像支持生产、加工业那样来支持流通业。这个建议很好。合作社需要大量的投资，比如说蔬菜如果搞冷链运输，产品可能大幅度增值，单个合作社搞冷链是做不到的。

刘如擎： 现在我们合作社在国内外都有客户，但是农业生产有一个周期，农产品在旺季上市价格低，农民利益受到损失。如果旺季大量储备，不仅要有冷库，还要有大量流动资金，但是贷不到款。希望能够解决农村贷款难的问题。

张跃伟： 供销合作社现在特别需要加强人才队伍建设。有人才，什么都好做，要网罗各方面的人才。农村最欠缺管理方面的人才。

和润培： 我们要把供销社服务"三农"的工作作为一项伟大的事业来抓好，努力让供销社在服务"三农"中成为骨干力量、带动力量、主导力量。

韩俊： 解决合作社融资难需要有特殊的政策支持，需要在贴息贷款、担保方面加大支持力度。同时帮助农村合作社、供销社吸引人才也是值得重视的问题。国家支持供销社改革发展的指导性意见已经有了，这些政策还要进一步细化，也希望各地在实践中探索出更多的好办法。

《经济日报》2011-11-07，黄俊毅、李力报道。

五十五

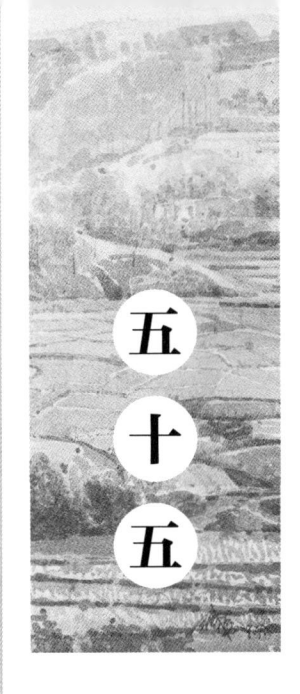

新时期如何加快减贫与发展

对话人——

范小建：国务院扶贫开发领导小组副组长、国务院扶贫办主任

吴　忠：重庆市黔江区委副书记、区长

宋存汉：河北省赞皇县委副书记、县长

李彦民：河北省赞皇县黄北坪乡川房村党支部书记

张孝明：重庆市黔江区沙坝乡万庆村农民

策划人——

李　力：经济日报农村新闻部副主任

图55 范小建(中)、吴忠(左二)、宋存汉(右二)、李彦民(右一)、张孝明(左一)在交谈

乔金亮/摄

话题之一

21世纪头十年扶贫成就巨大

范小建： 21世纪以来，我国的扶贫开发取得了显著的成绩，我国农村的贫困人口从2000年的9422万减少到2010年的2688万，贫困发生率从10.2%下降到2.8%，中国率先实现了联合国千年发展目标中贫困人口减半的目标。在过去的十年当中，592个扶贫开发工作重点县农民的人均纯收入从1277元增长到去年的3273元，年均实际增长8.1%，略高于全国的平均水平；扶贫开发重点县人均地区生产总值从2658元增加到11170元，年均增长17%；人均地方财政一般预算收入从123元增加到559元，年均增长18.3%。

这些数字的背后，凸显的是各级党委政府的高度重视，各个部门的大力支持，贫困地区的广大基层干部、农民群众的共同努力，这是大家团结协作、共同取得的成果。

吴忠： 对您讲的这些变化我们有很深的感受。重庆市黔江区历史上是一个典型的贫困地区，黔江人民在与贫困作战的过程中曾经创造了享誉全国的"宁愿苦干，不愿苦熬"的黔江精神。21世纪前十年，通过大力发展经济以及采取整村推进、扶贫移民搬迁、产业扶贫、社会扶贫等一系列的措施，黔江面貌发生了根本性的变化，全区贫困发生率由2001年的50.8%降低为2010年的13.4%，农民人均纯收入由1510元增长到3912元，增长2.6倍，温饱问题已基本解决；基础设施也明显改善，建成了铁路、高速公路和机场，实现了所有乡镇通油

路、所有行政村通公路，村村通电；在公共服务方面率先在渝东南普及九年制义务教育，为全区乡镇的建制村建立了公立医疗卫生服务机构，从前年开始，区财政拿钱，实施"蛋奶工程"，现在已经扩大到为所有农村初中和小学生提供免费营养午餐。

范小建：重庆市的工作力度是比较大的，成效也比较显著，应该充分肯定。重庆市这两年实施"千村脱贫""万元增收"等工程和"三进三同""结穷亲"等活动，市里各级干部和贫困农户结对子，进行帮扶，力度非常大，我认为效果很好。

张孝明：我就是黔江区搬迁扶贫政策的受益农民。搬迁之前，我们住在深山里，交通条件相当恶劣，去政府办事要走两个多小时，买生活用品和种子、肥料完全靠肩挑背驮，一年纯收入不足1000元。后来政府出台了政策，鼓励居住条件恶劣的农户搬到指定的地方建房，国家补偿1万元钱。新居离城区很近，交通很方便，这对我们很有吸引力。在政府的引导下，原来规划3年完成搬迁，结果两年就搬完了，一共搬了105户。我家原来很穷，搬迁后，在政府的引导下开了一个小超市，当年收入接近2万元，今年能达到2.5万元左右。

宋存汉：说起扶贫开发成效，我们也有切身的体会。我们赞皇县是国家级贫困县，国家扶贫政策使全县25万人受益。特别是21世纪头十年的成效很明显。一是扶贫资金投入不断加大。十年间，全县共争取各类扶贫资金10534万元，其中财政扶贫资金7836万元。二是贫困人口有效减少。在国家和省扶贫标准逐步提高的情况下，2010年全县贫困人口由2000年的10.7万人减少到8.3万人。三是基础条件和社会事业得到较快发展。我们全力实施"行业扶贫",整合部门力量,加大整村推进力度。全县 103 个贫困村基本解决了"水、电、路、讯、校、医"等问题。四是产业化扶贫成效明显。赞皇县山区面积大,生态资源丰富独特,县里提出了加快发展大枣、核桃等特色产业的产业化扶贫工作思路,培育增加贫困群众收入的特色产业。五是移民搬迁稳步推进,使搬迁贫困群众走出大山,转变观念,转移产业,实现易地致富。

范小建:河北除了你刚才讲的这几个大的方面之外,还有一个工作做得很突出,叫做"细胞工程",家庭是社会的细胞,通过紧紧瞄准贫困户家庭,来落实各项扶贫措施,这项工作效果也非常明显。

李彦民:说起扶贫开发,我很激动。我们村在大山里,条件很差,思想也不够解放,如果没有扶贫开发的带动,我们村不可能有现在这么大的变化。扶贫开发引导我们村搞核桃特色产业,县里整合资金,连片开发一千亩荒山项目。现在村里道路全部修成了水泥路,种植养殖大户越来越多,带动了全村农户增收和产业发展。可以说,扶贫项目为我们打开了一扇窗,铺好了一条路。

范小建:当然,各地扶贫投入的水平参差不齐,有的投入多一些,有的可能少一些。我昨天看了你们川房村的材料,我估计你们村累计的扶贫投入还是不算少的。

李彦民:我们村各方面整合的扶贫资金总数是 460 多万元。

范小建:一个村如果能够投入 400 万元左右,应该说还能办些事情,但从总体而言,还达不到这个水平。刚才你们都谈到了移民搬

迁。我们扶贫系统根据《中国农村扶贫开发纲要（2001—2010年）》提出的要求，也确确实实做了几件事情：一是移民搬迁，根据我们的统计资料，这十年移民搬迁的人口有770万人，取得了积极的成效，你们谈到的移民搬迁就是其中的一个缩影；二是整村推进，这十年来大体上实施了12万个村，占整个农村的比重接近五分之一；三是劳动力转移，这些年由扶贫部门所承担实施的"雨露计划"，培训的人员有400多万人，通过培训的这些人就业率能够达到80%以上，收入水平也有一定幅度的增加；四是产业扶贫，粗算了一下，产业扶贫的受益对象也有400多万人。除了这些，我们近些年还搞了特殊的试点，比如说我们在边境地区、地方病高发区等地也搞了一些专项扶贫，都取得了比较积极的进展。

总体来说，改革开放以来，经过多年不懈地努力，我们国家贫困人口大幅度减少，农民收入水平不断提高，贫困地区基础设施明显改善，社会事业不断进步，全面建立了农村最低生活保障制度。可以明确地讲，农村居民生存和温饱问题已经基本解决。我国的扶贫开发工作已经从以解决温饱为主要任务的阶段，转入了巩固温饱成果，加快脱贫致富，改善生态环境，提高发展能力，缩小发展差距的新阶段。

话题之二

把连片特困地区作为扶贫攻坚主战场

范小建： 党中央、国务院颁布的《中国农村扶贫开发纲要（2011—

2020年)》，把六盘山区、秦巴山区、武陵山区等11个连片特困地区和已明确实施特殊扶持政策的西藏、四省藏区、新疆南疆三地州作为今后十年扶贫攻坚的主战场。

把连片特困地区作为今后十年扶贫攻坚的主战场，是中央根据全面建设小康社会总体目标和扶贫开发新形势作出的重大决策。这些地方大多数属于革命老区、民族地区、边境地区。根据我们掌握的资料，连片特困地区一些主要指标，如人均地区生产总值、人均地方财政一般预算收入以及农民人均纯收入，大体上分别相当于西部平均水平的49%、44%和73%，这些地区覆盖了全国70%以上的贫困人口，是全面实现小康社会矛盾最突出，任务最繁重的地区。为积累以跨省片区为单元组织大规模扶贫攻坚的经验和方法，中央决定在武陵山片区率先开展区域发展与扶贫攻坚试点。

吴忠：黔江区就属于武陵山片区，我们刚刚参加了武陵山片区区域发展与扶贫攻坚试点启动会。今年中央颁布新十年扶贫开发纲要，现在第一个片区规划正式启动实施，扶贫大政方针和政策措施连连出台，我们非常振奋，老百姓期待已久。我们感到，新十年集中力量抓连片开发，努力实现区域发展和扶贫开发的良性互动，这符合贫困地区的实际，抓住了根本。

宋存汉：面对新时期的扶贫开发要求和任务，我们县还存在不少挑战。我们县贫困人口数量依然较多，剩余贫困人口主要分布在西部山区，生产生活条件较差，是"最难啃"的硬骨头。同时，相对贫困现象日趋凸现，协调发展、共同赶超的任务艰巨。县委、县

政府提出要"后发加力、赶超进位、绿色崛起",但没有占三分之一的贫困人口的脱贫致富,就不是完全意义上的赶超和崛起。解决最贫困群众的发展问题,成为"消除短板、协调发展、共同赶超"的紧迫任务。

范小建: 要认真贯彻《中国农村扶贫开发纲要(2011—2020年)》,按照区域发展带动扶贫开发,扶贫开发促进区域发展的基本思路,加大投入力度,整合各类资源,着力解决"瓶颈"制约和突出矛盾,加快连片特困地区发展和脱贫致富步伐。要切实抓好武陵山片区区域发展与扶贫攻坚试点,先行先试,积累经验,为全国连片特困地区扶贫攻坚发挥示范引领作用。

吴忠: 就黔江来说,按照片区开发的思路,一方面要加快区域性中心城市的建设步伐,实现经济社会快速发展;另一方面要充分运用统筹城乡、缩差共富、扶贫攻坚的政策,加大整村推进、产业扶贫、劳动力培训的力度,彻底解决贫困问题。武陵山区地理特征是高山峡谷,扶贫的难点就是居住太分散。在武陵山区,山上很难找到能容纳几十户居民的平地,更不用说生产用地了。要解决贫困问题,首先要为贫困人口提供基础设施——水、电、路。只有相对集中居住,基础设施和公共服务才能够覆盖得到。所以针对这个问题,我们在前十年探索扶贫移民搬迁1万人的基础上,准备在"十二五"期间再搬迁3万人,把扶贫移民作为针对性解决当地贫困问题的重大措施,结合工业化、城市化的进程,引导农民自愿相对集中居住。

张孝明: 移民搬迁后,市里实施了农户万元增收工程,政府给我们每户1万元易地扶贫补助金，还帮助我们找项目。在万元增收工程的带动下，村里人有搞超市的，有出去打工的，还有在当地发展三产的，大家日子越过越红火。

李彦民： 我们村形成了以优质核桃为主的"一村一品"脱贫致富主导产业。村里近年投资29万元发展优质核桃，共栽植优质核桃树4.8万棵，高标准开发的"千亩精品核桃园"全部安装了滴灌，实现了"山、水、林、田、路"协调发展，形成了农民增收、集体增富、规模开发、经营权有效流转"四位一体"的"川房模式"。

宋存汉： 新形势决定了赞皇新时期扶贫开发的基本特征是：巩固扶贫成果与缓解相对贫困的任务并重；加强生态保护与快速增收的任务并重；实施移民搬迁，从根本上改变贫困群众的生产生活条件与加快新民居建设，建设社会主义新农村的任务一致；大力发展二、三产业，提供更多就业岗位，促进贫困群众劳动力转移产业、易地致富任务艰巨。

赞皇在扶贫开发工作中探索了一种新的扶贫模式，实施"教育下山扶贫"工程，就是通过多方筹措资金，将县里山区的孩子搬出大山，到县城就读，以学生到县城就学，带动部分学生家长到县城或学校附近务工、创业、安家置业，变农民"被上楼"为农民"要上楼"，加快贫困群众脱贫致富步伐。

范小建： 新十年扶贫开发纲要的总体目标是，到2020年，稳定实现扶贫对象不愁吃、不愁穿，保障其义务教育、基本医疗和住房，简称为"两不愁三保障"。贫困地区农民人均纯收入增长幅度高于全

国平均水平，基本公共服务主要领域指标接近全国平均水平，扭转发展差距扩大趋势。

话题之三

构建"三位一体"的大扶贫格局

范小建：今后十年的扶贫开发工作，从格局上来讲，我们要坚持专项扶贫、行业扶贫、社会扶贫相结合，构建"三位一体"的大扶贫工作格局。要动员社会各方面的人参与，整合各方面的资源和力量，形成合力。前不久，教育部门出台了义务教育阶段的营养改善计划，其实施范围正是新十年纲要所涉及的连片特困地区。

我们归纳了这么几句话，叫作"资源整合，统筹规划，渠道不乱，任务不变，各司其职，各记其功"，这样才能更好体现大扶贫的要求。党政机关和企事业单位定点扶贫、东西扶贫协作、社会各界参与，形成有中国特色的社会扶贫方式。

吴忠：实际上我们现在正是按照这个要求来部署的。从村的层面看，全区有贫困村80个，占全区行政村总数的37%。按照我们扶贫规划，扶贫系统的专项资金，大概一个村150万元，但是真正要解决一个村的问题，在自然条件恶劣的武陵山区，大约需要600万元。我们采取做好规划大家同唱一台戏的办法，由水利、农业、交通等各部门进行资金整合，发挥行业扶贫的作用。此外，还有东西扶贫协作、定点扶贫和社会各界扶贫资金。

重庆市今年 7 月出台了关于缩小三个差距、促进共同富裕的决定，这对扶贫工作特别有利。比如，改革户籍制度、发展农村金融、发展微型企业这一系列的政策，都着眼于缩小差距，都将对减少贫困发挥直接作用，这是体制机制对减贫的作用。

宋存汉： 赞皇以新农村建设为统领，与城镇化和新民居规划相对接，整合行业部门、财政部门、扶贫系统、社会帮扶和贫困群众等五种力量，加大资金投入，集中捆绑使用，不断加强贫困村基础设施和公益事业建设，大力实施整村推进工程，切实形成部门联动、共同推进的大扶贫格局。

同时，结合赞皇实际，我们着眼于增加群众收入，抓好产业化扶贫。产业化扶贫是有效增加贫困群众收入的重要抓手。大力发展贫困群众脱贫致富主导产业，切实形成"龙头企业+合作组织+基地+农户"的产业化发展格局。赞皇是"中国大枣之乡""中国核桃之乡"，特别是赞皇大枣是世界 900 多个枣品种中唯一的自然三倍体。为加快农民脱贫致富步伐，县委、县政府提出大枣、核桃"二次革命"的战略举措，很荣幸的是，这次赞皇大枣、核桃种子随"神八"遨游太空进行太空育种，如育种成功，必将对大枣、核桃产业的发展起到历史性的推动作用。

李彦民： "三位一体"的大扶贫开发模式，在我们村也有体现。前几年，市民政局支持 10 万元，部队支持 20 万元，用于修建护地坝、饮水工程，建立了农家书屋、健身器材。龙头企业捐赠彩电 20 台，丰富了无电视户的文化生活；电力局新上两台变压器；水务局为核桃园配套了全部滴灌，为村民提供了干净的自来水，修建了3处集雨工程。

吴忠： 我们还实施社会保障工程，加强农村最低生活保障制度与扶贫开发政策的有效衔接，通过完善识别机制，将无劳动能力的贫困人口全部纳入低保范围，实现"应保尽保、应扶尽扶"。重庆市把相对贫困作为扶贫重点，把低于全市农民平均纯收入30%的农村人口纳入扶贫范围，贫困人口的范围是随着农民人均收入的变化而变化的。

范小建： 新的十年纲要提出，要实行扶贫开发和农村低保两项制度有效衔接。在坚持开发式扶贫方针的前提下，低保维持生存，扶贫促进发展。对于完全没有劳动能力那一类群体，主要靠低保去解决，而且低保的标准也在逐步地提高。去年年底的时候，全国分省平均的低保标准为1404元，到前两个月，分省平均的低保标准提高到了1560元。同时，农村低保对象的规模这两年也在逐步增加，到去年年底已经达到了5200万。在这种情况下，要加快推进城乡基本公共服务均等化进程，建立健全农村最低生活保障制度，逐步提高"五保"供养水平，不断完善自然灾害应急救助体系，建立新型农村合作医疗制度，开展新型农村社会养老保险制度试点，为贫困人口提供基本生存保障。

宋存汉： 从我们县的情况看，贷款难问题越来越成为制约贫困群众发展致富的"瓶颈"。为破解这一"瓶颈"，我们正在从三个方面努力：一是加强互助金试点，建立贫困群众自我管理、自我运用的"互助银行"。目前，我县互助金试点村达到了14个，互助金总额300多万元。二是做好到户贴息工作。我们准备积极争取到户贴息资金，用贴息撬动贷款，用小资金撬动大资金，争取年促进贫困群众贷款1000万元以上，并引导贫困群众用到发展致富项目上。三是争取小额信贷项目，成立扶贫自立社，建设"山水间的百姓银行"。

吴忠： 对于农民缺少资金的问题，要发挥金融行业对农村发展和扶贫开发的支持作用，体制创新可以发挥很大作用。比如，扶贫资金互助社、小额信贷、为贫困农民提供金融支持的担保公司；比如，重庆目前在推行的"三权"抵押，用农民的宅基地、承包地和林地进行抵押，此外，地票政策、农村股份互助社等对解决贫困问题具有非常重要的作用和意义。

范小建： 正如刚才两位提到的，在用好财政资金的同时也要更多发挥信贷资金的作用，这应该是今后十年解决扶贫资金不足问题的一个方向。这些年，信贷资金的使用在不断增加，农村使用扶贫信贷资金的农户从150多万户增加到了200万户以上，农户使用财政贴息信贷扶贫资金的规模已经从160多亿元增长到了580多亿元，这也反映出贫困人口自力更生意识和自我发展能力有了提高，应该说，这个潜力非常巨大。通过进一步的改革创新，更好地发挥信贷资金的潜力，为贫困地区发展提供更大的支撑，这个方向必须要坚持。

李彦民： 为解决村民资金不足问题，我们村还成立了"川房村扶贫互助协会"。现在会员都在想如何利用自己的互助资金，寻找合适的项目。

张孝明： 在我们村，现在的情况也差不多，农民不仅可以享受到小额信贷贴息政策，还可以得到村级扶贫互助资金的支持，希望今后能有更多的政策扶持。

范小建： 新时期扶贫事业还面临许多挑战，我们必须创新扶贫体制机制，创新扶贫模式，动员和组织社会各界通过多种方式支持贫困地区的开发建设，集中力量打好新一轮扶贫攻坚战，确保到2020年实现全面小康，让包括贫困群众在内的全体人民共同过上好日子。

《经济日报》2011-11-12，刘佳报道。

五十六

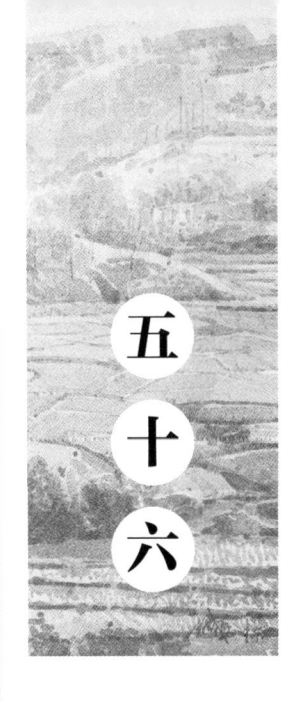

产销对接忙　城乡互动畅

对话人——

张玉香：农业部党组成员

张娴君：山东省平度市农业局局长

陈守云：山东省平度市明村镇党委副书记

范再森：山东省平度市明村镇大黄埠村党支部书记、大黄埠
　　　　樱桃番茄专业合作社理事长

策划人——

李　力：经济日报农村新闻部副主任

图 56　张玉香（左二）与张娴君（左一）、陈守云（右二）、范再森（右一）在交谈

乔金亮 / 摄

当前，农产品市场流通问题引人关注，今年的中央一号文件提出要"提高市场流通效率，切实保障农产品稳定均衡供给"。对此，农业部党组成员张玉香与来自地方的领导和农民代表共同探讨。

话题一 农交会创新方式增渠道

农交会为参与农业生产经营活动的市场主体和采购商提供了一个贸易大平台，推动产销对接和农产品大市场大流通形成，加速农业市场化进程，促进农业增效和农民增收

张玉香：农产品市场流通直接关系民生，对于夯实农业基础、促进农民增收以及农产品保供稳价具有重要意义。我们不断探索农产品流通方式的创新，已经举办 9 届中国国际农产品交易会，成为农产品流通方式创新的成功范例。农交会作为农业部举办的一个国家级农业盛会，从 2003 年开始至今，影响越来越大。最近三届农交会分别在长春、郑州、成都举办，为促进东北老工业基地振兴、中部崛起和西部大开发发挥了积极作用。2011 年的第九届农交会规模和影响也更大。

范再森：我来自山东平度市明村镇大黄埠村大黄埠樱桃番茄专业合作社，我连续参加了几届农交会，感觉规模越来越大。

张玉香：农交会为参与农业生产经营活动的市场主体和采购商提供了一个贸易大平台，推动产销对接和农产品大市场大流通的形成，加速农业市场化进程，促进了农业增效和农民增收。农交会给我们带

来重要启发和思考。

范再森：参加农交会，我们带来自己的产品大黄埠樱桃番茄，并获得展会金奖，这个产品2008年就获得绿色食品认证，直供青岛奥帆赛，2010年通过国家有机产品认证，同年，大黄埠西瓜又通过国家地理标志认证。

展会提高了我们产品的知名度，树立了品牌，农交会第一天我们就签订了600万元的合同，展会期间，客户越来越多，社员得到更多实惠。我们还学到其他合作社的先进管理模式，今后会不断更新自己的品种。

张玉香：你们尝到农交会的甜头，这说明农产品专业合作社展区达到预期效果。把小合作社搬到大平台上，被消费者和经销商认可，农交会为合作社建立了一个长期稳定的市场交易渠道。

张娴君：农交会是全国性的一个农产品展示平台，我们抓住这个机会，组织了五个产品，派了20多位代表参加。展会上，我特别关注合作社展区的产品，很有收获。

我们利用各类农产品展销会、博览会来展示和推介我们的产品，促进产品销售，提高农民收入。我们曾参加农业部和浙江省组织的品牌大会，也参加了在香港举办的食品展。此外，我们还举办苹果交易会和花生博览会，提高了农业综合效益，促进了农民收入的增加。

张玉香：农产品流通贸易有多种形式，农产品展会是其中之一。国家鼓励发展会展经济，展会也有不同层次，已经举办的9届农交会都是经国务院批准、由农业部主办的，在国际上影响越来越大。同时，农业部与有关省、市联合举办的展会约有 40 场。在主产区，县一级也主办展会。比如，柑橘节、芹菜节等，展会形式多种多样。

农业部 2011 年举办了金秋农产品展销，我们先后走进新疆、吉林、甘肃等 13 个省区，以当地农业展会为基础，以品牌推介为主题，广泛组织贸易经销人员，取得良好效果。

陈守云： 我来自山东省平度市明村镇。镇里农民增收主要依靠两大产业，一是西瓜，二是樱桃番茄。2011 年，全镇农民人均纯收入达到 13035 元。目前，全镇设施栽培面积达到 6 万多亩，占耕地面积的 40%，形成了 48 个西瓜种植专业村和 26 个冬暖棚樱桃西红柿种植专业村。西瓜年产量 3.6 亿千克，销售收入逾 4 亿元，产品上市时间 8 个多月，是"胶东西瓜第一镇"；冬暖棚和大拱棚樱桃西红柿种植面积达 1.2 万亩，年产量 6000 万千克，是山东省最大的樱桃西红柿生产基地。

这么大的产量，且生产规模不断扩大，销售是关键问题。现在，我们不断探索其他销售渠道，我们已参加了三届农交会。明村镇作为一个大镇，我们举办西瓜节，反响非常好。政府投资搭台，瓜农得到实惠。

张玉香： 农交会确实为农民拓宽了销售渠道，第九届农交会贸易成交额达到 602 亿元，比上届增加 40 亿元以上，农交会突出参展企业的主体地位，提高管理和服务水平，为参展企业搭建了贸易交流平台。

话题二 合作社标准生产保安全

合作社为社员统一购买生产资料,统一销售产品,在生产环节降低成本,在流通环节节省费用,通过标准化生产有效提升农产品质量安全水平,增加农民收入

范再森： 在第九届农交会上,我第一次见到全国有这么多的专业合作社。

张玉香： 农民专业合作社的蓬勃发展,成为近年来农村改革发展中的突出亮点之一。第九届农交会专门设立了农民专业合作社展区,参展合作社达380家,其中24家合作社的产品获得本届交易会金奖,合作社产品深受消费者欢迎。合作社通过为社员统一购买生产资料,统一销售产品,在生产环节降低成本,在流通环节节省费用,通过标准化生产有效提升了农产品质量安全水平,增加了农民收入。

范再森： 我们合作社把分散的农户组织起来,提高了农民市场谈判地位,延伸了产业链条。

陈守云： 我们成立了96个合作社,通过合作社把农户组织起来,实施标准化生产,让优质农产品通过品牌带动,吸引全国各地经销商,以更好的价格销售出去。

张娴君： 我们围绕优势主导产业,选择具有代表性的农民专业合作社,加强政策资金扶持,积极推进标准化生产、品牌化建设、规模化经营、规范化管理。2011年安排资金110万元用于扶持发展农民专业合作社。目前,全市已发展合作社1130多家,其中农业部示范社 3 家，青岛市示范社 44 家，带动农户 7.7 万户，年销售农副产品 200 多万吨，为农民增收近亿元。

张玉香：专业合作社在推进现代农业生产和大市场对接，以及促进生产的组织化、规模化、标准化方面，发挥着越来越重要的作用。所以，在第九届农交会上增加了农民专业合作社展区。

张娴君：我们参加农交会，目标就是要把品牌叫响。我们着力发展高端、特色、品牌农业。高端，是我们要确保产品的内在质量。特色，就是要把自己的优势发挥出来，最终打造出名牌，比如我们的西瓜和樱桃番茄。农业部帮助我们把大泽山葡萄产业打造成一个乡村旅游示范点，旅游旺季的时候，葡萄在原产地就销售完了。

范再森：做品牌农业，农产品能卖一个好价钱，农产品质量好，也要进行积极的推介。

张玉香：品牌农业近年来发展的步伐还是比较快的，我们支持各地发展名特优品牌，这是农业发展的重要抓手。现在鲜活农产品数量上基本满足需求以后，就看谁的品牌好、谁的市场竞争力更强。要想长远占领市场，就要在质量上下功夫，按标准化生产。要注重质量，会打品牌，会找市场。

从根本上提升农产品质量安全要推进标准化，现在鲜活农产品的合格率是 96% 以上。在这方面，平度市的步伐是比较快的，打造特色、品牌产品，用标准化规程生产，抓好农产品质量安全，加强检验检测、"三品一标"认证。

张娴君：现在，我们"三品一标"认证基地占总面积的 69%。

范再森： 2011年一些地方的西瓜出现了问题，西瓜裂了口子。我们受益于标准化建设，西瓜质量好，不但销售没出问题，价格反而有所上涨。我认为农产品的品质很重要，农民要想有长远收益，质量最关键，我感到我们合作社有干头。

张玉香： 借助专业合作社的优势，利用标准化生产，提高产品质量和品牌效应，可以有效缓解农民"卖难"。我们一直提倡农产品销售要走出来找市场，同时也要求农产品要搞标准化生产，要有好的品质。

话题三 批发市场布局加快促产销

培育一批国家级农产品专业市场，将其打造成农产品物流集散中心、价格形成中心、信息传播中心、技术交流中心和会展贸易中心，形成与专业化大生产相适应的现代农产品流通格局

张玉香： 如果销售不畅，生产就不能发展。农业部历来高度重视农产品市场流通，特别是近年来在推进现代农业建设中，坚持生产流通两手抓，产销协调发展。主要有以下一些举措：

第一，积极推进农产品批发市场建设。近年来，农业部推动建立的定点批发市场已有776家，我们要培育一批国家级农产品专业市场，将其打造成为农产品物流集散中心、价格形成中心、信息传播中心、技术交流中心和会展贸易中心，形成与专业化大生产布局相适应的现代农产品流通格局，提升相关产业在国内外市场的地位及影响力。目前，陕西洛川苹果的专业批发市场建设已经启动。

第二，开展多种形式的产销对接。针对各地需求，我们组织大批经销商和经纪人到产地去现场交易洽谈，同时探索长期的合作交流渠道。2011年启动了金秋展销行系列活动。同时，通过"中国农业网上展厅""全国农产品供求一站通"和农产品应急促销网络平台，加大产销信息采集发布力度，推动网上贸易交流与合作。

第三，加强农村经纪人的培训。农业部计划利用今后10年时间，培训3万名农村经纪人，建设一支熟悉农产品流通政策、经营管理素质较高、经纪行为规范的农村经纪人队伍。

第四，农业部将继续加强调查研究，不断推动出台支持农产品市场流通的政策措施。

张娴君：农产品批发市场建设很重要。我们大力培育农产品专业市场，南村蔬菜市场、仁禾生姜市场成为农业部定点市场，何家店花生市场年交易量达21万吨，交易额15亿元，已成为全国最大的花生交易集散地。

张玉香：我们重点是加强产地批发市场建设。新一轮"菜篮子"工程也要求加强产地批发市场建设，因为它离农民最近，使农民和市场的互动更紧密。

陈守云：单靠我们镇政府的财力，还达不到建设产地批发市场的要求，希望国家有关部门给予一定扶持。

张玉香：产地批发市场有的在乡镇，有的在县，它是有区域性的，涉及农产品产后的冷藏、保鲜、运输等环节。

范再森：产地批发市场必须要建立。鲜活农产品主要就是一个

"鲜"字，它要很快到消费者手里，农户的收入才会有保障。

陈守云： 明村西瓜节已连续举办六届以西瓜为主题的活动，促进了休闲农业健康发展，展现了明村西瓜的产业特色，有效促进了农民增收。

张玉香： 要大力发展农超对接，通过和超市进行产销对接，敦促合作社提供质量安全可靠的产品。目前，全国已经有1.4万家合作社和超市建立了稳定的产销对接关系。

此外，农民和社区对接、农民和批发市场对接，农民和学校对接都是一些可行的方式。

张娴君： 近年来，我们组织了农社对接，效果非常好。第一天运了70万吨的蔬菜，包括大白菜、土豆、圆葱等到社区，不到半天销售一空，社区居民抢着买。我们还积极推行农超对接，我们的农产品相继进入沃尔玛、家乐福、佳世客等大型超市的销售网络。

张玉香： 我在基层调研时，一个农户跟我说，"我们现在是一人种菜三人销"，这反映出如今农民市场意识增强了。农产品销售难主要是因为产销不对接，产销信息不对称。

范再森： 拿我们专业合作社来说，我们就有多名专业人员跑市场。

张娴君： 确实如此，我市积极培育农民经纪人和运销大户，引导农村经纪人成立规范运作的企业组织，推动农村经纪人从个体分散营销转向联合开拓市场，形成了经纪服务的整体合力。目前，已培育农村经纪人和运销大户4100多人（户）。

张玉香： 发展生产的时候，先要想到怎样卖出去、怎样找市场。

如果只是盲目生产，不看市场，农民就要受损失。

范再森：产出来还得卖出去，对我们农户来说才是实现了价值，如果产出来卖不出去，烂在地里，比不产还糟。

张玉香：总的来看，要一手抓生产、一手抓流通，现代农业实际上包括现代化生产和现代化流通，这样才能把产销对接起来，把市场流通体系建立起来。做好农产品流通，还能增强我们农产品的国际竞争力，这是非常重要的。

农业部将积极推进农产品市场流通信息化建设。在推进农业信息化建设中，利用现代信息技术改造农产品流通体系，创新农产品和农业生产资料交易方式，提高农产品营销管理水平，充分发挥信息流对生产决策和商流、物流的引导作用，促进产销协调发展和农产品高效有序流通。

《经济日报》2012-02-14，乔金亮、李力报道。

五十七

怎样破解南水北调工程移民难题

对话人——

蒋旭光：国务院南水北调办党组成员、副主任

王树山：河南省南水北调办、省丹江口库区移民安置指挥部办公室主任

宫汉桥：湖北省移民局副巡视员

姚根怀：丹江口库区移民、河南省中牟县刘集镇姚湾村党支部书记

丰廷彦：丹江口库区移民、湖北省武汉市东西湖区辛安渡办事处红星农场农民

策划人——

李　力：经济日报农村新闻部副主任

图57　蒋旭光（中）与王树山（右二）、宫汉桥（左二）、姚根怀（右一）、丰廷彦（左一）在交谈

乔金亮 / 摄

五十七　怎样破解南水北调工程移民难题

编者按　南水北调工程是当今世界上最大的远距离、跨流域调水工程，分东线、中线、西线三条调水线路。其中，丹江口库区移民的搬迁安置成为南水北调中线工程的难点和关键。截至目前，南水北调中线工程已搬迁安置丹江口库区 30 多万移民，移民群众基本满意，实现了"四年任务，两年基本完成"的搬迁目标。日前，国务院南水北调办党组成员、副主任蒋旭光与来自河南、湖北两省的移民干部和移民代表共同探讨南水北调工程移民难题是如何破解的。

有了地，有了房——
移民群众成为工程建设的受益者

南水北调丹江口库区移民任务艰巨，难在安置人口多、搬迁时间紧、搬迁安置强度大、近三分之二需要外迁。移民工作之所以能够积极推进并取得初步成效，得到移民群众肯定，从根本上说，是把以人为本的理念贯彻到了移民工作的全过程。

蒋旭光：水库移民是困扰全世界水利工程的共同难题，被形容为"天下第一难"。南水北调丹江口库区移民任务艰巨，工作难度很大，我们坚持以人为本理念，顺应和尊重移民意愿，制定合理惠民的移民补偿补助政策，并不断调整完善，在工作中不折不扣地执行落实到位，把维护移民群众合法权益放在首位。

以往对房屋等补偿固守"三原"的原则，即原标准、原规模、原功能。这次南水北调移民贯彻以人为本、实事求是的原则，研究制定惠民政策。主要是考虑到丹江口库区大多数是二次移民，甚至多次移

民，移民原有的生产生活条件较差，房屋面积小、标准低。这次对人均住房低于 24 平方米的移民户给予专门补助，确保人均住房不低于 24 平方米。同时，对农村移民每人还要保证有一份耕地。我们要让移民群众都成为南水北调工程建设的受益者，努力把南水北调移民搬迁办成重大的惠民工程、民生工程。

王树山：确实，从生活安置、生产发展方面，这次政策和过去相比发生了很大的变化。就以土地为例，每一个农村移民得到的土地补偿面积都有了相应的提高，移民确保人均旱地 1.4 亩或水浇地 1.05 亩。通过这次搬迁，移民享受到了改革开放和国家发展带来的成果。

宫汉桥：我们湖北省的移民也通过搬迁得到了实惠。搬迁前移民土木结构的房屋占到了一半以上，搬迁后全部建为砖混结构；搬迁前，人均住房面积约 21 平方米，搬迁后，移民住房面积和结构都有了较大改善和提高。土地方面，在落实国家安置标准的基础上，搬迁后还考虑了集体发展用地。

蒋旭光：农村移民全部得到了有土安置，这非常重要，就是说农民的命根子——土地始终在自己手中。我认为，移民搬迁得以顺利实施，确保移民群众的核心利益是关键。要把移民的生产资料和生活资料安排好，要把移民建好房屋与调整得到土地作为核心环节切实安排到位。

王树山：库区当地很多农民有养鸡、养猪的传统习惯，为此，河南省自己规划建起一些养殖小区，专门划一片土地用来让移民群众养鸡、养猪。在房屋户型选择方面，河南从社会上征集美观实用的户型设计方案230个，经专家论证后精选出了46个获奖设计方案编印成册，发放到每个移民村，让移民群众精挑细选。最后大多数的人同意某个设计，一个村就按照这个来实施。

蒋旭光：两省第一批移民都是统一建房。但是到第二批移民的时候，河南是统建，湖北则是自建和联户建。这是因为情况不同，河南第二批移民属大规模的外迁，许多迁到几百公里以外；而湖北第二批移民主要是后靠，大多在本乡镇。两省因地制宜，从实际情况出发，最终效果都很好。总体看，国家移民补偿安置政策的全面落实，省内支持优惠措施的逐步到位，地方帮扶措施的及时跟进；实施中，把政策交给群众，透明公开，亲情操作，接受社会和群众监督，促进了移民工作的顺利推进。

宫汉桥：湖北省政府先后出台了对外迁移民个人购买农机具、种子、化肥等生产性补贴，以及养老保险、移民房屋及其围墙建设和室内基本装修等多项补助措施。在国家政策之外，人均各项补助超过1.5万元，移民得到了实实在在的实惠。在内安移民建房中，各县市区出台"以奖代补"措施，对配合拆迁、按时建房、及时搬迁的移民实行分阶段奖励，人均奖励额度超过4000元，缓解了建房难、建房慢问题。

姚根怀：如今，我们村里家家基本上都是二层楼，还带门楼。基础设施也很完善，统一安装有线电视等，村村有学校、卫生室、村民活动室、农村电教室。

蒋旭光：南水北调丹江口库区移民难在安置人口多、搬迁时间

紧、搬迁安置强度大、近三分之二需要外迁。移民工作之所以能够积极推进并取得初步成效，得到移民群众肯定，从根本上说，是把以人为本的理念贯彻到了移民工作的全过程，是高度关注民生，实施科学移民、和谐移民的结果。

吃了苦，流了汗——
移民干部忘我工作甚至用生命兑现诺言

在移民安置工作过程中，移民群众顾全大局、为国分忧，移民干部负重拼搏、吃苦耐劳，涌现了很多感人事迹。移民工作顺利推进，实现移民群众平安搬迁、和谐安置。

蒋旭光：搬迁安置过程中，我们深深为广大移民群众顾全大局、为国分忧的奉献精神，为移民干部负重拼搏、吃苦耐劳的优良品质而感动。搬迁安置过程中两省出现了许多争当移民的情况，从一个侧面说明移民群众对安置工作是认可和肯定的。不断涌现的报告文学、诗歌散文、电视剧等艺术手段表现了社会各方面的感动。

宫汉桥：在工作中，先后有多位移民干部因劳成疾，病逝在工作岗位上。他们中有乡镇干部，也有村干部。丹江口市均县镇是全省南水北调中线工程移民搬迁人数最多、任务最重的乡镇，动迁人口2万余人。镇党委副书记刘峙清因劳累过度，于去年病逝在移民工作岗位上，年仅42岁。他先后52次赴枣阳、宜城，完成了2300多户9100多人次的移民搬迁护送任务。

王树山：河南省的情况与湖北类似，在整个移民搬迁过程中，没有发生一起移民重大伤亡事件，却有300多名干部晕倒在搬迁现场，他们用健康甚至生命兑现了自己的诺言。从迁出地到安置地，移民干部肚子里装的故事，几天几夜说不完。

姚根怀：移民干部确实是吃了苦、流了汗，他们干的这项工作很伟大。我们老百姓也很理解他们。我看到和听到的感人故事很多，移民搬迁结束以后，有的移民干部坐在江边，放声痛哭；有的移民干部住进医院，接受治疗；有的移民干部在家连包3天饺子，以补偿对家人的亏欠。

王树山：河南两年内移民16.5万人，这么多人从百余个沟沟洼洼出来，沿着淅川仅有的两条交通动脉，才能进入高速公路。集中搬迁期间，分级成立了专门搬迁指挥部，交通、公安、卫生、电力等部门全力以赴保障搬迁。每批搬迁都是一场战役，货物装卸，对老弱病残孕特殊人群排查护送，搬迁车队有序进出和停放、途中控制速度，就连中途停车吃饭、上厕所的问题也都要考虑在内。每批次搬迁都有干部护送，没有出过大问题，很不容易。

蒋旭光：在移民安置工作过程中，我们加强了移民工作体制机制建设，确保移民群众平安搬迁、和谐安置。

搬得出，能致富——
移民新村建成新农村的样板村

库区移民群众"搬得出"只是迈出了第一步，移民群众真正"稳得住、能发展、可致富"是一个长期过程，还需妥善解决移民出行、

入学、就医等方面的问题，完善新村基础设施运行机制，保障生活质量稳步提高。

蒋旭光： 库区移民群众"搬得出"只是迈出了第一步，移民群众真正"稳得住、能发展、可致富"是一个长期过程，还会出现这样那样的问题，需要做大量深入细致的工作。我们要进一步整合各类资源，动员社会力量，多渠道帮扶移民，实现从"搬得出"向"稳得住、能发展、可致富"转变。这就要加大政策帮扶力度，以市场需求为导向，加强移民生产、就业技能培训，积极帮助移民创业，落实帮扶责任制度。进一步探索制定适合移民发展致富的规划，寻找和推进新的收入增长点。

宫汉桥： 为实现您说的这个目标，在移民政策之外，省财政又拿出2亿元，用于扶持移民发展生产，保障移民新村正常运转。继去年省政府人均安排500元生产发展资金后，今年又安排1000元，拟发展一批"短平快"的小项目，支持帮扶移民尽快增收。潜江、天门等市在省专项扶持经费的基础上，因地制宜，又出台了一系列补助、补贴、奖励办法，一批移民已率先走上致富之路。据统计，全省各级各部门累计投入资金近20亿元，支持服务移民搬迁安置。

丰廷彦： 乡亲们常说，背井离乡是一种痛。刚搬迁时，我们也曾迷茫过。但是驻村干部始终与我们在一起，通过细致入微的思想工作，及时化解了我们的思想疙瘩，为我们开辟新路指明了方向。去年我带领部分移民成立了福农益民农业发展有限公司，注册了"玉福农"商标。公司现建有标准食用菌大棚基地65亩，年收入可达60万元，还能安排移民就业30~50人，人均月收入约2000元。

宫汉桥：去年，湖北省累计下拨移民培训资金2838万元，组织1337名南水北调移民参加中、高职业教育；完成各类技能培训380期约43000人次。2011年外迁安置的7万多名移民，达到每户培训一名移民的基本目标，安置就业率100%，稳定就业率达95%以上。

姚根怀：我跟乡亲们说，移民不是特殊公民，要过上好日子，必须靠我们自己的双手去创造。"农村遍地是黄金，关键看你用心不用心。"我们用土地流转形式建设日光温室33座，水产养殖380亩，两年来喜获丰收。今年计划再建日光温室50座，建成一个年存栏5000头的生猪养殖场，增加人均经济收入，让姚湾移民早日过上幸福的好日子。

蒋旭光：移民工作之所以能够取得较好成效，一个重要原因在于两省各级党委、政府和各级基层组织高度重视，加强领导，发挥制度优势，集中力量办大事，广泛动员社会力量，营造社会氛围，集中中央和地方各种优惠政策向移民倾斜，不光是移民部门，现在水利、农业、林业、商贸、国土、环保、卫生、公安、文化、广电等部门都积极参与进来了，集成资源，形成合力。

宫汉桥：我们把移民新村与新农村建设结合起来，"水、电、路、气、房"等一次性考虑到位，建成了一大批有一定规模、设施配套、功能完善、特色鲜明的移民新村，普遍达到或超过了当地新农村的建设标准。此前库区农村鲜见的太阳能照明灯、健身器材、图书室、农家超市等都走进了移民的新生活。

对话 下

王树山： 按照新农村建设的标准，现在河南省一共建成208个移民新村。省委、省政府要求把移民搬迁作为改善提升农民生活水平的重要契机。移民新村配备齐全，有的移民村还通上了天然气、用上了太阳能路灯。可以说，每个移民新村整体水平超过了当地村庄10余年，实现了跨越式发展，真正实现了移民群众一代人建设三代人居住的愿望。

移民群众还担心孩子的上学问题，特别是对8岁到11岁的孩子，刚到异地，出村上学不放心。当时我们和教育厅出台举措，让三年级以下的学龄儿童，不出村就能上到三年级，11岁以后再出村上学。如今每个移民村，即使是242口人的一个小村也都建有一所三年级的小学。

蒋旭光： 移民诉求随着时代和安置阶段变化而不断变化，对其精神和文化需求也需高度重视。要排查化解并妥善解决移民出行、入学、就医等方面的问题，完善新村基础设施运行机制，保障生活质量稳步提高。

今后，我们还要进一步突出制度优势，集中力量办大事，集成中央和地方各种优惠政策向移民倾斜，把移民新村建成社会主义新农村的样板村。

《经济日报》2012-04-12，李力、乔金亮报道。

感言——移民们的欢笑

"金窝银窝，不如自家的草窝。""没有什么要求，只要沿线人民喝上丹江水时能想着我们就成。"带着复杂的心情，为了世纪工程，为了国家利益，移民群众义无反顾地离开了世代生活的家园，舍弃了祖辈相依的土地，以按期搬迁的实际行动，支持和确保了国家重点工程建设。

搬迁到新的家园，他们的生活咋样？

丹江口库区移民、河南省中牟县刘集镇姚湾村党支部书记姚根怀，满心欢喜地跟记者描述了移民新村的小学校，有整洁美观的三层楼房，设计新颖的围墙之中有标准跑道操场。崭新的校舍、崭新的课桌、新奇的电化教学……新村小学迎来欢天喜地的移民子弟，还吸引了邻村的孩子们。

丹江口库区移民、湖北省武汉市东西湖区辛安渡办事处红星农场农民丰廷彦高兴地说，今年，他们计划投资兴建食用菌菌袋厂，形成100万菌袋的生产能力，可安排120名至180名移民就业，人均年收入2万元。还能带动100户移民种植食用菌，通过技术上统一指导、质量上统一标准、产品上统一销售，移民每亩可以增收2.5万元至3.5万元。

昔日，移民们在离开故土时抛洒下难以割舍的泪水；如今，他们在移民新村中又迎来了新生活的欢笑。祝福他们！

《经济日报》2012-04-12，乔金亮报道。

链接——丹江口库区移民工作取得重大成果

南水北调工程是当今世界上最大的远距离、跨流域调水工程，是缓解我国北方水资源严重短缺局面的重大战略性工程，可促进南北方经济、社会与人口、资源、环境的协调发展，分东线、中线、西线三条调水线路。

南水北调中线工程从大坝增高扩容后的丹江口水库陶岔渠首闸引水，经河南、河北，到达北京、天津，建设目标是2014年汛后通水。中线工程的重要内容就是对水源地丹江口水库大坝进行加高，为此，需淹没土地144平方千米，涉及河南和湖北两省，需移民34.5万人。移民的搬迁安置成为中线工程的难点和关键。

截至目前，河南、湖北两省已累计搬迁安置丹江口库区移民33万人，占库区移民总数34.5万人的96%，移民群众总体稳定，基本实现了国务院南水北调工程建委会确定的"四年任务，两年基本完成"的搬迁目标。

五十八

黔西巨变

对话人——

武鸿麟：贵州省政协副主席

包瑞玲：民建中央社会服务部部长

史开斌：贵州省毕节市黔西县协和乡党委书记

王朝友：贵州省毕节市黔西县协和乡杨柳村高粱专业合作社
负责人

周学芬：贵州省毕节市黔西县协和乡杨柳村海坝村民组农民

策划人——

李　力：经济日报农村新闻部副主任

图 58 从左至右依次为史开斌、周学芬、武鸿麟、王朝友、包瑞玲

苏琳/摄

五十八　黔西巨变

编者按　1988年6月，经国务院批准，全国唯一的地区级"开发扶贫、生态建设、人口控制"试验区在贵州毕节成立。24年过去了，毕节试验区发生了巨大的变化。中央统战部、各民主党派、全国工商联和无党派人士齐心协力，全力参与毕节试验区建设，创造了喀斯特贫困山区发展的"毕节模式"。

民建对黔西的倾力帮扶，是新时期统一战线支持毕节试验区建设的一个生动缩影。民主党派在助推毕节试验区建设方面如何发挥作用？有哪些好经验？日前，经济日报邀请贵州省政协副主席武鸿麟，民建中央社会服务部部长包瑞玲与黔西县协和乡基层干部、农民代表，就此展开对话。

没有沿海优势，又不靠近发达地区，经济基础薄弱的毕节，走出贫困与生态恶化的双重阴影

2004年毕节的经济总量在全省地级市中排最末一位，有两个数据就反映出当时的贫穷，第一个是农村贫困人口有170.99万人；第二个是农民人均纯收入只有1665元，就是吃饭、穿衣都十分困难。

包瑞玲：我是一个不爱流泪的人，但是2004年第一次到毕节市的黔西县我掉了眼泪。我们专门去了贫困户家里，没窗，4平方米大小的一间房，里面既住人，又住着小猪、小狗，当时我心里一酸，眼泪就掉下来了。我们肩上帮扶的担子确实很重啊！

武鸿麟：是的，当年黔西一些乡镇的贫困程度，没见过的人是无法想象的。现在你走在毕节市区，就会发现它的面貌与内地许多城市

相比已经没有太大的差别。从 2004 年到 2011 年，毕节的经济总量从全省末位上升到第三位，农民人均收入从 1665 元提高到 4300 元，共减少贫困人口 93.76 万人。其中，黔西县的农村贫困人口从 2007 年末的 11.9 万人减少到 2011 年末的 5.36 万人，共减少贫困人口 6.54 万人。

王朝友：这些年，我们村的变化就很大，大家的生活也一天比一天好。我家盖了新楼房，买了摩托车，装上了计算机，不过这在村里还算不了什么。更重要的是整个村组的环境卫生变整洁了，人也更加精神了。

周学芬：我家前几十年住的都是茅草房，两年前建了砖混结构的新房，还添了新家具和电器。

史开斌：8 年前，我们这儿还没有公路，家家户户住茅草房。就说王朝友和周学芬两家居住的"海坝苗寨"吧，几年前整个村民组都是住茅草房，也没有规范的牲畜圈舍，现在村里铺上了混凝土路面，装上了路灯，修了公共圈舍和公共厕所，还建了生态公园，农家书屋和农民专业合作社，家家户户都住上了白墙灰瓦的新房。

武鸿麟：事实证明，虽然毕节既没有沿海优势，又不靠近发达地区，但是毕节找到了一条正确的科学发展道路，就是创建毕节"开发扶贫、生态建设、人口控制"试验区。毕节试验区有三个主要的任务：开发扶贫、生态建设、控制人口。当时，八个民主党派、全国工商联共同商议，怎么帮助毕节试验区建设，结果是八个民主党派、全国工商联明确分工，分别具体负责毕节的一个县或者是一个县级市。

包瑞玲：民建中央从2004年开始对口帮扶黔西县以来，充分发挥民建联系经济界的特点和优势，整合民建各种资源，举全会之力来开展帮扶。民建中央领导非常重视黔西的帮扶工作，多次深入黔西县的乡村进行调研考察。我们紧紧围绕"助推发展、智力支持、改善民生、生态建设、示范带动"等五大"同心"工程，在人力、财力、物力、智力上给予黔西支持，还先后派遣干部5批12人到黔西县挂职帮扶。

武鸿麟：8年来，民建在黔西援助项目125个，捐赠物资及帮扶资金3362万余元，帮助落实招商引资资金72.8亿元。可以说，民建对黔西的倾力帮扶，是统一战线支持毕节试验区建设的一个生动缩影。

新时期民主党派在助推毕节试验区建设方面发挥巨大作用

民建有62.2%的会员在企业工作，有2万多名会员是企业董事长、总经理或担任各种经济实体的高级管理人员。这些企业家都很有爱心，主动承担社会责任。这是民建组织结构的特色，这个特色在参与毕节试验区建设中就成为一种优势。

史开斌：民建重点帮扶黔西，我们乡受益很大。今年2月，我们依托民建中央与民建贵州省委组织的力量，实施了"同心思源"生态农业示范园的建设。我们乡第一期跟三家民建会员企业分别签订了1万亩高粱、5000亩黑莓、5000亩茶叶和1000亩药材种植的合作协议，推广"公司+基地+农户+合作社"的方式，实现农民增收、农业

发展、农村稳定。

包瑞玲：我们与民建贵州省委共同在协和乡实施"同心思源"生态农业示范园的建设，是继在黔西县新仁乡以发展旅游业为龙头带动农民致富之后，打造产业化扶贫的又一个新尝试，这将对黔西县的农业产业结构调整具有积极影响。

史开斌：贵州赖永初酒业有限公司发展种植高粱，用作酿酒原料；黑莓是贵州北极熊实业有限公司发展种植的，被用作饮料原料；药材是贵州恒霸药业有限公司发展种植的。高粱的根还是药材，秸秆能用作手工艺编织的原料，我们与加工企业达成了合作协议。

周学芬：这个产业园对我们帮助很大，今年我家也种了5亩高粱、6亩药材和5亩黑莓，预计我家今年收入是去年的两倍。

王朝友：我家种了10亩高粱。我们村还成立了杨柳村高粱专业协会，我被推选为负责人，合作社种了500多亩。村里还有不少种黑莓的，黑莓种苗是由公司垫资的，现在已经种了200亩，还有一部分种苗运到村里了，正在种。

史开斌：这些项目对带动农民致富作用非常大。我们估算了一下，每种一亩高粱、黑莓或中药材，每年最低可分别增收1200元、1000元和1300元。

包瑞玲：在扶贫工作上，我们特别注重发挥密切联系经济界的优势，整合会内企业家力量，来开展扎实有效的帮扶工作。你刚才说的贵州赖永初酒业有限公司的董事长赖世强就是民建贵州省的副主委，是我们民建会员。

武鸿麟：是的，已经有好几家民建会员企业入驻"黔西县承接产业转移工业园区"了，有生产饲料的，有做食品加工的；有的项目已经投产，有的很快就要投产。这些项目对当地农业拉动作用非常大。

包瑞玲：为加大帮扶工作力度，去年 10 月，我们组织了民建东部十省市的几十名会员企业家来到黔西考察，参与黔西的建设；今年 4 月，我们又组织了东部发达地区的十余名民建会员企业家到黔西县进行项目投资考察。同时，又安排民建东部 10 省市开展对口帮扶黔西工作。

武鸿麟：民建对黔西的帮扶和援助，不仅给黔西带来了资金、技术和物资，更带来了新观念、新作风，激励着黔西加快发展。

着眼于长远目标，破解"年年扶贫年年贫"的难题

帮扶黔西的切入点在哪里，长期以来，人们习惯于"输血"式扶贫，但只解一时之困，并非长久之计。民建认为扶贫先扶智。越是贫困，就越应该重视教育。

武鸿麟：扶贫必须着眼于长远目标，否则还是会回归到"年年扶贫年年贫"的局面。只有让农民提高文化水平，充分掌握科学技术，用现代科技知识武装头脑，才能从根本上让农民致富奔小康，谋求更为持久的幸福。说到智力扶贫，我们统一战线最大优势就是智力资源，这正好是欠发达地区急需的。

包瑞玲：我们一直把帮助黔西发展教育作为智力支持的重要一环来抓。这些年，我们发动会员在黔西县总共援建了 14 所希望小学，

还援建了1个教学点和1个爱心家园教师宿舍，解决了4600多名学生上学难和部分教师住宿难的问题；引进助学资金100多万元，资助600多名困难学生顺利完成学业；捐赠了图书1万多册、计算机15台，还捐建了图书室、计算机室。

史开斌：民建中央在协和乡共援建了两所小学，一所是地庙村民建叶青高坡小学，另一所是木弄村德昭新浪小学。另外，还开展了一批农民职业教育培训项目。

包瑞玲：我们还不断延伸智力扶贫的范围，通过"走出去"和"引进来"的方式，开展技能人才培训和就业援助计划。

史开斌：这些培训，对我们基层来说，是最迫切的。最近我们乡就挑选了20名教师，要分别到北京、天津参加民建中央举办的乡村骨干教师培训，培训时间10天以上。我们还有医师参加了民建中央组织的乡村医师技能提升培训。

包瑞玲：今年我们计划以这种"走出去"的形式，培训黔西的200名乡村骨干教师，计划5年内培训1000名。另外，我们还开展100名黔西县乡村医生培训、100名黔西县村干部培训和100名农民致富技能培训。

史开斌：我们乡村干部，每天都跟着农民在地里转，很想出去培训，开开眼界，但缺乏这种机会。今年2月，民建中央社会服务部副部长夏赶秋来乡里调研，我做了专门的汇报。没想到，民建中央很快就给乡村干部安排了出去培训的机会，这样的学习机会非常宝贵，我们非常珍惜。

包瑞玲：培训乡村干部、教师、医生的同时，我们不能忽略的是，扶贫的重点是农村，对象是农民，对农民的培训更为重要。所以，我们请来农业和畜牧专家培训养殖户，组织开办"农家乐"的农民外出考察学习管理知识；针对当地富余劳动力开展就业技能培训，并推荐他们到东部的会员企业就业。

王朝友：去年，民建贵州省委专门请来水果、蔬菜专家，对我们进行免费种植技能培训。今年6月我还要参加民建会员企业、贵州恒霸药业有限公司组织的药材种植培训。

周学芬：我参加过刺绣技能培训。我们村在民建贵州省委的帮助下成立了一个苗族刺绣专业合作社，村里有30多名妇女参加，我们的苗族刺绣工艺品现在销路还不错。

史开斌：今年3月，民建中央请国务院发展研究中心和华南师范大学的专家和教授来我们乡指导，他们出的点子，很符合我们乡的实际情况。

武鸿麟：智力扶贫，就是交给农民一把"金钥匙"，帮助他们打开脱贫致富的大门。

民生是一个大课题，民主党派在帮扶工作中特别注重对保障和改善民生有所作为

民建的帮扶工作不仅要符合黔西的经济、生态环境特点，更要想老百姓所想、所盼、所需，把改善民生贯穿帮扶工作的始终。

史开斌：说到农业产业结构调整，水和路是关键，也是制约发展的"瓶颈"。比如说，我们乡的老百姓种植烤烟已经有二十多年历史了，但就是缺水，路不方便，烤烟种植一直比较零散，形成不了规模。

王朝友： 我们这个地方每年都有春旱，烟苗移栽只能靠"望天水"，如果老天爷迟迟不下雨，那移栽不成就变成了受灾，种得越多，受灾越重。

周学芬： 人家都说我们这里是"平时背水、旱时找水"，我们老百姓多年来一直说"吃水当吃肉"。

史开斌： 这两年，民建协调资金37.5万元，为我们乡的地庙村修建了1680米混凝土路，还援建了30口"思源同心水窖"，不仅解决了400多人、100多头大牲畜饮水困难，还能帮助农作物度过旱时，一口水窖浇灌的苗圃，能管300亩地烟草用苗。今年我们乡的春旱很严重，不少地方河水断流、水源枯竭，而地庙村的烟叶长势良好，这些水窖发挥了大作用。

周学芬： 这些小水窖真正给我们农民带来了方便，为我们农民办了一件大好事，没有这些水窖，地庙村的花木基地就搞不起来。

包瑞玲： "思源同心水窖"，是民建在参与毕节试验区建设"同心改善民生工程"的重点项目之一。

史开斌： 路也是非常重要的。以前地庙村的院墙等村民组不通路，建材运不进来，房子破破旧旧的也没法重建。不过，现在你们到院墙组，就会看到那里有水泥路了。民建中央派到我们县挂职的于艳斌副县长为我们争取到了农村基础设施建设"一事一议"项目，我们乡去年就实施了7.2千米的通村公路建设，国家财政投入156万元，用于购买水泥、砂石，村民都积极投工投劳。

王朝友： 修路的时候，七十岁的老人和十几岁的孩子都来帮忙呢！

史开斌： 路修好后，今年老百姓开始建新房了。地庙村院墙村民组还第一次出现了种植大户，比如说种植大户林桥明家，他家的年收入可达十万元以上。

武鸿麟： 民建在开展帮扶工作中特别注重改善民生。比如，引导企业会员投入近500万元为黔西县进行茅草房改造，修建沼气池、自流井和水窖。协调资金1000余万元，解决了11个自然村3000多名群众的行路难问题，还协调水利部，使黔西县被列入全国小型农田水利建设重点县，这将彻底改变黔西县农田水利基础设施薄弱的基本面貌，有效缓解城乡居民生活用水紧张的问题。

包瑞玲： 今年民建中央将捐资200万元实施贫困残疾人治疗计划、捐资50万元为黔西县改善教学设施。

武鸿麟： "同心工程"中的"同心"这两个字，就代表着统一战线与人民群众心连心。这些年来，民建以黔西人民群众的切身利益为出发点，想民众之所想，做民众之所需的事，充分体现了"同心"二字的含义。

包瑞玲： 民建中央主席陈昌智多次强调说："要把保障和改善民生作为帮扶工作的出发点和落脚点。"因此，在今后的帮扶工作中，我们要动员引导广大会员积极承担社会责任，为黔西人民早日脱贫致富献计出力。

《经济日报》2012-06-13，苏琳报道。

五十九

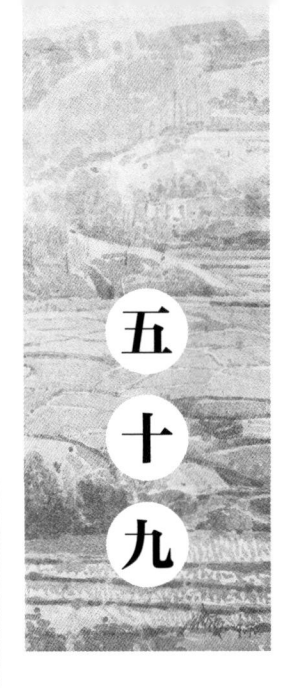

亿万农民的黄金十年

——从江苏太仓看中国农村十年巨变

对话人——

韩　俊：国务院发展研究中心副主任

陆留生：江苏省太仓市委书记

苏齐芳：江苏省太仓市城厢镇东林村党委书记

策划人——

李　力：经济日报农村新闻部副主任

图59　国务院发展研究中心副主任韩俊（中）、江苏省太仓市委书记陆留生（左）、江苏省太仓市城厢镇东林村党委书记苏齐芳（右）展开对话

乔金亮/摄

编者按 近十年，我国农业综合生产能力大幅提升，农民生活水平显著改善，农村面貌日新月异，"三农"发展进入了又一个黄金期。经济日报邀请国务院发展研究中心副主任韩俊，与来自江苏太仓市的领导和农民代表共同探究发生这一巨变的原因——

话题一 农村改革迸发活力

"合作农场"将土地承包经营权牢牢掌握在农民手里，又兼顾发展和壮大村级集体经济，探索出融承包制和合作制优势于一体的农村经营新模式

韩俊： 党的十六大以来的这十年，我国农业综合生产能力大幅提升，农民生活水平显著改善，农村面貌日新月异，"三农"发展进入了又一个黄金期。

探究根源，就在于在坚持农村基本经营制度的基础上，党中央与时俱进确立了把解决好"三农"问题作为全党工作重中之重的战略思想，制定了工业反哺农业、城市支持农村和多予少取放活的指导方针，充分尊重农民意愿，积极推进农村改革，不断加大强农惠农富农政策力度，开创了"三农"工作崭新局面。

这十年农村改革遵循的基本逻辑包含以下两方面：第一是"少取"，其中最重大的一项改革，是从2000年开始试点的农村税费改革。取消农业税给农民直接减免各种税费负担1300多亿元。农村税费改革以来，中央给予地方的转移支付累计高达6543亿元；第二是

"多予"，公共财政全面覆盖农村，农村社会事业和公共服务的资金筹措机制发生根本改变。第三是"放活"，2004年放开了粮食购销，购销主体开始多元化。而且打破了劳动力市场的城乡分割，取消了限制农民流动的政策，提出要公平对待农民工，现在又提出，符合条件的农民还可以在城市定居。

党的"三农"政策给农民带来了巨大的实惠，给农村的发展注入巨大动力，深得民心。太仓的实践经验，更充分说明这一点。

陆留生：太仓是苏南的一个县级市，是典型的鱼米之乡，也是农村改革的最大受益者。

我们农村改革的第一阶段是税费改革，农民不仅负担减轻了，生产成本降低了，而且感受到党中央关心农民，种粮的积极性被充分调动起来。

第二阶段的重大改革，就是创新农村经营体制机制。在坚持农村基本经营制度、保护农民土地承包权益基础上，大力发展包括土地股份合作社、社区股份合作社、投资股份合作社、专业股份合作社、劳务合作社等农村五大合作组织。目前，入社农户已经超过了96%。改革建立了城市化和工业化过程中农民分享更多收益的长效增收机制，促进了广大农民共同富裕。

第三阶段改革是在2010年以后，太仓作为苏州地区推进城乡一体化综合配套改革试点，在城乡规划、产业布局、社会保障和就业、基础设施、公共服务、社会管理等六个一体化方面进行了探索，在这些方面政府加大对农村地区的财政投入，使得农民能够真正得利，使得农村地区的面貌发生了巨大变化，这个十年是我们农村面貌变化最大的十年，是农业发展最快的十年，也是农民得实惠最多的十年。现在太仓的农民以自己是农民而感到自豪。

苏齐芳：我们东林村过的是住楼房、用电器的现代化生活，一点不比城里人差。全村去年人均纯收入1.92万元。目前，村级总资产6383万元，村级可支配收入1512万元。生产发展了、生活宽裕了、环境优美了，我们村还被评为江苏省的文明村和生态村。

这些变化得益于农村土地整治，得益于城乡一体化发展的思路。村里原先耕地不多，农民田宅穿插，难以实现规模效应。经村民自愿、报省国土厅批准，我们采取土地置换的方法，进行土地集中整治，全村形成了1800亩集中连片的耕地。2010年，"合作农场"应运而生，它就是由东林村、东林劳务合作社、东林农机专业合作社联合发起组建的"东林村合作农场专业合作社"，"合作农场"将土地承包经营权牢牢掌握在农民手里，又兼顾了发展和壮大村级集体经济，有利于增加村民收入，探索出融承包制和合作制优势于一体的农村经营新模式。

村民的生活方式，也伴随着土地整治发生了全面改变。700多户村民全部搬进新建的小区公寓——东林佳苑；1000多名农村壮劳力除了20多个成为村里合作农场的工人外，全部进入城镇，融入二、三产业主力军中。

韩俊：在工业化、城镇化的发展中，农业现代化和新农村建设也同步跟进。太仓的实践表明，党的十六大以来，"三农"有重大理论

创新、制度创新、实践创新，三个创新支撑起农村崭新的局面。可以说，没有这三个创新，就没有现在的强农、惠农、富农政策。

陆留生：太仓农村还有一个大变化就是医疗。现在将农民的医疗保障纳入财政投入范围，通过向基层、向大病倾斜，加之商业保险等，农民看得起病了，现在太仓大病的医疗结报已经达到86%。

韩俊：让农民病有所医、老有所养、困有所济，这是中国几千年的农村发展史上具有里程碑意义的一件大事。如今，全国97%以上的农民参加了新型农村合作医疗；农村低保覆盖面达5000多万元，实现了应保尽保；今年基本可以实现新型农村社会养老保险的全覆盖。

话题二 现代农业全面提速

发展现代农业，需要两个条件。第一，要有现代的农民，即新型职业农民；第二，要有配套的制度，把农民组织起来。没有农民的组织化就没有农业的现代化

韩俊：当前，农业现代化进入了一个新阶段。对照反映农业现代化发展水平的三个指标，全国农业综合机械化率达到了54.5%，农业科技进步贡献率已达到53.5%，农田灌溉率达到51%以上。这说明，过去十年发展现代农业取得了巨大进步，农业综合生产能力大幅度提升。

发展现代农业，需要两个条件。第一，要有现代的农民，即新型

职业农民；第二，要有配套的制度，把农民组织起来。

苏齐芳： 我们的合作农场实现了培育新型农民和组织农民两个任务。合作农场1800亩地只有18个人管理，首创了"六化"的经营模式：育秧工厂化、配置标准化、种植生态化、管理企业化、生产高效化、农产品品牌化。农民有三种入股模式：以土地入股，拿租金；以资金入股，拿股金；以劳务入股，拿薪金。

即使种水稻，每亩收益也达到了1600元钱，光农业补贴就有近600元。其中，国家各项补贴加起来有100多元，市里的生态补贴300元，我们镇补贴200元。

陆留生： 经过十年发展，太仓进入向农业现代化冲刺的阶段。得益于区位优势和经济社会快速发展的支撑，太仓的现代农业正向主动转型、有序转型、内涵转型发展。同时，我们提出明年要率先基本实现农业现代化。

苏齐芳： 就拿我们东林村来说，我们有全国领先的工厂化育秧基地，四层育秧架配有温度湿度调控设施、雨水收集系统、自动喷滴微灌系统。工厂化育秧一亩地可以育300亩秧苗，比大田育秧多出50倍。实现了100%的机插秧，人均每天可插秧12亩多。

陆留生： 我们不断加大对农机的补贴力度，加快先进实用、节本增效农机技术的普及。全市稻麦耕翻、植保、收获机械化率达到100%，粮油生产综合机械化水平达92%，农业综合机械化水平达82%。

韩俊： 太仓的经验表明，现代农业必须能促进这些新型农民的收

入增长，同时，现代农业离不开政府全方位的支持，太仓对农业的补贴水平比全国要高多了。

陆留生： 培养新型职业农民，除了发展职业教育和技术培训，我们在全市范围内开展管理好每块土地、服务好每个农民的主题教育活动，营造现代农业发展的良好氛围。此外，还注意发挥农业的生态和休闲观光功能。

苏齐芳： 我们与科研院所合作，引进富硒水稻技术，种植新型有机富硒稻。经上海农科院检测，它的含硒量是普通大米的5~7倍，它的售价也是普通水稻的三四倍。合作农场围绕富硒米，发展生态循环农业。猪场采用发酵床技术，清理出的基质经过处理供水稻施用，田间太阳能捕虫灯晚上诱杀害虫还土鸡美食，富硒大米的米糠用于喂猪仔。

韩俊： 太仓应该是全国农业现代化水平最高的地区之一。从全国来讲，像太仓这样的地方还太少，但是它的探索具有方向性。太仓尊重农民的土地承包经营权，土地虽然流转到村办合作农场，但是土地承包经营权还是农民的，农民每年有分红。

我们要以家庭承包经营为基础，加快推进农业经营方式实现两个转变：一是家庭经营要向采用先进科技和生产手段方向转变；二是统一经营要向形成分主体、分层次、分形式经营服务体系的方向转变，要扶持专业合作社成为现代农业的经营主体，在尊重农民财产权益和意愿的基础上，引导农民走向新的联合与合作。没有农民的组织化就没有农业的现代化。

话题三　新农村建设日新月异

城乡收入差距最近两年出现了缩小的趋势。农民收入结构发生了重大的变化，从事第一产业收入占农民收入只有37.7%。工资性收入已经成为农民收入最重要的一个来源

韩俊： 新农村建设的目标是生产发展、生活宽裕、村容整洁、乡风文明、管理民主。我认为，其中有两个主要指标最重要：第一，农民收入是否提高；第二，农村的公共服务和基础设施是否改善了。

城乡收入差距最近两年出现了缩小的趋势。农民收入结构发生了重大的变化，从事第一产业收入占农民收入只有37.7%。工资性收入已经成为农民收入最重要的一个来源。

陆留生： 太仓把富民作为新农村建设的核心任务，多方拓展农民增收渠道，通过发展高效农业、鼓励农民自主创业、实现农民充分就业等，促进了农民收入持续增长。2011年，太仓农民人均纯收入达到18540元，近年来城乡居民收入比一直保持在1.8∶1以内。

其次，通过开发利用现有资源、盘活存量资产、搞活资本经营、发展村合作农场等多种途径，构建起村级集体经济长效发展机制。村级平均可支配收入从2005年的82万元增加到2011年的508万元，年均增长35.4%。

苏齐芳： 如今村民收入有：租金收入、股金收入、分红收入、务工收入。光村里的五个公司就解决就业400多人，其中250人是老年农民。他们去年人均收入达到了17000多元，再加上退休工资，收入

水平相当高了。

韩俊： 我们更加自觉地调整财政支出结构，投到农村的钱越来越多，农民也得到了很大实惠。

陆留生： 太仓的农村环境面貌明显改善，我们推动了水环境治理、污染治理、农田整理、村庄整治、农村绿化等"六大工程"建设。目前，农村生活污水处理率达56.3%，绿地森林覆盖率达到21.2%。农民的生活方式越来越市民化，农村环境越来越田园化，开始注重环境保护。

苏齐芳： 村民可选择复式公寓房、普通公寓房、电梯公寓房。小区内道路、绿化、景观、水、电、有线电视等基础设施完备。我们还成立了党员议事组，针对老百姓的难点、热点问题，召集大家讨论。把律师请来让村民直接咨询。每月我们都举行文体比赛等多项活动。

话题四　城乡一体宜居宜业

城乡一体化，不是用城镇代替农村，也不是要消灭村庄。城乡一体化要城镇化和新农村建设双轮驱动

韩俊： 党的十六大以来，城乡统筹取得了巨大的进展，去年我国城镇化率已经达到51.3%，这是一个转折点。中国城镇化最重要的一个推动力量，是农民转移就业和跨地区流动。去年农民工总量已经达到了2.53亿人，外出务工经商的农民工是1.59亿人。过去那种城乡完全分割的局面已彻底被打破，城乡之间的要素流动加快。

过去十年，我们确立了一个统筹城乡发展的战略思想，通过自觉调整国民收入和财政支出的使用结构，各种资源开始大量投到农村去，基础设施和社会事业发展的重点逐步转向农村。城乡一体化，包括城乡规划和土地利用、基础设施、公共服务、就业、社会保障一体化等，都有了长足的进展。

陆留生：我们出台了一系列文件，为城乡一体化的顺利推进提供了政策支持和保障。同时，坚持全市规划一盘棋理念，城乡规划有机融合。以规划为先导，城乡资源配置不断优化。全市农村土地承包经营权流转面积累计达31.5万亩，占比90%，农业规模经营比重达80%；全市农村工业企业的集中度达到90%以上；农民集中居住率达到51.2%。通过"三个集中"，城乡资源配置得到进一步优化，土地利用集约化水平不断提高。

韩俊：城乡一体化的一个最重要的目标，就是从根本上改变过去我们重城轻乡、城乡分割的格局，真正让农民来分享工业化、城镇化的成果。应该说，目前城乡公共服务水平仍然有很大的差距，农村基础设施跟城市相比还有很大差距，虽然农村社会保障覆盖面扩大了，但保障水平还有待进一步提高。

城乡一体化，不是用城镇代替农村，也不是要消灭村庄。城乡一体化要城镇化和新农村建设双轮驱动。太仓通过发展县域经济，为农民创造更多的就业机会，在这个过程中，越来越多的农民就地就近转入小城镇，这是一条符合中国国情的道路。

《经济日报》2012-07-03，李力、乔金亮、赵无双报道。

六十

做让消费者放心的国产奶

对话人——

谷继承：中国奶业协会副会长兼秘书长

李胜利：国家现代奶牛产业技术体系首席科学家、中国农业
　　　　 大学教授

邓九强：现代牧业（集团）股份有限公司董事长

陈历俊：北京三元食品股份有限公司副总经理

张宝银：奶农代表、北京兴发旧县奶牛场场长

策划人——

李　力：经济日报农村新闻部副主任

图60 谷继承（中）、李胜利（左二）、邓九强（右二）、陈历俊（左一）和张宝银（右一）就我国现代奶业发展有关问题对话

李树贵/摄

话题一　保供给：提高单产

谷继承： 当前是我国奶业发展形势最好的时期。随着监管力度不断加大，标准化养殖水平逐步提高，良种覆盖率稳步提高，单产水平有了提升，生鲜乳质量安全得到保障，现代奶业格局初步形成。

当然，我国奶业发展仍然面临着一些制约，主要是奶业科技水平仍较低，特别是单产水平不高。如果单产达到发达国家水平，在存栏量不变的情况下，奶产量至少可增加 2300 万吨，相当于目前我国奶产量的 60%。

李胜利： 单产要提高主要抓四个方面，第一是良种，良种对产量的贡献率约占 40%。培养良种，可以两条腿走路：加强国际合作，引进发达国家的好品种；同时，在国内培养出适合我国自然环境的高产品种。第二是营养要跟得上，针对不同生理和产奶阶段，按奶牛的营养需要来设计饲料配方，才能发挥良种的遗传潜力。第三是做好奶牛的疾病控制。第四是科学管理，如人员的管理、挤奶规程的管理、饲喂管理以及奶牛的分群管理等。

邓九强： 现代牧业饲养的牛主要是从澳大利亚和新西兰引进的荷斯坦牛。我们通过基因改良，把澳大利亚放牧散养的奶牛产奶量从 6.5 吨提高到 8 吨多。如今，全集团的牛平均产奶量是 8.5 吨，和美国的 9.4 吨还有距离，再用 3~5 年，能达到美国的平均水平。

谷继承： 我国人均奶制品消费量是 32.4 千克，相当于亚洲平均水平的 50%，世界平均水平的三分之一。随着经济发展，人们对乳

制品的需求呈增加趋势。但奶业发展受资源与环境约束日益增大，单纯依靠奶牛数量增长来满足国人对奶制品的需要是不现实的，提升单产水平至关重要。

邓九强： 目前制约我国奶牛单产提高的因素之一就是优质牧草匮乏。今年国家实施"振兴奶业苜蓿发展行动"，已启动了 50 万亩苜蓿基地的建设项目，现代牧业公司已经在坝上地区种了 26 万亩燕麦。目前我们饲养奶牛的粗饲料由燕麦草、苜蓿草、全株玉米青贮或黄贮构成，这是在国内比较理想的营养结构。

李胜利： 现代牧业非常注重单产，肯花高价买最好的品种，这值得各个牛场学习。饲草数量和养牛数量要平衡考虑。如盲目建起一个大型牧场，饲草料没有稳定的渠道也是问题。如今采取现代化饲养技术，注重农牧循环，单个牧场可以养 19000 多头奶牛，而过去基本上没有上万头规模的牧场。

陈历俊： 提高单产离不开科技。我们关注的第一个就是良种化。在技术创新方面，我们做了很多工作。三元集团从 1998 年开始推行生奶计价体系改革，实行按质论价，强调牛奶蛋白重要性，引导奶牛育种的方向；1999 年拒收"有抗奶"；2002 年开始，把体细胞指标纳入到牛奶计价体系里面，引导奶牛健康养殖。从 2001 年到 2011 年，每头牛年单产水平每年增加 320 千克。通过我们的引导，带来了奶牛养殖的良好效果，不仅提高奶牛单产，而且提高了牛奶质量安全水平。

张宝银： 谈到单产提高，除了良种和管理因素外，还要爱护奶牛，这是养牛成功的开端。很多个体牛场管理者对此认识不够，引进的设备比较落后，理念也不够先进。我们现在奶牛存栏 520 多头，作为农民养牛很不容易，虽然政府给予了补贴，但还是要自己下功夫去养，去了解爱护奶牛，才能把牛养好，才能高产优质。

谷继承：张场长说得好，养牛要对牛有感情，这是养好牛的基础。像他这样 500 头规模的村办牧场，能达到单产 8 吨的水平，在我国已经是非常好的。

话题二　保品质：重视质量

谷继承：奶业要发展，一方面要求政府各相关部门加强监管；另一方面要求奶企加强自律，做到标准化、规范化生产。在产业链上，生鲜乳的质量保证首当其冲，要提高生鲜乳的脂肪、蛋白质和干物质含量，减少体细胞数、细菌总数和药物残留，提高乳制品的质量。

李胜利：我去现代牧业考察过，其生鲜乳理化指标和卫生指标都达到或超过了欧盟标准，质量控制很好。

邓九强：我们现在好多牧场的牛奶挤出来，不经过杀菌环节，微生物指标就已经在每毫升 3000 个细菌单位以下。

陈历俊：三元集团目前基本实现了按质论价，包括其后的体细胞计价。我们希望通过高标准来引导养殖户往高水平方向发展。同时，为保证生鲜乳计价指标公平，三元采取了内部第三方检测的方式，由有国家实验室认可资质的公司中心实验室进行原料奶计价检测，采取

盲样检测的方式，避免了人为影响。

张宝银：三元实行按质计价体系很早，体细胞达到一定标准会统一定一个价格。我们场牛奶夏季乳蛋白是3.1%，冬季是3.2%。我们多年一直追随着三元，现在奶的指标总体上不错，体细胞数20万个左右，细菌数10万个以下。

陈历俊：三元集团奶牛整体的健康水平很好，质量不错，细菌总数是5万个以内，体细胞数大概是20万个左右。三元公司拥有数十家自有绿荷牧场，在原辅料控制方面，公司每年都通过外部第三方机构对公司原辅料供应商进行两方审核。

规模化标准化养殖才会产出优质的生鲜乳。养牛是一个很复杂的体系。三元牧场已形成自己的质量追溯体系。在饲料控制方面，严格检测、集中采购、统一配方；在饲养方面，采用全混合日粮饲养技术；在挤奶方面，两次药浴、纸巾干擦、机器挤奶。出厂前，组织质量安全员试饮、品尝。

邓九强：我们有标准化管理流程，优于世界任何国家标准。日本的标准是最严的，微生物是20万个，我们是2万个以下。三聚氰胺事件是个转折，大家更重视品质，我们的牛奶价格高，就是因为微生物指标控制做得比较好，另外乳蛋白达到3.3%。

谷继承：理化指标和微生物指标就决定了价格，用这两个指标评定等级，然后给对应的奖励，养好牛，出好奶，定好价，形成一个良性循环。

陈历俊：还有，奶挤下来后，如不保护好的话，奶质也不一定高。我们在贮运方面，过滤加预冷确保卫生、细菌少，冷链封闭、专车专人运输。

邓九强：我们现在已经把挤奶到加工做到两小时之内完成。这意味着能生产出更高品质的牛奶，因为在4℃冷藏的条件下，两小时内微生物基本上不繁殖。

陈历俊：我们通过各个环节对产品品质负责，举两个环节为例。第一，就是所有的原辅料，都跟供应商双方签字，把样品封存，一直等到原料做出来的产品过了保质期以后，才能销毁；第二，我们的原料包括产品，要经过人体实验，保证产品是安全的。

谷继承：现在绝大部分乳品企业已把卫生指标纳入到质量体系中。据统计，目前有关部门已经累计抽检生鲜乳的样品达到6万多批次，蛋白质、脂肪等理化指标全部达标，生鲜乳的质量安全总体良好。振兴中国的奶业，生产厂家要精心生产奶，消费者才可放心消费奶。

话题三　保环境：综合利用

谷继承：1000多头规模的牧场，一天就可以排出40吨的粪便，这40吨的粪尿要处理不好，对环境有较大的影响。

近年来，国家推进标准化规模养殖，旨在提升单产水平，减少污染排放量，并进一步加强污染综合治理。总体看，标准化规模养殖牧场都注意环境保护。同时，各个企业也很重视，采取了不同的措施，

加大了粪污处理力度。我国标准化规模养殖占比33%，基本上都有相应的治理措施，像干湿分离、堆肥和沼气等方法，把沼液施到农田里，沼渣作为粪肥上到农田。

邓九强：有人误以为，我国大型养殖场污水横流、苍蝇满天飞。大家可以去现代牧业的任何一个牧场去看。像肥东牧场，天气那么热，你可能在整个牧场都看不到苍蝇，我们的食堂窗户上边都没有纱帘，道路非常干净，连个烟头也没有。我们牧场粪便处理水平非常高，牧场会配套一个完整的牛粪处理系统，100%地收集和处理，这样每万头规模的牧场，仅粪污一项就要投入4000万元。

张宝银：我们场粪污处理是干粪经堆放发酵后，作为有机肥施于我们周边200多亩土地。

邓九强：我们是厌氧发酵，发酵过程中产生沼气，沼气用于发电，把牛粪经固液分离，把沼渣做固体肥，沼液做液体肥。我们国家缺有机肥，就需要集约化的牧场生产大批量的有机肥，实现生态农业良性循环。

陈历俊：除了这个以外，实际上有三个方法，包括厌氧发酵处理也是必不可少的，通过简单固液分离以后，固渣拿去堆肥，液体做沼气，剩下的经过再处理后，有些液体通过处理后达到排放水平就可以排放，固体的东西再拿去做有机肥，这个效果还是不错的。

谷继承：现在企业越来越重视污染治理问题，随着标准化规模养殖速度的加快，污染会越来越小。

陈历俊：垃圾用对了地方就是有效的资源。沼液加到地里面既可以减少化肥用量，又能够提高产量，还是很好的灭虫剂，具有较好的驱虫作用。

话题四　保发展：技术培训

谷继承： 当前我国奶业正处于关键的转型期，有千家万户的奶农，由于价格和效益的问题，散户会转型到养殖小区或者规模牧场，这就需要进一步加强培训。

李胜利： 我们已经连续3年与中国奶协合作开展"金钥匙"培训，目前已经举办27期，今年是第四年，累计培训了1万多名奶业技术人员和奶农。金钥匙培训主要围绕着奶业的主要技术问题，在我国奶业优势区域举办，以省为单位开展培训，在培训讲课前，专家先到牛场考察，了解当地奶牛养殖存在的主要技术问题，带着问题第二天去做专题讲座，然后再留半天时间，和奶农面对面进行技术解答与交流，这个方式很受欢迎。

邓九强： 农大专门给我们企业培训，关于营养的、饲养和繁育的各方面培训，而且不少农业大学的学生和受训者也留到牧场工作了。

李胜利： 我有一个学生是现代牧业某个牧场的副场长，他们的饲料原料，基本上是我们给测的，饲料样品也是我们给测，另外还测蛋白质饲料的降解率，因为我们有专门设备，哪个饲料消化得快，都可以帮助检测，还派人专门到牧场指导。

陈历俊： 我们有个博士后工作站，常年有在读的博士后。另外有十几个博士在一线，在养殖、育种与加工环节，技术力量比较强大。目前，经过国家相关部门承认的高级技工就有100多人，从事挤奶、育种各个环节的工作。

近十几年，我们跟以色列一直在合作，从建立国内第一个中以示范牧场到现在，以色列每年有一个顶级的专家派驻到三元绿荷，从育种到养殖，从饲料到营养，乃至日粮配制、饲养管理等各个环节给予及时指导。另外，三元在全国范围内筹划奶牛示范基地建设。我们在加工厂所在地建设至少一座示范性奶牛场。

张宝银：三元有专门的奶牛管理队伍，每年定期对我们奶户进行培训，像我算比较有经验了，但每年也都参加培训，质量控制、养殖方面的新问题在这里都可以得到解答。

谷继承：目前，我们奶业的培训班有四种形式，一是国家层面的，像农大、农科院和奶协等单位组织的培训班，培养技术骨干和专家，建综合实验站，示范带动；二是省里培训；三是对广大奶农的培训；四是企业自身的培训。

培训内容包括政策、法律法规和生产技术等方面，技术上涵盖了饲草饲料、饲养管理、疫病防控、繁殖育种、牧场管理、质量控制等各个方面。特别是举办生产性能测定培训班，可以有效解决育种和饲养管理问题，是提高单产的重要手段。

《经济日报》2012-10-09，李力、乔金亮、赵琛报道。

六十一

放心的全程食品链如何打造

对话人——

李伟国：农业部农垦局局长

吴金玉：中国农垦经济发展中心副主任

谢　磊：首农集团副总经理

王　凯：北京金星鸭业中心总经理

钱奕庭：安徽倮倮米业有限公司总经理

韩奕奕：农业部食品质量监督检验测试中心（上海）高级工程师

韩宝兰：北京市民

策划人——

李　力：经济日报农村新闻部副主任

对话下

图61　李伟国（中）、吴金玉（左三）、谢磊（右三）、王凯（右二）、钱奕庭（左二）、韩奕奕（右一）、韩宝兰（左一）

乔金亮/摄

民以食为天，食以安为先。农产品质量安全问题日益成为全社会关注的焦点。如何让消费者放心？全国农垦系统探索出一套行之有效的办法——建立从田间到餐桌的农产品质量可追溯制度，农垦系统已基本形成了"生产有记录、流向可追踪、信息可查询、质量可追溯"的农产品质量监督管理新模式。进行了近十年的农垦农产品质量追溯制度建设工作，对我国全面建立农产品质量追溯制度、提高农产品监管能力作出了有益的探索和积极的贡献。

围绕农垦怎样建成并运行农产品质量追溯制度，取得了哪些成效，积累了哪些宝贵经验，以及今后如何进一步完善追溯制度，我们邀请相关嘉宾进行探讨。

话题一 追溯链条初建成

通过建设农产品质量安全网络监管系统、建立追溯信息数据平台，减少农产品质量安全监管中的障碍，提高监管效率

李伟国：为满足广大消费者对农产品质量安全的需求，积极探索农产品质量监督管理新模式，农垦系统于2003年在国内率先启动了"农垦无公害农产品质量追溯"试点工作，2008年正式开始农产品质量追溯项目建设工作。目前已在25个省（区、市）的220个农垦、热作及地方企业建成并正式运行农垦农产品质量追溯系统，400家企业基本实现了生产有记录；全国农垦可追溯种植业产品规模达430多万亩，可追溯养殖业产品规模达4291万只（头）；追溯范围已覆盖

谷物、蔬菜、水果、茶叶、肉、蛋、奶、水产品等主要农产品；示范带动黑龙江、安徽、湖北、辽宁等省近40家地方企业参加了追溯系统建设，带动农垦周边48万户农民实现了农产品质量可追溯管理；基本形成了"生产有记录、流向可追踪、信息可查询、质量可追溯"的农产品质量监督管理新模式。

谢磊： 确保食品质量安全是食品企业管理工作的重中之重，属于农垦系统的首农集团，积极参加了农产品质量追溯体系建设。首农三大主业之一就是食品加工业，食品加工的产值约占集团销售额的80%。为确保质量追溯工作有效推进，集团成立了质量追溯领导小组，全面指导和部署集团系统质量追溯工作，下设质量追溯办公室和工作组，全面负责对质量追溯进行监督检查与指导。通过质量追溯体系建设，目前首农集团已构筑从田间到餐桌的全产业链质量控制体系，充分发挥了国有龙头企业在食品安全行动中的主导作用。

王凯： 大家都知道全聚德烤鸭，原料鸭全部是由我们北京金星鸭业中心提供的。作为在禽类企业中首家建立全程可追溯系统的企业，中心具有从育种到屠宰、加工的完整产业链条。为赶在2008年奥运产品生产启动之前完成系统的建设工作，我们的技术人员与农垦专家组成员一起克服了很多困难，到2008年7月，北京鸭产品质量追溯系统正式投入运行。

吴金玉： 建立农产品质量追溯制度，对于强化生产者责任、提高监管能力、提升农产品质量安全水平具有十分重要的意义，符合时代发展要求，是一件利国利民的好事。

钱奕庭：确实如此，对我们粮食企业来说，追溯系统建设不仅让我们在消费者中提升了可信度和美誉度，而且也提升了企业管理水平，促进了企业节本增收，是让农业企业尽快提升现代化水平的一条好路子。

韩奕奕：农业部食品质量监督检验测试中心(上海)是从事农产品、食品检测服务的第三方检测实验室，是农业部授权的食品质量监督检测定点机构。从2008年起成为农业部农垦农产品质量追溯系统建设项目技术服务单位，为追溯项目建设单位提供专业的技术指导和服务。目前负责对华东地区24家建设单位，13家创建单位的产品质量的检测、跟踪及技术指导工作。

韩宝兰：我第一次接触质量可追溯是去全聚德吃烤鸭，门口有一个质量可追溯的显示屏，每只烤鸭的签上都有编号，输进去后就能看到是哪个养殖场的哪一批鸭子，当时觉得挺神奇的。今天听各位介绍，没想到牵扯的环节这么多。从食品安全的角度来说，我觉得质量可追溯工作是非常好的一件事情，我愿意消费可追溯产品。

李伟国：通过建设农产品质量安全网络监管系统、建立追溯信息数据平台，减少了农产品质量安全监管中的空间、时间障碍，丰富了政府部门监管手段，提高了监管效率。可以说，近十年的农垦农产品质量追溯系统试点和项目建设工作，对我国全面建立农产品质量追溯制度、提高农产品监管能力作出了有益的探索和积极的贡献。

话题二　可追溯如何实现

建立农产品质量安全追溯制度是一项复杂的系统工程，必须有相应的制度、标准为依据和支撑

李伟国： 农产品质量追溯在我国刚开始，我们在以下几个方面作出了探索：第一，怎么建立追溯的标准，到底追溯哪些指标；第二，怎么确保追溯信息的完整性、系统性；第三，怎样使信息方便大家查询。

吴金玉： 建立农产品质量安全追溯制度是一项复杂的系统工程，必须有相应的制度、标准为依据和支撑。按照农业部部署，我中心先后组织制定了《农产品质量安全追溯操作规程通则》以及谷物、水果、茶叶、畜肉、蔬菜、面粉质量安全追溯操作规程等7项农业行业标准，形成了与国际标准相衔接，与我国农产品生产实际相适应的农产品质量安全追溯标准体系，对追溯系统的管理制度、设备配置、追溯设计、信息采集、数据管理等提出了明确规范和要求。在此基础上，我们组织开发了集定制、采集、汇总、查询、监管等功能于一体的农产品质量追溯信息系统，并根据企业实际安排专家进行现场定制和指导，有效地满足了不同农产品生产企业和组织追溯系统建设的需要。

谢磊： 从2008年至今，首农集团先后有金星鸭业、北郊黑六猪肉、巨山有机蔬菜、北京华都肉鸡、滦平华都肉鸡等企业纳入农垦农产品质量追溯系统建设单位，均已通过了质量追溯系统建设期验收。

王凯： 金星鸭业中心是第一批承担质量追溯系统项目建设的单位

之一。在北京鸭追溯系统设计之初，农垦专家多次亲临养殖基地、屠宰加工厂，帮助设定关键控制点，逐一攻克难关。仅屠宰加工过程的标签悬挂问题，我们就尝试了至少5种方案。

韩奕奕：我们这个平台通过协助企业制修订企业标准、生产技术规程，提供研制开发检测方法、人员培训、技术咨询等服务，引导企业建立良好的质量管理规范，提高企业质检、预检能力。

钱奕庭：为实现追溯单元农业生产的一致性，安徽倮倮米业从品种布局、生产管理和投入品使用入手，保证追溯完整性。一是修改完善技术规程，细化管理措施，保证追溯单元农业生产一致性；二是对水稻病虫草害的防治标准、时间、方法、药剂等提出统一要求；三是统一供种，统一布局，保证追溯单元的品种一致性；四是统一农药、化肥的采购和供应，确保投入品安全使用；五是建立规范的条田档案，进行生产信息明细记载。

李伟国：当前已形成了农业部农垦局牵头、省级主管部门配合、质检中心服务、项目建设单位实施的"四位一体"工作机制。农垦局与中国农垦经济发展中心共同组成项目工作组，负责项目规划与管理、软件系统开发与实施等方面工作；各省级主管部门作为项目分管机构，承担本省项目申报、指导和日常监管等相关工作；各项目建设单位作为项目的实施主体，承担落实项目建设、规范运行企业追溯信息系统等工作任务；部级农产品质量检验检测机构作为项目技术支撑单位，承担了可追溯产品检测及参与可追溯企业产品质量控制方案制定等工作。

话题三　追溯成效有几何

3年来，8个农业部部级质量监督检验测试中心通过现场抽样、市场抽检等方式，对全部可追溯企业的800多批次可追溯产品进行了检测，产品合格率达99.5%

李伟国： 通过农垦农产品质量追溯项目的实施，目前，一个开放实用的信息系统已经建成，一套较为完整的制度体系已经建立，追溯体系建设在推动各项目单位完善生产规程、推进标准化生产、建立质量安全责任约束机制等方面的作用得到充分显现。

王凯： 四年多来，金星鸭业中心追溯规模，从第一年的200万只扩大到现在的600万只，真正实现了全程可追溯、信息可查询。统计显示，今年截止到9月，中心共向农垦服务器上传追溯信息892次，累计上传可查询追溯码22377条。

钱奕庭： 一直以来，安徽倮倮米业的好产品没能卖到好价钱。2008年公司被列为农业部农垦追溯系统建设项目实施单位，产品质量和品牌效应得到有效提升。初步统计，去年公司销售可追溯大米6000吨，销售价格同比每千克增长0.2元至1.0元，实现利润较同数量非可追溯大米增加150万元，农场的水稻订单面积迅速扩大。

吴金玉： 在完成企业追溯系统建设的基础上，我们还组建了部级农垦农产品质量追溯数据中心，并为各级主管部门开通了网上监管平台，为消费者开辟了网络、语音、短信查询服务。据统计，该系统已累计为消费者查询相关追溯信息17万人次。还有不少消费者致电询问购买可追溯农产品的渠道。应当讲，通过几年的建设和宣传，农产品生产经营者的质量安全责任意识和消费者的维权意识都有了很大提高，这是进一步做好农产品质量追溯工作的重要基础。

韩奕奕：我们这个平台通过提供可共享的标准数据库，促进国外农产品安全信息的交流沟通；对国际农产品安全信息进行收集、跟踪、监测和预警分析，协助企业掌握国际贸易中的主动性。为更好服务于农产品出口企业，我们添置必需的仪器设备，新增农兽药多残留检测、污染物含量检测等项目。目前覆盖包括农产品、食品在内的500项产品标准，535项参数，能对16大类产品进行全性能检测服务。

李伟国：2008年至2011年，8个农业部部级质量监督检验测试中心通过现场抽样、市场抽检等方式，对全部可追溯企业的800多批次可追溯产品进行了检测，产品合格率达99.5%。

韩宝兰：从消费者角度看，可追溯有效提升了大家的消费信心。随着可追溯理念的普及，利用短信、网络、电话等方式查询农产品质量信息的越来越多，保障了大家的知情权，提升了对可追溯产品质量安全的信心。

话题四 未来追溯是啥样

开发以农民专业合作社和分散农户责任追溯为目标的农产品质量追溯系统，有效解决分散户质量安全责任不能有效追究的难题

吴金玉：追溯制度建设是一项系统的信息工程，单纯依靠企业，

不仅建设成本高，推行难度也较大。要加快农产品质量追溯制度建设，需要进一步发挥业务支撑部门的作用，在标准规范制定、技术创新应用、加强业务管理等方面，解决好共性问题，推动农产品质量追溯工作科学发展。

韩宝兰：我们每天要接触那么多的食品，应该让所有的产品都实现可追溯，这样消费起来就会更加放心。

李伟国：消费者的期待我们很认同，但实施可追溯制度还需要逐步推动。首要的是企业要进行标准化生产，建立一套标准化的包括技术规程、投入品管理、质量控制的体系，这不是一个简单的信息录入问题。现在可追溯推行起来速度还比较慢，主要是因为我们国家农业生产的主体是千家万户的分散生产。这需要国家进一步加大资金投入，特别是在前期要有一定的政策上的扶持，来调动企业的积极性，还要探索出多种形式的追溯体系。

吴金玉：针对我国农产品生产经营主体多元化特点，为更好地发挥示范带动作用，我们在不断完善农垦农产品质量追溯系统的基础上，还与黑龙江、安徽、海南等省农业部门合作，开发了以农民专业合作社和分散农户责任追溯为目标的农产品质量追溯系统，有效解决了分散户质量安全责任不能有效追究的难题，目前正在加快推广。

谢磊：我们将按照农业部农垦局总体部署，对已实施质量追溯的建设单位，逐步扩大质量追溯的产业产品规模，形成较大的市场影响力，不断提高经济效益和示范效应。继续做好质量追溯创建企业的基础性工作，并把质量追溯工作的成果，与首农的品牌建设相结合，进一步提升首农食品质量安全管理水平。

王凯：我们将继续努力，逐步完善质量追溯系统及生产管理信息化系统，从而搭建起全中心各养殖场生产管理、统计、财务核算一体的自动化管理平台，扩大可追溯系统的应用范围，使我中心中高档产品全部实现可追溯。

韩奕奕：在未来的工作中，我们思考如何更好地发挥第三方检测的作用，协助完善农垦农产品质量安全追溯技术服务平台建设。国际上发达国家从事公共检测研究与服务的技术机构，在运行上普遍得到了政府提供的技术支撑，这些公共检测服务机构在管理上的分工合作、公司化运作等发展趋势是值得我们借鉴的。

李伟国：到2015年，我们力争在农垦系统形成一批在国内外市场具有一定竞争力的农产品质量追溯企业群体。

《经济日报》2012-12-18，李力、乔金亮、马沫报道。